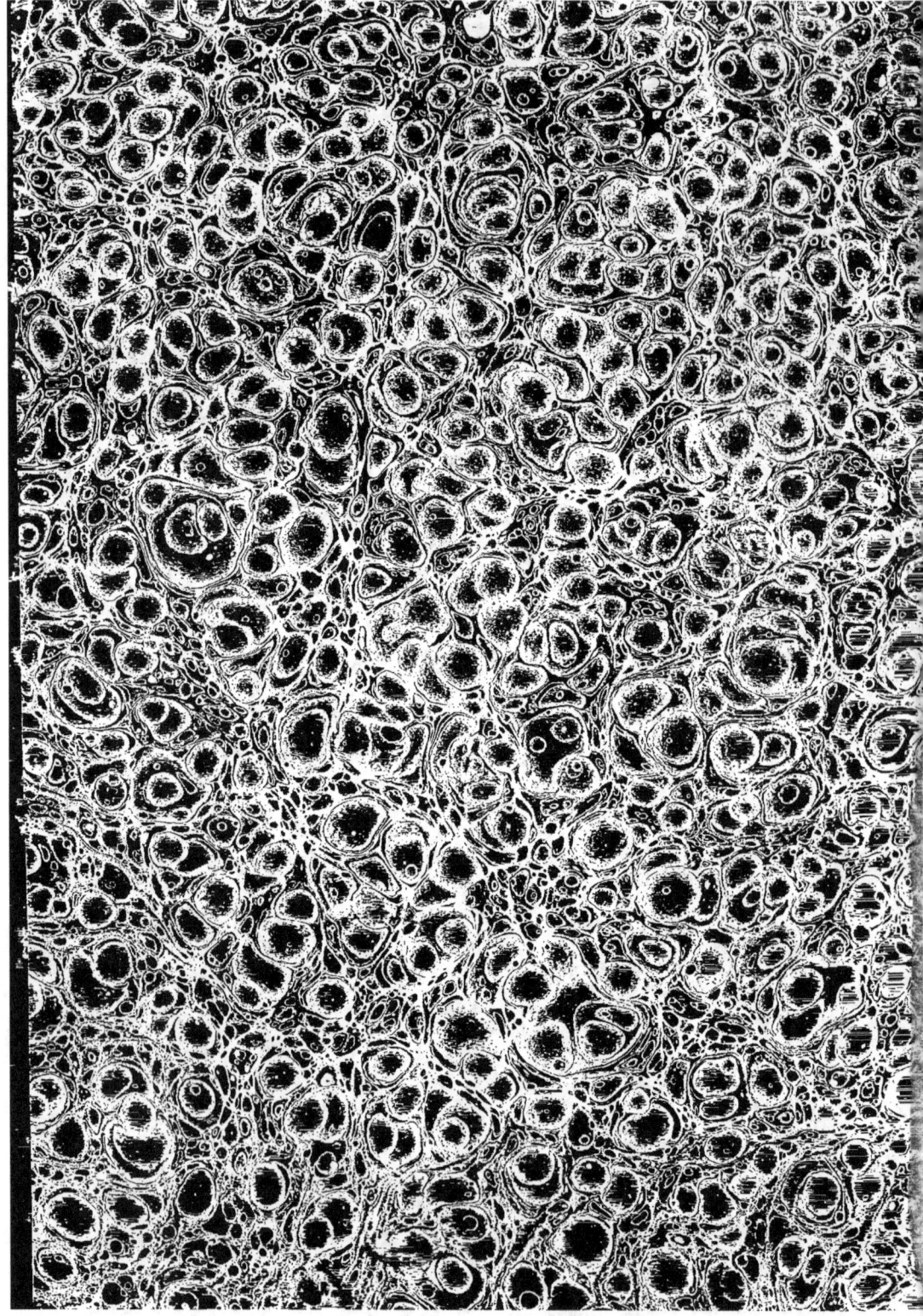

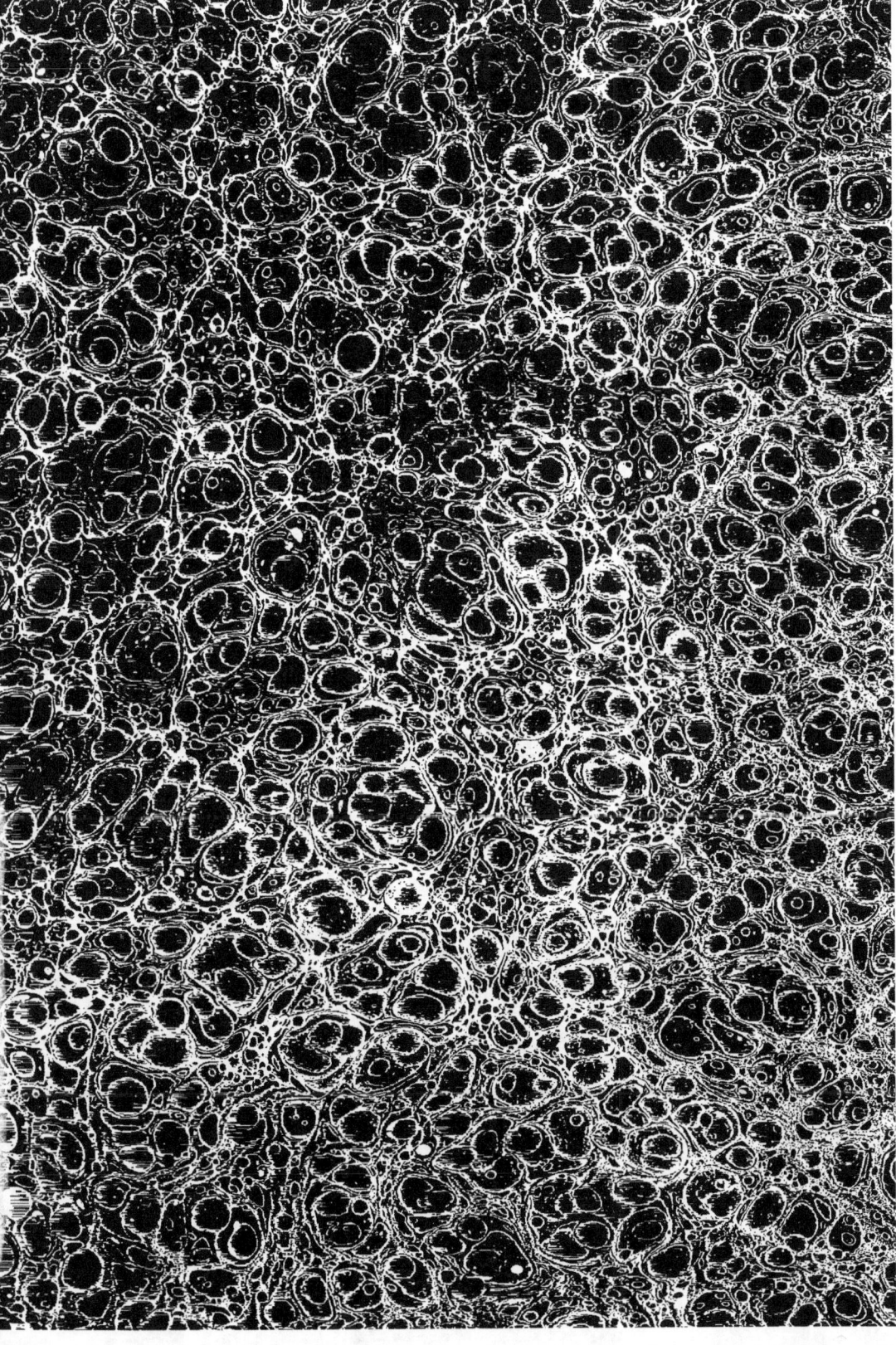

6475

Livraison. Prix : 1 franc.

HISTOIRE ET DESCRIPTION

DES PRINCIPALES

VILLES DE L'EUROPE

PAR

MM. VILLEMAIN, AUGUSTIN ET AMÉDÉE THIERRY, ARMAND CARREL,
VICTOR LECLERC, DUBOIS (DU GLOBE), PHILARÈTE CHASLES, DELÉCLUSE, SAINT-MARC-GIRARDIN,
FRÉDÉRIC MERCEY, TASCHEREAU, PEISSE, CHARLES MAGNIN, LITTRÉ,
LETRONNE, MÉRIMÉE, LOUIS VIARDOT, PIERRE LEROUX, STAPFER, SAINTE-BEUVE,
AMÉDÉE PICHOT, HEINE, GALIBERT, LOÈVE-VEIMARS, VALERY,
CHARLES NODIER, ROLLE, THIBAUDEAU,
GARNIER, ETC.

SOUS LA DIRECTION DE M. NISARD,

Avec Gravures sur acier et Vignettes sur bois,

Exécutées sous la direction de M. GIRALDON-BOVINET,

d'après

A. ROUARGUE, EUGÈNE ISABEY, C. ROQUEPLAN, DAUZATS, GARNERAY,
HARDING, PROUT, CH. BENTLEY, LEWIS, WILLIAM,
HAVELL, ALLOM, CALLOW, ETC.

A PARIS,

CHEZ DESENNE, LIBRAIRE,

RUE HAUTEFEUILLE, N° 10.

ET AU DÉPÔT CENTRAL DE GRAVURES FRANÇAISES ET ÉTRANGÈRES,
Passage Vivienne, N° 70, du côté de la rue Vivienne.

1837.

Imprimerie d'Everat, rue du Cadran, 16.

HISTOIRE ET DESCRIPTION

DES PRINCIPALES

VILLES DE L'EUROPE

PAR

MM. AMÉDÉE PICHOT, DUFEY (DE L'AISNE), PHILARÈTE CHASLES, ETC.

SOUS LA DIRECTION DE M. AIMÉ-MARTIN

Avec gravures sur acier et vignettes sur bois

A PARIS
CHEZ DESSESSART, LIBRAIRE

Avis à MM. les Souscripteurs.

La publication de l'*Histoire de Nîmes* a été interrompue par suite d'un accident arrivé à une des gravures sur bois qui devait entrer dans la quatrième livraison. Cet accident a fait prendre la détermination de renoncer à imprimer les gravures sur bois dans le texte, et de les faire tirer séparément sur feuillets isolés comme les gravures sur acier. Mais comme elles ne sont pas de proportion à occuper suffisamment la page, il a été jugé convenable de les environner d'une bordure qui a été dessinée exprès par M. WATTIER, et que grave en ce moment un de nos plus habiles artistes, M. PORRET. Dès que cette bordure sera terminée, MM. les Souscripteurs recevront les gravures sur bois appartenant à la ville de Nîmes et aux villes de Trente et Inspruck ; et à partir de cette époque, chaque livraison comprendra deux gravures, l'une sur acier et l'autre sur bois. Quoique ce changement, qui présente une amélioration dont MM. les Souscripteurs apprécieront sans doute l'importance et l'utilité, occasione un accroissement de frais de fabrication, le prix de la livraison sera maintenu sans augmentation.

L'Éditeur profite de cette occasion pour prévenir aussi MM. les Souscripteurs que, les auteurs ne pouvant être astreints à se renfermer dans un nombre exact de feuilles, il arrivera parfois que la dernière livraison consacrée à l'histoire et la description d'une ville ne sera composée que de trois feuilles de texte au lieu de quatre, ou qu'elle en contiendra au contraire jusqu'à cinq.

FRANCE.

NIMES.

PARIS. — IMPRIMERIE ET FONDERIE
A. EVERAT,
16, rue du Cadran.

HISTOIRE ET DESCRIPTION

DES

PRINCIPALES VILLES DE L'EUROPE.

FRANCE.

NIMES,

PAR D. NISARD.

A PARIS,
CHEZ DESENNE, LIBRAIRE,
10, RUE HAUTEFEUILLE.

1835.

NIMES.

PARTIE I. — HISTOIRE.

PREMIÈRE PÉRIODE.

HISTOIRE DE NIMES DEPUIS SON ORIGINE ET SES COMMENCEMENTS JUSQU'A LA RÉFORME.

I.

ORIGINE ET COMMENCEMENTS DE NIMES.
SON EXISTENCE SOUS LES ROMAINS, — SOUS LES VISIGOTHS, — SOUS LES SARRASINS OU ARABES D'ESPAGNE.
CHARLES-MARTEL RAVAGE CETTE VILLE.
ELLE SE MET SOUS LA PROTECTION DE PÉPIN-LE-BREF ;
FAIT PARTIE DU DOMAINE DES COMTES DE TOULOUSE ;
EST GOUVERNÉE PAR DES VICOMTES PARTICULIERS, INDÉPENDANTS ;
RENTRE SOUS LE POUVOIR DES COMTES DE TOULOUSE ;
EST RÉUNIE A LA COURONNE DE FRANCE,
SOUS LE RÈGNE DE LOUIS VIII.

L'origine de Nîmes est incertaine, je ne la discuterai pas. Ce pourrait être une intéressante question d'archéologie et même de mythologie ; car on a attribué la fondation de Nîmes à un certain Nemausus, descendant d'Hercule ; mais ce qui convient à la dissertation ne convient pas à l'histoire. Tout ce qui peut être intéressant n'est pas nécessaire ; or nous devons nous en tenir aux faits qui auront ces deux caractères à la fois, notre but étant de n'instruire le lecteur que par des choses qui l'amusent, et de ne l'amuser que par des choses qui l'instruisent.

Strabon et Pline rapportent que Nîmes tenait vingt-quatre bourgs sous sa domination particulière. C'était la métropole d'une tribu gauloise, dite des Volces Arécomiques. L'inquiétude que lui causaient ses voisins turbulents l'engagea à s'offrir d'elle-même aux Romains, vers l'an de Rome 633. Dévastée bientôt par les Cimbres et les Teutons, elle s'attacha au parti de Marius, qui avait écrasé ces barbares dans les plaines d'Aix; elle souffrit sous Sylla, fut dépossédée d'une partie de son territoire par Pompée qui tenait pour Sylla, et réintégrée par César, lequel continuait le parti de Marius : Auguste l'éleva au rang de colonie romaine. Une médaille frappée en mémoire de cet événement, et consacrée au vainqueur d'Actium, représente un crocodile enchaîné à un palmier, d'où pendent une couronne civique et des bandelettes, avec cette inscription : *Col. Nem.* (*Colonia Nemausensis*). Au revers de la médaille sont les deux têtes de César-Auguste et d'Agrippa, la première couronnée de lauriers, l'autre ornée d'une couronne navale, avec ces mots : *Imp. Divi F. P. P.* (*Imperatori, Divi filio, patri patriæ.*)

Nîmes fut dotée par Auguste d'une organisation municipale, à l'image de Rome. Comme Rome, Nîmes eut son sénat, sa curie, ses tribunaux, ses édiles; Auguste lui laissa ses institutions locales et son trésor particulier. Les habitants de la colonie, admis à jouir du droit latin, n'étaient pas citoyens romains, privilège exclusivement conféré par le droit italique; mais ils pouvaient le devenir, après avoir passé par les fonctions publiques.

Nîmes, ainsi constituée, s'entoura de murailles, et dès-lors, la petite métropole des Volces Arécomiques devint une ville considérable, qui suivit tous les progrès de la civilisation romaine. Ses habitants surent fixer, par leur complaisante fidélité, le patronage des empereurs.

Nîmes vote des statues à Tibère, qui avait fait réparer sa voie romaine, et à Claude, qui la protégeait spécialement; elle élève un monument en l'honneur de Trajan[1]; Antonin l'autorise à prendre dans le trésor impérial de quoi édifier son amphithéâtre[2]. Nîmes se peuple d'affranchis opulents, qui viennent y dépenser leur pécule, et y apporter la délicatesse des mœurs romaines. Leurs maisons de campagne, serrées tout à l'entour de la ville, la font ressembler à la première cité des Gaules, la riche Marseille. Ces maisons de campagne deviendront plus tard le noyau de villages et de villes.

Le christianisme ne put pénétrer à Nîmes que sous le règne de Con-

[1] An de J.-C. 98. — [2] An 138

stantin[1]. Mais, avant cette époque, Nîmes, à titre de ville fidèle, envoya au martyre saint Honeste et saint Bausile[2]; et la grande persécution ordonnée par Dioclétien valut à cet empereur des statues. Du reste, cette ville, où les choses de religion amenèrent plus tard tant de violences, martyrisa sans passion les confesseurs de la foi nouvelle; c'était de sa part affaire d'imitation et peut-être de flatterie; c'est que la ville n'a pas encore son vrai peuple, ce peuple qui tuera et se fera tuer pour ses croyances. Nîmes est une cité protégée, une des *bonnes villes* de l'empereur; il copie Rome, et reçoit d'elle ses dieux, comme il en a reçu sa langue, ses arts et ses monuments. Quand les Barbares auront fait disparaître cette civilisation importée, et cette population d'affranchis et de favoris, alors un vrai peuple sortira de toutes ces belles ruines, et, avec ce vrai peuple, ces passions furieuses qui donnent encore aujourd'hui je ne sais quel air sauvage à la vieille cité gallo-romaine.

Les Vandales, attirés en Italie par Stilicon, voulurent frapper Rome elle-même dans les monuments de Nîmes[3]. Cette première invasion détruisit les Bains, le temple d'Auguste et la basilique élevée par Adrien, en l'honneur de Plotine, sa bienfaitrice. Aux Vandales succédèrent les Visigoths[4]. Mais l'occupation des Visigoths ne fut marquée d'aucun désastre. Ce peuple avait rapporté, de ses excursions militaires à travers la Grèce et l'Italie, un certain goût pour la civilisation et les institutions romaines. Le roi visigoth Eurik, qui tenait à Toulouse une cour de rhéteurs et de savants, était un roi lettré. Les Visigoths furent moins des conquérants que des hôtes; ils demandèrent place pour eux, pour leur gouvernement, pour leurs coutumes, et laissèrent à la ville romaine son code Théodosien, égal à la loi visigothe, sa constitution politique, sa curie, ses magistrats électifs, ses assemblées de notables. Le roi Eurik, d'abord arien fougueux, qui, dès son entrée dans Nîmes, avait chassé l'évêque et fermé les portes des églises avec des épines, avait fini par rendre populaire la domination visigothe. Aussi, quand Thierry, fils de Clovis, à la tête de ses Franks[5], reprit la ville sur les lieutenants d'Alaric II, successeur d'Eurik, la population prit parti pour ses conquérants contre ses libérateurs. L'invasion franke fut repoussée, et Nîmes vécut paisible pendant plus d'un demi-siècle. En 672, les intrigues d'un certain Hildéric, gouverneur de Nîmes, soulevèrent les habitants contre le roi visigoth Wamba; celui-ci envoya

---

[1] An 312. — [2] An de J.-C. 287. — [3] An 407. — [4] An 472. — [5] An 507.

un duc Paul pour réduire les rebelles. Mais ce duc, au lieu de les combattre, se joignit à eux, et s'aida d'Hildéric pour se faire couronner roi. Wamba mit le siège devant Nîmes, la prit d'assaut, enleva l'amphithéâtre qui servait de citadelle à la ville et de forteresse aux révoltés, et le duc Paul vint mettre à ses pieds sa royauté de quelques semaines. Wamba, en digne successeur d'Eurik, punit ce Paul, mais non de mort ; il releva les murs, rétablit les portes, prit soin des blessés, et fit rendre le butin enlevé dans le pillage des maisons. Rare exemple de modération à cette époque et dans un barbare !

Sauf le ravage de quelques monastères, prise de possession toute mahométane, les Sarrasins, ou Arabes d'Espagne, héritiers et vainqueurs des Visigoths, firent peu de ruines dans la ville. Le caractère de leur occupation fut particulièrement fiscal[1]. Ils prirent l'argent et les terres, et laissèrent les institutions. L'administration visigothe subsista, mais le personnel en fut changé. Vint ensuite l'invasion franke et Karle-le-Marteau, barbare de la façon des Vandales, mais qui travaillait sans s'en douter à l'œuvre de l'unité et de la civilisation françaises. Charles-Martel, pour ôter une place forte aux Sarrasins, en cas d'occupation nouvelle, abattit les murailles de Nîmes et mit le feu à ses portes et à son amphithéâtre. « On peut voir encore, dit M. Augustin Thierry, sous » les arcades de ses immenses corridors, le long des voûtes, les sillons » noirs qu'a tracés la flamme en glissant sur les pierres de taille qu'elle » n'a pu ébranler ni dissoudre ! »

Voici en quels termes Poldo d'Albenas, citoyen considérable de Nîmes, au seizième siècle, et qui a laissé sur ses antiquités un livre savant, à la date de 1560, s'exprime sur ces ravages de Charles-Martel. Je ne résiste pas à citer cette *tirade* (le mot est juste, comme on va voir), à cause d'une certaine chaleur vraie, et de cet inépuisable mérite de naïveté que le style du temps donne aux écrivains les moins naïfs : « Charles-» Martel en propre reconquit le tout, suiuant à l'espée iusques à Nar-» bonne Antimes, roy Sarrasin, qu'il vainquit, et remit à son obéis-» sance Arles, Auignon, Nismes, Montpellier, lors appelé Sustancion, » Besiers, Agde : bruslant, et rasant tout iusques aux fondements... » Mesme ceste superbe, antique et grande cité de Nismes, y fut abba-» tue rez terre, et pour la quatriesme fois endura ceste perte, et misé-

[1] An de J.-C. 720. — [2] Au 758.

» rable ruine, de laquelle ie n'en saurois, ny pourrois dire autre chose,
» fors avec le Mantuan (Virgile) :

> Quis cladem illius noctis, quis funera fando
> Explicet, aut possit lacrymis æquare labores?

» Lors, comme nostre Pindare françois, Ronsard, dit, parlant de sem-
» blable ruine, les Grecz si chargés de proye, ne laisserent sinon que le
» nom, de ce que fut iadis Troye. L'on veid ce grand entour des murs
» hautains, ces temples, ces théâtres termes, bains, basiliques, fons,
» arcs triumphals, stades, cirques, aqueducts, mausolées, statues, tro-
» phées et toutes autres pompes, et monuments, ou Romains ou Nemau-
» sans, abbatus, froissés et bruslés, et toutes les memoires que noz
» progeniteurs (ancêtres) auoyent (avaient), en excessiues despences, et
» en tant de nombre d'ans colligées, pour tesmoignage de leur grandesse
» à leurs successeurs, abolies, et aneanties par le barbare, et cruel tyran,
» insolent, et damné incendiare; tellement que qui auoit esté absent en
» légation à Rome amie, ou ailleurs pour quelques temps, pouuoit bien
» rechercher en icelle mesme Nismes ceste tant ample et magnifique
» ville de Nismes, et au lieu, et propre place d'icelle, n'y uoir autre
» chose que

> . . . . campos ubi Troia fuit. »

Nîmes reprise par les Sarrasins, s'en débarrassa pour toujours par un vigoureux effort de réaction religieuse, auquel s'associèrent Beziers, Agde et Maguelonne [1]. De cette ligue sortit une petite république provisoire qui se donna un chef du nom d'Ansemond; mais cet Ansemond, ne se sentant pas assez fort, se mit sous la protection de Pépin-le-Bref, lequel confisqua la petite république au profit de la monarchie franke, et donna le gouvernement de Nîmes à un comte nommé Radulfe [2].

Le vent du Nord s'était levé pour la ville romaine depuis sa réunion au royaume frank. Il ne faut pas chercher dans cette administration violente, marquée à l'empreinte des mœurs germaniques, la trace des immunités de la ville. Durant toute l'anarchie féodale, son régime municipal sommeilla, sa civilisation se réfugia dans les monastères, qui seuls surent expliquer ses ruines; et son histoire est sans évènements. Nîmes appar-

[1] An de J.-C. 752. — [2] An 753.

tient d'abord aux comtes de Toulouse [1], puis aux vicomtes de Trencarvel, cessionnaires de ceux-ci. Les Normands et les Hongrois la traversent et en emportent quelques lambeaux [2]. Le pape Urbain II y prêche la croisade, et y marie la cathédrale avec le comte Raymond [3]. Les chevaliers qui habitaient l'amphithéâtre sont investis de la garde de cette forteresse, sous le titre de *chevaliers des Arènes,* circonstance qu'il faut retenir pour la suite de notre histoire [4].

Pendant cette période, qui est de trois cents ans, l'histoire de Nîmes est une très-petite et très-insignifiante partie de l'histoire de Toulouse et de ses comtes, laquelle sera racontée en son lieu. Je tâcherai d'en tirer, au chapitre suivant, le peu de faits qui appartiennent en propre à la ville de Nîmes; mais il faut d'abord conduire son histoire jusqu'à sa réunion à la couronne de France, sous Louis VIII [5]. La manière dont s'opéra cette réunion est caractéristique. Le roi de France Louis VIII venait de rassembler ses vassaux à Bourges, et marchait, la croix en main, contre les Albigeois et le comte de Toulouse, Raymond VIII, défenseur de ceux-ci et infecté, disait-on, de leur hérésie. La population de Nîmes, très-attachée à ses comtes, et pensant que l'orage s'étendrait jusqu'à elle, s'était mise en mesure de défense. Les chevaliers des Arènes et le peuple de la cité s'étaient confédérés solennellement sur l'autel de la Vierge. Tout-à-coup, à la simple nouvelle que Louis est en marche le long du Rhône, les habitants de Nîmes se vont mettre à sa merci et implorent sa protection. Louis n'eut garde de refuser l'offre; il fit demander poliment aux chevaliers des Arènes d'abandonner leur château à ses troupes, et nomma un sénéchal, Pérégrin Latinier, pour gouverner en son nom la nouvelle ville française.

La facilité de cette reddition, après les serments sur l'autel de la Vierge, est-elle simplement une preuve assez plaisante de cette impétuosité languedocienne, si facile à se monter et si prompte à tomber, ou bien faut-il y voir l'acte sérieux et intelligent d'une population qui entrevoyait dès-lors tout l'avenir de la monarchie française, et comprenait qu'il n'y avait sûreté et honneur pour elle qu'en s'y incorporant? Quoi qu'il en soit, ce fut ainsi que Nîmes fut réunie à la France.

[1] An de J.-C. 892. — [2] An 925. — [3] 5 juillet 1096. — [4] An 1100. — [5] An 1226.

II.

ADMINISTRATION ET INSTITUTIONS DE NÎMES.
LES CHEVALIERS DES ARÈNES.
LE CONSULAT. — SON MODE D'ÉLECTION. — SES ATTRIBUTIONS.
HISTOIRE DU CONSULAT JUSQU'A LA RÉFORME.

L'administration de Nîmes, sous les Romains, fut toute romaine. C'était la municipalité, la dernière institution qui servit de germe à l'immense mouvement communal du douzième siècle.

Pendant toute la période des occupations visigothe, sarrasine, franke, les institutions romaines continuent à régir Nîmes, mais avec toutes les altérations que leur fait subir le caprice de la conquête. L'élection, principe et fondement de la municipalité, est tour à tour ôtée et rendue au peuple. Ce sont moins des institutions que des cadres d'institutions dont se servent les conquérants pour l'exploitation du peuple conquis. Le propre de la conquête, c'est d'enlever aux institutions des vaincus toutes leurs garanties; or, des institutions sans garanties ne méritent pas ce nom et ne signifient rien pour l'histoire.

Mais il arriva que ces cadres d'institutions, qui n'étaient d'aucun secours au peuple vaincu et affaibli, devinrent un formidable instrument de résistance entre les mains de ce même peuple, quand le souverain légitime, comte, ou vicomte, ou roi, se trouva embarrassé dans des guerres ruineuses et à court d'argent, ou que la fortune se retira tout-à-fait de lui. C'est ainsi que la municipalité de Nîmes, après avoir été pendant plus de trois cents ans une ruine à peine aussi intéressante que les autres ruines de la ville, se releva tout-à-coup, et devint, sous le nom de Consulat, une puissance avec laquelle il fallut compter. Le consulat fut institué tumultueusement par les bourgeois de Nîmes, pendant que leur vicomte, du nom de Bernard Athon VI, guerroyait contre son suzerain le comte de Toulouse. Trente ans après[1], sous le successeur de ce Bernard Athon, Raymond VI, le consulat, menacé par ce prince, était assez fort pour soulever la population contre ses agents, et le viguier du comte, espèce de grand-juge qui rendait la justice en son nom, était assiégé dans son palais et massacré par les bourgeois de Nîmes. Le Saint-Siège lui-

[1] An de J.-C. 1207.

même, en querelle avec Raymond VI, fortifiait la magistrature populaire en prenant parti pour les sujets contre le souverain. Le consulat sentit que la puissance venait à lui de toutes parts[1], et il profita de l'abaissement de la maison de Toulouse pour étendre les libertés communales de la cité, et enlever le pouvoir judiciaire au viguier, lequel ne l'exerçait plus que nominalement dans ses audiences désertes. Mais la prise de possession de Louis VIII arrêta subitement les progrès du consulat; il fallut remettre au sénéchal du roi de France tous les pouvoirs que la cité avait arrachés un à un à la maison chancelante de Toulouse. Nîmes paya de ses franchises son incorporation au royaume de France.

C'est ici le lieu de déterminer la nature et les attributions de ce pouvoir populaire, qui joua un si grand rôle dans l'histoire de Nîmes. Le consulat de Nîmes a réfléchi, avec plus ou moins de vérité, l'esprit de la population nîmoise à toutes les époques; c'est pour cela qu'il importe de le bien apprécier, principalement au début de cette histoire, dans laquelle on le verra si souvent intervenir.

Au commencement, il y eut deux classes de consuls : les chevaliers des Arènes, sorte de communauté militaire chargée de garder l'amphithéâtre, et séparée de la ville, avaient les leurs; la cité avait les siens. Ces consuls ne se réunissaient que dans les affaires d'administration d'un intérêt général; du reste, ils veillaient séparément aux privilèges particuliers, ceux-ci de la noblesse, ceux-là de la bourgeoisie. Entre ces deux pouvoirs rivaux, à peu près de même date, la guerre devait bientôt éclater. Le consulat populaire, dans ce premier développement si hardi et si énergique dont j'ai parlé tout à l'heure, avait absorbé le consulat des Arènes. Louis IX le rétablit[2], non sans une vive résistance du consulat populaire, qui alléguait contre son ancien rival la désuétude, cette mort naturelle des pouvoirs, le peu de population des Arènes, et le refus de ses nobles habitants de contribuer aux charges publiques. Le consulat des Arènes reprit quelque vie; il eut son sceau à part, avec cette légende : *Sigillum Consulum nobilium castri Arenarum*. On lisait sur celui des consuls de la Cité : *Sigillum Civitatis Nemausi;* et lorsque une délibération était prise et arrêtée en commun, les actes publics portaient cette désignation commune : *Consules castri Arenarum et Civitatis Nemausi*. Un siècle après[3], le consulat sortait presque tout entier des

[1] Au 1209. — [2] An 1270 — [3] Au 1378.

rangs de la bourgeoisie. Les Arènes, dépeuplées de chevaliers, avaient forcément abandonné aux bourgeois une partie de leurs privilèges municipaux. Depuis l'année 1354, au lieu de quatre consuls, cette noblesse expirante n'en élut que deux. En 1390, la population entière des Arènes avait disparu, et avec elle le consulat spécial ressuscité par saint Louis.

Tant que dura ce double consulat, il y eut huit consuls, quatre pour les Arènes, quatre pour la cité. Le mode d'élection de chaque consulat était réglé par des ordonnances du souverain, lequel, tout en reconnaissant le droit, pouvait à son gré l'étendre ou le restreindre par les règlements qu'il prescrivait pour son exercice. J'en dirai autant du nombre des électeurs, qui variait, comme le mode d'élection, selon le caprice du souverain, outre les diminutions que la peste et la guerre, en ruinant ou en éteignant les familles, faisaient subir incessamment au corps électoral. Il n'y a pas là de règles fixes; il n'y a pas de loi électorale : les rapports du souverain et de la cité dépendent de mille chances, et non pas, comme cela peut se voir dans des civilisations plus avancées, d'un sentiment énergique et intelligent de ses droits de la part de la cité, et d'un serment bien tenu, ou tout au moins d'une résignation sans arrière-pensée de la part du souverain. Tantôt, tout le peuple est convoqué à son de trompe, et nomme tumultueusement cinq personnes par chaque quartier de la ville, lesquelles nomment ensemble les quatre consuls de la cité[1]. Une autre fois, ce n'est plus *tout le peuple*, mais des échelles ou classifications, auxquelles est dévolu le droit d'élire les consuls[2]. Plus tard, sur huit consuls, les Arènes en nomment deux, la bourgeoisie deux, le tiers-état quatre[3]. En 1384, le roi Charles VI, sur une requête des habitants de Nîmes, décide qu'à l'avenir les habitants de la cité et des Arènes seront confondus. Il réduit le nombre des consuls à quatre, mais, dans le mode de leur élection, le droit du peuple reçoit une grave atteinte. Ce sont les consuls sortant de charge, et les conseillers municipaux, au nombre de 24, qui, le jour de la Quinquagésime, nomment seize habitants capables, parmi lesquels on tire au sort les quatre nouveaux consuls. En 1477, sous Louis XI, le mode d'élection est le même, mais le cadre des éligibles est élargi.

A cette époque, le tiers-état a pris plus d'importance; la lutte qui,

[1] An 1200. — [2] An 1272. — [3] An 1354.

trois cents ans auparavant, était entre la noblesse des Arènes et la cité, pour la première place de la commune, est alors entre la haute bourgeoisie et le tiers-état. Chaque profession voulait être représentée ; il fallut donc établir que les seize candidats, ou habitants capables, qui devaient être choisis par les consuls sortants et les conseillers, seraient élus, pour le premier rang, parmi les avocats, pour le second, parmi les bourgeois, médecins ou marchands ; pour le troisième, parmi les notaires ou artisans, et pour le quatrième, parmi les laboureurs cultivant leurs champs de leurs propres mains. Il faut remarquer que cette constitution consulaire donne le pas aux médecins sur les notaires, préférence qui s'explique par la valeur relative des deux professions aux yeux de la ville d'alors. Or la ville du quinzième siècle semblait être le domicile élu de la peste, qui tantôt y suspendait le cours de la justice[1], tantôt faisait transférer le siège de la sénéchaussée à Bagnols[2], tantôt chassait de Nîmes les chanoines, alors que la ville avait plus besoin de leurs prières que de ses juges ou de son sénéchal[3].

Ce qui a été dit du mode d'élection, du personnel électoral, s'applique également aux attributions du consulat. De même que le principe et l'organisation du pouvoir consulaire étaient subordonnés plus ou moins à la volonté du souverain, de même les attributions de ce pouvoir variaient d'étendue et de caractère, selon que le prince était fort ou faible. Ces mêmes consuls, qui, sous le gouvernement d'un sénéchal entreprenant et bien soutenu à Paris, étaient réduits aux seules affaires de petite police, auxquelles le sénéchal ne se souciait pas de toucher, ou bien encore à figurer dans les processions, avec leur chaperon rouge, et deux inoffensifs massiers à leur tête, ces mêmes consuls, sous un comte battu à la guerre, ou sous un roi perdant son royaume, étaient les rois et souverains de la cité de Nîmes. Là encore il n'y a donc pas de règle fixe ; mais il suffira de montrer quelles furent à diverses époques ces attributions si variables, pour faire apprécier la nature de ce pouvoir populaire, tour à tour si étendu et si restreint, mais, dans sa petitesse comme dans sa grandeur, toujours cher à la population de Nîmes, et toujours respecté comme principe, lors même que dans l'application ce n'était plus qu'un des instruments de la tyrannie et des exactions du pouvoir central.

Les attributions du consulat étaient de plusieurs sortes, mais de trois

[1] 1456. — [2] 1455-1459. — [3] 1482.

principalement : il y en avait d'administratives, de judiciaires, de politiques. J'appelle plus spécialement de ce dernier nom le droit de passer avec le souverain des chartes particulières, au nom et dans les intérêts de la cité, et celui surtout de nommer le capitaine ou gouverneur pour la garde de la ville, et de le présenter aux officiers royaux, qui recevaient son serment. Les attributions administratives sont très-nombreuses : les consuls font des acquisitions de pâturages pour la ville ; ils nomment les vendeurs et crieurs de meubles, et perçoivent les revenus que produisent les enchères ; ils veillent avec un extrême scrupule au maintien des mœurs, et on les voit en 1512, former opposition, devant le parlement de Toulouse, à la nomination d'une abbesse qui leur paraissait peu digne de sa place. Ils ne sont pas moins jaloux de défendre les prairies et terres vagues appartenant à la ville, contre les usurpations des gens du roi, lesquels veulent les adjoindre aux domaines, en y plantant un poteau avec les panonceaux ou écussons du roi. A cet effet, ils se transportent sur le lieu en litige, accompagnés d'un ouvrier qui arrache respectueusement le poteau, et, le genou en terre, en enlève les écussons royaux. Enfin, ils ont le droit de nommer les *banniers* ou garde-terre pour le territoire de Nîmes ; les *ouvriers* ou voyers qui doivent travailler à la réparation des murailles et des tours de la ville, et à l'entretien des chemins ; ils perçoivent directement certains impôts, dont le produit doit être appliqué aux besoins de la ville.

Une attribution d'une nature particulière, et dont l'origine est toute romaine, c'est le droit qu'ont les consuls de conférer la bourgeoisie à un étranger. Un monument de 1309, conservé dans les archives de l'Hôtel-de-Ville, nous en offre un exemple curieux et nous en donne la formule. A cette époque, les nombreux privilèges dont la ville avait été gratifiée successivement par ses différents souverains, comtes ou rois, attiraient à Nîmes un grand concours de forains, lesquels venaient porter leur industrie dans une cité respectée par la guerre, et, en apparence, ménagée par le fisc, qui devait, plus tard, en faire sortir tous les forains et une partie des indigènes. Raymond Serres, habitant de la cité de Nîmes, où il possède, de notoriété publique, son domicile et quelques propriétés, se présente humblement (*humiliter stante*) devant les consuls et les requiert de le vouloir bien admettre au nombre des citoyens et *municipes* de la ville de Nîmes. Les consuls y donnent la main, sous la condition que Raymond Serres justifiera, dans le délai de trois ans, de cinquante livres tournois de biens-fonds, tant à Nîmes que dans son territoire; qu'il contribuera aux charges communes, et qu'avec les droits il entrera en partage des devoirs. *Ledit* Raymond de Serres en prend l'engagement, et hypothèque sa promesse sur ses biens existants, lesquels appartiendront à la ville en cas d'inexécution. Cela fait et signé entre *lesdits* consuls et *ledit* Raymond Serres, il est proclamé citoyen de Nîmes et agrégé au corps de la cité.

La portion administrative du pouvoir consulaire fut toujours la plus respectée de l'autorité centrale. Celle-ci n'avait aucun intérêt à toucher à des privilèges qui, en aucun cas, ne pouvaient lui faire obstacle. Il n'en fut pas de même des attributions judiciaires des consuls, souvent réduites, toujours enviées par les agents royaux, lesquels voyaient avec jalousie qu'on préférât à leur justice déléguée et salariée, la justice libre et gratuite des magistrats élus par la cité. En 1215, les consuls avaient la plus grande part au pouvoir judiciaire, et alors, dit l'histoire, les procès duraient peu; les parties plaidaient elles-mêmes leur cause; on gagnait ainsi tout le temps qu'auraient duré les plaidoiries des avocats, et on épargnait les frais et honoraires aux clients. Deux siècles plus tard, en 1490, après bien des atteintes et des coups d'état de l'autorité centrale, et après quelques restitutions incomplètes et toujours temporaires, à chaque changement de règne, alors que le nouveau roi achetait par des promesses, des serments et des confirmations de chartes particulières, le don de joyeux avènement, la justice mutilée des consuls de Nîmes est encore très-importante, quoique beaucoup moins que par le passé. Par exemple, ils ont le droit de connaître des causes qui auront été portées devant leur tribunal, du consentement des parties, et leur jugement est en dernier ressort. Ils nomment les tuteurs et les curateurs, ils publient les testaments; ils participent à la fois de nos prud'hommes et de nos notaires. Dans certaines causes qui touchent à l'ordre public, les parties ne peuvent pas décliner leur juridiction.

L'histoire du consulat de Nîmes, c'est presque toute l'histoire de la ville jusqu'au temps de la réforme. La physionomie de cette population que la réforme va marquer d'un caractère si nouveau, est encore indécise. Tout se passe en luttes quelquefois périlleuses, ou en querelles obscures entre le consulat et les agents de l'autorité centrale. Cette petite guerre a ses alternatives, comme toutes les guerres; tantôt les affaires du consulat sont au plus bas, tantôt c'est l'autorité centrale qui a le dessous. Les habitants y prennent rarement parti ; la rue est calme, sauf dans deux ou trois occasions, qui, du reste, ne furent pas tragiques. Jusqu'à la réforme, cette histoire se traîne sans passions fortes, sans évènements; car ce ne sont pas des évènements que des pestes fréquentes et beaucoup de misère, dans la France du treizième et du quatorzième siècle.

III.

HISTOIRE DE NIMES DU XIIIe AU XVe SIÈCLE.
RÈGNE DE SAINT LOUIS. — EMPRISONNEMENT DES CONSULS SOUS PHILIPPE DE VALOIS.
CONTRIBUTIONS VOTÉES POUR LA RANÇON DU ROI JEAN.
LUTTE DE LA COMMUNE CONTRE LE DUC D'ANJOU.
MISÈRE DE NIMES. — LE DUC DE BERRY.
RAVAGES DES TUCHINS. — LA NOBLESSE DE NIMES. — LES PARVENUS.
LES DERNIÈRES ANNÉES DU XIVe SIÈCLE.

La prise de possession de Louis VIII avait tous les caractères d'une conquête. Nîmes s'était offerte au roi de France, mais pas assez à temps pour que sa soumission ne ressemblât pas à une défaite. Les privilèges de Nîmes, son organisation municipale, avaient reçu de graves atteintes. Saint Louis en adoucit, puis en effaça les traces. Il vint plusieurs fois, lors de ses croisades en Terre-Sainte[1], s'asseoir au milieu des consuls, dans la salle de l'Hôtel-de-Ville, traitant avec eux des plus chétifs intérêts de la cité, alors calme et assez prospère.

Le consulat, quoique bien affaibli, depuis qu'il fallait partager l'autorité avec le sénéchal du roi de France, resta toujours l'organe des besoins et des doléances de la bourgeoisie. Les consuls défendaient avec courage, contre l'avidité des collecteurs royaux, l'argent des habitants de Nîmes.

C'étaient de continuelles luttes entre les magistrats de la cité et le trésorier de la sénéchaussée, espèce de receveur-général pour le roi, qui disposait alors de sergents et d'archers pour lever les subsides qui se faisaient attendre, et mettre les retardataires en prison. A cette époque sur-

[1] Ans 1248-1254.

tout¹, où ce qu'on nomme l'assiette de l'impôt n'avait pas encore été imaginé, où l'on tirait de l'argent des peuples sous tous les noms, sous tous les prétextes et dans toutes les occasions, où les subsides étaient aussi nombreux que variables et imprévus, subsides pour l'avènement du roi au trône, subsides pour la chevalerie du fils aîné du roi, subsides pour la guerre, subsides pour la paix, subsides pour la naissance de l'héritier présomptif, subsides pour les mariages des princes, subsides pour le passage en Terre-Sainte, subsides pour des expéditions qui ne se faisaient pas ; le consulat de Nîmes avait fort à faire, sinon pour sauver la cité de ce Protée aux mille formes qui se nommait subside, du moins pour en régler la répartition, et pour épargner aux habitants le denier en sus que les agents royaux s'attribuaient comme loyer de leur peine et épices de leur fonction. Du reste, tout ce qu'on pouvait faire par la résistance, c'était de gagner du temps : on ne payait qu'à la dernière extrémité, après bonne défense; mais il fallait toujours payer. Les consuls ne ménageaient ni les requêtes, ni les voyages à Paris ; c'étaient des frais de plus pour la ville, qui payait ensemble les subsides et les démarches faites pour y échapper.

Voici un exemple d'une de ces mille défenses glorieuses, mais inutiles, que fit, à cette époque et plus tard, le consulat nîmois contre le fisc royal. D'intéressants détails de mœurs et d'administration locale s'y rattachent à l'occasion.

C'était en 1334. Le roi Philippe de Valois, qui fit perdre tant d'argent et tant d'hommes à la France, venait d'armer chevalier son fils aîné, Jean, duc de Normandie, depuis roi, lequel devait plus tard achever cette France épuisée par son père. C'était un excellent prétexte de subside. Il fallait bien que la nation payât les éperons d'or et l'épée du nouveau chevalier. Les villes du Languedoc réclamèrent, et envoyèrent à la cour des mémoires au lieu d'argent. Nîmes surtout résista ouvertement. Les consuls se plaignirent au sénéchal; mais celui-ci ordonna au trésorier de passer outre. Alors on tint conseil à l'Hôtel-de-Ville, et il fut décidé que deux des consuls de l'année, Pierre Ruffi et Pierre Derro, seraient députés auprès du roi Philippe, alors à Paris, pour lui faire d'humbles remontrances et solliciter la remise du subside.

Pierre Ruffi et Pierre Derro partirent de Nîmes vers le milieu de

¹ Treizième et quatorzième siècle.

mars 1334. On leur avait fait faire à chacun, aux frais de la ville, deux robes neuves, avec les capuces; la robe de dessus était garnie de peaux; la saison et le mode de voyage exigeaient cette précaution. On était dans le mois des giboulées, et les consuls voyageaient à cheval. Ce fut à Avignon qu'ils achetèrent deux chevaux que la ville paya, ainsi que les harnais, les têtières, la selle, pour lesquels le maître sellier donna quittance, et les fers qui furent payés par le trésorier municipal au maître maréchal-ferrant, ainsi qu'il résulte des comptes consulaires (*compota venerabilium consulum*) déposés dans les archives de l'Hôtel-de-Ville. Les consuls marchaient à petites journées; ne voyageant que de jour, et, de préférence, vers le midi, parce qu'à cette heure les routes étant plus fréquentées, le voyage était plus sûr. Deux valets, engagés à raison de quelques deniers par jour, les suivaient par derrière, à pied. C'est dans cet équipage qu'ils arrivèrent à Paris, au commencement d'avril.

C'était l'usage alors d'offrir au roi quelque rareté pour se le rendre favorable : les consuls n'y manquèrent pas; ils offrirent à Philippe une livre de gingembre, denrée des Indes-Orientales, rare à cette époque, et de grand prix. Cette seule livre avait coûté six sous six deniers : c'était presque une somme importante pour le temps. D'ailleurs, dans la même sacoche qui contenait la livre de gingembre, Pierre Ruffi portait une requête au roi sur beau parchemin, avec les sceaux de la ville et les signatures des consuls. C'est Bertrand Helie, juriste célèbre de Nîmes, que ses talents appelèrent plus tard au consulat, qui l'avait rédigée et fait copier par un greffier ayant une fort belle main. L'offre de la livre de gingembre devait précéder la remise de la requête.

Arrivés à Paris, les consuls reçurent de leurs collègues demeurés à Nîmes une lettre pour le confesseur du roi. On avait espéré toucher le roi par la religion. Pierre Ruffi et Pierre Derro remirent fidèlement le gingembre au roi et la lettre à son confesseur. Philippe fit écrire aux agents royaux de suspendre la levée du subside jusqu'à ce qu'il eût été pris une décision sur les réclamations des consuls. A quelle influence devaient-ils cette première faveur? Au gingembre, ou au confesseur? L'histoire ne le dit pas. Ce fut du reste tout ce qu'ils obtinrent. Après dix semaines de séjour à Paris, rien n'avait été décidé sur leurs remontrances; et il leur fallut retourner à Nîmes, emportant pour toute réponse les lettres royales qui laissaient les choses en l'état.

Le lendemain de leur arrivée, ils firent signifier ces lettres à Raymond Seynier, avocat du roi de la sénéchaussée, lequel y répondit par un long réquisitoire où il leur prouva qu'il fallait payer. On porta l'affaire devant le sénéchal, qui jugea comme l'avocat du roi. Ils en appelèrent derechef au roi, lequel ordonna une nouvelle suspension. Peut-être voulait-on leur faire payer à la fois le subside et les intérêts.

Le délai fixé par le roi allait finir. On délibéra de nouveau sur le parti qu'il y avait à prendre. Un second voyage à Paris fut résolu. Les consuls s'y préparèrent sans délai.

Le premier voyage avait coûté soixante-quinze angelots d'or et vingt-cinq livres. La ville y avait été largement. On fut plus économe pour le second. Les valets eurent moins de gages. Du reste, les consuls furent rhabillés à neuf, avec doubles robes encore, fourrures et capuces. Les chevaux achetés à Avignon pour le premier voyage durent servir pour le second. Seulement, le harnais fut rafraîchi et les sangles changées, ainsi qu'il résulte des comptes consulaires. Le présent d'épices fut le même. Pour la requête, comme on pouvait croire que maître Bertrand Helie n'avait pas été assez péremptoire, on la fit dresser par Bernard de Codols, autre juriste en réputation, lequel en fit un morceau de haute jurisprudence, très-propre à embarrasser les légistes du roi si la question leur était soumise.

Ce mémoire établissait par cinq raisons principales, dont trois tirées des lois romaines, et les deux autres des privilèges particuliers de la ville, que Nîmes ne devait pas de subside. Des raisons morales venaient à l'appui des raisons de droit. « Si l'avarice cessait dans le royaume, » disait courageusement Bernard de Codols, « et si la justice et la vérité » étaient observées à l'égard des sujets, Dieu pourrait s'apaiser enfin » et faire de l'heureuse nation des Français la première de toutes les » nations, la maîtresse de tous les peuples. » La requête se terminait par des plaintes touchantes; « que le roi n'avait pas de plus fidèles su- » jets que les habitants de la ville de Nîmes; qu'il était humblement » supplié de les soulager d'un subside qu'ils ne devaient pas, qu'ils ne » pouvaient pas payer. » Et comme Bernard de Codols avait tiré ses meilleurs arguments des privilèges et chartes de la ville, octroyés à Nîmes par les différents souverains et nommément par les prédécesseurs de Philippe, les deux consuls eurent soin de remettre avec la requête et à l'appui d'icelle, ces privilèges et chartes, vains titres de noblesse des villes, confirmés aux avènements, déchirés durant les règnes, parchemins assez semblables aux billets d'un débiteur de mauvaise foi, qui ne liaient le roi que tant qu'il n'était pas assez fort pour manquer de parole.

Philippe reçut leur présent d'épices et leur requête, mais rejeta leur demande. Il fallut revenir comme ils étaient partis, voire sans lettres de suspension pour l'avocat du roi, après deux mois de séjour inutile à Paris, n'apportant à leur ville que de nouvelles dépenses pour loyer de chevaux (*loqueriis ronsinorum*), pour entretien de harnais, fourrages, outre les frais de séjour des consuls et des valets. Dans ce second voyage même, la dépense avait été plus forte, encore qu'on y eût mis plus d'économie. Ainsi on avait fait partir à la suite des consuls un homme de pratique et de procédure, pour régler leurs démarches auprès de l'argentier du roi et faire les écritures nécessaires; ainsi encore, les consuls avaient été accompagnés jusqu'à la sortie du territoire par les *banniers* ou garde-terres, ce qui avait nécessité des indemnités de temps et de déplacement : enfin, l'un d'eux, parti le dernier, pour rejoindre son collègue à Alais, avait été reconduit par les consuls restants jusqu'au bourg de la Calmette, où il s'était dépensé quelques deniers chez l'aubergiste pour rafraîchissements, *pro potu*, comme disent les comptes. Tous ces frais et faux-frais chargeaient la ville sans désintéresser le roi.

Le conseil de ville s'assembla extraordinairement au retour des consuls. L'avis unanime fut qu'on devait tenir bon jusqu'au bout, et mettre les gens du roi en demeure d'user de la violence. Toutefois, pour avoir une troisième fois le droit de son côté, la ville fit demander des consultations aux avocats de la cour romaine d'Avignon; elle en obtint qui lui donnaient gain de cause, mais qu'il fallut payer fort cher. Rien n'y fit. L'avocat du roi de la sénéchaussée répondait à chaque consultation par un réquisitoire où le droit du roi d'être payé était établi par la loi romaine, la même qui établissait le droit de la ville de ne pas payer. L'affaire traînant en longueur, le trésorier de la sénéchaussée prit le bon moyen pour en finir; il fit enlever, une nuit, par ses sergents, les consuls et environ cinquante habitants, la plupart sans doute membres du conseil de ville, et les envoya au château des Arènes, où ils furent détenus pendant cinq jours.

Ce furent encore de nouvelles dépenses pour la ville. Il fallut payer la paille qui servit au coucher des prisonniers les moins considérables ; il y en eut pour quatorze deniers. Il fallut louer cinquante assiettes, cinquante écuelles, cinquante plats, cinquante amphores pour eau et vin, cinquante coupes ; il fallut pourvoir à la dépense de bouche de cinquante prisonniers ayant l'appétit que donne un loisir forcé, et qui, s'il faut en croire les *comptes des vénérables consuls*, s'amusèrent, comme de vrais bazochiens, à casser la vaisselle de louage pour tromper l'ennui de la prison ; car le caissier du consulat porte en compte, comme cassés ou perdus, pendant ces cinq jours, treize plats, dix-sept assiettes, vingt-cinq amphores, dix-neuf coupes, qui furent payés au faïencier, outre la location du tout. Du fond de leur prison ils voulurent prolonger encore la résistance et en appeler au roi de la brutalité de ses agents, mais leur requête ne passa pas la porte du château. Le trésorier de la sénéchaussée, qui était homme d'action, parla de les tenir sous verrous jusqu'à parfait paiement ; et comme d'ailleurs la population ne bougeait pas, les prisonniers demandèrent à transiger. Ils offrirent cinq cents livres. Leur offre fut acceptée, et, après l'accord passé entre le trésorier et les consuls, on les remit en liberté.

Ils n'étaient pas au bout de tous les embarras. Dans la répartition des cinq cents livres, les consuls avaient compris les clercs résidant à Nîmes, dont quelques-uns exerçaient la profession d'avocat devant les cours de justice, voire même faisaient le commerce. Ces clercs réclamèrent les privilèges de leur robe, et ne voulurent pas payer. L'official de Nîmes, qui était la principale autorité ecclésiastique de la ville, soutint les prétentions des gens de sa caste et excommunia les habitants. On se moqua de ses foudres. Les consuls firent contre lui ce que le trésorier de la sénéchaussée avait fait contre eux ; ils le sommèrent par leurs sergents d'avoir à retirer son excommunication. L'official résista ; alors les consuls n'osant pas prendre sur eux seuls la responsabilité d'une contrainte matérielle sur un personnage si considérable, s'adressèrent au sénéchal qui cassa l'excommunication et fit avertir l'official de moins trancher du pape. Les clercs payèrent donc leur part du subside de la chevalerie du prince Jean.

On peut remarquer au sujet de cette querelle entre les consuls de Nîmes et le fisc royal deux choses qui sont à l'honneur de la ville et de son consulat : c'est, d'une part, cet esprit de courageuse résistance aux exactions de la cour, dégagé de toute arrière-pensée de révolte et de séparation politique; et, d'autre part, cette comptabilité sévère jusqu'à la minutie, qui tient note des moindres dépenses, qui enregistre jusqu'à une botte de foin, jusqu'au raccommodage d'une bride, jusqu'à des assiettes cassées. Il n'y a pas là encore un chapitre élastique de dépenses imprévues, dépenses variables, dépenses extraordinaires; c'est une invention particulière de notre civilisation.

Il ne faudrait pas juger par les idées de la France du dix-neuvième siècle, une et centralisée, et faisant moins une nation qu'une personne, dont la tête est à Paris, le patriotisme tout local des consuls d'une cité française du quatorzième siècle. A cette époque, où le nombre et la quotité des impôts dépendaient des besoins du roi, c'est-à-dire le plus souvent de ses désordres, de ses caprices, de son incapacité, et où l'inexpérience administrative faisait payer deux fois la même dépense aux sujets, les lenteurs ou les refus temporaires des magistratures locales étaient une bonne chose; cela forçait la royauté à être plus circonspecte en matière de subsides, cela perfectionnait l'administration; c'était tout à la fois le courage civil et le bon sens du temps. Aujourd'hui il n'est pas besoin de dire pourquoi une résistance de cette sorte serait à la fois une fanfaronnade et un contre-sens.

Un an à peine s'était écoulé depuis le paiement des cinq cents livres, que les consuls de Nîmes recommençaient un plan de défense du même genre, pour échapper à un nouveau subside. Cette fois-là, c'était pour le passage du roi en Terre-Sainte. Mais ce passage n'ayant pas eu lieu, la ville se trouva quitte et déchargée. Si elle eût payé trop tôt, on ne lui aurait pas rendu son argent.

Cinq ans plus tard[1], Archaimbault Larue, capitaine général du roi pour le Languedoc, faisait arrêter de nouveau les consuls et les déportait dans les prisons de Montpellier, sur leur refus de lui livrer le trésor municipal.

Sous le règne du roi Jean, vaincu et captif, la tâche, déjà si rude des consuls de Nîmes, se compliqua d'une sorte de surveillance militaire très-active. D'une part, il fallait sauver du pillage des officiers du fisc les deniers du peuple demandés pour la rançon du roi, et dénoncer à grands risques la noblesse de Nîmes, qui refusait de contribuer aux charges pu-

[1] Au 1359.

bliques, ayant payé sa dette, disait-elle, à la bataille de Poitiers; d'autre part, il fallait veiller à la garde de la ville, menacée par les partis anglais et par les brigands, sonner le tocsin dans les moments d'alarme; enfin soutenir contre toutes les agressions du fisc et de l'ennemi une ville découragée, épuisée par les tailles, dépeuplée par la peste, à ce point qu'elle ne pouvait fournir un seul citoyen propre à régir les fermes publiques [1]. Le consulat nîmois ne faillit à aucun de ces devoirs; les rois l'en remerciaient; mais les gens du roi n'en étaient pas moins âpres à la curée.

Nîmes conserve dans les archives de son Hôtel-de-Ville une lettre du roi Jean, du 9 juillet 1358, adressée à ses *très chiers et feaults subgiez les bourgeois et habitants de la ville de Nismez*. Cette lettre est datée de Windonses (Windsor), où Jean était prisonnier. Il leur mande que le roi d'Angleterre « a tenu une moult (très) bele feste à la Sainct-George
» derrenier passé à Windonses; que lui Jean étant présent, on lui fist
» moult grant honours. » Il dit qu'on lui a donné bonne espérance d'un traité, et qu'après la fête, à Windsor, le mardi 8 de mai 1358, il est convenu de la paix avec le roi Édouard : et, ajoute-t-il, en signe de paix,
« nous entresbeasmez (entre-baisâmes) plusieurs foiz, et nous entre-
» donnâmez noz enneaux (anneaux) que nous avions en doiz, et sou-
» pâmes enssamblez moult amicablement.......... » Le roi ne disait pas aux bourgeois et habitants de la ville de Nîmes à quel prix s'étaient échangés ces baisers et entre-donnés ces anneaux; ce prix était au dessus des ressources de la France.

En 1375, sous l'économe Charles V, la ville délivrée de la crainte des Anglais et des brigandages des routiers, eut à disputer le peu de substance qui lui restait à l'avidité fiscale du duc d'Anjou, gouverneur du Languedoc, lequel maintenait à son profit les charges de l'état de guerre. Mandés à Montpellier pour voter de nouveaux subsides, les députés de la commune de Nîmes conseillèrent à l'assemblée la résistance; le plus récalcitrant fut arrêté; et la commune, sommée d'envoyer des représentants plus dociles, refusa d'obéir. Le duc irrité vint à Nîmes, déclara les consuls coupables du crime de lèse-majesté, les fit mettre en prison, confisqua l'Hôtel-de-Ville et tous les biens communs, et abolit la commune. Les malheureux habitants la rachetèrent plus tard de leurs derniers écus.

[1] An 1348.

Maître de Nîmes, le duc imposa de sa pleine autorité les subsides qu'il avait d'abord demandés à une sorte de vote libre. Jamais le fisc n'atteignit plus de choses à la fois. Ce fut un impôt sur l'air et le sang. Le blé, l'avoine, les légumes, le pain, le vin, la viande de boucherie, le poisson, l'huile, le fromage, les intestins des animaux, tous ces objets de consommation furent soumis à des taxes spéciales. Le pain en particulier était atteint sous trois formes; dans la terre, à l'état de semence, par l'impôt foncier; dans les greniers, à l'état de grain, par une taxe des grains; chez le boulanger, à l'état de pain, par une taxe sur la confrérie. Le vin, comme le pain, était taxé trois fois; une première fois dans le sol, avant que le bourgeon se fût montré; une seconde fois dans la vigne vendangée, où le fisc allait compter les grappes et les hottées; une troisième fois dans le tonneau et jusque dans le verre du consommateur. Il y avait des impôts sur les hôteliers pour chaque journée de cheval ou de mulet qu'ils logeaient dans leur auberge; il y en avait pour la dînée d'un voyageur, il y en avait pour la couchée. L'impôt personnel ou de la capitation saisissait l'enfant presque au sortir du berceau; au-dessus de trois ans, il avait le titre d'habitant et une part des charges attachées à ce titre écrasant. Le gros bétail était recensé et taxé par tête ainsi que le peuple; et, comme dans le peuple l'impôt descendait jusqu'à l'enfant au-dessus de trois ans, de même dans le bétail, grand et menu, outre les bêtes arrivées à leur grosseur naturelle, l'impôt allait épier dans les étables la naissance des veaux, agneaux, chevreaux, cochons de lait, pour les coucher, en sortant du ventre de la mère, sur le registre des imposés. J'oubliais une quatrième et une cinquième formes sous lesquelles le fisc poursuivait le pain du peuple; c'était dans le moulin où l'on faisait moudre le blé, et dans le four où on le faisait cuire. Tout cela, sauf les impôts ordinaires, et si l'on peut dire raisonnables, que tout membre de l'état doit à la communauté, en retour de la protection qu'il en reçoit.

La ville n'en pouvait plus. La guerre et la paix lui avaient tout enlevé. Elle succombait sous les rois économes et pacifiques comme sous les rois prodigues et belliqueux. Il fallait pourtant tirer encore quelque chose de rien. Les receveurs du duc d'Anjou vidaient les maisons des débiteurs arriérés et mettaient les meubles dans la rue et les gens en prison. Les consuls ne savaient que répondre à la plainte universelle.

Ils demandèrent un recensement [1]. C'était un moyen de frauder le fisc de quelques contribuables. Le recensement s'opéra par la division de la commune en feux; il y eut quatorze cents feux, divisés en deux classes, dont l'une avait dix livres tournois de revenus en fonds de terre, et l'autre un revenu moindre. Ce recensement mit à nu la pauvreté intellectuelle de la ville; elle n'avait que quatre jurisconsultes, trois physiciens, deux barbiers ou chirurgiens, un clerc des écoles et un régent. La dépopulation était si rapide et la misère si croissante, que deux recensements successifs du même genre ne donnèrent, en 1384, que quatre cents feux imposables, et deux cents seulement, en 1398. Nîmes, autrefois très-peuplée, était alors devenue si déserte, qu'on ne rencontrait de peuple dans les rues qu'au marché ou sur la place de la cathédrale.

Le recensement demandé par les consuls ne fit que retarder de quelques semaines le paiement des subsides du duc d'Anjou. Il fallut enfin en opérer la répartition et la levée sur tous les citoyens. Quand on en vint aux gens du roi, magistrats et parties prenantes, ils alléguèrent différents titres pour être exemptés. Geoffroy Paumier, avocat du roi de la sénéchaussée, se prévalut de celui de docteur et ferma sa porte au receveur de la ville. Paumier était haï dans Nîmes pour son zèle à verbaliser, à poursuivre, à délivrer des mandats de contrainte au trésorier de la sénéchaussée; il était de l'espèce assez commune de ces agents judiciaires de second ordre, violents sans passion, qui inspirent des haines sans en avoir, et qui gagnent leurs grades par des réquisitoires et des ordres d'écrou; homme faible d'ailleurs, comme il arrive, et dévot, qui voulut être enterré dans l'habit de chanoine, ne se fiant plus à l'innocence de celui d'avocat du roi, qui fit beaucoup de legs aux églises et aux monastères, et institua le roi Charles VI son héritier, à la condition que ce prince doterait la chapelle de St-Michel qui devait être construite dans le nouveau château royal. Le refus de cet homme odieux de contribuer aux charges communes avait exaspéré le peuple. Les consuls ne voulaient faire sur ses biens qu'une exécution légale; le peuple alla plus loin; on dévasta sa maison, on brisa ses coffres et ses armoires, on dispersa ses papiers privés et même les actes publics qui ressortissaient de sa charge; on lui prit tout, jusqu'à sa batterie de cuisine, que ce peuple misérable porta en dérision au bout de bâtons; on alla délivrer un citoyen qu'il

[1] An 1577.

avait fait emprisonner quelques jours auparavant, préventivement et par simple mesure de précaution. Les consuls étaient menés par l'émeute; on ne résiste pas à ce qu'on approuve. Geoffroy Paumier avait eu soin, dès la veille, de mettre sa personne en sûreté.

L'émeute n'en resta pas là. Il se tint dans la ville des assemblées tumultueuses, où les plus violents poussaient de force les tièdes et les timides. Il y eut même des bouchers qu'on y traîna malgré eux après avoir jeté leurs viandes à bas de leurs étaux. Dans ces assemblées, on délibéra et on résolut de nouvelles violences; les portes de la ville furent enlevées aux officiers du roi; les panonceaux royaux qui décoraient les bureaux des subsides furent arrachés et foulés aux pieds, les tables des receveurs furent mises en pièces, les bureaux démolis; mais il n'y eut pas de sang versé.

Le lendemain de l'émeute fut terrible. On allait avoir à compter avec le duc d'Anjou, qui marchait sur Nîmes avec ses gens d'armes, irrité et menaçant. Mais voyant la ville calmée, l'étendard royal flottant sur les remparts et les portes rendues aux officiers du roi, le duc s'adoucit et se borna à une sorte de punition de parade. Il fit appeler à son de trompe tous les habitants dans la salle de l'évêché; et là, un scribe ou huissier de la sénéchaussée lut à haute voix un exposé des charges qui s'élevaient contre eux. Les consuls y répondirent pour l'honneur de la ville; mais, après une faible défense, ils jugèrent plus sûr de s'en remettre humblement à la merci du duc, qui pardonna. Après tout, le duc n'en voulait qu'à leur argent. Mais l'occasion était trop belle pour les officiers royaux d'étaler leur zèle et de s'acharner sur des vaincus; au mépris du pardon et de l'amnistie du duc, ils firent arrêter et jeter en prison plusieurs des coupables, qui avaient cessé de l'être et comme vaincus et comme amnistiés. Les consuls réclamèrent; ils avaient reçu le pardon au nom de tous et pour tous; — sur l'entrefaite, Charles VI fut sacré roi de France, le 4 novembre 1380. L'abolition des subsides fut proclamée pour tout le royaume. Les fêtes mirent fin aux poursuites.

Pendant quelques semaines, du moins, la pauvre ville va respirer. Malgré l'expérience du passé sur la durée de ces sortes d'abolitions, les habitants s'abandonnèrent à la joie; on saluait ces panonceaux royaux qu'on avait foulés aux pieds quelques mois auparavant; on dansait devant les bureaux des subsides rouverts par le duc d'Anjou, après l'émeute qui les avait saccagés, mais fermés si tôt après par le roi nouvellement sacré. Les consuls pouvaient enfin vaquer paisiblement à quelques-unes de leurs attributions honorifiques, et, après avoir passé par tous les périls d'un poste élevé, repaître leur petite vanité consulaire de ses paisibles honneurs. Nîmes quitta son air sombre et mit ses habits de fête ; les différents corps de métiers se donnèrent des repas où l'on but, à la santé du roi, d'un vin que la gabelle n'avait pas jaugé, et où l'on mangea des quartiers de chevreaux rôtis sur lesquels la taxe royale n'avait rien prélevé. Il y eut une procession générale, le 5 décembre 1380, par un de ces beaux soleils d'hiver et une de ces journées douces et tépides que la ville du midi doit à sa situation géographique et aux collines qui l'abritent contre les vents du nord.

Les consuls, selon l'usage, marchaient en avant de la procession, le chaperon rouge sur la tête, et tenant à la main une torche décorée d'écussons aux armes de la ville. L'étendard de la commune, porté par Bernard Amat, citoyen de Nîmes, flottait devant eux. Pierre Sabatier et son compère sonnaient de la trompe, en tête du cortège, pour faire retirer la foule et assurer la marche grave de Messieurs de la ville. Le livre de dépense des consuls porte en compte quelques pataques, monnaie du pays, donnés à ces braves gens, pour boire après la fête. Ce fut maître Bernard, peintre en armoiries, qui fut chargé de colorier, aux armes de la ville, les torches que tenaient les consuls ; et un *pauvre homme*, disent les comptes, nommé Juge, reçut six pataques pour avoir porté ces torches de la maison d'un des consuls à l'atelier de maître Bernard, et deux pour les avoir rapportées à l'Hôtel-de-Ville. Je ne doute pas que ces petits détails ne plaisent au lecteur : par son but spécial, notre histoire peut descendre, sans déroger, jusqu'à ces riens qui sont beaucoup dans l'humble vie des villes, et, par occasion, ressusciter les ancêtres des *pauvres gens*.

L'année suivante, c'est-à-dire environ deux mois après les fêtes pour l'abolition des subsides, toute la ville est en mouvement. Par toutes les portes de Nîmes entrent pêle-mêle les habitants des faubourgs et des villages du territoire, apportant le peu de pain que leur ont laissé les agents du fisc et les compagnies de gens d'armes, ceux-ci du vin, ceux-là quelques sacs de blé ; aucuns poussant devant eux des bêtes de somme chargées de leurs ustensiles, de leurs hardes, de leurs grabats de paille, avec de petits enfants en bas âge jouant dessus. La grosse cloche du beffroi sonne incessamment, à volées entrecoupées. On a attaché au battant, disent les comptes, une corde neuve de jonc pour sonner le tocsin, *ad faciendum tocassen*. Des sentinelles sont placées sur le clocher et sur la tour Magne pour découvrir les mouvements de l'ennemi. Les barbacanes des portes, où se tiennent les archers et les arbalétriers, ont été réparées; des sentinelles perdues sont postées sur toutes les collines qui dominent la ville; des explorateurs sont envoyés en avant, dans toutes les directions; quelques-uns, habiles nageurs, devront passer les rivières, pour observer plus sûrement l'ennemi. On donne à tous les habitants le droit d'être armés; on nomme Pierre Ponchut l'un des deux capitaines de la milice de Nîmes. Du reste Nîmes n'a pas cessé de reconnaître le roi de France; la bannière royale flotte toujours sur les remparts. Ce n'est pas au roi que Nîmes fait la guerre, c'est au nouveau gouverneur du Languedoc, le duc de Berry, frère du duc d'Anjou, précédé par une réputation d'avidité fiscale qui surpasse celle de son frère, et par un nom que d'épouvantables exécutions militaires ont déjà fait haïr dans tout le Languedoc.

En effet, une première bataille avait été livrée entre les milices de la commune de Nîmes et des communes environnantes et les troupes du duc de Berry. C'était Pierre Ponchut, le nouveau capitaine de Nîmes insurgée, qui commandait les communes. Il avait été vaincu, et soixante de ces braves gens avaient été tués. Mais on récompensa sa défaite par le titre de capitaine de la ville, parce que cette défaite était glorieuse. Les troupes du duc d'Anjou avaient eu, dans la bataille, l'avantage du nombre, des bonnes armures et de la discipline. Le duc déshonora sa victoire par d'ignobles cruautés. Tous les prisonniers furent ou égorgés ou mutilés; aux uns on versa de l'huile bouillante sur les jambes, aux autres on arracha les oreilles avec des tenailles; quelques-uns furent jetés dans des puits.

Les consuls étaient à la tête de l'insurrection de Nîmes. Du reste, les autorités royales avaient été respectées. Le sénéchal se retira à Beaucaire et y transporta le siège de la sénéchaussée; c'était une punition de la révolte nîmoise. Du reste, cette guerre inégale entre les communes et le duc de Berry ne traîna pas long-temps; le pays était à bout d'hommes et d'argent et prêt à tout souffrir, par impuissance de résister. Le duc prenait les villes, sans coup férir, l'une après l'autre; Nîmes se découragea, mit bas les armes, et reconnut son autorité. En juin 1382, le duc de Berry était maître de tout le Languedoc.

Le premier acte de son gouvernement fut d'ordonner la levée d'un subside voté par les sénéchaussées du Languedoc, sous la menace des gens d'armes de Berry. Les pressentiments du peuple avaient été justes. C'était le duc d'Anjou, mais plus violent et plus implacable, et ayant à répondre de ses actions, non plus à l'économe et prudent Charles V, mais à son imbécile successeur. Les exactions de ce prince enfantèrent le Tuchinat, espèce de jacquerie locale, où les paysans coururent sus aux nobles, et où se commirent d'épouvantables excès, pillage des églises et des châteaux, prisonniers brûlés, mutilés, essorillés, auxquels on coupait les poignets, cassait les dents à coups de marteau et déchiquetait le visage; meurtres, incendies, viols de femmes enceintes; tous les sanglants épisodes d'une guerre de vengeance entre de vieux ennemis sous un soleil qui rend les hommes fous. Le tableau de ces tueries n'est pas, grâce à Dieu, de notre sujet; il appartient à l'histoire générale du Languedoc. Le Tuchinat ne doit figurer ici que pour une circonstance qui lui donna un caractère tout particulier et qui fut signalée courageusement par les consuls de Nîmes. Ce fut la complicité, et secrète et avouée, de quelques nobles de la ville et du pays avec les tuchins, brigands désavoués et repoussés par les villes les plus hostiles au duc de Berry, quoiqu'ils eussent pris les armes sous couleur de résister à ses exactions.

Le rôle de ces nobles fut odieux. D'abord, ils laissèrent retomber tout le fardeau du subside sur le peuple de la ville et du territoire, déjà exténué par le duc d'Anjou. Quand on réclamait leur part dans la contribution : « Que le subside se paie, disaient-ils, que les paysans et les vilains » s'exécutent; nous autres nobles, nous nous partagerons leur argent. » Les consuls pénétrèrent fort bien le secret de leurs intrigues. Les nobles avaient deux intérêts : l'un, de créer des embarras au duc, afin d'assurer leur indépendance; c'était l'esprit de toute la noblesse féodale : l'autre de se servir du gouvernement central contre le peuple dont ils craignaient les vengeances. D'une part donc ils excitaient le peuple contre le gouvernement du Languedoc, en exagérant les mauvaises passions du duc, et en feignant de se révolter contre des exactions qui ne les atteignaient pas; et, d'autre part, ils rendaient le peuple suspect au duc en grossissant ses mécontentements et en lui prêtant des projets de révolte que sa misère et son abattement rendaient impossibles. Placés entre deux forces dont la réunion pouvait les détruire, ils tâchaient de les tenir divisées et

suspectes l'une à l'autre, et n'y réussissaient que trop bien, les causes des haines étant si vives entre le peuple et le prince. C'était là le rôle des politiques. Du reste, insolents et durs, traitant de *tuchins* les gens des communes, et si les villes leur demandaient le secours de leur argent et de leurs bras pour délivrer le pays des brigands, ils disaient avec dédain :
« Que veulent de nous ces vilains ? Nous faire contribuer à la défense du
» territoire et au paiement des subsides ? Qu'ils aient pour certain, s'ils
» osent nous y contraindre, que les courses et brigandages à travers leur
» pays continueront de plus belle, que leur argent nous sera donné
» pour paie, et qu'ils auront un peu plus de gens d'armes contre eux. »

D'autres, c'étaient les nobles hommes d'armes, espèces de brigands titrés, qui avaient conservé les mœurs des *grandes compagnies* battues et disciplinées par Duguesclin, *Bertrandus de Cliquino*, comme l'appellent les consuls de Nîmes, se mettaient à la tête, tantôt des tuchins, tantôt des gens d'armes envoyés contre les tuchins, pillant avec les uns et les autres indifféremment, les recevant dans leurs forteresses et les enivrant avec le vin volé aux gens des communes ; ou bien leur servant de guides dans le pays et leur indiquant les maisons des habitants aisés, sauf à partager la prise avec eux. On avait vu de ces nobles (les consuls les nomment) mêlés souvent aux gens d'armes ou aux tuchins, et, la visière baissée, pour n'être pas reconnus, commander le siège des fermes, vider les écuries et les basses-cours et faire main-basse sur le peu que les fermiers avaient pu sauver des mains du fisc. Quand ce n'étaient pas les nobles eux-mêmes, c'étaient leurs vassaux qui conduisaient des bandes de tuchins dans cette mêlée de voleries et de meurtres, où les troupes envoyées pour arrêter les brigands pillaient ce que ceux-ci avaient oublié, rongeaient l'os qu'ils avaient mangé à moitié, et glanaient misérablement sur les hardes du *vilain* dépouillé et sur les ruines de sa maison saccagée. Plusieurs de ces nobles, pauvres et endettés avant le tuchinat, s'étaient enrichis tout à coup dans ces obscurs pillages, mais sans en payer plus leurs dettes ; quelques-uns, traînant à leur suite des convois de charrettes volées çà et là, avaient enlevé tous les fumiers des villages pour les porter sur les terres de leur dépendance ; un petit nombre s'était jeté, tête levée, dans cette guerre infâme, affichant leurs faciles exploits sur des hommes sans armes et leurs prises de villes abandonnées, disant publiquement qu'ils sauraient bien mettre à rançon les vilains de Nîmes, et brandissant leurs bannières particulières devant la bannière royale arborée sur les créneaux de la ville.

Les consuls osèrent demander des indemnités à la noblesse de Nîmes et de son territoire pour les dévastations du tuchinat, qu'ils n'avaient pas craint de rejeter sur elle. On ne fit pas droit à leurs demandes, et ils eurent tort à la cour; mais, dans l'esprit des peuples, la noblesse demeura souillée de cette odieuse complicité, et les consuls de Nîmes, qui avaient protégé, dans l'intérieur de la ville, les femmes et les familles des nobles qui ravageaient son territoire, eurent pour eux les faits et l'opinion, l'opinion, faible auxiliaire alors, tant qu'elle ne s'imposait pas l'arme au poing et qu'elle n'avait pas la force brutale de son côté.

Plus tard[1], à l'occasion d'un nouveau différend entre les consuls et la noblesse de Nîmes (il s'agissait encore de finances, et la noblesse ne voulait pas contribuer), des saisies furent exécutées par les officiers du fisc royal sur les biens des récalcitrants. Les consuls appuyèrent ces officiers. Les nobles se pourvurent devant le roi. De là, de nouveaux mémoires de chacune des parties. Les consuls remontèrent à l'origine de cette noblesse, dont plusieurs membres avaient profité de l'incertitude et de la confusion de l'état civil pour se glisser parmi les anciennes familles et usurper des titres nobiliaires : ils démasquèrent avec esprit et malice et quelque peu de morgue bourgeoise, ces parvenus qui venaient de rien, qui avaient fait des fortunes scandaleuses, et qui, au lieu de les expier en participant aux charges publiques, prétendaient les mettre hors des atteintes du fisc, sous la protection d'un titre et d'un blason volés. De ces nobles d'hier, Gilles Julien avait pour aïeul un muletier de Murat, en Auvergne; son père, Pierre Julien, après avoir donné des leçons de droit à des écoliers de Toulouse et rampé long-temps dans des emplois de judicature inférieure, était devenu juge-mage de la sénéchaussée de Beaucaire, où il avait fait tout-à-coup une fortune honteuse. Guillaume Pons avait d'abord été valet de chambre de Jean Gasc, évêque de Nîmes, puis écuyer de l'évêque de Maguelonne, puis marchand de bestiaux : c'était un brave qui se vantait d'avoir fait les guerres de Flandres, et qu'on avait vu, sur les grandes routes, faute d'oser détrousser les voyageurs, voler les clochettes attachées au cou des bestiaux. Jean de Geolon sortait de Pierre de Geolon, lequel cumulait à Nîmes la profession de juriste avec celle de meunier,

[1] En 1390.

et travaillait à la terre de ses propres mains, *comme aurait fait un bouvier*. Charles Rati avait eu pour aïeul un négociant de Gênes, qui faisait le commerce et tenait une auberge, et pour père, Georges Rati, soldat, condamné à mort pour avoir conspiré contre la république : quant à lui, Charles Rati, un certain vicomte d'Usès l'avait eu pour domestique, et on l'avait vu labourant la terre ou conduisant la charrette. Plusieurs gens de rien ou de peu avaient épousé des filles de bourgeois riches et s'étaient équipés chevaliers avec la dot, et après avoir chevauché du côté où se faisait la guerre, étaient revenus à Nîmes, nobles de deux ou trois quartiers, sans avoir vu l'ennemi.

Cette fois encore les consuls eurent tort à la cour ; les soi-disant nobles furent exemptés du subside, mais ils avaient été humiliés ; on paya, mais on se moqua d'eux. Cela fit trouver le subside moins lourd.

Dans toutes les questions de finances, la pauvre ville avait toujours le dessous. Ainsi, peu auparavant, ce Geoffroy Paumier, dont la maison avait été saccagée, sous le gouvernement du duc d'Anjou, avait fini par se faire donner douze cents francs d'or à titre d'indemnité [1] ; la somme lui fut soldée, à-compte par à-compte ; la ville n'avait pas dans ses coffres de quoi s'acquitter en une fois.

Peu de villes pourtant pouvaient se vanter de plus de fidélité au roi de France que la ville de Nîmes. Rien n'arrivait au roi ou à sa famille qui ne fût une occasion de manifestations et de dépenses publiques pour la ville, soit de processions, soit de présents. Isabeau de Bavière mande par lettres aux consuls la naissance d'un fils [2] ; le courrier ou *chevaucheur* de la cour reçoit un franc d'or pour récompense de sa bonne nouvelle. Une autre fois, c'est la santé du roi qui est rétablie [3] ; on fait une procession solennelle ; on invite un maître de théologie en renom à monter en chaire, dans la cathédrale, et à prêcher sur ce texte. Il prêche et reçoit, pour prix de son sermon, six poulets et six perdreaux. Le roi retombe ; nouvelle procession pour sa guérison. Une légère amélioration se fait sentir : à une procession de deuil succède une procession de réjouissance [4]. Toute la ville fait partie du cortège. Les consuls portent des torches peintes à l'écusson du roi ; des joueurs de trompette et de tympanon et de gros instruments à cordes, *cordarum grossorum instrumentorum*, exécutent des symphonies en tête de la procession. Le soir et pendant la nuit, des

---

[1] février 1388. — [2] 3 octobre 1386. — [3] 17 août 1392. — [4] 8 décembre 1393.

mimes et des ménétriers font danser le peuple sur les places publiques ; les joueurs d'instruments, les porte-étendard, les mimes soupent aux frais de la ville. Enfin, ce qui arrivait plus rarement, les consuls, après la procession, dînent ensemble. Les comptes nous donnent leur menu qui ferait sourire nos dignitaires municipaux. Ce sont quatre perdrix, quatre lapins, deux épaules de mouton, des oranges pour dessert, quelques bouteilles de vin clairet ; en tout une dépense de vingt-six gros et dix deniers. Ce serait à peine, en ce temps-ci, l'écot d'un maire de petite ville.

Tant de soumission et de dévouement ne désarmait pas le fisc. La ville était dévorée par le duc de Berry, tantôt rappelé de son gouvernement, tantôt rétabli, selon les alternatives de la santé du roi ; tout puissant quand le roi n'avait plus sa raison, disgracié sitôt que ce pauvre prince en recouvrait une lueur, assez pour savoir que le Languedoc se dépeuplait tous les jours sous l'administration meurtrière de son frère. Si les consuls fêtaient avec tant d'éclat les retours de raison du roi, s'ils ordonnaient des processions solennelles, c'est surtout parce qu'ils avaient l'espoir d'être délivrés du duc de Berry. Jamais le pays n'avait été affligé d'un exacteur aussi impitoyable. Les peuples poussaient des cris de détresse : alors on leur envoyait des commissaires réformateurs, remède pire que le mal. Ces commissaires ne réformaient rien et grappillaient après le duc de Berry, à l'exemple de ces gens d'armes envoyés à la poursuite des tuchins. Ils s'abattaient comme des sauterelles sur ces villes et ces villages délabrés, faisant butin de tout, taxant, rançonnant, extorquant, en gens dont la commission ne devait durer qu'un jour, et à qui la faveur offrait tout-à-coup cette occasion de fortune rapide. Les consuls de Nîmes s'attaquèrent courageusement à ces nouveaux ennemis ; ils dénoncèrent leurs rapines, le croirait-on? au duc de Berry lui-même, alors rentré dans son gouvernement [1], et ils en appelèrent des brigandages des réformateurs à l'homme qu'ils avaient mission de réformer. Leur supplique est dans un patois grossier, formé de latin corrompu et de français naissant ; mais il prouve que l'éloquence précède les langues littéraires et que les souffrances vraies ont un art naturel qui sait trouver des effets oratoires et des expressions fortes même avant d'avoir une langue pour les rendre.

Ces commissaires réformateurs étaient envoyés, ou plutôt lâchés, dans

[1] 1402.

le pays sous toutes sortes de titres. Il y en avait autant que de choses à réformer.

C'étaient d'abord les commissaires pour l'entretien et la réparation des forteresses. « Ils viennent, disent les consuls de Nîmes, avec une grande pompe et une grande domination dans les forteresses et dans les villes, accompagnés d'une multitude d'agents en sous-ordre, et ils regardent les localités, et ils disent : « Il manque ici une pierre, là une fenêtre, » et autres choses semblables; et, cela fait, ils se retirent, font venir devant eux les habitants du lieu qu'ils ont visité, et leur demandent de grandes sommes d'argent. Du reste, rien ne se fait. Et, en attendant, ils ont des festins et des dîners, de l'avoine et du foin pour leurs chevaux, et d'autre butin qu'ils emportent et qui ne vient pas en compte dans leur salaire. »

Venaient ensuite les commissaires pour la réparation des chemins. « Ceux-là marchent à travers la patrie, *incedunt per patriam*, avec trois ou quatre chevaux et autant de greffiers et de serviteurs, et ils effraient les populations à ce point qu'on n'ose leur parler, et ils disent aux habitants des localités : « Ce pays-ci a un chemin public ou communal qui » a besoin de réparation et vous n'y faites rien. Il vous est ordonné d'y » travailler; mais d'abord, payez-nous nos vacations. » Et les gens n'osent pas les contredire, et ils se contentent de leur répondre : « Maî- » tres, voici notre argent. » Et ceux-ci prendront souvent des marchandises pour de l'argent et donneront pour un gros ce qui vaut un florin. Et c'est ainsi que par les vacations de ces hommes et par la vente à vil prix de ses propres biens, le pauvre peuple est doublement ruiné. »

Voici maintenant les commissaires pour les francs-fiefs, « qui *marchent*, eux aussi, *à travers la patrie*, pour percevoir les droits qui pèsent sur les biens nobles achetés par des vilains. Ceux-là exigent des vacations de trois ou quatre francs pour des articles de finance de trois ou quatre gros. « Ce que font ces commissaires, » disent les consuls, « celui-là le sait qui n'ignore rien ! »

En voilà d'autres encore, sous un autre nom. Ce sont les commissaires pour les informations touchant les délits de justice. « Ceux-là aussi *marchent à travers la patrie* — les consuls répètent pour chacun cette énergique et touchante expression — pour faire des informations judiciaires; et ils arrêtent des personnes innocentes et ne les laissent aller en liberté qu'après en avoir tiré de l'argent; et si ces personnes ne veulent pas payer

ce qu'on exige d'elles, ceux-ci tâchent de les effrayer, disant : « Nous
» t'emmènerons garrotté, si tu ne veux pas nous payer nos vacations ; »
alors, par la crainte d'un tel traitement, les gens composent avec eux :
et s'il arrive à ces hommes de faire de bonnes informations, ils les
montrent aux coupables, leur disant : « Si tu veux donner tant, il ne sera
» jamais question de cette procédure, et tu ne seras pas poursuivi ; » et
après avoir reçu de l'argent, sous cette condition, ils déchirent les informations ou les jettent au feu, et Dieu sait combien il se commet de
choses de ce genre!

Une cinquième sorte de commissaires venait achever les peuples déjà
épuisés par les premiers. C'étaient les commissaires pour la *réparation des
feux*. Cela s'entend du cens qu'on établissait sur le nombre des feux ou
familles que renfermait une ville. Cette *réparation* était la base de la répartition. Or, les hommes préposés à cet emploi exagéraient le nombre
des feux pour augmenter l'impôt, ou bien vendaient à quelques citoyens
le privilège de ne pas être mis sur la liste des imposables. C'était une
simonie du sang et de la substance du peuple.

« Et tous ces commissaires, continuent les consuls, tandis qu'ils *marchent à travers la patrie*, s'ils ont besoin de vin, de foin ou d'avoine,
ils en font des réquisitions de leur propre autorité et sans rien payer.
Et si celui qu'on dépouille ainsi de son bien vient à se plaindre, ils lui
disent : « Ah! vilain traître! avise-toi de parler! » Et de temps en
temps ils frappent les gens ou les accablent d'injures; et le peuple ne se
plaint pas d'eux pour beaucoup de raisons, et, entre autres, parcequ'il
se meurt d'inanition, *est inhanitus*, et parceque, s'il se plaignait, sa
plainte ne serait pas entendue, car la justice lui fait défaut! »

La source d'où le peuple tirait de l'argent était desséchée. C'était la
cour d'Avignon où les gens de Nîmes venaient vendre leurs blés et leurs
vins. Or, cette cour ayant perdu sa splendeur, et le pape romain l'ayant
emporté sur le pape d'Avignon — malgré les nombreuses processions que
faisaient les consuls en apparence pour l'extinction du schisme de l'é-
glise, mais, en réalité, pour que la cour d'Avignon l'emportât sur celle
de Rome — les peuples ne travaillent plus, disent les consuls, ne voulant
pas travailler pour le fisc. » Et Nîmes, en particulier, n'a pas conservé la
sixième partie de ses habitants, et cela est visible à l'œil, *apparet ad
oculum ;* car, dans cette ville de Nîmes, qui avait coutume d'être tant

peuplée (*populo populata*) et dans ses murs et hors de ses murs, on ne trouve plus de peuple que sur la place et devant la cathédrale : dans les autres parties de la ville, dedans ou dehors, vous ne rencontrez personne ou seulement peu de gens. Et depuis cinquante ans les guerres, les mortalités, les famines, les gens d'armes, les brigands, les subsides pour cause de guerre, nous ont accablés; et si tout le peuple eût été d'or, il ne faudrait pas s'étonner qu'il eût été dévoré. »

« Et voilà, qu'en dernier lieu, sur ce peuple frappé par la main de Dieu et affligé de tous les maux de ce monde, on vient d'établir un impôt de douze deniers pour livre; et, sous ce prétexte, on prélève le droit sur des objets qui ne valent pas une livre, mais que le caprice des collecteurs royaux élève arbitrairement à ce prix. C'est ainsi que, s'ils voient passer un pauvre, venant de la campagne et portant soit une salmée de bois, qui vaudra un gros, soit des œufs, soit un poulet ou une poule de la même valeur, ils le forcent de payer le droit de douze deniers, quoique les ordonnances s'y opposent. »

J'ai tâché de conserver dans cette courte analyse du long mémoire des consuls, le caractère de simplicité touchante qu'ont ces plaintes populaires, dans la bouche des magistrats, organes courageux des droits et des souffrances de la cité. Soit ressemblance réelle, soit que ce latin barbare et pittoresque m'ait fait illusion par sa singulière analogie avec celui des psaumes de la Vulgate, il m'a semblé trouver dans ces doléances si simples et si éloquentes, dans ces mots répétés avec la négligence de la souffrance, dans ces petits récits courts et colorés, coupés de dialogues, enfin jusque dans cette répétition presque liturgique de la conjonction *et,* un ton et une couleur bibliques. Au reste, quel résumé de l'histoire de Nîmes pendant le quatorzième siècle aurait pu valoir pour l'intérêt, pour le poids et aussi pour la moralité historique que le lecteur ne manquera pas d'en tirer, ce triste et déplorable inventaire par lequel les consuls de Nîmes entraient dans le quinzième siècle? Quelle sympathie d'érudition et d'étude aurait pu m'inspirer des paroles à la hauteur de celles-là?

La dernière année du quatorzième siècle s'écoula, pour la ville de Nîmes, au milieu des craintes d'un pillage de gens d'armes et des ravages d'une inondation, digne couronnement d'un siècle durant lequel les générations n'avaient pas pu compter une année de repos et d'abondance!

Ces gens d'armes venaient des guerres du pays de Foix. Ils s'étaient arrêtés, en petit nombre, dans les environs de Nîmes. Leur voisinage y causa un grand émoi. Ce n'était plus le temps où la ville pouvait tenir tête aux troupes d'un gouverneur général du Languedoc. Toutefois on se mit en mesure de défense. Les consuls postèrent deux sentinelles sur le clocher de la cathédrale et sur la tour Magne, pour aviser l'ennemi dans la plaine. C'était là, d'habitude, leur première disposition militaire. Les chanoines de la cathédrale se plaignaient depuis long-temps de cet usage, en ce qui regardait la tour de leur église, dont ils voulaient être seuls maîtres. Cette fois, ils menacèrent de jeter la cloche en bas du clocher. Les consuls résistèrent, maintinrent leur cloche et leur sentinelle, et, plus tard, ils obtinrent, par des lettres du roi, la libre propriété de la tour du beffroi. Dans cette circonstance, ils firent faire la garde de jour et de nuit par toute la ville, et ordonnèrent que les portes en fussent sévèrement fermées à l'entrée de la nuit. Malgré toutes ces précautions, on n'était pas encore bien rassuré dans Nîmes. Les gens d'armes ne délogeaient pas. Ils disaient qu'ils voulaient faire quelque séjour dans le pays avant de partir pour Constantinople. On essaya de les éloigner par des caresses et des présents. Le consul Jean de Terre-Vermeille les alla trouver à cheval, avec une suite, pour tenter cette négociation délicate. Il avait fait apporter avec lui deux quartiers de mouton et quelques pots de vin. Ce ne fut pas tout. Deux de leurs officiers étant venus loger à Nîmes, on leur fit un présent de volaille. Ainsi Nîmes en était réduite à cet épuisement qu'on y craignait l'attaque ouverte d'une troupe qu'on pouvait conjurer par deux quartiers de mouton, de la volaille et quelques pots de vin! Les consuls avaient peur d'une *armée* qu'ils pouvaient griser tout entière dans un cabaret du village de Bouillargues ou de La Calmette! A la fin un ordre supérieur, sollicité par une députation solennelle des consuls, rappela cette poignée de soldats vers l'intérieur et délivra Nîmes de ses inquiétudes. Ce qui n'eût pas été un ennemi sérieux pour la ville du commencement du quatorzième siècle, pouvait être un maître pour la ville telle que l'avaient faite les quarante années de gouvernement des ducs d'Anjou et de Berry.

Cette alerte passée, survint une inondation effroyable; mais il ne se trouva pas dans la ville un vieillard qui pût dire s'il en avait vu de plus terrible; depuis long-temps on ne vieillissait plus dans Nîmes. Ce fut le

29 d'août 1399, jour de la décollation de saint Jean-Baptiste. Les pluies qui tombèrent furent telles, disent les comptes des consuls, que toute la ville crut périr entièrement, *tota villa credidit totaliter perire ;* des pans de murailles furent abattus et des maisons noyées dans les eaux. Après quelques jours de terreur et d'angoisse, la pluie cessa ; si les subsides restent, du moins les orages passent. Toutefois la ville avait assez souffert de cette inondation pour que les consuls songeassent au moyen d'en prévenir le retour. Il n'y en avait qu'un ; c'était la prière. La ville du moyen-âge n'avait rien conservé des admirables traditions de l'art hydraulique de la ville romaine. On fit une procession solennelle le 4 septembre 1399. Les consuls portèrent, selon l'usage, des torches peintes à l'écusson royal ; ce fut maître Rigaut qu'on chargea de ces peintures. Il y eut aussi des joueurs d'instruments et des mimes qui firent des réjouissances, *qui fecerunt festum :* le peuple dansa sur les places au son des tambourins et des flûtes. Pour l'homme, être heureux, c'est oublier, et, en tout temps, l'homme oublie. Je me prends quelquefois à dire, en voyant ces fêtes, ces réjouissances, ces danses publiques jetées au milieu d'épouvantables malheurs : N'y a-t-il donc de malheurs que pour qui les regarde de loin ?

IV.

HISTOIRE DE NIMES PENDANT LE XVᵉ SIÈCLE.
LES RÉFORMATEURS DES MONNAIES.
LE COMTE DE CLERMONT FAIT EMPRISONNER LES CONSULS POUR UN ARRIÉRÉ DE SUBSIDE.
NIMES, ASSIÉGÉE PAR LE DAUPHIN, DEPUIS CHARLES VII, RENTRE EN GRACE AUPRÈS DU ROI.
TREMBLEMENT DE TERRE. — PESTES.
VISITE DE QUELQUES HABITANTS DE NIMES ATTAQUÉS OU SOUPÇONNÉS DE LA LÈPRE.
NOUVELLE PESTE.
RÈGNES DE LOUIS XI, CHARLES VIII ET LOUIS XII.
ENTRÉE TRIOMPHALE DE FRANÇOIS Iᵉʳ A NIMES. — LA RÉFORME.

L'histoire de Nîmes, pendant la première moitié du quinzième siècle, est une triste continuation de celle du quatorzième, avec des pestes pour épisodes, ou des famines qui amènent les pestes. La guerre et les subsides toujours dévorants, les réformateurs des abus et les routiers, mêmes pillards, sous deux noms différents ; quinze années encore de l'administration du duc de Berry, des orages comme celui qui avait déjà noyé la ville en 1399, une sorte de misère stagnante, qui n'augmente ni ne diminue, et qui donne pour résultat, en 1405, dans une ville qui avait compté, même dans des temps de malheur, quatorze cents feux imposables, cent feux ou cent habitants représentant au-delà de dix livres tournois de biens : — voilà l'histoire de Nîmes, hors de ses hôpitaux, du moins jusque vers le milieu du siècle, époque où la pauvre ville commence à se ranimer, cultive de nouveau ses vignes et ses champs abandonnés, se repeuple lentement, et, si l'on veut me permettre ce mot, reprend un peu de sang pour le verser dans les guerres religieuses du seizième siècle.

J'ai oublié de compter, dans la liste des réformateurs que le roi envoyait en Languedoc, les réformateurs des monnaies, autres sangsues du peuple, qui sous prétexte de poursuivre les délits d'altération de monnaies, *marchaient à travers la patrie,* vendant aux gens, moyennant un certain prix, ou leur tolérance ou leurs menaces. Ces réformateurs avaient un chef, qualifié du titre de maître des monnaies pour monseigneur le roi, lequel s'établissait dans une ville centrale, et de là les lançait sur tout le territoire comme une meute affamée, à laquelle on permet de se faire sa part dans la proie qu'elle rapporte au maître. Les villes craignaient ces réformateurs à l'égal des routiers, et les magistrats de la cité s'exposaient volontiers au soupçon de vouloir receler ou entretenir des abus, par les démarches qu'ils faisaient pour en épargner à leur ville la prétendue réforme. C'est ce qui arriva pour la ville et les consuls de Nîmes en l'année 1403.

Cette année 1403 avait commencé sous de bien tristes auspices. D'épouvantables pluies et des débordements de rivières dont les ravages firent oublier l'inondation de 1399, avaient couvert la ville et le territoire de ruines. Le Gardon, ce petit torrent qui passe sous le pont du Gard, et qui, dans les chaleurs, tient tout entier sous une arche de l'aqueduc romain, avait emporté le pont de Boucoiran, village près de Nîmes, et fait un vaste lac de toutes les plaines d'alentour. Pour apaiser le Ciel, une procession avait été résolue d'un commun accord entre l'évêque et les consuls. On voulut donner à cette procession une pompe extraordinaire. « Notre révérend père en Jésus-Christ, » disent les comptes, « monsieur l'évêque de Nîmes, avec son clerc, et messieurs les consuls,

» décidèrent qu'on porterait l'image de la bienheureuse Vierge Marie,
» avec les bannières et torches des confréries, et des corporations de
» métiers de la ville de Nîmes, et que le peuple tout entier prierait
» notre Seigneur Jésus-Christ de faire cesser par sa très-sainte miséri-
» corde les pluies et les débordements des eaux, afin que le peuple fût
» sauvé et qu'il ne mourût pas de faim. » Du reste on ne changea rien
aux accessoires d'usage : les torches des consuls étaient peintes, selon la
coutume, aux armes du consulat, et il y eut après la fête des réjouissances, des danses au son de la trompette, pour lesquelles Pascal Ve-
nessin et sa troupe, les mimes et ménétriers de la ville, reçurent dix
sous tournois.

A peine la ville était-elle remise de l'effroi que lui avait causé l'inondation, qu'un bruit sinistre s'y répandit et renouvela toutes les inquiétudes. Le maître des monnaies de monseigneur le roi, disait-on, Jean
Harard, avait parlé d'envoyer des réformateurs à Nîmes, et, comme
disent naïvement les comptes, *destinait ses commissaires contre la patrie.*
Les consuls s'assemblent. On décide que Guillaume Sauvaire, l'un
d'eux, partira le lendemain pour Montpellier, afin d'y conférer avec Nicolas Veau, l'un des réformateurs généraux, qui y tenait son quartier-général. Car, outre les réformateurs spéciaux et la nuée de leurs agents particuliers, il y avait, comme on voit, des réformateurs généraux, lesquels
commandaient les chefs et les soldats, et prenaient la part du lion dans
la curée commune. Guillaume Sauvaire avait plein pouvoir d'essayer de
tous les remèdes possibles, « afin, » disent les comptes, « que la patrie
» ne fût pas dévorée par de tels mangeurs. » Guillaume Sauvaire eut de
longs entretiens avec Nicolas Veau. Par malheur, l'épuisement de la ville
n'avait pas permis d'essayer du remède le plus efficace en pareil cas, l'argent. Nicolas Veau se retrancha dans son devoir, ce qui est toujours facile
à qui n'est pas tenté. Les conférences furent sans résultat. Peu après le retour de Guillaume Sauvaire, arriva dans Nîmes le maître des monnaies
en personne, Jean Harard. Il y eut d'orageuses discussions entre Jean
Harard et les consuls. Mais, à la fin, on s'arrangea, si ce mot peut convenir à la décision que prit la malheureuse ville de s'en rapporter à monseigneur le duc de Berry, c'est-à-dire de se mettre à la merci du chef de
la troupe. C'était du moins un ajournement de quelques semaines, et
Nîmes en était réduite à se réjouir d'un ajournement comme d'un gain.

Maître Jean Harard y voulut bien consentir. Les consuls, dans leur reconnaissance, lui firent présent de six chapons, et, à son notaire ou greffier, pour ses peines et écritures, de deux livres tournois.

Environ dans le même temps, le comte de Clermont, cousin du roi, revenant de la guerre contre les Anglais, en Aquitaine, passa par le pays de Nîmes, et s'avança vers la ville. Les consuls allèrent au-devant de lui sur la route, à cheval, avec une suite de notables, aussi à cheval. On craignait qu'il ne prît envie au comte de lever une dîme de guerre sur la ville, par manière de passe-temps; et comme on n'avait pas dix hommes d'armes à lui opposer, on avait pensé à l'adoucir par cette démarche d'honneur. Les consuls s'étaient munis de quelques présents. C'étaient toujours des torches de cire, des flambeaux, le présent d'usage, et du vin, chose plus propre à gagner un chef de gens d'armes, et qui, du reste, commençait à être une rareté dans Nîmes, sur ce sol où la vigne, fécondée par le libre travail de l'homme, produit des grappes comme celles de la terre de Canaan. Le comte reçut les consuls avec politesse et les remercia de leurs présents : mais, à peine entré dans la ville, il les fit arrêter au débotté et mettre, eux et leur suite, en prison dans le château royal. Il établit en outre des garnisons de gens d'armes dans les maisons de divers particuliers. Le prétexte de cette violence était un arriéré de 700 livres tournois que la pauvre ville, en retard avec tous les receveurs d'impôts, devait encore sur le subside de guerre. Les prisonniers restèrent enfermés cinq jours dans le château royal, comme il résulte des comptes de leur Clavaire, lequel porte en dépense du bois et des chandelles (on était en novembre) et une gratification donnée au concierge du château royal, après un accord entre le comte et les consuls, qui payèrent les 700 livres, et furent mis en liberté. Les garnisaires furent retirés des maisons.

Cette fois les consuls n'avaient-ils pas défendu les finances de la cité un peu en débiteurs difficiles qui n'aiment pas à payer, même quand ils le peuvent? On le croirait à voir la promptitude de cet arrangement, qui fit trouver sept cents livres en moins de six jours. La ville ne se faisait-elle pas un peu plus pauvre encore qu'elle n'était? Mais que dire de ce mode de perception des subsides, de ce comte qui se substitue de sa pleine autorité aux receveurs royaux, qui remplace les contraintes par écrit du trésorier et les réquisitions de l'avocat-général de la sénéchaussée par la hallebarde des garnisaires, et qui lève lui-même la solde de ses gens d'armes! Au prix de combien d'abus de détail, de violences, de monstruosités, de souffrances particulières, devait se consommer l'œuvre de l'unité de la France!

Ménard, l'historien de Nîmes, ne trouve à dire de cette étrange affaire que ceci : « Il demeure prouvé par ce trait que le château royal » de Nîmes était alors entièrement achevé. » A la bonne heure.

Le duc de Berry mourut le 15 juin 1416, après trente-cinq ans d'une administration ou plutôt d'une exploitation violente du Languedoc. Le roi reprit le gouvernement de cette province. Le duc de Berry avait été le chef des Armagnacs, et Nîmes s'était trouvée engagée dans la fortune de ce parti. Lui mort, et en haine de sa mémoire, Nîmes se rangea sous l'autorité de la reine Isabeau de Bavière, unie en ce moment au duc de Bourgogne contre le Dauphin. Le parti de la reine, c'était le parti de l'étranger. Ce serait donc une tache pour Nîmes d'avoir été de ce parti, si on ne lui tenait compte de ces trente-cinq années pendant lesquelles le nom du duc de Berry et des d'Armagnac avait été en exécration dans ses murs. D'ailleurs, le parti bourguignon promettait l'abolition des subsides. Or, avec ce seul mot, on ébranlait la fidélité des villes; et quoique Nîmes eût appris à ses dépens ce que durent ces abolitions et ce qu'en vaut la promesse, le peuple cria : « Vivent la reine et Bourgogne! » Plus de subsides! » Les gens de guerre du parti s'emparèrent du château royal et le fortifièrent : la ville suivit le mouvement, sans trop de chaleur, entraînée par la peur des gens d'armes ses amis bien plus que par la haine du dauphin son ennemi, et assistant à la guerre plutôt qu'y prenant part; elle avait à peine encore le souffle de vie. En outre le dauphin y comptait beaucoup d'amis; les partisans de la reine et du duc de Bourgogne y étaient tièdes et défiants; le peuple, après les premiers cris de joie, était retombé. La ville se fût rendue au dauphin, sans combattre, si le château royal ne l'eût jetée malgré elle dans une apparence de résistance qui ne tint pas contre le vigoureux coup de main du dauphin.

Ce fut le 4 avril 1420 que le dauphin, depuis Charles VII, en fit l'attaque et s'en empara. Les habitants se rendirent à discrétion. Toutefois, le château royal tenait encore. Le dauphin, pour n'avoir pas d'embarras dans la ville, pendant qu'il ferait le siège du château, imagina de donner

des lettres d'abolition en faveur des habitants, sauf à les déchirer plus tard, dès qu'il serait maître de la ville et du château. Dans ces lettres, il appréciait très-bien la situation de Nîmes. « Si les habitants de Nîmes, » disait-il, « ont refusé d'en faire l'ouverture à aucuns de nos gens que
» nous y avions envoyés, et à notre personne ont délayé de faire ladite
» ouverture, ce n'a pas esté par faulte de bonne voulenté qu'ils aient
» envers nous, ne pour nous vouloir désobéir aucunement; mais pour
» ce que bonnement ils ne osoient ne povoient venir ne envoyer par de-
» vers nous, pour la doubte et crainte d'aucuns ettrangiers gens de
» guerre, qui estoient en ladite ville et ou (au) chastel d'icelle, qui les
» menassoient de destruire de corps, chevances (biens), et bouter (lancer)
» feux en laditte ville;... pourquoy nous, « ajoutait-il, » ces choses con-
» sidérées, et que les habitants de laditte ville sont fort dolents et repen-
» tents des faultes qu'ils ont faictes le temps passé, voulans préférer
» miséricorde à rigueur de justice, pour reverence de Dieu, et aussi
» pour contemplation du saint temps de la glorieuse passion de nostre
» Seigneur Jhesus-Christ et de la saincte sepmaine où nous sommes de
» présent... faisons et donnons grâce, remission et abolition généraulx
» de tous quelsconques cas, crimes et delits que avant ou depuis nos
» dittes présentes lettres d'abolition, ils et chascun d'eulx ont et puent
» (peuvent) avoir commis et perpetrez généralement et particulière-
» ment... Et affin que ce soit chose ferme et estable à tous jours mais,
» nous avons fait mettre notre scel (sceau) ordonné en l'absence du
» grant (grand sceau) à ces présentes, sauf entre autres choses le droit
» de mondit seigneur, et nostre, et l'aultruy en toutes. » Ces lettres produisirent l'effet qu'en attendait le dauphin. La ville ne bougea pas, et le château, réduit à ses seules forces, après dix jours de vigoureuse défense, fut pris et tous les gens d'armes tués ou faits prisonniers.

Le dauphin, à peine délivré de la citadelle, revint sur ses lettres de grâce et d'abolition. Il viola sans scrupule la promesse qu'il avait faite *pour contemplation du sainct temps de la passion* et frappa la ville dans ce qu'elle avait de plus cher, à savoir dans ses consuls en exercice, dans l'institution même du consulat et dans le droit de nommer son capitaine. Tout cela fut aboli. Plusieurs têtes tombèrent; ce furent celles des habitants les plus compromis par le parti du duc de Bourgogne.

Enfin, pour laisser un souvenir tout à la fois plus durable et plus blessant de sa vengeance, le dauphin fit abattre une partie des murs de Nimes et arracher tout le parement d'un des remparts du côté de la campagne. Ces dégradations se voyaient encore au dix-huitième siècle, au temps de l'historien Ménard, et passaient, sans raison, pour être l'ouvrage de Charles Martel.

Nimes, privée de son consulat, prodigua, pour le recouvrer, les démonstrations publiques de repentir et d'attachement pour le dauphin. L'éclat en fut tel, que le dauphin se radoucit, et le 22 du même mois d'avril, par des lettres datées de St-André-les-Avignon, restitua aux habitants leurs consuls et leur consulat et tous leurs droits et privilèges. « Comme n'agaires, disent les lettres, après ce que nous eusmes mis
» en obéissance de monseigneur et de nous la ville et chastel de Nysmes,
» eussions pour certaines causes et considérations lors à ce nous mou-
» vants mis le consolat de ladicte ville en nostre main, et deffendu à
» ceulx qui lors pour consouls d'icelle ville se portoient, que en quel-
» que maniere ne se entremeissent ne se portassent pour consouls (con-
» suls),... neantmoins, pour ce que depuis nous avons esté informés
» que les habitants d'icelle ville de Nysmes ont eu et ont très-grant
» desplaisance des choses advenües à l'encontre de nous, et qu'ils ont
» très-grant desir de estre et eulx tenir bons subgiez, vraiz et loyaulx,
» obeissants à monseigneur et à nous,... ce que dit et considéré, et
» *pour certaines autres causes et considérations à ce nous mouvans*, aux
» manants et habitants de ladicte ville de Nysmes avons restitué et
» restituons par ces présentes le consolat. » Ces autres causes et considérations, c'est que le dauphin avait besoin d'amis. C'était, de sa part, affaire de bonne politique bien plus que de sensibilité. Du reste, la restitution n'était pas complète. Le dauphin rétablissait les consuls destitués et leur rendait le droit « d'ordonner des besognes et affaires com-
» munes de la ville, » mais pour autant de temps que cela lui plairait; il voulait en outre que les consuls fissent « bon et loyal serment » entre les mains des officiers du roi, « d'être bons et loyaux obéissants » au roi et au dauphin, restriction qui portait atteinte à l'indépendance du consulat.

Ce n'est pas tout : sous prétexte de repousser les attaques des routiers qui infestaient encore le plat pays, Charles VII avait laissé dans le château royal de Nîmes une garnison formée de Gascons et d'étrangers et commandée par Jean de Lavedan, chevalier. C'était, dans la réalité, un moyen de tenir la ville en respect. Les habitants de Nîmes s'en plaignirent avec vivacité. D'une part, les surveillants que leur imposait le roi pouvaient devenir des pillards; d'autre part, c'était un surcroît de charge que la ville était hors d'état de soutenir. Les consuls députèrent auprès de l'évêque de Laon pour être délivrés de ces dangereux amis. La députation était nombreuse et choisie. A la tête du cortège, qui ne s'élevait pas à moins de vingt-deux personnes notables, était Nicolas Habert, évêque de Nîmes. Parmi les autres députés de marque, on comptait deux des consuls, Pons Marcols, avocat du roi, Jean de Terre-Vermeille, Simon et Jean de Troiseimines. Les autorités royales de Nîmes étaient d'accord avec les consuls contre la garnison. Arrivés à Montpellier, où se tenait l'évêque de Laon, les députés lui offrirent une pièce de vin, du poisson, deux salmées ou sacs d'avoine et six flambeaux. L'évêque de Laon reçut les présents et ne renvoya pas la garnison. Alors les consuls tâchèrent de gagner par des cadeaux le capitaine de la troupe. On lui donna, entre autres choses, des draps de lit et quelque linge de table. Mais la garnison ne s'en alla pas, et, plus tard même, elle fut renforcée de quelques Gascons, gens d'armes fort redoutés pour leur penchant à piller, dont plusieurs avaient été routiers avant de rentrer sous la discipline royale, et conservaient, sous leur nouveau drapeau, les goûts et les habitudes de leur ancien métier.

Toutefois, Nîmes eut souvent à se louer du roi Charles VII. Plusieurs requêtes des consuls, au sujet de griefs importants, furent bien accueillies. Quelques officiers royaux[1], résidants à Nîmes, avaient poussé l'insolence jusqu'à faire paître leurs bestiaux, bœufs, porcs, chèvres, brebis, sur les terres des habitants, dans les vignes, dans les prés, dans les jardins, de jour et de nuit, ce qui avait causé de grands dégâts dans tout le territoire. Dans l'enceinte même de la ville, dans la prairie communale que traversait la fontaine, dans les jardins particuliers, ces animaux paissaient librement, comme en pays conquis, sans que la ville osât se plaindre. Pour obtenir justice, il fallait s'adresser aux auteurs mêmes de ces abus de pouvoir, aux officiers royaux, et comment espérer qu'ils se donnassent tort dans leur propre cause? Cependant on s'excitait

[1] An 1434.

les uns les autres, on tâchait de susciter un citoyen plus hardi qui osât donner le signal; les dévastations étaient criantes. A la fin, les consuls se chargèrent, un peu tard, de porter plainte au nom de la cité. Ils écrivirent une humble supplique au roi, qui fit droit à leurs réclamations. Il manda au sénéchal de Beaucaire, par lettres datées de Vienne en Dauphiné, qu'il eût à semoncer les officiers royaux et à faire cesser les dégâts de leurs bestiaux. Il menaça en outre d'une peine ceux qui n'obéiraient pas, et ordonna, qu'en cas de litige entre les officiers royaux et les habitants sur le fait de ces dégâts, le sénéchal fît à ceux-ci bonne et prompte justice, « afin, » disent les lettres, « qu'ils ne nous adressent » plus de nouvelles supplications et plaintes à ce sujet. »

Une autre fois, les consuls demandèrent au roi [1] la permission d'avoir une cloche publique. Leurs raisons étaient significatives. Ils alléguèrent que leur ville, « laquelle estoit moult ancienne et chief d'icelle
» seneschaucée, n'avoit point de cloche pour faire manière de guette à
» descouvrir les gens d'armes, lesquels faisoient leurs passages par la-
» dicte ville et environ, et qui de jour en jour, parce qu'on ne sçavoit
» leur venüe, se logeoient en forbourgs d'icelle et environ, roboient
» (volaient) et pilloient, et prennoient tout ce qu'ils pouvoient at-
» taindre, et reançonnoient à diverses sommes de deniers ; a quoy se-
» roit obvié, se (si) en ladicte ville avoit grosse cloche, dont on s'ai-
» dast à sonner comme guette, quant tels accidents surviennent; que
» souventes fois est advenu et advient que quant besoin est à ladicte ville
» d'assembler, et que par le conseil d'icelle est ainsi faict assembler en
» la maison commune, ils ne pevent (peuvent) convenir ensemble,
» parce qu'ils ne pevent sçavoir lesdictes assemblées; aussi parce qu'ils
» sont loings de ladicte ville, les aucuns en champs, et les autres en
» leurs besoignes, combien qu'ils soient mandez par les familiers et
» serviteurs du commun en leurs maisons; aussi quant il est necessere
» de appeler les chiefs des mestiers, bannières, torches, et les quatre
» ordres des mandiens et clergié d'icelle ville, pour venir et estre en
» procession, pour faire prières à Dieu pour le bon estat de monsei-
» gneur le roi, et le salut des personnes desdicts habitants, et conser-
» vacion des fruits de la terre, et pour autres nécessités et afaires d'i-
» celle ville, ils n'ont peu (pu) et ne pevent faire, et maintes fois leur

[1] An 1454.

» fault continuer leurs assemblées à autres journées... » Les consuls rejetaient sur l'absence de cette cloche la négligence qu'ils avaient pu mettre à accomplir certains mandements du roi. Si donc on leur accordait ladite cloche, ils seraient meilleurs *subgiez* que jamais. Déjà le roi Charles VI leur avait reconnu le droit d'avoir une cloche; mais ce don n'avait jamais eu son plein effet, à cause du mauvais vouloir des officiers royaux; c'est pourquoi ils avaient besoin qu'il fût confirmé de nouveau par des lettres « de don nouvel, congié et licence, » du roi Charles VII. Ce prince leur octroya « de grâce espéciale » la jouissance de ladite cloche, et c'est à ses lettres royales, datées aussi de Vienne, que j'ai emprunté le piquant passage qu'on vient de lire, lequel, rapproché des précédentes lettres du même roi sur les dégâts des bestiaux des officiers royaux, résume si vivement et si naïvement une bonne part de la vie intérieure de Nîmes à cette époque.

Ce ne fut pas la dernière faveur que Charles VII accorda aux consuls et habitants de Nîmes. Depuis long-temps ils avaient de graves débats avec les lieutenants des maîtres des eaux et forêts, au sujet de la chasse et de la pêche, dont la liberté était un des plus anciens privilèges et franchises de la ville de Nîmes. Par un article spécial de leur charte, confirmé par Charles VII, chacun du pays de Nîmes pouvait « chasser » à bestes sauvaiges, prendre oyseaulx, et peschier poissons, fors que » en lieux deffendus, » sans être inquiété, mis en procès ni molesté par les lieutenants des maîtres des eaux et forêts, « qui tousjours ce font » grans extorcions sur le poure (pauvre) peuple et à grant charge » d'icellui. » Cependant et nonobstant l'ordonnance et la teneur de cet article, un certain maître Jehan Posols, licencié en lois, habitant de Nîmes, *soi-disant* lieutenant du maître des eaux et forêts, s'était mis à parcourir le territoire de Nîmes, et, sous ombre de sa prétendue lieutenance, « avait fait certains procès, exploits et condempnations, à la » grant charge et fole (oppression) du poure peuple du diocèse, qui » ne povoit bonnement vivre ne paier les tailles et autres charges ordi- » naires. » Les consuls en écrivirent au roi, alors à Montpellier pour les affaires générales du Languedoc. Charles, dans sa réponse, les autorisa à faire défense au sieur Jehan Posols et à tous autres qui voudraient l'imiter, de plus molester les habitants ni de leur faire aucun procès pour fait de chasse, sous des peines qu'il ne détermine pas. On se serait attendu à voir ce prétendu lieutenant poursuivi criminellement pour usurpation de fonctions, ou tout au moins désavoué par le maître des eaux et forêts. Il n'en est rien. On laisse aux consuls toute la responsabilité des poursuites. Est-ce donc que le roi n'était pas assez puissant pour casser un vrai lieutenant des eaux et forêts, à plus forte raison un *soi-disant* lieutenant? Ou bien ce mot *soi-disant*, dont se sert le roi dans ses lettres, ne serait-il qu'une ironie du greffier du roi?

Enfin, un dernier acte de la faveur royale, beaucoup plus éclatant que tous les autres, c'est une sauvegarde que Charles VII accorde solennellement aux consuls de Nîmes, sur leur requête, soit pour eux-mêmes, soit pour les conseillers de ville, soit pour les personnes attachées à leur service, soit enfin pour leurs biens qui seront placés sous la protection spéciale du roi [1]. Les lettres royales nomment en même temps treize huissiers du parlement et douze sergents royaux, lesquels sont chargés de garantir la sauvegarde du roi et d'en assurer l'entière observation. Dans cette pièce singulière, le roi ordonne à ces officiers de défendre les consuls contre toute injure, violence, oppression, soit des gens d'armes, soit des laïcs, et de les garantir eux, leurs serviteurs et leur fortune, contre toutes nouveautés illégitimes; que si, nonobstant la sauvegarde royale, ils avaient à souffrir quelque atteinte de ce genre, le tort fût immédiatement redressé et les choses rétablies dans leur ancien état. Cette sauvegarde devait être publiée aux lieux et intimée aux personnes qu'il appartiendrait, et, en signe d'icelle, des bâtons, surmontés de panonceaux à l'écusson du roi, seraient plantés dans les biens et possessions desdits consuls, et, en cas de péril, apposés partout où ils le requerraient, afin d'écarter par la peur des peines royales quiconque serait tenté de leur faire injure. Enfin, dans leurs procès et leurs différends, soit avec des particuliers, soit avec les autorités royales, les consuls devaient être assistés par les vingt-cinq garants de la sauvegarde du roi, lesquels étaient tenus de faire généralement tout ce qui ressortit et peut raisonnablement ressortir d'un office de ce genre.

La faveur que Charles VII témoignait à la ville de Nîmes n'était pas tout-à-fait spontanée. Le roi n'accordait, après tout, que ce qu'il ne pouvait pas refuser. Toutes ces confirmations et reconnaissances des privilèges de la ville, ces sauvegardes royales, c'était le prix de l'énergique

[1] An 1442.

appui que les milices de Nîmes avaient prêté à Charles VII, dans l'expulsion des Anglais. Le consulat s'était ainsi relevé à la faveur des guerres du nord de la France, jusqu'à se faire donner par le roi des garanties de la fidélité de sa parole.

La date de cette dernière pièce est du 5 mai 1442. La France venait d'être reprise sur les Anglais. Malgré les subsides et les routiers, ces deux plaies de la France depuis deux cents ans, Nîmes semblait avoir enrayé, qu'on me passe ce mot, sur la pente de la décadence. Ses institutions municipales commençaient à refleurir; la trace des dernières violences du dauphin avait été effacée sous les nombreuses et successives restitutions du roi; le consulat était en vigueur, et, comme il arrive, avec les franchises et privilèges de la ville, allaient revenir, peu à peu, le commerce et la population. Ce court temps d'arrêt était plein de promesses et d'espérances, quand des fléaux naturels interrompirent tout à coup la lente convalescence de la ville, et la lancèrent de nouveau sur cette pente où elle s'était arrêtée un moment. La peste vint surprendre ce corps faible et appauvri, comme il ne faisait à peine que de se relever, et le coucha de nouveau sur le misérable grabat que le fisc lui avait laissé, cette fois pour y mourir.

La première atteinte de la peste (il y en eut trois en moins de dix ans) fut précédée par un tremblement de terre qui mit l'épouvante dans la ville [1]. Ce fut vers le milieu de la nuit que la secousse se fit sentir. Il y en eut qui crurent que la fin du monde allait sonner. Le lendemain les églises furent pleines de fidèles et les confessionnaux assiégés; on se hâtait de se mettre en règle avec le Ciel. Beaucoup, hélas! ne se trompèrent que sur le genre de mort. Ils croyaient finir avec le monde tout entier; ils finirent par la peste. D'autres firent leurs testaments tout sanctifiés d'aumônes et de dons aux églises; les notaires et les gens du clergé ne suffisaient pas à l'empressement général. Puis vint la peste qui fit de grands ravages; les gens aisés prenaient la fuite; les pauvres mouraient abandonnés dans les rues; les moines fermaient la porte de leurs couvents et faisaient de grands feux dans les cours, pour chasser le mauvais air. Les juges suspendaient l'exercice de la justice et se sauvaient aux champs. Dans cette première alarme, on n'avait pourvu à rien; les morts étaient enterrés pêle-mêle; on faisait à la peste ce qu'on appelle

[1] An 1448.

la part du feu, en isolant le quartier infecté. Quand le fléau avait cessé, les riches rentraient dans Nîmes, les moines rouvraient leurs couvents et les juges leur tribunal; ce qui restait de pauvres, échappés au fléau, végétaient de nouveau jusqu'à la peste prochaine.

Pourtant cette première épidémie avait mis l'alerte dans Nîmes. Les consuls établirent une sorte de police sanitaire préventive. Cette police se fit avec une sévérité d'autant plus grande qu'on était encore un peu plus ignorant qu'aujourd'hui des moyens curatifs et de la discipline qui peuvent contenir, sinon empêcher, les fléaux de ce genre. Ainsi, l'année suivante, le bruit ayant couru que des habitants de la ville et des faubourgs étaient infectés de la lèpre, et que néanmoins ils continuaient à vivre en public, à manger, à faire des affaires, et, comme disent les minutes du greffier Gervais Nids, « à prendre du plaisir » avec les personnes saines; que, par suite de ce contact, des gens jusque-là bien portants avaient été atteints de la maladie, les consuls ordonnèrent que les gens suspects seraient visités par des médecins et chirurgiens-barbiers choisis à cet effet. « C'étaient, disaient-ils, une de leurs préroga-
» tives, comme chefs de la république, et une des louables coutumes du
» consulat, de faire examiner par des experts ceux des citoyens de la
» ville et des faubourgs dont le commerce pouvait être funeste aux per-
» sonnes en bonne santé. » Onze habitants, presque tous du peuple, avaient été signalés comme lépreux ou menacés de l'être. C'étaient des ouvriers, des domestiques, quelques pauvres femmes de cette classe qui est la première frappée par tous les fléaux qui viennent de Dieu et des hommes.

En conséquence, maître Jean Pataran, Martial de Janailhac, maîtres en médecine, Louis Traille, bachelier en cette faculté, assistés de Pierre Lavache et de Firmin Hôpital, chirurgiens-barbiers de la ville, furent chargés de voir et palper les malades et d'en faire leur rapport. Ils firent ce qui leur avait été dit, et comparurent devant le juge ordinaire du roi pour rendre compte de leur mission. Celui-ci les requit de jurer sur les saints Évangiles s'ils avaient accompli gratuitement et spontanément, et selon les formes consacrées de l'art de la médecine, la commission dont ils avaient été chargés, et s'ils avaient bien et dûment visité, examiné et éprouvé les personnes désignées. Ceux-ci dirent et jurèrent qu'ils avaient fait ainsi. Après quoi, le juge leur ordonna d'affirmer par serment qu'ils allaient faire un bon et fidèle rapport du résultat de leur visite; ce que ceux-ci dirent et affirmèrent par serment. Cela fait, maître Martial de Janailhac lut au nom de ses collègues le rapport, qui fut ensuite publié par ordre du juge.

Quelques passages de ce rapport pourront donner une idée intéressante des formalités suivies à Nîmes dans ces sortes d'enquêtes sanitaires, de l'habileté particulière de ses médecins et chirurgiens-barbiers, enfin des formules bizarres et effrayantes de vague qu'employait la médecine de l'époque. Ce sera d'ailleurs l'épisode naturel d'une histoire de pestes.

Lesdits médecins-chirurgiens et barbiers assermentés de la ville de Nîmes, commencent par déclarer qu'ils n'ont rien négligé de ce qu'il était d'usage de faire en pareil cas, soit en fait de choses *nécessaires*, soit en fait de choses *contingentes;* qu'ils ont dépouillé tout sentiment de haine ou d'amour, de faveur ou d'aversion, mettant par-dessus tout Dieu, leur conscience, et *le bien de la république*. Après quoi, ils passent en revue chaque malade, l'un après l'autre, et donnent leur avis sur chacun.

Parmi les femmes atteintes ou suspectes de la lèpre, deux leur paraissent, après complet examen, présenter plusieurs symptômes *tant univoques qu'équivoques* qui dénoncent chez elles la présence du *mal en question* : c'est pourquoi ils regardent comme dangereux et contagieux leur contact avec les personnes saines, et demandent qu'on les en sépare immédiatement. Dans l'un des hommes, ouvrier, ils ont trouvé *plusieurs symptômes équivoques et quelques-uns univoques;* ils le jugent fort mal disposé, non pas à ce point pourtant qu'il le faille retrancher immédiatement de la société des personnes saines; il suffira qu'il aille respirer pendant six mois un air qui lui convienne, et qui, avec l'aide de la médecine, fasse disparaître ces fâcheux symptômes : si, après ce délai, il est guéri, on lui permettra, *au nom de Dieu,* de revenir librement parmi les personnes saines. On le laisse d'ailleurs libre de choisir le lieu de sa demeure, pourvu que ce soit hors de la ville et là *où sa présence ne puisse nuire à personne*. Mais d'ici là comment fera-t-il pour vivre? Où trouvera-t-il du travail et du pain? Qui recevra le pauvre banni? Il n'est pas dans la commission des médecins et chirurgiens-barbiers d'y pourvoir.

Deux autres malades présentent quelques signes *équivoques d'où pourraient en naître d'univoques* s'ils continuaient leur mauvais régime. Ils ne sont pas assez malades pour qu'on les éloigne de Nîmes; mais il convient de les menacer et de les avertir sévèrement de vivre avec prudence pour leur utilité et celle de tous. Un autre, également marqué de *signes équivoques qui peuvent dégénérer en univoques*, ayant pour domicile ordinaire un cabaret où vont et viennent nombre de gens, les docteurs demandent qu'il soit averti de faire choix d'un état, d'un genre d'affaires et d'une demeure qui attirent moins de monde.

Il y a une pauvre femme qui n'a point la lèpre, mais une mauvaise disposition à laquelle, disent poétiquement les docteurs assermentés, « le trait de la pauvreté n'a pas peu aidé. » Ils ne pensent pas qu'il la faille confondre avec les lépreux, mais ils lui conseillent de sortir de la ville et de chercher un asile où elle vive avec précaution, et *où elle ne puisse nuire à personne*. Que ne la recommandaient-ils plutôt à la charité de la ville, des consuls et du juge-mage?

Un homme et une femme terminent cette liste; l'homme présente quelques signes *équivoques*, mais qui ne sont pas contagieux; il en sera quitte pour être *admonesté* de prendre soin de lui : la femme est parfaitement saine, et « c'est avec joie, disent les docteurs, que nous pen- » sons qu'il la faut rendre à la société de ses semblables. »

Les deux femmes qui avaient été déclarées lépreuses et dont on avait demandé la séquestration, en appelèrent au sénéchal de Beaucaire de la sentence du juge, et demandèrent qu'on les fît examiner par d'autres médecins. Le juge répondit qu'il y consentait pourvu que la visite se fît à leurs frais, et que, quant à leur appel au sénéchal, il saurait quelle réponse y faire quand la chose viendrait en justice. Celles-ci répliquèrent qu'elles ne devaient point payer les visites d'autres médecins, mais que ces frais devaient retomber sur ceux qui leur faisaient subir une *inquisition* injuste. L'affaire en resta là; une nouvelle peste, qui éclata en l'année 1455, mit sans doute fin à cette étrange affaire, en enlevant de ce monde les deux pauvres requérantes; et, sans doute aussi, l'ouvrier auquel on avait ordonné de changer d'air, et cette misérable femme qui, au lieu d'une lèpre *équivoque*, avait la lèpre réelle de la pauvreté, furent mis par la peste en un lieu *où ils ne pouvaient plus nuire à personne!*

La peste éclata pour la troisième fois à Nîmes en l'année 1459. Elle y fit tant de ravages que les juges royaux prirent la fuite et transportèrent le siège de la sénéchaussée à Bagnols, petite ville située à huit lieues de Nîmes, dans le diocèse d'Uzès. Ils laissèrent à Nîmes, pour y tenir les audiences en leur place, un certain Ferrand Noër, bachelier ès lois, espèce de lieutenant en sous-ordre ou de commissaire particulier, l'un des mille titres de l'organisation judiciaire de l'époque, si multiple et si chargée de personnel. Cette translation et cette justice boiteuse mirent l'alarme dans la ville. C'était lui enlever du même coup, outre son importance morale, comme siège de la sénéchaussée, tous les avantages matériels attachés à cette position, et ajouter à tous les maux de la peste une cause de misère de plus. Les consuls, organes des doléances de la cité, portèrent plainte devant Ferrand Noër, par le ministère de Pierre Brueïs, notaire de la ville, lequel rédigea le manifeste des consuls et le notifia à cet officier, dans le bureau des greffiers de la cour présidiale.

Dans cette plainte ou appel, les consuls attaquaient vivement les deux lieutenants du sénéchal, Louis Louvet, baron de Calvisson, et son collègue Louis Astoaud. « De quel droit ôtaient-ils le siège de la sénéchaussée à Nîmes, où les rois l'avaient établi et fixé, en considération de l'importance de cette ville et du grand nombre de jurisconsultes qui l'ont de tout temps habitée? Du moins fallait-il demander le consentement des consuls, des docteurs, des avocats, des procureurs et des greffiers, qui tous y avaient un intérêt sensible, et, dans une si grave affaire, ne pas céder à un premier mouvement qui n'était rien moins que courageux. En vain prétendaient-ils couvrir cette translation du prétexte de l'épidémie et de cette vaine raison « que les gens mouraient à Nîmes : » depuis huit jours, grâce à Dieu, on n'y mourait plus. Ils avaient fait proclamer à son de trompe, à Nîmes et dans toute la sénéchaussée, que ceux qui voudraient recourir à leur justice, la pourraient venir chercher à Bagnols; mais Bagnols étant loin de tout, les dépenses de déplacement seraient si grandes pour les parties, et les demandes des avocats si exorbitantes, que beaucoup aimeraient mieux renoncer à leur droit que de le faire triompher si chèrement. Qu'était-ce, après tout, que cette justice laissée « au vénérable et prudent seigneur Ferrand Noër, bachelier ès » lois, » lequel n'avait d'autre pouvoir que de renvoyer les parties devant les lieutenants retirés à Bagnols, pour peu que l'une d'elles récusât son jugement? Déjà les avocats, les procureurs, les greffiers résidants

DE NIMES.

à Nîmes, avaient cessé d'aller en cour présidiale, n'y pouvant plus trouver qu'une ombre de justice; et les consuls, dans tous leurs démêlés avec les receveurs royaux, sur le fait des subsides, laissaient les choses en suspens, au grand dommage des citoyens qui payaient; enfin, tous les autres citoyens de Nîmes, commerçants, ouvriers et autres, s'effrayaient de cette translation, parce qu'ils en concluaient qu'apparemment la peste, qui de fait avait cessé depuis huit jours, continuait ses ravages; et le commerce étranger n'osait plus passer les portes d'une ville abandonnée de ses juges. De là une foule de maux et de pertes irréparables qui n'auraient de fin qu'à la rentrée de la justice ordinaire dans Nîmes. Si donc les lieutenants du sénéchal persistaient dans « ce déni de droit et de justice, » les consuls allaient en appeler au parlement de Toulouse et aux très- » redoutables maîtres généraux pour le fait de la justice en Languedoc, » demandant « une fois, deux fois, trois fois, souvent, très-souvent, » qu'on leur rendît leur tribunal et leurs juges. »

Telle était, en substance, la réclamation des consuls. Ferrand Noër répondit qu'il n'avait rien à opposer à cet appel et renvoya les consuls et Pierre Brueïs aux officiers qui tenaient le siège à Bagnols. Pierre Brueïs partit immédiatement pour Bagnols, et, le 13 novembre, environ vers deux heures après-midi, il descendit à l'auberge de la Couronne, et se présenta devant « le vénérable et prudent Guillaume d'Aci, » lieutenant principal du juge-mage de la sénéchaussée, qui s'y était logé. Pierre Brueïs lui remit la requête des consuls et se retira.

Le lendemain Pierre Brueïs revint pour chercher la réponse de Guillaume d'Aci. Cet officier avait changé d'auberge, et avait pris son logement à celle du Lion. C'est là que se rendit, vers une heure après midi, Pierre Brueïs, accompagné d'un greffier, pour écrire les réquisitions et les réponses et faire prendre acte de toutes ses démarches. Nous sommes dans l'une des époques les plus procédurières de l'histoire. Guillaume d'Aci répondit à tous les points de la requête. Cette réponse était un dernier coup porté à la pauvre ville; elle vit les magistrats chargés d'y rendre la justice la traiter en ville maudite, et calomnier jusqu'à sa situation géographique, jusqu'à son ciel, jusqu'à ce climat sous lequel les voluptueux Romains avaient voulu vivre et mourir, eux qui étaient si bons juges en fait de localités saines et plaisantes.

Je passe sur les préliminaires de cette réponse où Guillaume d'Aci repoussait fort durement l'allégation des consuls sur le prétendu droit de leur ville à être le siège de la sénéchaussée. « Ils parlaient de l'importance de Nîmes! mais il y a cinq ou six villes dans la sénéchaussée qui sont « plus peuplées, plus grandes, plus riches, plus florissantes et surtout » plus saines. » Car qu'est-ce qui ose parler de Nîmes, de cette ville humide, bâtie sur la fange des marais, « funeste à trois sortes de tempéra-» ments, le sanguin, le mélancolique et le flegmatique, » bonne tout au plus aux gens colériques, « plus brûlants que le feu, » qui s'y trouvent, et encore en petit nombre? Qu'est-ce qu'une ville mal bâtie, dont presque toutes les maisons sont en bois, et, par-là même, offrent tant de prise à l'incendie; une ville battue par les vents et en proie à tant de maux que sur cent habitants on n'y pourrait trouver un sexagénaire; une ville que la peste a frappée bien avant Montpellier et Avignon, deux cités plus populeuses et où une plus grande affluence d'hommes devait l'attirer plus tôt? Cette préférence de la peste, s'écrie victorieusement Guillaume d'Aci, n'est-elle pas une preuve que la situation de Nîmes est naturellement empestée?

» Que parlent-ils de la cessation de l'épidémie? Quoi! parceque depuis huit jours on n'y meurt plus, c'est une preuve que tout danger est passé? Mais les consuls ne savent-ils pas que nous sommes encore dans le déclin de la lune, que son décours et la conjonction des planètes répandent sur les hommes et sur tous les corps sublunaires une influence maligne, et que loin qu'il n'y ait plus de danger, jamais le danger n'a été si grand? D'ailleurs, cette cessation même n'est-elle pas menaçante, si l'on considère la nature particulière de la peste qui ravage Nîmes, et qui est telle qu'après un sommeil de dix ou quinze jours, elle peut se réveiller plus terrible et tuer ceux qu'elle atteindra? »

Outre ces raisons d'hygiène et d'expérience astrologique, Guillaume d'Aci en opposait de personnelles aux consuls. « Si les lieutenants du sénéchal n'ont pas pris l'avis des consuls avant d'ordonner la translation du siège de la justice, c'est que monseigneur le sénéchal et sa cour n'ont pas à répondre de leurs actes à messieurs les consuls. D'ailleurs, lui Guillaume d'Aci et son collègue Bermanville, n'étaient-ils pas venus après la Toussaint, au plus fort de la peste, tenir des audiences à Nîmes pour consoler la ville et réparer une partie de ses maux, s'exposant ainsi à un péril de mort pour le bien de ses habitants? Qu'avaient fait alors les consuls? En était-il venu un seul qui daignât leur dire : « Soyez les » bienvenus, » et qui les priât de rester dans la ville? Et peut-être y seraient-ils restés en effet, si on les en eût requis convenablement, « ou » si une juste crainte, de celles qui peuvent atteindre jusqu'aux hommes » les plus fermes, ne se fût emparée d'eux. »

C'est pourquoi Guillaume d'Aci rejetait l'appel des consuls comme inutile, frustratoire et dénué de tout fondement.

Pierre Brueïs ne se découragea pas. Il répondit immédiatement au rejet de l'appel par un contre-appel ou protestation, qu'il rédigea dans une chambre de l'auberge du Lion, donnant sur la cour, en présence de trois notaires ou officiers de l'endroit, qui signèrent avec lui les « deux peaux de parchemin » sur lesquelles un scribe avait écrit la pièce ; elle fut notifiée sur-le-champ à qui il appartenait.

L'avantage resta aux consuls. Guillaume d'Aci revint à Nîmes, et là, reconnaissant son tort, mais à la manière des gens du roi, lesquels le rejettent d'ordinaire sur les ordres qu'ils ont reçus ou sur des malentendus de leurs adversaires, il pria les consuls de ne pas prendre en mal les termes de sa réponse à leur appel, et rouvrit ses audiences où affluèrent bientôt les plaideurs. En ce moment, on était à la fin de novembre ; malgré l'influence du décours de la lune et de la conjonction des planètes, dont maître Guillaume d'Aci avait si savamment argué, la peste avait cessé tout-à-fait dans Nîmes. Les avocats et les procureurs qui s'étaient enfuis à la campagne pendant cette suspension litigieuse de la justice, revenaient en foule à la suite des clients. Les étrangers et les marchands voyant rentrer la justice à Nîmes, y apportaient de nouveau leur industrie et leurs marchandises. La ville se rétablissait ; c'était pour elle une question capitale d'avoir ou de n'avoir pas le siège de la sénéchaussée dans ses murs.

Louis XI le savait bien, lui qui, voulant tirer quelque argent des habitants de Nîmes, imagina d'ordonner une nouvelle translation de la sénéchaussée [1] : Nîmes comprit la menace et racheta son droit moyennant cent six écus d'or, que les consuls empruntèrent à Robin Méry, receveur particulier des tailles royales dans le diocèse de Nîmes.

Louis XI, en montant sur le trône [2], avait confirmé par lettres patentes les chartes et privilèges de la ville. J'y remarque, entre autres

[1] An 1470. — [2] 1463.

choses, le droit qu'ont les citoyens de Nîmes d'être jugés dans l'intérieur de leur ville, et, si on les appelle ailleurs, de n'y point aller. La liberté civile est respectée. Nul ne peut être emprisonné pour dettes. En certains cas la justice royale est gratuite pour les habitants de Nîmes. S'ils obtiennent gain de cause devant les cours de justice royale, ils sont quittes de tous frais ; singulier privilège qui semble prouver que, dans le droit commun, on payait la justice même pour avoir eu raison. Enfin, ils sont exempts de tous droits de péage, taille, redevance, tant sur terre que sur eau, dans toute l'étendue du domaine royal. Beaux privilèges, s'ils avaient eu de plus solides garanties que la parole des rois et le respect de leurs agents! Sous le règne même de Louis XI [1], un juge royal, sur la requête de Jean du Vrai, marchand de Nîmes, faisait mettre en prison pour dette un citoyen, Jacques Sicard. Mais cette infraction aux privilèges de la ville fut promptement réparée. Les consuls portèrent plainte devant ce juge, et, leurs chartes à la main, plaidèrent eux-mêmes la cause de Jacques Sicard. Le juge consulta de notables avocats de Nîmes, *tant docteurs, licenciés, que bacheliers en loy,* afin de couvrir la concession qu'il fallait faire de l'apparence d'une délibération de jurisconsultes sur un point en litige ; ceux-ci décidèrent, qu'attendu le privilège, il fallait élargir Jacques Sicard. Le juge en donna l'ordre à l'instant. Alors les consuls, avec leur assesseur, allèrent, « en com-
» paignie semblablement de beaucoup de gens de bien, à ladite carce,
» (prison) et firent *realiter* sallir (sortir) ledit Sicard par Pierre Lobat,
» sergent, lequel l'avait prins (pris) dans son hôtel et incarcéré. » Ils accompagnèrent le prisonnier jusqu'en sa maison, et l'y firent entrer comme en triomphe, « en présence de plusieurs là présents. »

Louis XI, malade à Tours, crut que le blé de Nîmes lui pourrait rendre la santé : il en fit demander à la ville pour faire le pain « destiné pour
» sa bouche, » comme s'exprime Ménard. Le 9 janvier 1483, Nîmes en envoya quatorze salmées, portées par quatorze mulets, au prix de cent soixante livres tournois. Le caprice du monarque mourant n'a pas rendu le blé de Nîmes plus célèbre.

Pendant les dernières années de Louis XI et sous les règnes de Charles VIII et de Louis XII, toute l'histoire de Nîmes est dans ses hôpitaux. La peste qui ravageait l'Europe durant cette période et qui y moissonnait

[1] An 1474.

ceux que la guerre avait épargnés, trouvait à Nîmes une population déjà malade, faible, mal nourrie, vivant de pain d'orge et d'avoine; — le blé y était si cher qu'il fallut à plusieurs reprises forcer les propriétaires à vendre le leur, et faire des perquisitions dans les maisons que les chartes de Nîmes déclaraient inviolables : — toujours écrasée d'impôts, car Louis XI ne l'avait pas ménagée, et, sauf quelque relâchement vers la fin de sa vie, dont il pensait sans doute se faire un mérite dans le ciel, il avait gardé toutes les traditions fiscales de ses prédécesseurs. Les pestiférés, abandonnés des médecins et des prêtres, étaient couchés dans les rues, dans le marché, devant la cathédrale, sur des planches où ils expiraient sans secours, sans aliments et sans confession. Les consuls délibérèrent de contraindre les curés à faire leur devoir ; mais l'avis fut trouvé trop violent : on aima mieux assigner aux malades un hôpital séparé, et leur procurer, moyennant salaire, un médecin, un chirurgien et un confesseur, voire des domestiques et des servantes pour en prendre soin. La ville fournissait à tous ces frais. Pendant ce temps-là, on tenait les portes de la ville fermées, de peur que les pestiférés des lieux voisins n'y vinssent augmenter la contagion, et que les gens valides n'y missent la famine.

Dans les intervalles de la peste, c'étaient de continuels ravages, des grêles, des pluies furieuses, des tonnerres, qui détruisaient les récoltes. Pour éloigner ce nouveau mal, on avait recours au moyen de l'époque, qui était de sonner les cloches. C'était, d'ordinaire, l'emploi des chanoines et des gens d'église; mais tous s'étaient enfuis à cause de la peste. On en murmurait dans le conseil de la ville. « Il appartient, disait-on, à » ceux qui lèvent une dîme sur les fruits de la terre, d'en écarter les ora- » ges et les pluies en sonnant les cloches. » Mais les chanoines ne revenant pas, les consuls décidèrent qu'en leur absence deux hommes seraient placés au haut de la tour du clocher, jour et nuit, et qu'ils sonneraient à chaque commotion de l'air. Les comptes consulaires portent quelques sommes payées à ces sonneurs, lesquels restaient quelquefois deux mois entiers au haut de la tour, faisant sentinelle, non plus pour aviser, comme autrefois, les gens d'armes qui rôdaient dans la plaine de Nîmes, mais pour épier les nuages qui montaient à l'horizon. Quand un grain venait à se former et qu'il en sortait quelques éclairs, incontinent ils sonnaient, et alors les citoyens se mettaient en prières dans leurs maisons, et récitaient l'Évangile selon saint Jean, ou regardaient par les fenêtres ouvertes, avec un mélange d'anxiété et de foi en la vertu des cloches, le nuage qui passait au-dessus de la ville, se signant à chaque coup de ce tonnerre que leurs cloches avaient attiré, au dire de la science moderne.

Dans toutes ces calamités, les consuls montraient du zèle et du courage, et suppléaient, par là, au manque d'expérience et d'argent. On les voyait toujours les premiers au poste du péril : dans la peste, pourvoyant au soulagement des malades, ou tout au moins à la sépulture des morts; dans les disettes, s'occupant des approvisionnements, et s'exposant à la haine des spéculateurs avides qui profitaient de la famine pour exagérer le prix de leurs blés. Une fois pourtant [1] ils manquèrent à leur devoir et aux traditions consulaires; ils eurent peur de la peste, qui avait déjà mis en fuite les juges et les officiers royaux, et sortirent de la ville, laissant l'administration aux mains de leur clavaire ou secrétaire, Vital Genesii, dont le nom doit être cité avec honneur dans une histoire de Nîmes. Il faut nommer aussi, pour être juste, ces consuls qui préférèrent leur sûreté à leur devoir : c'étaient Pierre Carrière, licencié en lois, Jean Aguilhonet, marchand et bourgeois, Guillaume Gyme, grenetier du grenier à sel, et Pierre Casaneuve, laboureur. Vital Genesii soutint dignement l'honneur de la magistrature populaire; il pourvut à toutes choses avec zèle et diligence; et comme en ce moment-là les consuls avaient à soutenir un procès pour la ville contre le seigneur de Cauvisson, il alla de sa personne au lieu de Bouillargues, accompagné des serviteurs du consulat, « faire les criées et proclamations nécessaires, » ne voulant pas laisser périr, par son absence, les droits qui lui avaient été confiés. Il en coûta à la ville, pour son voyage et sa dépense à Bouillargues, cinq sous tournois.

Quand la ville n'était ni malade ni affamée, elle était en fêtes. A la naissance des deux fils de Charles VIII, il y eut des processions qui durèrent trois jours. Pour le premier, qui ne vécut que deux ans, huit cents enfants ouvraient le cortège, portant huit cents cannes choisies, disent les comptes, dans un grand nombre de *gerbes* de cannes, avec les panonceaux du roi au bout, et criant : *Vive le Roi! Vive monseigneur le Dauphin!* Les trompettes interrompaient ces cris. A ces trompettes pendait l'écusson royal attaché avec des rubans. Pour le second [2], qui vint au monde entre deux pestes, la ville fut plus économe. Soit que le fléau

[1] Août 1494. — [2] 1496.

eût enlevé la plupart des enfants qui figuraient à la première procession, soit que la fécondité d'Anne de Bretagne eût effrayé les consuls, au lieu de huit cents enfants, il n'y en eut que trois cents; et on ne dépensa, en fait de luminaire, que quatre livres de chandelles, à un *pataque* la chandelle, qui brûlèrent sur l'autel de la cathédrale en l'honneur du nouveau-né. En revanche, les consuls firent porter devant eux, pour la première fois, par un valet de ville, une masse d'argent. La peste vint fondre de nouveau sur Nîmes au sortir des processions et des danses. Mais déjà on ne s'en troublait plus : on s'y habituait.

Ces alternatives de fêtes et de pestes occupent tout le commencement du seizième siècle. Le détail en serait insipide; aussi bien la ville fait peu de changements notables, tant dans ses dispositions sanitaires que dans le programme de ses fêtes. Pour la peste, on se lasse de lutter contre un mal toujours renaissant, on lui fait sa part dans les hôpitaux de Nîmes, et on courbe la tête jusqu'à ce que le fléau soit passé. Pour les fêtes, les consuls nouvellement élus s'en tiennent aux traditions des consuls sortants : ce sont toujours des cannes avec l'écusson royal au bout, des chandelles, des joueurs d'instruments et des mimes : s'il y a de la joie dans Nîmes, elle est disciplinée et monotone ; on la dirait commandée, comme les cannes et les écussons, à quelque entrepreneur de joie publique.

Toutefois, il faut dire que malgré la peste, qui enleva jusqu'à cent personnes par jour à Nîmes, malgré les guerres et les famines, malgré l'impôt, diverses circonstances, qui tiennent à l'histoire générale de la France, avaient amélioré la situation de Nîmes. Quand une ville a été placée de manière à pouvoir servir tout à la fois de centre à toutes les industries, à toutes les affaires, à la justice, à la religion d'un pays particulier, et de chemin de passage à la civilisation générale d'un royaume, il n'y a pas de fléau, pas d'interruption violente, pas de guerre, pas d'impôt, qui la puissent empêcher d'atteindre, tôt ou tard, à cette prospérité relative qu'il est donné aux villes de réaliser : mais cette prospérité cesse du jour où toutes ces concurrences réunies ne s'y trouvent plus, ou s'y trouvent moins complètement que dans quelques villes rivales. Nîmes devait grandir ; elle grandit malgré la peste et malgré le fisc. Plus tard, Nîmes se relèvera et grandira encore, malgré l'expulsion des protestants, les dragonnades et les tailles de Louis XIV; plus tard encore, les tueries de 1790 et les assassinats de 1815 ne l'arrêteront pas dans sa marche croissante : c'est une ville vivace, où le mal se répare tôt, et où la mort ne peut pas lutter de vitesse avec la vie. A l'époque de notre histoire, ce n'était déjà plus une ville pauvre, ce n'était plus la déplorable ville des ducs d'Anjou et de Berry, que celle qui pouvait recevoir François Ier dans ses murs de la manière qu'on va lire.

C'est en l'année 1533 que François Ier fit un voyage dans le midi de la France. On eut avis à Nîmes, par une lettre du seigneur de Clermont aux consuls, que le roi devait passer par cette ville en allant de Lyon à Toulouse. Il se tint un conseil extraordinaire, le 26 juin, au palais de l'évêque, afin de déterminer la pompe de l'entrée; on la voulait faire des plus magnifiques, parceque c'était la première fois que François Ier venait à Nîmes. Du reste, il y avait à peine quelques jours que la peste y avait sévi, et que des conseils s'étaient tenus à l'Hôtel-de-Ville pour suppléer au manque de chirurgiens et de confesseurs : un carme s'était présenté en dernier lieu et avait offert aux consuls de confesser et de servir les pestiférés, moyennant cent sous par mois outre sa dépense ; ce qui lui avait été accordé. Ainsi, après avoir pourvu à la peste, on pensait aux fêtes ; après avoir voté un confesseur aux pestiférés, on allait voter des arcs de triomphe et de magnifiques présents au roi.

On nomma des commissaires pour faire les arrangements et ordonner les préparatifs; les quatre consuls étaient du nombre. L'assemblée ne se tint pas à l'Hôtel-de-Ville, où il pouvait y avoir quelque danger de peste, mais dans la maison du prévôt de la cathédrale. On commença par voter des fonds ; mais en ce moment, la ville étant gênée, il fut résolu qu'on supplierait M. l'évêque de Nîmes de les avancer. Ensuite chacun des membres fit serment, entre les mains du prévôt, de tenir secret tout ce qui aurait été délibéré. On ne voulait pas que les villes par où devait passer le roi s'emparassent de l'idée de Nîmes, et lui ôtassent le mérite de l'invention. On agita ensuite la question des présents. Le roi devait être précédé à Nîmes, de quelques jours, par la reine et ses enfants ; en outre, il y aurait une suite de seigneurs : il fallut des présents pour tout le monde. On vota pour la reine une coupe d'or fin de la valeur de cent vingt écus ; quant aux princes et aux seigneurs de la suite du roi, on décida qu'on se réglerait sur les villes. C'était surtout pour le présent du roi que Nîmes craignait le plagiat.

Ce présent était bien choisi. Il s'agissait d'un plan de l'Amphithéâtre de Nîmes en relief et en argent fin, du poids de trente marcs, *ou plus s'il en était besoin*. On savait le goût très-vif du roi pour les choses de l'antiquité : quel présent pouvait en être mieux reçu? On fit appeler maître Pantallon Michel et maître François Bernard, argentiers, et il fut convenu qu'on leur fournirait trente marcs d'argent, et plus, s'il était nécessaire, *pour faire la dicte besonhe*. De leur côté, les argentiers s'engageaient à donner au plan en relief la même forme qu'a l'Amphithéâtre, le même nombre d'arcs et de colonnes, et *toutes les architectures qu'il y a edictes arènes;* à ne rien omettre de l'édifice, « et à procéder de point en point et de » blanc en blanc, selon la propre portraiture » de l'Amphithéâtre. Il devait y avoir autant de degrés sur le relief que dans l'original, et n'y rien manquer de ce qui servait « aux esbatements de la première institution. » Le fond du plan devait être « de la rotondité d'ung tinnel (tonneau). » Au milieu, sur l'arène vide, « ung colovre (couleuvre) attaché avec une » chaîne au col à ung arbre de palme, et ung chapeau de laurier attaché » audict palme, » devaient représenter les armes de la ville. A chacune de quatre portes, un chevalier se tiendrait à cheval armé de pied en cap. Le prix en fut fixé à deux cent cinquante livres, outre les trente marcs d'argent.

Après les présents, on régla l'ordre et la marche du cortège. Il fut décidé qu'un corps de bourgeoisie de cinq ou six cents hommes, armés d'arquebuses, avec des enseignes, et dans une tenue militaire, iraient au-devant du roi ; que le dais destiné pour le roi serait porté par les consuls, auxquels on ferait faire des chaperons neufs, et qui seraient suivis de quatre valets de ville, habillés de drap fin ; que l'entrée se ferait par la porte des Jacobins, laquelle serait ornée d'emblèmes et d'écussons. Le docteur Arlier, antiquaire et architecte de Nîmes, depuis consul, fut chargé de toute la partie de décoration. Les rues furent tapissées et sablées ; et on éleva sur une des places de Nîmes, appelée depuis la place de la Salamandre, une colonne de pierre presque aussi belle que le marbre, dit Ménard, au-dessus de laquelle était une salamandre avec une inscription latine.

Tout fut prêt pour l'entrée du roi, excepté le plus beau, qui était l'amphithéâtre en relief : les orfèvres n'avaient pas eu le temps de le terminer. Une députation l'apporta plus tard à François Ier à Paris. Le dauphin eut deux chevaux de main du pays, et ses deux frères chacun un. On donna au maréchal de Montmorency, gouverneur du Languedoc, une médaille du prix de soixante-dix écus d'or, et au cardinal du Prat, chancelier de France, deux torches de cire blanche et deux pièces de vin clairet. La reine eut la coupe d'or qui lui avait été destinée.

Le roi demeura quelques jours à Nîmes. Il visita l'Amphithéâtre dans le plus grand détail; il monta sur la tour Magne pour en mieux comprendre la forme et en rechercher la destination. On raconte que dans une sorte d'enthousiasme religieux pour les beautés de l'art romain, on le vit, un genou en terre, nettoyer avec son mouchoir la poussière qui couvrait des inscriptions. Il montra du déplaisir pour le peu de soin que la ville prenait de ces anciennes merveilles de l'art, et fit démolir, de son autorité, quelques masures qui obstruaient les galeries de l'Amphithéâtre, et cachaient les délicates proportions de la Maison-carrée.

Ce ne fut pas la seule preuve de goût que donna François Ier à l'occasion de Nîmes et de ses antiquités. Je ferais volontiers plus de cas de ce que vous allez voir que fit ce roi au sujet des armes de la ville de Nîmes, que de ces prostrations d'antiquaire royal au milieu des ruines de l'Amphithéâtre. C'est qu'il y a, dans la modeste action dont je vais parler, moins du roi et plus de l'homme, moins du monarque protecteur des lettres et des arts, et plus de l'homme heureusement doué qui pouvait en sentir les beautés et les aimer ailleurs qu'en public.

En 1516, un an après son avènement au trône, il avait autorisé, par lettres-patentes, la ville de Nîmes, — en considération de son antiquité et de son importance « comme chief de diocèse, cité capitale de eveschié, » et siege principal de la seneschaucée de Beaucaire, » — à prendre pour armes un taureau d'or passant dans un champ de gueules. C'était, disaient les lettres, pour élever les habitants de Nîmes et leurs successeurs, « en » augmentation d'honneur et prouffit, et colloquer leurs armes en plus » hault et notable degré. » Or, dans la même année, on retrouva dans des fouilles la médaille que la colonie de Nîmes avait fait frapper en l'honneur d'Auguste, la médaille de l'an de Rome 727, avec le palmier et le crocodile enchaîné. Quelques membres du conseil de ville demandèrent que, nonobstant l'octroi royal du taureau d'or, Nîmes prît désormais pour armes la médaille retrouvée. On en délibéra longuement; mais la majorité vota pour le maintien du taureau d'or, avec l'addition d'une fleur de lis; et les représentants de la cité romaine, de la ville municipe aimée d'Auguste, décidèrent que les arènes de Nîmes consacreraient le souvenir du patronage récent de François Ier, plutôt que celui de l'origine de sa première civilisation : le taureau d'or l'emporta sur le crocodile d'Actium. Il fallut que François Ier lui-même, vingt ans plus tard, cassât la décision des courtisans de la commune de Nîmes, et rendît à la ville son vrai titre de noblesse.

Cela se fit d'une manière piquante. Les députés de Nîmes venaient d'offrir au roi le plan de l'Amphithéâtre en argent. Le docteur en droit, Antoine Arlier, alors premier consul, le même qui avait été chargé des emblèmes et des décorations de la porte des Jacobins, homme qui passait pour quelque peu versé dans les antiquités de Nîmes, avait été chargé des compliments de la ville et des explications touchant l'Amphithéâtre. On pensait bien que le roi ferait des questions, et on avait choisi le seul homme qui pût y répondre. En effet, François Ier demanda ce que signifiaient le palmier, le reptile et les couronnes de laurier figurés dans le milieu du plan. Antoine Arlier répondit que le reptile, — qui depuis fut reconnu pour un crocodile, — était une couleuvre; et que ces lettres COL. NEM., — qui, plus tard, ont signifié Colonie de Nîmes, — voulaient dire la couleuvre de Nîmes, *Coluber Nemausensis.* Il ajouta que ces symboles avaient dû être « les armoieries et enseignes » de la ville de Nîmes. Cela frappa le roi : c'était une médaille antique. Quelles armoiries plus glorieuses pouvait-on donner à la ville? Sur-le-champ il rendit une ordonnance portant que Nîmes reprendrait ses anciennes armes, et manda au sénéchal de Beaucaire de contraindre les consuls, par toutes les voies requises, à rejeter le taureau d'or sur champ de gueules. Le préambule des lettres royales est curieux :

« François, par la grâce de Dieu, etc...., nous avons reçu la forme
» de l'amphithéâtre envoyé par nos chiers et bien aimez les consuls,
» manans et habitants de notre ville et diocèse de Nismes, et entendu,
» par notre amé et féal maistre Anthoine Arlier, docteur ès-droicts, et
» consul de notre dicte ville de Nismes, la palme, coleuvre enchainé, et
» chapeau de laurier, dans le dict amphithéâtre enclos, avoir esté anciennement les armoieries et enseignes de nostre ville de Nismes ; ce
» que nous a le dict Arlier clairement démontré, tant par apparentes
» raisons, que par le revers de plusieurs antiques médailles, esquelles
» et en l'une des faces avons vu à demy relief figuré le dict coleuvre

» sans aisles, à quatre pieds, passant enchaîné à une palme, et en icelle
» un chapelet en forme de laurier pendant, et au-dessous les (des) deux
» pieds de devant du dict coleuvre, ung petit rameau d'une palme, et
» davantage (de plus), escrit en lettres antiques, majuscules et syncopées,
» suivant le stile des anciens, *Coluber Nemausensis*,... voulants par ce et
» desirants conserver ou bien renouveler les louables antiquités, et des
» quelles avons esté et sommes grandement amateurs,... avons octroyé
» et octroyons, etc.... » Suit l'ordonnance datée du mois de juin 1535.

Ceux qui font de l'histoire générale sauront gré à notre ville d'avoir conservé cette preuve du goût vif et intelligent de François Ier pour les arts, tout en souriant peut-être de ce mélange d'ignorance et d'enthousiasme d'érudit, et surtout de la simplicité du consul et du roi découvrant et déclarant qu'on avait des armoiries et des blasons du temps d'Auguste.

Au reste, quelque chose de plus grave que les fêtes données à François Ier agitait sourdement les esprits, distraits, pour un moment, par le spectacle assez singulier de cette royauté agenouillée devant d'antiques ruines. Le grand évènement d'alors, c'était la réforme qui pénétrait à Nîmes, et qui lui préparait une histoire bien autrement orageuse que celle de son consulat en guerre contre les sénéchaux et la gabelle du roi de France.

Imbert Pacolet, régent des écoles, éloigné de sa chaire par le clergé, malgré les consuls qui vantaient sa science, parla le premier à cette population frémissante de Luther et de Calvin. Les efforts des consuls pour donner à Imbert Pacolet un successeur de sa communion, et la menace que fit le clergé de les dénoncer au parlement, témoignent de l'adhésion de ces magistrats aux nouvelles doctrines. Ainsi la liberté religieuse eut pour apôtres, à Nîmes, les hommes de la science, et pour protecteurs, ceux qui avaient mission de défendre ses libertés politiques.

Jusqu'ici l'histoire de Nîmes est celle d'un petit peuple exploité par toutes sortes de maîtres, accablé par tous les fléaux du ciel et de la terre, qui crie à tous ceux qui viennent : Vivent nos maîtres ! qui souffre presque sans se plaindre, et dont les révoltes sont à peine quelques mutineries. Nous allons voir ce même peuple s'appartenir enfin et se gouverner, du moins pour un temps, agir sur les évènements généraux par ses passions et ses violences, au lieu d'en subir obscurément le contre-coup et d'en payer les frais. Nîmes va passer de la vie passive à la vie active. La pauvre ville va souffrir encore, car pour elle vivre c'est souffrir ; mais elle souffrira pour des croyances, pour des idées, pour la liberté de conscience : ce qui vaut mieux, à tout prendre, que de souffrir pour des vexations fiscales et des pilleries de gens de guerre. Nîmes s'élèvera un moment aux proportions d'un grand peuple.

V.

COMMERCE ET INDUSTRIE.
LETTRES ET INSTRUCTION PUBLIQUE. — ÉTABLISSEMENTS RELIGIEUX. — MOEURS. HOMMES CÉLÈBRES DURANT CETTE PREMIÈRE PÉRIODE.

Commerce et Industrie.

Il n'est resté aucun document sur l'existence commerciale de Nîmes durant l'époque romaine, et, plus tard, sous les différentes invasions qui s'y succédèrent. Les premières pièces où il est question du commerce de Nîmes datent du douzième siècle ; ce sont des chartes du vicomte Bernard Athon V, qui constatent l'établissement de foires et marchés dans la ville de Nîmes. Ces foires étaient fixées au jour de la Saint-Martin et à la fête de Notre-Dame. Que s'achetait-il dans ces foires et marchés? quels étaient les produits du commerce local? on ne peut le dire. Les chartes de Bernard Athon V portent la date de 1145.

Environ soixante ans après, Nîmes faisait un commerce considérable avec la Provence et surtout avec Arles ; à telles enseignes que ces deux villes formèrent, dans l'année 1213, une confédération ou alliance entre elles, pour assurer la libre circulation de leurs marchandises et garantir leur industrie des pillages des *routiers*, brigands qui infestaient les chemins publics, et des grands seigneurs qui détroussaient les voyageurs échappés aux routiers. Du reste, même incertitude sur la nature du commerce local.

Dans l'année 1251, un hôtel des monnaies fut créé à Nîmes. C'était sous le règne de saint Louis, lequel signala son passage à Nîmes par plusieurs chartes et fondations pieuses, ce qui ne témoigne pas d'une grande prospérité commerciale.

C'est sous les successeurs de saint Louis[1] qu'il est fait mention pour la première fois des produits du commerce nîmois. On parle d'étoffes et particulièrement de couvertures de laine. A cette époque, une colonie de marchands italiens, vulgairement appelés *Lombards,* était venue s'établir à Nîmes. Philippe-le-Hardi, dans le dessein de les y fixer, leur accorda des privilèges très-étendus, celui entre autres de relever exclusivement, dans tous leurs procès commerciaux, du juge royal ordinaire de Nîmes.

En 1340, le commerce florissait à Nîmes. Le doge de Gênes écrivait au sénéchal de Beaucaire et aux consuls de Nîmes, pour se plaindre des marchands du pays qui trafiquaient dans le golfe, sans la permission du sénat génois, preuve du respect qu'on avait dans la Méditerranée pour le pavillon français. La soie, qui fait aujourd'hui le principal commerce de Nîmes, était si rare alors, que le sénéchal de Beaucaire en acheta douze livres pour la reine de France au prix énorme de 76 sous tournois la livre. C'était en 1345.

Nîmes, dans le même temps, fournissait du vin de son territoire au pape et aux cardinaux. Une année que le vin expédié par les consuls ne fut pas du goût de Sa Sainteté, soit à cause de la qualité, soit à cause du prix, Innocent VI, il faut retenir ce nom, se vengea de ses fournisseurs en jetant un interdit sur toute la ville. Les consuls eurent l'honnêteté de délibérer s'ils n'enverraient pas des députés au pape, pour le prier de lever l'interdit.

Les exactions qui avaient réduit le nombre des feux imposables à Nîmes de quatorze cents à cent, obligent les marchands lombards à quitter cette ville, ruinée par le fisc et dépeuplée par la peste[2]. Ils occupaient à Nîmes la rue qui a conservé le nom de *rue des Lombards.*

Un règlement des consuls, à la date de 1438, antérieur de trois ans au départ des commerçants lombards, porte que toute vaisselle ou poterie d'étain sera marquée aux armes de la ville. Cela semble prouver qu'il se faisait à Nîmes un commerce notable de poterie en étain, et qu'apparemment le corps de fabricants qui s'y livrait n'était pas d'une probité très-scrupuleuse, puisqu'il fallait prendre pour l'étain les précautions de contrôle qu'on réserve d'ordinaire pour l'or et l'argent.

[1] An 1277. — [2] An 1441.

Un procès-verbal fut dressé à cet effet. Les consuls, dit cette pièce, « voulant, pour le bien public, prévenir de telles fraudes, et *conserver la république intacte et sauve*, » requirent le juge criminel de la sénéchaussée de Beaucaire, Bernard Vital, de procéder à l'interrogatoire et à la poursuite des potiers frauduleux. Un grand nombre de pièces furent saisies, et quelques-unes seulement restituées comme faussement soupçonnées d'alliage. Quelques potiers menacèrent de quitter la ville, si on persistait à les vouloir soumettre à une mesure qui, disaient-ils, les ruinait. Le juge et les consuls tinrent bon, et les potiers se soumirent.

Un juge spécial, dit des *conventions royaux*, prononçait sur les différends du commerce, et, par cela même, aidait à son développement, rien n'étant plus favorable au progrès du commerce que la garantie d'une justice spéciale. La juridiction de ce juge, d'abord restreinte aux choses du commerce, fut étendue plus tard à tous les procès dans lesquels les parties consentaient à s'en rapporter à ses décisions.

Lettres et Instruction publique.

L'histoire des lettres et de l'instruction publique, à Nîmes, pendant cette longue période de quinze siècles, peut se faire en quelques lignes. En 589, les lettres se réfugient dans le monastère de Saint-Bauzile, et quelles lettres encore! c'est tout au plus l'étude et l'interprétation de la Vulgate. Les lettres grecques et romaines sont plus familières, à cette époque, aux Sarrasins qu'aux Français. Il faut aller jusqu'au treizième siècle pour trouver dans la bibliothèque des chanoines de Nîmes une collection de manuscrits, presque exclusivement religieux : cinquante ans plus tard, la ville fonde des écoles publiques de philosophie et de grammaire.

Vers l'année 1360, il se manifeste à Nîmes un certain mouvement scientifique et littéraire. Les consuls cherchent à y attirer les hommes instruits, par l'appât des honneurs et des récompenses. Louis Valette, citoyen de Nîmes, ayant obtenu le grade de maître ou docteur en médecine de la Faculté de Montpellier, les consuls lui envoyèrent une députation pour le féliciter et lui offrir, au nom de la ville, six tasses d'argent[1]. Une école de droit civil est fondée, et on en confie l'enseignement à des

[1] An 1571.

docteurs en renom, venus des universités voisines; d'autres, d'une réputation européenne, sont attirés de l'étranger, et engagés à grand prix : le corps municipal va les recevoir, à leur arrivée, à la tête d'un cortège nombreux.

Au commencement du seizième siècle, les consuls augmentent les appointements du recteur des écoles publiques, pour faire rechercher cette place par des hommes distingués[1]. Les écoles sont florissantes; la ville requiert et obtient de François Ier l'autorisation de les convertir en un collège ou université, à l'image de celle de Paris. Claude Baduel, l'un des professeurs de l'Université de Paris, est invité à venir prendre la direction de l'Université nîmoise : on assigne son rang, dans les cérémonies publiques, entre les deux premiers officiers de la ville.

Établissements religieux.

Les établissements religieux avaient eu moins de peine et mis moins de temps à prospérer. Dès le treizième siècle, des religieux de tous les ordres y avaient bâti, du produit des aumônes et des donations pieuses, de bons et tranquilles monastères, à la porte desquels s'arrêtaient la peste et le fisc, qui dévoraient le reste de la ville.

Mœurs.

Le peu qu'on a de notes sur les mœurs offre un bizarre mélange d'habitudes romaines et des corruptions locales. Les exercices du corps, la gymnastique grecque, la lutte, y sont recommandés et encouragés spécialement par les consuls. Le vainqueur reçoit une pièce de drap vert pour récompense. Il parcourt les rues de la ville, la tête couronnée de feuillage, suivi d'un grand cortège de peuple, de ses rivaux vaincus, et précédé par des ménétriers jouant de la flûte et du tympanon. C'est d'ailleurs la même cérémonie pendant plusieurs siècles. Dans les comptes des consuls, je trouve invariablement la pièce de drap vert et les joueurs d'instruments pour le vainqueur au jeu de la lutte, *pro luctâ*. Il y avait aussi des jeux d'arbalète et d'arc, et des prix pour les vainqueurs : ceux qui

[1] Au 1517.

remportaient le prix à ces deux jeux avaient le titre de *rois des arbalétriers et des archers*, et quelques privilèges honorifiques attachés à leur royauté d'un an. Les deux rois de l'année 1492 sont Jean Gevaudan, notaire, vainqueur au jeu de l'arbalète, et Pierre Galare, chirurgien-barbier, vainqueur au jeu de l'arc. Les consuls leur font présent d'une somme de quatre livres tournois, pour acheter le prix de l'année suivante.

On était très sévère pour les prostituées, et l'on reconnaissait et honorait presque comme un personnage public, la malheureuse qui avait le gouvernement de la principale maison de prostitution. Ces mêmes consuls qui défendent aux femmes et filles publiques d'aller en ville accompagnées d'aucune femme, de porter aucune guirlande, nœuds d'argent, soies et fourrures, sous peine de confiscation, il faut les voir, le jour de l'Ascension, après avoir distribué, à la porte de la cathédrale, une aumône publique aux pauvres, offrir un présent particulier à l'abbesse des femmes débauchées, *abbatissa levium mulierum* [1]. L'abbesse, en retour de ce don, offrait aux consuls un gâteau. Plus tard [2], le don des consuls fut fixé à cinq sous, et cette cérémonie de cadeaux réciproques, entre deux autorités d'un ordre si différent, au lieu de se faire sous le portail de la cathédrale, se fit à l'une des portes de la ville que l'on ornait de feuillages. C'était là une des attributions honorifiques du consulat.

Par la même inconséquence, ou peut-être pour corriger une si ridicule concession faite aux mœurs du temps par des réserves énergiques en faveur de la morale, en même temps qu'on protégeait publiquement la prostitution constituée et patentée, on pendait, mutilait ou fustigeait les individus accusés et convaincus d'avoir débauché des femmes et des filles de la ville.

La distribution de l'aumône publique se faisait avec beaucoup de solennité. C'était d'ordinaire le jour de l'Ascension. Dès le matin, la grosse cloche de la cathédrale portait cette bonne nouvelle à tous les pauvres de la ville. Les consuls, une torche à la main, précédés de joueurs d'instruments et du porte-étendard de la ville, se rendaient à la maison commune, et de là à la cathédrale. Les différents corps de métiers marchaient derrière eux, avec leurs bannières particulières. Après la célébration de la messe, on fermait toutes les avenues des rues voisines par des barrières

[1] Au 1399. — [2] Au 1479.

que gardaient des sergents. Les pauvres, pressés contre ces barrières, recevaient, avec quelque menue monnaie, du pain qui avait été bénit dans la cathédrale par l'official de Nîmes ou par l'évêque. Ce pain avait un nom touchant : on l'appelait le pain de la charité, *panis caritatis*. Ce jour-là la cathédrale était balayée à fond. Enfin, pour qu'aucun pauvre ne fût frustré, par défaut d'avis suffisant, de sa part de l'aumône publique, outre la grosse cloche qui l'annonçait, le trompette ou crieur public la criait dans tous les carrefours et sur toutes les places quelques jours avant la fête.

Cette ville, que nous avons vue défendre si courageusement ses finances contre l'avidité du fisc, prodigue les dons et les présents en toute occasion et pour toutes les personnes de marque. Les fonctionnaires nouvellement entrés en charge, les consuls qui se marient ou qui marient quelqu'un de leur famille, les religieux qui inaugurent un couvent nouvellement construit, les chefs de gens d'armes qui passent par la ville, les députés des autres villes de la sénéchaussée qui viennent y traiter des intérêts communs, les évêques le jour de leur installation, les représentants des princes étrangers, la femme du sénéchal quand elle vient rejoindre son mari, les princes et autres grands personnages, reçoivent des cadeaux qui varient selon la qualité des personnes, mais qui toujours sont modestes, et dans les facultés d'une ville à laquelle on ne laissait guère de quoi donner. D'ordinaire, ce sont quelques paires de volailles, des lapins, du gibier tué dans les garrigues de la ville, du vin, de l'avoine, et surtout des torches, présent bien utile dans un temps où il n'y avait pas de réverbères et où l'on voyageait de nuit aux flambeaux. Jean Conort, lieutenant du sénéchal, vient au secours de Nîmes inquiétée par les tuchins[1] : les consuls lui offrent une douzaine de poulets, quatre oisons et vingt-huit cartons et demi de vin. Je cite ce présent parce qu'il est énorme, comparé à ceux d'usage; la ville le proportionnait au service qu'elle attendait de Jean Conort. La femme du sénéchal Antoine de Lau vient à Nîmes[2], où l'avait précédée son mari. La ville lui donne, pour sa joyeuse arrivée, *pro suo jucundo adventu*, douze chapons, douze perdrix, douze lapins, douze livres de dragées, six flambeaux, deux pièces de vin blanc, une autre de vin rouge et deux pièces de vin muscat. Il y a entre ce présent et celui que reçoit Jean Conort, la différence qu'il y a entre la pro-

[1] An 1383. — [2] An 1479.

'tection du sénéchal et celle de son lieutenant. Remarquez en outre les dragées et le vin muscat, présent de dame. Les consuls tiennent compte du rang et du sexe de la personne.

A toutes les veilles de grandes fêtes, des présents sont offerts aux officiers royaux et aux autres personnages distingués. Je remarque que les lapins, les perdrix et les torches y dominent. Le fisc ne laissait pas toujours de la volaille et du vin à offrir. En outre, les consuls se font entre eux des présents aux grands évènements de famille; mais c'est à leur compte. Ces présents privés sont de la même sorte que les présents publics. Rarement la générosité de la ville varie : je trouve pourtant, à la date du 21 février 1393, un présent de pâte de confiture, appelée *manus Christi*, de pralines et de gaufres *dorées*, offert aux députés de Montpellier, et deux douzaines de coqs données au capitaine Pierre Ponchut, pour le jour de sa noce. On offrait des coqs aux nouveau-mariés.

Une marque de la générosité nîmoise, à la fois plus singulière et plus touchante, c'est l'entretien d'une fille solitaire, appelée La Récluse, qui vivait dans un ermitage, à quelque distance de la ville, d'une pension annuelle que lui faisait la ville. Le vœu de cette fille était volontaire. On la logeait, on l'habillait, on la soignait dans ses maladies, on l'enterrait après sa mort. Je remarque, dans les comptes consulaires de l'année 1373, un article de huit gros pour sucre fourni à La Récluse dans sa maladie; et dans ceux de l'année 1408, une note de dépenses, tant pour l'extrême-onction administrée à La Récluse, le suaire et les chandelles pour son enterrement, que pour l'installation de celle qui devait la remplacer, la réparation des meubles et le nettoiement de l'ermitage.

Avant le règne de Charles V, le charivari était une habitude chère au peuple, non le charivari politique, invention toute moderne, mais le charivari contre les mariages inégaux, contre les veuves qui convolaient en secondes noces, contre les vieux maris de jeunes femmes. Charles V abolit le charivari, et, chose singulière! dans toutes les confirmations et reconnaissances des privilèges de Nîmes, qui furent faites ultérieurement par les rois de France, il y a un article spécial portant défense de faire des charivaris dans la ville. Il faut croire que le peuple mettait un tel cœur à ces démonstrations, que l'ordre de la cité en était gravement troublé.

Une prohibition qui fut plus sensible au peuple, ce fut la prohibition de la *fête des fous.* Cette fête avait lieu à Noël. Pour exprimer la plus grande joie possible, la joie d'avoir un Sauveur, les hommes simples de cet âge n'avaient rien imaginé de mieux que de faire les fous. La fête des fous était célébrée dans toute la France. A Nîmes, elle avait son éclat particulier; nulle part les fêtes ne sont plus bruyantes que là où l'homme est le plus misérable : il a tant alors à s'étourdir et à oublier! Une espèce de tribune tendue de draperies était élevée entre les colonnes de la cathédrale : c'est de là que des musiciens de toutes sortes, joueurs de trompette et de tympanon, de flûte et de cymbales, faisaient danser sur les dalles de la nef, mêlés et confondus dans un branle universel, des hommes, des femmes, des prêtres, des laïcs, présidés par un évêque de leur élection, évêque pour le temps de la fête, qui portait le costume épiscopal, la mitre et le rochet, et qui faisait toutes les cérémonies. Cet évêque n'était souvent qu'un simple clerc, qu'on voyait gravement donner la bénédiction, sous les habits pontificaux, à toute la foule fatiguée de danses et de chansons. Quand le pavé de la cathédrale était trop humide, à cause des pluies, et que la danse y pouvait être glissante, l'évêque de Nîmes prêtait de bonne grâce sa maison pour ces pieuses folies auxquelles prenaient part des prêtres masqués, dansant avec des femmes abandonnées, ou jouant aux dés sur les dalles, ou faisant chorus avec les chanteurs les plus libres. Du reste le pavé de la cathédrale était sans tombeaux; et c'est ce motif surtout que les chanoines alléguèrent quand Gilles Vivien, lieutenant du sénéchal, ordonna la suppression de la fête des fous. Car les réclamants, chose étrange! ce furent les chanoines de la cathédrale à qui la contrainte extérieure de leur état faisait trouver ces relâchements plus doux. Il est très-vrai que le pavé de la cathédrale ne recouvrait pas de tombes; mais c'était à la face d'un grand Christ crucifié, planté sur une sorte de jubé, en avant du chœur, que se célébraient ces scandaleuses folies. Gilles Vivien tint ferme, et la fête des fous fut abolie à Nîmes le 25 décembre 1394. L'abolition en fut proclamée après les vêpres, à son de trompe, dans les rues et sur la place de la cathédrale.

Célébrités de Nîmes.

J'ai gardé pour la fin de ce paragraphe, la liste des hommes nés à Nîmes, qui honorèrent leur ville natale par des talents supérieurs, ou par de grandes vertus, choses plus rares que les talents. Cette listé se réduit à cinq ou six noms; c'est peu pour quinze siècles. Mais n'y a-t-il eu d'hommes supérieurs, soit en talents, soit en vertus, que ceux dont l'histoire a gardé les noms?

Les deux premiers appartiennent à l'époque romaine, et eurent leur illustration hors de Nîmes. Ce sont Domitius Afer, et Titus Aurelius Fulvus.

Domitius Afer, flatteur de Tibère, lâche ennemi de Germanicus, mais orateur distingué, fut le maître de Quintilien. Nîmes peut le revendiquer comme orateur; mais il appartient par ses vices à la Rome impériale.

Titus Aurelius Fulvus, homme de guerre, consul à Rome, donna naissance à un fils qui fut le père d'Antonin. Nîmes pourrait donc se faire honneur d'Antonin, car le petit-fils ne serait pas venu au monde sans l'aïeul.

A quelque temps de là, Nîmes envoie au martyre deux de ses enfants, saint Honeste et saint Bauzile, deux confesseurs de la foi chrétienne, et deux grands hommes, par leur intelligence de la loi nouvelle et par leur mort [1].

Il faut remonter jusque vers le milieu du quinzième siècle pour trouver le nom de Louis Raoul, bachelier, lequel institua, par son testament, un défenseur d'office à tous les pauvres, veuves et orphelins, qui auraient besoin du ministère d'un avocat. Ce défenseur, nommé alternativement par les magistrats de la sénéchaussée et par les consuls et conseillers municipaux, devait prendre le titre d'*avocat des pauvres*. Cette institution subsiste encore aujourd'hui.

Voici quelques passages du testament de Louis Raoul, pièce curieuse, écrite en latin, où l'on trouve, à côté de dispositions singulières, des idées élevées et touchantes. Le début, dont j'ai respecté le tour périodique et un peu diffus, est grave et éloquent.

« Au nom de la sainte et indivisible Trinité, du Père, du Fils et du
» Saint-Esprit, ainsi soit-il. En l'an de l'Incarnation de notre Seigneur
» 1459, le 25 du mois de février, comme il a été décidé que tous les
» hommes doivent mourir, qu'il n'y a rien de plus certain que la mort,
» ni de plus incertain que son heure; et quoique, selon la parole du Sage,
» il ne faille pas craindre une heure qui est la dernière de la vie, mais

[1] An 287.

» pourtant se la représenter sans cesse à l'esprit, selon ce mot du livre
» sacré : « Pense à tes derniers moments, et tu ne pècheras pas pour
» l'éternité; » et comme il n'y a rien qu'on doive laisser plus libre que
» la volonté dernière de l'homme, parcequ'au-delà il ne peut plus vou-
» loir autre chose, et qu'il faut respecter et permettre ce qu'il n'a plus
» le pouvoir de changer; — moi, Louis Raoul, docteur ès lois, du lieu
» de Bernis, citoyen et habitant pour le présent de la ville de Nîmes, par
» la grâce de Dieu, sain de corps et d'esprit, pensant à ma fin, et dési-
» rant d'y pourvoir dans le temps que mes membres ont encore toute
» leur vigueur, et que la raison gouverne mon esprit; — encore que
» cette raison soit si souvent obscurcie par la langueur, que non-seule-
» ment j'oublie les choses de mon temps, mais que je m'oublie moi-même,
» et que, par l'effet de la fragilité humaine, ma mémoire, dans le trouble
» de ma pensée, ne peut pas suivre plusieurs choses à la fois; — vou-
» lant prévenir le moment où il me faudra payer l'inévitable dette de la
» condition humaine, je consigne sur ce parchemin, j'écris, ordonne
» et dispose en la manière qui suit ma volonté dernière et solennelle. Et
» d'abord je rends et recommande mon âme et mon corps au souverain
» Créateur, et à notre Seigneur Jésus-Christ, et à la très-glorieuse Vierge
» Marie sa mère, et à tout le sénat des citoyens du Ciel, *totique curiæ*
» *civium celestium*, et je veux et ordonne que sitôt que mon âme se sera
» dégagée de ses liens de chair, mon corps soit enseveli dans le cime-
» tière de l'église cathédrale, au lieu qu'il plaira à messieurs les cha-
» noines de m'assigner......... »

Suivent des dispositions pour l'enterrement, les prières et les messes à dire pour le défunt. Il supplie messieurs les chanoines de le recevoir dans leur ordre après sa mort et de l'enterrer dans leur habit; et à cet effet il leur lègue sept livres et dix sous tournois, à partager entre eux, *selon la louable coutume,* dit-il, *de ladite cathédrale.* Il ordonne que deux cierges d'une demi-livre seront placés de chaque côté du crucifix qui est devant le maître-autel, et qu'ils seront allumés à perpétuité aux heures et jours de fête qu'il désigne. Ces cierges seront faits d'une cire commune et refondue, afin qu'ils coûtent moins cher et durent plus long-temps. Toutefois, aux fêtes de la Vierge Marie, on les couvrira d'une légère couche de cire blanche en l'honneur de sa pureté et de sa virginité.

Après l'église, il pense à sa famille; à ses collatéraux, qui héritent de lui à défaut d'enfants légitimes ; à sa femme Peyrone, pour laquelle il est froid et peu généreux, car il ne lui donne que la moitié de son mobilier, « en compensation, » dit-il, « de ceux des meubles personnels de ladite » Peyrone, qui ont pu être perdus, usés, détériorés en totalité ou en par- » tie pendant la communauté. » En voyant le mot *recompensasionem*, je croyais avoir à lire : En récompense de son affection et de ses bons soins. Mais point. C'est du droit strict et non de la tendresse posthume, comme il s'en voit dans les testaments de notre temps. Il dit ailleurs : « Et comme » elle a apporté dans ma maison quelque peu de mobilier, dont je ne » saurais proprement donner le détail, je veux et ordonne que ladite Pey- » rone, mon épouse, reçoive et prenne pour elle tous ceux des meubles » qu'elle déclarera sous serment lui appartenir et avoir été apportés de » sa maison dans la mienne, et que lesdits meubles lui soient livrés et » abandonnés sans difficulté. » C'est là tout ce qu'il fait pour sa femme. Il n'en faudrait pourtant pas conclure que Louis Raoul eût été mauvais mari, ni Peyrone mauvaise femme : la coutume de Nîmes, héritière du droit romain, en avait gardé les dispositions matrimoniales, si dures pour les femmes, et cet usage inique de préférer à l'épouse les collatéraux du mari.

Il institue sa sœur héritière de tous les biens dont il n'a pas encore disposé, mais avec cette clause qui a tant honoré son nom, par laquelle il veut et ordonne qu'à la mort de cette sœur « soient héritiers et proprié- » taires desdits biens les pauvres, les veuves, les pupilles, les orphelins » et toutes les personnes malheureuses qui, dans la poursuite et la dé- » fense de leurs droits, manqueront d'un conseil, d'un appui et d'une » direction.... Et je veux, » ajoute-t-il, « qu'il y ait, à perpétuité, dans » la présente ville de Nîmes, un avocat des pauvres, qui soit à demeure » fixe dans la maison que j'habite, et qui en touche les fruits, usufruits » et revenus quelconques, tant qu'il vivra et exercera son emploi. »

Il nomme lui-même le premier qui portera ce titre touchant d'avocat des pauvres. C'est Jean Auban, bachelier dans les deux droits, homme savant et probe, dont le nom doit être cité, dans une histoire de Nîmes, à côté de celui de Louis Raoul.

A la mort de Jean Auban, ou s'il vient à renoncer à son emploi, son successeur sera nommé alternativement par les officiers royaux et les consuls de la cité de Nîmes. Louis Raoul les prie, lors de l'élection, de prendre l'engagement, la main sur l'Évangile, de ne donner leur voix qu'à un homme habile, capable, à la hauteur de sa tâche, et surtout probe, fidèle et diligent. Il veut que l'avocat ainsi élu jure lui-même sur les livres saints de bien et fidèlement remplir les devoirs de sa charge, de ne se point montrer dur aux pauvres, ni d'un accès difficile, de poursuivre activement leurs causes, et de faire toutes les démarches nécessaires en temps convenable. Il le charge en outre d'appliquer tous les ans une somme de vingt sous tournois à un service funèbre pour lui, ses parents et ceux qui ont bien mérité de lui. Puis, reprenant le ton impératif du testateur, il défend expressément audit avocat d'exiger aucun salaire des pauvres et des personnes malheureuses qu'il aura aidées de ses conseils, ni même d'accepter ce qu'on pourrait lui offrir; et au contraire, il lui commande et ordonne d'aller, deux fois par semaine, visiter les prisonniers de la ville de Nîmes, de leur demander les causes de leur détention, et de solliciter, autant que faire se pourra, leur élargissement auprès des officiers royaux. Il supplie ces officiers, en conséquence, d'être doux et accessibles pour l'avocat des pauvres, et « autant que possible, d'abréger » les procédures. » Ce n'est pas d'aujourd'hui seulement que la justice est lente.

« Et comme je suis né, » continue-t-il, « audit lieu de Bernis, que
» j'y ai mes biens paternels et maternels, et que je suis naturellement
» tenu d'aimer le lieu de ma naissance et de combattre pour ses habi-
» tants, selon cette parole de Caton : *Combats pour ta patrie;* je requiers
» ledit avocat de prendre un soin particulier des habitants dudit lieu et
» de leur commune, et de se charger de leurs causes, autant que faire se
» pourra. Et je veux et ordonne que sitôt que ledit avocat des pauvres sera
» entré en charge, on inscrive sur une pierre, au-dessus de la porte de
» ma maison, ces paroles : *Maison de l'avocat des pauvres.* Cette maison,
» je le répète, devra être la demeure fixe dudit avocat tant que durera
» son emploi; et, au cas où il irait loger ailleurs, ou refuserait d'habiter
» dans ladite maison, je ne veux pas qu'il continue sa charge, ni qu'il en
» touche les émoluments, mais qu'un autre soit nommé en sa place, dans
» la forme et aux conditions précitées. »

Un mouvement naturel de sollicitude pour les biens dont il va se séparer, et qui doivent constituer la dotation de l'avocat des pauvres, lui dicte la disposition suivante : « Je veux et j'ordonne que ledit avocat

» tienne la maison bien couverte et en bon état, qu'il fasse cultiver avec
» soin les vignes et les champs d'oliviers, qu'il y mette la main au besoin,
» et agisse en toutes choses en bon usufruitier; et si, par sa faute ou sa
» négligence, la maison et les biens venaient à se détériorer, qu'il les
» fasse réparer à ses frais. Il devra d'ailleurs en acquitter toutes les char-
» ges, telles que les tailles royales et les autres *taxes ordinaires et extra-*
» *ordinaires;* » recommandation d'un sujet fidèle qui hypothéquait
d'avance son bien à tous les impôts futurs qui seraient demandés au nom
du roi.

Enfin, après avoir nommé ses exécuteurs testamentaires, Louis Raoul
termine ainsi : « Moi, Louis Raoul, je dis, confesse et veux que ce pa-
» pier et ce qui y est contenu soient mon testament solennel. En témoi-
» gnage de quoi j'ai signé de ma propre main : Louis Raoul. »

Louis Raoul ne mourut que long-temps après avoir fait ce testament.
Il paraît que, dans l'intervalle, les religieux du couvent des frères prêcheurs intriguèrent pour avoir son corps; car dans un codicille annexé
au testament, il demande à être enterré, non plus dans la cathédrale,
mais dans l'église de ce couvent, au lieu où il plaira aux frères de le placer. Il revient aussi sur la prière qu'il avait faite à *messieurs les chanoines*
de la cathédrale de l'ensevelir dans leur habit et de l'agréger aux chanoines en qualité de frère, et il applique le prix dont il avait voulu payer
cette faveur à des messes dans la cathédrale. Outre ces messes, au nombre de vingt-quatre, il dispose de différentes sommes pour en avoir vingt-
quatre autres dans chacun des quatre couvents des frères mendiants de
Nîmes, plus trente dans l'église de Saint-Étienne-du-Capitole, plus cent
dans l'église de Saint-André, de Bernis, plus trente dans l'église de Saint-
Martin, plus quatre-vingt-dix en divers lieux; en tout près de quatre
cents messes pour lui seul, et une quantité de bouts-de-l'an tant pour lui
que pour ses auteurs, ses parents, ses amis et sa femme. On voit que la
vieillesse avait singulièrement augmenté ses scrupules religieux.

On me saura gré de parler ici d'un acte de *l'avocat des pauvres,* qui
pourra donner une idée de la haute utilité de cette institution. C'est une
requête présentée aux consuls par le sieur Solinhac, alors avocat des
pauvres, à l'effet d'obtenir un médecin pour les pauvres de l'hôpital de
Nîmes. Cette curieuse pièce porte la date de 1532. Vous savez, dit l'avocat, au nom de ses humbles clients, que l'une des principales vertus que

recommande notre Seigneur est la vertu de charité, et « avoir par espe-
» ciale recommandation les pouvres, seux (ceux) qui sont impotants, et
» non point valetudineres, pareceus (paresseux), et qui fuent (fuient)
» le travalh. » Pénétrés de cette idée, les prédécesseurs des consuls pré-
sentement en charge avaient attaché au service des pauvres de l'hôpital
un médecin et un apothicaire ; mais depuis un certain temps on avait
débouté ce médecin et mis à sa place un barbier ; « lezquelz barbiers, »
disent les pauvres, « par se que ne peuvent estre scavantz en vraye mo-
» decine, ne peuvent secourir hà (à) ung pouvre malade de fievre chaude
» ou autre fievre, comme ung medecin. » Le secours de ce barbier était
d'autant plus funeste, qu'à ce moment-là même les *pouvres languissants*
de l'hôpital étaient affligés de fièvre chaude, « dont la cure appartient à
» bons medecins scavantz et espiramantés (expérimentés), et non mye (pas)
» à barbiers ou sirurgiens, lezquelz ne ouvrent (travaillent) que manue-
» lement par le conceyl (conseil) de medecin. » Les pauvres disent aux
consuls qu'on peut aller voir le cimetière où leurs frères sont enterrés,
par suite de cette sorte de maladie, et qu'il en meurt plus dans leur hôpital que dans ceux où les malades ont été mis en danger de mort par leur
mauvaise vie. Par toutes ces considérations, ils demandent qu'il y ait en
la cité de Nîmes, « pour la necessité des pouvres de Dieu, ung medecin
» à gages raysonables, et alors, » ajoutent-ils, « vous verrés par expe-
» rience que ne mourront poinct tant desdits pouvres, comme ils hont
» accoustumé fere ; et si la ville en sara plus soulagée en deus qualités,
» l'une que ne se fera tant de despense, comme soulet (on était accou-
» tumé de) fere, l'autre que Dieu vous en saura plus grand gré et aydera
» à la ville, qui ne sara poinct si dangereuse de peste comme aupara-
» vant....... »

L'histoire ne dit pas si les consuls eurent égard à cette requête ; on se
plaît à le penser.

Le dernier de cette liste est un jurisconsulte du nom de Vidal, qui
vivait sous le règne de Louis XII, et qui a fait, entre autres ouvrages
spéciaux, un traité des rapports intitulé : *Tractatus insignis et præclarus de
collationibus*. C'est une suite de discussions sur tout ce qui peut être sujet
à rapport en matière de successions. Ce traité est parvenu jusqu'à nos
jours. Ce peut être un grand titre pour le temps ; mais la belle action
de Louis Raoul était encore plus difficile à faire que le traité de Vidal.

DEUXIÈME PÉRIODE.

HISTOIRE DE NIMES PENDANT LES GUERRES DE RELIGION.

I.

DÉCOUVERTE DES RELIQUES DE SAINT BAUZILE.
LES PREMIERS MARTYRS DU PROTESTANTISME A NIMES. — CONDUITE DU CONSULAT.
L'INONDATION. — MOT ATROCE DU COMTE DE VILLARS.
GUILLAUME MOGET.
SACCAGEMENT DES ÉGLISES. — PRISE DE LA CATHÉDRALE.
LE CONSISTOIRE. — PIERRE VIRET.
LE CONSEIL DES MESSIEURS. — RÉCEPTION DE CHARLES IX A NIMES.
PREMIERS REVERS DES PROTESTANTS.
1517. — 1567.

En l'an 1517, sous l'épiscopat de Michel Briçonnet, ce fut un grand évènement à Nîmes que la découverte des reliques de saint Bauzile, martyr, patron de la ville. L'exhumation en eut lieu le 27 juin, au monastère de Saint-Bauzile, en présence de l'évêque, des membres du conseil de ville et des consuls . l'empressement des habitants fut si grand, nous disent les registres de l'Hôtel-de-Ville, que l'on fut obligé de placer autour du tombeau des sentinelles pour empêcher que les reliques du saint ne fussent enlevées par la foule. Il y eut, dit l'historien de Nîmes, Ménard, délibération du conseil, assisté de l'évêque et des consuls, « à l'effet de
» prendre des mesures convenables pour la conservation de ce trésor. Il
» fut unanimement arrêté que le tombeau, où l'on venait de découvrir
» le corps de saint Bauzile, ne serait point changé de place; qu'on met-
» trait au-devant une grille de fer; qu'il serait gardé nuit et jour jusqu'à
» ce qu'on eût construit une chapelle au même endroit, pour l'y conserver
» avec plus de décence; qu'il y aurait quatre clefs à cette chapelle, qui se-
» raient remises entre les mains des consuls; que le corps du saint serait
» renfermé dans une nouvelle caisse de plomb; et qu'enfin on placerait un
» tronc à la porte de la chapelle pour y recevoir les libéralités des fidèles,

» et que l'argent qu'on en retirerait serait employé à toutes ces dépenses. » Les aumônes affluant de toutes parts, il fallut bientôt nommer un receveur spécial des aumônes de Saint-Bauzile.

Le tronc ouvert une première fois donna de quoi payer les hommes de la milice urbaine préposés à la garde du tombeau ; le quart du reste fut assigné au sacristain de l'église, à qui fut confiée la principale inspection de ce monument. La chapelle fut construite ainsi qu'il avait été décidé. « Mais, » ajoute Ménard, « la dévotion de nos habitants alla si loin, qu'on » fut encore obligé d'établir une sentinelle pour toujours, qui devait de- » meurer auprès du monument, et veiller à ce qu'on ne vînt enlever des » portions de reliques. » Ceci se passait à Nîmes en l'an 1517 : moins de cinquante ans après, la même population qui portait son argent au tronc de saint Bauzile, jetait au vent la cendre des saints, brisait les images, et démolissait les églises. La ville de saint Bauzile était devenue le foyer le plus actif du vrai calvinisme, du calvinisme démocratique.

Ce fut, comme il arrive, la persécution qui hâta les progrès de la révolution religieuse. En l'an 1551, la sénéchaussée de Nîmes, pour se conformer aux décrets du concile de Narbonne, tenu dans la même année, faisait brûler en place publique plusieurs religionnaires, au nombre desquels se trouvait Maurice Sécénat, natif des Cévennes. Ils avaient été surpris en flagrant délit de prédication ; c'est pour cela qu'on les brûlait : la place de la Salamandre eut bientôt ses bûchers en permanence. Les martyrologes protestants ne nomment pas toutes les victimes : on se laisse prendre si facilement sa vie dans ces premiers jours de foi et d'exaltation, que cela se remarque à peine ; les noms obscurs sont oubliés, et c'est le plus grand nombre. Les historiens catholiques profitent de ces omissions inévitables, et ne comptent que les morts de marque. Or, il y a peu de ces morts-là : donc, la persécution catholique a été peu de chose ; donc, la réaction protestante n'en a été que plus odieuse. Il faut se méfier de cette pratique, commune d'ailleurs aux deux partis. Quoi qu'il en soit, la sympathie de l'histoire est toujours du côté des premiers martyrs. Les reliques de Maurice Sécénat pèsent le même poids que celles de saint Bauzile.

En 1555, Pierre de Lavau était pendu sur cette même place de la Salamandre, pour *son zèle indiscret*, dit Ménard : ce Pierre de Lavau était un de ces prédicateurs intrépides qui *prêchaient sur les toits*, ainsi qu'il est dit dans l'Évangile. Trouvant que sa parole n'avait pas assez d'écho dans les conciliabules nocturnes de la tour Magne, il descendit dans la rue, prêcha en plein jour, fut arrêté, jugé et pendu. Le prieur des Jacobins de Nîmes, Dominique Deyron, prêtre et docteur en théologie, l'assista dans ses derniers moments : mais Dominique Deyron, était aussi *gangrené* que le pauvre patient : il le soutint contre les tentations de l'apostasie ; ses paroles furent entendues de la foule, rapportées aux gens du roi ; il fut décrété, poursuivi et n'échappa au gibet que par la fuite. La persécution allait bon train ; les conciles, la cour, les parlements, les sénéchaussées, les présidiaux, la petite et la grande justice du roi s'entendaient à merveille d'un bout de la France à l'autre sur les mesures répressives et préventives. Le conseil et les consuls de Nîmes, vivement semoncés par les commissaires du parlement de Toulouse, disaient à cela qu'ils n'y pouvaient rien. Ils répondaient de la police des rues, mais point de la police des consciences. Genève envoyait ses écrits et ses missionnaires occultes : les missionnaires étaient arrêtés à la frontière par les gendarmes du roi Henri II, ramenés à Chambéry, qui appartenait alors à la France, jugés, condamnés, et pendus. Les écrits arrivaient toujours, comme arrivent tous les écrits, on ne sait comment ni par quel chemin et malgré ces douaniers d'idées de l'invention du cardinal de Lorraine. Genève était la terre d'exil des réfugiés nîmois : Calvin était là dans son quartier-général, organisant cette jeune armée de raisonneurs et de dialecticiens qui savaient à merveille retourner contre Rome l'épée de la théologie. Nîmes est le premier enfant des entrailles de Calvin.

Ainsi, en 1558, un an avant la mort du roi Henri II, Nîmes était aux trois quarts gagnée à la nouvelle croyance. Il n'y avait pas encore guerre ouverte dans la rue ; mais la collision était menaçante. Les pouvoirs royaux avaient le dessus : mais combien de temps cela devait-il durer, quand nous voyons, en 1557, la charge de président au présidial remise par le roi lui-même aux mains d'un protestant, de Guillaume de Calvière, seigneur de St-Césaire, lequel devait acquérir plus tard une assez triste célébrité dans les tueries de la Michelade? Le consulat de Nîmes secondait mollement le zèle inquisitorial des gens du roi, d'abord parcequ'il inclinait fort vers l'hérésie, ensuite, parcequ'étant avant tout le gardien des franchises et privilèges de la ville, il sentait qu'en s'associant aux mesures des délégués de la cour il abdiquerait une partie de ses pouvoirs populaires ; et, en tout état de cause, il gardait les clefs de l'Hôtel-de-Ville. Il laissait pendre et brûler les hérétiques, la persécution aller son cours : mais nous remarquons avec intérêt que, vers l'an 1558, une décision du juge-mage ayant forcé les consuls d'assister en chaperon à l'exécution des criminels, ces magistrats bourgeois osèrent appeler de cet indécent arrêt.

Telle était à Nîmes la position respective des deux partis, quand le roi Henri II vint à mourir, laissant au débile François II, ou plutôt à sa mère Catherine de Médicis et aux Guises, un royaume à sauver de *l'hérésie*. Sur la fin de ce règne, Nîmes avait eu cruellement à souffrir de la peste et de la lèpre. Vers le même temps survint une effroyable inondation. Au dire de tous les historiens, c'en était fait de la vieille cité, si la pluie eût duré quelques heures de plus. Les murailles de la ville furent ouvertes en plusieurs endroits ; des moulins, des portes, des tours, furent renversés. Au dehors, les eaux creusèrent le sol à une telle profondeur, que des débris de monuments romains, enfouis depuis dix siècles, virent le jour. Ce devint dès-lors une des superstitions populaires que Nîmes périrait par les eaux. Cela fit dire au comte de Villars, lieutenant du roi en Languedoc, homme violent et dévoué à la cour, qu'il guérirait ces entêtés bourgeois de la peur du déluge en s'y prenant de telle façon « *que la mé-* » *moire ne s'en perdrait jamais ; qu'il craignait bien lui, que la ville de Nîmes,* » *qu'on disait communément devoir périr par l'eau, ne fût détruite par le* » *sang et par le feu.* »

Le 29 septembre 1559, deux mois après la mort de Henri II, Guillaume Moget fondait à Nîmes la première église ou plutôt la première communauté protestante, les religionnaires n'ayant pas encore pris possession d'un local public pour l'exercice de leur culte. Ce Guillaume Moget venait de Genève, où il était déjà ministre ; il arrivait à Nîmes, non pas comme simple prédicant, mais comme organisateur avoué du culte ; c'était un homme vif, éloquent et fin, n'ayant pas le fanatisme brutal et courageux des premiers apôtres, trop éclairé pour être violent, très-disposé du reste à des transactions honorables avec l'autorité, pourvu qu'elle reconnût de son côté la nécessité d'un nouveau sacerdoce. On avait fait du chemin dans les deux premiers mois du nouveau règne. Les protestants étaient sortis de leurs caves, comme les premiers chrétiens sortaient des catacombes, pour revoir le soleil, au moins pendant le temps que duraient les funérailles du prince persécuteur. Deux mois de répit étaient beaucoup au train dont marchait *l'hérésie*. Le connétable de Montmorency, gouverneur du Languedoc, venait de rompre avec la nouvelle cour; le comte de Villars attendait de nouveaux ordres. Pendant ce temps-là, Guillaume Moget prêchait, enlevait des consciences au pape; le citoyen Guillaume Raimond lui prêtait sa maison en attendant mieux; le divin poison de la parole libre et révolutionnaire gagnait les plus incertains, et beaucoup se demandaient déjà si les églises catholiques ne seraient pas un lieu plus convenable pour la prédication de la nouvelle foi évangélique. On sait ce que cela signifiait. Les consuls, mandés par le vicomte de Joyeuse, qui remplaçait provisoirement le comte de Villars, furent tancés derechef au nom du roi, et promirent d'appuyer tout ce qui serait simple mesure de police urbaine, à la condition toutefois que le gouvernement du roi ne mettrait pas garnison dans la ville. Promesse fut donnée d'ajourner l'envoi d'une garnison; la garde du guet fut doublée; les consuls nommèrent un capitaine de ville chargé exclusivement de la police des rues. Pierre Suau, plus connu sous le nom de *Capitaine Bouillargues*, fut investi de ces importantes fonctions : la cour ayant la main malheureuse dans ses propres choix, que devait-elle attendre de l'élection municipale? Le capitaine Bouillargues était un *enragé* huguenot.

Les premières émotions sérieuses eurent lieu en 1560. Guillaume Moget prêchait dans un jardin particulier situé au faubourg des Frères-Prêcheurs : ce jour-là il y avait foule au prêche. La parole du prédicateur passant de bouche en bouche et commentée passionnément à mesure qu'elle arrivait jusqu'aux derniers rangs de l'assemblée, les allusions bibliques, qui étaient les fleurs de rhétorique de ce temps-là, avidement saisies par toutes les oreilles, les gros mots de *papistes* et de *romanistes* et autres sobriquets jetés à propos dans le discours du missionnaire, les douceurs du cardinal de Lorraine rappelées en leur lieu, le sang des martyrs si éloquent quand il est encore chaud, tout cela entraîna la pieuse congrégation plus loin que ne le voulait Guillaume Moget. Aussi bien on était las du prêche en plein air, et des brutalités des soldats du guet chargés de la dispersion des rassemblements : les têtes se montèrent; on courut à l'église paroissiale de Saint-Étienne-du-Capitole; le curé et les prêtres furent chassés, le Saint-Sacrement foulé aux pieds, les saintes images brisées : Moget s'installa dans la chaire, fit une courte allocution à ses auditeurs, sortit de ce lieu profane et alla s'emparer du couvent des Cordeliers, où il logea depuis, dit l'historien catholique Ménard, avec deux femmes qu'il avait toujours auprès de lui.

Cette fois les consuls invités à s'expliquer catégoriquement, ne nièrent pas qu'il y eût eu désordre, et en témoignèrent tout leur chagrin. Mais le gouvernement du roi voulait mieux que des regrets assez peu sincères peut-être : c'est pourquoi le château de Nîmes fut occupé par les soldats de Villars à la solde de la ville; un gouverneur, assisté de quatre capitaines de quartier, fut chargé d'une police militaire indépendante de la police municipale; les mauvais livres furent saisis, excellent moyen de les faire lire par ceux qui n'y pensaient pas auparavant. Le ministre Moget fut chassé de Nîmes.

L'année suivante, 1561, peu de temps après la mort de François II, Moget rentrait à Nîmes en conquérant, et y organisait le premier consistoire protestant. Les députés nîmois demandèrent des temples aux états-généraux d'Orléans : la cour n'y voulut pas entendre; on se passa des permissions de la cour. Les églises catholiques n'étaient pas des citadelles imprenables, témoin l'église Saint-Étienne : que restait-il donc à faire à ces orateurs sans tribunes, sinon à monter dans celles des *romanistes !* C'est ce qu'ils firent le 21 décembre de l'année 1561.

Les églises de Saint-Augustin, de Sainte-Eugénie et des Cordeliers-Observantins furent les premières envahies, et nettoyées en un clin-d'œil par ces fougueux iconoclastes. Le clergé catholique, que ces invasions venaient fort souvent surprendre au milieu de ses cérémonies, capitulait sans faire de résistance, et sortait par une porte, tandis que les briseurs d'images entraient par l'autre : l'expropriation avait lieu sans effusion de sang; le vent était à l'hérésie ; il était prudent de céder aux plus forts. Les historiens catholiques se sont grandement attendris sur le sort de leurs co-religionnaires de ce temps-là, ne songeant pas assez qu'ils écrivaient l'histoire d'une ville où il n'y eut jamais de passions médiocres dans les partis; où les persécutions, de quelque part qu'elles vinssent, étaient toujours justes autant que le sont des représailles; où le plus pur sang papiste était le prix du plus pur sang calviniste et réciproquement; où les *agneaux* échappés aux boucheries de la *Michelade*[1], devin-

---

[1] On en verra le récit plus loin.

rent loups à leur tour, et applaudirent aux boucheries de la Saint-Barthélemy.

Les protestants convoitaient surtout le beau local de l'église cathédrale. Voici à quelle occasion ils s'en emparèrent. C'était un dimanche; l'évêque Bernard d'Elbène officiait, assisté de tout le haut clergé de Nîmes. Le prédicateur ordinaire venait de monter en chaire : comme il prenait la parole, plusieurs enfants de réformés s'approchèrent du portail de l'église et se mirent à huer l'orateur, le montrant du doigt et l'appelant *béguignier*. Quelques-uns des assistants sortirent pour faire retirer ces marmots, qui revinrent bientôt à la charge. Ils furent, à ce qu'il paraît, corrigés un peu vivement : car il se fit aussitôt une grande rumeur aux alentours de l'église ; la foule déboucha des rues environnantes ; ceux de l'église barricadèrent les portes, et le siège commença. Ce fut l'affaire de quelques minutes : le clergé et les fidèles s'échappèrent par les portes latérales ; l'église fut appropriée au culte protestant, c'est-à-dire saccagée. Le grand crucifix qui se trouvait sur le maître-autel fut promené dans les rues et fouetté publiquement. « Ensuite, » ajoute Ménard, « dans l'a-
» près-midi du même jour, ils allumèrent un grand feu devant la porte
» principale de l'église cathédrale, dans lequel ils jetèrent tous les pa-
» piers des maisons ecclésiastiques et religieuses qu'ils avaient pu en-
» lever, les images et les reliques des saints, les ornements des autels, les
» habits sacerdotaux et même toutes les saintes hosties qu'ils purent ra-
» masser, et dansèrent autour de ce feu en proférant des blasphèmes
» contre nos mystères; ils ravagèrent aussi toutes les églises des environs
» de Nîmes, criant partout qu'ils ne voulaient ni idoles, ni messes, ni
» idolâtres. » Le consistoire, qui avait à sa tête Guillaume Moget, désapprouvait ces excès; mais né lui-même de l'émeute, il était désarmé devant l'exagération de son principe.

Nîmes venait de se mettre, par suite de ces derniers désordres, hors la loi, ou plutôt, hors le royaume de France. Ce qui y restait de pouvoirs royaux était au service de la nouvelle doctrine; le présidial, mené par Guillaume de Calvière faisait pour tout de bon les affaires de Calvin. La municipalité attendait pour prendre un parti que le consistoire en prît un : le consistoire ne se fit pas attendre : il s'empara hardiment du gouvernement de la ville; la municipalité donna les mains à tout ce qu'il fit. Guillaume Moget, président du consistoire, prenait le titre de *pasteur et mi-*

nistre de l'église chrétienne de Nîmes. Ce Guillaume Moget était une forte tête : prédicateur distingué et homme d'action, il était venu à Nîmes bien décidé à être pendu ou à conquérir à la réforme tout ce qui s'y trouvait encore de consciences flottantes.

Le consistoire, pour le réserver tout entier aux affaires d'administration, l'avait engagé à demander aux pères de Genève un co-adjuteur qui fût chargé plus spécialement d'entretenir le feu sacré de la prédication : les pères lui envoyèrent Pierre Viret. Il exerçait le ministère à Lausanne quand le souverain consistoire de Genève lui enjoignit d'aller prêter main forte à Guillaume Moget. Pierre Viret était heureux dans sa petite église de Lausanne : il lui en coûta beaucoup de s'en séparer. L'apostolat dans le Languedoc n'était pas recherché comme une douce sinécure. Pierre Viret se soumit. Voici ce qu'il écrivait à ce propos dans une sorte d'adresse à l'Église réformée de Nîmes : « Le Seigneur m'a tiré de l'Église en
» laquelle j'avais bien occasion de m'aimer, comme s'il m'avait empoi-
» gné par la main, pour me mener comme tout tremblant de faiblesse
» et à demi mort » (il parle d'une grande maladie qu'il avait eue avant son départ), « et me rendre jusqu'à vous qui êtes les premiers du Lan-
» guedoc, entre lesquels j'ai fait résidence après mon départ de Genève...
» Quoiqu'il semblât, à me voir, que je n'étais que comme une anatomie
» sèche, couverte de peau, qui avait là porté mes os pour y être ense-
» velis ; de sorte que ceux-là même qui n'étaient pas de notre religion,
» ains (mais) y étaient fort contraires, avaient pitié de me voir, jus-
» qu'à dire : « Qu'est venu faire ce pauvre homme en ce pays ? N'y est-
» il venu que pour y mourir ? » Et même j'ai entendu que, quand je
» montai pour la première fois en chaire, plusieurs me voyant crai-
» gnaient que je ne défaillisse en icelle, avant que je pusse parachever le
» sermon. » Le sacerdoce romain, usé d'abus et d'indolence, devait être bien faible près de ces moribonds qui se faisaient hisser jusqu'à leur chaire pour prêcher la nouvelle doctrine.

L'arrivée de ce *pauvre homme* à Nîmes détermina la marche hardie du consistoire; les passions méridionales avaient bien vite gagné les apôtres génevois. Le lendemain de son arrivée, Viret entraînait plus de huit mille personnes à ses prêches : Viret et Moget se firent chacun leur part : Viret se chargea des âmes, Moget du matériel des affaires religieuses et de la direction politique à imprimer au consistoire.

Nîmes prenait une attitude militaire; la vaisselle des églises catholiques payait les milices nîmoises et les rêtres allemands : les pierres des couvents démolis servaient à bâtir les fortifications de la ville. La ville était sur un pied de guerre respectable. Ce fut alors que le conseil ou bureau des Messieurs prit naissance. Ce conseil, composé de huit commissaires ou adjoints des consuls nommés par la municipalité existante, forma comme une sorte de *comité de salut public*. Appelé précipitamment au partage de l'autorité consulaire, il l'eut bientôt absorbée tout entière; le consistoire lui-même, qui avait le plus énergiquement poussé à la débâcle des pouvoirs royaux, se trouvant dépassé par les *Messieurs* et contraint par le fait de se renfermer dans le spirituel, les consuls furent rejetés au troisième rang des pouvoirs populaires. C'était une organisation toute républicaine. Dans les déchirements de la France, Nîmes s'arrangeait de manière à se pouvoir passer momentanément du gouvernement central. Metz, Montpellier, Montauban, Carcassonne, en faisaient autant. C'était une véritable fédération, mais religieuse et non politique.

L'édit d'Amboise et sa pacification sur papier firent rentrer dans le sein du royaume l'orageuse cité languedocienne. Le nouveau gouverneur du Languedoc, Damville, prit possession de Nîmes au nom du roi Charles IX, entouré d'un cortège d'évêques et de commissaires royaux. Nîmes murmura, mais se soumit; et quand vint Charles IX lui-même, dans sa tournée royale, visiter la ville d'où l'on chassait naguère si lestement ses évêques et ses lieutenants, tout ce qu'il y avait d'imagination officielle dans Nîmes se mit en frais pour lui faire une réception digne en tout d'une ville fidèle. Au passage du roi sur le pont du Gard, des jeunes filles vêtues en nymphes sortirent d'une grotte voisine et lui offrirent une collation. La porte de *la Couronne,* par laquelle il devait entrer à Nîmes, était masquée par une montagne artificielle qui s'ouvrit à son approche; deux demoiselles de haute maison et de grande beauté lui récitèrent des vers, et lui remirent les clés de la ville. Il passa sous les voûtes de la fausse montagne et vit un crocodile monstrueux qui vomissait des flammes, et que six hommes placés dans son ventre faisaient mouvoir. C'était la mise en scène du crocodile de la médaille romaine. Des fontaines d'eau et de vin jaillissaient devant la porte du collège; des feux innocents couvraient la colonne de la Salamandre. La population protestante, qui attendait quelque bien du nouveau règne, prit part à ces fêtes; mais il faut lui rendre la justice de dire que le programme n'était pas de son invention; les consuls nommés pendant l'insurrection avaient été suspendus, et les autorités royales eurent seules l'honneur des jeunes nymphes du pont du Gard, de la montagne de bois peint, et du crocodile monstrueux. Dans les deux années qui suivirent, les consuls furent du choix et de l'institution du roi. Guillaume Moget devint principal du collége de Nîmes. Viret s'en retourna à sa paisible église de Lausanne.

II.

RÉACTION CATHOLIQUE.
CONSULS CHOISIS PAR LE ROI PARMI LES BOURGEOIS. — LA MICHELADE.
NOUVELLE RÉACTION CATHOLIQUE.
LES EXILÉS PROTESTANTS S'EMPARENT DE NIMES. — ÉDIT DE PACIFICATION.
LA SAINT-BARTHÉLEMY.
NIMES CAPITALE DE LA LIGUE PROTESTANTE DANS LE MIDI.
ÉDIT DE NANTES. — PLANTATION DU MURIER BLANC.
1567. — 1600.

Après les fêtes vinrent les violences. Les exilés rentrèrent, et, avec eux, la justice royale et ses rigueurs rétroactives. Ceux dont les maisons étaient encore debout les reprirent, non sans se faire indemniser du dégât qu'ils y trouvèrent, et de celui qu'ils n'y trouvèrent pas. Les plus maltraités par la tempête populaire, prêtres, moines, carmes chaussés et déchaussés, firent main-basse sur le premier argent des taxes imposées par le parti victorieux. Il fallut refaire avec les dépouilles des vaincus tous ces affamés que le pain de l'exil avait maigris. Ainsi que je l'ai dit plus haut, le consulat avait été enlevé au peuple; mais, chose remarquable, les consuls de cette année de réaction catholique, consuls du choix violent du roi, sont des hommes du peuple. L'histoire mentionne leurs noms et leurs professions : ce sont Guy Rochette, docteur et avocat; Jean Baudan, bourgeois; François Aubert, maçon; Christol Ligier, laboureur. La réaction n'avait pas osé confisquer le principe tout entier.

Le malheur de toutes les réactions, c'est d'amener des représailles; il faudrait que le vainqueur, à qui seul la modération est possible, sût résister à l'abus de la victoire; mais c'est ce qui ne se voit guère, ni en religion, ni en politique.

La guerre générale ayant recommencé en Languedoc, les protestants de Nîmes relevèrent la tête et recommencèrent la guerre des rues. Quelques jours avant la Saint-Michel, les plus violents d'entre eux firent un plan de conjuration dans la maison d'un religionnaire de marque. On résolut d'appeler le peuple aux armes, de se défaire des principaux catholiques et de se rendre maître de la ville. On choisit le lendemain de la Saint-Michel pour l'exécution du complot.

Ce jour-là, en effet, 30 septembre 1567, à une heure après midi, les conjurés se répandirent dans les rues, criant : *Aux armes! tue les papistes! monde nouveau!* Ils coururent à la maison de Guy Rochette, premier consul, enlevèrent les clefs de la ville, et s'emparèrent des portes. Guy Rochette, entendant leurs cris, alla d'abord se cacher dans la maison de Jean Grégoire, son frère utérin; puis le courage ou la honte lui revenant, il sortit de sa cachette et s'alla présenter en chaperon aux séditieux; mais ceux-ci ne l'écoutèrent pas, et quelques-uns même le menacèrent. Guy Rochette courut chez les officiers de justice; mais les uns étaient du parti des conjurés, les autres ne voulaient pas se risquer dans l'émeute. Alors il fut trouver l'évêque, lequel était entouré en ce moment des principaux catholiques, réfugiés dans son palais. Le prélat, dès qu'il eut ouï les paroles du consul, s'écria : « Voici donc l'heure du » prince des ténèbres; que le saint nom du Ciel soit béni! » Et s'étant mis à genoux, il fit sa prière, comme s'attendant au martyre. Les autres catholiques et Guy Rochette, le consul, firent comme l'évêque, mêlant des larmes et des sanglots à leurs prières.

Comme ils se recommandaient ainsi à Dieu, Pierre Suau, dit *le capitaine Bouillargues*, suivi de deux cents de la religion, armés et furieux, entoure les portes de l'évêché et se précipite dans la cour. L'évêque et les gens de sa suite se sauvent par une brèche dans une maison contiguë. Guy Rochette et les autres catholiques restent à la même place, attendant les assaillants, toujours à genoux et en prières; ils sont pris et enfermés dans différentes maisons, avec des sentinelles qui les gardent à vue. L'évêché est fouillé dans tous les coins et pillé. De là, la troupe de Pierre Suau se porte sur la maison de Jean Peberan, vicaire-général; ils l'égorgent, après lui avoir pris huit cents écus, et jettent son corps par les fenêtres; après quoi, ils saccagent la cathédrale, comme ils avaient fait de l'évêché.

La nuit venue, on agita le sort des prisonniers. Il fut résolu qu'on mettrait à mort les principaux, pendant les ténèbres, pour ne pas faire trop d'émotion dans la ville. On les tira tous, vers neuf heures, des maisons où ils avaient été provisoirement détenus, et on les amena dans les chambres de l'Hôtel-de-Ville. Là, un des religionnaires, espèce de greffier commis dérisoirement pour mettre un peu d'ordre dans cette justice expéditive, venait lire, de chambre en chambre, une liste où étaient inscrits les noms de ceux dont la mort était résolue ; et, sur leur réponse, on les faisait descendre dans la cour, pour de là les conduire par bandes à l'évêché, où devait se consommer le sacrifice.

Dans la cour de l'évêché, il y avait un puits de sept toises de profondeur et de quatre de diamètre. C'était la tombe qu'on avait destinée à ces malheureux. On les perçait à coups de lance et de dague, et on les jetait à demi égorgés dans le puits, qui prit de là le nom de *Pous de malamort*. Plusieurs moururent avec un grand courage. Le consul Guy Rochette, arrivé au lieu du supplice, demanda grâce pour son frère, lequel était bien innocent de sa place si tristement privilégiée : tous deux furent percés de coups et précipités dans le puits. Le cadavre de Jean Peberan, traîné par les rues avec la corde au cou, fut réuni à ceux des autres victimes. C'était pitié de voir ce puits déborder de sang et d'ouïr les cris étouffés de ces malheureux assassinés et noyés à la fois par un double supplice. Ils moururent ainsi au nombre de plus de cent.

Le lendemain, 1er octobre, le capitaine Bouillargues se mit à parcourir les rues, criant : « Courage, compagnons ! Montpellier, Pézenas, Bé-
» ziers, Aramon, Beaucaire, Saint-Andéol et Villeneuve sont pris et sont
» à notre dévotion : nous tenons le roi, et le cardinal de Lorraine est
» mort. » Ces cris échauffèrent le peuple, et, dès dix heures du matin, quelques-uns des plus furieux allèrent chez le sieur de Sauvignargues, dans la maison duquel l'évêque et ses domestiques s'étaient tenus cachés toute la nuit. Celui-ci leur livra son hôte ; mais l'évêque ayant demandé à se racheter par une rançon, on convint de cent vingt écus. Le prélat donna tout ce qu'il avait sur lui ; ses domestiques y ajoutèrent tout le leur : le sieur de Sauvignargues compléta la somme ; mais il garda chez lui l'évêque jusqu'à ce qu'il fût remboursé, et l'enferma dans une cave avec les domestiques.

Peu de temps après, il survint une seconde troupe, qui frappa rudement à la porte, disant qu'elle voulait avoir sa part du butin. Comme on ne se pressait pas de leur ouvrir, ils escaladèrent la maison et s'y précipitèrent en criant : « *Tue, tue les papistes!* » Les domestiques de l'évêque furent les premiers massacrés. Lui-même fut tiré hors de la cave, et jeté dans la rue; on lui arracha ses bagues, on lui prit sa croix pastorale, on l'affubla des haillons d'un paysan, et on lui mit sur la tête un chapeau d'une forme ridicule, appelé par le peuple *tapebord*. Dans cet état pitoyable, il fut conduit à l'évêché et sur les bords du puits; là, il se jeta incontinent à genoux, et fit sa prière, pensant bien que sa dernière heure était arrivée.

Tout à coup, un de la troupe, nommé Jacques Coussinal, se déclare pour l'évêque, et l'arrache à ses assassins. L'épée d'une main et le pistolet de l'autre, il le fait entrer dans une maison voisine, et se tenant lui-même sur la porte, il menace de tuer quiconque voudrait attenter à la vie de l'évêque. En ce moment même passait le capitaine Bouillargues, lequel voyant toute cette rumeur, en demanda la cause; et comme il eut appris ce qu'avait fait Jacques Coussinal, il approuva son action, délivra l'évêque et le fit sortir de la ville avec escorte.

Les massacres se continuèrent dans les campagnes environnantes. Ceux de Nîmes, n'ayant plus à tuer, se mirent à démolir. On forma pour cet effet des bandes d'ouvriers, commandées par quelques principaux. Déjà ils sapaient le clocher de la cathédrale, quand on leur dit que la chute de cette énorme masse pourrait écraser les maisons voisines qui étaient à leurs amis; ils allèrent donc *travailler* ailleurs. L'évêché fut renversé de fond en comble; toutes les maisons des chanoines et prêtres de la cathédrale, tous les couvents et monastères, entre autres celui de Saint-Bauzile, furent abattus. En peu de jours, il n'y eut plus dans Nîmes ni maisons religieuses ni églises, si ce n'est celle de Sainte-Eugénie, dont ils firent un magasin à poudre.

Telle fut la journée dite la *Michelade*, à cause que ces exécrables tueries avaient eu lieu le lendemain de la Saint-Michel. Quelques mois après, les chances de la guerre générale remirent la ville révoltée à la merci de la clémence royale. Les Cévennes se remplirent de protestants fugitifs; mais, au sein de la ville, l'ascendant moral était resté à l'opinion protestante, malgré les enquêtes, les confiscations, les condamnations par contumace et les gibets. Les exilés étaient menaçants : qui croirait que dans un obscur village des Cévennes, ces échappés des potences royales mettaient aux enchères, par devant notaire, les biens des ecclésiastiques situés dans le diocèse dont ils étaient expulsés, et qu'il se trouva des acquéreurs, comme pour le champ où campait Annibal?

Ces hardis acquéreurs étaient pressés d'entrer en possession, car ils firent une tentative sur Nîmes, en novembre 1569, et s'en rendirent maîtres par un stratagème de guerre qui figurerait très-bien dans le traité de Frontin. Il y avait à cette époque, au bas des murs de la ville, du côté de la porte des Carmes, une grille en fer par où l'eau de la fontaine qui traverse la ville se dégorgeait dans le fossé. Un charpentier de Cauvisson, nommé Maduron, s'offrit de faire sauter cette grille et de pénétrer par là dans la ville. Il attendit que les pluies eussent grossi les eaux, afin que leur bruit couvrît le sien et détournât l'attention de la sentinelle qui faisait le guet sur le haut du rempart, dans une guérite placée au-dessus de la grille. Alors, il se glissa dans le fossé vers le milieu de la nuit et se mit à limer le treillis de fer pendant quelques heures, faisant peu à la fois pour plus de sûreté. Il avait autour de lui une corde, qu'un des religionnaires de la ville, logé tout près de là, tirait ou lâchait pour l'avertir de poursuivre ou de suspendre son travail, selon les mouvements de la sentinelle. Ainsi il fit pendant plusieurs nuits, ayant soin de couvrir de boue et de cire les endroits limés, afin d'écarter tout soupçon.

Quand la grille fut suffisamment limée; Nicolas de Calvière, seigneur de Saint-Cosme, frère du président, homme de cœur et d'exécution, fit approcher de la ville trois cents soldats déterminés, et les posta dans des plants d'oliviers, en attendant l'heure d'agir. C'était vers minuit. Déjà le ministre faisait une exhortation pieuse à cette troupe, quand le ciel s'éclaira tout-à-coup d'une lumière qui dura quelques minutes. Les soldats eurent peur; mais le capitaine Saint-Cosme sut tourner ce présage au profit de l'entreprise, et ses paroles ranimèrent les courages. Il s'avança doucement avec trente des plus braves, descendit dans le fossé, et ayant fait abattre la grille, il se jeta dans la ville, suivi de toute sa troupe. Le son des trompettes et les coups de canon tirés du château eurent bientôt mis sur pied toute la ville; ceux du dedans se joignirent à Saint-Cosme, et en un instant Nîmes fut au pouvoir des protestants. Le gouverneur Saint-André, qui s'était montré dur et violent durant la courte réaction catholique, périt misérablement. Il fut tué dans son lit d'un coup de pistolet, et son corps jeté par la fenêtre fut mis en pièces par le peuple.

Ce fut le tour des protestants d'être persécuteurs, et ils n'y manquèrent pas. Puis vint une trêve entre les deux partis, à la paix générale de 1570, paix pleine de rancunes et d'arrière-pensées, où les hommes des deux religions se jetèrent tout sanglants dans les bras les uns des autres. Mais, chose étrange! ces hommes qui s'étaient mangés dans les rues de Nîmes, reculèrent devant une Saint-Barthélemy, à l'imitation de celle de Paris. Ils s'entendirent pour ne pas s'égorger. Le consul Villars réunit tous les citoyens : il faut dire aussi que la cour, effrayée de son ouvrage, avait décommandé le massacre à Nîmes.

Cette fois le roi Charles IX se séparait de ses bonnes villes du Languedoc. La Saint-Barthélemy fédéralisa les cités protestantes; Nîmes fut un moment la tête de cette république militaire qui se déclarait elle-même provisoire, disant « qu'elle n'attendait qu'un prince suscité de Dieu, par» tisan et défenseur de sa cause, pour se soumettre à son autorité. » Henri III, le valet et l'assassin des Guises, n'était pas ce prince : aussi la république provisoire conserva-t-elle son attitude guerrière tout le temps que dura le règne nominal du roi des Mignons. Il faut chercher Nîmes plus en dehors qu'en dedans de ses murs; sa fortune est liée désormais à celle des villes fédérées de Montpellier, d'Usez, de Montauban, de La Rochelle; son histoire se confond avec l'histoire de la ligue protestante. De 1554 à 1589, Nîmes se fortifie, se bastionne, rase ses faubourgs, rançonne catholiques et protestants, mais les premiers plus que les derniers. Les édits de Bergerac, de Nérac, de Fleix, et, en général, toutes ces relâches données à la guerre, qu'elles cussent nom *édits provisoires* ou *paix définitives,* les voyages politiques de la reine mère, ne changèrent rien à l'état des choses, et surtout ne rassurèrent personne. Les Nîmois, ne sachant que penser des trêves de la cour de France, ne s'en gardaient que mieux; ils se garnissaient de tours, de murs et contre-murs, n'y laissant pas un trou à passer un *papiste,* abattant une partie du temple de Diane qui gênait leurs ingénieurs, sans s'inquiéter du chagrin que ces barbaries nécessaires donneraient quelque jour à leurs antiquaires. Les trêves étaient bonnes à une chose pourtant : les laboureurs en profitaient pour faire les semailles ou les récoltes;

c'était le cri général dans tout le Languedoc : *Trève aux laboureurs !* Huguenots et catholiques ne vivaient pas que d'opinions religieuses. Il fallait bien laisser quelque repos à cette pauvre terre de France, si l'on ne voulait pas, qu'étrangers et nationaux, tous y mourussent de faim.

Durant ces quinze années d'état de siège à-peu-près continu, les deux opinions, tour-à-tour blessées par la politique de la cour, se supportèrent à Nîmes. Les protestants, quoique les plus forts, en usaient avec assez de modération; rare exemple d'un parti qui devait avoir le cœur gros des tueries de la Saint-Barthélemy, et qui aurait pu répondre, courrier pour courrier, aux exécuteurs du roi Charles IX, que les frères de Paris étaient vengés! Les protestants étaient assez faciles sur tout, sauf sur la question du culte extérieur. La paix de Paris avait ramené la messe à Nimes; les états de Blois l'en chassèrent. Les édits de Bergerac, de Nérac, de Fleix, l'y ramenèrent pour quelque temps encore. La messe, n'ayant pas le temps de rebâtir, dans ces alternatives de calme et d'orage, se logeait, comme autrefois le prêche, où elle pouvait, dans le réfectoire de quelque couvent oublié par les démolisseurs de 1561 Alors aussi la minorité catholique avait ses hommes courageux, comme la minorité protestante avait eu les siens dans les premières épreuves de la réforme. « Les curés, » dit Ménard, « étaient forcés de porter » le Saint-Viatique aux malades en secret, et les autres ecclésiastiques » étaient accablés de huées lorsqu'ils passaient dans les rues. » Quel temps! quels hommes! Et combien les hommes valent moins, en tout temps, que la cause pour laquelle ils s'entretuent! Rois moitié hommes et moitié femmes, cardinaux-ministres aussi bornés que violents, grands seigneurs sans conscience politique ni religieuse, qui exploitent les passions qu'ils n'ont pas, populations qui s'égorgent sans intelligence et sans pitié, voilà les hommes de cette époque sanglante! La liberté de conscience, voilà la grande et immortelle cause qu'ils défendaient sur leurs champs de bataille ou dans les coupe-gorge de leurs rues !

Enfin arriva le prince *suscité de Dieu*, Henri IV, lequel débloqua Nîmes et y fit vivre en paix le prêche et la messe, sous la garantie de l'édit de Nantes et de sa parole royale, non souillée de restrictions et de parjures, comme celle des Valois.

Un fait tout pacifique, mais d'une grande portée pour l'avenir du commerce nîmois, signale son règne trop court : Henri Traucat, natif de Nîmes, autorisé et protégé par Henri IV, plante le premier des mûriers blancs et donne naissance à une branche de commerce qui a fait depuis la richesse du pays.

III.

PHYSIONOMIE DE NIMES PENDANT LE RÈGNE DE HENRI IV.
ÉMEUTE CONTRE LE CONSEILLER FERRIER. — LA GUERRE RECOMMENCE.
LE DUC DE ROHAN.
EXCÈS DES PROTESTANTS. — EXCÈS DES CATHOLIQUES
DÉCHÉANCE ET DÉCOURAGEMENT DU PARTI PROTESTANT. — ÉMOTION A L'OCCASION DU CONSULAT.
CROMWELL DEMANDE GRACE POUR LES NIMOIS.
RÉVOCATION DE L'ÉDIT DE NANTES.
1610. — 1685.

Pendant tout le règne de Henri IV, Nîmes avait été calme. Les deux religions se surveillaient sans s'attaquer. Toutes les espèces de moines s'y étaient réinstallées, et y vivaient des indemnités de l'émigration; les jésuites, qui s'y étaient glissés derrière un certain père Cotton, s'essayaient déjà sur la jeunesse, sauf à se faire chasser, comme cela leur arriva, pour avoir voulu trop entreprendre en une fois. Cette paix dura tant qu'il plut au Dieu du prêche et de la messe de laisser vivre l'habile roi qui avait fermé la bouche, avec de l'argent, de bonnes lois et des bons mots, aux souffleurs de discorde des deux partis.

Durant cet âge d'or de la pauvre ville, on cite pourtant deux ou trois émeutes, qui n'eurent pas de suites fâcheuses, mais qui montrèrent combien cette paix inouïe couvrait d'arrière-pensées orageuses. Un jour, il prend fantaisie au père Cotton d'aller faire assaut de dialectique avec le plus habile théologien du consistoire. Quand on ne se tuait plus à Nîmes, on y discutait entre docteurs des deux religions; excellent moyen de s'y tuer de nouveau. Le consistoire fit venir d'Alais, Jérémie Ferrier, l'homme éloquent du parti, pour relever le gant du père Cotton. Les séances s'ouvrirent, firent du bruit; la rue s'en mêla; artisans et bourgeois, clercs et laïcs encombraient le lieu des séances; on allait en venir aux coups, quand la municipalité intervint, fit avancer ses milices et laissa discuter à huis clos les deux théologiens. Un autre jour, les calvinistes assemblés dans un de leurs temples firent ployer sous eux les gradins de la salle;

en même temps, une des poutres qui soutenaient l'édifice menaça de se rompre : on s'enfuit en désordre, et pour dire vrai, fort à temps : évidemment, c'était un complot de catholiques. Les plus peureux crient aux armes ; on s'empare des portes de la ville ; la guerre va commencer, lorsque les consuls font publier à son de trompe que le charpentier du bâtiment est le seul conspirateur dans cette affaire. Le calme se rétablit. Quelquefois c'étaient les plus récalcitrants des marchands du parti qui refusaient de fermer boutique, les jours de grandes fêtes catholiques, conformément à l'édit de Nantes ; ils résistaient à la maréchaussée, se tenaient à leur comptoir, malgré la défense, et trouvaient des chalands dans leurs co-religionnaires. De là des voies de fait, et nécessité pour les consuls de montrer à la foule leur chaperon rouge, insigne toujours respecté quand il était sur des têtes du choix populaire. A cela près, il y eut paix dans Nîmes ; mais une paix comme toutes celles du temps, dépendant des hommes et point encore des idées.

Quand Nîmes ne sentit plus la main ferme de Henri IV, représenté par son connétable Damville, toute cette foule qui se retirait en grondant devant le chaperon consulaire, reprit ses habitudes d'agitation fébrile, et troubla de nouveau ces rues quelque temps silencieuses. Une émeute salue l'avènement de Louis XIII. Jérémie Ferrier, l'antagoniste du père Cotton, dans ce combat singulier qui avait failli se changer en une mêlée générale pour la plus grande gloire de la théologie, s'était séparé de ses collègues du synode, dans quelques points de controverse relatifs à l'édit de Nantes. Le synode l'avait tancé, puis suspecté et finalement exclu de son sein. Jérémie Ferrier, dégoûté du métier de théologien, acheta une charge de conseiller au présidial de Nîmes, et vint un beau jour s'y faire installer. Le conseil de ville, sachant qu'il était haï de la populace, avait sollicité son rappel. Ferrier, soutenu par la cour, tint bon, parut au palais, fut hué, insulté, couvert de boue par les enfants de la religion, qui lui criaient dans leur patois : *Veje lou, veje lou* (voyez-le, voyez-le) *lou traître Judas*. Il n'échappa à un pire sort qu'en se réfugiant chez le lieutenant du roi Rozel. La populace ayant manqué le conseiller, s'en dédommagea sur ses propriétés ; sa maison et le jardin attenant furent ravagés. Les consuls arrivent, le chaperon sur la tête, et suivis de la force armée. Les insurgés se jettent tout armés dans les Arènes et font feu sur la troupe. Cela dura trois jours, au bout desquels les combattants des Arènes, pressés par la faim, rentrèrent dans leurs maisons. Ferrier se le tint pour dit et ne réclama pas contre le mode de sa destitution. On apaisa la cour, premier auteur du tumulte, qui, en voulant faire de la force, n'avait fait que du désordre, comme il n'arrive que trop souvent.

Pendant les quinze années qui suivent, Nîmes fait les affaires du duc de Rohan, l'un de ces grands seigneurs qui exploitèrent les dernières passions du parti protestant, pour faire acheter chèrement leur soumission par la cour. C'est une triste histoire que celle de ces quinze années. Nîmes ne s'appartient pas; ses révoltes fréquentes et stériles n'ont plus même le mérite d'être spontanées; c'est le duc qui les organise, les chauffe, les soudoie quand il peut, et avec l'argent des gens tranquilles; mais au moindre revers du parti et du duc, la ville se jette aux genoux de Louis XIII et mendie les lettres de grâce scellées en cire jaune. Ce ne sont que des alternatives de ce genre : aujourd'hui d'insuffisantes levées de boucliers, demain d'éclatants repentirs monarchiques. Nîmes se saigne d'hommes et d'argent, gâte la cause de la réforme par des excès où l'on ne trouve même plus cette colère languedocienne qui donnait une sorte de grandeur à ses premières fureurs religieuses; on sent que les désappointements ont glacé ces âmes toujours ardentes, mais en ce moment attiédies et déchues. Nîmes, membre d'une sorte de république fédérative sous la dictature précaire et souvent tyrannique de quelques princes en révolte contre la cour, Nîmes envoie demander, avant d'agir, ce que fait Uzès, ce que fait Montpellier, ce que fait La Rochelle; Nîmes ne donne plus l'impulsion, elle se traîne à la suite des autres; elle se décide lentement, elle délibère, elle se révolte quand il n'est plus temps, elle lève l'étendard la veille du jour où tout est fini, et comme pour l'abaisser de plus haut aux pieds du roi victorieux. Enfin, et pour résumer par un fait ces quinze années, Nîmes achète du plus pur de son sang et du meilleur de son argent le commandement en chef de l'armée de la Valteline, que reçut le duc de Rohan, en échange de sa capitulation, à une époque où il fallait que les plus hauts princes mourussent au service du roi ou sur l'échafaud. Car c'était alors le cardinal de Richelieu qui contresignait les capitulations entre l'aristocratie et la royauté.

Les excès furent réciproques entre les deux partis, mais d'une nature différente. Ceux des protestants étaient plus marqués de brutalité et de colère; ceux des catholiques d'hypocrisie et d'avarice. Les protestants démolissaient les églises rebâties, jetaient bas les couvents relevés, chassaient les carmes, les augustins et une espèce de religieux appelés Récollets; ils brûlaient les croix, après les avoir traînées dans les rues : un jour ils enlevaient le cadavre d'un malfaiteur pendu au gibet, lui perçaient les pieds, les mains et le côté, étendaient ses bras en forme de croix, mettaient sur sa tête une couronne d'épines et l'attachaient au carcan public sur la place du Marché aux herbes. La destruction des édifices catholiques était ordonnée au son du tambour, dans la forme des publications ordinaires, et tous les habitants, *sans exception,* étaient tenus de s'y employer. Les cloches étaient fondues pour faire des canons; les sépultures étaient violées; le peuple avait permission de se chauffer avec le bois appartenant aux chanoines. Les ministres affichaient leurs thèses sur la porte même de la cathédrale, et se faisaient payer leurs appointements par les fermiers de la dîme. Les fidèles battaient les curés catholiques; ils empêchaient les conversions; ils barraient le passage au prêtre qui allait porter le Saint-Viatique à un mourant; ils étalaient un cheval mort sur l'autel d'une chapelle catholique; excès ignobles, désavoués hautement, mais inutilement défendus par les hommes sages et sensés du parti!

Mais quand le roi était maître de la ville, les catholiques prenaient leur revanche. Leurs excès étaient principalement fiscaux; ils reprenaient ce qu'on leur avait pris, avec dommages-intérêts en sus; des ordonnances royales leur délivraient comme des lettres de marque sur tous les biens et valeurs appartenant aux religionnaires; ils démolissaient les fortifications pour rebâtir leurs églises; ils se ruaient sur les indemnités, carmes, augustins, récollets, et à leur tête l'évêque, la plus forte des parties prenantes; il rentrait à Nîmes moitié plus de créanciers qu'il n'en était sorti. En même temps, ils s'emparaient de l'éducation de la jeunesse, par la voie sourde et tortueuse des jésuites, mis en possession du collège de Nîmes; ils détruisaient la municipalité populaire, en déclarant l'évêque membre et président né du conseil, et en donnant voix délibérative à son vicaire. Les missionnaires parcouraient les campagnes environnantes, et défense était faite aux ministres de prêcher pour balancer leur influence. Les nouveaux convertis étaient comblés de faveurs, les calvinistes exclus des grâces et quelquefois de la justice : l'argent extorqué aux protestants par les cent mains du fisc servait à acheter les consciences véreuses du parti, dont on se targuait ensuite comme de convertis libres; excès odieux, plus odieux peut-être que des brutalités et de sales parodies, outre la différence qu'il y a, en morale, entre des fureurs passagères commises pour la plupart par la lie d'une caste, et une guerre calculée, réfléchie, froide, organisée par les principaux d'un parti, sous la protection et avec l'appui matériel du pouvoir central.

La peste, ce triste calmant des haines de parti, prévint à Nîmes le contre-coup des troubles de la fronde. Nîmes ne bougea pas, et prit soin de ses malades.

Mais à peine la peste eut-elle disparu, que l'émeute, cette autre maladie chronique de Nîmes, vint remuer de nouveau le sol rancunier de la vieille cité. Cette émeute ne fut pas l'œuvre des seuls protestants; les deux partis s'en mêlèrent, et ce ne fut pas la seule fois où la cour eut contre elle les hommes de lumière et de bonne foi des deux religions. L'introduction de l'évêque dans le conseil de ville, à titre de membre et de président obligé, avait eu pour effet de créer deux partis dans le conseil, le parti de l'évêque qui s'appelait le parti de la *grande croix*, et celui des opposants des deux religions, qui avait nom parti de la *petite croix*. Les divisions entre ces deux partis, après avoir long-temps couvé en silence, éclatèrent enfin au grand jour, à l'occasion de l'élection des consuls.

Au jour fixé, les deux partis nommèrent séparément chacun quatre consuls, en se conformant au règlement, qui leur prescrivait de désigner deux catholiques et deux religionnaires. Les choix du parti de la *grande croix* furent approuvés par un arrêt du conseil du roi; ceux du parti de la *petite croix* par le parlement de Toulouse. Mais quand vint le moment de l'installation, la cour envoya des instructions au comte de Bioule, lieutenant-général de la province, et à M. de Bezon, intendant, pour qu'ils eussent à installer de force les élus du parti de la *grande croix*. Le comte, plus prudent que ses instructions, essaya d'abord de quelques propositions d'accommodement; mais, n'ayant pas réussi, il se mit en mesure d'exécuter les ordres de la cour.

Le 31 décembre 1657, il se mit en marche pour se rendre à l'Hôtel-de-Ville, lieu de l'installation des consuls. Il était accompagné de l'intendant, de l'évêque Cohon, chef du parti de la *grande croix*, du sénéchal de Nîmes, du prévôt de la cathédrale et des quatre consuls du choix de l'évêque, suivis de leurs partisans et précédés par douze gardes du lieutenant-général. Arrivés devant l'Hôtel-de-Ville, ils en trouvèrent les abords gardés par deux des consuls encore en exercice, revêtus de leur chaperon et entourés d'une petite suite. Les deux autres consuls, catholiques (les quatre étaient du parti de la *petite croix*), s'étaient barricadés dans l'intérieur de l'hôtel, avec un assez grand nombre d'hommes des deux partis, armés et résolus à soutenir le siège. Ces préparatifs de guerre ne s'étaient pas faits sans troubler la ville, et le peuple tout entier avait pris parti pour les révoltés.

Le comte de Bioule ordonna aux deux consuls protestants qui étaient postés devant l'Hôtel-de-Ville d'en faire ouvrir les portes et de s'expliquer sur la prise d'armes des habitants. Le second consul répondit sans hésiter que l'intention des habitants était de garder leurs privilèges ; et que, quant à lui, il n'était plus le maître de faire ouvrir les portes de l'hôtel, dont le peuple s'était emparé.

Pendant ce colloque, un des commis du consul s'approcha du comte de Bioule, avec un pistolet dans chaque main, faisant mine de vouloir engager l'affaire. Le comte saisit le bras de ce commis, auquel le consul cria aussitôt de *lâcher* ses pistolets. Ce mot, malheureusement équivoque, fut mal compris du comte, qui ordonna à ses gardes de faire feu : le commis fut étendu sur le carreau. Le peuple qui était aux fenêtres de l'hôtel, riposta par une décharge. Deux des gardes du comte furent étendus morts sur la place et trois grièvement blessés. Le marquis de Montfrin, sénéchal, reçut trois balles au bras et à la main, et le prévôt Hallay, atteint à la cuisse, mourut trois jours après de sa blessure. Le comte et l'intendant se retirèrent dans une maison voisine, et l'évêque s'enfuit à l'évêché, entendant crier derrière lui : *Au violet, au violet!*

Cette affaire fit du bruit. La cour envoya les ordres les plus sévères ; Nîmes se fortifia, et, sur le faux espoir d'un secours de six mille hommes, se prépara à toutes les chances d'une lutte devenue de plus en plus inégale. Des médiateurs, entre lesquels étaient Cromwell, prévinrent fort heureusement la collision ; les Nîmois mirent bas les armes, et, après le moment de fougue, vinrent les protestations de repentir et de soumission au roi. Cromwell avait écrit au cardinal Mazarin, en bas d'une dépêche au sujet des affaires d'Autriche : « Il s'est passé quelque

» chose dans une ville du Languedoc nommée *Nimes;* je vous prie que
» tout s'y passe sans sang et le plus doucement possible. »

Il n'y eut en effet pas de sang versé; mais, outre les satisfactions immédiates qui furent exigées et obtenues, la mémoire de ce dernier effort des protestants ne se perdit pas dans le clergé catholique, lequel aima mieux se venger par la voie sourde et peu périlleuse des persécutions de détail, que par des réactions trop éclatantes. Il se donna le facile mérite d'une sorte de modération, mais en se réservant de faire payer aux fils le pardon des pères et aux petits-enfants le pardon des fils. Depuis lors, la persécution fut incessante; on abandonna aux jésuites une portion du revenu des octrois, avec pension annuelle en sus, qu'on força les consuls et le conseil à voter. On prescrivit l'heure des convois funèbres et le nombre des réformés qui pouvaient y assister, afin d'éviter l'éclat et la protestation des cortèges trop nombreux; on détruisit les temples; on expulsa les protestants du conseil général, et, peu après, du consulat; on leur enleva les professions libérales; on continua d'acheter les religionnaires tarés, et on accabla d'exclusions et d'indignités ceux qui restaient fidèles à leur croyance et qui prenaient le deuil publiquement à la nouvelle de la destruction du grand temple de Montpellier. Ce fut là la part de Nîmes dans la grande persécution générale ordonnée dans tout le royaume par le déloyal petit-fils de Henri IV, l'édit de Nantes étant encore le code des protestants! A la fin on le déchira; c'était encore la même guerre, mais, cette fois, avec l'hypocrisie de moins.

IV.

EFFET DE LA RÉVOCATION DE L'ÉDIT DE NANTES A NIMES.
L'ABBÉ DU CHAYLA. — SES ATROCITÉS. — IL EST MASSACRÉ PAR LES PROTESTANTS.
LE MARÉCHAL DE MONTREVEL. — ÉGORGEMENT ET INCENDIE.
L'ÉVÊQUE ESPRIT FLÉCHIER.
SUPPLICE DES DERNIERS CHEFS CAMISARDS.
MORT DE LOUIS XIV.
1685. — 1716.

Les excès épouvantables qui suivirent la révocation de l'édit de Nantes amenèrent la guerre des Camisards. Le récit de ces excès et de la guerre qui en sortit appartient à l'histoire de la province du Languedoc. Ce qui est de notre sujet, c'est la part que Nîmes eut à souffrir dans l'oppression de toutes les populations protestantes, et son attitude douloureuse dans les alternatives de l'épisode sanglant des Cévennes.

Louis XIV, pour empêcher toute sédition à Nîmes, y avait fait élever, deux ans après la révocation de l'édit de Nantes, une citadelle à quatre bastions, ouvrage fait à la hâte, mais d'où l'on pouvait canonner toute la ville, à la première émotion, et abîmer tous les contradicteurs sous les ruines de leurs maisons. C'est à cette citadelle et à ses canons incessamment braqués sur la ville embastillée, que Nîmes dut cette espèce de tranquillité mêlée d'humiliation et de pleurs rentrés, de terreur et d'angoisse, qui acheva d'y éteindre les grandes passions du seizième siècle. On ne se battait plus à Nîmes; on y regardait passer, entre deux haies de soldats de la maréchaussée, les braves qui s'étaient battus dans les Cévennes, et qui allaient mourir dans le feu ou sur la roue; dans le feu les plus coupables, sur la roue les coupables avec circonstances atténuantes.

Parmi les ecclésiastiques chargés, sous le nom d'*inspecteurs des missions*, de travailler à la conversion des religionnaires flottants et à la destruction des *fanatiques entêtés*, comme les appelait l'évêque Esprit Fléchier, il faut citer l'abbé du Chayla, qui se fit une sorte de nom à cet odieux ministère et y trouva une fin tragique. Cet abbé, très-estimé pour son zèle par l'intendant Bâville, le bras droit de Louis XIV dans l'œuvre de l'extinction du protestantisme, était de l'espèce des Torquemada, grand pourvoyeur d'échafauds, questionneur insidieux et féroce, faisant la demande avec des paroles perfides et obtenant la réponse avec des instruments de torture, dont quelques-uns étaient de son invention. On parlait de pincettes avec lesquelles il arrachait le poil de la barbe et des sourcils; de charbons ardents qu'il éteignait dans les mains de ses victimes; de coton imbibé d'huile ou de graisse, dont il revêtait leurs doigts et auquel il mettait le feu; d'une espèce d'étui, tournant sur deux pivots, dans lequel on enfermait le patient et qu'on faisait mouvoir avec tant de rapidité, que le malheureux en perdait bientôt l'usage de ses sens; de ceps perfectionnés où l'on ne pouvait rester ni debout ni assis : on parlait d'enfants de religionnaires assommés à coups de bâton ou fustigés jusqu'au sang, pour en arracher des aveux sur le lieu de quelque assemblée secrète : de jeunes filles mutilées avec des dérisions infâmes;

bruits exagérés sans doute, excès grossis par le ressentiment, mais où il y avait assez de vérité pourtant, outre les faits authentiques, pour justifier les représailles dont l'abbé du Chayla devait être victime.

Ce fut dans le mois de juillet 1703 que les conjurés se donnèrent rendez-vous, un soir, à l'entrée d'un bois situé tout au haut d'une montagne. Là se rendirent quarante à cinquante hommes, armés d'épées et de faux, quelques-uns de hallebardes, un très-petit nombre de fusils et de pistolets. Avant de partir, ils firent la prière en commun; après quoi ils se mirent en marche et entrèrent dans le bourg qu'habitait l'abbé, faisant retentir les airs du chant d'un psaume, et criant aux habitants que personne ne se mît aux fenêtres sous peine de la vie. Ce chant et ces cris parvinrent aux oreilles de l'abbé, à qui l'on rapporta que ce devait être une assemblée de fanatiques qui étaient venus le braver jusqu'en sa maison. Il donna ordre à quelques soldats qu'il avait sous la main d'aller saisir ce qu'il croyait une poignée de tapageurs de nuit; mais quel fut son étonnement quand il vit sa maison investie et une troupe nombreuse, grossie de tous les fidèles du bourg, lui redemandant ses prisonniers avec des cris violents et des démonstrations menaçantes!

L'abbé, qui était brave, ce qui n'est pas l'ordinaire des persécuteurs, fit voir qu'il n'entendait céder qu'à la force, en donnant ordre à sa petite troupe de tirer sur les réclamants. Un d'eux tomba mort de cette première décharge. Ce fut le signal d'une attaque furieuse : les conjurés se saisissent d'une poutre qui était près de là, enfoncent la porte comme avec un bélier et se précipitent dans la maison. L'abbé se sauve de chambre en chambre et se barricade dans un cabinet voûté au second étage. Une moitié des assaillants garde la maison et en bouche toutes les issues; l'autre court aux prisons et en retire quelques malheureux enflés par tout le corps, les os à demi-brisés, et ne pouvant se soutenir sur leurs jambes. A ce spectacle, les religionnaires ne se contiennent plus : on fouille la maison, on cherche l'abbé, on veut lui montrer ses victimes et l'accabler de reproches avant de l'immoler : lui, près d'être pris, commande aux soldats de faire une seconde décharge; un de la troupe est blessé à la joue. Les assaillants ripostent en mettant le feu à la maison. Ils entassent au milieu d'une salle-basse tous les bancs de la chapelle, les meubles de l'abbé, les paillasses qui servaient au coucher des soldats, et ils font de tout cela un bûcher. En un moment toute la maison est en proie aux flammes. L'abbé, atteint par le feu dans sa cachette et l'épaule à demi brûlée, se fait une corde des draps de son lit, l'attache à une des fenêtres qui donnaient sur le jardin et cherche à se glisser jusqu'en bas : il tombe et se casse la cuisse. Il se relève aidé d'un valet, se traîne dans une haie de clôture et essaie de s'y cacher. On l'aperçoit à la lueur de l'incendie, on court à lui, on le saisit, on lui crie qu'il va mourir, mais que, quelle que soit sa mort, elle n'égalera pas celle qu'il a méritée. L'abbé, vaincu à ce moment suprême, demanda la vie, et pensant toucher ses meurtriers par un scrupule de religion : « *Mes amis,* » leur dit-il, « *si je me suis damné, en voulez-vous faire autant ?* »

Ce mot ne les ayant pas désarmés, l'abbé ne pouvait guère implorer leur générosité; il n'y tâcha même pas; mais voyant la mort arrivée, il ne dit plus rien. Alors ce fut une lutte entre les assaillants à qui le frapperait. Presque tous ayant eu à souffrir des cruautés de l'abbé, soit dans leurs personnes, soit dans celles de leurs parents, chaque coup était accompagné de mots comme ceux-ci : « *Voilà pour ma mère! voilà pour ma sœur! voilà pour mon frère !* Il n'y avait pas assez de place sur son corps pour tous ces coups, ni assez de vie en lui pour toutes ces vengeances! On compta jusqu'à cinquante-deux blessures, dont vingt-quatre étaient mortelles.

Les protestants de Nîmes approuvaient tout bas ces représailles et faisaient des vœux pour les meurtriers de l'abbé. Les principaux d'entre ceux-ci furent arrêtés et moururent dans les supplices, glorifiant leur religion jusque dans les flammes, et se vantant d'une voix mourante d'avoir porté les premiers coups au persécuteur de leurs frères. Ces morts héroïques entretenaient à Nîmes une sourde et perpétuelle fermentation. Toutes les chances diverses de la guerre des Camisards, mêlée, comme toutes les guerres, de revers et de succès, y avaient un contrecoup immédiat, soit d'abattement, soit de folle espérance. On continuait à s'assembler ici et là, en petit nombre, pour échapper plus sûrement : de son côté, l'intendant Bâville redoublait de zèle, et l'on sait ce que zèle voulait dire dans la langue de madame de Maintenon et du vieux roi qui l'avait épousée au pied d'un confessionnal. L'abbé du Chayla n'était qu'un zélé. On lui avait trouvé des successeurs. La destruction des protestants se consommait en détail, d'après le plan de la cour, plan moins dangereux que les boucheries. Toutefois, on ne blâma pas le maréchal de Montrevel d'avoir dépassé les instructions et *opéré par masses* dans la circonstance que voici :

Aux portes de Nîmes et dans un des moulins du faubourg de la porte des Carmes, environ cent cinquante religionnaires s'étaient assemblés le 1er jour d'avril 1703, pour vaquer à des exercices de piété. Cette assemblée, au dire même des historiens catholiques, n'avait pas d'intentions séditieuses; c'étaient seulement quelques vieillards, des enfants, des femmes, qui voulaient entendre le prêche malgré les défenses du roi. Le maréchal de Montrevel, informé de cette révolte, comme il était à table, se leva furieux, fit sonner le boute-selle et courut à la tête de ses dragons investir le moulin. Il n'y eut pas d'attaque parcequ'il n'y eut pas de résistance; les dragons entrèrent dans le moulin sur des cadavres, et trouvèrent des malheureux qui se jetaient sur leurs sabres et allaient au devant de la mort. Quelques-uns voulurent se sauver par une fenêtre; mais des sentinelles placées en bas avaient ordre de les recevoir sur la pointe de leurs sabres. Pour en finir et pour épargner au soldat la fatigue de tuer, le maréchal fit mettre le feu au moulin. Rangés autour de l'auto-da-fé, un maréchal de France à leur tête et à la meilleure place, les dragons n'usaient de leurs armes que pour repousser dans les flammes ceux qui, à demi brûlés, demandaient la grâce d'être achevés avec le fer.

Une pauvre fille, la seule survivante, avait été sauvée par un des valets du maréchal. La fille et son libérateur furent condamnés à mort. On commença par la fille, qui fut pendue à la potence : quant au valet, il dut aux prières des religieuses de la Miséricorde d'avoir la vie sauve ; mais il fut cassé aux gages, et, peu après, chassé de Nîmes par le maréchal, qui craignait le mauvais exemple pour les gens de sa maison. Le même jour, quelques catholiques s'étaient réunis dans un jardin proche du moulin pour des divertissements. Le maréchal les prit pour des huguenots et les fit passer par les armes, quoiqu'ils se réclamassent de leur qualité de catholiques. Enfin, dans un paroxisme de zèle, le maréchal allait ordonner une exécution en masse de tous les protestants de la ville, quand le gouverneur parvint à le calmer. La cour approuva tout, et l'évêque Esprit Fléchier écrivit une *lettre choisie* sur le scandale causé par les fanatiques du moulin des carmes, *lesquels avaient osé,* dit le prélat dans une phrase symétrique et cadencée, *dans le temps que nous chantions vêpres, chanter leurs psaumes et faire leur prêche.*

Heureux prélat qui trouvait le temps de faire des *lettres choisies* et des poésies latines au milieu des égorgements et des incendies, et sous la protection des dragons du roi ! On ne dit pas toutefois qu'Esprit Fléchier ait poussé à la persécution avec la violence qu'y mettait le bas-clergé ; mais on ne dit pas non plus qu'il ait jamais désapprouvé les barbaries des gens du roi avec ce courage qu'un prêtre portant le même habit que lui, et, sous cet habit, un cœur noble et compatissant, Fénelon n'eût pas manqué de montrer dans ce poste difficile. Esprit Fléchier fut toujours dans de bons rapports avec les exécuteurs des hautes-œuvres de Michel Le Tellier et de madame de Maintenon, avec le maréchal de Montrevel, avec l'intendant Bâville. Il ne forçait personne à se convertir, mais il laissait agir le prosélytisme subalterne des milices occultes de Clément XI, et félicitait ses *très-chers frères,* dans ses mandements léchés, des nombreuses acquisitions que faisait tous les jours la sainte Église, par la seule vertu de la parole et de la persuasion. Il n'omettait qu'une chose, c'était la *caisse des conversions,* et le sale argent qui se dépensait à Nîmes pour l'achat des consciences. Le rôle que joua Fléchier dans ces sanglantes affaires fut petit et peu généreux. Placé à la tête d'un clergé que la révocation de l'édit de Nantes venait de déchaîner contre les protestants, il n'eut pas même le facile courage de rappeler son Église triomphante à la pudeur de la victoire. Il écrivit force mandements, avec toutes les préoccupations académiques, créa des séminaires, établit des conférences théologiques où l'on prouvait aux protestants chassés de Nîmes ou traqués dans les Cévennes, qu'ils avaient eu tort de tout temps, et mourut dans un âge avancé, *chéri de tous,* comme dit son épitaphe, et *ayant vécu tranquille au milieu des lugubres tumultes des Cévennes et des fureurs insensées de la guerre,* c'est-à-dire ayant été peu dérangé par son humanité dans ses habitudes de prélat lettré et bien en cour.

Sous son épiscopat, Nîmes présente uniformément le spectacle d'une ville pacifiée, mais qui n'a pas le repos, où la réconciliation est dans les rues et la haine dans les cœurs.

Condamnés à demeurer les bras croisés, en face les uns des autres, dans ces murs où les bruits du dehors avaient d'ordinaire tant de retentissement, catholiques et protestants, oppresseurs et opprimés, assistaient au drame sanglant de la guerre des Camisards. Le menu peuple des deux partis, ce *lion enchaîné,* comme disent les historiens de Nîmes, était consigné dans ses ateliers. Il ne descendait sur la place publique qu'aux jours des exécutions, pour voir mourir ces bandits déguenillés des Cévennes, qui avaient tenu en échec les armées royales. Ces jours-là, les seuls jours fériés de la ville embastillée, Nîmes s'animait un peu; les catholiques battaient des mains au passage des condamnés; les protestants allaient baiser pieusement les hardes du camisard roué ou pendu. Quand le fameux Cavalier vint à Nîmes, avec son lieutenant Catinat et son grand prophète Daniel Billard, pour traiter de pair à pair avec le maréchal de Villars, tout Nîmes fut sur pied; « il y eut, » dit l'honnête Maucomble, « des femmes idiotes qui vinrent baiser les pans de son habit. » En somme, des vœux ardents pour le triomphe de leurs héros, Rolland, Catinat, Ravanel, Cavalier, des joies secrètes quand l'armée royale est battue, des canonisations moins l'approbation du pape, c'était là toute la résistance permise aux protestants, c'était la seule que le clergé catholique et les gens du roi ne pussent atteindre, parcequ'elle était refoulée au fond des cœurs. Tel fut, jusqu'à la mort de Louis XIV, le sort de la minorité protestante. Elle put croire un instant au triomphe des derniers enfants d'Israël sur ceux qu'elle appelait les enfants de Bélial; elle vit plus d'une fois, du haut des remparts de Nîmes, les beaux régiments du roi battus et poussés l'épée dans les reins jusque dans les faubourgs par les paysans des Cévennes, et alors elle rêva de sanglantes représailles; mais quand ses derniers et incorruptibles martyrs, Ravanel et Catinat, attachés au même poteau et mourant sur le même bûcher, eurent emporté avec eux ses dernières espérances, elle se résigna et attendit de la tolérance universelle un peu de relâche à ses misères.

V.

ÉTAT DES INSTITUTIONS, DU COMMERCE, DES MOEURS, A NIMES, PENDANT CETTE SECONDE PÉRIODE.
L'ACADÉMIE NIMOISE.
CÉLÉBRITÉS LITTÉRAIRES DE NIMES. — CASSAGNE.
LÉON MÉNARD, L'HISTORIEN DE NIMES.

Ce chapitre-ci ne peut guère être qu'une suite de notes plus ou moins intéressantes, mises bout à bout, comme l'histoire nous les donne. La grande affaire religieuse est toute la vie de Nîmes, pendant cette période de plus de deux siècles : les institutions, le commerce, les arts, l'instruction publique, n'y figurent que comme accessoires, quelquefois comme distractions au milieu de scènes sanglantes. Aucune de ces choses n'a le temps d'y venir, de s'y développer régulièrement; aucune n'y garde assez long-temps le même état pour fixer l'attention et exercer une influence. Peut-on donner le nom d'institutions à des pratiques administratives dont l'esprit est vicié, dénaturé, tantôt par un parti, tantôt par un autre, quelquefois par l'autorité militaire, quelquefois par l'autorité civile, quand la forme et le fond ne sont pas confisqués entièrement par le pouvoir central? Peut-on appeler commerce quelques essais d'établissements commerciaux, quelques efforts isolés, interrompus par la guerre, par la peste, grevés par le fisc, imposés par tous les partis, prospérant quelque peu dans l'intervalle des trèves, et anéantis tout-à-coup à la reprise des hostilités? Quant aux mœurs, après celles de la rue, mœurs exclusivement politiques et religieuses, les seules que comportât l'époque, faut-il qualifier de ce nom quelques cérémonies, des jeux, des coutumes singulières, rarement observées d'un an à l'autre, et presque toujours suspendues ou abrogées par la guerre et la persécution? Les détails sur l'instruction publique sont plus nombreux; c'est une chose à la louange de Nîmes et de sa magistrature populaire telle quelle, que l'instruction y fut toujours en grand honneur, comme si la pauvre ville eût compris que le remède le plus sûr à tous ses maux, à toutes ses superstitions, à toutes ses passions désordonnées, était que le plus de gens possible y sussent lire et écrire; mais les moyens répondirent-ils toujours à la bonne volonté?

Institutions.

On a vu ce qu'était devenu le consulat. Mettez au-dessus des consuls un intendant général, un lieutenant général, un sénéchal particulier, un gouverneur, un évêque, une police particulière pour chacune de ces autorités, et pour couronner cette hiérarchie, une forteresse dont tous les canons sont tournés sur la ville, et faites, si vous pouvez, la part du consulat nîmois. Des consulats locaux sont incompatibles avec la centralisation; celui de Nîmes se traînera de mutilation en mutilation jusqu'au titre honorifique à très-peu près de maire de bonne ville.

Commerce. Industrie.

On ne lit pas sans étonnement qu'au commencement des guerres religieuses, quand les bûchers s'élevaient de toute part pour satisfaire aux arrêts des parlements et à la justice du roi, le commerce ait été florissant, ou du moins très-encouragé à Nîmes. Des manufactures de velours, de damas, de satin et de toutes les autres étoffes de soie, s'établirent vers l'année 1557. On fit venir de l'étranger des ouvriers habiles, et on appela d'Avignon une dévideuse de soie pour apprendre son métier aux jeunes filles de l'hôpital. Un an auparavant on avait attiré à Nîmes un fabricant d'épingles, lequel fut dispensé d'un certain impôt, logé et pourvu d'une boutique, à la charge par lui d'instruire chaque année un apprenti. Un maître tonnelier, qui vint s'y fixer, fut déclaré exempt de tout impôt.

Sous le règne de Henri IV, la culture des mûriers donne un nouvel essor au commerce des soies.

Depuis lors, tous les arts et métiers, sauf peut-être l'arquebuserie et la fourbisserie et quelques autres métiers de destruction, végètent et languissent avec des intervalles de reprise momentanée, jusqu'à ce qu'ils soient anéantis par la proscription en masse des protestants, la plupart chefs d'ateliers, fabricants ou artisans très-habiles. Les inondations, les sécheresses, les hivers excessifs se joignirent souvent aux mesures de Louis XIV, pour opérer ce magnifique ouvrage par lequel madame de Maintenon pensait avoir mérité le Ciel.

Établissements religieux.

En revanche, les établissements religieux s'y multiplient et y prospèrent dans une proportion inverse des établissements industriels. Il y eut à Nîmes, dans le même temps, un couvent des capucins, un couvent des augustins, deux couvents d'ursulines, un couvent des religieuses de la Visitation, un des religieuses hospitalières de Saint-Joseph, un des filles de la charité, un des dames de la miséricorde, un des religieuses de l'ordre de Notre-Dame-du-Refuge, plusieurs maisons de frères prêcheurs, de Récolets, de pères de la doctrine chrétienne, ou doctrinaires, comme on les appelait alors par abréviation; des maisons de sœurs sous différents noms, toutes sorties de la grande victoire catholique du dix-septième siècle, laquelle ne croyait pas trop peser sur l'ancien et énergique foyer du protestantisme de tout le poids de ses mille maisons, chapelles, églises, collèges, hôpitaux, couvents, hospices, bâtis avec les pierres des temples démolis et des maisons restées sans maîtres par suite de l'émigration.

Instruction publique.

Au plus fort des guerres religieuses, sous le règne de Henri III, entre deux trêves, Nîmes réorganise son collège des arts et dresse des statuts et des plans d'étude pour la jeunesse. Le collège prend pour emblème Pégase grimpant au haut de l'Hélicon, où s'élève une fleur de lis, et frappant du pied droit le bas du rocher d'où sort la fontaine sacrée.

Cet établissement, suspendu à différentes reprises, comptait en 1593 sept professeurs. Pour en faire accepter le rectorat à un certain Julius Pacius, Italien d'origine et professeur célèbre, la ville s'engagea à lui acheter une charge de conseiller au présidial et à lui obtenir des lettres de naturalisation. Quelques années après, l'administration prodigue les plus belles offres pour attirer à Nîmes Isaac Casaubon, le célèbre éditeur et débrouilleur de Perse, dont le commentaire a fait dire à Scaliger, « qu'au Perse de Casaubon la sauce vaut mieux que le poisson, » mauvaise plaisanterie qui est le meilleur jugement qu'on ait porté sur ce travail.

Une imprimerie s'établit à Nîmes en 1579. La ville exempte l'imprimeur de toutes charges et lui avance des fonds pour l'achat de caractères d'imprimerie.

Mais le plus beau titre de Nîmes, aux yeux de ses historiens du moins, c'est son académie.

Vers le milieu du dix-septième siècle, quelques amis des lettres se réunissaient à des jours fixes, sous le nom modeste de *société littéraire*. L'ambition leur vint, en 1682, de convertir leur société en académie, et d'échanger leur titre de sociétaires en celui d'académiciens. Ils eurent donc un directeur et un secrétaire; ils dressèrent des statuts conformes à ceux de l'Académie française; ils adoptèrent la devise *æmula lauri*, qui veut dire émule du laurier, parce que l'Académie française avait elle-même pour devise un laurier, avec ces mots : *A l'immortalité*.

Louis XIV approuva, par lettres patentes, l'organisation de l'académie nîmoise et accorda aux académiciens les honneurs et privilèges des membres de l'Académie française.

Les historiens de Nîmes parlent de *l'éclat que jeta l'académie royale* dans ses commencements. Il paraît que les séances se passaient à écouter des lectures que les sociétaires se faisaient de leurs productions. Du reste, l'académie de Nîmes donnait des fêtes publiques, et « ne manquait jamais, » dit un abréviateur de Ménard, « de rendre ses hommages aux per- » sonnages distingués qui passaient à Nîmes. » La guerre des camisards dispersa l'académie; les réunions cessèrent; et, pendant quarante ans, Nîmes manqua d'académie. Mais vers 1752, cinq ou six jeunes littérateurs, qui s'assemblaient de temps en temps pour se lire au nez des vers, et s'aduler réciproquement, devinrent le noyau de l'académie ressuscitée, qui compte aujourd'hui quelques membres de grand mérite.

Mœurs. — Jeu du Papegaï.

Une institution qui était fort aimée à Nîmes, c'était le jeu du Papegaï. Le vainqueur dans ce jeu, où se formaient d'habiles tireurs, s'appelait le roi du Papegaï, et, entre autres privilèges royaux, avait celui de ne pas payer d'impôt.... pendant un an. Les jeunes gens tournaient leur ambition vers cette royauté très-recherchée; le roi du Papegaï traversait la ville en triomphe; il avait des sujets, des courtisans, des grands-officiers; il passait sous des arcs de fleurs.

En 1660, un de ces rois de l'année, qui avait acquis par son adresse au tir, et peut-être par des qualités plus sérieuses, une assez notable influence sur la jeunesse nîmoise, fut cause qu'on supprima l'institution, qui commençait à faire ombrage à l'autorité. Un autre roi de la même sorte, le roi de la basoche, avait failli se faire détrôner, lui aussi, en 1599, pour avoir voulu passer ses sujets en revue, au son du violon.

Une des conséquences de l'état de guerre permanent, c'est la corruption des mœurs. Entre deux séditions, entre deux massacres, entre deux sièges, le vice est comme une sorte de délassement. On s'y jette avec fureur, soit pour oublier le passé, soit pour s'étourdir sur l'avenir. C'est ce qui se vit à Nîmes dans les commencements de la grande persécution. Tel y était le nombre des maisons de prostitution, qu'on prit le parti de faire enfermer toutes les filles publiques nées à Nîmes, et de chasser les étrangères. Les unes furent enfermées dans une tour et nourries au pain et à l'eau aux frais de la commune; les autres furent rasées, chargées de plumes de coq, *suivant la coutume, usage et privilège,* dit Ménard, et, après avoir été promenées en cet attirail par toute la ville, on les reconduisit jusqu'aux limites du territoire, avec maintes dérisions par lesquelles le peuple renchérissait sur les *usages et privilèges* de la ville.

Célébrités littéraires de Nîmes.

Pendant cette période si triste et si peu favorable aux lettres, Nîmes contribua au progrès général de la France et au magnifique mouvement littéraire du dix-septième siècle, par quelques hommes distingués, sinon tout-à-fait d'élite, qui n'ont guère aujourd'hui que l'immortalité des biographies universelles, mais qui firent du bruit de leur vivant, et pour de notables services rendus aux lettres. Ce sont entre autres, Samuel Petit, mort en 1643, homme d'une grande réputation de science, mais qui n'en a pas laissé de monuments; Gaillard Guiran, Jacques Deiron, qui ont écrit sur les antiquités de Nîmes; Jean-Baptiste Cotellier, d'une science prodigieuse, principalement dans les langues sacrées, dont la bibliothèque royale possède neuf volumes *in-folio* de manuscrits; Jacques Cassagne, la plus malencontreuse célébrité de Nîmes, dont Boileau a dit :

> Si l'on n'est plus à l'aise assis en un festin
> Qu'aux sermons de Cassagne ou de l'abbé Cotin.....

en somme, et malgré ces deux vers, prédicateur agréable, bon homme surtout, qui fut malade tout le reste de sa vie du trait que lui avait lancé Boileau; un Jean Bruguier qui eut le tort de vouloir lutter, dans un ouvrage de controverse, avec le grand Arnaud; Étienne Chauvin, qui composa un dictionnaire philosophique sous le titre de *Lexicon rationale;* François Graverol, jurisconsulte et littérateur, à qui l'académie nîmoise dut son audacieuse devise : *Émule du laurier;* et d'autres que j'omets, parcequ'il ne faut pas plus flatter les villes que les peuples et les rois.

J'anticiperai sur la période suivante pour clore cette seconde liste par deux noms dont Nîmes peut à bon droit se glorifier; Jacques Saurin et Léon Ménard. Le premier, né à Nîmes en 1677, et mort à La Haye en 1730, a laissé quelques morceaux d'éloquence sacrée qu'il faut lire même après Bossuet, Bourdaloue et Massillon. Le second est l'auteur de l'*Histoire civile, ecclésiastique et littéraire de la ville de Nîmes,* en sept volumes in-4°; ouvrage diffus, indigeste, d'une disproportion absurde avec le sujet, mais plein de recherches, de science, de bon sens, et assez modéré, quoique d'un catholique; source précieuse où ont puisé tous les historiens ultérieurs tant du Languedoc que de Nîmes, et, disons-le avec reconnaissance, où nous avons pris nous-même la plupart des faits de cette histoire [1]. Léon Ménard était un de ces magistrats hommes de lettres, l'honneur des parlements, qui consacraient les loisirs de la justice et les vacances du palais à faire à grands frais de temps, de soins, de conscience, quelqu'un de ces monuments d'érudition et de recherches dont le secret se perd tous les jours, avec celui d'autres choses non moins bonnes.

---

[1] C'est surtout dans les *preuves* et *pièces justificatives* de cette vaste histoire, imprimées à la fin de chaque volume, et pour lesquelles Ménard avait fait un vocabulaire assez incomplet, que j'ai puisé les détails des récits qu'on vient de lire. Ces monuments, écrits dans un latin barbare ou dans le patois languedocien, valent mieux, pour l'histoire, que le travail de Ménard, qui n'en est, en quelque manière, que le récolement chronologique.

CONCLUSION.

SOIXANTE ANNÉES DE CALME COMPLET.
NIMES PENDANT LA RÉVOLUTION DE 89. — SOUS L'EMPIRE. — SOUS LA RESTAURATION. ÉTAT ACTUEL. — AVENIR DE NIMES.

Nous n'avons plus rien à raconter. L'histoire des villes de France devrait finir à l'époque où l'œuvre de l'unité française est consommée. Toute individualité féodale et provinciale disparaît peu à peu ; les villes se fondent dans la métropole ; une administration commune, en leur ôtant toute existence municipale, efface les traits les plus saillants de leur caractère et les fait passer de l'état de personnes à celui de membres d'une grande communauté. Les masses seules, que la civilisation n'atteint que lentement, conservent une certaine étrangeté de mœurs, double effet du climat et de l'ignorance. Dans cette situation, nos villes peuvent donner lieu tout au plus à un chapitre de mœurs, à une statistique commerciale, mais point à une histoire, et c'est tant mieux pour elles ; car on a pu voir, par les récits qui précèdent, de quel prix Nîmes a payé le triste privilège d'avoir une histoire intéressante et, — si nous ne l'avons pas dénaturée en l'abrégeant, — une histoire dramatique.

Les soixante années qui suivent le règne de Louis XIV s'écoulent paisiblement pour la pauvre cité languedocienne. Tout esprit de résistance est mort ; l'exil et l'émigration ont emporté les plus fidèles ; la persécution a attiédi les faibles ; l'argent de la caisse de Pelisson a gagné les corrompus : Nîmes, après avoir perdu du sang par toutes les veines, s'est laissée aller peu à peu à l'égoïsme des malades ; on n'y songe plus guère qu'à se rétablir, à vivre en paix ; on se met au mieux avec la royauté ; on y donne des fêtes aux dauphins, aux fils de France, aux frères du roi ; on veut mériter, par toutes les qualités monarchiques, le titre de *bonne ville*. Les évènements de cette période sont des querelles entre les avocats et les médecins au sujet du consulat : les avocats veulent passer avant les médecins, à présent que la cessation de la peste rend ceux-ci moins nécessaires, et que la reprise des affaires commence à donner plus d'importance à ceux-là. Les ordonnances meurtrières de Louis XIV sont tombées en désuétude par l'effet de la tolérance générale, qui a gagné jusqu'aux gens de cour, jusqu'aux évêques-ministres ; les protestants retournent au prêche, rebaptisent leurs enfants et sont réhabilités par les mœurs avant de l'être par les lois. Le commerce renaît ; Nîmes fournit des bas de soie aux protestants et aux catholiques ; les deux religions vivent en paix, sans se haïr, quoique sans s'aimer : s'aimer n'est pas chose possible aux sectes. Ainsi se passent soixante années, jusqu'à ce que la révolution française vienne remettre aux prises les deux religions envenimées par la complication de toutes les passions politiques.

Les protestants, amis ardents d'une révolution qui leur rendait la patrie, l'état civil, la dignité de citoyens français, ne tinrent pas compte à la majorité catholique de l'espèce d'impunité dont ils avaient joui pendant ces soixante années. Je dis impunité, puisque les protestants étaient censés de grands criminels sur lesquels la police *fermait,* comme on dit, *les yeux.* Ils en faisaient honneur à l'esprit de tolérance universelle plutôt qu'à la modération de leurs adversaires, et ils avaient peut-être raison. Mais ce qui pouvait n'être qu'un jugement vrai et sans danger, dans les circonstances calmes, allait servir de prétexte à des arrière-pensées de réaction, dans des temps d'orage révolutionnaire. Les protestants reportèrent la querelle à soixante ans de là, et ne se souvinrent plus que des atroces persécutions du dix-septième siècle. La révolution française, en leur rendant l'ascendant moral là où ils n'avaient pas la majorité numérique, leur inspira l'idée de représailles et leur en donna le pouvoir. De sottes provocations du parti catholique, des bravades, des cocardes blanches substituées à la cocarde nationale, un certain étalage public de royalisme, encouragé tout bas par l'autorité qui était catholique, amenèrent, en juin 1790, un massacre assez semblable à celui de la Michelade. La tribune de l'assemblée constituante a retenti de ces scènes de meurtre qui épouvantèrent la France, même au milieu de ses plus vives espérances de régénération et de liberté.

Nous ne nous sentons pas le courage de décrire ces scènes. Outre une répugnance qui sera facilement comprise à la fin d'une histoire où le sang donne sa couleur monotone aux principaux évènements, deux raisons nous détournent d'en parler avec détails. La première, c'est le manque de données exactes : il n'y a que des appréciations de parti, toujours outrées, toujours mêlées de mensonges, et dans le même parti, des témoignages contradictoires, selon le tempérament de celui qui écrit. Les catholiques enflent leur malheur, multiplient leurs victimes, se targuent de leurs morts et étalent leurs blessures, comme les mendiants qui veulent faire de l'argent avec leurs plaies ; les protestants atténuent, expliquent, effacent : ensuite, dans chaque parti, l'un compte plus de morts que l'autre ; les causes diffèrent selon les deux camps et selon chaque narrateur des deux camps. Faites donc, sur de telles données et avec des pièces toutes marquées de fausseté, l'histoire des scènes de 1790, surtout quand tous ceux qui y ont assisté ne sont pas morts, et que les passions des vainqueurs et des vaincus sont encore là, au sein des mêmes murs, comprimées mais toujours frémissantes. Et c'est là la seconde raison qui nous fait nous abstenir : car si l'historien peut parler sans danger des choses oubliées, il ne doit pas raviver les choses dont on ne se souvient que trop, ni faire jouer devant les fils le drame des pères qui s'entr'égorgent. Disons donc que le crime est commun à tous, et en étendant la souillure à plus de têtes, rendons-la moins profonde : mais quant à compter les coups de pique ou les trous de balle, quant à hasarder des excuses qui raniment les haines, c'est une responsabilité que ne peut pas prendre l'historien qui aime son pays; — outre que des évènements qui ne remontent qu'à quarante ans ne sont pas arrivés à l'état d'intégrité historique, et que des passions qui touchent à notre époque ne sont pas encore assez figées pour que le dépouillement en puisse être exact et l'appréciation utile. En laissant peser sur les deux partis un doute solennel sur la moralité de leurs actes, nous servirons à la fois la vérité et la paix ; au lieu qu'en prenant parti ou seulement en montrant du penchant pour l'un contre l'autre, nous pourrions bien trahir malgré nous la vérité et retarder cette paix que Nîmes a achetée si cher et qu'elle n'a pas encore.

Il en faut dire autant des représailles catholiques de 1815, par lesquelles le parti vaincu en juin 1790 reprit aux protestants le triste honneur des dernières tueries religieuses et du dernier sang versé à Nîmes. Dans l'intervalle, Bonaparte avait étendu son niveau sur tous les intérêts comme sur toutes les passions; Nîmes, à l'exemple des autres villes de la France, resta muette et retint son haleine, pendant que passait le grand empereur.

Aujourd'hui Nîmes est calme. Il faut dire à l'honneur des protestants assassinés en 1815 et tracassés depuis lors par l'essai de contre-révolution jésuitique tenté par la restauration, qu'ils ont donné, les premiers, le noble exemple de ne pas recommencer les représailles et ce jeu sanglant de *chacun son tour* qui est toute l'histoire de Nîmes. Voilà donc un parti qui est vainqueur et qui est modéré, qui s'enchaîne les mains pour ne pas frapper, qui dévore silencieusement ses vengeances au lieu d'en ensanglanter les rues ; rare exemple, je le répète, qui ne réconciliera peut-être pas les esprits, mais qui rendra de plus en plus difficile et infamant le rôle des réacteurs !

De sauvages habitudes sont restées dans la populace nîmoise. L'effet ordinaire des évènements politiques qui ont quelque retentissement, est de faire sortir de leurs faubourgs et d'amener sur la place quelques furieux armés de pierres qui vont défier ceux de la religion et du parti politique opposés ; les enfants des deux camps engagent le combat ; les femmes ramassent des munitions dans les bâtiments en déblai et les apportent dans leurs tabliers : mais toute cette colère fond devant la garde nationale et quelques piquets de troupe. Il faut espérer toutefois que ces habitudes batailleuses, plus ridicules qu'inquiétantes, cesseront tout-à-fait. C'est l'affaire de l'administration locale, qui doit, dans de telles villes et au milieu de telles antipathies, faire de la civilisation plus souvent que du pouvoir. La population nîmoise est laborieuse, mais peu éclairée; il faut envoyer dans ses faubourgs des missionnaires d'instruction et non de dogme, et au lieu de voler les enfants pour les mettre en religion, comme cela se faisait du temps de Louis XIV, il faut leur ouvrir des écoles, et changer la *caisse des conversions* en caisse d'enseignement élémentaire. L'avenir de Nîmes est là; un préfet maître d'école y fera plus de choses qu'un préfet guerrier. Il y a peut-être là vingt mille Français qui ne savent pas si bien la langue française que des Russes. Cette langue qui civilise le monde serait-elle donc impuissante dans le pays où elle est née ? Nous ne le pensons pas.

PARTIE II. — DESCRIPTION.

ASPECT DE NÎMES. — IMPRESSION GÉNÉRALE.

La ville de Nîmes est couchée au pied de collines peu élevées, qui semblent la ceindre du côté du nord. Elle regarde le midi et la mer dont elle n'est éloignée que de quelques lieues. Ceux qui ont voulu la faire ressembler à Rome et trouver à toute force à la colonie la configuration topographique de la métropole, ont compté sept de ces collines dans l'enceinte de ses premières murailles. C'est aujourd'hui une opinion abandonnée. Ces collines, d'un aspect riant, sont couvertes de vignes et d'oliviers dont le feuillage pâle ondoie en tout sens dans les mille replis des coteaux, comme une soie argentée. Sur ces collines, et principalement au pied de la Tour-Magne, qui est assise sur la plus voisine, il souffle un vent de nord-est aigu et desséchant qui s'engouffre dans les crevasses de la tour délabrée et rase en sifflant le sol rocailleux formé tout à l'entour de ses débris. C'est ce vent qui, dans Nîmes et dans la plupart des villes du midi méditerranéen, vous saisit au détour d'une rue où le soleil venait de vous mettre en eau, et vous donne le froid après le chaud, alternative si grave pour les santés délicates. Un grand nombre de moulins à vent couronnent ces hauteurs. C'est de là qu'il fait beau contempler, au risque d'être déshabillé par le vent, la cité languedocienne ramassée au pied des collines, et, par-delà la cité, une plaine immense, dans la direction de la mer, à droite se perdant à l'horizon, à gauche coupée par une ligne de collines charmantes, qui courent du nord au midi, et derrière lesquelles est caché le pont du Gard.

Vue de la plaine, l'aspect de Nîmes est insignifiant. N'était la Tour-Magne qui attire les yeux tout d'abord, rien n'annoncerait une ville historique. Ce qui donne aux villes un aspect pittoresque, ce sont les monuments élevés, les clochers, les tours, les flèches élancées des cathédrales, tout ce qui sort du milieu de ces toits uniformes qui couvrent tant de vies monotones, tout ce qui est la maison d'une pensée, d'un souvenir, d'un Dieu. Or, le peu de hauteur comparative des monuments romains, la parfaite insignifiance de la cathédrale qui n'est qu'un vaisseau sans tours, avec une entrée de grange, l'humilité des temples protestants, qui ne dépassent pas en hauteur les maisons ordinaires, toutes ces choses font que Nîmes a l'air d'un assez grand hameau semé autour d'une assez grande église paroissiale. Vue des hauteurs de la Tour-Magne, Nîmes reprend tous ses avantages. Vous voyez poindre par-dessus les maisons le faîte de l'Amphithéâtre et le fronton de la Maison-Carrée; à vos pieds s'étend le jardin bastionné de la fontaine, et au bout un assez grand carré long qui s'appelle le Champ-de-Mars. A gauche, la cathédrale présente son vaisseau par le flanc; vous apercevez des parties des boulevarts, et tout près de vous la maison centrale, qui n'est qu'une prison, mais une prison de grande importance; la ville se développe, s'agrandit; ce n'est plus un hameau, c'est la demeure de quarante-cinq mille âmes.

Ces quarante-cinq mille âmes ne font presque pas de bruit. Si, dans un de ces moments où le vent cesse, appuyé contre la Tour-Magne et plongeant vos yeux sur la ville, vous écoutez s'il ne s'élève pas de cet amas de maisons quelque peu de ce murmure immense que Paris envoie à ceux qui le regardent des hauteurs de Montmartre, le silence semble s'augmenter de la surprise que vous éprouvez de ne rien entendre. C'est que, sauf quelques centaines de passants qui traversent de loin en loin les rues solitaires de la ville et qui s'entendent à peine marcher les uns les autres, les habitants de Nîmes vivent retirés au fond de leurs maisons, le plus grand nombre dans des ateliers écartés, dans des caves, où en même temps qu'ils font la trame de coton ou de soie du fabricant, ils défont celle de leur vie; car ce travail ténébreux et dévorant ne les laisse pas vieillir. Eh bien! dans cette poussière des ateliers, au fond de ces caves qui étouffent le bruit des métiers battants, fermentent des passions politiques et des haines brutales qui viennent s'ajouter à toutes ces causes de destruction et à toutes ces misères. Des gens sages m'ont dit que ces passions et ces haines n'étaient pas toujours spontanées et qu'on pouvait trouver derrière des suggestions venues de plus haut. Si cela était vrai, il faudrait maudire les opinions qui vont jeter dans ces tristes réduits les paroles perfides et les *pour-boire* d'émeutes avortées, et qui entretiennent, dans des vues de réactions futures, ce reste de mœurs sauvages, vieux levain de boue et de sang que le temps a déjà affaibli.

La ville de Nîmes est divisée en trois parties très-distinctes, qui toutes trois ont un caractère différent. A toutes les extrémités, je devrais plutôt dire tout autour, sont les quartiers du peuple, ou faubourgs. Au centre s'étendent les boulevarts, plantés d'arbres, lesquels ne forment pas une enceinte continue, mais dont les deux bouts se lient par une promenade appelée le *cours* et par l'immense place où s'élève l'Amphithéâtre. Dans cette espèce de cercle irrégulier est comprise et comme enfermée la troisième partie de la ville, celle qui en est comme le noyau et qui se presse autour de la cathédrale. Les quartiers du peuple sont presque entièrement neufs; il y a peu de villes manufacturières où les gîtes de l'ouvrier aient meilleure apparence. Ils ont de l'air et du soleil, choses bien nécessaires à l'homme qui n'a guère à manger que du pain. Les boulevarts sont le quartier du haut commerce, et, j'imagine, des riches. Il s'y voit de belles maisons pareilles à toutes les belles maisons du monde, et la promenade y est intéressante, surtout quand le vent de nord-est n'enveloppe pas hommes et maisons dans des tourbillons de poussière. Mais la partie la plus pittoresque de la ville, c'est ce noyau de vieilles maisons qui sont groupées autour de la cathédrale; ce sont ces rues étroites et tortueuses, dont les boutiques sont occupées par le commerce de détail. Là, du moins, vous reconnaissez la ville du seizième siècle, la ville des consuls chaperonnés, la ville du capitaine Bouillargues et de Poldo d'Albenas. Mais la poésie y trouve plus son compte que la bonne hygiène. La plupart de ces maisons, construites dans les temps de trouble et de guerre civile, sont petites, étroites, écrasées, mal aérées; ayant le rez-de-chaussée au-dessous du niveau de la rue. Les eaux intérieures, ne pouvant s'écouler au dehors, y croupissent dans des puisards creusés au milieu des cours, d'où s'exhalent des vapeurs méphitiques et des fièvres lentes. La cherté du bois interdit aux habitants d'une condition médiocre l'usage des revêtements de boiseries dans l'intérieur des appartements; outre que la multiplication excessive des insectes, sous un ciel si ardent, fait généralement préférer aux boiseries qui les attirent et, dit-on, les engendrent, des murailles enduites de mortier à la chaux qui les éloignent. Le *pittoresque* était complet, lorsque au-devant de ces maisons d'une laideur si vénérable, dans ces rues de la vieille cité, on tuait les cochons, les veaux, les moutons et les bœufs, et que le sang des bêtes égorgées se mêlait à la fange des ruisseaux; usage hideux qui a cessé depuis à peine vingt ans.

Toutefois ce n'est pas sans se monter un peu la tête qu'on parvient à retrouver, même dans ces rues qui ont peu changé, quelque air de l'orageuse histoire de Nîmes; il y a là bien peu de reliques du passé. Les villes de commerce se renouvellent sans cesse et sont peu préoccupées de la poésie des ruines. On n'est soigneux des vieilles choses que dans ces espèces de villes nobles, qui ne vivent que de leurs ressources et ne travaillent pas pour les autres. Ici les vrais monuments sont les ruines romaines, et, chose étrange, ils datent de l'époque où Nîmes n'avait pas d'histoire! On a donné à cette ville un art, comme on lui donnait un gouverneur, par dépêches impériales; quand elle a été maîtresse d'elle-même, qu'elle a eu des passions, des idées, une histoire, elle n'a su faire que des dégradations aux monuments qu'elle tenait d'autrui.

Il y a dans Nîmes des monuments de trois époques, l'antiquité romaine, le moyen âge, les temps modernes. Les deux portes dites de France et d'Auguste, l'Amphithéâtre, la Tour-Magne, la Maison-Carrée, les Bains de la Fontaine, le Temple de Diane, le Pont du Gard, monuments ou restes de monuments, telle est la part de l'antiquité romaine. La cathédrale y représente le moyen âge; le Jardin de la Fontaine et la prison dite *Maison Centrale*, les temps modernes. Je décrirai ces monuments dans leur ordre d'ancienneté, qui est le plus naturel, et avec aussi peu de termes archéologiques qu'il me sera possible, notre but étant de faire des descriptions où les savants trouvent la chose moins les mots, et où les lecteurs les moins familiers avec la terminologie de l'art puissent prendre une idée juste des monuments sans avoir à s'aider du vocabulaire de M. Quatremère de Quincy.

Je dois d'abord au lecteur un aveu loyal sur la source où j'ai puisé les éléments de la description qu'on va lire, en ce qui touche les monuments et ruines de l'époque romaine; c'est une dissertation inédite de M. Auguste Pelet, président de l'académie de Nîmes. M. Pelet, par une marque toute personnelle d'obligeance, et par suite de cet appel que nous avons fait à tous les savants de localité, dont quelques-uns le sont plus que certains de la capitale, patentés et rentés à ce titre, a bien voulu me confier ce manuscrit qu'il se réserve ultérieurement de faire imprimer. La dissertation de cet antiquaire, dont la sagacité égale la science, est, dans sa spécialité si intéressante, un travail qui pourrait servir de modèle. Les questions d'origine, d'usage, d'inscription, de restauration auxquelles peut donner lieu chacun de ces monuments, m'y semblent traitées plus complètement, plus ingénieusement, et résolues dans un sens plus près de la vérité, qu'en aucune autre dissertation qui ait paru sur ce sujet. J'emprunterai donc à M. Pelet ses idées, ses conclusions, quelquefois ses expressions, me bornant, pour tout mérite, au travail assez délicat d'ailleurs de traduire en langue vulgaire, et accessible à tous, des jugements qui, dans la dissertation de M. Pelet, sont exprimés dans la langue sévère et scientifique de la spécialité. J'aime à me reconnaître publiquement redevable à M. Pelet des bonnes choses qu'on rencontrera dans cette description, mêlées à mes arrangements et à mes impressions personnelles. M. Pelet est un des hommes les plus distingués de Nîmes; à ce titre il appartient à l'histoire de sa ville natale, et je suis heureux que ce soit lui-même qui se charge de s'y faire une place [1].

[1] J'ai eu occasion, dans la *Revue de Paris*, de parler, avec tous les éloges qu'un sentiment vrai de surprise et de plaisir m'a pu suggérer, des modèles de quelques monuments romains du midi, que M. Pelet a exécutés en liège avec une exactitude, une patience et une adresse de main infinie. Ces modèles de M. Pelet mériteraient de figurer parmi les curiosités les plus précieuses de la Bibliothèque Nationale.

I.

MONUMENTS DE L'ANTIQUITÉ ROMAINE.

LA PORTE DE FRANCE ET LA PORTE D'AUGUSTE.

L'historien Ménard prétend que les murs de la ville romaine étaient percés de dix portes. Cette assertion est difficile à vérifier ; de ces dix portes, c'est à peine si on peut trouver les vestiges de trois.

La *Porte de France* est à l'angle le plus méridional des murailles de la ville. Elle est formée d'un seul portique à plein cintre et surmontée d'un attique décoré de quatre pilastres, lesquels supportent une corniche qui en forme le couronnement. Les murailles étaient de niveau avec cette corniche. La Porte de France est flanquée de deux tours demi-circulaires ; une grande rainure qui se voit dans l'épaisseur des pieds-droits ou pilastres sur lesquels pose le plein cintre, indique que cette porte se fermait au moyen d'une herse. Le chemin qui y venait aboutir s'appelait *via munita* : aujourd'hui la Porte de France fait face à la route de Saint-Gilles.

La *Porte d'Auguste* est un monument plus orné. Elle est formée de deux grands portiques à plein cintre et de deux petits à côté des grands, apparemment pour l'usage des gens de pied. Au-dessus de ces deux petits portiques sont creusées deux niches demi-circulaires, qui contenaient les statues soit des divinités protectrices de la colonie, soit des deux petits-fils adoptifs d'Auguste, Caïus et Lucius, dont le premier était qualifié du titre de *patronus coloniæ*. On lit sur la frise de la Porte d'Auguste cette inscription qui donne pour date de la construction des murs de Nîmes la huitième année de la puissance tribunitienne d'Auguste.

IMP. CAESAR. DIVI. F. AVGVSTVS. COS. XI. TRIBV. POTEST. VIII. PORTAS.
MVROS. COL. DAT.

« César, empereur, Auguste, fils du divin César, en l'année onzième
» de son consulat et huitième de sa puissance tribunitienne, donne à la
» colonie des portes et des murs. »

Les lettres de bronze ont disparu : mais les rainures dans lesquelles elles étaient enchâssées existent encore et sont d'un beau caractère.

Deux têtes de taureau décorent la clef ou le sommet des deux grands portiques.

En 1390, Charles VI avait fait construire un château-fort sur l'emplacement de cette porte. Ce château, détruit en partie lors des guerres de religion, fut entièrement démoli en 1793. Les démolisseurs allaient abattre la porte qui en faisait partie, quand il se trouva quelques citoyens courageux qui empêchèrent cette destruction. Aujourd'hui la Porte d'Auguste sert d'entrée à une caserne de gendarmerie. On a cousu cette caserne grossière à ces quatre portiques d'un aspect si noble et d'une architecture si élégante. Il est piquant de voir quelqu'un de ces utiles défenseurs de l'ordre public traînant son sabre sous cette porte qui avait été faite pour des entrées triomphales, et un massif de pierres troué de fenêtres bouchant la rue qui continuait la voie domitienne et qui versait les voyageurs de la colonie sur les trois routes d'Ugernum, d'Arelata, et d'Aurosio (Uzès, Arles, Orange).

LA TOUR-MAGNE.

Situé sur la plus haute des collines auxquelles est adossée la ville, ce reste de tour s'aperçoit de très-loin à la ronde et domine un immense horizon. Sa position et ses dimensions colossales lui ont sans doute valu le nom qu'elle porte aujourd'hui et dont l'étymologie *turris magna* ne saurait être douteuse, même pour qui ne sait pas le latin.

Ce monument est horriblement dégradé. Sa hauteur est d'environ cent pieds. On peut voir qu'il était composé de plusieurs étages superposés et en retraite les uns sur les autres. Ces divers étages formaient des octogones réguliers. On a fait des suppositions sur ce que devait être le faîte de la tour; les uns ont voulu que ce fût une coupole, les autres une plate-forme; la question est encore à décider.

En 737, Charles-Martel avait voulu détruire la Tour-Magne, pour enlever ce point militaire aux Sarrasins. En 1185, époque où Nîmes appartenait aux comtes de Toulouse, la Tour-Magne devint une forteresse, dont la reddition donnait lieu à des traités entre les princes. Aujourd'hui on y a perché une loge télégraphique. Dans l'excavation profonde qui donne à cette tour l'aspect d'un puits dont on aurait arraché une des parois, vous voyez la cabane en bois peint où l'employé des lignes télégraphiques se hisse, tous les jours de beau temps, par un escalier dont la petite porte est au pied de la tour. Les partisans de l'utile trouvent qu'on ne pouvait donner un meilleur emploi à cette magnifique ruine; pour moi, j'eusse aimé mieux y voir des nids d'aigle ou de chat-huant qu'une cahutte télégraphique.

Quelle a été la destination primitive de la Tour-Magne? Etait-ce un *œrarium* ou trésor public, un phare, une tour de signaux, un temple? Dans les dissertations archéologiques, la Tour-Magne a été tour-à-tour tout cela. M. Pelet prouve par des raisons solides tirées de la comparaison avec des ouvrages analogues, que ce monument a été un mausolée, dont la construction est antérieure à l'époque romaine, et peut bien dater de l'occupation des Grecs de Marseille. Si cette explication est la vraie, il faudrait donner à la Tour-Magne la première place dans l'ordre chronologique des monuments de Nîmes.

La Tour-Magne était liée aux anciennes fortifications qui, à diverses époques, avaient entouré et défendu la ville de Nîmes. Elle servait comme d'une tourelle avancée où se rejoignaient les deux pans du mur d'enceinte. Dans toutes les démolitions ou reconstructions qui furent faites successivement des remparts de Nîmes, selon les chances de la guerre, la Tour-Magne fut toujours respectée. En 1601, lorsque François Traucat, ce planteur de mûriers dont il a été question dans le cours de cette histoire, obtint de Henri IV l'autorisation de faire des fouilles dans l'intérieur de la Tour-Magne[1], toute la ville s'émut d'inquiétude pour sa belle ruine; on murmurait tout haut contre les lettres du roi : les uns, par un sentiment

---

[1] Les lettres de Henri IV à ce sujet sont curieuses de naïveté. « Sur l'advis, dit le roi, qui nous a
» esté donné par nostre cher et aymé François Traucat, bourgeois de la ville de Nismes, que soubz
» la ruyne du bastiment de la tour appelée Tourou-Maigne, de l'ancienne clousture de la dicte ville
» de Nismes, il y a ung trésor caché, du temps que les Romains et les Sarrazains occupaient la dicte
» ville et le pays; et désirant la recherche, perquisition et *recouvrement* du dict trésor estre faicts ;
» à ceste cause, etc., » suivent les mandons et ordonnons. Traucat est autorisé à faire les fouilles, sous
la protection et avec le concours des autorités royales, « nonobstant opposition ou appellations quel-
» conques, pour lesquelz ne voullons être différé. Car tel est nostre plaisir ; à la charge toutes fois que
» le dict Traucat sera tenu de fere l'advance des fraix qu'il conviendra pour cet effaict; et tout ce
» quy se trouvera au dict trésor, soit or, argent, mestail, ou autres choses, le tiers en demeurera
» au dict Traucat; nous réservons les autres deux tiers pour employer en noz urgents affaires, etc.....
» Donné à Fontainebleau, le 22 may, l'an de grâce 1601, et de nostre règne le douzième. » Il n'est pas douteux que le bon roi n'ait cru au trésor de Traucat.

filial pour l'un des plus beaux monuments de leur ville, les autres, par envie contre Traucat qui ne les avait pas mis en tiers dans la trouvaille. La rumeur en fut si forte, qu'un conseil général extraordinaire s'assembla, le samedi 4 août, à son de cloches, à l'effet de prendre des mesures pour la conservation de la Tour-Magne. Le jour où les travaux commençaient, les consuls se transportèrent sur le lieu, accompagnés des prud'hommes et des voyers de la ville, et assistèrent aux premières opérations de Traucat. On avait eu soin d'exiger de lui qu'il n'entreprendrait rien qui endommageât l'édifice, et on commit un inspecteur pour surveiller, en l'absence des consuls, les travaux de ses pionniers. Le sénéchal, de son côté, représentant les intérêts du roi, nomma un inspecteur particulier lequel devait contrôler les travaux, concurremment avec l'inspecteur de la ville, bien moins, je suppose, pour avoir une garantie de plus de la conservation de l'édifice, que pour empêcher tout détournement clandestin des deux tiers que le roi s'était réservés, dans le trésor à trouver, *pour ses urgentes affaires*. Cet inspecteur était à la charge de Traucat. Les fouilles furent sans résultat. Traucat y perdit son temps et son argent.

La fable a bien raison : les vrais trésors sont ceux que le travail tire du sein de la terre. C'est le raisin, l'olive, la feuille de mûrier, qui poussent sur ces monticules caillouteux dont la ville est entourée au midi, qui sortent d'entre ces galets, ce sable et cette argile dont est formé le sol tout autour de la vieille ruine. Traucat avait été plus heureux et plus inventif dans ses plantations de mûriers que dans ses fouilles. De 1564 à 1606, ses pépinières avaient fourni au Languedoc et à la Provence plus de quatre millions de pieds de mûriers, et Henri IV faisait beaucoup plus sagement en lui donnant une pension pour cette découverte, et en lui permettant, par privilège spécial, de planter son arbre partout où il voudrait, qu'en l'autorisant à se ruiner dans les fouilles de la Tour-Magne. Mais le mauvais état des finances du roi le forçait à compter, dans ses recettes éventuelles, les trésors des Sarrasins et des Romains; le besoin d'argent le rendait crédule.

LES BAINS.

Au pied méridional du coteau sur lequel la Tour-Magne est assise, sort une fontaine abondante, qui a été selon toute apparence la première cause de la fondation de Nîmes. Le poète Ausone la nomme *Nemausus*. Jusqu'au milieu du dix-huitième siècle, on ne soupçonnait pas que cette fontaine fût obstruée des débris d'un magnifique établissement romain, et que tout autour le sol se composât de monuments enfouis. A cette époque, l'encombrement des dévastations successives des Barbares avait tellement exhaussé le terrain des environs de la fontaine, que la prise d'eau d'un moulin que possédaient à la source même les religieuses de Saint-Sauveur, était à cinq pieds au-dessus du niveau des bassins de l'établissement romain.

Des fouilles votées en 1730 par les États de la province, et commencées en 1738, mirent à découvert les Bains de la Fontaine. La curiosité publique était si vivement excitée qu'il fallut placer des troupes aux avenues pour protéger les travaux et repousser la foule. Cent cinquante ouvriers, employés aux déblaiements et partagés en divers ateliers, exhumèrent successivement des restes d'édifices somptueux, des colonnes, des statues, des marbres, des porphyres, des inscriptions. D'abord, ces fragments furent transportés à l'évêché par les soins de l'évêque lui-même; puis leur nombre s'augmentant chaque jour, et la curiosité et l'argent diminuant en proportion, on négligea ces richesses, on suspendit les fouilles : « Ce ne sont que des ruines de bains, » dirent dédaigneusement les savants de la ville, lesquels ne savaient pas que les bains romains embrassaient dans leur enceinte des gymnases, des palestres, de longues galeries, des portiques, des jardins, et que de ces bains-là Ammien-Marcellin disait que c'étaient plutôt des provinces que des édifices. On ne songea donc plus qu'à restaurer la fontaine, qu'à régler le cours d'eau et à recouvrir de terre cette mine de sculpture et d'architecture antique dont les savants faisaient fi. De là l'origine de ces terrasses en forme de bastions et de ces canaux en forme de fossés, qu'un certain Philippe Maréchal, architecte de fortifications, fit établir sur les bases antiques des monuments découverts, avec l'accompagnement obligé des chicorées et des amours bouffis de l'époque de madame de

Pompadour. C'est ce beau travail, moitié militaire, moitié galant, qu'on appelle aujourd'hui la Fontaine. Une inscription latine gravée sur un mur en pierre de taille qui fait face à la source du côté du midi, présente cette construction malheureuse comme une sorte de conquête sur les Barbares. Ce n'est, en tout cas, qu'une conquête relative.

Deux inscriptions parfaitement semblables et symétriquement placées dans le bassin même de la source, ne laissent aucun doute sur l'époque des premières constructions de ces bains[1]. En voici le texte :

IMP. CAESARI. DIVI. F.
AVGVSTO. COS. NONVM.
DESIGNATO. DECIMVM.
IMP. OCTAVVM.

Cette date se rapporte à l'an de Rome 729, vingt-cinq ans avant J.-C. Auguste avait alors trente-huit ans, était désigné pour son dixième consulat, et recevait pour la huitième fois le titre d'*imperator*.

« En 93, » dit M. Pelet, « ces inscriptions parurent empreintes de » féodalité et furent effacées; toutefois on peut encore en distinguer » quelques lettres. »

LE TEMPLE DE DIANE.

A quelque distance de la source, à gauche, se trouve un reste d'édifice connu depuis long-temps sous le nom de Temple de Diane. La façade primitive n'existe plus, et l'intérieur, qui servait de chapelle, en 1430, au monastère des religieuses de Saint-Sauveur, n'est plus aujourd'hui qu'une belle ruine où l'architecte trouve à peine assez de données pour des restaurations conjecturales.

Ce monument, enchâssé dans le roc, est entièrement construit en pierres de taille posées à sec sur leur lit de carrière. On ne peut guère le décrire qu'en le restaurant par la pensée, c'est-à-dire en mêlant le passé au présent. Son plan est rectangulaire; une porte à plein cintre en forme l'entrée. Douze niches, dont cinq sont pratiquées de chaque côté dans les deux parois du temple, et deux à droite et à gauche de la porte, en déco-

---

[1] La richesse et la variété des débris découverts donnent lieu de croire que ces constructions furent complétées par Adrien, à l'époque où ce prince remplit l'empire de monuments.

rent l'intérieur. Ces niches, surmontées de frontons alternativement circulaires ou triangulaires, renfermaient des statues. Seize colonnes d'ordre composite supportaient un entablement simple et élégant sur lequel posait une voûte à plein cintre, d'une forme légère et hardie. Le Temple de Diane n'a plus d'autre voûte que le ciel. Au fond de l'édifice était apparemment la statue du dieu, le dieu de la fontaine, Nemausus, s'il est vrai, comme M. Pelet me paraît l'avoir démontré, que ce temple se liât au vaste système des constructions des bains, et fît partie de cette *province*, pour parler comme Ammien-Marcellin.

Encore au temps de Poldo d'Albenas, dont j'ai cité un passage curieux au commencement de cette histoire, l'intérieur de ce charmant édifice était intact, sauf les statues profanes qui avaient dû y être remplacées par des saints. Une gravure du livre de Poldo me l'a montré dans toute la grâce de ses proportions, et m'a fait soupçonner toute la délicatesse de son architecture. Il y a peu de monuments plus regrettables que celui-là. En 991, l'évêque de Nîmes, Frotaire, le donna pour église à un monastère de filles qu'il fonda auprès et qui prit le nom d'*abbaye de Saint-Sauveur de la Fontaine*. En 1562, de Jean, capitaine des protestants, pilla et dévasta l'église, et en chassa les religieuses; quelques années après, les Nimois, craignant que le maréchal de Bellegarde ne s'emparât de ce monument pour le fortifier, abattirent toute la partie qui fait face au midi et réduisirent l'édifice à un état de délabrement qui n'a fait qu'empirer depuis. Les guerres religieuses ont, sur plusieurs points de la France, continué l'œuvre des Barbares du cinquième siècle. Le présent est sans pitié pour le passé.

Le Temple de Diane a un charme particulier de solitude et de tristesse. L'art qui rebâtit, recrépit, badigeonne, n'a plus rien à y faire et n'y touche plus. On le laisse là, seul, abandonné, ne se défendant plus que par le respect qu'il inspire ou par l'indifférence de ceux qui passent auprès. Une grille empêche les enfants, ces ennemis d'instinct de tout ce qui est vieux, d'y venir aider le temps à consumer ces restes, et de mettre des bâtons dans les crevasses pour disjoindre plus vite les murailles. Une espèce de *cicerone*, avec le chapeau à cornes de gardien officiel, vous ouvre cette grille et vous bredouille des explications qui n'ont aucun rapport avec les dernières découvertes de la science et n'ont pas fait un pas depuis vingt ans. Pendant que la science dispute si ce monument n'a pas été dans l'origine un lavacrum, faisant partie du système général des bains, un lieu où l'on prenait des douches sudorifiques, l'imperturbable gardien vous montre la place *où les prêtres se cachaient pour faire parler leurs dieux*, le sanctuaire de la sibylle et l'abattoir où l'on immolait les bœufs du sacrifice. Des figuiers sauvages sortis d'entre les fentes des murailles, et qui s'y nourrissent de cet imperceptible humus qui s'engendre de toutes les ruines, versent leur pâle feuillage et leur ombre transparente sur les débris de chapiteaux et d'entablements qui gisent aux pieds des murs, comme s'ils voulaient voiler ces irréparables destructions. Rien ne se peut voir de plus touchant que cette ruine, que la science de M. Pelet, malgré le nombre et la force de ses preuves, ne parviendra peut-être jamais à enlever au monde vague et mélancolique des conjectures.

LE PONT DU GARD.

La merveille du Languedoc, le reste le mieux conservé de l'art vraiment romain, c'est l'Aquéduc ou Pont du Gard. Après deux heures de route à travers un pays riche, le long de coteaux tout argentés d'oliviers, on arrive sur les bords du Gardon, rivière capricieuse qui passe sous le Pont du Gard. Ce merveilleux monument ne se montre aux yeux que quand on en est tout près. Il est caché par des montagnes couvertes de chênes nains, arbre triste d'un vert noir, qui n'a besoin que d'un peu de terre végétale pour prospérer, c'est-à-dire pour languir pendant quelques années. Ces montagnes font un coude rentrant, à l'endroit même où le pont a été construit, et c'est ce qui fait qu'on ne le voit tout entier que quand on est au pied du monument. Il y a un moment toutefois où l'on aperçoit, par-dessus les arbres, une ou deux des arcades supérieures dont la courbure gracieuse et la belle couleur feuille-morte vous causent une sensation inexprimable de surprise. Cela est si étrange, de trouver un monument hors de l'enceinte des villes, un édifice destiné à n'être point vu; de l'architecture pour les voleurs, les vagabonds et les loups ! car l'aqueduc n'était, après tout, qu'un conduit d'eau, avant que les modernes y eussent accolé un grand chemin.

L'insuffisance des eaux de la Fontaine de Nîmes, en été, dut inspirer aux fondateurs de la colonie l'idée de chercher par quels moyens on y pourrait suppléer. A sept lieues de Nîmes, la fontaine d'Eure fournissait à Uzès (Ugernum) une eau abondante et très-saine : on fit sept lieues d'aqueduc pour amener l'eau d'Uzès à Nîmes. De tels travaux n'effrayaient pas les Romains. Une inscription découverte sur un aqueduc, qui n'est que la suite de celui du Gard, donne l'honneur de cette magnifique construction au gendre d'Auguste, Agrippa, que ses goûts hydrauliques avaient fait qualifier de *curator perpetuus aquarum*, curateur perpétuel des eaux.

A trois lieues au nord-est de la ville, il fallait franchir une vallée de trois cents mètres de largeur, au fond de laquelle coule le Gardon, et faire passer de plain pied, du sommet d'une montagne à l'autre, à cent cinquante pieds en l'air, une rivière portée sur un pont.

On éleva un édifice de cent cinquante pieds de haut et de huit cents de long, et la rivière franchit la vallée. Il faut dire de certains ouvrages des Romains ce qu'on a dit de ceux de Dieu ; cela était parce qu'ils voulaient que cela fût.

Cet édifice, bâti en pierres de taille sans ciment, est formé de trois étages d'arcades superposés à plein cintre.

Le premier étage a six arcades ; c'est sous la seconde, du côté de la rive gauche, que coule le Gardon dans les eaux ordinaires. Cette arcade est plus grande que les cinq autres. La hauteur de l'étage est d'environ soixante pieds.

Le second rang se compose de onze arcades correspondant parfaitement à celles de l'étage inférieur, mais en retraite sur ces dernières, puisque leur épaisseur est moindre. La hauteur de ce second étage est la même que celle du premier.

L'étage supérieur, aussi en retraite sur celui du milieu, présente trente-cinq arcades égales, ayant environ douze pieds d'ouverture. C'est sur ce troisième rang que se trouvait l'aqueduc. Des dalles de plus de six pieds de largeur et d'une seule pièce couronnent l'édifice et recouvrent l'aqueduc dont la hauteur et la largeur sont d'un peu plus de trois pieds. Sa forme est une voûte renversée. On peut se donner le plaisir d'y entrer et de cheminer en se baissant sous cette couverture de dalles, lesquelles sont percées, à des intervalles égaux, d'ouvertures carrées par lesquelles la lumière pénètre dans l'aqueduc. Ceux qui ne craignent pas de se sentir à cent cinquante pieds en l'air, marchant sur des dalles de six pieds de large, au-dessus d'une rivière dont le lit est de roc vif, peuvent jouir de la vue d'un de ces beaux paysages sévères et ardents comme en offre la nature du Midi. De cette espèce de terrasse, où l'on peut se promener sans danger et qui devait servir de chemin aux gens de pied que leurs affaires conduisaient dans ce lieu solitaire, on domine un magnifique horizon. Chose singulière, on ne voit pas l'aqueduc avant d'y arriver ; et, du haut de l'aqueduc, on voit toutau tour de soi à une immense distance. En aval et en amont, vous avez le Gardon, torrent fougueux en hiver, en été, petit ruisseau méandreux, sonore, plein de caprices et de points de vues changeants. Il sort du vallon formé par les deux chaînes de collines, et s'avance librement dans la plaine, vers le Rhône qui doit l'engloutir. Son lit est tantôt un pavé de rochers légèrement bombés qui sonnent le creux comme une voûte, tantôt d'arides bruyères, tantôt de petits arbustes rabougris, qui plient la tête pendant les crues et se relèvent quand le soleil a changé le fleuve en ruisseau. Sous la principale arcade de l'aqueduc, qu'il n'a même pas pu érailler encore, il est emprisonné entre deux murailles de roc sur lesquelles pose l'arcade, et qui contiennent, en été, toute la masse de ses eaux. Quand vous avez contemplé le paysage, un détail fort curieux attire vos regards. A vos pieds, sur ces dalles où vous êtes assis, sont gravées, au milieu d'inscriptions dont quelques-unes ont plus de deux siècles, des figures de fer à cheval, de marteaux et autres instruments grossièrement sculptés, du temps de nos pères, par des ouvriers appartenant aux confréries représentées par ces outils, et qu'apparemment leur tour de France avait amenés au pont du Gard. Les pluies de dix-huit siècles ont ridé cette pierre, mais ne l'ont pas entamée. Des noms écrits au dix-septième siècle sont aussi lisibles que s'ils étaient d'hier. Le temps s'arrête devant les monuments romains que les hommes ont respectés. Qui peut dire combien d'années encore la civilisation peut prolonger la vie de l'aqueduc du Gard?

Voici le peu qu'on connaisse des destinées de ce monument, mis hors de service, comme tous les autres, par les mêmes Barbares et à la même époque. Le 6 mars 1430, Charles VII le visita et y fit faire quelques réparations, nécessitées par des inondations récentes. Cent trente-quatre ans plus tard, le duc de Crussol y reçut Charles IX, et lui fit offrir des confitures par des jeunes filles en costume de nymphes, fait notable dans

son genre, que j'ai dû consigner dans la partie historique. On peut voir, à quelques pas du pont, la grotte d'où sortirent ces nymphes de l'invention du duc de Crussol. Avant cette époque et du temps de Poldo d'Albenas, des échancrures avaient été pratiquées dans les pilastres du second étage pour faire un chemin de pied, et, d'après une gravure du temps que j'ai sous les yeux, des mulets chargés passaient sur le rebord du premier étage, sous ces échancrures qui étaient profondes et qui devaient mettre en danger l'édifice. « Puisque nous auons fait mention du pont du
» Gard, » dit Poldo, « faut entendre qu'il sert à présent de pont, prin-
» cipalement le premier estage, lequel a esté entrecoupé, et les pilastres
» tous éberchez d'un costé, tellement qu'un mulet y peut passer tout
» chargé ; et ce a esté fait pour la commodité des gens du païs, et pour
» abréger le chemin de deux lieues, ou environ. »

Ces échancrures avaient fini par ébranler l'édifice et le faire surplomber du côté d'amont. En 1699, M. de Bâville, intendant du Languedoc, y envoya un architecte et un abbé, pour aviser aux réparations nécessaires ; et, l'an d'après, les états de la province arrêtèrent qu'on remplirait les coupures, ce qui sauva l'édifice. Toutefois les raisons de commodité dont parle Poldo d'Albenas étant les mêmes, ou plutôt devenant plus urgentes, à cause des intérêts de plus en plus nombreux qui réclamaient un passage au pied de l'aqueduc, en 1747, on adossa au premier étage un pont destiné à toutes sortes de voyageurs et de transports. Une médaille frappée à cette occasion porte cette légende : *Nunc utilius* (maintenant plus utile). C'est vrai ; mais on est forcé de dire : *Maintenant moins beau*. Il ne se peut rien voir de plus disgracieux que cette énorme excroissance de pierre qui est collée au premier étage et qui en donnant une base monstrueuse à l'édifice, gâte son plus beau caractère, qui est la légèreté. Il faut passer du côté opposé à ce pont de raccord pour jouir de toute la beauté du monument, outre que la couleur des pierres est plus belle et leur ton plus chaud de ce côté d'amont que du côté d'aval.

Le simple itinéraire de cet aqueduc effraie l'imagination. Tantôt il gravit les montagnes, ou s'y fraie un chemin dans le roc; tantôt il longe les coteaux, suspendu çà et là sur des arcades semblables à celles du troisième rang du pont du Gard, suivant toutes les sinuosités du sol, afin de garder son niveau ; ici il perce les montagnes et ressort par les gorges étroites qu'il franchit encore sur des arcades; là il traverse un étang aujourd'hui desséché; ailleurs, dans une longueur de plus d'une lieue, il est plein jusqu'aux bords d'une eau courante, et fournit à l'arrosage de plus de vingt jardins; il passe sous des métairies, à travers des hameaux qui sont bâtis sur ses voûtes, sans s'en douter; enfin il arrive à Nîmes, et ses dernières traces se voient tout proche de la Fontaine, où il faut croire que devait être le principal réservoir. La longueur entière de ce travail de géants n'a pas encore été calculée; mais on pourra se l'imaginer quand on saura qu'à deux lieues seulement de sa prise d'eau, il a déjà plus de quinze mille cinq cents mètres d'étendue.

M. Pelet parle de la restauration de cet aqueduc comme d'un travail très-praticable. « Deux millions et demi, » dit-il, « suffiraient pour » donner à Nîmes toute l'eau dont elle a besoin, et pour conserver le » plus beau monument romain du Midi. La France, qui en est le vrai » propriétaire, et le monde savant venant en aide, ne pourrait-on pas » garder et utiliser le magnifique héritage des Romains? » Hélas! avec deux millions et demi, on donnerait de l'eau à vingt provinces. Les puits artésiens ont détrôné les aqueducs, et l'art n'est plus seulement subordonné à l'utile, mais encore au bon marché. Les vœux de M. Pelet seront-ils entendus? J'ai peur que non. L'art ne doit plus guère compter sur des millions; c'est à peine s'il peut prétendre aux centimes additionnels. Il vivote des reliefs des votes municipaux, c'est là tout.

Dans ces dernières années, les visiteurs du pont du Gard ont eu le spectacle d'une troupe de Bohémiens campés au pied du pont, sous la même grotte, j'imagine, d'où sortirent les nymphes qui allèrent au-devant de Charles IX lui portant des boîtes de confitures. Je n'ai pas été assez heureux pour voir le contraste de cette misère pittoresque avec la grandeur de l'art romain; le jour que j'allai au pont du Gard, j'eus un spectacle moins piquant, mais plus édifiant. C'était un bon prêtre de campagne, descendu de son mulet, et qui lisait son bréviaire, assis sur l'herbe, ayant à côté de lui un gros parapluie replié, son ombrelle de voyage, et son mulet, la bride traînante, qui humait l'ombre de la grotte. Il ne leva pas les yeux pour nous voir passer. Des Bohémiens n'auraient pas été si réservés, si j'en dois croire ce qu'on m'a dit dans le pays de leur audace. Ce sont d'effrontés mendiants, qui savent voler au besoin ce qu'on ne leur donne pas, et qui demandent du ton de gens qui prendront ce qu'on leur refuse. Ils entrent deux dans une boutique, et pendant que l'un marchande, l'autre vole. On sait leurs habitudes et on s'en méfie; mais la crainte d'être volé n'est jamais si habile ni si ingénieuse que l'amour de vendre; aussi beaucoup de marchands y sont pris. Si les Bohémiens voient manger un enfant sur le devant de la porte paternelle, ils vont lui prendre son morceau de pain; ils iront intrépidement jusque dans l'arrière-chambre tendre la main aux gens qui sont à table. Ils sont craints et tolérés : la superstition et la curiosité les protègent; on aime à les voir s'en aller et à les voir revenir. Les petits enfants en ont grand'-peur, parcequ'on les a souvent menacés des *Boumians*. Les mères qui leur font ces menaces, pour apaiser leurs cris, en ont plus peur encore, car les Bohémiens passent pour enlever les enfants.

C'est dans les mois d'août et de septembre, aux fêtes de saint Roch et de saint Michel, qu'on voit arriver à Nîmes, entassés sur de mauvaises charrettes traînées par des mules, ou chassant devant eux des troupes d'ânes et de petits mulets qu'ils vont vendre dans les foires, ces demi-sauvages, vrais enfants perdus de la Providence. Ils couchent à la belle étoile, ordinairement sous les ponts : leur quartier-général, à Nîmes, est le Cadreau (en patois, *lou Cadaraou*), petit pont jeté sur un ravin qui descend d'une des collines et sert de voierie publique. C'est là qu'on peut les voir demi-nus, sales, accroupis sur de la paille ou de vieilles hardes, et mangeant avec leurs doigts les chiens et les chats qu'ils ont tués dans leurs excursions crépusculaires. Dans les jours de foire, ils sont tour-à-tour marchands, maquignons, mendiants et saltimbanques. Les jeunes filles, aux grands yeux bruns et lascifs, au visage cuivré, pieds nus, la robe coupée ou plutôt déchirée jusqu'aux genoux, dansent devant la foule, en s'accompagnant d'un bruit de castagnettes qu'elles font avec leur menton. Ces filles, dont quelques-unes ont à peine seize ans, n'ont jamais eu d'innocence. Venues au monde dans la corruption, elles sont flétries avant même de s'être données, et prostituées avant la puberté. Ces Bohémiens parlent un espagnol corrompu. L'hiver, on ne les voit pas : où vont-ils? d'où viennent-ils?

L'hirondelle, d'où nous vient-elle[1]?

J'ai senti les jouissances les plus vraies et les plus durables en pré-

[1] DE BÉRANGER, Chansons.

sence du pont du Gard. Cette grande construction solitaire, qui se cache dans le coude de deux montagnes, et franchit si hardiment de l'une à l'autre; ces arcades immenses qui encadrent des horizons tout entiers, qui s'engendrent les unes les autres, jusqu'à cent cinquante pieds en l'air, et forment trois ponts superposés, non pour l'eau, mais pour l'air si pur et si transparent du midi; ce plein-cintre si harmonieux, la création de l'art romain; ce jaune d'or qui revêt toutes les pierres; cette diversité infinie dans les détails, et cette majestueuse unité dans l'ensemble; cette petite rivière, si vieille et si fraîche, qui semblait en ce moment dormir, et coulait comme une nappe d'huile sous l'immense aquéduc; ces vignes semées çà et là tout à l'entour, et dont le feuillage robuste et charnu résistait seul, au milieu d'une verdure mourante, au soleil et au vent aride du nord; ces deux chaînes parallèles de montagnes, qui, toutes lourdes qu'elles sont, se recourbent et se plient au gré des détours de la petite rivière; cette nature si singulière du midi, où la fécondité se devine, et où l'aridité se fait sentir; ce point de la terre, unique par son originalité, où j'imagine que l'architecte tel quel qui jeta d'une montagne à l'autre l'aquéduc du Gard dut venir rêver quelquefois à son œuvre, si l'on rêvait dans ce temps-là; ce ciel qui dore les pierres, et cet art qui n'était que la forme donnée aux choses de première nécessité, art sans nom, impersonnel; toutes ces grandeurs de la nature et de l'homme, ont laissé dans ma pensée quelque chose de plus grave que des souvenirs d'une curiosité satisfaite. Il y a une mystérieuse éducation dans la contemplation de ces grandes harmonies; et si cela ne donne pas le génie à qui ne l'a pas reçu du ciel, cela entretient et perfectionne la sensibilité qui nous dédommage de n'avoir pas le génie.

L'AMPHITHÉÂTRE.

L'époque précise où fut fondé l'Amphithéâtre de Nîmes est un point d'archéologie très-débattu; les uns veulent qu'Antonin l'ait fait construire; les autres, s'appuyant sur des débris d'inscription, lui donnent pour fondateur un des membres de la famille flavienne, soit Vespasien, soit Titus, soit même Domitien. Entre les deux époques présumées, la différence n'est que de soixante ans : « C'est peu, » remarque M. Pelet,

« dans l'âge d'un monument qui a déjà dix-huit siècles d'existence. »

L'Amphithéâtre, construit pour des jeux, des combats de gladiateurs et d'animaux, des naumachies, fut pour la première fois converti en citadelle par les Visigoths, qui en flanquèrent la porte orientale de deux tours, appelées Tours des Visigoths, lesquelles étaient encore debout en 1809. Nous avons vu Charles-Martel, en l'an 737, y assiéger les Sarrasins et y mettre le feu. Après l'expulsion des Barbares, l'Amphithéâtre continua d'être un château fort. La garde en était confiée à des chevaliers qui y avaient leurs logements et étaient liés entre eux par le serment de défendre ce poste jusqu'à la mort. On a pu lire, dans la partie historique, au chapitre du consulat, quelques détails sur l'existence et les privilèges de ces chevaliers. Vaincue par la commune, cette caste abandonna d'abord ses anciens privilèges, puis, peu à peu, les maisons même qu'elle occupait dans l'enceinte des Arènes, et qui furent désormais habitées par le petit peuple. Encore en 1809, une population de deux mille âmes était entassée dans l'Amphithéâtre, qui fut déblayé de ses hôtes et de leurs cabanes par les soins de M. d'Alphonse, préfet d'alors.

Je pense que quelques détails sur la grandeur et sur la *commodité* de cet édifice seront lus avec plus d'intérêt que d'arides renseignements architectoniques ; outre qu'ils seront compris de tout le monde.

La façade circulaire de l'Amphithéâtre est composée d'un rez-de-chaussée, d'un premier étage, et d'un attique qui en fait le couronnement. Soixante portiques communiquent du rez-de-chaussée dans l'intérieur des Arènes. Un même nombre décore le premier étage. L'attique s'élève au-dessus ; tout autour sont, au nombre de cent vingt, des consoles ou saillies de pierre, percées de trous circulaires, où étaient enfoncées des poutres propres à soutenir le *velarium,* rideau immense qu'on tendait sur l'Arène, du côté où plongeait le soleil. Un petit escalier, creusé dans l'épaisseur du mur, au-dessus de la porte du nord, était réservé aux esclaves commis à ce service.

Trente-quatre gradins, de quarante-neuf à cinquante centimètres de haut, de soixante-quinze à quatre-vingts centimètres de large, et qui servaient à la fois de sièges et de marchepieds, montaient circulairement du *podium* jusqu'à l'attique. Ces trente-quatre gradins étaient divisés en quatre *précinctions,* figurant les rangs de loges dans nos théâtres, et ayant chacune leurs issues ou vomitoires, et leurs galeries, sous lesquelles les spectateurs venaient s'abriter contre l'orage.

La première précinction, réservée aux principaux personnages de la colonie, n'avait que quatre gradins. Les places y étaient séparées, et chaque famille avait la sienne, marquée de son nom. On a retrouvé quelques lettres de ces noms. A la porte du nord était une loge de distinction, pour la principale autorité du pays; et une autre, en face, pour les prêtresses. A ces deux loges répondaient, par un escalier, deux pièces voûtées, pour les cas de pluie.

La seconde précinction, séparée de la première par un mur revêtu de dalles, était réservée à l'ordre des chevaliers, et avait dix rangs de gradins, auxquels on arrivait par quarante-quatre vomitoires.

Un marchepied peu élevé formait l'intervalle de la seconde à la troisième précinction. Celle-ci comptait dix rangs de gradins et trente vomitoires. C'était la place du peuple, *populus*, fort différent de la populace *plebs* et des esclaves, auxquels était réservée la quatrième et dernière précinction.

Cette précinction se composait de dix gradins, dont le dernier s'appuyait contre l'attique. Un mur de même forme et de même hauteur que le précédent, la séparait de la troisième.

Pour éviter les courants d'air, l'architecte avait eu soin de ne point placer les vomitoires, ou portes de sortie, en face des portiques, ou portes d'entrée. Des escaliers, dont le nombre était proportionné à celui des vomitoires, permettaient la précipitation sans amener l'encombrement, outre que, par une admirable précaution, ces escaliers s'élargissent au fur et à mesure qu'ils descendent des précinctions supérieures, afin d'éviter toute cohue entre les arrivants et les sortants.

On ne saurait trop remercier M. Pelet de la peine qu'il a prise pour satisfaire la curiosité généralement manifestée par tous les visiteurs de cette belle ruine, sur le nombre de spectateurs que pouvait renfermer son enceinte.

D'après ses calculs, la première précinction contenait. 1,568 places.
La seconde. 5,313
La troisième. 6,893
La quatrième. 8,182

Nombre total de places sur les gradins. . . . 21,956

Si l'on ajoute à cela les places qu'on pouvait prendre sur les marchepieds de la troisième et quatrième précinctions, et celles des spectateurs, qui, debout sur le dernier gradin, avaient le dos appuyé contre l'attique, le nombre total des places pouvait être de vingt-quatre mille deux cent neuf. Ne sont pas compris dans ce nombre ceux qui pouvaient, faute d'autres places, monter sur l'attique à côté des poutres qui soutenaient le *velarium*, ou se tenir debout à l'entrée des cent vomitoires, comme, dans nos théâtres, ces curieux qui regardent la pièce du fond des couloirs de l'orchestre, ou du haut des escaliers qui conduisent aux galeries. Ce calcul n'a rien d'arbitraire, si l'on remarque que les places étaient marquées non-seulement sur la pierre des gradins, mais même sur la paroi de l'attique, auquel étaient adossés les spectateurs qui se tenaient debout sur le dernier gradin.

De toute cette grandeur, il ne reste que la façade circulaire, à peu près complète, sauf une vaste brèche à la partie occidentale de l'édifice dont l'attique, l'entablement qui le supportait, et toute la maçonnerie jusqu'à la clef, ou sommet des portiques du premier étage, ont disparu ; sauf encore la plupart des ornements et bas-reliefs qui décoraient cette façade. Dans l'intérieur, on pourrait dire que tout est consommé. Si l'on excepte une petite partie où les gradins ont été conservés, l'Amphithéâtre n'a plus figure de monument : il faut l'œil de l'artiste, il faut l'imagination du voyageur pour comprendre que vingt-quatre mille spectateurs se sont assis là et y ont battu des mains au gladiateur tombant avec grâce sous le poignard de son compagnon d'esclavage ou sous la dent d'un tigre. Dans ces derniers temps, on avait ajouté à toutes les dévastations du temps et des hommes la souillure, le mot n'est pas trop fort, d'y faire camper de la cavalerie qui s'en servait comme de latrines publiques. Il fallait alors que le voyageur se fît autoriser par l'administration pour aller voir à la hâte, et au risque d'être foulé sous les pieds des chevaux qui cavalcadaient dans l'intérieur de la galerie, cette grande relique du peuple-roi maculée par le fumier des hommes et des chevaux.

On dit que cette profanation a cessé, et que nos soldats, dont on avait fait malgré eux des Sarrazins et des Vandales, ont évacué l'Amphithéâtre. A la bonne heure : mais il est bon de rappeler un tel fait, ne fût-ce que pour entretenir les scrupules de l'autorité, dans le cas où l'ordre public aurait besoin de plus de forces que n'en peuvent contenir les casernements réguliers de Nîmes.

De telles profanations sont jusqu'à un certain point réparables. La pluie du ciel lavera les immondices de nos cavaliers et réassainira l'Amphithéâtre. Ce qui ne se répare point, c'est le vandalisme des recrépisseurs qui défigurent respectueusement une belle ruine et font de la barbarie selon les principes de l'art, à peu près comme ces médecins qui tuent le malade dans les règles. Il fallait, comme dit très-bien M. Pelet, conserver et non pas créer ; il fallait guérir les blessures et respecter les cicatrices du colosse, et non pas faire des expériences et des projets de restauration sur son cadavre, *tanquam in animâ vili*. Nous n'aurions pas, il est vrai, une galerie toute neuve, des pilastres à vives arêtes, et beaucoup de maçonnerie blanche qui fait tache, sachez-le bien, sur la pierre noircie par dix-huit siècles : mais les deux tours des Visigoths seraient encore debout; les portiques paraîtraient croulants, mais ils seraient solides en réalité, par l'effet de soutiens qui se cacheraient modestement au lieu d'étaler un luxe ridicule d'architecture; des arêtes écornées par le temps ou par les Barbares vaudraient bien des arêtes regrattées ou recollées à l'édifice, comme un nez de carton à un visage d'homme; la mousse remplacerait bien le plâtre de la truelle municipale ; et l'Amphithéâtre, tout en ne donnant pas plus d'inquiétude à ceux qui ont peur de passer près des ruines, pourrait donner moins de regret à ceux qui les respectent comme les plus belles pages de l'histoire des hommes.

Ce qui distingue ce majestueux reste de l'architecture romaine, c'est la grandeur et la commodité, cette espèce de commodité que les Anglais appellent excellemment le *comfortable*.

La grandeur est presque la seule originalité de l'art romain ; mais cette originalité n'est inférieure à aucune autre. L'art grec ne lui a point fourni le modèle des amphithéâtres, parce que l'art grec n'avait point à convier des nations entières à un jeu de gladiateurs et de bêtes. Sauf quelques monuments élevés pour la représentation de la Grèce fédérative, ou pour loger quelque sacerdoce collectif, comme celui de Delphes, par exemple, les édifices publics de chaque nation en particulier ne dépassaient pas les proportions de la nation. Les temples n'étaient pas toujours aussi grands que leurs dieux, témoin le Jupiter de Phidias, qui ne fut jamais logé à l'aise que dans l'Olympe d'Homère. La moitié d'un amphithéâtre romain de province aurait suffi pour contenir tous les citoyens libres de Sparte ou d'Athènes. Les monuments grecs n'étaient pas grands par le nombre des coudées de pierre, mais par la pensée. Comme travaux matériels, on les combinait avec la population, avec le revenu, avec les moyens financiers du pays; mais comme travaux d'intelligence et d'art, ils avaient toute la grandeur possible, parcequ'ils suffisaient à tous les besoins de la pensée pour laquelle on les avait exécutés. On conçoit très-bien cette grandeur qui consiste dans la parfaite réalisation d'une idée morale. J'ai lu quelque part qu'au temps de Trajan les amateurs d'objets d'art faisaient le plus grand cas d'un Hercule en bronze, ouvrage d'un sculpteur grec, dont les proportions matérielles étaient si petites qu'un homme aurait pu l'emporter sous son manteau, et dont les proportions morales étaient si grandes qu'il semblait remplir la salle où on l'avait placé. Ce petit Hercule, de moins d'une coudée, égalait toutes les merveilles de sa fabuleuse histoire. Tel est l'art grec. Les Romains n'imitaient sa noble et gracieuse architecture que dans le décor de leurs jardins particuliers; des temples qui avaient suffi au culte de toute une nation, servaient de modèles à leurs chapelles domestiques, et plus d'un riche Romain avait dans l'enceinte de sa villa, et pour son dieu particulier, un édifice religieux où la déesse protectrice d'Athènes ne se serait pas trouvée à l'étroit.

L'architecture vraiment romaine prit la taille de la nation et les proportions de son histoire. A mesure que les destinées de Rome se lièrent à celles du monde et que le cercle s'élargit pour recevoir et absorber les nations, son architecture grandit, mais d'une grandeur matérielle, et il fallut qu'elle rebâtît plusieurs fois son Capitole pour que l'édifice fût toujours en harmonie avec son nom. Mais ce fut surtout dans les édifices profanes que l'architecture devint gigantesque. Quand César voulut donner des jeux à l'univers dans la personne de ces vaincus faits citoyens romains, qu'il avait ramenés avec lui de toutes les parties du globe, il fallut bien, pour que tous ces échantillons du monde fussent assis et clos, que les Amphithéâtres fussent grands comme des villes. Quand Titus fit égorger neuf mille bêtes dans le Cirque et Trajan onze mille; quand Probus fit courir mille autruches dans une forêt peuplée d'animaux de tous les pays; quand ces empereurs firent battre des vaisseaux contre des vaisseaux, des crocodiles contre des crocodiles, des serpents géants contre des serpents géants, il fallut bien que l'Amphithéâtre eût l'étendue d'une forêt et d'un lac, pour que tous ces êtres vivants y pussent mourir, non d'étouffement, mais avec tous les honneurs du combat. Les grands édifices du vieil Orient, les monuments de Babylone, de Memphis, furent surpassés ; le despotisme impérial fit remuer assez de pierres pour fatiguer trois siècles d'invasions barbares seulement à les renverser. Après quoi ces mêmes pierres, relevées de nouveau, servirent à ceindre de fortifications toute l'Europe féodale. Les architectes étaient des empereurs et les maçons des armées ; l'œuvre se ressentait de l'ouvrier. Les provinces firent comme Rome, les municipalités comme les métropoles ; toutes bâtissaient dans la pensée qu'elles représentaient et résumaient l'univers ; elles avaient des théâtres et des arènes sur le plan de ceux de César, comme si elles eussent pensé aussi à convier des représentants du monde à leurs fêtes.

Mais c'est surtout le *comfortable* qui éclate dans ces grands monuments de l'art romain. Or, c'est par ce second caractère qu'on peut apprécier la grandeur d'une civilisation ; car la plus grande civilisation possible n'est que la plus grande diffusion possible du bien-être, tous les efforts de l'espèce humaine tendant à diminuer ses peines et à augmenter ses aises, ou peut-être, hélas ! à déplacer les unes et les autres.

L'art romain a résolu un problème d'architecture dont la réalisation, appliquée à nos besoins modernes, n'a pas encore été atteinte par nos artistes les plus ingénieux. Ce problème consiste à faire entrer sans encombre, dans un édifice donné, toute la foule qu'il peut contenir, et, ce qui est plus difficile, à l'en faire sortir sans l'étouffer ni l'écraser aux portes ; le tout sans gendarmes, ou avec le moins de gendarmes possible. Il n'y a guère d'année où l'on n'entende parler en Europe de quelque théâtre incendié qui s'est abîmé sur les spectateurs ; les accidents de ce genre sont fréquents, surtout en Angleterre, où l'on fait des théâtres de pâte et de carton bouilli, et où l'on souffle les édifices plutôt qu'on ne les bâtit. Ceux qui ne périssent pas dans la salle périssent aux portes, et il y a presque autant de péril à sortir qu'à rester ; car si l'on reste on est brûlé, et si l'on sort on est écrasé. Vous ne trouverez pas un recueil de bonnes actions à l'usage de l'enfance où ne figurent des personnes arrachées aux flammes d'un théâtre, principalement par des pompiers, dont le corps respectable pourrait remplir, tous les ans, de traits de ce genre une *Morale en action*. On n'a pas encore trouvé le moyen de faire évacuer les salles de théâtre sans plus d'embarras que la peur et la précipitation n'en doivent mettre inévitablement dans un cas d'incendie, quelque nombreux que soient d'ailleurs les dégagements d'un édifice. Quant aux entrées, loin de les prodiguer, on supprime même une partie de celles que l'architecte n'a pas pu s'empêcher de pratiquer, et pour avoir des bureaux de moins, on laisse les gens s'étouffer à la porte, sans compter l'obstacle des employés de la force publique, qui figurent toujours là, soit pour augmenter la foule, soit pour en tenir lieu. Nous n'en sommes pas moins très-civilisés.

Dans les amphithéâtres romains, je sais qu'on n'avait pas à craindre les incendies par l'huile ou par le gaz, ni les chutes par défaut de solidité des bois; mais il n'était pas rare que les spectateurs eussent à se garantir des intempéries de l'air, d'un orage qui crevait sur l'amphithéâtre, d'une brise froide qui glissait le long des gradins et faisait grelotter sous sa tunique courte le peuple-roi, et sous leurs vêtements de pourpre les nobles spectateurs des gradins privilégiés. Dans ce cas, le spectacle était suspendu; quarante mille spectateurs se levaient spontanément, rentraient dans les galeries par d'innombrables vomitoires, et s'y abritaient contre l'orage; tout le bruit avait passé de l'enceinte dans les galeries; l'orage ne trouvait pas à mouiller une seule tête de ces quarante mille têtes, et dans ce monument qui paraissait vide, s'agitait tout un monde. L'eau tombant avec force sur des gradins unis et disposés en pente légère, s'écoulait par d'innombrables rigoles dans les aquéducs souterrains; quelques minutes de soleil et de brise tiède séchaient ces gradins, le sable de l'arène buvait la pluie, les quarante mille spectateurs qui grondaient tout-à-l'heure dans l'intérieur de l'immense fourmilière reparaissaient tous à la fois et sans confusion par tous les vomitoires; venaient d'abord toutes les têtes, puis tous les corps, et les gradins, garnis de nouveau, battaient des mains à la rentrée des acteurs, hommes ou bêtes.

Le peuple était toujours libre de se retirer dans les galeries, excepté pourtant quand il plaisait à l'empereur de le lui défendre; alors il fallait recevoir la pluie et encore battre des mains. Le seul préservatif était d'emporter un vêtement de dessus dont on se débarrassait après l'orage, excepté encore quand il plaisait à l'empereur que le peuple et les courtisans grelottassent sous la pluie, pendant que lui la bravait sous son manteau de guerre, comme cela fut ordonné un jour par l'empereur Domitien.

Ajoutez à toutes ces facilités merveilleuses de locomotion une ventilation admirablement distribuée, douce, rafraîchissante, beaucoup d'air et point de *deux airs*; beaucoup de vent et point de vents coulis. On ne gagnait de rhumes à l'amphithéâtre que quand il plaisait à l'empereur; mais ce n'était la faute ni de l'architecte ni de l'art romain. L'architecte et l'art avaient pourvu à tout, sauf pourtant aux fantaisies de l'empereur. D'abord la disposition amphithéâtrale faisait que chaque spectateur ne respirait pas l'air déjà respiré par les autres, à la différence de nos théâtres, où les émanations du parterre vont suffoquer les étages supérieurs. Chaque rang de gradins s'effaçant du rang inférieur, et faisant une circonférence distincte et isolée, avait sa part d'air comme sa part de ciel, et n'était pas plus gêné par ses voisins d'en bas que par ses voisins d'en haut. Ensuite la portion d'atmosphère qui était renfermée dans l'enceinte de l'Amphithéâtre se renouvelait de deux manières; d'abord par le haut de l'édifice, vaste entonnoir où l'air descendait en plus grande quantité que n'en pouvaient consommer les spectateurs, ensuite par les innombrables ouvertures pratiquées à l'extérieur, et qui semblaient percer le monument de part en part; pleins-cintres toujours et partout, soit comme portes d'entrée, soit comme fenêtres, et recevant sous leurs mille courbures gracieuses un air qui pénétrait dans l'amphithéâtre par les vomitoires. Quand le temps était lourd, pour peu qu'il y eût un souffle dans le ciel, la forme circulaire de l'amphithéâtre empêchait que ce souffle ne se perdît; car, comme il y avait des ouvertures sur tous les chemins des vents, ce petit souffle, au lieu de se briser contre des masses de pierres closes, s'infiltrait sous les pleincintres, se répandait dans les galeries et venait ressortir dans l'enceinte par les vomitoires, lesquels n'étaient jamais percés en face des ouvertures extérieures, précisément pour éviter les deux airs.

Enfin les spectateurs se défendaient du soleil sous un immense *velarium*, lequel était replié au quart, à la moitié, aux trois quarts, selon l'heure, de sorte qu'ils avaient de l'ombre sans cesser d'avoir de l'air. J'ai vu, à Nîmes, sur l'attique de l'Amphithéâtre, les trous qui ont servi à fixer le *velarium* de l'ancienne cité romaine. Et, comme la cité moderne ne laisse rien sans emploi, elle a fourré dans ces trous de grands piquets bleus, d'où pendaient de petits pavillons tricolores lors du dernier passage de M. le duc d'Orléans. Après le départ du prince on a enlevé les petits pavillons, mais on a laissé les bâtons bleus, sans doute pour l'éventualité de quelque nouvelle visite royale.

La carrière d'où ont été tirées les pierres de l'Amphithéâtre de Nîmes est située à une lieue de la ville. On la voit encore dans l'état où l'ont laissée les Romains. Trois grands quartiers de rochers sont encore debout, et coupés droit comme avec une immense scie. Les longues dalles qui servent de gradins, celles qui forment l'attique et sur lesquelles quatre hommes pourraient marcher de front, étaient taillées d'un seul bloc, dans cette carrière, et transportées à Nîmes par un chemin qui porte encore le nom de chemin des Romains. Des trois quartiers de roche, l'un conserve encore une entaille de la longueur et de la largeur exactes d'un de ces gradins; le temps n'a pas élargi cette entaille, et il a respecté la carrière encore plus que le monument. Je marchais vraiment sur une poussière romaine. Tous les débris des pierres taillées sont accumulés là, et forment une petite colline : car la sciure de tels monuments suffisait pour faire des collines. Le temps a versé tant de pluie et de soleil sur ces débris, qu'il en a fait comme une terre aride et friable, sur laquelle le vent sème quelques graines sauvages qui n'y trouvent pas de quoi fleurir. En face de la carrière, on a découvert tout récemment un puits, le puits où les ouvriers carriers venaient puiser de l'eau. C'est l'eau de ce puits qui servait à rafraîchir les constructeurs de l'Amphithéâtre de Nîmes, quand ils mangeaient leurs pastèques, vers la troisième heure, assis sur la pierre qu'ils venaient de couper dans la carrière, avec autant de symétrie que nous partageons une pomme en quatre. Un homme du pays a imaginé d'élever auprès de ce puits un cabaret, où il vend aux passants de très-mauvais orgeat avec de l'eau très-fraîche du puits des Romains. Ce puits, tout-à-fait de circonstance, est construit avec autant d'art et de goût que ces magnifiques puits du moyen-âge qui servaient à fournir de l'eau à tous ces châteaux qu'on voit pendre du haut des montagnes, et qui coûtaient, à faire percer, un écu d'or de moins que les châteaux.

On aimerait à se figurer, dans la vaste enceinte de l'Amphithéâtre, une lutte à la manière antique, entre deux adversaires armés du gantelet, ou tout luisants d'huile; ou tout au moins quelque combat à la manière espagnole, entre un taureau vigoureux et terrible et le *picador* et le *taureador*, l'un à pied, l'autre à cheval, tous deux revêtus d'un costume éclatant, tous deux brillants, lestes, courageux, vrais artistes en ce genre, et qui semblent jouer leur vie pour le plaisir des dames, comme les chevaliers des anciens tournois. Mais il faut ici s'attendre à beaucoup moins; les luttes de l'Amphithéâtre de Nîmes ne ressemblent pas aux luttes antiques, ni ses combats de taureaux à ceux de Séville ou de Burgos. N'allez pas y chercher la beauté grecque ni l'antiquité espagnole. Votre désappointement serait grand.

La lutte que les consuls de la cité du quinzième siècle encourageaient et récompensaient par le don d'une pièce de drap vert, n'a pas cessé d'être une coutume locale à Nîmes, mais plus particulièrement dans les villages de son territoire. Le prix est voté par le conseil municipal de l'endroit; c'est d'ordinaire une montre ou une tasse d'argent. Dans un champ nouvellement moissonné, deux lutteurs, représentants de deux villages rivaux, cherchent à se renverser sur le dos; on n'est vaincu que si le dos et la tête ont touché contre terre. La population des deux villages, rangée des deux côtés, assiste avec toute l'anxiété de l'honneur local aux alternatives de la lutte. Quand l'un des deux lutteurs est renversé, tout espoir n'est pas encore perdu; si sa tête n'a pas touché, tout son village crie : « *A pas touca! a pas touca* (n'a pas touché)! » La lutte continue alors, et la fortune peut changer. Quelquefois il y a doute; alors des deux côtés opposés s'élèvent des cris confus : « *A touca! a pas touca!* » il a touché, il n'a pas touché. Des arbitres, du choix des deux partis, décident le point.

La musique des luttes, c'est le tambourin et le hautbois. Le vainqueur traverse son village en triomphe, au son de ces instruments, précédé d'une bannière ornée de banderolles, d'où pendent les prix du combat. Ses amis l'entourent en chantant; les enfants déjà grands le regardent passer avec des larmes d'émulation. Le vaincu n'est point déshonoré; il s'en retourne à son village, et songe à prendre sa revanche à la *vogue* prochaine; c'est le nom de la fête. Il y a des *vogues* où figurent jusqu'à huit lutteurs, autour desquels sont rassemblés huit villages.

C'est le dimanche, et dans les foires, que l'Amphithéâtre de Nîmes sert de champ-clos à des lutteurs. Mais c'est un spectacle à peu près abandonné. La bourgeoisie ne se dérange pas pour si peu; les dames de Nîmes ne veulent point froisser leur toilette du jour de foire en s'asseyant sur des gradins ruinés, ou sur la place de ces gradins. Quelques curieux de la classe ouvrière sont les seuls spectateurs. Il n'y a d'ailleurs rien de moins pittoresque que deux lourdauds qui ôtent leur habit et se collettent comme les Auvergnats de Paris ; que pas une main délicate n'applaudit, et dont le vainqueur n'est pas beaucoup plus intéressant que le vaincu. Nous ne sommes plus au temps où les consuls en chaperon assistaient au combat et proclamaient le vainqueur. Les juges des luttes d'aujourd'hui sont, j'imagine, quelques vieux lutteurs émérites des villages voisins, qui ont long-temps bu dans les cabarets les quelques paires de montres ou de tasses d'argent gagnées dans leur carrière.

Ce que sont ces luttes dégénérées à la lutte antique, les combats de taureaux de l'Amphithéâtre le sont aux combats de taureaux de l'Espagne. On lâche dans l'arène un taureau de la Camargue, maigre et efflanqué ; il entre là, non pas en bondissant, non pas en roulant des yeux de sang, comme les taureaux des descriptions espagnoles, mais comme il entrerait dans un pâtis. Cependant on parvient à le tirer de son indifférence. Des enfants armés de houssines de vigne, qu'ils appellent en leur patois *badiganes*, le frappent à coups redoublés, en l'excitant au combat, en le traitant de lâche, s'il paraît hésiter. Des hommes le poursuivent de sifflets aigus et perçants, que les échos de l'Amphithéâtre répètent et prolongent d'une façon lugubre. Enfin le pauvre animal s'émeut ; il se jette à droite et à gauche, il bondit, il fait une poussière assez convenable. Après quelques tours dans l'arène, on le renverse, et on le marque à la croupe de la lettre initiale de son propriétaire : c'est ce qu'on nomme une *ferrade*. Les taureaux qui ont pris le combat au sérieux, et qui ont jeté quelque malheureux enfant à six pieds en l'air avec leurs cornes, sont applaudis, aimés, admirés ; ceux qui ne peuvent pas se décider et qu'on n'excite ni avec des sarments de vignes, ni à coups de sifflets, sont poursuivis de cris outrageants, battus, hués, et leur maître forcé d'en amener un plus courageux. En somme, les *picadors* des combats de taureaux de Nîmes sont des polissons abandonnés de leurs mères ; et les *taureadors* sont de malheureux *artistes* assez peu différents, par leur consistance sociale, des Bohémiens dont nous avons déjà parlé.

LA MAISON-CARRÉE.

La question de l'époque précise où fut fondé ce monument, le plus délicat et le mieux conservé de tous les monuments anciens, roule tout entière sur la différence de la lettre C à la lettre M. Voici comment : Un Nîmois, antiquaire distingué, et personnage considérable de la ville, M. Séguier, parvint à lire sur la frise de la façade, en combinant la position des trous avec le nombre des crampons qui avaient servi à l'y fixer, l'inscription suivante :

C. CAESARI. AVGVSTI. F. COS. L. CAESARI. AVGVSTI. F. COS. DESIGNATO. PRINCIPIBVS. IVVENTVTIS [1].

Or, à l'exception de la première lettre C qui représenterait Caïus, toutes les recherches et combinaisons ultérieures ont confirmé l'inscription de M. Séguier. Mais des doutes ont été élevés sur ce C, non-seulement par tous les savants qui ont voulu s'assurer par eux-mêmes de la chose, mais par M. Séguier lui-même, qui s'était vu forcé d'avouer que cette lettre ne s'incrustait pas naturellement dans les trous creusés pour elle. M. Pelet a proposé sa lettre à lui ; à force de recherches et de remaniements alphabétiques, il est parvenu à trouver que trous et crampons s'accommodaient à merveille de la lettre M. Si la découverte est vraie, la Maison-Carrée n'aurait plus été dédiée à Caïus et à Lucius César, petits-fils d'Auguste et princes de la jeunesse, mais à Marcus-Aurelius (Marc-Aurèle) et Lucius-Verus, fils adoptifs d'Antonin, désigné ici sous le nom commun des empereurs, Auguste. Des médailles donnant à chacun de ces deux princes en particulier le titre de *prince de la jeunesse,* pourquoi ne l'auraient-ils pas porté tous deux en commun? Marcus-Aurelius et Lucius-Verus furent tous deux consuls, et tous deux comblés d'honneurs par Antonin. D'ailleurs, l'architecture de la Maison-Carrée est d'une délicatesse et d'une recherche de décorations qui n'étaient guère dans le goût du siècle d'Auguste, mais qui rappellent parfaitement les monuments de l'époque d'Adrien et d'Antonin.

Voilà où en est la question d'origine ; je ne la donne pas comme réso-

[1] A Caïus et Lucius César, fils d'Auguste ; consuls désignés, princes de la jeunesse.

lue, mais comme posée d'une manière toute nouvelle par M. Pelet. Toutes les probabilités me paraissent de son côté. Dans cette hypothèse, l'époque de la destination, sinon de la fondation de la Maison-Carrée, devrait être fixée vers l'an 152 de l'ère chrétienne.

Ce monument, que l'abbé Barthélemy, dans son voyage d'Anacharsis, appelle « le chef-d'œuvre de l'architecture ancienne et le désespoir de la » moderne, » ce qui est peut-être exagéré, forme un carré long, isolé, d'où lui vient son nom de *Maison-Carrée*. L'entrée regarde le nord, et le fond le midi. Dix colonnes cannelées, d'ordre corinthien, dont six de front, et deux de chaque côté du portique, supportent un entablement richement décoré, et couronné par un fronton construit dans les proportions enseignées par Vitruve, c'est-à-dire ayant pour hauteur la neuvième partie de sa largeur. Vingt autres colonnes, placées comme celles du péristyle, à quatre pieds de distance l'une de l'autre, et engagées à moitié dans les parois, enveloppent l'édifice tout entier. Ces quatre pieds représentant deux fois le diamètre d'une colonne, on peut, par une addition facile, et que je laisse faire au lecteur, mesurer la longueur et la largeur de la Maison-Carrée par le nombre de ses colonnes. L'intérieur, ou l'aire proprement dite, a huit toises de long, six de large et autant de haut. La hauteur de la porte est de six mètres quatre-vingt-trois centimètres, sa largeur de trois mètres vingt-cinq centimètres. La destruction de la toiture antique ne permet pas de décider si le temple ne recevait du jour que par la porte, ou s'il en recevait par le toit. La toiture moderne est percée d'une grande fenêtre carrée, ce qui fait ressembler l'aire à un atelier.

Il n'est pas donné à une description qui doit être sommaire et se garder surtout des mots techniques, de rendre le détail des riches sculptures de la Maison-Carrée. Des feuilles d'olivier et de chêne enveloppent les chapiteaux des colonnes; des tresses légères flottent le long de la porte d'entrée. Le luxe incroyable des ornements ne gâte point la grandeur ni la pureté des profils. La qualité de la pierre, semblable au marbre par la finesse du grain, se prêtait à toutes ces délicatesses du ciseau, que l'art gothique n'a point surpassées, quoi qu'on ait pu dire. Le cardinal Albéroni disait de la Maison-Carrée qu'il la fallait enfermer dans un étui d'or. Le mot est juste. C'est un monument petit par sa masse, mais grand par ses proportions et son harmonie, que l'œil embrasse sans effort, et qui pourtant remplit l'imagination. On dirait qu'il a été transporté là, tout fait, de l'atelier du sculpteur, à moindres frais d'hommes et de cabestans qu'il n'en a fallu pour retirer de la berge du Pont-Royal notre Obélisque de Louqsor. Jean-Baptiste Colbert pensa sérieusement à en décorer Versailles, et envoya des architectes pour s'enquérir si le transport en était praticable. Un homme plus grand que Jean-Baptiste Colbert, Napoléon, voulut aussi prendre la Maison-Carrée dans sa main et l'emporter à Paris, pour en décorer une des places de sa capitale. Mais le plus petit des monuments romains tenait assez pour résister même aux architectes qui avaient fait Versailles et n'être pas emporté même dans la main de Napoléon. La Maison-Carrée a été scellée en terre comme l'Amphithéâtre et le pont du Gard : il faudrait enlever le pays tout autour pour les avoir. Vous croyez qu'il suffirait d'un de ces *mistral* du Midi, qui balaient quelquefois les cheminées et les toitures, pour disperser cette gracieuse demeure de dieux tombés? Eh bien! le vent des Barbares a soufflé sur la Maison-Carrée et elle est encore debout; ils ont fait une vaste entaille à l'Amphithéâtre, ils ont mis les bains à ras terre, et c'est à peine s'ils ont écorné ce joyau de l'architecture antique.

Il faut dire que cette conservation a paru miraculeuse. D'après des fouilles qui ont été faites autour de la Maison-Carrée, il est prouvé que cet édifice était entouré d'un vaste portique, et se liait à un monument de même forme y faisant face, à une distance qu'on a déterminée. Pourquoi donc, dans la destruction générale de l'ensemble, cette seule partie a-t-elle été épargnée? Est-ce sa beauté qui l'a fait respecter, ou l'absence des emblèmes de l'empire dans sa décoration extérieure? Ou bien le monument aurait-il survécu et « serait-il resté entier à tels hasards, » comme parle le bon Poldo, « par le bénéfice du point de horoscope de sa bonne et fortunée » fondation, sous quelque ascendant bien fortuné, par la quatriesme mai- » son, ou lieu du ciel, et constitutions des planètes ou fixes? » Questions qu'on ne pourra jamais résoudre. Quant à moi, je pencherais pour l'explication de Poldo, précisément parcequ'elle n'explique rien. J'aime mieux croire à l'effet d'une *constellation et de la quatrième maison du ciel,* qu'à un scrupule quelconque, et surtout qu'à un scrupule motivé de ces démolisseurs du Nord qui se poussaient pêle-mêle sur les monuments de l'ancien monde, sans regarder au fronton s'ils portaient l'emblème d'un prince, et si leurs inscriptions étaient en grec ou en latin.

A défaut des Barbares, les nationaux se seraient chargés de consommer ces destructions, si ces hasards, si ces constellations dont parle Poldo, car je ne sais pas d'autre cause, n'eussent encore préservé la Maison-Carrée. L'histoire de ce monument, c'est l'histoire des dangers de mort qu'il a courus jusqu'à nos jours. Dès les premiers temps du christianisme, la Maison-Carrée fut convertie en une église dédiée à saint Étienne, martyr. Au onzième siècle, on fit de l'église un Hôtel-de-Ville. L'intérieur fut divisé en plusieurs pièces et coupé en deux étages ; des fenêtres furent percées dans les parois de la *cella*, et des murs élevés contre les colonnes du péristyle : on démolit l'ancien perron. « J'ay ouy dire à
» nos pères, » écrit Poldo d'Albenas, « qui par immémoriale attesta-
» tion le disoyent avoir ainsi appris des leurs, que c'estoit aussi, n'a pas
» trois ou quatre cents ans, la maison commune, et des consuls de la
» ville : qui par criées fut contre le public et université adjugée à un par-
» ticulier, et créancier de la ville. » Le particulier dont parle Poldo était sans doute un certain Pierre Boys, qui reçut la Maison-Carrée en échange d'un emplacement où fut construit le nouvel Hôtel-de-Ville. Pierre Boys, usant et abusant de sa chose en propriétaire, dégrada le mur méridional en y adossant une maison à son usage. C'est contre ce Pierre Boys que Poldo d'Albenas, dont je pense qu'on me sait gré de citer souvent les naïves et intelligentes colères, s'écrie *cicéroniennement*, pour me servir d'un mot du temps : « O maison antique, dominée d'un fort dissem-
» blable, et inegal dominateur! Et quant à moy, si jamais j'avois au-
» dience au conseil du roy, ou au roy mesme, je croy, que donnant à en-
» tendre le faict, tel qu'il est, la dedecoration que ce beau monument de
» l'antiquité endure, et le tort qui luy est faict, il vengeroit cest outrage
» et ne permettroit sur sa magesté (contre le public, loix et meurs de
» toutes les gens) qu'un occupateur triumphast (comme les Barbares
» de l'antique Rome) des restes ou des despouilles des ruines de nostre
» antique cité, et n'endurcroit, qu'apres tant de demolitions qu'elle a
» souffertes, encore on la veist continuellement ruiner et demolir, comme
» l'on voit, endurant devant noz yeux telle mémoire de l'antiquité, et
» lieu si sacré et publiq, estre faict le domicile de personne priuée et
» indeu detenteur. »

Un *détenteur* bien autrement barbare que Pierre Boys, le sieur Brueïs, seigneur de Saint-Chaptes, acquit de ce dernier la Maison-Carrée, et en fit une écurie. Il réunit les colonnes du péristyle par une muraille en briques, et pour cela détruisit plusieurs cannelures qui gênaient sa bâtisse. Il fit une coupure dans celles du milieu pour élargir l'entrée de son écurie, et enfonça dans les murs des poutres pour soutenir des greniers, des crèches et des mangeoires; enfin il pratiqua une entaille inclinée aux colonnes du péristyle pour y appendre une sorte d'auvent, sous lequel il faisait remiser les bestiaux, les jours de foire ou de marché, quand l'écurie avait du trop-plein.

En 1670, les religieux Augustins l'achetèrent à la famille de ce Brueïs pour en faire une église. Une nef, un chœur, des chapelles, des tribunes prirent la place des greniers, des crèches et des mangeoires. Les religieux creusèrent des sépultures dans le massif qui supporte le péristyle. Il existait déjà sous le temple un caveau avec un puits antique au milieu; ils joignirent ce caveau aux nouvelles sépultures par un couloir de communication étroit et irrégulier. Cette maçonnerie souterraine ébranla l'édifice. En outre, la voûte de la nouvelle église menaçait d'écraser le mur du côté de l'est. Des réparations faites à temps prévinrent une ruine totale. En 1789, la Maison-Carrée fut enlevée aux religieux Augustins pour être affectée au service de l'administration centrale du département. Ce fut là le dernier de tous ses dangers : depuis lors la Maison-Carrée a été l'objet d'un soin constant, sinon toujours très-éclairé. Débarrassée des maisons qui l'étouffaient, entourée d'une grille qui la protège, seule au milieu d'une place publique, d'où elle peut être vue commodément sous toutes ses faces, on doit croire qu'elle est désormais à l'abri de toute profanation, et enlevée aux vandales de localité, qui, dans beaucoup de villes, se sont chargés d'achever tout ce qui n'avait été qu'estropié par les Vandales du cinquième siècle. On peut trouver à redire à l'inscription dorée sur marbre noir qui apprend aux passants que c'est là le *Musée*, et qui n'est guère en harmonie avec le monument; on peut se plaindre qu'au lieu de consacrer exclusivement ce Musée à des choses d'antiquité, on en ait livré les longues murailles à de médiocres peintures, dont quelques-unes, pour dire la vérité, sont de peintres nîmois; mais que sont de petits manques de goût, de l'argent mal dépensé, et, si vous voulez, un intérieur misérablement décoré, auprès de ces outrages, de ces destructions dont je viens de faire le triste récit, et qui faisaient dire à Poldo d'Albenas ces touchantes

paroles : « Je ne vueil (veux) plus par ce petit discours de nostre ville faire
» de complainctes de ses ruines. Car si à chacune chose qui mérite regret,
» ie l'escriuois tel que ie le sens, tous mes escrits seroyent remplis de
» tristes elegies, ne pouuant passer par nulle ruette (ruelle) d'icelle,
» qui ne m'en donne l'occasion pour voir tant de fragments de son an-
» tique noblesse espars et rompus, tant de colomnes de toutes ordon-
» nances et grandeurs, tant de marbres, tant d'inscriptions, tant d'aigles
» sans teste, tant de couronnes, tant de statues, que les voyant, et reme-
» morant quelle a esté nostre cité, et quelle à présent est, cest amour
» de la patrie me cause en l'imagination une semblable peine comme
» si ie la voyois encore aujourd'huy, voire à toutes heures saccager,
» demolir et rompre ces grands et magnifiques ouvrages et bastiments
» de noz ancestres. Mais ie me contenteray et pacifieray ma douleur en
» baisant et admirant ses funebres reliques et cendres, et de tant qu'en
» moy sera, leur rendray la iuste et dernière piété de nourrisson et en-
» fant officieux, pour en celebrer et faire viure la memoire tant qu'il
» plaira au iugement des doctes et au temps que ces escrits ayent vie et
» memoire. »

II.

MONUMENTS DU MOYEN-AGE.

LA CATHÉDRALE.

C'est plutôt pour la commodité de la classification que pour des raisons d'art positives et précises que j'ai qualifié la Cathédrale de Nîmes
de monument du moyen-âge. Dans la réalité, c'est un monument de tous
les âges, qui n'a de caractère particulier que le grand nombre de ses
restaurations successives. Mais il y a peu de monuments plus curieux à
Nîmes, sinon comme ouvrage d'art — l'art ne s'y montre le plus souvent
qu'à l'état de maçonnerie — du moins comme monument historique. Les
ruines romaines qu'on voit à Nîmes sont antérieures à l'existence française de la cité ; la Cathédrale porte au contraire la marque des crises
les plus violentes de cette existence : presque toutes ses pierres ont été

ébranlées tour-à-tour par le flux et le reflux des tempêtes religieuses du seizième et du dix-septième siècle.

La Cathédrale est bâtie sur les fondements d'un temple antique. Du côté du nord, la base du soubassement ou piédestal continu sur lequel repose cette partie de l'édifice, est encore entière et a gardé le caractère de son origine. Dans les différents travaux de réédification de la Cathédrale, on découvrit des débris de statues, des instruments de sacrifice et des mosaïques. Enfin, il y a moins de dix ans, en abaissant le sol devant la façade, on trouva des chapiteaux corinthiens, une base attique, des chapiteaux en marbre blanc ayant appartenu à des pilastres, et diverses autres reliques d'architecture qui ne permettent pas de douter que la cathédrale n'ait été bâtie sur l'emplacement d'un édifice romain. Plusieurs inscriptions, découvertes successivement, ayant prouvé que Nîmes possédait un temple dédié à Auguste, tous les historiens ont dû penser naturellement que les ruines de ce temple avaient servi de fondements à la Cathédrale. D'après ces historiens, et principalement le dernier de tous, Ménard, deux taureaux saillants en marbre décoraient le dessus de la petite porte du septentrion ; ces taureaux furent détruits par cette pieuse et vandale raison qu'une église consacrée au vrai Dieu ne devait pas être souillée par un ornement rappelant le culte des païens. D'un autre côté, la porte d'Auguste présente encore aujourd'hui, au sommet des deux principaux portiques, deux têtes de taureau en relief. Ne serait-ce pas là une preuve de plus en faveur de l'opinion populaire que tous les historiens et antiquaires de Nîmes ont adoptée sur l'édifice primitif qui a servi d'emplacement à la Cathédrale ?

Aucune donnée n'existe sur la forme de la première église qui prit la place et les fondations du temple antique. On sait seulement qu'en l'an 808 Charlemagne s'en déclara le protecteur, et qu'à cette époque elle était dédiée à la Vierge et à saint Bauzile.

En 1096, elle fut reconstruite et consacrée par le pape Urbain II. « Cet édifice, » dit Ménard, « avait une très-belle forme et une vaste
» étendue ; il était construit en trois nefs qui formaient un vaisseau de
» vingt-huit toises de longueur sur onze de largeur, un clocher de forme
» carrée très-élevé et solidement bâti accompagnait cet édifice ; il était
» placé dans l'angle qui tourne vers le nord ; c'est celui qui existe main-
» tenant. La plus haute partie de ce clocher formait une terrasse agréable

» entourée d'une balustrade de pierre de taille, qu'on avait travaillée en
» ornements d'architecture faits à jour. Cette balustrade est détruite.
» On orna le dessous de la façade de cette église de diverses représenta-
» tions sculptées en demi-relief, dans le goût du temps, dont les sujets
» étaient pris de l'Écriture sainte, comme sont la Création du monde,
» Adam chassé du Paradis terrestre, Abel tué par son frère Caïn, l'Arche
» de Noé. Une partie subsiste encore. Quant à la position de l'édifice,
» on y avait suivi l'usage pratiqué dans les temps primitifs du christia-
» nisme ; la porte d'entrée était tournée au couchant, et l'autel placé au
» levant. »

Dans le mois de décembre de l'an 1567, la démolition des églises catholiques fut résolue par les protestants victorieux, et celle de la Cathédrale adjugée au rabais dans la salle de l'Hôtel-de-Ville. On commença par le grand clocher dont parle Ménard. « On voulait, » dit cet historien, « l'abattre par le pied, et déjà l'on avait écorné la première
» rangée de pierres qui y sont placées en saillie ; mais celui qui présidait
» à la démolition s'étant, d'un côté, aperçu que la chute de ce bâtiment
» entraînerait celle des maisons voisines, et, d'un autre côté, considérant
» qu'on pouvait faire usage du clocher pour y placer des sentinelles, fit
» cesser les ouvriers et leur fit démolir seulement le corps de l'église.
» Ces commencements de leur fureur paraissent encore au bas de ce
» clocher. »

Sur la fin du règne de Henri IV, en 1609, les catholiques commencèrent à rebâtir la Cathédrale. L'évêque, le corps des chanoines et les habitants catholiques en firent les frais ; les travaux durèrent jusqu'en 1624. Dans l'intervalle, les chanoines de la Cathédrale célébraient le service divin dans un ancien réfectoire du couvent, converti en église provisoire. En 1624, les échafauds venaient à peine d'être enlevés, quand la Cathédrale, nouvellement rebâtie, fut détruite par les protestants, et, avec elle, l'église provisoire qui en avait tenu lieu pendant douze ans.

Dans ce temps-là, Nîmes était livrée au duc de Rohan, et travaillait à lui gagner le commandement de l'armée de la Valteline. Les jours de persécution avaient recommencé pour les catholiques. S'il est vrai que les chefs du parti protestant montraient de la modération et promettaient sûreté et assurance à ceux des catholiques qui voudraient demeurer dans la ville, et pleine liberté d'en sortir s'ils s'y croyaient en danger, il est vrai aussi que le peuple s'échauffait de plus en plus contre ses anciens ennemis. On parlait de catholiques blessés par des protestants, la veille de Noël [1], comme ils rentraient chez eux après avoir assisté à la messe de minuit. Les mots de *Philistins*, de *papistes*, retentissaient de nouveau dans les rues, au passage des prêtres et des chanoines. Les curés ne pouvaient sortir de la ville pour enterrer les morts dans les cimetières, qu'avec des gardes et un *laissez-passer* des consuls; ce laissez-passer indiquait le nombre de prêtres dont ils avaient permission de se faire assister. Mais cette dernière tolérance cessa bientôt tout-à-fait. Il leur fut défendu de sortir pour aller porter le viatique aux malades, défense qui pouvait paraître une persécution, quoique ce fût une simple mesure de prudence des consuls : on voulait ôter à la populace tout prétexte de violence, et retenir chez eux quelques prêtres fanatiques, jaloux de souffrir le martyre de quelque insulte publique dans les rues, et de se faire un titre des brutalités de la populace auprès du parti catholique redevenu le plus fort.

Nîmes était alors gouvernée par une assemblée ou Cercle, sous l'influence et à la discrétion du duc de Rohan. Le Cercle délibéra de faire cesser, dans la ville, l'exercice de la religion catholique, et de démolir la Cathédrale, pour en appliquer les matériaux à l'entretien des fortifications. Il décida en outre que les principaux catholiques seraient arrêtés et tenus en prison. Le Conseil de ville, plus modéré que le Cercle, fit des représentations énergiques; on craignait avec raison que, dans les villes où les religionnaires étaient en minorité, le parti catholique n'usât de représailles, en les emprisonnant ou en faisant pis encore.

C'était une pitoyable situation que celle de Nîmes à cette époque. D'après les règlements généraux de l'union des villes protestantes, outre les autorités électives et municipales, elle avait un gouverneur militaire, le baron de Brison, et cette assemblée ou Cercle pour y représenter l'Union protestante. Brison avait des partisans et des ennemis; ceux-ci dans la bourgeoisie, toujours mal disposée pour l'autorité militaire; ceux-là dans le peuple, qui lui tenait compte de quelques services rendus à la religion. Le Cercle et le Conseil de ville n'étaient pas d'accord; le Cercle s'entendait à merveille avec Brison, qui avait peu d'amis au Conseil de ville. Le Cercle ayant imposé à la ville un droit au profit de Brison,

---

[1] 1620.

les consuls réclamèrent vivement, et allèrent jusqu'à sommer Brison de résigner son gouvernement. Celui-ci leur cria qu'ils voulaient livrer la ville au roi, que pour lui, il ne rendrait pas sa charge et ne quitterait la ville que sur le bon plaisir du peuple. Les deux partis se rencontrèrent dans les rues ; les consuls en chaperon, suivis d'une centaine d'habitants armés ; Brison, tenant à la main une hallebarde, et ayant avec lui quelques soldats. Il y eut des pourparlers sur le ton de la menace. Les consuls, voulant éviter une rixe à main armée, apaisaient d'eux-mêmes leur suite ; mais Brison laissait la sienne s'échauffer et crier à tue-tête : Vive Brison ! Vive le gouverneur ! A la fin, un coup de feu partit des rangs de ses soldats, et vint frapper mortellement Dortols, capitaine de quartier qui accompagnait les consuls ; les bourgeois ripostèrent, et mirent en fuite Brison et sa troupe. L'un d'eux, plus animé que les autres, Jean Bournet, se détacha de ses amis, disant qu'il allait quérir des pétards pour faire sauter la maison du gouverneur ; cette imprudence lui coûta la vie. Il avait à traverser des rues dont la populace était à Brison. Des hommes, des femmes s'ameutent autour de lui ; il parvient à leur échapper, s'élance dans une boutique voisine, la referme précipitamment et s'y barricade. Après un siège de trois heures, la boutique fut enfoncée, et le malheureux Bournet assommé, traîné dans les rues et mis en pièces. De leur côté, les consuls avaient été obligés de reculer jusque dans l'Hôtel-de-Ville.

Cette victoire de la populace protestante ne présageait rien de bon aux catholiques. On reprit le projet de démolition de la Cathédrale. Le lundi, 29 novembre 1621, à deux heures après midi, des groupes de religionnaires s'assemblèrent en tumulte sur la place de Notre-Dame. C'étaient les *travailleurs* de bonne volonté qui venaient mettre à exécution l'ordonnance rendue par le Cercle. Cela se fit très-régulièrement et après un signal donné à son de trompe. Alors les travailleurs se précipitèrent dans l'église. On n'y avait pas encore dit la messe. Ils montèrent au haut de l'édifice, découvrirent le toit, rompirent les voûtes, et en emportèrent la charpente. Après le toit, ils attaquèrent le corps de l'église, abattirent les murailles latérales, et mirent tout à ras-terre, sauf le mur où était la porte d'entrée, et le clocher qu'ils laissèrent debout, parcequ'on en avait besoin pour y mettre des sentinelles.

Le même jour, ils allèrent se jeter sur l'église provisoire qui servait alors de Cathédrale, et qui était peu éloignée de Notre-Dame. Le curé de la Cathédrale, nommé Richard de Beauregard, et les ecclésiastiques composant le chapitre se préparaient à chanter Vêpres, quand ils entendirent les cris des religionnaires qui venaient démolir l'église. Ils eurent le temps de sauver le Saint-Sacrement, avec le saint ciboire, et une custode en forme de soleil, qui était un présent d'un grand personnage. Tout le reste fut pillé et pris. Les religionnaires renversèrent trois autels, brisèrent les tableaux, abattirent le dais sous lequel s'asseyait l'évêque, et le fauteuil élevé d'où il dominait les stalles des chanoines; ils enlevèrent les orgues. Après l'église, ils saccagèrent la sacristie. Vases sacrés, reliquaires, chasubles, ornements d'église, tout fut dispersé. On vit un des leurs, nommé Sanson, cordonnier, *homme de peu*, dit un des témoins, courir dans les rues, ayant sur sa tête la mitre épiscopale, et suivi d'une troupe de peuple qui l'applaudissait par des huées. Les témoins désignèrent une jeune fille qui avait emporté un crucifix « relevé en bosse, auquel manquoit ung bras. »

Le lendemain, qui était le jour de la Saint-André, ils revinrent dans la même église, vers sept heures du matin, comme à une besogne régulière, dans un certain ordre, et se mirent en train de la démolir. Tout ce qui pouvait être de quelque usage fut enlevé avec précaution; les portes, les châssis des fenêtres, les ferrures, les poutres, les tuiles, toutes ces choses furent emportées et sans doute emmagasinées pour servir à d'autres bâtisses. On n'avait laissé aux passions que les vitres et les choses d'ornement et de luxe à casser et à saccager. C'est même cette espèce de régularité dans ce désordre délibéré et arrêté en assemblée, qui me ferait douter des violations de tombeaux dont parlèrent les témoins à charge, dans l'enquête qui en fut faite à Beaucaire dans la même année, témoins tous catholiques et tous déclarant, non pas qu'ils avaient vu ces profanations, mais qu'ils en avaient ouï parler. Quoi qu'il en soit, d'après la rumeur catholique, les religionnaires auraient ouvert les tombeaux de l'église, pénétré dans le caveau des chanoines, et déterré le corps de Philippe Eyroux, second archidiacre, mort depuis à peine deux mois; ils lui auraient enlevé son surplis, ses gants, son bonnet et tous ses autres vêtements, arraché la bague qu'il avait au doigt, et même, ajoutaient les ouï-dire, ils auraient séparé la jambe du tronc, en voulant tirer ses bas-de-chausse; la bière même aurait été emportée avec le reste du butin. Il est vrai que Philippe Eyroux était fort haï du peuple. Deux mois avant sa mort, il avait été le sujet d'une sorte d'émeute nocturne; ses fenêtres avaient été brisées à coups de pierres par des religionnaires qui lui criaient : *Sors, capelan!* Après ce coup, les mêmes hommes étaient allés à un moulin d'huile tenu par un nommé Jehan Vian, catholique, et lui avaient déchiré son livre de comptes, où figuraient sans doute quelques-uns d'entre eux pour lui avoir fait presser des olives.

Parmi les différents témoins interrogés par le juge de la sénéchaussée de Beaucaire, sur cette double démolition, j'en trouve un qui dépose : « Qu'il a veu emporter le couvert et rompre les voultres, et que ce lui » a donné fort au cœur, tant à cause que ladite église étoit grande et » magnifique, qu'à cause qu'il avoit aydé à y travailler, et avoit icelle » entièrement blanchie. »

Un autre; que les démolisseurs « charrioient du bois de la dicte » église dans leurs maisons, et rompoient à coups de marteaux les por- » traits de relief du portail. »

Un troisième; « que tous les couverts des deux églises ont été abbatus, » les orgues, fonts baptismaux, benoictiers, autels, retables, ornements » et meubles d'églises, ravis et emportés ou rompus, les sépulchres ou- » verts, et dans iceux commis plusieurs inhumanités; *ainsi qu'il a ouï* » *dire, n'oyant osé sortir de sa maison pour voir les désordres, de crainte* » *de sa vie.* »

Un quatrième avait vu l'un d'eux porter dans ses bras « deux grosses » pommes de pierre qui servoient d'ornement à la dicte église, disant » que les dictes pommes de pierre seroient bonnes pour servir de balles » de canon. »

Enfin, par arrêt du conseil d'état du 14 novembre 1636, le roi or- donna la réédification de la cathédrale aux frais des habitants du diocèse de Nîmes, tant protestants que catholiques. Ce grand travail fut terminé en l'an 1646. La nouvelle église conservait la même largeur, mais non pas la même étendue que l'ancienne. Le fronton, dont une partie existait encore, fut terminé; mais l'artiste chargé de ce détail ne chercha pas à imiter les ornements de la partie existante, et suivit à cet égard son goût particulier. Dans cette dernière reconstruction, on incrusta au- dessous de la corniche qui surmontait la porte d'entrée les fragments d'une frise antique représentant des griffons et des personnages d'un beau style. En 1823, une partie de cette frise fut enlevée et remplacée par un fronton triangulaire du plus mauvais goût.

On peut voir, d'après tout cela, que les fondements de la cathédrale sont de l'époque d'Auguste, que l'intérieur date du dix-septième siècle, et que la façade est une assez ridicule macédoine d'architecture romaine, d'architecture du onzième siècle, de restaurations du dix-septième siècle et de mauvais goût contemporain ; assemblage qui n'offre rien de remarquable, si ce n'est, peut-être, la belle couleur de la portion qui date du onzième siècle.

Ce sont des passions religieuses sans police qui ont détruit la Cathédrale de Nîmes ; c'est de la police sans passions religieuses qui l'a rebâtie. Il ne pouvait rien sortir de grand, ni pour l'histoire ni pour l'art, de cette double fortune.

III.

MONUMENTS MODERNES.

La civilisation moderne a fait deux belles choses à Nîmes : c'est une promenade publique et une prison. Toute pensée de civilisation, pour être complète, a besoin de pourvoir au mal comme au bien. Une prison, et une promenade pour ceux qui sont libres, c'est donc là une pensée complète de civilisation.

LE JARDIN DE LA FONTAINE.

J'ai peu de choses à dire de ce jardin, auquel je donne un peu arbitrairement le nom de monument, et dont j'ai déjà ci-dessus mentionné l'origine et le caractère à l'article des *Bains*. Ce qu'il y a d'architecture est de mauvais goût, ainsi que je l'ai dit. Cela sent tout ensemble le bastion et le boudoir, le pire des mélanges qui se puisse voir. Quant au jardin, il est petitement découpé et dessiné précieusement ; on était à cent ans de Le Nôtre. Mais il y a de beaux marronniers, qui donnent beaucoup d'ombre, et, à l'entrée, grand nombre de lauriers-roses qui ont là le ciel sinon les rosées de l'Eurotas. C'est le rendez-vous de ce qu'on appelle en tout pays le beau monde; on s'y porte en foule à certaines saisons et à certains jours afin d'y changer la fraîcheur en chaleur et l'oxigène en azote. Le Jardin de la Fontaine est une promenade délicieuse en hiver; pendant que nous grelottons dans le jardin des Tuileries, mal défendus de la bise par des arbres nus et des branches dépouillées, les Nîmois, abrités contre le vent d'est par la colline d'où sort la Fontaine, reçoivent dans les allées de ce jardin un soleil aussi doux que celui de Pise, et ont en janvier ce que nous attendons encore en mai.

C'est du pied des collines calcaires dont la chaîne embrasse Nîmes du côté du midi, que sort la belle fontaine qui a donné son nom à ce jardin, et qui y répand une douce fraîcheur. Le bassin, qui a environ soixante-douze pieds de diamètre et vingt pieds de profondeur, est creusé par la nature, en forme de cône renversé, dans un roc vif d'un grain aussi fin et aussi serré que le marbre. L'eau tantôt jaillit à gros bouillons du fond de ce cône, tantôt en sort mollement, et s'épanche en cercles égaux du centre à toutes les rives. On peut voir, à travers cette eau si pure, dont le poète Ausone a chanté la transparence[1], le gravier calcaire qui lui sert de lit. Quelques herbes d'un beau vert foncé traînent sur ce gravier leurs longues feuilles, et tapissent les bords de la fontaine. Dans les longues sécheresses de l'été, la fontaine de Nîmes fournit à peine de quoi mouiller la surface des canaux qui amènent ses eaux dans l'intérieur de la ville; et encore arrive-t-il que ce peu d'eau s'évapore, à cause de la largeur des canaux et de la longueur du chemin. Dans la saison des pluies, ou quelquefois dans des crues subites, après un orage dans les vallons qui dominent la ville du côté du nord-ouest, elle devient, en peu d'heures, une rivière abondante et impétueuse, et le jet d'eau s'élève souvent à quelques pieds au-dessus de sa surface; mais elle perd alors de sa pureté si vantée: elle devient trouble, jaunâtre, argileuse, et elle roule dans ses flots le sable arraché aux collines.

Un embellissement, qui ne date que de quelques années, a donné un attrait de plus au jardin de la Fontaine. Au-dessus de la source, le coteau était inculte et aride; un des derniers préfets de Nîmes fit serpenter une allée le long de ce coteau jusqu'au sommet, et dans les massifs qui sépa-

---

[1] *Ausonii ordo nobilium urbium*, XIII, 23.

raient chaque sinuosité de l'allée, il planta des arbres verts, dont l'ombre éternelle devait être bienfaisante en été et agréable à l'œil en hiver. C'est là que vont chuchoter dans l'ombre crépusculaire les amants de la garnison, et c'est là aussi que l'aile des grandes chauves-souris du Midi venait effleurer mes cheveux ou frôler étourdiment ma main, quand je l'étendais pour accompagner une exclamation de plaisir sur le charme d'une soirée du Languedoc. L'homme qui a fait cette jolie promenade et qui a planté ces arbres ne peut pas venir se promener sous leur ombre; il est exilé. Un caprice de la fortune le fit ministre, d'horticulteur qu'il était, et de la même main qui disposait les plantations du coteau de la Fontaine, il signa les ordonnances de Juillet. Cet homme, c'est M. d'Haussez! — De jolies maisons avec des toits à l'italienne couronnent le coteau; à droite, un chemin pierreux conduit à la Tour-Magne, grand débris qui domine le paysage.

Pendant mon séjour à Nîmes, un malheureux se noya dans la fontaine; j'arrivai comme on venait de l'en retirer. Si la civilisation avait mis un morceau de pain au bord de cette fontaine, peut-être me serais-je rencontré avec ce pauvre homme dans une des allées du jardin, au lieu de heurter son cadavre. Quelle injure pour notre civilisation, qu'un pauvre choisisse pour mourir la place où elle vient respirer le frais du soir ! Placé entre la promenade et la prison, le malheureux a mieux aimé mourir sur la promenade, que vivre déshonoré dans la prison. Paix donc à sa fosse qu'on n'a pas bénie!

LA MAISON CENTRALE.

En regardant du haut de la colline de la Tour-Magne, d'où le panorama de Nîmes est le plus beau et le plus complet, on peut voir, à gauche, parmi les premières maisons de cette partie de la ville, s'élever un massif de bâtiments, sans architecture proprement dite, mais dont l'aspect est sévère. C'est la maison de détention de Nîmes, dite Maison Centrale, parcequ'elle reçoit des prisonniers de tous les pays environnants. Cette maison date de ces derniers temps. Elle est bâtie un peu à l'écart, sur une petite colline, et dans l'emplacement même de la forteresse élevée par Louis XIV, pour assurer l'exécution des édits royaux contre les protestants. Comme autrefois la forteresse, la Maison Centrale domine la ville. Le peuple d'aujourd'hui peut voir la prison du haut de ses greniers, comme le peuple du dix-septième siècle pouvait voir la forteresse, avec ses créneaux et ses meurtrières, et ses canons incessamment braqués sur la ville. Les édifices les plus apparents sont presque toujours ceux que l'homme bâtit contre l'homme ; je ne pourrais pas vous montrer du haut de la Tour-Magne une cheminée ou une girouette appartenant à quelque maison de consolation et de bienfaisance. Ce sera un genre d'architecture tout neuf pour l'âge d'or qui, dit-on, doit venir quelque jour.

Des constructions et des réparations récentes faites à la Maison Centrale permettent d'y renfermer onze cents prisonniers hommes faits, et environ cent jeunes garçons au-dessous de seize ans, lesquels occupent une division spéciale. Cette séparation est dans le réglement ; mais dans l'usage, bon nombre de ces enfants travaillent dans les ateliers des hommes faits. J'en ai vu qui avaient à peine douze ou quatorze ans, quelques-uns avec des figures déterminées, et tout un avenir de brigandage sur le front ; d'autres, ayant des traits indécis, une petite voix douce, pauvres êtres qui achèvent de se corrompre dans cette société impie, et boivent, avec l'air de la prison, des paroles infâmes qui font épanouir les mauvais germes et sécher les bons. Pourquoi la séparation des enfants et des hommes faits n'a-t-elle pas lieu le jour comme la nuit? Si les actes se font la nuit, les paroles se disent le jour ; si le crime ne se consomme pas, il se projette et se marchande peut-être. Pourquoi n'enferme-t-on pas les hommes faits dans une maison et les enfants dans une autre? Certes, je trouve fort absurde qu'on rejette sur la société toute la faute du mal qui se commet dans son sein ; mais je crois qu'on peut l'accuser à bon droit de la plupart des rechutes, d'empêcher les résipiscences et de corrompre par le mode d'application ceux qu'elle devrait amender par la peine.

Dans cette prison, d'ailleurs, les corps sont bien soignés sinon les ames. L'air y est pur ; les dortoirs, les ateliers, les réfectoires sont spacieux. Les cours ou préaux sont assez vastes pour la liberté des membres. Une des vanités de l'administration, et cette vanité est bien fondée, c'est la propreté. Les longs dortoirs sont, comme me disait un employé, à s'y mirer. Je les ai vus, et si vous ne songiez pas à ce que doit être le sommeil sur ces planches recouvertes d'une paillasse et d'une couverture, vos scrupules hygiéniques auraient de quoi se rassurer. Je m'attendais à suffoquer de mauvais air, dans ces longues salles de travail, où sont placés en rang, devant leurs métiers, cent prisonniers en chemise, faisant toutes sortes de tissus ; je n'ai suffoqué que de dégoût moral et de cette terreur vague qu'éprouve malgré lui un homme libre, un curieux, qui a tous les biens en apparence, au milieu de cent sauvages qui ont les mains libres, et auxquels il suppose que tout en lui fait envie, son vêtement, sa montre, son oisiveté, sa curiosité qu'il a beau faire la plus compatissante qu'il peut, et qui ne leur en paraît que plus insolente. Et quand je lisais, affichées sur les piliers, les pancartes où est écrit le code draconien de la maison, et ces châtiments si durs réservés aux moindres infractions disciplinaires, — car pour celui dont l'état naturel, et en quelque sorte l'état d'innocence, est d'être puni, toute peine ne peut être qu'un supplément de peine, et pour l'homme déjà prisonnier la prison ne peut plus être qu'un cachot, avec la pierre pour lit, — je ne trouvais dans ce bon témoignage que se rend à elle-même l'administration de son extrême propreté qu'une amère ironie.

Toutefois, même sous le rapport de l'hygiène, tout n'est pas à admirer dans la Maison Centrale. Les pièces et ateliers des premiers étages sont sans doute très-sains; mais on n'en peut pas dire autant de ces espèces de caves souterraines, en forme de galeries, qui s'étendent sous le rez-de-chaussée, et où travaillent sans air et presque sans jour les prisonniers cordonniers et cardeurs de laine. Dès les premiers degrés de l'escalier obscur qui conduit à ces galeries, et d'où s'échappe, comme par un soupirail, un air fétide et étouffant, le cœur me manquait. C'est chose horrible à voir, les cardeurs de laine surtout. Figurez-vous des hommes demi-nus, haletants, courbés sur de longues tables et battant la laine des deux mains, dans un nuage de cette poussière grasse et plucheuse qui s'échappe de la laine cardée, le front souillé d'une sueur qui ne coule pas, mais qui mêlée à cette poussière, forme comme une boue immonde. Ces malheureux ont une haute paie, me disait-on; mais ils vivent peu. Ne pourrait-on pas les payer moins et les faire vivre plus? N'y a-t-il pas quelque arrière-cour retirée où on pourrait les faire travailler sous un hallier, au moins dans les beaux jours de l'été, et ne vaudrait-il pas mieux qu'ils eussent moins d'argent à donner à la cantine en échange de son mauvais vin, et qu'en sortant de prison ils ne retrouvassent pas en même temps la liberté et l'hôpital?

La Maison Centrale est régie par un directeur responsable, lequel est lui-même subordonné au préfet du département. Un entrepreneur fournit, moyennant un prix de journée convenu, la nourriture, l'habillement, les objets de literie, et tout ce qui concerne la vie matérielle des condamnés. L'entreprise de ces diverses fournitures s'adjuge sous la condition de remplir un cahier des charges rédigé par l'administration, laquelle doit en surveiller l'accomplissement. On sait les avantages et les abus de cette sorte d'institution. Dans les prisons, comme à l'armée, il faut que l'entrepreneur s'enrichisse sur le morceau de pain et sur les hardes du prisonnier; de là, sans doute, bien des infractions, sinon à la lettre, du moins à l'esprit du cahier des charges. Cela peut se dire d'ailleurs de toutes les prisons auxquelles on pourvoit par la voie des fournisseurs. L'administration doit avoir l'œil sur l'entrepreneur, et empêcher des gains infâmes sur la vie et la santé de ces malheureux. Mais cette surveillance est-elle soutenue? La pitié est difficile dans ces maisons du crime, et il faudrait de la pitié pour aiguiser la surveillance. Par malheur, quand on voit ces êtres effrontés ou stupides, en qui le besoin de mal faire est venu d'une nature mauvaise ou d'une ignorance incurable, ces visages, la plupart informes, que l'intelligence n'a pas dégrossis, où l'œil est éteint, le front bas, et toute la partie qui passe pour réfléchir l'ame, déprimée et petite, tandis que la partie inférieure où l'on place les appétits brutaux est quelquefois monstrueuse, la sympathie se retire; on se surprend à penser qu'il vaudrait mieux que de tels êtres ne fussent pas en vie; et, si l'on est préfet ou inspecteur, on croit remplir bien mieux son devoir en s'assurant si les gardiens font bien la ronde, et si le mur d'enceinte est assez haut, qu'en allant regarder si le pain du fournisseur est de bonne farine, et ses souliers de vrai cuir et non de carton comme certains entrepreneurs en fournissaient à nos conscrits de 92.

Un grand nombre des prisonniers de la Maison Centrale n'ont méfait que par ignorance; ne rien savoir et avoir besoin de tout, cela explique bien des crimes. J'en ai vu qui paraissaient avoir été trouvés dans les bois; ils avaient à peine plus d'intelligence que les bêtes, et ne comprenaient rien aux choses les plus simples. Il y en a qui sont aussi difformes de corps que d'esprit. On me montra un détenu âgé de seize ans à peine, enfermé là pour vagabondage et vol, lequel n'avait pas de quoi loger un cœur et une poitrine dans son buste étroit et bombé, et paraissait bégayer plutôt que parler. Il s'en trouve de plus jeunes encore que des vices précoces et une intelligence singulière pour faire la guerre à la société ont mis, au sortir de l'enfance, sous les verroux; ils font frémir de maturité et d'effronterie; on croit lire sur leurs fronts à peine épanouis tout un avenir de crimes. D'autres sont si stupides, qu'on ne saurait dire s'ils ont eu la connaissance du mal et du bien, et si leur état n'est pas plutôt une monstrueuse innocence qu'une malice volontaire.

Je ne voudrais pas que, dans l'appréciation des délits qui entraînent la prison, on substituât aux préventions de la loi, les atténuations périlleuses d'une physiologie incertaine; mais on ne peut trop demander aux gouvernements, aux magistrats, à l'époque tout entière, un système pénitentiaire où la science du physiologiste soit consultée, et où l'on ne traite pas ces pauvres et hideuses ébauches d'hommes, brutes à visage humain, comme ces criminels qui ont employé à mal une bonne organisation, et ont tourné leur discernement contre la société qui les châtie. On peut demander au moins, pour ces deux classes de coupables, deux prisons séparées, afin que ce ne soient pas des natures corrompues qui se chargent de dégrossir des natures informes, et que le vice réfléchi et calculé n'apprenne pas son industrie au vice d'instinct. Du reste, dans tous les ateliers de la Maison Centrale, je ne sache pas que j'aie entendu un mot de français. Étrange civilisation, que celle où le criminel ne sait même pas la langue du juge qui l'a frappé!

En cas de délabrement d'estomac, il y a des infirmeries *bien aérées* pour les malades; il y a un médecin, il y a un chirurgien en permanence; il y a un apothicaire à demeure pour la confection des médicaments.

Tous les prisonniers, sans exception, sont tenus à un travail proportionné à leur force et à leur âge. Un certain nombre est employé par l'entrepreneur au service de la maison; les autres s'occupent de travaux de tissage et fabriquent les étoffes de soie et de coton. Nos belles dames se parent quelquefois des tissus légers fabriqués dans cette prison par ces mains rudes et calleuses, qui auparavant ont fait jouer les fausses clefs, et quelques-unes le poignard. Il y a là des tailleurs, des cordonniers, et d'autres professions usuelles. L'entrepreneur se paie de ses fournitures sur les journées des prisonniers. Les prix de main-d'œuvre sont tarifés par le préfet, sur l'avis de la chambre de commerce, et établis suivant le salaire des ouvriers libres.

Les détenus reçoivent les secours et les consolations de la religion qu'ils professent. Il y a un vicaire de la paroisse voisine pour les catholiques, et un pasteur pour les protestants. Le service des deux cultes se fait régulièrement dans l'intérieur de la prison. Enfin, et par suite de l'impulsion vigoureuse que M. Guizot, ministre de l'instruction publique, et Nimois lui-même, a donnée depuis trois ans à l'instruction primaire, il vient d'être créé dans la Maison Centrale une école où les détenus reçoivent des leçons de lecture, d'écriture et de calcul. Tous sont libres, aucun n'est contraint d'y assister; et pourtant le bienfait de ce commencement d'instruction serait si grand, qu'on ne désapprouverait pas qu'il fût imposé à tous comme un travail, plutôt que conseillé simplement comme un emploi facultatif de ces heures de loisir que le prisonnier aime mieux employer aux promenades, aux propos grossiers et aux tristes gourmandises du préau. Dans ce cas, il faudrait que l'heure consacrée à l'école primaire fût comptée au prisonnier comme celle du travail manuel, et que ses récréations lui fussent fidèlement conservées pour l'exercice du corps. Mais ces malheureux profiteraient-ils de ce bienfait forcé, et cela d'ailleurs ne rognerait-il pas de beaucoup les bénéfices de l'entrepreneur?

Représentez-vous une société gouvernée avec douceur, où le travail est régulier, le pain à peu près suffisant, le vêtement passable, le coucher sain, la liberté de conscience respectée, l'instruction facultative, les lois sévères, mais les législateurs indulgents, où la vie matérielle est satisfaite et la vie morale ébauchée, où enfin il y a de tout dans une certaine mesure, excepté la liberté et l'innocence, voilà la Maison Centrale. Et il faut trouver cela beau, même en l'absence d'améliorations plus désirables que possibles, quand on sait quel a été, jusqu'à ces derniers temps, le régime des prisons, combien le progrès a été lent dans cette partie des institutions sociales, et que de souffrances ont été endurées dans l'ombre avant que la civilisation fît prévaloir, dans la répression des crimes, cet axiome : La société se défend, sur celui-là : La société se venge. Sous ce rapport, la Maison Centrale fait honneur à la ville de Nîmes.

PARTIE III. — STATISTIQUE.

POPULATION.

La population légale de Nîmes, d'après les annuaires les plus récents, est de 41,266 âmes; la population réelle est, assure-t-on, de 45,000 âmes. Soit négligence, soit plutôt désir fort louable, dans l'époque agitée où nous vivons, et dans une ville partagée en deux religions et en deux partis irréconciliables, de laisser ignorer lequel a la majorité numérique, je ne trouve dans aucun de ces renseignements l'état comparatif des deux populations catholique et protestante; mais, d'après différentes données, on peut affirmer que si la majorité, dans le peuple proprement dit, est catholique, dans les classes élevées elle est protestante, et, ce qui vaut mieux, éclairée et conciliante.

COMMERCE.

On sait que le principal commerce de la ville de Nîmes est le commerce des soies. Qu'il s'y fasse un peu de toilerie, de tannerie, de droguerie, cela n'est pas digne de remarque. Ce que nous recherchons dans cette partie de statistique, en ce qui regarde le commerce, ce sont les industries distinctes, spéciales, où s'applique plus particulièrement le génie de la ville, et par lesquelles elle peut se distinguer des autres villes. Nous ne ferons encore que mentionner le commerce des eaux-de-vie, qui est commun à Nîmes et à toutes les villes du Languedoc. Le commerce propre à Nîmes et au pays dont elle est le centre, c'est, je le répète, le commerce des soies. Pour la production des soies, Nîmes est la première ville de France; pour la fabrique, elle ne viendrait qu'en second ou même en troisième rang, après Lyon et Paris. Voici d'abord l'état de sa fabrique.

Dans le premier semestre de 1833, le nombre des métiers battants a été de 9,000, qui ont occupé 15,500 ouvriers. Il s'est fabriqué 400 pièces de taffetas; 6,000 pièces d'étoffes dites *fleurets et soie;* 350,000 châles, mouchoirs, fichus en soie et en coton; 100,000 robes en soie et coton. Ces divers objets de fabrication ont employé les quantités de matières premières indiquées ci-après :

Soie.	20,886 kil.	Valeur.	1,223,160 fr.
Bourre de soie . .	2,500	—	750,000
Coton.	700,000	—	2,800,000
Laine.	2,000	—	26,000

Le deuxième semestre a présenté 9,500 métiers battants, qui ont occupé 16,000 ouvriers. Le nombre des objets fabriqués s'est accru en proportion.

Nîmes vend ses produits industriels à la France, à l'Allemagne, à la Turquie, aux États-Unis, à l'Angleterre.

D'après des calculs récents, on évalue à trois millions le nombre des mûriers qui ont été plantés dans le département du Gard, de 1819 à 1834. Ce nombre, ajouté à celui des anciens plants, donne une récolte annuelle de soixante-douze mille quintaux de cocons; et comme douze quintaux de cocons produisent, valeur moyenne, un quintal de soie, il en résulte que le département du Gard récolte annuellement six mille quintaux ou six cent mille livres de soie, représentant, au prix moyen de 20 francs la livre, un capital de douze millions. Sur ce nombre, la fabrique de Nîmes en emploie annuellement mille quintaux; mille autres quintaux sont exploités dans les Cévennes. Les quatre mille quintaux restants sont envoyés à Saint-Étienne, à Lyon et à Paris. On peut apprécier, par tout ce qui sort des mille fabriques de ces grandes villes, l'importance des premiers essais agricoles du bon jardinier Traucat, et le glorifier dans la majestueuse postérité de ses mûriers.

La fabrique des bas de soie, si florissante sous l'empire, a éprouvé depuis lors de notables vicissitudes. L'inconstance de la mode, en France, en a réduit les innombrables variétés à deux ou trois seulement : les bas noirs unis, ou les bas noirs et blancs à jour. Mais la perte résultant de ce changement n'a été qu'apparente : ç'a été plutôt une transformation qu'une perte. La soie qui servait à la fabrication des bas sert maintenant à la fabrication des gants. La production annuelle de cette industrie s'élève à six millions de francs, dont trois millions cinq cent mille francs sont appliqués aux États-Unis. Le commerce des gants, inaperçu il y a vingt ans, est devenu une source de richesses pour la ville de Nîmes.

Quand on traverse la campagne de Nîmes dans le mois de juin, dans ces jours où le soleil fait rechercher l'ombre, on ne voit tout autour de soi que des squelettes de mûriers sans feuilles, comme si l'une des sept plaies d'Égypte, la plaie des sauterelles, s'était abattue sur le territoire, ou comme si le soleil n'avait pu encore percer jusqu'au cœur des branches engourdies. Or, ce n'est ni une pluie de sauterelles, ni un retard de la sève, qui a enlevé l'ombre à ces plaines brûlantes. C'est pour les gants de soie que vous avez aux mains ou la cravate que vous avez au cou, c'est pour la robe que vous devez acheter à Lyon, au retour, afin de dédommager votre femme d'une séparation de quelques semaines, c'est pour le foulard français avec lequel vous essuyez la sueur qui coule de votre front, que ces mûriers ont été dépouillés, et que le pauvre et le soldat en congé, qui ne connaissent pas l'usage de la soie, n'ont pas où s'abriter sur les longues routes blanches dardant le soleil comme ces miroirs qui brûlaient les flottes sur la mer. Il y a moins d'une semaine que tous ces arbres étaient couverts d'un feuillage tendre et frais. Un beau matin, toute la population des villages, munie d'échelles et de grands sacs, en a fait la récolte, partie avec la main, partie avec de longs bâtons dont ils gaulent les branches trop hautes et trop flexibles pour qu'on y applique l'échelle. En une journée, tout a été tondu, jusqu'à la moindre feuille ; car, comme cette feuille se vend au poids, on n'en laisse pas même une pour protéger le bourgeon de la feuille nouvelle, qui doit éclore en septembre, et qui servira de nourriture aux bestiaux.

En moins de six semaines, l'immense dépouille du paysage, tout cet abattis qui a employé tant de bras, est dévoré par un petit ver qui le rend en innombrables nappes de soie. J'ose croire qu'on lira avec intérêt l'histoire authentique et non poétique de ce petit ver, qui fait vivre, à Nîmes, quarante mille personnes, et dans les campagnes de Nîmes, dans les Cévennes, dans le Gard, à Lyon, à Saint-Etienne, à Paris, je ne sais combien de milliers de familles ; qui a fait vivre, pendant près de huit siècles, je ne sais combien de générations en Italie, la première patrie du ver à soie, et de l'industrie qui naît de sa dépouille. Cette histoire sera encore l'épisode naturel de la partie statistique.

Dans les premiers jours du printemps, quand la feuille du mûrier est en bourgeons, on met dans un petit four, dont la chaleur est réglée au moyen d'un thermomètre, quelques onces de ce qu'on appelle dans le pays *graine de ver à soie*, nom donné aux œufs du papillon, la dernière transformation vivante du ver. De ces œufs échauffés par cette sorte d'incubation artificielle, sortent, au bout de quelques jours, de petites chenilles noires, velues, qu'on reçoit sur les feuilles nouvellement écloses du mûrier nain, espèce particulière, assez semblable pour la forme et la hauteur à des groseillers, et dont les enfants peuvent faire la cueillette. Ces feuilles sont plus tendres que celles du mûrier ordinaire, et si bien appropriées à la dent encore molle du ver, qu'on peut bien voir une *cause finale* dans cette merveilleuse convenance entre l'arbre et l'insecte qui s'en nourrit.

L'époque où ces premières feuilles sont consommées par le ver à soie, et où s'épanouissent les feuilles du mûrier ordinaire, concourt avec ce qu'on nomme la première maladie de l'insecte, c'est à savoir son premier changement de peau. Après cette transformation, la petite chenille a grossi ; elle monte sur la feuille fraîchement cueillie, elle l'attaque par les bords, elle la dévore en peu d'instants. Déjà le moment est venu de lui faire une place plus large ; car ce qui aurait tenu dans le creux de votre main couvre maintenant une claie tout entière. La pièce où sont élevés les vers à soie est disposée pour ces augmentations successives. Trois étages de perches sont placés transversalement dans toute la longueur ; et sur ces perches on étend trois rangs de claies, correspondant au même nombre de *maladies* par lesquelles se transforme l'insecte avant la dernière de toutes.

A la première maladie suffit le premier rang de claies; après la seconde, l'insecte ayant grossi du double, il faut dédoubler le petit peuple, et en faire des colonies qui sont reçues dans le second rang de claies; ainsi de la troisième. C'est alors que le ver est parvenu à toute sa grosseur. D'heure en heure, on jonche de feuilles de mûrier les trois étages de claies. En un clin d'œil, le ver, qui était dessous, les a couvertes et dévorées. C'est d'abord un bruit de feuilles soulevées, une rumeur de tout le petit peuple qui s'agite en tous sens sous cette litière fraîche; puis c'est comme un assaut donné à la fois à toutes les feuilles. Mille têtes, piquées de noir, sortent ensemble entraînant mille corps grisâtres et onduleux. Chacun de ces repas n'est pas long. Parvenu à sa croissance, le ver à soie est insatiable; les sacs se vident incessamment sur les claies. Rien n'est plus propre à vous donner une idée de ces dévastations d'insectes qui, dans les plaines de l'Orient, font disparaître en quelques jours toute végétation du sol. Mais les destructions du ver à soie sont fécondes, au lieu que celles des insectes de l'Orient sont, après le gouvernement du Turc, le plus grand fléau qui puisse affliger ces pauvres contrées, jadis nourricières du monde.

Cette extrême voracité du ver est un symptôme de sa fin prochaine. Peu à peu on le voit languir, se traîner sur la feuille, lever souvent sa tête, et la laisser retomber pesamment comme s'il était pris de dégoût, ou rester long-temps immobile à la même place. L'heure de son travail est arrivée. Alors on plante, entre les ouvertures des claies, des rameaux de bruyère, d'où pendront bientôt des cocons dorés, fruits de ce mystérieux travail, dont le ver à soie va payer les soins intéressés de l'homme. Il grimpe avec ce qui lui reste de forces aux brins de ce rameau : les plus lents ne vont que jusqu'aux premiers, les plus vigoureux aux plus élevés; et là, après avoir choisi l'embranchement de deux de ces brins, ils y fixent les premiers fils du cocon qui doit leur servir de tombeau. Quelques-uns sont si paresseux ou, comme on dirait dans le pays, si *malades*, qu'il faut les prendre avec les doigts et les placer dans le rameau de bruyère, où ils n'auraient pas la force de monter d'eux-mêmes. Quand les bruyères sont chargées de cocons, on en fait la récolte; on choisit dans le nombre les plus gros et les plus riches; ceux là serviront à *faire de la graine*. Les autres sont mis en tas et vendus au fabricant.

Cependant tout travail n'est pas encore fini pour le propriétaire des vers à soie. Il faut pourvoir à la reproduction de l'espèce pour le printemps prochain. Les cocons, triés et choisis à cet effet, sont enfilés en chapelets et suspendus au dessus d'un drap d'étoffe noire, qui recevra le papillon au sortir de sa prison. Quand le moment est venu de cette dernière métamorphose, le papillon brise sa coque de soie et tombe sur le drap noir. Le mâle cherche la femelle et s'agite avec lourdeur, servi en apparence par un instinct si obscur qu'on est obligé de l'aider, et de faciliter les accouplements en rapprochant le mâle et la femelle. Beaucoup, sans cette aide, n'accompliraient pas cette fin de leur être, tant ils sont pesants, incertains et maladroits. La graine recueillie et mise sous clé, le propriétaire n'a plus qu'à compter son gain. Il n'est pas de produits de plus facile défaite que les cocons. En moins de trois mois, tout le travail est terminé et le prix rentré dans le coffre.

C'est cette extrême facilité de débouchés qui contribue à la multiplication incessante du mûrier. La quantité de *graines* qu'on fait éclore étant calculée sur le nombre des arbres qui doivent servir à la nourriture du ver, plus les mûriers augmentent, plus augmente le nombre des éleveurs de vers à soie, plus se grossit la masse des produits que la ville de Nîmes verse dans l'industrie européenne. Aussi, ce que nous faisons dans nos provinces du nord et du centre pour les peupliers d'Italie, on le fait ici pour les mûriers. Un bon père de famille de la Bourgogne ou de l'Ile-de-France plante, à la naissance de sa fille, quelques milliers de pieds de peupliers, qui formeront une bonne partie de la dot quand la jeune fille sera en âge d'être mariée. Le plant qui vaut un sou deviendra en vingt ans un arbre qui vaudra vingt francs. Des calculs de ce genre se doivent faire dans le Midi pour le mûrier, arbre essentiellement dotal, à Nîmes et surtout dans les Cévennes. C'est là qu'il faut aller pour voir l'espèce de culte qu'on rend à cet arbre, et admirer les efforts de l'industrie agricole pour le faire venir en des lieux où il croissait à peine assez d'herbe pour les chèvres. Les paysans pratiquent des échancrures dans la montagne; et, sur ces petits plateaux formés à main d'hommes et fécondés par leurs sueurs, ils transportent sur leur dos de la terre végétale grattée çà et là sur le penchant des collines ou au fond des vallées. L'arbre, planté dans ce sol portatif, est protégé à l'extérieur par un mureau en pierres, espèce de rampe qui empêche la terre de s'ébouler dans les pluies. Abrité par le rocher contre les vents du nord, entouré de soleil et d'air, le petit mûrier croît à vue d'œil : au bout de quatre ou cinq ans, il rapporte quelques sacs de feuilles ; au bout de dix ans, il acquittera l'impôt du paysan qui l'a planté. La paix et le travail ont revêtu de forêts artificielles ces montagnes où se cachaient les tirailleurs des camisards, et où plus d'un dragon de madame de Maintenon fut abattu par la balle d'un ennemi invisible. Le mûrier a couvert de son ombre productive les traces sanglantes des guerres civiles.

Quand le travail du propriétaire de vers à soie est fini, le travail du fabricant commence. On fait étouffer les cocons dans les fours à pain : la chrysalide se dessèche dans la coque sans tacher la soie. Vient ensuite l'opération du dévidage. On jette une poignée de cocons dans une chaudière d'eau très-chaude ; cette eau disjoint les fils, les détache, les lave une première fois. Des femmes, chargées de ce travail, saisissent les fils qui flottent à la surface, les rapprochent, les unissent selon la force qu'on veut donner au tissu ; et, pendant que d'une main, et avec l'aide d'une sorte de petit balai, elles remuent l'eau et séparent le fil de la bourre qui l'enveloppe, de l'autre, elles tournent un dévidoir, autour duquel se forme peu à peu le peloton de soie. Tout près de la chaudière, et à portée de la main dont elles battent l'eau chaude, est une terrine d'eau froide, dans laquelle ces femmes trempent à chaque instant leurs doigts bleuâtres et à demi brûlés. J'ai vu, dans des jardins en terrasse qui couvrent le flanc des collines voisines de la ville, sous des hangars aérés, quelques-uns de ces établissements de dévidage composés de cinq ou six chaudières et d'autant de femmes, pauvres femmes en guenilles, qui chantaient tout en travaillant. Elles étaient sûres du pain du lendemain.

Les fils de soie perdent déjà dans cette première opération une partie de leur couleur naturelle. Mais ce n'est qu'après un second lavage, plus long et plus compliqué que le premier, qu'ils revêtent cette teinte d'or pâle qu'ont les écheveaux bruts qui se vendent dans le commerce. Ces écheveaux sont soumis successivement à différentes préparations, dont le détail n'est pas de mon sujet. Ce qu'il importe de marquer sommairement, c'est à combien d'usages sert la dépouille du précieux insecte dont on vient de lire l'histoire.

Il y a dans le cocon brut trois produits distincts, dont l'industrie, par ses mille combinaisons, subdivise l'emploi à l'infini. Il y a d'abord le fil proprement dit, puis la bourre, espèce de soie grossière, sans fil continu, qui enveloppe l'écheveau délicat formé par le ver; et enfin, entre cet écheveau et la chrysalide, une sorte de coque sèche, serrée, assez semblable à du papier, dans laquelle le ver passe à l'état de nymphe.

Ces trois produits sont la matière première non pas seulement de trois sortes d'étoffes, mais de mille combinaisons d'étoffes où la soie est associée à d'autres produits, et donne aux tissus mêlés qui en résultent ses teintes douces, riches, ondoyantes. Les plus beaux tissus de soie pure sont faits avec le fil servant à la fois de chaîne et de trame; les plus beaux tissus mêlés, avec le fil servant de chaîne et le coton servant de trame. Vient ensuite une seconde catégorie, variée aussi à l'infini; ce sont les tissus de bourre de soie. Là le fil n'est pas l'ouvrage du ver. C'est l'homme qui, ramassant cette bourre sale et grossière, ces *déchets* du cocon, dont l'industrie ancienne ne savait que faire, les fait bouillir, les lave, les épure, et, après différentes préparations imaginées successivement par l'industrie moderne, en retire des flocons d'une soie fine, argentée, que filent les mécaniques de Paris, et qui, sous le nom de *fantaisie*, rivalise avec les produits de la soie pure. Enfin, la troisième catégorie, également variée, se compose de tissus formés de cette coque sèche, qu'on jetait au tas d'ordures il y a moins de vingt ans, et dont on tire aujourd'hui, à l'aide de peignes qui la divisent, la cardent, la font bouffer en touffes soyeuses, une troisième espèce de fil plus délicat, plus brillant, plus noble que les plus beaux fils de coton, et qui donne un lustre particulier à toutes les étoffes où il est mêlé. Ainsi rien ne se perd, rien n'est sans emploi dans le cocon; et l'on peut dire du précieux insecte qui l'a filé, que tout ce qui sort de lui, tout jusqu'à sa fiente, est utile, car on s'en sert pour engraisser les pourceaux.

Il convient de remarquer ici, en terminant ces aperçus sur le commerce nîmois, une chose qui est tout à l'honneur de la population ouvrière de la ville, c'est que les inventions les plus ingénieuses, soit en mécaniques, soit en combinaisons de tissus, y sont généralement dues à de pauvres ouvriers à la journée, à des Jacquart des *Bourgades* — ce sont les quartiers du peuple — qui, dans les intervalles de leur travail, se reposent en rêvant aux moyens d'enrichir plus vite et à moindres frais le fabricant qui les emploie. Le peuple formant le noyau et comme l'âme des villes, et les villes étant surtout personnifiées dans le peuple, qui garde le plus long-temps l'empreinte locale, cette remarque ne pouvait être omise sans que ce travail péchât par le point même où il doit être le plus exact et le plus complet. Ce n'est point d'ailleurs une remarque hasardée ; c'est un fait de notoriété publique, que je tiens de fabricants enrichis par leurs ouvriers, et qui ont le bon goût de ne pas prendre à la fois au pauvre inventeur les fruits matériels et l'honneur de ses inventions.

INSTRUCTION PUBLIQUE.

S'il faut en juger par le nombre des établissements scientifiques et littéraires qui existent à Nîmes, l'instruction publique y doit être florissante. En tout cas, si de nombreux établissements ne sont pas nécessairement une preuve de prospérité, c'est, jusqu'ici, le plus sûr moyen de l'amener. Nous les passerons rapidement en revue.

Académie royale du Gard.

Cette académie est divisée en trois classes, savoir : 1° les titulaires résidents, au nombre de trente ; 2° les titulaires non résidents, en même nombre ; 3° les associés, dont le nombre est illimité.

Le préfet du département est président honoraire, le secrétaire est perpétuel. Le président actuel est M. Pelet. Nul n'était plus digne de cette place, et nul ne s'y peut rendre plus utile, si les académies n'ont pas la vertu de gâter les académiciens.

Collège royal.

Le collège royal de Nîmes compte à présent environ deux cent soixante élèves. Les études y sont bonnes ; on y enseigne les sciences avec succès. Le local, bâti par les jésuites, est régulier et commode ; on le voudrait plus grand.

Bibliothèque.

Une partie des bâtiments du collège royal est consacrée à la bibliothèque de la ville et aux cabinets d'histoire naturelle. Cette bibliothèque compte environ trente mille volumes : elle est riche surtout en ouvrages de littérature ancienne, d'histoire naturelle, de médecine et d'archéologie.

Le cabinet d'histoire naturelle offre un grand nombre de fossiles, de curieux ichtyolites (poissons pétrifiés); une belle collection de coquilles marines, terrestres et fluviatiles.

Le cabinet des médailles en compte plus de six mille, pour la plupart anciennes.

Instruction primaire.

Une école normale primaire fournit des instituteurs aux communes. Outre les objets des études nécessaires à l'instituteur, lecture, écriture, calcul, le chant est compris dans l'instruction. Une commission spéciale procède à l'examen des instituteurs et délivre les brevets de capacité.

Enseignement mutuel.

Quatre écoles lancastriennes, ou d'enseignement mutuel, ont été formées à Nîmes par les soins du consistoire. On y enseigne le dessin linéaire.

Écoles chrétiennes.

Les catholiques ne sont pas en reste avec les protestants. Il ont l'établissement des *frères des écoles chrétiennes*, qui compte deux succursales dans la ville. Un frère est spécialement chargé d'enseigner le dessin linéaire et la géométrie pratique.

Deux autres établissements, l'un sous le nom *d'instruction chrétienne*, l'autre sous celui de *Saint-Thomas-de-Villeneuve*, reçoivent gratuitement les pauvres filles de la ville.

Pour compléter cette liste, je me bornerai à nommer : 1° l'Athénée, institution de création municipale, où se font six cours publics de littérature comparée, d'histoire, de philosophie, de géologie, d'astronomie et de botanique; 2° l'école gratuite de dessin, qui a trois professeurs et un professeur adjoint, et dont les places sont données de préférence aux enfants de négociants ou de fabricants, de maîtres maçons ou d'autres ouvriers distingués qui se destinent aux manufactures d'étoffes de soie et aux arts mécaniques; 3° le Cours de dessin de fabrique, où l'on enseigne la mise en carte et le dessin de fabrique, et qui n'est qu'une classe nouvelle de l'école gratuite de dessin; 4° le Cours d'architecture élémentaire théorique et pratique; 5° le Cours de chimie et de physique appliquées aux arts, où l'on s'attache à faire ressortir les nombreux rapports de la science avec les opérations des diverses industries, et principalement des industries locales; 6° enfin le Cours public de géométrie et de mécanique appliquées aux arts.

ADMINISTRATION DE LA JUSTICE.

Outre une cour royale et des tribunaux de première instance et de justice de paix, Nîmes a un conseil de prud'hommes, où les fabricants, chefs d'ateliers, contre-maîtres et ouvriers patentés dans les diverses industries de la soierie, peuvent être appelés tour-à-tour pour juger les différends dans ces matières. Le nombre des prud'hommes est de neuf et de deux suppléants.

ÉTABLISSEMENTS DE BIENFAISANCE.

L'Hôtel-Dieu, fondé en 1313, par Raymond Ruffi, natif de Nîmes, est situé dans le faubourg Saint-Antoine. Les malades y sont confiés à des religieuses qui portent le nom de *Dames hospitalières de Saint-Joseph*.

L'hôpital général, fondé en 1686, par le père Pichard, jésuite missionnaire, et doté successivement par plusieurs évêques de Nîmes, est situé, tout près de l'Amphithéâtre, sur le plus beau boulevart de la ville. Deux médecins en chef, deux chirurgiens en chef, deux chirurgiens internes et quatre élèves internes nommés au concours composent le personnel médical de cet établissement.

Un bureau de bienfaisance, une caisse d'épargne et de prévoyance et un Mont-de-Piété complètent cet ensemble d'institutions bienfaisantes. J'en retrancherai le Mont-de-Piété, dont la bienfaisance n'est, après tout, que la spéculation sûre et lucrative d'un prêteur sur gages qui se récupère, sur les hardes du pauvre, de l'argent qu'il lui a prêté pour aller jouer à la loterie.

DÉPENSES ET RECETTES DE LA VILLE DE NIMES.

Je terminerai cette statistique par quelques mots sur l'administration financière de Nîmes.

Les recettes de toute nature admises dans le budget de cette ville paraissent varier de 500 à 600,000 francs, et les dépenses, comme il arrive partout, suivent de très-près les recettes. Heureuses les villes où elles ne les dépassent point! Quelques brefs détails, tirés du budget de 1831, pourront servir à la fois de renseignements financiers et d'indications morales.

L'octroi de 1831 a produit 381,000 francs. Dix pour cent de produit net sont abandonnés aux fermiers de l'octroi ; 44,000 francs sont consacrés à l'éclairage de la ville ; 7,000 à l'entretien des pavés ; 450 francs à celui des horloges ; 1,400 francs aux pompes à incendie ; 800 francs au curement des bassins et canaux de la Fontaine ; 500 francs au loyer du cimetière des protestants ; 860 francs aux dépenses du conseil des prud'hommes ; 1,300 francs au traitement du machiniste, du portier et du surveillant de la salle de spectacle.

Les dépenses militaires sont portées à 17,300 francs ; celles relatives à l'instruction publique et aux beaux-arts à 42,710 francs ; celles des établissements de charité à 103,200 francs. Partout les misères humaines coûtent le plus cher! Dans le budget de l'instruction publique, 800 francs sont appliqués à l'achat des livres pour la distribution des prix du Collège royal ; 850 pour les prix des élèves des écoles primaires ; 4,310 francs servent à l'entretien de l'école protestante d'enseignement mutuel. Je trouve, à l'article *pensions et secours*, 300 francs de pension au sieur Ménard, et plus loin, 400 francs pour la troisième année de l'apprentissage du jeune Ménard. Cette dépense fait honneur à la ville de Nîmes. Elle vient au secours des descendants pauvres de son historien, Léon Ménard ; ces sortes de dépenses sont plus fécondes que celles des dotations du Mont-de-Piété.

13,100 francs sont donnés à divers titres à des ecclésiastiques des deux religions ; la part des catholiques est de 9,600 francs, celle des protestants de 3,500 francs.

Enfin, un dernier détail bon à retenir, c'est que ce budget offre un excédant d'environ 3,000 francs des recettes sur les dépenses. Toutefois si l'on ne tenait compte des difficultés de l'année 1831, si rapprochée de celle de 1830, on pourrait dire que Nîmes a dégénéré, car son budget de 1828 présentait un excédant des recettes sur les dépenses de 80,427 francs.

Tel est l'état sommaire des institutions locales et du mouvement industriel de la ville de Nîmes. Je n'ai pas dû comprendre dans cet état le détail des industries et commerces secondaires, ni des institutions administratives, qui sont les mêmes partout. Le but de cette partie statistique est seulement d'indiquer les points par lesquels Nîmes peut différer, sinon essentiellement, du moins en quelques parties intéressantes, des autres villes de France. Toutefois, il est un fait que je ne puis pas omettre, parcequ'il se rattache à la statistique commerciale de Nîmes, c'est le grand nombre de médailles que sa fabrique a obtenues dans la dernière exposition des produits de l'industrie.

CONCLUSION.

Peut-être voudrait-on voir cette statistique matérielle suivie d'une sorte de statistique morale de la ville de Nîmes. J'avoue que je ne saurais comment la faire ni de quels éléments la composer. Ramasser çà et là quelques traits de mœurs locales, fureter dans les arrière-boutiques quelques singularités languedociennes, ou bien, à l'exemple de certains statisticiens, refaire avec le passé des mœurs modernes mensongères, ne serait pas digne de notre travail, ni conforme à mon respect personnel pour la vérité. L'effet naturel de la civilisation, et surtout de la civilisation particulière qui distingue la France d'entre toutes les nations, civilisation élaborée dans une métropole immense, et répandue du centre à la circonférence par une administration unique, est d'effacer de plus en plus les originalités particulières, de niveler les inégalités provinciales au profit d'une physionomie uniforme, qui fera peu à peu de la France moins une nation qu'une personne. Or, cet effet, tant déploré par les poètes et cette espèce de voyageurs qui aimerait mieux voir brûler un sorcier au fond de quelque province stationnaire qu'y entendre enseigner l'instituteur d'une école lancastrienne, par la raison que la première chose est plus *pittoresque* que la seconde, cet effet, disons-nous, a renouvelé presque entièrement la vieille cité du seizième siècle. N'était cette tourbe du bas peuple, hélas ! si difficile à changer, à laquelle des suggestions de parti et une certaine manie d'émeutes font jouer de temps en temps la parodie des anciennes *émotions* populaires, Nimes serait une ville parisienne par le bon ton, la politesse, l'habit, le goût des bons chanteurs et des beaux ballets, l'amour de l'ordre, le besoin de repos, cette passion des classes industrielles et propriétaires, lesquelles donnent le ton dans les villes, et copient la civilisation centrale aussi fidèlement que tous les télégraphes répètent la dépêche du premier.

Il y a, pour l'observateur impartial, la même différence entre la vieille ville que nous représentent les gravures du seizième siècle, — au dehors ceinte d'une haute muraille crénelée, flanquée de tours et percée de meurtrières, avec des ponts-levis et des poternes, et, sur l'esplanade du rempart, quelques arbres chétifs pour abriter les gens du guet ; au dedans toute plantée de petits clochers appartenant aux *convents*, avec leurs girouettes surmontées d'une croix — et la ville de 1834, ouverte et libre au dehors, à moins qu'on n'appelle murailles les mureaux de l'octroi, et au dedans, traversée de boulevarts *superbes*, comme dit l'annuaire, large et spacieuse pour l'industrie et la paix, et non plus ramassée pour la guerre, avec de belles maisons qui ressemblent aux belles maisons de Paris, — il y a la même différence, dis-je, entre ces deux villes, qu'entre la bourgeoisie républicaine des guerres religieuses, qui se gouverne elle-même, et sait au besoin se passer de la métropole, et la pacifique bourgeoisie actuelle, qu'on gouverne si facilement de Paris, à l'aide du petit télégraphe niché au sommet de la Tour-Magne. Et si cela est affligeant pour les amateurs de *couleur locale,* qui en veulent voir partout, fût-ce même du sang versé, cela réjouit le philosophe, l'homme qui comprend le rôle de la France du dix-neuvième siècle, lequel n'est pas, ce semble, de se manger *pittoresquement* dans des localités arriérées et rancuneuses, mais d'avoir toutes ses villes réunies comme en un faisceau pour le grand œuvre de la civilisation universelle.

Quant à l'avenir de Nîmes, l'état actuel étant prospère, qui peut douter que l'avenir ne soit meilleur encore? Si la position de Nîmes, au milieu des terres, ni trop loin ni trop près du Rhône et de la mer, ne peut guère lui donner une de ces veines de prospérité inouïe qui enflent tout-à-coup les villes maritimes, elle la préserve de ces déchéances lentes et insensibles sous lesquelles nous voyons s'amaigrir peu à peu quelques-unes de ces villes, jadis au premier rang, et qui sont tombées au second ou au troisième, parceque le commerce a suivi d'autres chemins et a cherché d'autres ports. Nîmes, selon toute apparence, doit échapper aux deux excès, et réaliser, à la longue, un avenir solide. Tout cela, bien entendu, sauf les chances générales de la France, auxquelles seront toujours subordonnées les fortunes particulières de chaque cité.

On parle d'un canal qui viendrait du Rhône jusqu'à Nîmes, et, de Nîmes, descendrait vers la mer; on parle aussi d'un chemin de fer qui traverserait toute cette partie du Languedoc. Si ces deux créations se réalisent, on doit croire qu'elles modifieront gravement la condition de la ville de Nîmes, et qu'en augmentant les facilités de ses débouchés, elles y augmenteront en proportion l'activité et les produits du commerce intérieur. Mais sans bâtir un avenir problématique sur des projets dont la mise à exécution n'est pas encore officiellement résolue, on peut promettre à la ville d'aujourd'hui, dût-elle rester long-temps encore dans les mêmes conditions, tous les progrès que peuvent amener successivement l'exploitation intelligente d'une terre favorisée du ciel, le travail éclairé et non routinier qui s'aide de toutes les bonnes inventions, une sage administration intérieure, et surtout la paix entre les deux religions. C'est par là principalement que Nîmes peut devenir une des plus florissantes cités de France; c'est par là qu'elle attirera dans ses murs de nouveaux habitants, effrayés jusqu'ici de l'aspect sombre que lui donnent de loin les haines sauvages qui séparent encore les populaces des deux religions. Ceux-là ont donc bien mérité de la ville de Nîmes et de la France entière, qui, depuis la glorieuse révolution de 1830, ont travaillé à la pacification religieuse, en ménageant tous les intérêts, en se montrant justes pour tous, en ouvrant des écoles, en mêlant les enfants des deux religions dans des établissements d'éducation gratuite.

en éteignant dans leur source les vieilles rancunes, par le bienfait d'une instruction en commun. Ces hommes-là appartiennent à la religion protestante : il faut le dire à leur honneur. La révolution de Juillet leur avait donné le pouvoir et l'influence dans la ville; au lieu de les faire servir à de petites réactions sourdes contre le parti vaincu, ils ont tendu la main aux hommes sages de ce parti, fort étonnés d'abord de cette modération, mais s'y ralliant bientôt, et, par bon sens autant que par bon goût, se donnant l'air d'y avoir compté en y coopérant de la meilleure grâce. Puissent ces efforts sincères éteindre toutes les haines, et ne faire qu'un peuple des deux peuples de la réforme! Celui qui a écrit cette histoire le souhaite du plus profond de son cœur; c'est plus qu'un souhait de convenance en terminant, ou qu'une froide formule de sympathie universelle : c'est le vœu d'un hôte qui a laissé à Nîmes quelqu'une de ses meilleures et plus chères amitiés!

FIN DE NIMES.

TABLE DES MATIÈRES.

PARTIE I. — HISTOIRE.

PREMIÈRE PÉRIODE. — HISTOIRE DE NÎMES DEPUIS SON ORIGINE ET SES COMMENCEMENTS JUSQU'À LA RÉFORME.

Page.

I. — Origine et commencements de Nîmes. — Son existence sous les Romains, sous les Visigoths, sous les Sarrasins ou Arabes d'Espagne. — Charles-Martel ravage cette ville. — Elle se met sous la protection de Pépin-le-Bref; — Fait partie du domaine des comtes de Toulouse; — Est gouvernée par des vicomtes particuliers, indépendants; — Rentre sous le pouvoir des comtes de Toulouse; — Est réunie à la couronne de France, sous le règne de Louis VIII. 5

II. — Administration et institutions de Nîmes. — Les chevaliers des Arènes. — Le consulat. — Son mode d'élection. — Ses attributions. — Histoire du consulat jusqu'à la Réforme. 11

III. — Histoire de Nîmes du treizième au quinzième siècle. — Règne de saint Louis. — Emprisonnement des consuls sous Philippe de Valois. — Contributions votées pour la rançon du roi Jean. — Lutte de la commune contre le duc d'Anjou. — Misère de Nîmes. — Le duc de Berry. — Ravages des Tuchins. — La noblesse de Nîmes. — Les parvenus. — Les dernières années du quatorzième siècle. 17

IV. — Histoire de Nîmes pendant le quinzième siècle. — Les réformateurs des monnaies. — Le comte de Clermont fait emprisonner les consuls pour un arriéré de subside. — Nîmes, assiégée par le Dauphin, depuis Charles VII, rentre en grâce auprès du roi. — Tremblement de terre. — Peste. — Visite de quelques habitants de Nîmes attaqués ou soupçonnés de la lèpre. — Nouvelle peste. — Règnes de Louis XI, Charles VIII et Louis XII. — Entrée triomphale de François Ier à Nîmes. — La Réforme. 39

V. — Commerce et Industrie. — Lettres et Instruction publique. — Établissements religieux. — Mœurs. — Hommes célèbres durant cette première période. 67

DEUXIÈME PÉRIODE. — HISTOIRE DE NÎMES PENDANT LES GUERRES DE RELIGION.

I. — Découverte des reliques de saint Bauzile. — Les premiers martyrs du protestantisme à Nîmes. — Conduite du consulat. — L'inondation. — Mot atroce du comte de Villars. — Guillaume Mogel. — Saccagement des églises. — Prise de la Cathédrale. — Le Consistoire. — Pierre Viret. — Le Conseil des Messieurs. — Réception de Charles IX à Nîmes. — Premiers revers des protestants. — 1517-1567. 81

	Page.
II. — Réaction catholique. — Consuls choisis par le roi parmi les bourgeois. — La Michelade. — Nouvelle réaction catholique. — Les exilés protestants s'emparent de Nimes. — Édit de pacification. — La Saint-Barthélemy. — Nimes capitale de la ligue protestante dans le midi. — Édit de Nantes. — Plantation du mûrier blanc. — 1567-1600.	90
III. — Physionomie de Nimes pendant le règne de Henri IV. — Émeute contre le conseiller Ferrier. — La guerre recommence. — Le duc de Rohan. — Excès des protestants. — Excès des catholiques. — Déchéance et découragement du parti protestant. — Émotion à l'occasion du consulat. — Cromwell demande grâce pour les Nimois. — Révocation de l'édit de Nantes. — 1610-1685.	97
IV. — Effet de la révocation de l'édit de Nantes à Nimes. — L'abbé du Chayla. — Ses atrocités. — Il est massacré par les protestants. — Le maréchal de Montrevel. — Égorgement et incendie. — L'évêque Esprit Fléchier. — Supplice des derniers chefs Camisards. — Mort de Louis XIV. — 1685-1716.	105
V. — État des Institutions, du Commerce, des Mœurs, à Nimes, pendant cette seconde période. — L'Académie Nimoise. — Célébrités littéraires de Nimes. — Cassagne. — Léon Ménard, l'historien de Nimes.	110
Conclusion. — Soixante années de calme complet. — Nimes pendant la révolution de 89. — Sous l'Empire. — Sous la Restauration. — État actuel. — Avenir de Nimes.	116

PARTIE II. — DESCRIPTION.

Aspect de Nimes. — Impressions générales.	120
I. — Monuments de l'antiquité romaine. — La porte de France et la porte d'Auguste. — La Tour-Magne. — Les Bains. — Le Temple de Diane. — Le pont du Gard. — L'Amphithéâtre. — La Maison Carrée.	125
II. — Monuments du moyen-âge. — La Cathédrale.	155
III. — Monuments modernes. — Le Jardin de la Fontaine. — La Maison Centrale.	162

PARTIE III. — STATISTIQUE.

Population.	170
Commerce. — Éducation du ver à soie.	Ibid.
Instruction publique. — Académie Royale du Gard. — Collège Royal. — Bibliothèque. Instruction primaire. — Enseignement mutuel. — Écoles Chrétiennes.	178
Administration de la justice.	180
Établissements de bienfaisance.	Ibid.
Dépenses et Recettes de la ville de Nimes.	181
Conclusion.	182

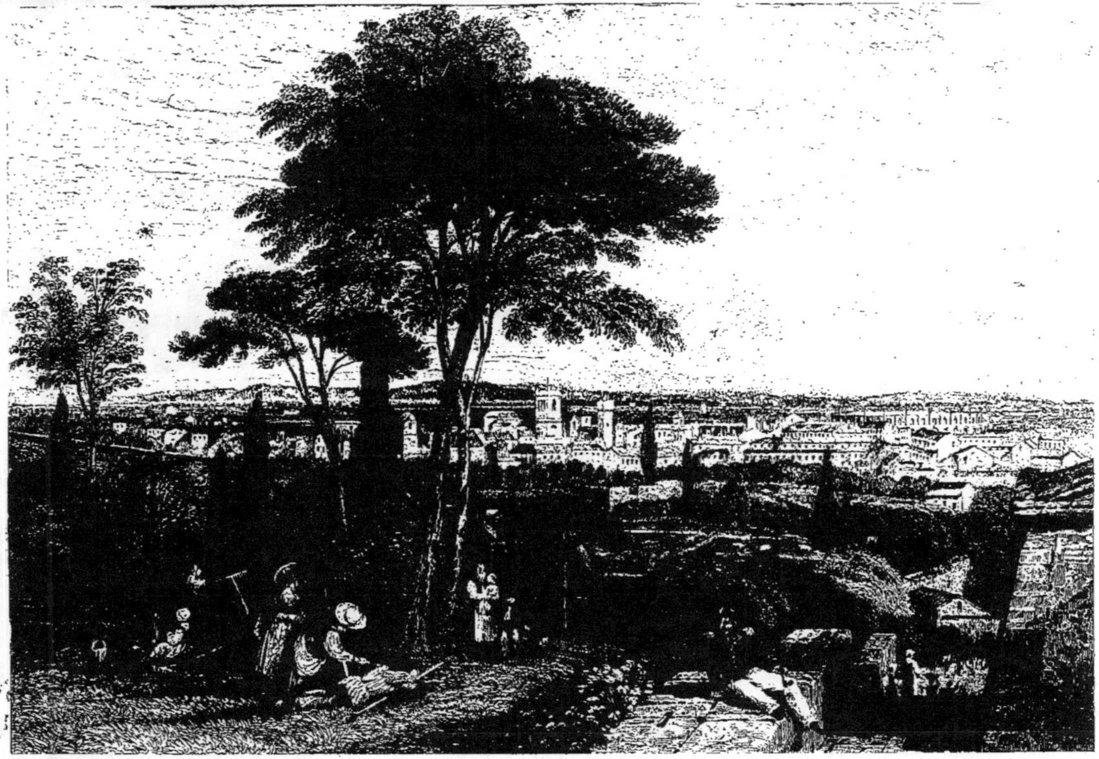

F. Mercey et Havell del. Larbalestier sc.

Vue générale de Nîmes.

à Paris, chez Desenne, Libraire, Rue Hautefeuille N° 16.

Bertauts Imp.

Porte de France.
Nimes

LA TOUR MAGNE, A NIMES.

LES ARÈNES DE NIMES.

Hourargue et Allom del.

E. Wallis sc.

MAISON CARRÉE, A NIMES.

Cathédrale de Nimes.

Place de la belle Croix
à Nîmes

BOHÉMIENS AU PONT DU GARD.

8ᵉ Livraison.   Prix : 1 fr.

HISTOIRE ET DESCRIPTION

DES PRINCIPALES

VILLES DE L'EUROPE

PAR

MM. VILLEMAIN, AUGUSTIN ET AMÉDÉE THIERRY, ARMAND CARREL,
VICTOR LECLERC, DUBOIS (DU GLOBE), PHILARÈTE CHASLES, DELÉCLUZE, SAINT-MARC-GIRARDIN,
FRÉDÉRIC MERCEY, TASCHEREAU, PEISSE, CHARLES MAGNIN, LITTRÉ,
LETRONNE, MÉRIMÉE, LOUIS VIARDOT, PIERRE LEROUX, STAPFER, SAINTE-BEUVE,
AMÉDÉE PICHOT, HEINE, GALIBERT, LOÈVE-VEIMARS, VALERY,
CHARLES NODIER, ROLLE, THIBAUDEAU,
MORET, GARNIER, ETC.

SOUS LA DIRECTION DE M. NISARD,

Avec Gravures sur acier et Vignettes sur bois,

Exécutées sous la direction de M. GIBALDON-BOVINET,

d'après

A. ROUARGUE, EUGÈNE ISABEY, C. ROQUEPLAN, DAUZATS, GARNERAY,
HARDING, PROUT, CH. BENTLEY, LEWIS, COOKE,
HAVELL, ALLOM, CALLOW, ETC.

A PARIS,

CHEZ DESENNE, LIBRAIRE,

RUE HAUTEFEUILLE, N° 10.

ET AU DÉPÔT CENTRAL DE GRAVURES FRANÇAISES ET ÉTRANGÈRES,
Passage Vivienne, N° 70, du côté de la rue Vivienne.

TYROL.

TRENTE ET INSPRUCK.

PARIS. — IMPRIMERIE ET FONDERIE
A. ÉVERAT,
16, rue du Cadran.

HISTOIRE ET DESCRIPTION
DES
PRINCIPALES VILLES DE L'EUROPE.

TYROL.

TRENTE,

PAR M. MERCEY.

A PARIS,
CHEZ DESENNE, LIBRAIRE,
10. RUE HAUTEFEUILLE.

1835.

TRENTE.

PARTIE I. — HISTOIRE.

I.

COMMENCEMENTS DE TRENTE.
TRENTE RÉPUBLIQUE ECCLÉSIASTIQUE.
SAINT VIGILE.

Les historiens ne sont pas d'accord sur l'époque de la fondation de Trente et sur le nom de son fondateur. Les uns racontent que du temps de Tarquin-l'Ancien, le Celte Bellovèse conduisit dans l'Italie la première migration des peuples de la Gaule, ruina le grand empire des Étrusques, et, maître de tout le nord de la Péninsule, fonda Trente en même temps que Milan, Bergame, Vicence et Padoue. Les autres attribuent l'origine de cette ville à ces mêmes Étrusques, rejetés au sein des Alpes, auxquelles leur chef Rhétus a laissé son nom. D'autres enfin, sans remonter si haut, font bâtir Trente par Brennus et ses Gaulois. Disons avec le chroniqueur de Trente, Pincio, « que les Trentais ne peu- » vent guère connaître le véritable fondateur de leur ville et qu'ils doivent » s'en consoler. » Ajoutons que, fondée par Bellovèse ou par Brennus, par les Gaulois ou par les Étrusques, toujours est-il que cette ville est des plus anciennes.

Quant au nom de *Trente*, sont-ce les trois torrents Fersine, Saleto et Persio qui coulent dans ses environs, ou les trois sommets des Alpes voisines qui s'élèvent comme trois dents au-dessus de ses murailles, ou le trident du dieu Neptune auquel, dans l'antiquité, cette ville était consacrée, qui lui ont valu ce nom? Chacune de ces opinions est soutenue avec une chaleur digne de son importance, et les raisons que donnent leurs partisans nous ont paru si concluantes, qu'aujourd'hui nous ne pouvons douter que cette ville ne s'appelle TRENTE.

Trente est assise au pied de hautes montagnes, sur la rive gauche de l'Adige, *fameux entre tous les fleuves,* disait, il y a déjà quatorze siècles, le Goth Cassiodore. Ces montagnes, chaînon considérable qui joint les Alpes du Tyrol aux collines Euganéennes, resserrent ici la vallée de l'Adige et ne laissent entre leurs pentes escarpées qu'un étroit passage rempli en entier par le fleuve et par la ville. D'un bord à l'autre de la vallée se groupent pittoresquement ses vieilles et petites maisons à toits plats, ses palais de marbre, ses dômes blancs, ses clochers élancés et ses hautes murailles flanquées de grosses tours lombardes, crénelées à leur sommet et dominées par un vaste et antique château.

On ne retrouve point ici la physionomie allemande des autres villes du Tyrol. Trente est une ville toute méridionale que colore une lumière plus chaude, qu'illumine un ciel plus pur.

Ses vieilles murailles, couleur de bistre, dessinent leur masse sombre sur des groupes de maisons blanches, que le temps a veinées de teintes fauves et orangées; et si, de distance en distance, apparaît un palais ou une église à la façade rouge, c'est au marbre des monts du voisinage, et non à la brosse du badigeonneur qu'ils doivent cette couleur éclatante.

Ces vieilles murailles remontent aux anciens temps de l'histoire de Trente. Théodorick, roi des Goths, les éleva il y a quatorze siècles. Nous avons encore l'édit dans lequel ce roi barbare, maître de l'Italie et voulant fermer les portes du Midi aux autres barbares, qui, à son exemple, accouraient à la curée, fait un appel au dévouement des Feltrins, et, s'autorisant de la nécessité, leur enjoint de se rendre à Trente pour en édifier les murailles.

Les murailles de Théodorick ont vu passer bien des générations, les révolutions et les guerres les ont souvent ébranlées ; aussi de nos jours reste-t-il à peine quelques traces de leurs antiques assises. Les Lombards avaient déjà remplacé les Goths dans leur enceinte lorsqu'elles furent renversées une première fois en partie par les Franks. Ces peuples, sous le règne de Hildebert II, roi d'Austrasie (oster-rike), envahissant l'Italie pour la troisième fois, s'emparèrent de Trente, que ses habitants défendirent mal. Toute la vallée de l'Adige fut ravagée; une foule de bourgades, Tesana, Brentenico, Cembra, furent saccagées, et les vainqueurs évacuèrent le pays, emmenant en esclavage tous ceux des habitants qui purent les suivre.

A l'époque de ces désastres, Trente était au pouvoir de l'un des ducs lombards qui, à la mort de Cléphis, leur roi, s'étaient déclarés indépendants. Réunis un moment contre l'invasion des Franks, sous Autharis, ces ducs remuants ne tardèrent pas à se soulever de nouveau, s'appuyant les uns sur leurs garnisons lombardes, les autres sur la race conquise. Trente, repeuplée en partie par Agnello, son évêque, qui avait su toucher le cœur de Brunehilde, mère de Hildebert, et délivrer ses compatriotes, Trente commençait à respirer, quand Alachis, son duc, réparant la muraille de Théodorick et fortifiant le château, se souleva contre le roi lombard Pertharite, qui, cette fois, tenta vainement de la soumettre.

Alachis régnait à Trente sous le titre de duc, et s'était rendu fameux par ses exactions et sa tyrannie, lorsqu'il fut tué dans un combat.

Lorsqu'en 773 Charlemagne, entré en Italie, fit la conquête des états lombards, et, plus politique et plus heureux que Hildebert II, sut s'y établir solidement, Trente passa avec les autres villes lombardes sous la domination impériale. C'est vers ce temps, qu'à l'exemple des évêques de Brixen et de Salsbourg, l'évêque de Trente devient seigneur temporel de la ville, sous le protectorat de l'empire, entretenant avec son suzerain à peu près les mêmes relations que de nos jours le canton de Neuchâtel avec la Prusse. Et, comme l'autorité entre les mains d'un prêtre catholique ne pouvait être héréditaire, il s'établit à Trente un gouvernement viager, espèce de république ecclésiastique élective avec un chef à vie. Ce chef évêque était élu, il est vrai, par une oligarchie religieuse; mais enfin il était élu.

Ces oligarques, que les chroniqueurs appellent tantôt le Sénat de Trente, tantôt les Pères de Trente, *Senatus, Patres tridentini,* formaient une assemblée ou plutôt un chapitre de dix-huit membres ou chanoines, moitié nobles, moitié gradués; et, afin que l'influence impériale prédominât dans ce petit sénat, douze de ses membres devaient être Allemands et six seulement Italiens

Ce chapitre choisissait le prélat entre les chanoines nobles. Ce prélat, seigneur spirituel et temporel, prenait le titre de prince de l'Empire, avait voix et séance aux diètes impériales, envoyait un délégué aux états du Tyrol, et payait sa part des contingents votés par ces assemblées.

Les revenus de l'évêque étaient considérables. Charlemagne, en fondant le petit état, s'était montré généreux, et les empereurs, ses successeurs, s'étaient plu à étendre ses domaines. Riva, Tramin, Levico, Cembra, Cavalèse, le val di Non, le val di Sol et le val Lagaris composaient la principauté dont Trente était la capitale.

Remarquons ici que l'autorité temporelle des évêques avait un caractère moins despotique que celle des ducs ou comtes lombards, étant moins militaire. Aussi le pouvoir approchait-il plus de la magistrature que de la royauté; et comme pour être quelque chose dans le gouvernement, il fallait d'abord entrer dans les ordres, en revanche, pendant plusieurs siècles, le peuple de la petite république eut voix consultative et souvent délibérative.

Les lois municipales avaient été acceptées et confirmées par l'évêque. Les autres lois étaient tantôt proposées par le peuple et confirmées par l'évêque, tantôt proposées par l'évêque et acceptées par le peuple. Le peuple, dans ces occasions, s'assemblait sur la place du Dôme, et après les discussions du forum, comme dans les démocraties antiques, acceptait ou refusait. Il en fut ainsi jusqu'à la fin du quinzième siècle; mais les évêques, qui plus d'une fois eurent peu à se louer de ce mode de délibération, profitèrent de ses abus pour empiéter sur l'autorité populaire; et enfin, après une guerre civile, dans laquelle ils restèrent vainqueurs, ils confisquèrent ces libertés à leur profit.

Mais voyons quels furent les commencements de l'épiscopat dans la ville de Trente. C'est à tort que les historiens attribuent sa fondation à saint Vigile (an 400). Hermagoras, le premier, prêcha le christianisme dans cette ville; Jovin y établit un évêché, et après lui saint Vigile y consolida la religion naissante, moins par ses prédications que par sa mort.

Vigile est le saint populaire de Trente. C'est le patron de cette ville. Son histoire est celle de tous les martyrs. Du fanatisme, de l'audace et une mort horrible !

Il y avait dans la campagne de Riva, près des bords de la Sarca et du lac de Garda, une statue de Saturne fort renommée dans le pays. Les montagnards des Alpes voisines avaient coutume de sacrifier devant elle de nombreuses victimes ; et cette statue colossale dominait toutes les vallées environnantes, à peu près comme de nos jours saint Charles Borromée aux rives du lac Majeur.

Vigile, prélat de Trente et chef naturel des chrétiens du pays, ne pouvait voir sans horreur une pareille idolâtrie ; et toutes les fois que son ministère l'appelait du côté de Riva, et que, traversant les montagnes qui séparent la vallée de l'Adige de la vallée de la Sarca, il apercevait de loin la statue des païens, il avait peine à contenir son indignation et s'échappait contre elle en invectives et en anathèmes.

Un jour le fougueux prélat passant dans le voisinage de l'idole, en compagnie de plusieurs de ses disciples, chauds sectateurs de la religion nouvelle, vit quelques paysans qui se retiraient après avoir fait un sacrifice. Cette fois Vigile ne peut maîtriser sa sainte colère : — *Les gens qui adorent Saturne adorent le diable, s'écrie-t-il, et en lui sacrifiant ils sacrifient aux enfers!* Se jetant ensuite sur l'idole, il l'insulte, il la frappe ; et ses compagnons, réunissant leurs efforts aux siens, l'arrachent de sa base et la précipitent dans la Sarca.

A cette vue, les païens indignés crient au sacrilège. Les montagnards accourent, enveloppent les chrétiens, se saisissent de Vigile, leur chef, l'entraînent sur le grand chemin, le jettent à terre ; et là, ces féroces idolâtres, à défaut d'autres armes, déchirent avec leurs sabots la bouche qui a blasphémé, rompent les bras qui ont profané leur Dieu, et achèvent le malheureux en lui écrasant la tête avec leurs sandales ferrées.

Ceux des compagnons de Vigile qui avaient pu s'échapper, apportèrent à Trente la nouvelle de la mort du prélat. L'épouvante fut grande dans la ville. Déjà les Trentais, presque tous chrétiens, se voyaient assiégés par ces montagnards sauvages et se préparaient à une résistance désespérée ; mais ceux-ci, satisfaits de la vengeance qu'ils avaient tirée du sacrilège, étaient rentrés dans leurs villages. Le corps du prélat, racheté par ses ouailles, fut ramené dans la ville en grande pompe. Salo et Brescia se partagèrent la terre rougie de son sang, et ses restes furent déposés dans l'église cathédrale de Trente, qui aujourd'hui porte son nom, et que lui-même avait consacrée à saint Gervais et à saint Protais, peu d'années auparavant.

II.

**GUERRES DE TRENTE. — SES RÉVOLUTIONS.
HISTOIRE DE BELLENZANO.**

De l'épiscopat de saint Vigile au règne des ducs lombards, et dans les siècles qui suivent, l'histoire de Trente n'est qu'une histoire d'évêques ; une espèce de chronique sainte, pleine d'actions saintes, de saintes morts, de combats judiciaires et religieux, et de miracles plus ou moins avérés. On voit que cependant, tout en s'occupant du spirituel, les bons prélats ne négligeaient pas le temporel ; chacun d'eux semble avoir à cœur d'agrandir le territoire de la petite république. L'un y joint Tobelino et son lac ; l'autre Roveredo et son territoire ; un troisième Garda, sur le lac du même nom. Aux saintes armes de la parole ils savent, à l'occasion, joindre des armes plus efficaces. Le casque remplace la mitre sur leurs têtes, et ils manient l'épée et la lance avec autant d'aisance que la crosse pontificale. Chacun d'eux veut faire ses preuves. Un jour c'est l'évêque Adalbert qui va combattre les gens de Castrobarco, et qui se fait tuer à la tête de ses ouailles, et qu'on canonise pour sa bravoure (1250) ; une autre fois, l'évêque Engnomus défend bravement sa ville contre les Véronais et leur tyran Ezzelino de Romano. Malheureusement la fortune lui est contraire. Maître de Bassano, de Marostica et du pays des *Sette communi*, l'ennemi, en nombre supérieur, s'empare de la ville et la saccage. Tout le diocèse de Trente est ravagé. Cette fois encore les villes et les châteaux sont renversés, les villages incendiés, leurs habitants égorgés, et quand tout a passé par le fer ou par le feu, les vainqueurs se retirent chargés de butin. Car, nous le répétons ici, ces guerres de peuple à peuple et de ville à ville étaient des guerres de brigands. Dans cette anarchie du moyen âge, le vol à main armée était passé dans le code des nations. Abondance d'un côté, pauvreté de l'autre, étaient des motifs de guerre légitimes. Une ville était d'autant plus menacée qu'elle était plus riche.

Ces temps de désastres furent aussi des temps de troubles, et ces troubles amenaient de nouveaux désastres. Les citoyens de Trente, nous disent les chroniqueurs, étaient divisés en deux camps ; chacun, songeant à son intérêt particulier, négligeait l'intérêt commun, et il en était beaucoup qui, désireux de nouveautés, *rerum novarum cupidi* (le reproche, on voit, date de loin), ne songeaient qu'à mettre le désordre dans la cité. Il faut dire que l'historien qui se plaint de cet amour des citoyens pour les *nouveautés* écrivait dans le palais de l'évêque.

Affaiblie par ses divisions intestines, pillée par les Italiens, menacée par les Allemands, harcelée long-temps par Maynard, comte de Tyrol, contre lequel Henri, son infatigable et courageux évêque, a peine à la défendre, la malheureuse ville se voit à plusieurs reprises à deux doigts de sa ruine. Enfin, après l'avoir long-temps inquiétée, Louis de Bavière profite de son affaiblissement et de la simplicité d'Albert, un de ses évêques, qui croit la défendre avec les seules foudres de l'Église, et s'en rend maître sans coup férir.

Trente, dans son malheur, recourut aux empereurs, ses protecteurs naturels; mais les troubles de l'empire rendirent vaine cette protection, et ce ne fut qu'après un long asservissement que Rodolphe put restituer la ville à son évêque, qui le reconnut pour son suzerain.

La joie avait été grande lors du départ des Bavarois, et cependant, à peine rentrée sous l'autorité épiscopale, de nouveaux troubles agitent la petite république.

La cause première et générale de ces troubles est sans doute dans cette fermentation universelle des peuples de l'Europe qui distingue la seconde époque du moyen âge, l'époque de transition avec les temps modernes. Quant à la cause locale, elle ne tient pas à une différence de race, comme dans d'autres pays; ici la fusion est complète entre la race cisalpine et la race allemande : les évêques des deux nations gouvernent tour-à-tour, et, dans les séditions, les deux peuples marchent confondus; il n'y a pas ici de race dominante. Les troubles du Tyrol ne sont pas non plus de même nature que les mouvements des villes françaises; celles-ci ne se soulèvent contre leur supérieur, abbé, comte, évêque ou roi, que pour une liberté tout-à-fait matérielle : liberté de ne payer que certain subside, de disposer de ses biens, de vendre, d'acheter, de tester. Dans la conquête de leurs libertés municipales, leurs citoyens ne recherchent que le positif de l'indépendance, c'est-à-dire la sécurité des transactions et la sûreté des personnes. Ce but toujours en vue, ils marchent d'un pas lent et ferme à un affranchissement complet, à une république bourgeoise, qu'empêchent à grand'peine les réactions du pouvoir ou des transactions qui satisfont les plus pressants de ces intérêts, et qui amènent la liberté des chartes communales.

Les villes italiennes, au contraire, les unes républiques de fait et jouissant en réalité d'une liberté étendue, les autres écrasées sous le joug de petits despotes capricieux et féroces, combattent, celles-ci par nécessité, pour briser ce joug, celles-là par chaleur de tempérament, par caprice d'imagination. La ville où le tyran domine, révoltée par quelques conjurés, chasse aujourd'hui son tyran pour en prendre un autre le lendemain. Celle qui au fond est déjà libre et qui se soucie peu que ses libertés réelles, liberté d'aller, de venir, de disposer, d'être maître chez soi, soient mieux garanties, se soulève par désœuvrement, par légèreté, par une sorte de besoin de mouvement tout-à-fait intellectuel. Remplis des souvenirs de la Grèce et de Rome, ses citoyens, hommes à imagination dramatique, bouleversent l'état, pour se dire libres comme on l'était en Grèce ou à Rome. Dans leur héroïque enfantillage, ils s'attachent plutôt aux apparences qu'aux réalités de la liberté. Au plus fort de la bagarre, l'œil fixé sur le passé, ils parodient les grands hommes de Plutarque, et, comme nous le verrons tout-à-l'heure, au milieu des dangers les plus pressants, ils se jettent à la tête des lieux communs d'héroïsme antique, et haranguent leurs partisans avec des lambeaux de Tite-Live et de Tacite.

Aussi la plupart des mouvements de ces villes italiennes, n'ayant pas leur origine dans des besoins profondément sentis, ne sont que des séditions passagères, et non pas des révolutions durables; une suite d'explosions soudaines, et non pas une lutte suivie. Écoutons plutôt ce récit des troubles de Trente dans le quinzième siècle.

Vers l'an 1418, un homme d'une grande fortune et vivement porté aux choses nouvelles vivait à Trente. Cet homme s'appelait Bellenzano. Entreprenant et plein d'audace, sous l'épiscopat d'Albert il avait, à plusieurs reprises, soulevé le peuple contre l'usurpateur Louis de Bavière, et il avait puissamment contribué à arracher la ville à sa domination.

Après la mort d'Albert, George ayant été choisi pour le remplacer, Bellenzano, impatient de toute autorité, et songeant peut-être à profiter des troubles de sa ville pour occuper lui-même le premier rang dans l'état, poussait les citoyens à la sédition en les conviant à la liberté. Il assemblait ses partisans dans de secrets conciliabules, réchauffait leur zèle par ses discours, et il n'eut pas de peine à persuader à ces hommes, naturellement remuants, qu'une fois leur évêque chassé, ils seraient les seuls maîtres dans la ville. Le plan des conjurés fut bientôt arrêté. L'évêque George, ne soupçonnant rien, ne se tenait pas sur ses gardes ; Bellenzano profite de son imprudente confiance. A un signal convenu, les conjurés envahissent le palais, se précipitent sur l'évêque, le chargent de fers et le jettent dans un cachot. Comme à la nouvelle de ce mouvement une grande agitation s'était répandue dans Trente, Bellenzano convoque le peuple sur la place publique, et là cet homme audacieux se présente avec un visage serein à la foule assemblée et la harangue avec chaleur.

« Maintenant vous voilà libres ! leur dit-il, maintenant il ne s'agit » plus que de défendre votre liberté avec le même courage que vous avez » mis à la recouvrer, la liberté qui seule plaît à tous les hommes ! » Puis il leur demande si eux, ces braves citoyens qui n'avaient pu s'habituer au joug du prince de Bavière, se seraient facilement résignés à subir la domination de plusieurs prélats qui semblent regarder leurs personnes comme un héritage qui leur est dû, et qu'ils se passent l'un à l'autre avec une insultante régularité. « Quoi ! ces chanoines, avec leurs » bonnets de femme et leur bâton tortu et doré, nous causeraient plus » d'épouvante que de farouches soldats allemands avec leurs casques » de fer et leurs lances de fer !... Et cependant, si nous nous plaignons des » énormes tributs que ces prêtres nous extorquent, nous sommes rebelles ; » si nous nous soumettons et si nous portons le fardeau sans murmurer, » nous sommes de bons citoyens. Ah ! comptez combien vous êtes et » combien ils sont, et dites si c'était la peine de montrer tant de courage » contre les ennemis du dehors pour être esclaves chez vous ! »

En terminant, Bellenzano répète au peuple que s'il a besoin, non d'un maître, mais d'un guide, mais d'un chef, il est prêt à se dévouer et à se mettre à sa tête. « Du reste, c'est à vous-mêmes, à vos suffrages » communs d'établir ce qui vous convient. »

Ses paroles chaudes et pressantes, comme toutes celles des séditieux, plurent au peuple qu'elles flattaient. Sur-le-champ on élit un conseil de seize membres, lesquels choisissent Bellenzano pour chef et le chargent de l'administration du pays et de la direction des affaires. Une fois maître, Bellenzano, aveuglé par son orgueil et par le succès, ne tarde pas à se livrer à des excès de pouvoir. Ceux qui avaient contribué à son élévation deviennent ses victimes aussi bien que ceux qui s'y étaient opposé; et il tourne contre le peuple les armes que le peuple lui avait données. *Cette misérable populace aime mieux qu'on la gouverne que gouverner elle-même,* répétait-il hautement; *celui qui sait et qui ose la mène où il veut.*

L'évêque était toujours dans les fers. Bellenzano n'avait pas encore osé le faire exécuter ; mais regardant sa mort comme nécessaire à l'affermissement de son pouvoir et voulant y préparer le peuple, l'usurpateur fit d'abord trancher la tête à ses deux chambellans, jeunes gens d'un grand mérite et d'une haute noblesse ; et, par un raffinement de barbarie dont les exemples ne sont que trop fréquents dans les mouvements révolutionnaires, il fit porter ces têtes toutes sanglantes dans la prison de l'évêque.

Les annalistes racontent la douleur du malheureux prélat, quand, tout-à-coup, au milieu d'une nuit profonde, il aperçut à la lueur des torches ces têtes pâles et souillées de sang. Il poussa un profond soupir, et, détournant les yeux d'un spectacle aussi affreux, il se montra plus affecté de la perte des siens que des horreurs de sa prison et du sort qui l'attendait. Sa douleur fut si vive et ses plaintes furent si déchirantes, qu'elles touchèrent le cœur d'un de ses geôliers; et bientôt, du fond de son cachot, le prélat put, avec l'aide de cet homme, dépêcher un message à Henri de Rottembourg, qui commandait dans la province. En apprenant le soulèvement de Trente et l'emprisonnement de l'évêque George, ce général rassemble quelques soldats ; il écoute en frémissant le messager du prélat et dirige en toute hâte sa petite armée vers la ville.

Au bruit de son approche, les Trentais s'épouvantent, prennent les armes et courent à la place du palais, rendez-vous de leur milice. Les hommes les plus compromis s'y étaient déjà rassemblés. Leurs discours étaient pleins de violence; mais leurs visages pâles et leur contenance abattue témoignaient de leur peu de résolution. Le découragement croissait dans leurs rangs, quand Bellenzano, sortant du palais le casque en tête, l'épée au poing et le cœur plein d'une sorte de joie martiale, se précipite au milieu d'eux, et, s'adressant à ceux qui paraissent les plus ébranlés et s'efforçant de leur communiquer la confiance qui l'anime : « — Le préfet Henri de Rottembourg vient de ce côté, » leur dit-il d'une voix haute et ferme, « mais seulement avec une poignée de

» soldats! Si vous m'en croyez, nous lui épargnerons la moitié du
» chemin. Je ne vous recommanderai pas de bien vous battre ; je vous
» connais, et je vous promets la victoire, si seulement vous mettez à
» défendre votre vie le même courage que vous avez mis à détrôner votre
» évêque. »

Puis, s'adressant au peuple assemblé, et, comme tous les oppresseurs, retrouvant à l'instant du danger quelques paroles de liberté :

« Hommes de Trente, » leur dit-il, « souvenez-vous que vous êtes
» libres, et n'oubliez pas que quelques hommes de cœur qui combattent
» pour la liberté sont plus assurés du succès qu'un seul qui combat pour
» l'empire!... »

Mais Bellenzano n'avait pas encore achevé sa harangue, qu'un grand bruit de trompettes se fait entendre aux portes de Trente. C'était l'ennemi qui donnait assaut à la ville. Les soldats de Rottembourg, couverts de larges boucliers, en cuir ou en airain, qui les abritaient contre la chute des pierres et de l'huile bouillante, et contre le jet des flèches, tentent d'escalader les remparts. Les Trentais tiennent bon et font pleuvoir sur les assaillants de gros quartiers de rochers lancés par des machines placées sur les murs du château. Mais ceux-ci jettent des échelles sur les fossés, les traversent bravement, coupent les chaînes des herses, abattent les ponts, pénètrent sous les portes et chassent les assiégés des murailles et des mantelets en bois derrière lesquels ils s'abritaient. Maîtres des remparts, ils rejettent leurs défenseurs vers le centre de la ville, incendient les maisons qui résistent, s'emparent des rues principales, et les plus audacieux poussent même jusqu'à la place du Dôme.

Tout le peuple s'y était rassemblé pour échapper au danger et pour être plus à portée d'implorer saint Vigile.

A la vue de l'incendie et de leur ville remplie d'ennemis, aux cris de triomphe des soldats de Rottembourg, et aux plaintes des blessés et des mourants, les Trentais, saisis de terreur, se répandent en malédictions et en sanglots. Partout, sur la place, dans le temple et dans les maisons voisines, partout on entend des cris d'effroi, des pleurs et des lamentations de femmes.

Bellenzano, la cause de tant de malheurs, aussi brave qu'il était coupable, n'avait pas perdu courage. Il avait barricadé les rues qui aboutissaient à la place; et, tandis que ses partisans les plus compromis et les plus décidés tenaient l'ennemi à distance à coups de flèches et de pierres, il essayait encore une fois de ranimer la confiance de cette multitude effarée, lui faisant honte de ses larmes et de ses terreurs. A celui-ci, il reproche sa poltronnerie; à celui-là, son ancien amour pour la liberté qu'il trahit; à tous la lâcheté avec laquelle ils se précipitent dans un esclavage plus redoutable mille fois que l'épée de leurs ennemis.

Mais voyant que tous ses efforts sont vains et que ces hommes terrifiés n'osent même plus prêter l'oreille à ses paroles, il rassemble un petit nombre d'amis dévoués, et à leur tête il se précipite au plus épais des soldats ennemis et en fait un grand carnage, jusqu'à ce qu'enfin, accablé par le nombre et préservé par miracle, il tombe vivant au pouvoir de ceux auxquels il demandait la mort à grands cris.

Conduit devant Rottembourg, Bellenzano dédaigna de répondre à ses questions. Henri le fit conduire sur la place publique; et là, en présence de tout le peuple, il ordonna au bourreau de lever la hache sur la tête du rebelle. Bellenzano restait impassible, lorsqu'enfin, après un long intervalle, le bourreau, à un signal du vainqueur, laissa tomber la hache et lui trancha la tête d'un seul coup.

Telle fut la fin de cette révolte populaire et de la funeste et rapide domination de Bellenzano.

La mort de l'usurpateur n'amena pas la réintégration de George sur le trône épiscopal. Frédéric, duc d'Autriche (à l'instigation duquel plusieurs chroniqueurs laissent entendre que Bellenzano avait agi), sous prétexte de le venger, envahit le Trentin. George, cette fois, s'enfuit en Allemagne, emportant avec lui les vases sacrés. Les Trentais, laissés à eux-mêmes, n'eurent pas de peine à faire leur paix avec Frédéric, qui, touché de commisération à la vue des ruines de cette malheureuse cité, promit avec bonté à ses députés, arrivés pieds nus devant lui, que désormais le duc d'Autriche serait leur protecteur.

Mais à cette époque ce même Frédéric était déposé par le concile de Constance, irrité contre lui de l'aide qu'il avait apportée à la fuite du pape Jean XXIII. George cette fois fut réintégré. Mais il ne voulut pas rentrer dans la ville rebelle, et il mourut du poison en exil, disent les chroniqueurs.

Sous George II et pendant le règne de ce Sigismond, qui, s'il faut en croire les mêmes historiens, ramena l'âge d'or dans le Tyrol, l'esprit remuant des habitants de Trente suscita de nouveaux troubles. La disette, la guerre extérieure et tous les fléaux qu'elle entraîne, fondent tour-à-tour sur la malheureuse ville. L'herbe croissait dans ses principales rues, rapporte l'historien Pincio ; et, à voir les Trentais, on eût dit des exilés et non des citoyens.

Le fameux Léonard Arétin, qui vers ce temps traversait le pays de Trente, pour se rendre au concile de Constance auprès du pape Jean XXIII, nous en a laissé, dans une lettre à son ami Poggio, une description curieuse, qui témoigne de l'état de misère, d'anarchie et de terreur dans lequel vivaient ces habitants.

« Le pays que nous parcourons, » lui écrit-il, « est certainement al-
» pestre et magnifique, et les torrents, par leur murmure et par la vio-
» lence avec laquelle ils bondissent au fond de l'abîme, semblent vouloir
» imiter les habitudes fières et sauvages des peuples qui vivent sur leurs
» bords. Il y a des endroits où du chemin on voit le ciel, là-haut, comme
» à travers une déchirure de la terre. Un enfant, posté là, et faisant
» rouler des pierres, tiendrait tête à toutes les forces de l'Allemagne et
» de la France réunies.

» Au sortir de ces défilés, on arrive à Trente, ville que sa position
» rend assez agréable et qu'un beau fleuve arrose de ses eaux.

» On s'étonne, à juste raison, d'entendre ses habitants parler ceux-
» ci allemand, ceux-là italien, selon qu'ils habitent le nord ou le midi
» de la ville.

» A peu de distance de Trente, les usages des Barbares (*Barbarorum*
» dit le prélat italien) qui habitent ces montagnes nous causèrent une
» grande frayeur. Imaginez que sur toutes les roches qui dominent le
» fleuve, on a bâti un grand nombre de châteaux. C'est là que demeu-
» rent les nobles du pays; et, lorsque, de loin, ils aperçoivent des étran-
» gers, ils se tiennent prêts; ils guettent le moment où ceux-ci passent
» aux pieds de leurs murailles, et tout-à-coup les sons éclatants du cor
» partent des tours; et des soldats, en aussi grand nombre qu'ils peu-
» vent, hérissent leurs remparts, poussant des cris de guerre et des
» hurlements barbares.

» Il n'est pas d'homme, quelque courageux qu'il soit, qui n'éprouve

» une vive terreur en entendant ces cris, surtout dans ces lieux sauvages,
» qui semblent créés pour servir de retraite à des brigands.

» Et cependant on nous assura que les habitants de ces châteaux avaient
» recours à cet usage barbare comme au moyen le plus efficace d'écarter
» leurs ennemis, en leur prouvant qu'ils sont prêts à se défendre. Mais
» moi, en entendant ces cris et en trouvant ces gens toujours sur leurs
» gardes, je voyais bien que je cheminais sur une terre peu hospita-
» lière. »

III.

SAINT SIMONIN ET LA PERSÉCUTION DES JUIFS.
GUERRES CONTRE LES VÉNITIENS.
ROBERT SAN-SEVERINO.
MOEURS DES TRENTAIS AUX QUINZIÈME ET SEIZIÈME SIÈCLES.

Durant ces jours de désordres et de calamités, l'esprit des hommes s'endurcit, les cœurs se ferment à la pitié; au fanatisme politique se joint le fanatisme religieux; à d'odieuses superstitions succèdent d'atroces vengeances; l'horreur des crimes est effacée par la férocité des supplices; et le peuple, ses prêtres et ses magistrats, semblent, au milieu des plus exécrables réactions, n'avoir plus d'énergie que pour faire le mal, de religion que pour maudire et de glaive que pour immoler.

Ces réflexions ne sont que trop justifiées par les récits que nous font les chroniqueurs de la persécution des juifs, provoquée, soit par l'ignoble superstition de ces malheureux, soit par l'avidité politique des chefs de la ville, peut-être par ces deux causes réunies. La mort du jeune Simon en fut le prétexte; et le récit de ces horribles scènes, plein d'une naïveté qui fait frémir, nous donne une idée assez précise de l'état des mœurs des Trentais vers la fin du quinzième siècle.

Le petit Simonin, disent les chroniqueurs, était fils d'un cordonnier de Trente qui s'appelait André, et de Marie, sa femme. André habitait la rue qui conduit de la porte San-Lorenzo au palais de l'évêque, et, dans la même rue, se trouvaient plusieurs familles juives dont les maisons se touchaient. Angelo, Tobias et Samuel étaient les chefs de ces familles.

Un vieillard sombre et sauvage, à la chevelure hérissée, à la barbe inculte et pendante, et qui avait nom Moïse, vivait dans la maison et avec la famille de Samuel. Cet homme, d'une physionomie repoussante, était l'orgueil des juifs. Ils le regardaient comme un prophète, et publiaient hautement que, lorsque l'esprit saint le possédait, Moïse prédisait le jour et l'heure de la venue de ce Messie qu'ils attendent si follement.

On était au temps de la passion. Le 12 avril 1475, premier jour de la sainte semaine, les Hébreux se rassemblent dans la maison de Samuel, qui leur servait de synagogue, et où, selon leur coutume, ils se proposaient de manger l'agneau pascal.

Tout en apprêtant le repas, ils causaient entre eux; quand tout-à-coup Moïse, regardant autour de lui d'un air mystérieux, et parlant à demi-voix : *Dans ce saint repas de la veille de la fête (parasceve)*, dit-il, *je vois des viandes en abondance, et cependant il y manque quelque chose.* — *Que veux-tu dire, et que manque-t-il à notre repas?* lui demandent ses voisins. Mais le vieillard baissa les yeux et se tut. Tous les assistants avaient entendu ces paroles; gardant le silence, ils réfléchissaient au sens qu'il fallait leur donner; et tous, par une sorte d'accord tacite, soupçonnèrent bientôt que c'était du sacrifice d'une victime humaine que le vieillard avait voulu parler.

Cette première pensée de meurtre s'était à peine glissée dans leurs cœurs, que déjà le projet d'enlever un enfant aux chrétiens et de l'égorger dans leur synagogue était arrêté. Ils voulaient arroser de son sang les pains azymes qu'ils devaient manger dans la cérémonie de leur jubilé (joël), qui tombait cette année-là. Le lendemain, Tobias, qui avait le plus de relations avec les chrétiens, est choisi par les juifs pour enlever l'enfant. Quand le soir fut venu, Tobias sortit seul, et, tremblant comme un criminel, il parcourut la ville, cherchant de l'œil sa victime. N'ayant rien trouvé, il revenait lentement à la synagogue, quand il vit un tout petit enfant assis sur un tas de bois devant la porte de son père. Cet enfant, à peine âgé de trois ans, était d'une parfaite beauté. La rue où il se trouvait était peu distante de la maison des juifs, et le jour baissait. Tobias regarde de tous côtés, et, bien assuré que personne ne venait et qu'il ne pouvait être aperçu, il s'approche en souriant de la victime, la flatte de la voix, la caresse de la main. L'enfant, sans défiance, prend cette main que le juif lui tendait paternellement, et se laisse emmener volontiers d'abord; puis, comme il refusait de s'éloigner davantage, le juif l'entraîne violemment, étouffe ses plaintes et ses sanglots, et bientôt le jette dans la fatale maison, à la merci de ses compatriotes.

Vers le milieu de la nuit les juifs s'assemblèrent dans leur synagogue. Moïse, le premier instigateur du crime, y apporte l'enfant. On le dépouille de ses vêtements, on l'attache vivant sur la croix, on lui ouvre les veines, on déchire en lambeaux sa chair palpitante, et, jusqu'à ce qu'il ait expiré, on le couvre de la tête aux pieds d'une infinité de petits coups d'aiguilles, afin que le supplice de la victime chrétienne soit plus lent, et que l'on puisse recueillir le sang jusqu'à la dernière goutte.

Le lendemain un bruit vague, qui attribuait aux Hébreux l'enlèvement de l'enfant de Simon le cordonnier, se répandit dans la ville, et le peuple, ameuté par le père, s'attroupa devant la maison du prélat Jean, quatrième du nom, en criant vengeance. Les juifs entendant ces cris, s'effraient et cachent le cadavre de l'enfant dans un de ces trous profonds qu'ils ont coutume de creuser dans les caves de leurs maisons pour y enfouir leur or. Toute la journée du vendredi se passa en recherches de la part des magistrats sans que l'on pût rien découvrir. Le jour du sabbat, les juifs voyant que, loin de s'apaiser, la fureur du peuple croissait d'instants en instants, crurent s'assurer du secret en jetant le corps de l'enfant dans un ruisseau dont le lit voûté passait sous leur maison; mais ce ruisseau, *impatient de son fardeau sacré* (je copie la chronique), ne voulut pas ensevelir un si grand crime, et, à sa chute dans l'Adige, il rejeta le cadavre sur la rive, où des passants le recueillirent.

Jacob Spaur était le préfet de la ville et Jean de Sala le préteur. On leur apporte le cadavre; et comme les innombrables blessures qui le couvraient témoignaient assez évidemment du crime des juifs, les magistrats se transportent aussitôt dans leur demeure. Après de longues recherches, on découvre enfin sur le pavé quelques traces de sang, et la torture finit par arracher aux coupables l'aveu de leur crime.

Alors ce fut dans toute la foule une effroyable clameur : A mort ces Hébreux! à mort la race maudite! la race *qui a tout l'or!* la race à la férocité de laquelle l'enfance même ne peut échapper! Le préteur Sala et les notables de la ville s'assemblent comme dans les jours de crise, et, cette fois, leur délibération animée n'a pour objet que de déterminer le genre de supplice que l'on doit infliger aux coupables. On n'en trouve point d'assez cruels. La pendaison et le crucifiement sont proposés et rejetés comme trop doux. Enfin, pour mettre un terme à l'abominable discussion, on se décide à établir diverses catégories de supplices. Les juifs les plus jeunes et les plus vigoureux sont attachés à des branches d'arbres que l'on a rapprochées avec effort de la terre, et qui, en se relevant tout-à-coup, avec une élasticité terrible, emportent chacune leur portion de cadavre. D'autres sont liés la tête en bas à la queue de chevaux fougueux, et traînés, au milieu des moqueries et des hurlements de la populace, jusque devant le palais où on les écartelle. Ceux-ci sont enterrés vivants; ceux-là, conduits de rue en rue, fustigés par le bourreau à chaque carrefour, sont cloués ensuite sur la croix et suspendus la tête en bas au milieu de chiens affamés qui, bondissant vers leurs têtes rapprochées du sol, déchirent à belles dents leurs joues, leurs oreilles et leurs yeux! Le reste de ces malheureux fut exilé du pays et tous leurs biens furent confisqués. Ces horribles détails ne semblent-ils pas appartenir aux annales d'une peuplade de sauvages? et cependant voilà où en était la civilisation à Trente et dans les trois quarts de l'Europe à la fin du quinzième siècle.

Le petit Simon fut canonisé par Grégoire IV, d'autres disent par Sixte IV, sous le nom de saint Simonin. J'ai vu, dans une des églises de Trente (Saint-Pierre) le bistouri, les pinces et les aiguilles qui servirent à supplicier ce saint de vingt-neuf mois; j'ai vu les aiguières dans lesquelles les juifs, dit-on, recueillirent son sang, et cependant je doute encore. J'hésite à croire ces horreurs, dont l'aveu n'a été arraché qu'au milieu des supplices. Dans ces temps barbares, l'histoire de l'enfant martyrisé par les juifs se trouve, il est vrai, répétée dans vingt villes différentes; mais le plus grand crime des juifs, et celui qui, du dixième au quinzième siècle, leur attira tant de persécutions, n'étaient-ce pas leurs richesses? *Cette race qui a tout l'or!* criaient les peuples ameutés; et, à cette époque, il n'y avait pas un code dans toute l'Europe où la confiscation fût abolie.

Dans les dernières années du quinzième siècle, aux désordres intérieurs et à la proscription des juifs succèdent les guerres extérieures. Car, jusqu'au milieu du seizième siècle, Trente ne dut au protectorat de l'Autriche que le droit assez onéreux de partager sa mauvaise fortune. A chacune des guerres fréquentes de l'Empire contre les Italiens et les Français, cette malheureuse ville, placée en première ligne du côté de l'Italie, vit son territoire envahi et ses vallées ravagées, et plus d'une fois, ses citoyens, du haut de leurs murailles, virent parader sur les monts du voisinage les armées lombardes et vénitiennes.

Aussi comme dans les premiers temps de son histoire ses prélats maniaient-ils indifféremment la crosse ou la lance! Lors de la grande invasion des Vénitiens, commandés par Robert San-Severino, en 1487, nous voyons l'évêque Uldaric III se jeter dans les défilés de la montagne, à la tête de quelques soldats, et faire face à l'ennemi jusqu'à ce que Sigismond de Tyrol, instruit du danger de la ville amie, ait dépêché à son secours l'Alsacien F. Kappler avec un corps d'Allemands. Ce renfort arriva au moment où les Vénitiens, retenus par le château de Pietra, hésitaient, ne sachant s'ils devaient lui donner assaut ou le tourner, passer l'Adige et se jeter sur Trente.

On délibérait sur ce sujet, quand tout-à-coup Marc San-Severino, fils de Robert, impatient de ces lenteurs, s'avance sur le front de son armée, entre les deux camps, et, brandissant sa lance d'un air de menace, il défie la troupe ennemie. A cette vue, le comte Jean de Sunnenberg, un des Allemands nouvellement arrivés, ne peut contenir son indignation, et piquant vers Marc, il le provoque à un combat singulier. Le défi est accepté, et le combat a lieu en présence des deux armées rangées en bataille. Du premier choc Jean de Sunnenberg est jeté à terre et tombe sur le dos, embarrassé dans sa cuirasse et dans ses armes pesantes. On le croyait perdu. Le Vénitien, le genou appuyé sur sa poitrine et le contenant de la main gauche, cherchait avec la pointe de son épée à le frapper sous l'aisselle ou dans le flanc, les seuls points vulnérables chez ces hommes de fer, quand Sunnenberg, sans se relever, saisit sa dague affilée, et la glissant sous la chemise de mailles de son adversaire, arrive au défaut de la cuirasse, et l'enfonce jusqu'à la poignée dans le ventre de San-Severino, qui se rejette en arrière et tombe mort sur le coup, vaincu par celui dont il se croyait le vainqueur. Les deux armées étaient en présence. A la vue de cette catastrophe, elles se précipitent l'une sur l'autre; les Vénitiens pour venger le fils de leur général, les Trentais exaltés par la victoire de Sunnenberg. Un combat terrible s'engage; et bientôt les archers allemands jettent le désordre dans les rangs des Vénitiens, qui se précipitent vers l'Adige, où beaucoup trouvent la mort. Robert San-Severino lui-même, entraîné par les fuyards, s'élance avec son cheval dans le fleuve; mais le fer de son armure pesante l'entraîne au fond de l'eau, et il se noie.

A la suite de leur victoire, les Trentais et les Allemands firent dans la ville une entrée triomphale, portant les étendards vénitiens et le cadavre de San-Severino; le lendemain ce général fut enseveli avec de grands honneurs, et l'on voit encore, dans l'église de Saint-Vigile, son tombeau en marbre noir, surmonté de sa statue dans le costume militaire de l'époque.

Cette guerre eut pour résultat de rendre à l'avenir les Vénitiens plus circonspects. Leurs excursions furent moins fréquentes, et les historiens trentais attribuent même au souvenir de cette victoire l'hésitation qui empêcha Trivulce de se rendre maître de leur ville, quand, à la tête des Vénitiens et des Français, il fit sur Maximilien Ier la conquête du Bas-Adige et du Frioul.

A partir de cette guerre de 1508, Trente retrouve une paix durable. Cette paix, en se prolongeant, amène des mœurs plus douces. Peu à peu la ville tyrolienne perd de sa rudesse montagnarde; et, voisine de l'Italie, elle lui prend sa civilisation et ses arts. Des palais s'élèvent ornés de portiques, de colonnes et décorés de tableaux et de marbres précieux. Les églises sont embellies; et, détournée du roc vif d'où elle jaillissait, et emprisonnée dans des canaux de marbre qui la rendent à la ville, une eau plus pure arrose des rues plus spacieuses.

Un homme d'une grande énergie et d'une habileté rare, Bernard Clés, devenu évêque de Trente en 1514, précipitait ce mouvement de civilisation, qu'il regardait comme profitable à son pouvoir. Il s'appliquait à adoucir les mœurs agrestes du peuple qu'il gouvernait, prévenant ses désirs, satisfaisant ses besoins, trompant ses caprices de liberté, et s'efforçant d'amortir, par le bien-être et le repos, cette fougue de sauvage indépendance qui, plus d'une fois, avait mis en péril l'autorité de ses prédécesseurs, et contre laquelle lui-même eut une dernière et terrible lutte à soutenir.

Et d'abord il veut que son avènement soit une grande fête populaire. Durant plusieurs jours, des tables sont dressées sur les places de la ville;

le vin jaillit des fontaines publiques; des arcs de triomphe et des reposoirs couverts de fleurs s'élèvent dans les rues principales, où coulent des liqueurs embaumées. Les chants, les danses, les spectacles et les combats simulés remplissent l'intervalle des festins.

« Sur le gazon de l'une des prairies que traverse l'Adige, ajoute le chroniqueur Pincio, on avait dressé de grandes tables sur lesquelles se succédaient des mets si variés qu'il serait impossible de les décrire. Oiseaux domestiques ou étrangers s'y pressaient en longues troupes, et les animaux des forêts, chamois, biches et cerfs, y étaient servis entiers et rôtis. Les principaux de la ville étaient assis à une table de cyprès, magnifique ouvrage de marqueterie, sur laquelle étaient figurées les images des empereurs et des hommes savants de l'antiquité, tels qu'Apollodore, Gorgias, Chrysippe, Berose et Amphyon. »

Le même chroniqueur rapporte les conversations que tenaient entre eux les convives. Ces conversations peignent les mœurs, les habitudes et les passions des hommes au commencement du seizième siècle. « Tout en banquetant, nous dit-il, les uns racontaient comment autrefois ils avaient été reçus courtoisement par l'empereur Maximilien; d'autres comment ils s'étaient échappés de leur prison au travers des gardes armés. Le plus grand nombre s'entretenaient, avec un plaisir plus vif encore, des réduits secrets des forêts, de la course des chiens et de toutes les aventures de chasse si intéressantes, et qu'ils estimaient plaisir de roi. Il y en avait qui donnaient la préférence à la science des lettres sur la science des armes. D'autres prétendaient que la seule religion du Christ était digne d'une sainte étude. Quant à ceux qui avaient vieilli dans l'administration des villes, ils parlaient du gouvernement des états, estimant qu'il était plus beau de fonder les lois que de tuer les hommes. De là ils passaient à la philosophie, s'entretenant de Socrate, de Platon et de Salomon; de Salomon, qui cependant avait jugé la philosophie la pire occupation des hommes!... Revenant ensuite à Platon, ils redisaient, au milieu du silence et de la profonde attention des convives, ce que ce sage avait pensé de l'univers. N'était-ce pas lui qui prétendait que le monde était un animal intelligent, les astres des animaux divins, et que l'ouvrier ou le père d'un si grand travail était bien difficile à trouver.

« C'est ainsi qu'ils parlaient entre eux, prenant plaisir, les uns à montrer ce qu'ils savaient, les autres à les écouter; et pendant ce temps des hommes invisibles, cachés dans le feuillage des arbres, chantaient des airs comme des oiseaux. »

Ces fêtes de la ville de Trente, ces repas publics, servis sur l'herbe au bord de l'Adige, et les conversations de ces barbares du seizième siècle, ont, ce me semble, quelque chose de plus moral et de plus élevé que les fêtes populaires de nos jours. L'homme était plus grossier, mais plus désireux de savoir. Les esprits étaient plus simples et plus sauvages, mais ils avaient un fond de curiosité intelligente que depuis ils ont perdu. Les mœurs étaient plus rudes, mais plus franches et moins également corrompues; et quand on écoute les discours naïfs de ces sages du temps ; quand on voit ces hommes de fer, ces hommes vivants au jour le jour, au milieu du fracas des armes et des intrigues de la politique, quand on les voit possédés d'un incroyable besoin d'apprendre et d'une vraie curiosité d'enfant pour tout ce qui est science ou travail de l'esprit, on comprend que l'on est arrivé aux dernières limites de la barbarie et de la civilisation du monde ancien et du monde nouveau.

IV.

LA GUERRE DES PAYSANS. — ANARCHIE DE TRENTE. LE GOUVERNEMENT ÉPISCOPAL A LE DESSUS ET RUINE L'ANCIENNE CONSTITUTION. BERNARD CLÈS.

Du quatorzième au seizième siècle, une lutte acharnée signale le passage des idées anciennes aux idées nouvelles, lutte matérielle qui d'ordinaire accompagne les crises morales, et qui a successivement pour théâtre les divers états de l'Europe.

Il est curieux de retrouver dans ce canton détourné des Alpes, dans ce petit pays de Trente, le contre-coup de cette grande guerre sociale dont la Jacquerie, les insurrections flamandes, les combats des Hussites, et enfin l'émancipation des cantons suisses sont les accidents les plus signalés.

Les révoltes simultanées des paysans de la Souabe, de la Franconie, de Salsbourg et des vallées de l'Adige, semblent les dernières secousses de ce tremblement prolongé qui agite le vieux sol féodal. La réforme vient ensuite qui absorbe les principes de l'agitation populaire, qui déplace le mouvement et le régularise en le déplaçant.

Le succès de la révolte des Suisses avait frappé vivement les esprits de ces paysans du Tyrol, habitant les Alpes comme eux, et comme eux soumis au joug des barons. Les hommes de Salsbourg et de Trente voulaient être libres comme leurs voisins de Coire et d'Appenzel. Mais, moins endurcis au métier des armes, moins constants dans leurs désirs, moins mûrs pour la liberté que les pâtres de l'Helvétie, leurs efforts durent échouer contre les résistances du pouvoir; et si le nombre et une violente et première impulsion leur assurent un moment la victoire, n'ayant ni la conscience de leurs droits, ni confiance en leurs forces, ils ne savent pas en profiter. L'incendie, la ruine et les vengeances atroces signalent leur triomphe; pareils à des sauvages qui envahissent un champ avant la moisson, ils détruisent et ne récoltent pas!

Vers le milieu de l'an 1525, Bernard Clés étant toujours évêque de Trente, et Christophoro Toro préfet de la ville, une sourde agitation se manifesta tout à coup dans la campagne et sur l'une et l'autre rives de l'Adige. Méran, Bolsano et Brixen étaient dans l'attente de grands événements. D'étranges rumeurs couraient le long des vallées de *Sol* et de *Non*, et le Winschgau et le pays de Cembra étaient pleins de mouvements extraordinaires. De secrets émissaires, arrivés de contrées lointaines, de la Souabe, de la Franconie et des bords du Rhin, annonçaient dans ces vallées que toute l'Allemagne s'était soulevée contre ses princes, que partout les paysans étaient les maîtres, qu'ils ne payaient plus de dîmes, qu'ils jouissaient des droits de chasse et de pêche, et qu'enfin ils récoltaient pour eux. Ces envoyés mystérieux engageaient les hommes du Tyrol à imiter leurs frères de l'Allemagne, à se délivrer comme eux de leurs oppresseurs et à faire cause commune avec eux.

Les gens de la campagne, esprits simples et grossiers, prêtaient une oreille avide à ces récits merveilleux. Réunis, la nuit, dans les rochers et dans les bois, autour de ces étrangers, ils s'exerçaient au maniement des armes, s'excitaient l'un l'autre, disant que leur temps était arrivé, qu'il fallait faire comme les Souabes et les Franconiens, renverser le gouvernement des nobles et des épiscopaux qui, depuis si long-temps, tenaient la ville, les châteaux et les bourgs en leur pouvoir. Ceux-ci détruits, on établirait un état populaire où ces nobles de naissance ne seraient plus que les égaux du menu peuple.

Bernard Clés était en Allemagne auprès de Ferdinand, frère de Charles-

Quint, alors en Espagne avec son prisonnier François Ier. Bernard Clés, à la nouvelle de ces troubles, vit d'un seul coup d'œil toute l'étendue du péril. Craignant d'arriver trop tard, il se jette sur un de ces chevaux de poste qu'un ancien établissement des empereurs avait disposés en relais sur les routes militaires de l'Allemagne et de l'Italie, et, passant les Alpes d'un seul trait, le prélat vigilant arrive à Trente en courrier.

Au moment où il entrait dans la ville, il rencontra George Frunsperg, officier allemand, qui, avec une petite troupe de soldats, revenait des guerres du Milanais, tout fier encore d'avoir contribué pour sa part à la défaite du roi François Ier. Clés l'arrête, le prend à son service, et Frunsperg et ses braves partisans sont chargés de la défense de la ville.

Il était temps, car toute la campagne courait aux armes. Des vins du Trentin, que les gens du prélat voulaient faire passer en Allemagne, avaient causé le soulèvement. Des hommes de corvée et trois cents chariots étaient commandés pour transporter ces vins de l'autre côté du Brenner. Saint-Michele, Tramin, Meran et Bolsano refusent de fournir leur contingent et s'opposent au départ des plus dociles. Les paysans s'ameutent, s'échauffent, s'arment; l'incendie s'étend de proche en proche; bientôt toute la vallée de l'Adige est en feu, et Trente est menacée par les insurgés, qui viennent camper sur les collines les plus rapprochées de ses murs. Frunsperg jugea aussitôt qu'il ne pouvait se maintenir dans la campagne, et concentrant sa petite armée dans la ville, il en occupa les murailles et le château. L'évêque Clés, dans ce moment, était à Riva, sur le lac de Garda, où il pressait l'arrivée d'un secours d'Italiens.

Le péril était grand. Frunsperg dispose ses troupes le long des remparts et convoque dans la citadelle une assemblée des notables du pays, pour aviser avec eux aux moyens de préserver la ville, des entreprises des ennemis du dehors, et en même temps de contenir ses habitants. Trente, en effet, renfermait dans son sein beaucoup de citoyens mécontents. Enhardis par les événements, ils s'assemblaient sur les places publiques et se répandaient en discours séditieux : « Si le mal est si grand,
» disaient-ils, cela tient au luxe des nobles et des magistrats que nomme
» l'évêque. Tandis que les paysans et le peuple meurent de faim, eux ils vi-
» vent d'une manière royale!... Pourquoi ces nobles, tout-puissants dans
» la cité, prenaient-ils plaisir à jeter dans les cachots de malheureux
» paysans dont les travaux nourrissent la ville?... Pourquoi les bons ci-

» toyens étaient-ils repoussés comme des malfaiteurs et exclus des emplois
» publics?... Pourquoi les notaires et les avocats, ministres d'iniquités,
» leur faisaient-ils avec leurs misérables plumes des blessures plus mor-
» telles que les soldats allemands avec leurs piques ferrées?... Le gou-
» vernement populaire est le meilleur des gouvernements, s'écriaient-
» ils en achevant, renversons donc les chefs actuels et tous ces épisco-
» paux! »

Les hommes désireux de tout changer applaudissaient à ces paroles. Des émissaires du peuple se concertent avec les paysans qui, à leur instigation, s'approchent de la ville. Pendant ce temps, trop faibles pour résister ouvertement, les épiscopaux dissimulent. Ils tiennent aux séditieux des discours accommodés à la circonstance, admettent leurs députés à l'assemblée des notables, et promettent d'avoir égard à leurs réclamations.

Mais il était trop tard. Déjà les Trentais soulevés avaient envahi le palais. « Que tous les citoyens s'occupent de ce qui les intéresse tous! » répètent-ils, et, séance tenante, ils nomment des consuls qui, assistés de seize hommes de leur choix, pris dans le parti populaire, gouverneront désormais la ville. Ce gouvernement, tout démocratique, sera contrôlé par trois tribuns du peuple jouissant d'une autorité illimitée. On voit que le souvenir des républiques anciennes présidait encore à ce mouvement. Grâce à ces changements, que les épiscopaux ne regardaient que comme des concessions temporaires, la tranquillité avait reparu, quand tout-à-coup des paysans soldés, à ce que l'on assure, par des habitants de la ville, s'approchent de la porte de Brixen et attaquent à l'improviste le poste qui la défendait. Les soldats font feu sur les assaillants et tiennent bon. Au bruit du combat, la populace s'ameute de nouveau; et, voyant les Allemands occupés contre l'ennemi du dehors, court aux maisons des chanoines qu'elle incendie, et aux magasins publics qu'elle pille. Le désordre le plus affreux règne alors dans la ville, attaquée au dehors par les paysans, saccagée à l'intérieur par ses propres habitants.

Cependant, sur le soir, les paysans, n'ayant pas réussi dans leur attaque, se retirèrent en désordre. Les soldats, restés seuls et craignant la trahison des Trentais, ne quittèrent pas le rempart, gardant les portes de manière à interrompre toute communication avec le dehors. Le lendemain, Frunsperg, toujours maître des murailles et du château, menaça la ville d'une entière destruction si elle ne rentrait immédiatement dans le devoir. Craignant les menaces du terrible Allemand, et voyant que les paysans ne bougeaient plus, les Trentais firent leur soumission.

Les paysans, cependant, restaient toujours rassemblés en armes dans la campagne; mais, depuis leur inutile tentative sur Trente, leurs prétentions avaient baissé; il ne s'agissait plus maintenant que d'une diminution d'impôt, et, pour l'obtenir, ils avaient député des envoyés à l'assemblée provinciale d'Inspruck, que présidait Ferdinand, et à Bernard Clés, toujours à Riva. Ce prélat, dont leur dernier échec avait relevé le courage, écoute leurs messagers avec un visage sévère, et, se refusant à toute transaction, les somme de mettre bas les armes et de se rendre sans conditions. Cette réponse jette ces malheureux dans le désespoir. Voyant qu'ils n'ont pas de merci à attendre, ils veulent du moins se venger avant de succomber. Ils se répandent en furieux dans la campagne, ravagent les terres, incendient les fermes, démolissent les maisons des partisans du prélat; Pierre Brusio, l'un des chefs des épiscopaux, est brûlé vif dans son château, où il s'était renfermé; de là cette multitude, grossie dans sa route par le succès et l'appât du pillage, s'avance de nouveau vers Trente, qu'elle menace d'une ruine totale.

Le comte de Lodron et Francesco Castel-Alto avaient remplacé Frunsperg dans le commandement de la ville. Ces chefs expérimentés profitent du peu d'ordre avec lequel les paysans dirigent les attaques pour les combattre avec avantage. Ils les prennent en flanc, en tête et en queue, et quand ils les voient ébranlés, ils lancent contre leurs colonnes confuses leurs pesants cavaliers armés de haches et de longues lances. Labourée dans tous les sens par ces hommes couverts de fer, cette multitude mal armée s'épouvante, recule, lâche le pied et s'enfuit dans un désordre effroyable, laissant au loin la terre jonchée de ses morts.

Découragés par cet échec, les paysans renoncent dès-lors à tenir la campagne, et se retirent chacun chez soi. Mais les Allemands et les épiscopaux réunis sortent de la ville et poursuivent ces malheureux dans leurs villages. Ils fuient dans les montagnes et les forêts, où on les traque comme des bêtes fauves; on les pousse jusque sur la cime des monts, dans des champs de neige et de glace, où un grand nombre meurt de faim et de froid; on les jette en bas des rochers où ils se réfugient, on les accule dans le fond des vallées où on les égorge, et bientôt les ravins et les torrents de cette partie des Alpes sont comblés des cadavres de ces infortunés.

On avait pris un grand nombre de chefs. Alors commence une série d'horribles vengeances et de sanglantes réactions. Comme dans l'affaire des juifs, on établit des catégories de supplices. Les plus compromis expirent lentement dans les tortures, écartelés, crucifiés, déchirés en lambeaux. Aux uns on coupe les mains, ou les doigts, ou bien on leur crève les yeux et on leur arrache les oreilles. Le plus grand nombre fut pendu, quelques-uns seulement se rachetèrent à prix d'argent du dernier supplice. Quant à la tourbe des révoltés qui échappa au glaive ou aux tortures, on en remplit les prisons, et tous ceux qu'on relâcha furent auparavant marqués au front avec un fer rouge.

Quand les gens de la campagne furent soumis, la réaction intérieure commença; les épiscopaux incarcérèrent tous les Trentais qui avaient paru dans les derniers troubles. Les plus coupables furent exécutés [1].

Telle fut la fin de cette guerre des paysans, qui, moins longue, moins acharnée, et plus facilement apaisée que celles de l'Allemagne et de Salsbourg, mit néanmoins le gouvernement épiscopal de Trente à deux doigts de sa ruine. Mais, sans chef et sans but déterminé, ces montagnards turbulents furent aisément soumis; et, loin de les affranchir, cette dernière commotion eut le résultat ordinaire des révoltes comprimées: elle affermit l'autorité épiscopale, et ruina dans Trente la partie démocratique du gouvernement. L'évêque triomphant fit main basse sur les privilèges dont avaient joui les Trentais de temps immémorial, et désormais le peuple cessa de se réunir pour s'occuper de ses affaires, qui furent remises aux mains du collège des chanoines. La supplique des paysans faisant leur soumission ne laisse que trop voir jusqu'où alla la réaction des oligarques. « Écoutez nos prières, disaient-ils aux épisco- » paux, nous ne réclamons ni citadelles, ni évêchés; nous ne demandons » pas même de pouvoir administrer nos villes comme le faisaient autre- » fois les citoyens de Trente ; telle ne peut être l'ambition de misérables !...

---

[1] Des concessions de la part des évêques eussent sans doute prévenu ces guerres et ces exécutions fréquentes; mais, ici comme ailleurs, le clergé était beaucoup plus jaloux de son autorité temporelle qu'aucune des puissances séculières. « Aussi, nous dit M. A. Thierry, l'histoire des communes du nord » de la France gouvernées par des princes-évêques présente-t-elle le tableau d'une guerre acharnée » entre les bourgeois et le clergé. » (A. THIERRY, *Lettres sur l'histoire de France*, page 266.)

» Que d'autres aient des palais magnifiques, qu'ils les occupent, qu'ils les
» régissent ! Nous, nous voudrions seulement jouir en paix dans nos ma-
» sures de nos minces fortunes. »

Les réclamations des bourgeois et des paysans étaient sans doute fondées, et peut-être ne demandaient-ils pas autre chose que ce qu'avaient obtenu, après de longues luttes, il est vrai, tant de villes françaises et allemandes ; mais l'autorité épiscopale ayant prévalu, les historiens, dévoués tous à l'évêque régnant, ne parlent de leurs malheureuses tentatives que pour les condamner.

Bernard Clés fut l'ame de cette réaction du pouvoir. Élevé à l'école de Maximilien, de Ferdinand et de Charles-Quint, dont il fut le chancelier, il sut d'abord, dans le danger, pactiser adroitement avec les rebelles, puis les réprimer avec vigueur, et enfin saisir d'une main ferme l'autorité que le peuple laissait échapper. Cet évêque, un des hommes politiques du temps, gouverne ensuite sa ville avec une rare habileté ; et, pendant quinze ans, tout en courant l'Europe à la suite des empereurs ses maîtres, il sait, à force de bienfaits et d'embellissements, se faire pardonner ses usurpations. Possesseur d'immenses richesses, il captive le peuple par sa magnificence et par les fêtes qu'il lui donne ; et, pour mieux lui faire oublier la répression terrible dont il l'a frappé, et le distraire de la perte de sa liberté, plus tard, il veut lui faire présent d'un concile. Comme nous le verrons tout à l'heure, ce concile fut résolu : mais Clés ne siégea pas dans cette assemblée qui devait rendre sa ville fameuse.

Cet habile prélat semblait avoir pressenti l'application que l'on pouvait faire de la gastronomie à la politique. *Il estimait*, au dire des chroniqueurs, et en s'appuyant de l'autorité des anciens, *que la meilleure manière de se réunir pour traiter d'affaires, était de s'asseoir à une bonne table.* Aussi, à Ratisbonne et à Vienne comme à Trente, le voyons-nous traiter magnifiquement les princes ses contemporains et les premiers seigneurs du temps.

Enfin, en 1539, cinq ans avant le concile, Bernard Clés meurt dignement, au milieu d'un grand festin, frappé d'apoplexie.

V.

LE CONCILE DE TRENTE.
TRENTE CHOISIE POUR ÊTRE LE SIÈGE D'UN CONCILE. — FÊTES DE LA VILLE A CETTE NOUVELLE.
OUVERTURE DU CONCILE.

Après la guerre des paysans, l'histoire de Trente se généralise. C'est une ville impériale soumise aux vicissitudes de l'empire; prenant sa part de ses revers et de ses triomphes; envahie quand l'empire est envahi; jouissant d'une paix profonde, quand la paix règne dans l'empire, ou seulement quand le théâtre de la guerre est de l'autre côté des Alpes, en Allemagne.

L'histoire du concile interrompt seule cette monotonie d'évènements; et l'histoire du concile, c'est l'histoire de Trente. Pendant dix-huit ans, la ville tyrolienne est occupée par une nouvelle population : population fastueuse, passionnée, austère; population venue des quatre coins de l'Europe, dont le pape est le chef suprême, dont les légats et les cardinaux sont les princes, et les évêques le menu peuple; population hautaine, infaillible, qui, du fond de la petite ville des Alpes, promulgue des décrets qui doivent faire loi dans toute l'Europe, et d'une voix impérieuse, à l'égale de celle de Dieu, impose aux peuples leurs croyances, et, selon qu'ils obéissent à ses décrets, les absout ou les condamne, les anathématise ou les bénit.

Au milieu de la grande guerre de la réforme, Trente, pendant dix-huit ans, semble le quartier-général de la catholicité. C'est dans ses murs que l'on discute d'abord les moyens de reconquérir le terrain perdu, puis d'opposer une résistance efficace à l'invasion de plus en plus menaçante. Nous le répétons, l'histoire du concile est l'histoire de Trente. Trente lui a donné son nom, Trente lui doit sa célébrité. L'histoire de cette ville serait donc incomplète, si nous ne donnions ici un précis rapide des travaux de cette assemblée. Plus politique que les conciles de Bâle et de Constance, elle ne déposa point de papes, elle n'excommunia point de rois, elle ne brûla pas de docteurs hérétiques, et néanmoins l'étude de son esprit, de ses passions et de ses cabales, son histoire, enfin, n'offre pas moins d'intérêt que celle de ces assemblées orageuses.

La fin du quinzième et le commencement du seizième siècle sont célèbres dans l'histoire de l'esprit humain par la réforme, le plus grand mouvement intellectuel qui eût agité l'Europe depuis la chute de l'empire romain. De l'Allemagne, leur terre de prédilection, les principes des sectaires avaient passé dans l'Italie; Jérôme Savonarole à Florence, frère Thomas Connecte dans Rome même, avaient tonné contre les vices des papes et les abus du clergé, et ces apôtres imprudents, expirant dans les flammes, avaient scellé par leur martyre leurs prédications austères et fanatiques.

Et cependant, loin de s'amender, l'Église romaine semblait prendre plaisir à braver le cri des peuples. Les abus devenaient plus monstrueux, le faste plus insolent, les vices plus effrénés; l'Europe, et surtout l'Allemagne, étaient à bout; et, pour se déclarer, la réforme n'attendait plus qu'un homme et un prétexte : le prétexte, ce fut la vente des indulgences; l'homme, Martin Luther!

Sans doute Luther eut de la force dans le génie, de la véhémence dans les discours, *une éloquence vive et impétueuse qui entraînait les peuples et les ravissait*. Et cependant, le moine de saint Augustin ne fut pas la cause, il ne fut que l'agent de ce mouvement religieux; avant lui, les idées de la réforme avaient profondément pénétré dans les mœurs et dans les esprits, et la fameuse thèse de Wittemberg les formula plutôt qu'elle ne les provoqua. Elles étaient nées. L'esprit humain les avait tacitement adoptées. Les catholiques modérés, les sages du clergé, en étaient imbus : aussi, nous le répétons pour ceux qui dans ces crises morales ne voient qu'un homme et non pas l'homme, la doctrine de Luther ne causa pas la réforme, elle l'exprima.

La guerre déclarée, le moine saxon, homme d'action avant tout, ne garda plus de ménagements. Le pape avait brûlé sa thèse, il brûla la bulle du pape. Un simple moine brûler la bulle d'un pape! Pour toute réponse, l'effigie du téméraire est jetée dans les flammes, et sa personne mise au ban de l'empire *comme un diable à face humaine*. L'Allemagne, qui partageait les opinions de Luther, fut indignée de ces rigueurs. De l'édit de proscription sortirent les convictions les plus intraitables; les peuples se jetèrent dans le luthéranisme pour améliorer leur condition, les princes par esprit d'opposition au despotisme de l'empereur, et dès-lors la cause de la réforme fut gagnée.

Il arriva donc que, pressée de toutes parts par ses amis et ses ennemis,

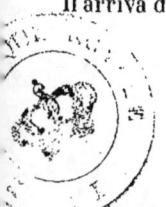

l'Église romaine eut recours au moyen ordinaire et toujours insuffisant, elle convoqua ses états-généraux. Un concile fut résolu.

Ce mot *concile*, que prononçaient tous les partis, avait vivement frappé l'esprit des peuples. Le tourment des consciences était grand, la perplexité extrême; et tous les fidèles, comme tous les incertains du monde chrétien, ne voyaient qu'une seule fin à leurs indécisions, qu'un seul remède à leurs maux : *un concile!*

Un concile! les protestants entendaient par ce mot une assemblée qui jugerait le pape; le pape et ses cardinaux, une assemblée qui condamnerait les protestants. Aussi Paul III, qui se rappelait les tentatives audacieuses des dernières réunions de ce genre, et qui voulait diriger les opérations de celle-ci, tenait-il à ce qu'elle s'assemblât dans une ville italienne; l'empereur, de son côté, et dans le même but, insistait pour une ville allemande. Des prétentions aussi opposées donnèrent lieu à de longs et vifs débats; pour en finir on eut recours à une sorte de compromis de juste-milieu, et l'on choisit Trente [1], ville limitrophe des deux pays.

Le cardinal Madruce, qui gouvernait alors Trente, n'avait pas été sans quelque influence sur le choix de cette ville. Comme Bernard Clés, son prédécesseur, il voulait faire à son pays l'inestimable présent d'un concile [2]. Tous deux songeaient au relief et à l'influence que leur position de princes de la ville ne pouvait manquer de leur donner dans l'assemblée. Dès 1537, le concile n'étant encore qu'un projet, Bernard Clés avait vivement insisté auprès de Ferdinand, roi des Romains, alors à Trente,

---

[1] *San padre, chi passa Trenta perde.* Ce mot du bouffon de Jean XXIII à son maître, lorsque celui-ci quitta Trente pour se rendre à Constance, était alors dans toutes les bouches des courtisans italiens, cardinaux et autres.

[2] La liste suivante, tirée d'un manuscrit conservé à Vienne, fera voir que ce présent n'était pas sans importance. Il s'agit, il est vrai, du concile de Constance; mais tout laissait croire, et surtout le luxe, qui, du quinzième au seizième siècle, s'était beaucoup accru, que le concile de Trente ne serait pas moins magnifique.

Princes, députés, chevaliers, etc., 2,500. — Prélats, prêtres, théologiens, 18,000. — Laïcs, 80,000. Ce dernier nombre comprenait : 45 orfèvres, 330 marchands détaillants, 242 banquiers, 70 cordonniers, 48 pelletiers, 44 apothicaires, 92 forgerons, 75 confiseurs, 250 boulangers, 83 cabaretiers, 43 vivandiers, 48 changeurs, 228 tailleurs, 65 hérauts d'armes, 546 jongleurs, 506 barbiers, 700 courtisanes environ, et encore le chroniqueur ne cite que celles dont il connaissait la demeure; la liste de Vienne en porte le nombre total à 1,500, qui chacune gagnèrent 800 florins au moins pendant la tenue du concile, ajoute le manuscrit.

Le concile de Trente fut beaucoup moins complet et beaucoup moins brillant.

pour que cette ville fût choisie pour siège du concile. Depuis, Madruce avait fait, dans le même sens, de nombreuses démarches auprès des différents papes, et Paul III avait fini par lui promettre que le concile ne se tiendrait pas ailleurs que dans sa ville épiscopale.

Dès ce moment, l'embellissement de Trente, qu'il voulait rendre digne d'une aussi magnifique assemblée, fut la seule pensée du prélat. Sur ses exhortations, les Trentais s'empressent d'élargir et d'aligner leurs rues tortueuses. On abat les portiques de bois qui les obstruaient, et les énormes toits bâtis à *l'ancienne mode* qui les couvraient en entier, et qui y entretenaient une nuit perpétuelle. On forme des bibliothèques, on meuble de grands hôtels, on les embellit à l'intérieur de tapisseries et de peintures précieuses, on les décore richement à l'extérieur : ces énormes fresques qui portent les dates du quinzième et du seizième siècle, et qui aujourd'hui couvrent encore les façades de quelques-unes des maisons de la place du Dôme, témoignent de la magnificence de ces palais, *dignes de lutter avec les villas de Lucullus*, disent les chroniqueurs.

Le prélat, dans le même temps, orna ses jardins d'une fontaine entourée d'images d'hommes et d'animaux, que l'eau faisait mouvoir au grand étonnement des spectateurs. Un Apollon d'airain poursuivait une Daphné d'airain; on y voyait Actéon changé en cerf; et, des deux côtés, des lions étaient accroupis avec tant d'art, qu'ils semblaient boire dans le bassin.

Un des historiens du concile, Gratien Hervet, n'attribue pas aux démarches des différents prélats de Trente, ni aux agréments et à la position favorable de leur ville, le choix qui en fut fait pour le concile; ce choix, à son avis, eut un bien autre motif, et, jouant sur le nom latin de Trente, *Tridentum :* « *Dieu*, écrivait-il, *qui est tout puissant, avait résolu, en ces jours-là, de ramener en tranquillité par elle, comme par un divin* TRIDENT, *la mer de ce monde agitée par les horribles flots des hérésies.* »

Mais quand l'époque de la réunion du concile fut connue, toute la ville fut dans la joie, et célébra par de grandes fêtes cette heureuse nouvelle. Ces fêtes nous offrent un mélange bizarre du profane et du sacré : des messes et des spectacles, des processions et des combats simulés.

De longues salves d'artillerie donnèrent le signal des divertissements.

Plus de mille hommes bien équipés et bien exercés, paradèrent ensuite sur les places publiques; et, à ce que nous raconte l'historien Pincio, pendant sept jours entiers, le prélat donna au peuple de grands festins entremêlés de chants et de spectacles, égayés par les gestes des mimes et assaisonnés par des dictons *pleins du sel athénien ou de la concision lacédémonienne*. Ces fêtes furent terminées par de beaux feux d'artifice. De chacune des tours, si nombreuses dans cette ville, sortaient comme des éclairs et des tonnerres; et, à leur sommet, d'énormes brasiers, alimentés par la poix, répandaient au loin dans les ténèbres une lumière vive et ondoyante. Les hautes montagnes qui avoisinent la ville vomissaient des flammes de toutes les couleurs, vertes, rouges et blanches; et, à voir monter dans les airs ces masses ardentes et ces globes flamboyants, on eût dit l'embrasement de Sodome et de Gomorrhe par le feu du ciel [1].

Ces fêtes furent suivies de la promulgation de la bulle de convocation par le pape Paul III [2]. Mais trois ans encore s'écoulèrent entre la bulle de convocation et l'ouverture de l'assemblée. Cette ouverture n'eut lieu que sur une nouvelle bulle du pape, en date du 7 décembre 1545.

Quand les trois légats du pape chargés de présider le concile arrivèrent à Trente, peu de jours avant le moment fixé pour l'ouverture, outre le cardinal Madruce, il n'y avait encore dans la ville que trois prélats: San-Felice, de la Cava, fougueux papiste; Campège, de Feltre, et Musso, de Bitonte, le plus fleuri des prédicateurs du temps, qui était impatient de se faire entendre. Peu à peu les prélats arrivèrent, et le 13 octobre, jour de l'ouverture, vingt-cinq évêques, outre les légats, se trouvaient réunis à Trente.

Le concile fut ouvert par une longue exhortation des trois légats du pape et par une procession générale. Les légats et le cardinal Madruce marchaient en tête, suivis des archevêques d'Aix, de Panorme, d'Upsal et d'Armacan, et des vingt-cinq évêques, tous couverts de mitres et de chapes précieuses, chapes de drap d'or, de damas et de satin pour les archevêques et les évêques, chapes rouges ou couleur de rose sèche pour les cardinaux. Leurs mitres étincelaient de pierreries, et partout resplendissaient la soie, le velours et les broderies d'or. Ces pompes

---

[1] P. Pincio, *Chroniche di Trenta*, 1546.
[2] 22 mai 1542.

nouvelles et ce luxe étonnaient surtout les barons du pays et les campagnards, gens vivant dans les montagnes et peu accoutumés à une pareille splendeur.

Après les évêques venaient immédiatement le seigneur de Castel-Alto, capitaine de la ville de Trente, couvert d'une simple armure de fer, et Antonio Quère, orateur du roi des Romains, le seul ambassadeur présent, vêtu de noir, à l'espagnole, coiffé d'une toque ornée de plumes et d'agrafes de pierreries, portant au cou une grosse chaîne d'or richement ciselée. Venaient ensuite les généraux des ordres mendiants, mineurs, conventuels, carmes, des ermites de saint Augustin, de sainte Marie-des-Serfs, etc., etc., suivis de la foule des abbés, théologiens, docteurs de l'un et l'autre droit, et d'un grand nombre de barons, de comtes et de chevaliers, mêlés au clergé de Trente, et accompagnés de tout le peuple de la ville et des pays voisins, accouru pour assister à la cérémonie, pour jouir d'un spectacle aussi merveilleux, et peut-être aussi pour profiter des trois ans et cent soixante jours de délivrance du purgatoire accordés à quiconque se trouverait dans la ville à l'ouverture du concile.

La procession, sortie de l'église *della Trinita*, près la porte *Santa-Croce*, se rendit au Dôme, où le cardinal *Del Monte* célébra une messe du Saint-Esprit, et où l'évêque de Bitonte, ce prédicateur si fleuri, prononça un sermon divisé en plusieurs points, dans lequel il prouva qu'un concile était nécessaire, d'abord parceque plusieurs conciles avaient déposé des rois et des empereurs, et, en second lieu, parceque le Jupiter de l'*Énéide* assembla le conseil des dieux. Il ajouta que, lors de la création de l'homme et à la tour de Babel, Dieu tint une manière de concile. Et il finit par engager tous les prélats à se rendre à Trente comme dans le cheval de Troie, la porte du concile et la porte du paradis étant la même.

Cette belle oraison achevée, le cardinal-légat donna sa bénédiction au peuple; puis se tournant vers les pères, qui attendaient dans un grand silence : « *Vous plaît-il que l'on déclare que le saint concile de Trente est ouvert et commencé?* » leur dit-il. A quoi tous répondirent d'une même voix : « *Oui, il nous plaît!* » Le cardinal déclara le concile ouvert, et les chantres et toute l'assemblée entonnèrent le *Te Deum!*

Le jour même où le concile s'assemblait pour donner la paix à l'Église, les Vaudois, au nombre de plus de quatre mille, étaient massacrés, en France, par d'Oppède et l'avocat Guérin.

Comme, dans cette première session, les pères ayant voix délibérative et décisive étaient peu nombreux, l'assemblée se tint dans la petite église de Sainte-Marie-Majeure. A cet effet, on avait recouvert les murailles de grandes draperies d'étoffes jaunes et rouges, et la base des colonnes était ornée d'images de saints, encadrées dans des compartiments en bois sculpté d'une manière bizarre et dessinant l'ogive. A la place du maître-autel, sous le crucifix que, de nos jours, on voit encore au même endroit, sous ce crucifix miraculeux qui, assure-t-on, s'inclina pour approuver les décrets du concile, siégeaient les légats du pape et les cardinaux en costume; car, à partir de cette époque, l'habit de la profession devint de rigueur, et une des premières décisions de l'assemblée défendit aux ecclésiastiques de tous grades de s'habiller en séculiers, comme ils avaient fait jusqu'alors quand ils n'officiaient pas. A la droite des légats, sur un banc revêtu de velours cramoisi qui tapissait la muraille derrière eux à une grande hauteur, étaient assis les archevêques.

Le reste de l'assemblée, faisant face aux légats, prenait place sur des bancs en bois demi-circulaires, élevés en gradins, bancs tout-à-fait apostoliques. Les évêques, en mitres blanches et en chapes de toutes les couleurs, occupaient les premiers de ces bancs, et les religieux des divers ordres les derniers. Les théologiens au service des prélats, et qui souvent parlaient pour eux, siégeaient en face des archevêques, au pied d'une petite chaire garnie d'étoffe noire brochée d'or, tribune de cette assemblée. Cette place au pied de la tribune était bien choisie, car ces théologiens, hommes exercés aux disputes et qui avaient la parole facile, étaient à ces assemblées religieuses ce que, de nos jours, sont les avocats à nos assemblées politiques.

Les ambassadeurs et leur suite se plaçaient à la droite des légats, en face de la tribune, dans l'espace laissé vide entre les archevêques et les bancs des évêques. Les ambassadeurs s'asséyaient sur des fauteuils qu'on leur apportait; leur suite restait debout. Entre les colonnes et tout autour de la nef, occupée en entier par les pères, circulaient les curieux : gens de Trente, Italiens, Allemands, admis dans l'église en fort petit nombre. Au fond de la salle, un groupe de soldats, le casque en tête, avec de grands panaches, couverts de cuirasses d'acier poli, armés de hallebardes, de pertuisanes et d'épées, et quelques-uns portant encore de larges boucliers, veillaient à la sûreté de l'assemblée. Tous les assistants, légats, évêques, théologiens, peuple et soldats, portaient la barbe et les moustaches, selon la mode du temps; barbe martiale, dégagée, hautaine, ou barbe blanche et vénérable [1].

Dans une tribune qui dominait toute la réunion, se tenaient les chantres, entonnant des cantiques à l'ouverture et la fin des séances, alternant avec les orgues énormes de l'église qui jouaient des airs bizarres, imitaient les roulements du tambour ou contrefaisaient le cri de divers animaux, à la grande satisfaction des pères du concile.

VI.

PREMIÈRES SESSIONS DU CONCILE.
LES PARTIS.
FUITE DU CONCILE.

La première session du concile fut une session d'organisation. On s'occupa du cérémonial. On décida que les trois légats, quoique d'ordres différents, auraient les mêmes ornements, ayant les mêmes pouvoirs; que le lieu de l'assemblée serait tendu de tapisseries, de peur que le concile ne ressemblât à une réunion de *mécaniciens* (ce sont les expressions du décret); et enfin, comme une assemblée de dignitaires de tant de grades différents devait nécessairement amener quelque confusion, on décida que la place occupée ne préjudicierait en rien aux personnes.

Durant ces préliminaires, les évêques retardataires arrivèrent en grand nombre, et la ville de Trente ne tarda pas à resplendir de toutes les pompes ecclésiastiques et de tout le luxe de ces petits princes de l'église, traînant chacun à leur suite une sorte de petite cour, des gardes, des bouffons et des nains.

Ce faste des cardinaux et des prélats scandalisait surtout les luthériens et les catholiques rigoureux. Déjà dans le quatorzième siècle, Dante, dans un accès d'humeur gibeline, avait stigmatisé d'une manière san-

---

[1] Tableau du Concile, à Trente, église de Sainte-Marie-Majeure. — Tableau du Concile de Trente, par le Titien, musée de Paris, n° 1254.

glante le luxe des prélats de son temps, lorsque, les comparant aux apôtres qui cheminaient sans chaussure et prenaient leur nourriture dans la première hôtellerie venue, il s'écriait : « Nos prélats modernes veulent
» des valets qui écartent la foule devant eux, d'autres qui guident les
» mules. Ils sont si lourds qu'ils ne peuvent plus se porter; aussi les
» rencontre-t-on à cheval couverts de grands manteaux, de façon que
» deux bêtes vont sous une même peau. »

Si, che due bestie van sott' una pelle.

Deux bêtes sous une même peau! Ah! pourquoi Dante n'a-t-il pas vécu de notre temps! s'écrie un des commentateurs de la divine Comédie, qui écrivait à peu près à l'époque du concile; sans doute il eût dit :

Si, che tre bestie van sott' una pelle.

On devine quelle était la troisième bête que couvrait le manteau des cardinaux, et le plus grand nombre des pères de Trente paraissent de l'avis de l'écrivain : car les sessions commencent par de sévères mercuriales sur la manière dont les prélats doivent vivre durant le concile. On leur recommande d'être *sobres, chastes et de bien gouverner leurs maisons;* on leur défend d'être *querelleurs, ivrognes, impudiques et adonnés à leurs plaisirs;* on leur conseille de ne jamais se fâcher, *mais quelque chose qu'ils disent, que ce soit tempéré par une si douce* PROLATION *de paroles* (ce mot musical est joli), *que les auditeurs ne puissent s'en offenser et le fil du droit jugement se brouiller.* Nous verrons bientôt comment ce conseil fut suivi [1].

Durant ces premières sessions, les prélats italiens, tous papistes, et fort nombreux, firent adroitement décréter que les voix se recueilleraient par têtes, comme au concile de Tolède, et non par nations, comme aux conciles de Bâle et de Constance. Les légats supprimèrent aussi de l'intitulé du concile les mots *représentant l'Église universelle,* qui eussent fait douter de la suprématie papale; on décida enfin que les décrets seraient préalablement discutés dans des congrégations particulières avant d'être portés aux sessions générales du concile; on espérait de cette façon rendre impossibles le scandale et les débats orageux. Mais toutes ces précautions

[1] PAOLI SARPI. VISCONTI. GRATIEN HERVET, *Histoire du concile de Trente.*

n'empêchèrent pas les partis de se dessiner aussitôt dans l'assemblée. Elle se partagea en impériaux et en papistes; et dès-lors on put apprécier le système de conduite que la cour romaine avait tracé à ses légats; on put deviner le mot d'ordre qu'elle leur avait donné.

Maintien intégral de la puissance papale et conservation de ses prérogatives y compris les abus; telles sont leurs instructions. Pour tout ce qui ne touche pas à ces questions délicates de prérogatives et de discipline, la plus grande latitude est laissée aux disputeurs. On leur abandonne le dogme; c'est à eux de s'entendre; qu'ils tâchent seulement de se servir dans leurs décrets de ces formes ambiguës, qui, laissant le fond indécis, satisfont et rapprochent les partis.

On pense bien qu'avec ces prétentions du parti papal la question de la réforme des abus ne devait être agitée qu'à la dernière extrémité, et cependant cette réforme avait été l'occasion du concile. Les évêques impériaux, presque tous allemands ou espagnols, d'accord sur bien des points avec les papistes, mais inclinant davantage aux transactions, déclaraient hautement que cette question de la réforme devait passer avant tout. *Les très-illustres cardinaux doivent être très-illustrement réformés*, disait don Barthélemy des Martyrs, primat de Portugal. Les Français appuyaient les impériaux, au grand mécontentement des papistes qui s'efforçaient de ridiculiser leurs théologiens et leurs orateurs. *Voilà un coq qui chante vraiment bien!* s'écria un jour, en jouant sur le mot latin *gallus*, qui signifie à la fois coq et Français, un des prélats italiens qui venait d'entendre l'ambassadeur français Danès. *Plût à Dieu que Pierre se repentît au chant du coq!* répliqua celui-ci avec un merveilleux à-propos.

Cette réponse rendit les Italiens plus circonspects; ils renoncèrent à leurs facéties, et, dans le dessein de gagner du temps, ils firent décider que l'on traiterait alternativement et le dogme et la réforme.

Nous ne ferons point ici une analyse détaillée de tous les actes du concile, analyse que l'aridité des matières et, comme on dit aujourd'hui, *leur manque d'actualité* rendraient fastidieuse; nous continuerons seulement l'examen philosophique de l'ensemble de ces actes, nous arrêtant à ceux qui dessinent le mieux la physionomie d'une grande assemblée religieuse du seizième siècle, et qui nous font le mieux connaître la composition de ses éléments, la tactique de ses partis, les dessous de cartes singuliers, les profondes intrigues et les intérêts tout-à-fait humains qui déterminent les convictions de ses membres, modifient leurs résolutions les plus arrêtées et motivent leurs décisions les plus saintes en apparence.

L'assemblée entama la question de la réforme par l'examen des points contestés entre les catholiques et les luthériens, au sujet des saintes Écritures. Les novateurs controversaient la tradition; l'assemblée, toute catholique, décréta, d'une commune voix, que tous les livres de l'ancien et du nouveau Testament seraient reconnus *canoniques*. Un autre décret déclara authentique *la Vulgate;* et, dans le but de réprimer les esprits *pétulants et effrontés*, défendit, à qui que ce fût, d'être assez osé pour interpréter les saintes Écritures contre le sens reçu jusqu'alors dans l'Église, et d'en faire, *à des usages profanes, des applications ridicules*.

On traita dans la session suivante du péché originel, ce qui amena l'étrange question de l'immaculée conception. La Vierge avait-elle été ou non conçue en péché? Cette importante querelle divisait l'Europe. Les pères de Trente crurent prudent de ménager les deux partis, et revenant sur les décisions du concile de Constance, déclarèrent, après d'interminables débats, que *la Vierge ne devait pas être comprise dans le péché originel, que cependant, en s'en référant aux constitutions de Sixte V, elle ne devait pas non plus en être exceptée*. Si l'Église eût toujours décidé de la sorte, sans doute il y aurait eu beaucoup plus de disputeurs, mais aussi beaucoup moins d'hérétiques.

Dans les sessions suivantes, on continue de traiter alternativement les questions de dogme et celles de la réformation des mœurs. Du péché originel on passe à la pluralité des bénéfices; de la justification de l'homme à la résidence ecclésiastique.

Ces matières étaient obscures et prêtaient singulièrement à la discussion. Tel père catholique se montrait souvent plus opposé à la cour romaine que Luther lui-même ne l'eût été. Aussi les passions s'exaltèrent à ce point que plus d'une fois l'intervention des légats put seule empêcher les factions de se convaincre mutuellement à grands coups de poings. Quelquefois leurs efforts furent vains; et, un jour, Denis, le Grec, évêque de Chéronée, ayant crié à Thomas-de-San-Félice, évêque de la Cava, et fougueux papiste : — *Oui, monseigneur, vous êtes ou bien ignorant ou bien entêté!* La Cava se jeta sur lui, le saisit par sa longue barbe et ne lâcha prise que lorsqu'il en eut arraché une poignée.

Dans toutes leurs décisions, les pères semblent surtout avoir en vue de bien contredire les protestants, qui, du reste, n'étaient pas là pour répondre. Cette disposition à la contradiction est si arrêtée, que, sur deux interprétations différentes, c'est toujours la plus conciliante qui est écartée. Ainsi, par exemple, au sujet de la justification, saint Paul avait dit formellement : *Nous devons reconnaître que l'homme est justifié par la foi sans les œuvres de la loi* (Saint Paul, *Épître aux Romains*); et les novateurs s'autorisant de ces paroles, soutenaient que la justification avait lieu par la foi seulement. Le concile, sacrifiant saint Paul et lui opposant saint Jacques, déclara que *la foi sans les œuvres était morte en elle-même*. Le concile, dans cette occasion, comme dans toutes celles où il se trouvait en contradiction avec les novateurs, fortifiait ses décisions d'une série de canons où l'anathème n'était pas épargné : l'anathème prononcé toujours au nom du Dieu de paix!

Un des effets de la réforme trop hâtée fut de rendre la résistance catholique plus absolue. Un grand écrivain l'a dit : *En se montrant au monde, la réforme ranima le fanatisme qui s'éteignait* [1] *;* il l'a dit dans le but au moins étrange de rejeter en quelque sorte sur le protestantisme les horreurs de la Saint-Barthélemy et les fureurs de la ligue; mais tout en relevant la singularité des conclusions, nous signalerons la réalité du fait. Oui, la réforme ranima le fanatisme qui s'éteignait; nous dirons plus : elle rendit un immense service à la cause du catholicisme, en exaltant des passions qui s'affaissaient, en ne permettant pas l'indifférence, cette mort naturelle des religions, et enfin en reculant de plus d'un siècle l'avènement de l'esprit philosophique, dont Érasme, Rabelais et le chancelier de l'Hôpital avaient été les précurseurs.

Ce fut donc pour obéir à ce mouvement violent de la réaction religieuse contre la réforme, que le concile de Trente, assemblé pour réunir les diverses croyances, rompit l'unité catholique, créa un catholicisme tout moderne, en croyant raffermir l'ancien catholicisme qui tombait; combattit les novateurs en fondant une religion nouvelle, religion aussi éloignée du christianisme primitif que l'était le luthéranisme, religion qui pouvait bien encore s'appeler *catholique, romaine,* mais non plus *apostolique.*

Les sessions se prolongeaient, et les luthériens, qui avaient été l'occa-

[1] Chateaubriand, *Études historiques.*

sion du concile, refusaient toujours de s'y présenter. Ils se rappelaient le supplice de Jean Hus et de Jérôme de Prague, au concile de Constance, et ne voulaient se rendre à Trente que munis de saufs-conduits du concile garantis par l'empereur. Bien plus, irrités par les dernières décisions de l'assemblée, leurs docteurs réclamaient hautement un *concile protestant* en Allemagne, pour contrôler les opérations des pères de Trente, et fixer les croyances des réformés du Nord. Ces prétentions étaient exorbitantes : le pape Paul III s'en indigna ; et, faisant jouer tous les ressorts de la politique italienne, il vint à bout de persuader à l'empereur de joindre ses armes à celles de l'église romaine pour écraser l'hérésie. L'empereur, catholique assez tiède, mais qui, depuis long-temps, nourrissait le projet d'humilier l'orgueil des princes allemands réformés, et d'anéantir les ligues luthériennes, prêta l'oreille aux instigations du pape, mit au ban de l'empire les chefs luthériens, et recommença la guerre contre les protestants. A la première nouvelle de la reprise des hostilités, ceux-ci, par un coup de main hardi, s'emparèrent du fort de la Chiusa, qui, à l'entrée du Véronais, commande les défilés de la vallée de l'Adige. Ils voulaient, de cette façon, fermer le passage à l'armée que le pape envoyait en Allemagne. A cette nouvelle, l'effroi des pères fut extrême ; plusieurs s'enfuirent ; et cette fois le cardinal Madruce eut grand' peine à empêcher le concile de se dissoudre. Les Trentais, intéressés comme leur prince à la tenue de cette assemblée, prirent bravement les armes, et Francesco Castel-Alto, commandant de leur ville et commis à la garde de l'assemblée, se mit à leur tête, se jeta dans les montagnes, et, faisant face aux protestants, laissa à l'armée du pape, commandée par Octave Farnèse, le temps d'arriver. Délivrés des protestants, les Trentais et le concile furent vivement inquiétés par ce passage de l'armée catholique. Ces bandes indisciplinées d'Italiens et d'Espagnols, qui, au nombre de vingt mille hommes, pendant plus d'un mois, traversèrent la ville, y jetèrent la confusion. Trente ne recouvra la tranquillité qu'après leur départ, et encore y laissèrent-ils un grand sentiment d'effroi.

Victorieux à Mulberg, en 1547, et maître absolu de l'Allemagne (si la force pouvait jamais être maîtresse des consciences), l'empereur sentit alors qu'il fallait donner un contre-poids à l'influence romaine, et loin de songer à anéantir l'hérésie, comme le pape Paul le demandait à grands cris, il transigea avec elle et publia l'*interim*, édit de tolérance, qui, s'il ne satisfaisait pas entièrement les luthériens, leur faisait néanmoins d'importantes concessions. Dès ce moment, l'empereur Charles V ne fut plus qu'un Henri VIII pour le saint-siège; et comme la cour romaine n'osait pas éclater ouvertement contre l'*interim*, elle voulut du moins, par ses manœuvres, en atténuer l'effet. D'autre part, l'indépendance des membres du concile l'inquiétait; l'influence que l'empereur victorieux ne pouvait manquer d'exercer sur leurs décisions, l'effrayait plus encore : ses légats profitèrent donc de l'inquiétude que le passage des troupes et les bruits de guerre avaient laissée dans Trente, pour répandre dans les congrégations de vagues insinuations au sujet de la nécessité de la translation du concile dans une des villes de l'état Romain. Ces insinuations étaient parties du palais du légat Sainte-Croix; l'empereur s'en émut peu; il fit seulement savoir au légat *que, s'il disait un mot de plus au sujet de la translation, il le ferait jeter dans l'Adige*. Le légat se tut; mais l'intrigue n'en marcha pas moins.

On était au printemps de l'an 1547. Tout-à-coup une rumeur prolongée se répand dans la ville : Trente est menacée d'un grand fléau; on s'évite, on n'ose s'interroger, et ce n'est qu'après de longues réticences et avec un indicible sentiment d'effroi, que l'on ose laisser tomber le mot fatal. La peste, dit-on, s'est déclarée dans les villages du Bas-Adige, et menace de gagner la ville. Sur ces entrefaites, plusieurs valets des évêques tombent malades des débauches du carnaval; voici, dit-on, les premières atteintes de la contagion ! un évêque, d'un grand âge, meurt subitement : c'est le fléau qui sévit ! il faut quitter Trente ! Les légats paraissent consternés de l'évènement. Avant de se résigner à proposer la translation, ils veulent du moins prendre l'avis de Jérôme Frascator, médecin du concile, qui ne manque pas de déclarer en danger la vie des pères. Alors on assemble en toute hâte une congrégation. — *Vous plaît-il, pour la sûreté de la vie des prélats, que le concile soit transféré en la ville de Bologne, comme dans un lieu plus sain et plus propre?* demandent les légats au concile. — *Licenciez les peureux!* crient les impériaux. — *Oui, il nous plaît;* répondent les papistes, auxquels se joignent les effrayés en grand nombre, et la translation est décrétée. Les impériaux restés à Trente, protestèrent contre cette fuite, attendant la peste, qui ne vint pas, et leurs collègues qui tardèrent long-temps à revenir.

Le concile était rétabli depuis peu, et les pères après une absence de trois ans, étaient enfin de retour à Trente, quand Philippe, depuis roi d'Espagne, traversa cette ville. Le concile lui rendit de grands honneurs. Les pères le reçurent aux portes de la ville. Madruce, évêque de Trente, le logea dans son palais et lui donna des fêtes magnifiques. A cet effet, on avait construit une grande salle dans une des îles de l'Adige; des statues et des peintures exquises la décoraient, et les cloisons étaient revêtues d'étoffes brochées d'or. Un repas somptueux y fut servi; Philippe et le prince héréditaire de Savoie, qui l'accompagnait, prirent place avec les deux légats du pape, au haut de la table sur un même degré; les nobles et les évêques étaient assis à un degré inférieur. Durant tout le repas, des musiciens jouèrent de toutes sortes d'instruments nouveaux et curieux, et, quand on eut quitté la table, des choristes allemands commencèrent des danses auxquelles bientôt se mêlèrent les assistants. Philippe lui-même figura dans ces danses. Imaginez-vous le sombre Philippe II dansant, et dansant devant un concile!

Aux danses succédèrent des divertissements et des combats simulés, dans lesquels, nous dit l'historien Palavicini, on s'attacha surtout à représenter ces actions merveilleuses de la chevalerie, que Louis Arioste venait de célébrer tout récemment dans ses poèmes.

Les réformés avaient enfin obtenu les saufs-conduits demandés, et l'arrivée des théologiens de Wittemberg, de Strasbourg et de cinq autres villes, suivit de près le passage de Philippe; mais la réception ne fut pas la même. On les évitait, on les ajournait, et ce ne fut qu'après de longs délais et sur les instances formelles de l'empereur, qu'ils purent enfin présenter en personne les articles de leur croyance. Mais, dès les premiers mots, le scandale fut grand dans l'assemblée. De toutes parts des voix s'élevaient contre ces téméraires qui voulaient imposer leur foi au lieu de la recevoir. Les légats surtout avaient peine à se contenir. La seule présence de ces dissidents leur semblait un outrage à la papauté. Il fallait les dégoûter ou les effrayer, n'importe de quelle façon : et le 7 février le jacobin Pélargue, organe de la cour romaine, prêchant dans une des églises de Trente, s'écria avec le ton de la menace : *Que les hérétiques causant seuls la zizanie, il était temps d'extirper d'un seul coup l'hérésie.*

Chaque jour l'irritation des catholiques devenait plus grande; et malgré leurs saufs-conduits, on eût sans doute fait un mauvais parti à ces gens de la confession d'Augsbourg, *à ces capitaines de l'hérésie*, comme on les appelait, si la nouvelle de l'irruption de Maurice de Saxe dans le Tyrol et de la fuite de Charles-Quint devant ce chef des protestants d'Allemagne, n'eût mis une fois encore tout le concile en déroute. Les pères prirent à peine le temps de formuler un décret de suspension et de maudire *la malice de l'ennemi du genre humain qui leur causait une si considérable incommodité*. L'incommodité était grande en effet, et leur retraite fut si précipitée, que beaucoup d'entre eux ne purent s'embarquer sur l'Adige et s'enfuirent par les montagnes, laissant à Trente leurs bagages, fort peu apostoliques du reste.

VII.

PIE IV RÉTABLIT LE CONCILE.
ARRIVÉE DU CARDINAL DE LORRAINE ET DES FRANÇAIS.
UNE SÉANCE DU CONCILE. — LES PAPISTES.

La ville de Trente cependant échappa au danger. Charles-Quint fut forcé de faire la paix avec Maurice, et cette paix fut le triomphe du protestantisme en Allemagne. Les derniers décrets de l'empereur furent rapportés, les persécutions cessèrent, et, à partir de la diète d'Augsbourg, tenue en 1555, le luthéranisme fut reconnu une des religions de l'empire. Ainsi la réforme avait fait elle-même ses affaires, dont le concile, convoqué à son occasion, s'était du reste fort peu occupé. Victorieuse en Allemagne, elle menaçait d'envahir le reste de l'Europe.

Paul IV avait succédé à Jules III, et l'inter-concile se prolongea durant tout son pontificat. De théatin devenu pape, cet homme, d'un naturel opiniâtre, modeste jusqu'alors, avait cédé à l'enivrement de la puissance. Le lendemain de son exaltation, son maître-d'hôtel lui demandant comment il voulait être servi : *En roi*, avait-il répondu. Au milieu de sa magnificence, il déclamait contre le luxe effréné et les débordements des cardinaux et des prélats qui l'entouraient; premières causes, disait-il, des maux de la chrétienté. — *Vous voulez réformer les autres*, s'écriait-il quand on lui parlait de la réforme générale, *médecins, guérissez-vous*

vous-mêmes ! En plein consistoire, et devant les ambassadeurs, il répétait souvent qu'il ne voulait d'aucun prince de l'Europe pour compagnon, mais qu'il leur marcherait à tous sur la tête ; *Et avec ce pied !* ajoutait-il en frappant vivement la terre du pied.

On conçoit que cet homme hautain se souciât peu de rétablir le concile. Un jour, le cardinal français du Bellay le réclamant avec instances, comme le seul moyen de remédier aux malheurs de l'église : — *Voilà une grande folie*, lui répondit Paul, *d'envoyer dans les montagnes soixante évêques et quarante docteurs, et de croire que ces gens-là vont réformer le monde ! Et moi, le vicaire de Jésus-Christ, et tous mes cardinaux, ces colonnes de la chrétienté, et ces prélats et ces docteurs célèbres qui fourmillent dans Rome, ne valons-nous donc pas mieux que tout ce que l'on pourra rassembler à Trente ?* Et comme du Bellay insistait : — *Assez ! assez !* avait-il repris, *j'aimerais mieux mettre le feu aux quatre coins de l'Europe et perdre la vie, que de céder lâchement.*

En effet, Paul IV, tyran de Rome, était en beau chemin de troubler le monde, et avait déjà allumé une guerre terrible en Italie, quand il mourut en recommandant aux cardinaux, comme unique moyen de sauver l'église, non pas un concile, mais l'inquisition. Pie IV, son successeur, emporté par l'espèce de réaction qui suivit ce régime de rigueur, décréta non pas l'inquisition, mais un concile.

Cette fois le péril était immense ; et dans cette dernière session nous devons surtout admirer les ressources de la politique italienne et l'adresse du parti papiste. Dans le principe, il a contre lui l'empereur, le roi d'Espagne et la France ; il tient bon contre tous ; et, grâce à l'habileté de sa tactique, avant la fin du concile et sans qu'il ait rien cédé d'important, tous marchent d'accord avec lui. Cependant, dès l'ouverture de la session, chacun de ces partis, plus nombreux et plus ardents que jamais, tout en se proclamant zélé catholique, se prononçait contre Rome de la manière la plus absolue. D'une part, les Allemands proposaient une sorte de réformation en vingt articles, dont les plus importants réclamaient les bénéfices uniques, l'obligation de la résidence pour les évêques, la communion sous les deux espèces, et le mariage des prêtres. L'empereur ne croyait à une paix durable dans ses états qu'une fois ces difficultés religieuses aplanies. Les Espagnols appuyaient chaudement les Allemands, et les Français n'insistaient pas moins vivement pour une sorte de réformation plus complète encore que cette réformation allemande, et, qui plus est, pour le maintien absolu des libertés de l'Église gallicane.

Car, remarquons-le ici, les progrès de la réforme étaient tels que, tout en la combattant chez eux, ses adversaires les plus déclarés se voyaient amenés à militer en sa faveur dans le concile. La cour papale seule tenait bon; et, tandis que les autres puissances, circonvenues par les novateurs, eussent voulu, par quelques concessions importantes, les satisfaire et les ramener, Rome résistait toujours, et proclamait l'immuable résolution de ne jamais pactiser avec l'hérésie.

L'hérésie, il est vrai, s'attaquait aux prétentions les plus chères à Rome. Ce qu'on appelait des abus, n'étaient-ce pas les plus solides appuis du trône pontifical? Pouvait-on y toucher sans l'ébranler dans sa base? Déclarer l'institution des évêques de droit divin, c'était abdiquer la suprématie papale et créer au chef de l'Église autant d'égaux en puissance qu'il y avait d'évêques en Europe. Anéantir les privilèges des moines, c'était se priver d'auxiliaires zélés, de feudataires qui, relevant immédiatement du Saint-Siège, s'opposaient à ce que, dans leurs diocèses, les évêques devinssent autant de papes. Permettre enfin le mariage des prêtres, c'était renoncer à sa suprématie hiérarchique, briser le lien politique qui retenait à Rome le clergé de toute l'Europe; en un mot licencier sa milice. Les autres refus de Rome avaient aussi leurs motifs, et ce fut pour en triompher et pour emporter d'autorité ce qu'elle ne pouvait obtenir par les transactions, que la cour de France se décida à tenter un dernier effort.

Elle dépêcha à Trente le fameux cardinal de Lorraine, Arnaud du Ferrier, un des amis du chancelier de l'Hôpital, et comme lui savant apôtre de la tolérance, et quatorze de ses prélats les plus dévoués. Le cardinal de Lorraine, homme d'une haute ambition, était alors un des personnages les plus considérables de France. Amant de Diane de Poitiers et de Catherine de Médicis, sous Henri II il s'était poussé à la cour, sous François II il avait été premier ministre, et sous Charles IX son influence s'était encore accrue. Homme d'un grand savoir, naturellement éloquent, et fier de sa lutte récente avec Théodore de Bèze, dans le colloque de Poissy, il ambitionnait un théâtre plus vaste où il pût déployer tous ses talents. Il se rendit donc au concile.

A la nouvelle de l'arrivée du cardinal, le pape et ses légats furent consternés. Ils connaissaient son orgueil et redoutaient ses témérités. En apparence persécuteur des hérétiques, au fond n'était-il pas imbu des nouvelles idées, et plus d'une fois dans l'intimité n'avait-il pas approuvé, à demi-voix, la confession d'Augsbourg? Ne se regardait-il pas comme revêtu d'une sorte d'apostolat, et n'aimait-il pas à s'entendre appeler par ses partisans *le pape de France?* Les Italiens savaient cela et s'attendaient à peu de ménagements de sa part. Aussi, sortant bientôt de leur abattement, ils se préparèrent bravement au combat.

Il est curieux d'étudier les moyens que l'on employa pour tenir tête d'abord à un aussi rude adversaire, et le manège auquel on eut ensuite recours pour l'humaniser peu à peu et le détourner de ses résolutions les plus arrêtées. L'intrigue fut habilement ourdie sans doute, mais aussi singulièrement favorisée par la légèreté naturelle du prélat français que l'on connaissait[1], par sa vanité que l'on flattait, par son intérêt que l'on mettait en jeu, et enfin par son ambition que l'on promettait de satisfaire. Le pape avait songé d'abord à neutraliser l'influence de nouveaux arrivants, en envoyant à Trente l'arrière-banc des évêques italiens; et comme il connaissait l'assemblée qu'il avait long-temps présidée comme légat, lorsqu'il n'était que cardinal *del Monte*, et que, de son temps, on savait déjà que celui qui reçoit est d'ordinaire de l'avis de celui qui donne, des pensions de quarante à soixante écus d'or par mois, faites à un certain nombre de prélats douteux et pauvres, les mirent plus à l'aise et sans doute les rendirent plus traitables. On réchauffa les tièdes, on menaça les timides, on promit beaucoup aux ambitieux, et tous, jusque aux bouffons, le prophète Crivelia en tête, furent mis en réquisition par le légat Simonetta, qui les dirigeait.

Ces prélats italiens, gens d'esprit pour la plupart, et se regardant comme la partie brillante et polie du concile, affectaient un ton fat et méprisant à l'égard des prélats ultramontains, espèce de sauvages peu soigneux de leurs personnes, qui parlaient une langue rude et barbare, et dont tout, jusqu'au luxe, était grossier. Depuis Jules II et Léon X, l'Italie, et surtout Rome, était la partie la plus civilisée de l'Europe, *celle seulement où on savait vivre,* disaient, en peignant leur barbe et en nettoyant leurs ongles, ces prélats spirituels, aux mœurs licencieuses, dont les saillies et le cynisme scandalisaient les pères des autres parties

---

[1] On l'appelait en France *le cardinal Protée*.

de l'Europe, Espagnols sombres et hautains, Français susceptibles, Allemands rigoristes. De là leur vive opposition dans le concile.

Le premier succès des meneurs papistes fut de faire abandonner par le concile les questions de suprématie. On convint des deux côtés de ne pas engager la discussion sur ces matières, et l'on passa aux décrets de la résidence et de l'institution des évêques.

Ces questions, délicates aussi, furent l'occasion des débats les plus vifs, et souvent les discussions arrivèrent à un tel degré d'animosité qu'on redouta plus d'une fois une scission violente entre les pères, et même la dissolution immédiate du concile. Le parti italien réservait au pape seul l'institution des évêques, institution qu'il regardait toujours comme entièrement *humaine*. Le parti allemand-espagnol, soutenu par les Français, prétendait que les archevêques jouissaient, aussi bien que le pape, de ce droit d'institution, qu'il proclamait *de droit divin;* ce qui eût mis les archevêques et les évêques sur un certain pied d'égalité avec le souverain pontife.

Les disputes se prolongeaient, les esprits s'irritaient, et chaque jour des scènes violentes agitaient les congrégations.

Melchior Avosmédian, évêque de Cadix, un des chefs du parti espagnol, soutenait vivement que ce droit d'institution appartenait aussi bien aux archevêques qu'au pape. Un jour, poussé à bout : — « Oui, » s'écria-t-il, « je connais des évêques que le pape n'a pas nommés, et qui
» sont aussi vrais évêques, aussi légitimes que ceux nommés par le pape.

» — Le fait est faux! nommez ces évêques! » lui crient les papistes.

« — Ce sont les quatre suffragants de l'archevêque de Saltzbourg; cet
» archevêque les a ordonnés, et jamais le pape ne les a confirmés, » répond froidement Avosmédian.

« — C'est une imposture ! » lui crie le légat Simonetta, « le pape les
» a confirmés.

» — Il ne les a pas confirmés, j'en ai la preuve, et ils n'en sont pas
» moins bons évêques que vous tous. »

A ces mots un violent tumulte s'élève dans l'assemblée. Le patriarche de Venise et l'évêque de la Cava s'agitent sur leurs bancs, en criant à l'hérésie. Cadix veut répondre. « — Hors d'ici le schismatique! » lui crie-t-on de tous côtés. Ses amis essaient de le défendre; leurs voix sont couvertes par les cris de colère et les trépignements des Italiens. Au milieu du tumulte, l'évêque Gilles Falcette se lève en criant : « — Anathème ! — Anathème ! » répond l'assemblée. « — Qu'il soit brûlé, c'est un hérétique ! » crie une voix du milieu de la foule. « — Oui, oui ! au bûcher ! au bûcher ! » répètent avec fureur les cent voix papistes.

Cadix cependant, ne pouvant se faire entendre, avait quitté la chaire. Les Allemands balbutiaient quelques mots d'excuse en sa faveur. Ses amis Espagnols répondaient par leurs clameurs aux clameurs des Italiens, et les menaçaient du regard et du geste. Le fougueux cardinal de Lorraine, pâle et immobile, à la vue du soulèvement de l'assemblée avait fait un geste de dédain et gardait le silence, souriant d'un air farouche ; les évêques français restaient muets comme lui. Les légats cependant avaient vu le geste du cardinal et compris son silence. Simonetta, aussi souple que violent, sentit que ses amis allaient trop loin. Devinant à l'inexprimable sourire du Français tout l'effort qu'il faisait pour maîtriser son indignation, et craignant qu'un pareil adversaire n'éclatât, il s'efforçait de ramener le calme dans l'assemblée, imposant, de la main, silence à ses partisans, et jetant sur les bancs espagnols des paroles de conciliation. Peu à peu l'agitation s'apaisa ; on reprit la délibération, et après quelques vagues explications, les cardinaux levèrent brusquement la séance.

Lorraine, en se retirant, passa auprès des légats et des principaux meneurs romains, et quand il fut à la portée de la voix : « — *La conduite* » *de ces gens-là est indigne !* » s'écria-t-il de manière à être entendu ; « *Cadix avait raison ! S'il eût été Français, j'en eusse appelé pour lui à un* » *concile libre et national.* » Les légats, effrayés, gardèrent le silence.

A l'ouverture de la congrégation suivante, Hercule de Gonzague, cardinal de Mantoue, partisan des Français, et ami du cardinal de Lorraine, prit la parole comme légat et se plaignit vivement des désordres de la veille. « — Si les avis ne sont plus libres, » s'écria-t-il, « il n'y a » plus de concile ! Et pour moi, si pareille scène se renouvelait, je fais » le serment de quitter immédiatement la congrégation. » Lorraine loua la sagesse de Gonzague ; et ajouta « que les légats ne devaient pas se re- » tirer pour une cause aussi misérable ; mais qu'il était juste que les » perturbateurs fussent punis. » Mantoue et le cardinal de Lorraine avaient achevé, et les papistes, immobiles, gardaient un silence de consternation et de colère, quand la Cava, l'un des membres les plus turbulents du parti, se levant avec audace, prit la parole; et, loin de songer à s'excuser et à rien retrancher des injures de la veille : « — Qu'on ôte » les causes du désordre, s'écrie-t-il, et les effets cesseront! Si Cadix » n'eût offensé que moi, je lui eusse pardonné de bon cœur, comme la » charité m'ordonne de le faire; mais c'est l'Église tout entière, c'est le » Christ qu'il a outragé dans la personne du pape, son vicaire; il n'a » droit à aucun pardon, à aucune excuse! »

Tandis que la Cava parlait, les prélats français notaient ses paroles sur leurs tablettes, se disposant à répliquer; mais quand ils virent qu'il se prononçait avec tant d'audace, une longue rumeur commença à se répandre sur leurs bancs. « — L'insolent! le téméraire! » murmuraient-ils à demi-voix; et ils eussent fini par éclater, si des membres plus modérés, comme il s'en trouve dans toutes les assemblées, ne se fussent jetés en avant, et, à force de paroles conciliantes, caressant tour-à-tour les deux partis, leur disant que chacun d'eux était de bonne foi, mais qu'ils pouvaient se tromper, que l'erreur était toujours pardonnable, ne fussent parvenus à détourner un nouvel orage. La discussion fut reprise avec plus de modération, et les honneurs de la guerre restèrent même aux Français et aux Espagnols; car, sur l'insistance du cardinal de Lorraine, on corrigea dans leur sens le canon contre lequel Cadix s'était élevé.

Cette fois les Italiens étaient battus; mais pourtant ils ne perdirent pas courage. Aux querelles déclarées, succéda une guerre sourde d'intrigues; et ils se vengèrent de leur échec par un feu roulant de quolibets dirigés contre les Espagnols et les Français. Ces derniers seuls ripostaient.

Un mot des papistes avait surtout fait fortune dans le concile, mot peu décent et auquel l'arrivée du cardinal de Lorraine et de ses Français avait donné occasion. — « *Della scabbia spagnola siamo caduti nel mal francese,* » avait dit un des cardinaux légats lors de la venue de ce renfort d'opposants, et aussitôt tout ce qui dans le concile n'était ni Espagnol, ni Français, avait répété le bon mot. On le redisait aux côtés des évêques de Cadix et de Grenade, les meneurs espagnols; on le murmurait aux oreilles du cardinal de Lorraine, qui eut le ridicule de s'en fâcher et de s'en plaindre aux légats. On s'amusa beaucoup de sa colère; et les Français, cette fois, auraient eu le dessous dans cette guerre toute *spirituelle,* si Lansac, un de leurs ambassadeurs, n'eût pris plus habilement sa revanche. Voyant passer, à quelque temps de là, le courrier qui, chaque semaine, apportait de Rome la subvention accordée aux évêques papistes et les instructions des légats : « — *Ah! voilà l'esprit saint qui arrive de Rome!* » s'écria-t-il d'un ton goguenard. Le mot frappait juste et eut du retentissement ; et désormais, dans le concile, on riposta au quolibet du *mal français* par le bon mot de *l'esprit saint.*

Si la gravité des pères du concile se déridait quelquefois, l'animosité n'en était pas moins vive entre les partis ; ce fut au point que, déroutés à la longue par les finesses des papistes, et fatigués de leur insolence, les Français, pour se venger du passé et leur imposer à l'avenir, se résolurent à un singulier coup de tête. On décida que le cardinal de Lorraine ne se présenterait pas à l'une des prochaines congrégations, (on ne voulait pas compromettre le chef du parti, ou peut-être lui-même ne voulait-il pas se compromettre) et l'on convint de ne plus garder de ménagements et de dire dans cette congrégation tout ce que l'on avait sur le cœur. En effet, la séance étant ouverte, un des orateurs français prit la parole, et, dans un long factum plein de sarcasme et de pétulance, attaqua vivement le parti italien, lui disant nettement *qu'il n'y avait de différence du pape aux évêques que la supériorité du grade, que tous étaient de droit divin, et que l'autorité du pape, comme celle de tout autre évêque, était soumise aux canons des conciles,* etc., etc. La méchanceté était noire et la témérité énorme! Mais les Italiens avaient éventé la mine, et le mot d'ordre était donné. Ils écoutèrent patiemment la longue diatribe, sans prononcer un seul mot, sans faire entendre un seul murmure, sans témoigner par un seul geste de leur mécontentement, et quand l'orateur eut achevé, personne ne se leva pour répondre. Cette résignation soudaine, cette humilité politique déroutèrent les Français ; toutefois les Romains profitèrent de la leçon, et à l'avenir ils se montrèrent plus retenus.

L'adresse du Saint-Siège et les ressources de sa politique semblaient du reste s'accroître avec les difficultés et grandir avec les dangers. Pour détourner ou pour modérer les attaques des opposants, le Saint-Père avait recours à des manœuvres singulières. Il s'attachait par exemple à exagérer l'inimitié de ses adversaires. Un jour, en plein consistoire, il arrivait pâle et abattu, s'écriant que tout était perdu, que les pères de Trente voulaient le sacrifier, que Lansac était l'âme du complot, et que cet ambassadeur avait été jusqu'à dire en public : *qu'à l'aide des prélats français, nouvellement arrivés, il espérait renverser l'idole de Rome*, et Lansac était obligé de s'humilier devant lui et de se justifier d'un propos qu'il n'avait pas tenu. Une autre fois, il assurait *qu'il savait bien que les Français voulaient faire du concile un concile huguenot;* et les prélats français de réclamer contre une imputation aussi odieuse. Alors le pape se faisait indulgent, pardonnait ces fautes que l'on n'avait pas commises, mettant dans son pardon et ses réprimandes une extrême douceur, bénissant même les coupables qui se voyaient, de la sorte, amenés à faire amende honorable de leur innocence, et à prouver la fausseté de ces accusations par le sacrifice de leur opinion et par des concessions qu'autrement on ne leur eût pas arrachées : le succès de cette tactique passa toute croyance.

VIII.

DÉFECTION DU CARDINAL DE LORRAINE. ARNAUD DU FERRIER.
FIN DU CONCILE.

L'importante question de la réforme des abus ne tarda pas à se présenter de nouveau, et, voyant l'impossibilité de sortir du combat pleinement victorieuse, la cour romaine eut recours à de nouveaux expédients. Dans le but de faire abandonner, ou du moins ajourner ce projet de réforme, ses légats s'efforcèrent de donner à l'assemblée religieuse une physionomie politique, réclamant, avant toute autre réforme, la réforme des puissances séculières. C'était par là qu'il fallait commencer, disaient-ils; autrement leurs efforts seraient sans résultats. L'impossibilité de cette réforme politique devait rendre impossible aussi la réforme religieuse; ils le pensaient sans doute; mais comme les opposants tenaient bon, les légats proposèrent, après de longues hésitations, un projet de décret en treize articles, qui, tout en paraissant céder sur la forme, ne corrigeait rien, et n'avait au fond pour objet que la confirmation des abus attaqués. Les Français et les Espagnols s'indignèrent; et, dans ses conférences avec le nonce Visconti, le cardinal de Lorraine, appuyant l'Espagnol d'Avila qui, de la part de son roi, demandait la réformation de l'Église, *mais la réformation de la tête aux pieds*, il alla jusqu'à dire qu'*il était urgent que cette réformation se fît d'un bout jusqu'à l'autre, dût-on chasser du concile cinquante prélats qui s'opposaient à toutes les bonnes résolutions.* « *On en viendra là*, ajoutait-il, *ou nous en appellerons à un concile libre.* »

« *Lorraine a vraiment raison d'en appeler à un concile libre*, s'écria le pape en apprenant la nouvelle sortie du cardinal ; *celui de Trente n'est plus libre, il est licencieux !* »

Cependant l'attitude des partis français et espagnol réunis effrayait la cour romaine, trop compromise pour refuser le combat, trop faible pour espérer la victoire, trop adroite pour s'avouer vaincue. Elle eut recours à l'intrigue et à la séduction. Réunis, ses adversaires étaient intraitables, elle les attaqua un à un. Chacun de ses plus habiles meneurs choisit son homme. Visconti, ministre secret du pape, l'esprit le plus délié et le plus judicieux du concile, s'attacha au plus rude opposant, au cardinal de Lorraine. Les détours qu'il employa pour le séduire et l'attirer dans son parti sont incroyables [1]. Promesses, menaces, flatteries, il ne néglige aucun moyen. Un jour il caresse les moindres fantaisies d'un homme qu'en secret il déclare rempli de venin ; le lendemain, il a recours aux menaces d'un tiers. « *Si Lorraine nous pousse encore, je lui dirai en face qu'avant de parler si chaudement de la réformation, il devrait bien laisser tant de bénéfices et de grosses abbayes qu'il tient en commande.* » Sans se compromettre, Visconti sut se servir à propos de ces paroles de Madruce, cardinal de Trente. Ne reculant devant aucun moyen, ce nonce du pape achetait le théologien Hugonis, homme de confiance du cardinal, et Musot, son secrétaire. Ces deux hommes lui vendaient les secrets de leur maître, ses brigues cachées, ses désirs, ses projets, et jusqu'aux arguments qu'il se proposait de présenter à l'assemblée ; de sorte que, par un merveilleux raffinement de politique, Visconti, tout en s'empressant de satisfaire les désirs réalisables du cardinal, avant même qu'il les eût exprimés, contre-minait ses brigues les plus souterraines, déjouait ses plans les mieux conçus, et préparait à loisir des répliques victorieuses à des arguments dont l'effet avait été le plus sûrement calculé.

D'un autre côté, Quignon, comte de Luna, ambassadeur espagnol,

---

[1] Voir les lettres de Visconti au cardinal Borromée. Ses menées y sont développées tout au long. Ces lettres sont un curieux monument d'intrigue et d'intrigue habile. Le manuscrit en était déposé à Rome, à la bibliothèque de la Sapienza. L'historien Paolo Sarpi paraît les avoir connues.

était circonvenu par d'autres prélats papistes; mais les Espagnols éventant la mine, et connaissant le peu d'habileté de leur ambassadeur, prirent le singulier parti de ne jamais le laisser seul, se relayant à tour de rôle auprès de lui. Et, comme les légats pensaient avoir meilleur marché d'ennemis divisés, ils élevèrent entre ces deux envoyés principaux des nations française et espagnole, une terrible question de préséance à propos du baisement de la patène. Le point d'honneur en fit bientôt d'irréconciliables ennemis. Aussi, tandis que le comte de Luna tenait bon avec toute la raideur espagnole, Lorraine faiblissait et faisait son marché avec Rome. L'assassinat du duc de Guise, son frère, acheva ce que l'intrigue avait commencé, et fournit au cardinal un prétexte pour colorer sa défection. Cette mort changea la face du concile. Renonçant dès-lors à son apostolat prétendu, Lorraine se désista peu à peu de toutes les prétentions hautaines qu'il avait fait valoir au début. Son opposition devint plus calme, et cessa bientôt; et, tandis que les Espagnols, Cadix et Grenade, se plaignaient de sa trahison, loin de songer à se justifier, Lorraine brusqua les discussions les plus importantes, et pressa la conclusion du concile. Jaloux de faire sa paix avec le pape, il n'attendit pas même la fin de l'assemblée; et, à l'instigation du nonce Visconti et du traître Musot, il se rendit à Rome, laissant à d'autres le soin de terminer les affaires. Dès son arrivée, le pape lui rendit de grands honneurs, le visitant en personne et l'appelant le fils bien-aimé de l'Église. Lorraine, tout-à-fait séduit, fit amende honorable de ses précédentes opinions, répétant à tout propos *qu'il prenait autant d'intérêt que le saint Père à une bonne fin du concile, et qu'il avait bien vu que le salut de la catholicité et de sa maison en France était dans une sincère union avec le Saint-Siège.*

Après le départ du cardinal, on précipita d'une manière scandaleuse les délibérations de l'assemblée; à l'exception de quelques opposants espagnols et français, tous les pères semblaient n'avoir en vue que *de délivrer Sa Sainteté des tourments du concile,* comme disait le nonce Visconti dans ses lettres au cardinal Borromée.

Dans cette vue, on se hâta de promulguer un index des livres défendus : quinze cents noms d'auteurs et d'ouvrages furent compris dans cette proscription en masse; on s'était contenté de copier le catalogue fait à Rome par les inquisiteurs, lesquels en voulaient tout-à-la-fois à la qualité et au nombre. On enleva au pas de course les vingt articles de la réformation. Quoique discutés dans des congrégations préliminaires, ils présentaient encore de nombreuses difficultés sur les points les plus essentiels ; loin de songer à les résoudre, on les ajourna.

Le comte de Luna et l'ambassadeur français, Arnaud du Ferrier, résistaient seuls à l'entraînement. Ils réclamèrent jusqu'à la fin un examen approfondi des matières en discussion. Ferrier même, indigné de la précipitation avec laquelle on traitait les affaires les plus sérieuses depuis le départ du cardinal, et sans doute aussi pour obéir aux ordres de la cour de France, qui était lasse de guerres civiles, et qui dans ce moment était poussée à la tolérance par le chancelier de l'Hôpital, Ferrier fit une protestation mordante contre les derniers actes du concile et contre les empiètements du clergé sur la puissance temporelle des princes. « Je vois
» bien, disait-il en raillant, je vois bien qu'il faudra encore jeûner et
» pleurer long-temps en attendant cette réformation des abus, déjà
» décidée et promise depuis cent cinquante ans ; jeûner et prier, non
» pas soixante-dix ans comme les Hébreux, mais deux cents ans, mais
» trois cents ans, et peut-être plus. Qu'en pensez-vous, mes pères ? Au
» lieu d'en vouloir aux abus, vous en voulez à nos princes ; au lieu
» de songer à réformer le mal, c'est aux libertés de notre Église gal-
» licane que vous vous attaquez. Mais ces libertés ne seraient-elles pas
» des abus ? Différentes de vos derniers décrets, elles ne se bornent pas
» à obliger nos prélats à résider seulement neuf mois et à prêcher les
» jours de fête ; elles leur ordonnent de résider toute l'année et de prê-
» cher tous les jours. Elles ne les engagent pas à vivre sobrement ; elles
» le leur commandent. Elles ne les conjurent pas humblement de parta-
» ger leurs biens avec les malheureux ; elles leur enjoignent de rendre
» leurs biens aux pauvres, leurs vrais maîtres !

» Ah ! mes pères, vous voulez vaincre l'hérésie, d'accord ; mais,
» croyez-moi, c'est par de bonnes mœurs, par une bonne prédication,
» que vous vaincrez l'hérésie, et non par des provocations que l'on
» adresse aux princes par passe-temps, ou par quelques décrets que l'on
» formule à la hâte en se nettoyant les ongles ! »

Les traits de cette moquerie sanglante du sévère président tombaient sur les membres du parti papiste, parti insolent, spirituel, composé de cardinaux, hommes de plaisir, et de prélats efféminés, fort curieux de leurs personnes, et passant en effet une bonne partie des séances à se nettoyer les ongles. Aussi l'injure fut-elle vivement sentie. Le discours de Ferrier fit grand bruit à Rome. Le cardinal de Lorraine fut le premier à le condamner. « *Ce Ferrier est de la queue du parti du roi de Navarre*, disait-il; *un ami de l'Hôpital! Catholiques en apparence, ces gens-là sont au fond des huguenots.* » Et comme le cardinal était alors tout-à-fait dans les intérêts du pape, il l'engageait à couper court à toutes ces vaines discussions en mettant fin au concile, que dirigeaient mal ses légats, et dont la France, assurait-il, attendait impatiemment les décrets. Le pape voulait le suspendre seulement. « *Gardez-vous-en bien*, lui répondit Lorraine, *il faudrait le reprendre; ce serait une affaire interminable.* » Dès-lors la fin du concile fut résolue.

Ce fut le légat Moron, évêque de Palestrine, qui proclama la clôture du concile en assemblée générale et avec un grand cérémonial. Le secrétaire, Ange Massarel, ayant lu tous les articles promulgués et tous les pères étant présents, le légat porta la parole :

« Plaît-il aux pères que l'on mette fin au saint concile, et qu'on en
» demande la confirmation à notre Saint-Père? — Oui, il nous plaît, ré-
» pondit tout d'une voix le concile. » Trois évêques seulement furent opposants.

« Au bienheureux pape Pie, évêque de la sainte Église universelle,
» beaucoup d'années et mémoire éternelle! » Et tout le concile répondit :
« Beaucoup d'années et mémoire éternelle! »

Puis suivirent les bénédictions pour les papes morts durant le concile et pour l'empereur Charles-Quint; des acclamations pour l'empereur Ferdinand (le seul souverain que l'on nomma) pour les rois, les princes, les républiques, les légats, les cardinaux, les ambassadeurs, les évêques, les abbés et les théologiens.

Et Moron reprenant :

« Nous croyons tous, nous sentons tous, nous déclarons tous, que
» cette foi du concile est la foi de saint Pierre et des apôtres, la foi des
» pères de l'Église, la foi des hommes bien pensants et catholiques.
» Nous le croyons tous, nous le sentons tous, nous le déclarons
» tous.
» Anathème soit à tous les hérétiques!
» Anathème soit! »

Ce fut le dernier mot du concile.

Après un si long séjour dans la ville de Trente, les pères étaient tellement pressés de la quitter, que les légats furent obligés de menacer d'excommunication tous ceux qui partiraient avant d'avoir approuvé et signé de leur propre main les arrêtés du concile; quatre légats, deux cardinaux non légats, vingt-cinq archevêques, cent soixant-huit évêques, trente-neuf procureurs chargés de pouvoirs par des évêques absents, sept abbés et sept généraux d'ordre signèrent ces arrêtés, puis un des légats entonna le *Te Deum*. Le *Te Deum* achevé, le légat bénit les pères et leur dit : « *Allez en paix!* »

Telle fut la fin du concile assemblé à l'occasion de la réforme, et qui, incapable de la combattre efficacement, et ne voulant ni ne pouvant transiger avec elle, n'arrêta pas les progrès du mal. En effet, pendant les débats, le luthéranisme se naturalisa en Allemagne, et victorieux, y fit ses conditions; le calvinisme s'établit solidement en Suisse, et, au milieu des guerres et des massacres, gagna rapidement en France. Enfin, malgré les terribles persécutions de Charles-Quint et de ses successeurs (Hugo-Grotius affirme que plus de cent mille personnes périrent dans les supplices) les réformateurs envahirent les provinces flamandes, et les guerres atroces du duc d'Albe et les mesures du *conseil de sang* ne purent les en chasser.

C'est qu'en Allemagne, en France et dans les états de la monarchie espagnole, la réforme était l'expression du mouvement démocratique de l'époque; mouvement régularisé cette fois par des chefs habiles, hommes convaincus comme en Allemagne[1], ou ambitieux exclus du pouvoir[2] comme en France. Les forces vives et jeunes de la société, qui, à diverses reprises, lors de la Jacquerie, du soulèvement des communes, des guerres des paysans et de celles des Hussites, avaient fait explosion dans chacun de ces pays, se produisaient sous une nouvelle forme. Pour neutraliser cet élément énergique, une assemblée de vieillards aveugles et opiniâtres était impuissante; il fallait autre chose que les anathèmes d'un concile! En France, la *Ligue*, en Espagne et dans les Pays-Bas, les bûchers de l'inquisition, ou la force brutale, purent seuls arrêter les rapides progrès des novateurs. Et cependant, malgré la Ligue, les protestants français ne furent pas soumis; et, après

---

[1] L'électeur Frédéric de Saxe, par exemple.
[2] Le prince de Condé, Coligny, etc.

soixante-huit années de guerres, la fatigue mit seule fin à la lutte dans les Pays-Bas espagnols. Si la réforme céda en Espagne, si en Italie elle donna à peine signe de vie, c'est que dans ces deux pays les forces populaires avaient trouvé à s'employer d'une autre façon. En Italie, les longues guerres des républiques et de l'empire les avaient usées ; en Espagne, la découverte de Colomb leur avait livré un monde !

IX.

TRENTE DANS LE DIX-SEPTIÈME SIÈCLE. — GUERRES DE 1703 ET DE 1797.

La tenue du concile valut à la ville de Trente un renouvellement de ses anciennes constitutions : sous prétexte de rétablir la juridiction du pays sur le pied où elle se trouvait avant les révoltes des paysans et le règne des deux derniers prélats, Ferdinand fut bien aise de faire acte d'autorité. Il mit des bornes au pouvoir absolu des évêques, et envoya dans la ville une garde allemande. Peut-être voulait-il alors encourager les protestants allemands à se présenter au concile ; peut-être songea-t-il aussi à ménager de cette façon aux puissances séculières le respect des prélats italiens? Quoi qu'il en soit, le pouvoir des évêques fut diminué ; mais au fond Trente n'en devint pas plus libre. Ville impériale et ville épiscopale à la fois, soumise à un prince évêque, soumis lui-même à l'empereur, le véritable souverain, Trente et le cercle qui en dépend, tiraillés par ces deux pouvoirs, cédés aux archiducs résidants à Inspruck ou repris par l'empereur, s'affaiblissent, victimes de cette instabilité. La ville tyrolienne voit rapidement décliner ses splendeurs ; et, du luxe et des pompes du concile, elle tombe peu à peu dans un état voisin de la misère. Ses palais, ses monuments publics et ses embellissements datent tous de cette époque du concile : presque tous sont l'ouvrage des prélats de la famille des Madruce, qui, jusqu'en l'an 1659, époque de la mort du cardinal Carlo, le dernier prince de cette maison, occupent successivement le trône épiscopal.

Sous le gouvernement de ces prélats, et pendant toute cette première moitié du dix-huitième siècle, une paix profonde règne dans la ville de Trente, paix dont jouissaient les autres possessions italiennes de la maison d'Autriche et qui contraste avec les troubles que le caractère ambitieux de l'empereur Ferdinand II avait suscités en Allemagne, en proie durant un quart de siècle à la terrible guerre de trente ans. Et néanmoins cette paix dévore Trente, dépendante de l'Autriche, et, comme les autres cercles du Tyrol, obligée de payer sa part des frais de la guerre dont l'Allemagne est le théâtre.

Plus tard, l'absurde administration des prélats qui succèdent aux Madruce ne semble guère propre à cicatriser ces blessures. Ces prélats, attribuant sans doute la détresse de leur ville à sa population trop nombreuse et au manque de denrées, proposent à la république de Venise, leur voisine, d'échanger des hommes contre ces denrées, contre de l'huile, par exemple. La république de Venise, qui n'a jamais trop de bras, et qui sait le parti que l'on peut tirer des instruments les plus méprisables en apparence, accepte l'échange; par un singulier traité, l'évêque s'engage à lui livrer tous les Trentais condamnés aux galères, (dans ce temps-là, on condamnait aux galères pour insubordination) et la république, reconnaissante de cet abandon, permet aux Trentais de tirer leurs huiles de ses états de terre ferme, sans payer de droits. Tout était de cette force dans l'administration de la petite principauté; aussi ne doit-on pas s'étonner si, vers la fin du dix-septième siècle, cette ville semble avoir fait halte sur le chemin du bien-être et de la civilisation. A partir de cette époque, on ne construit plus; on entretient à peine; la dépopulation, ce marasme des cités, fait de rapides progrès, et les revenus de Trente, qui, vers l'an 1600, s'élevaient à 400,000 écus d'or, un siècle plus tard arrivent à peine à 30,000.

Un débordement de l'Adige, un incendie, une sécheresse extraordinaire, sont les seuls évènements qui, pendant toute cette fin du dix-septième siècle, interrompent la monotonie de l'histoire de cette ville. Trente n'a plus de joies que pour l'avènement de ses prélats, de larmes que pour leur mort. Son peuple semble engourdi, et durant cette longue suite d'années on a peine à reconnaître, dans ces hommes indolents et soumis, les descendants de cette race énergique et turbulente qui, pendant des siècles, s'est agitée dans ses murailles.

Mais quand vient la guerre de la succession, les habitants de cette ville et les paysans des vallées du Trentin, endormis dans la paix au sein de leurs Alpes qui les protègent, sont réveillés comme par un coup de tonnerre.

C'est Eugène qui, le premier, en 1701, traverse tout-à-coup leurs montagnes à la tête d'une armée formidable. Ce général, heureux et habile, après des fatigues incroyables, et à l'aide des travaux de 2,000 pionniers, franchit en dix jours les précipices du Tyrol et les gorges du Trentin; et, bravant la neutralité de la sérénissime république de Venise, à laquelle, comme il le raconte dans ses Mémoires, il envoie faire ses excuses par un major, il se jette sur la Lombardie, où il surprend Catinat. Trente, si long-temps paisible, voit passer, avec étonnement et terreur, ces vieux soldats de la maison d'Autriche, auxquels, deux ans plus tard, ses citoyens devront prêter main-forte pour défendre aux Français victorieux l'accès des provinces de leur empereur.

Cette fois ce fut à leur dévouement et à celui de leurs frères des montagnes, que l'Autriche fut redevable de son salut. Le plan d'invasion de ses états avait été hardiment conçu. Les armées françaises, Villars à leur tête, tenaient en échec sur le Danube les troupes impériales. Pendant ce temps, l'électeur de Bavière, alors allié de la France, devait envahir le Tyrol allemand; Vendôme, de son côté, à la tête de 20,000 de ses meilleurs soldats, devait forcer les gorges de Trente, et ses troupes, réunies à celles de Villars et de l'électeur dans la vallée de l'Inn, formant une armée de 80,000 hommes, devaient descendre le Danube et marcher sur Vienne. « L'Allemagne est ouverte, il n'y a plus qu'à suivre! » écrivait au roi Louis XIV le maréchal de Villars; « j'ose me flatter que » Votre Majesté sera maîtresse de l'empire cette année. » Les commencements de cette audacieuse campagne furent brillants. L'électeur emporta Kufstein, qui est la clé du Tyrol du côté de la Bavière, prit d'emblée tous les forts de la vallée de l'Inn, et, le 26 juin 1703, arriva aux portes d'Inspruck, qui, depuis Charles-Quint, n'avait pas vu l'ennemi, et qui se rendit sans coup férir. « Vous êtes heureux, » écrivait Villars à l'électeur, « et moi, qui ai l'honneur de vous servir, je ne suis pas mal-
» heureux non plus; après cela, ma foi! je vous demande un duché en
» Bohême, ou bien où il vous plaira; car avant deux mois vous pourrez
» disposer de plus d'une couronne. Il faudra bien que votre petit servi-
» teur ait un duché. »

Lorsqu'on sut à Vienne les rapides succès de l'électeur et la marche de Vendôme sur le Trentin, la terreur et la confusion furent extrêmes. L'empereur songeait déjà ou à fuir ou à se mettre à la tête de ses gardes pour tenter un dernier effort, quand un secours inespéré vint le tirer de ce grand péril. Vendôme, à la tête de ses 20,000 hommes, remontait les deux rives du lac de Garda, et avait chassé devant lui Solari, que l'année précédente Eugène avait commis à la garde du Tyrol. Solari, en se retirant, avait jeté quelques centaines d'hommes dans les châteaux qui commandent la vallée de l'Adige, et avait ramené à Trente le reste de la petite armée. Une grande agitation régnait dans cette ville, défendue seulement par une simple muraille. Du côté du nord, l'électeur était maître de tout le Tyrol allemand, et déjà ses coureurs s'étaient montrés sur la route du Brenner ; du côté du midi, Vendôme approchait : pouvait-on songer à se défendre? On délibérait en tumulte; le plus grand nombre désapprouvait la résistance, et proposait de suivre l'exemple de la bourgeoisie d'Inspruck, et d'ouvrir à Vendôme les portes de Trente. Les plus déterminés, poussés sans doute par cette sorte de point d'honneur qui a toujours opposé les Tyroliens méridionaux à ceux du nord, soutenaient qu'il y aurait honte à imiter Inspruck ; « on devait, » disaient-ils, « se
» défendre jusqu'à la dernière extrémité, et s'enterrer, s'il le fallait, sous
» les ruines de la ville, pour donner aux renforts de la Carinthie le temps
» d'arriver, et à la levée en masse des montagnards du Tyrol le temps de
» s'effectuer ; le salut de l'empire en dépendait. »

Sur ces entrefaites, le marquis de Vaubonne, Français expatrié et général de l'empereur, amena au secours de la ville un corps de cavalerie hongroise. Le plan de campagne des Trentais et des généraux allemands est aussitôt arrêté. Tandis que la cavalerie de Vaubonne et les troupes réglées défendront la route pied à pied, les volontaires de la ville et les paysans, jetés en tirailleurs sur les deux chaînes de montagnes qui dominent la vallée, harcelleront l'ennemi sur ses flancs, et couperont ses convois. Le plan des Trentais fut couronné d'un succès inespéré. A peine l'avant-garde de Vendôme s'est-elle engagée dans les défilés qui séparent le lac de Garda de la vallée de l'Adige, qu'un feu, mal nourri, mais dont chaque coup porte la mort, l'accueille de tous côtés. A droite et à gauche de la route, chaque rocher, chaque tronc d'arbre, chaque pli du terrain semble cacher un ennemi. Les détachements que le général français lance sur les pentes de la montagne pour protéger sa marche, ne peuvent saisir ces ennemis invisibles, qui gagnent rapidement les crêtes les plus élevées. L'agilité de ces montagnards faisait le désespoir des fantassins français, pesamment armés, et dont beaucoup à cette époque portaient encore de longues piques, fort inutiles dans une pareille guerre. Les Trentais, presque tous chasseurs, gravissaient devant eux les roches les plus escarpées, et, du haut de ces forteresses naturelles, les fusillaient à coup sûr.

Au milieu de pareils obstacles l'armée ne pouvait s'avancer que bien lentement. Maîtresse seulement du terrain qu'elle occupait, la nuit elle voyait la cime des monts qui l'entouraient couverte d'une multitude de feux allumés par l'ennemi, et le jour les vedettes de ces montagnards, debout, sur chacune des pointes de rochers qui bordent la route, surveillaient ses mouvements, s'avertissaient par des cris de son approche, et formaient de longues files qui se perdaient à l'horizon. Cependant les soldats de Louis XIV s'irritaient d'être tenus en échec par de pareils adversaires. La plupart avaient fait les guerres du Palatinat et avaient en grand mépris ces paysans allemands, qui d'ordinaire se laissaient piller et brûler sans résister. Ils avaient peine à comprendre l'opiniâtreté de ces rustres qui n'avaient pas même de maisons; et ces vieilles bandes s'étonnaient à la vue de ces hommes qui se faisaient tuer pour défendre, quoi? des rochers.

Mais pendant que la levée en masse des Trentais et des Tyroliens du midi faisait tête à Vendôme, les paysans de l'autre versant des Alpes, revenus de leur première surprise, et réunis au peu de troupes réglées qui occupaient encore la vallée de l'Inn, s'étaient mis aux trousses de l'électeur de Bavière; et les descendants de *ces Brennes indomptables* lui faisaient sur les pentes septentrionales du Brenner la même guerre que leurs compatriotes des cercles méridionaux faisaient à Vendôme dans les défilés du pays de Trente. Piquée d'honneur par cette ville et honteuse de s'être si facilement soumise, la bourgeoisie d'Inspruck avait profité, pour se mutiner, du moment où l'armée bavaroise s'efforçait d'ouvrir ses communications avec Vendôme; Hall et les autres petites villes de l'Inn avaient suivi son exemple; et l'électeur, entouré de tous côtés par une insurrection flagrante, et menacé d'être coupé par les paysans, qui tenaient toutes les hauteurs, avait fait sa retraite en désordre et non sans courir des dangers personnels. Dès lors tout espoir de jonction avec Vendôme fut perdu et le but de la campagne manqué.

Villars était furieux de ces désastres, qu'il attribuait tous à l'impéritie de l'électeur, à la lâcheté et à la trahison de ses officiers. Villars ne pouvait se résoudre à faire la part de gloire de ces paysans, et cependant eux seuls avaient tout fait; il en convient dans ses lettres, mais toujours en accusant ceux qui n'avaient pu vaincre. « La conduite du comte d'Arco » a été misérable, » dit-il au roi (30 août 1703). « Conçoit-on qu'une » place comme Hornbec, imprenable par elle-même, se soit rendue à » 2,000 paysans qui l'attaquaient avec deux arquebuses à croc; artillerie » médiocre pour un tel siége!... Conçoit-on que, sans être menacés que » par des paysans, dix-huit bataillons aient cru devoir quitter le Tyrol et » abandonner Inspruck la nuit dans un tel désordre!... L'électeur en est » revenu avec des porcelaines prises dans le cabinet de l'empereur et un » cheval de bronze. Ses généraux et ses ministres n'en sont pas sortis de » même. Dieu veuille les récompenser selon leur mérite[1] ! »

Et néanmoins, dans le Trentin, ces mêmes paysans, secondant bravement la cavalerie de Vaubonne, tenaient toujours Vendôme arrêté. Ils fusillaient les détachements français obligés de livrer cent combats pour avancer d'une lieue, interrompaient les convois, coupaient les ponts, et menaçaient les derrières de l'armée engagée dans leurs défilés.

Vendôme cependant, après avoir saccagé les villages d'Arco, de Torbole et le château de Loppio, était arrivé en vue de Trente. Ne se trouvant séparé de cette ville que par le fleuve, et comptant, par sa prise, entraîner la soumission du reste du pays et rétablir les affaires de l'électeur, il fit mettre ses canons en batterie, à la vue des habitants, et les somma d'ouvrir leurs portes. Sur leur refus, la canonnade commença et des bombes furent lancées dans la ville. Ces bombes, les premières que Trente eût jamais vues, et le bruit du canon, répété avec un terrible retentissement par les vallées profondes et les flancs caverneux des montagnes, n'effrayèrent pas les Trentais. Leur contenance assurée, la présence de Vaubonne et de Solari, l'obstacle que présentait un fleuve rapide et non guéable, et par-dessus tout, le manque d'artillerie de siége, rendaient le succès de Vendôme fort douteux; et ce général, rebuté par tant de difficultés, songeait même à se retirer, quand la défection du duc

[1] Lettre de Villars au roi Louis XIV (30 août 1703).

de Savoie, gagné par l'Autriche, lui fournit l'occasion de le faire honorablement. Levant son camp dans la nuit, il se replia sur le lac de Garda et Dezenzano, sans être entamé, et ramena en toute hâte son armée en Savoie, où elle se vengea de son échec de Tyrol sur des ennemis mieux disciplinés sans doute, mais que le sauvage patriotisme des montagnards trentais ne soutenait pas.

Après la guerre de 1703, les Trentais, soutenus un moment par l'enthousiasme de la victoire, retombèrent bientôt dans l'abattement et la misère. Cette misère, il est vrai, leur était commune avec la plupart des petits états gouvernés par des princes ecclésiastiques : point de commerce, nulle industrie, population décroissante. Cette cour nombreuse de chanoines, richement appointés, vivant tous dans l'oisiveté, comme autant de princes, tête monstrueuse pour un aussi faible corps, épuisait la substance du pays. Les chanoines de Trente se comparaient complaisamment aux cardinaux romains. Comme eux, choisissant un chef dans le sein de leur collége, ils voulaient se montrer riches et somptueux comme eux. Mais le fardeau que Rome pouvait supporter écrasait Trente. Et, en effet, il n'est pas d'état, quelque florissant qu'il soit, qui, obligé de nourrir dix-huit princes, pour en tirer un roi à la mort du roi régnant, ne soit tôt ou tard ruiné par une pareille dépense.

Fatiguée par les exactions de ses supérieurs, Trente payait difficilement l'impôt ; l'Autriche s'en irrita, et au lieu d'employer son contrôle à établir une administration moins onéreuse, elle eut recours aux expédients : elle institua des fermiers généraux. Aussitôt le pays fut inondé par les commis de ces fermiers, hommes de rapines, appliqués à extorquer des habitants et des étrangers le plus d'argent possible, et cela au grand préjudice de l'état. Le peu de commerce que Trente faisait encore, tomba sur-le-champ. L'insolence et l'avidité de ces misérables éloignèrent le petit nombre de négociants vénitiens et allemands qui fréquentaient ses foires, et en peu d'années, à la suite de nombreuses banqueroutes, tout commerce cessa.

Quelques voix, aussitôt étouffées, osaient à peine, à de longs intervalles, réclamer contre un pareil état de choses ; et, comme le mal venait d'abord d'un clergé trop nombreux et trop puissant, c'était au clergé que l'on s'attaquait. *Un anonyme s'en prenait à toute la hiérarchie ecclésiastique, depuis le pape jusqu'aux frères muletiers des franciscains*, nous dit un voyageur qui parcourait le pays en 1774 ; *comme Luther, il eût voulu réformer l'Église ; mais les chanoines et l'évêque le faisaient taire :* le voyageur ne nous dit pas comment. Ceux qui eussent volontiers défendu les opinions du réformateur s'en gardaient bien, et alors les gens d'esprit de Trente passaient gravement leur temps à discuter avec les académiciens de Vérone et de Rovérédo sur l'existence ou la non-existence des magiciens et des sorciers ; les uns prétendant qu'il y avait des sorciers et point de magiciens, les autres des magiciens et point de sorciers, et enfin le plus petit nombre qu'il n'y avait ni sorciers ni magiciens ; cela au temps des Muratori, des Beccaria et des Maffei.

Les grandes guerres de la révolution française peuvent seules tirer Trente d'un pareil anéantissement ; ses montagnards renouvellent les prodiges de l'invasion de 1703 ; et, après un siècle, ces mêmes défilés voient s'engager une pareille lutte entre les mêmes peuples, mais avec des chances différentes.

Tandis que Bonaparte, maître de l'Italie, poussait devant lui le prince Charles sur les Alpes Juliennes, et songeait à conquérir la paix dans les murs de Vienne, Joubert avait été chargé de forcer ces gorges fameuses du Trentin où avaient échoué les efforts des généraux de Louis XIV. Les soldats autrichiens de Kerpen et de Loudon, qui les défendaient, furent facilement vaincus par ces légions républicaines, devant lesquelles cinq armées venaient de disparaître en Italie. Cette fois Trente dut céder ; mais les habitants de ses montagnes ne furent ni vaincus, ni soumis. « On ne » vit point les Tyroliens chercher à nous disputer les plaines, ou à nous » barrer les gorges, » nous dit un témoin oculaire, le brave Sulkowski ; « ils cédaient à la force irrésistible d'une armée victorieuse... A notre » approche tout disparaissait dans les villages ; les familles se retiraient » sur les rochers, et les hommes, armés de fusils, couvraient leur retraite ; » nous nous trouvâmes n'avoir conquis que la vallée étroite qui borde » l'Adige, des maisons désertes et la grande route. »

Joubert, dès le premier jour, sentit le danger de l'exaltation de ces montagnards, et voulut les vaincre à force de magnanimité. D'après ses ordres, nos guerriers si terribles passent sous le feu des Tyroliens sans riposter. Bien plus, comme ces malheureux n'avaient pu emporter de provisions et mouraient de faim dans leurs rochers, nos soldats, maîtres de tous les magasins de la vallée, estimant jusqu'à l'opiniâtreté de leurs adversaires, portaient sur la pente des montagnes le pain qu'on leur distribuait à discrétion. Aussitôt qu'ils étaient redescendus, les Tyroliens venaient le prendre et le dévoraient.

Ce système de persévérante douceur commençait à porter ses fruits; les villages se repeuplaient; et ceux des insurgés que le point d'honneur retenait dans leurs montagnes, rassurant par des gestes de paix ceux de nos soldats qui hésitaient à passer à portée de leurs carabines, n'eussent pas tardé à se soumettre, si l'Autrichien Loudon, dont tout l'espoir se fondait sur la levée en masse, n'eût ranimé leur fanatisme expirant. D'après ses ordres, des prêtres et de nombreux émissaires parcourent les vallées où l'humanité de nos soldats était encore ignorée; ils représentent les Français comme d'implacables ennemis, qui détruisent les églises, assassinent les hommes, outragent les femmes! Puis, s'adressant aux montagnards : « C'est d'eux seuls, » leur disent-ils, « que dépend le salut de l'état; ils sauront, s'ils le veulent, repousser l'étranger comme ont fait leurs ancêtres ! » Et ce peuple ardent et fier, aiguillonné par l'orgueil, exalté par le tableau des souffrances de ses compatriotes, se lève, s'arme, et, dans l'espace de sept jours, lance sur Joubert trente mille combattants.

Dans une nuit tous ceux des habitants qui étaient revenus dans leurs villages disparurent. Le lendemain les combats recommencèrent.

L'extérieur étrange des volontaires Tyroliens, et la furie de leurs attaques, inspiraient l'épouvante, nous dit encore Sulkowski. On voyait s'avancer des hommes agiles et robustes, ceints d'une large courroie incrustée en plomb luisant, et la tête couverte d'un énorme chapeau vert. Ils venaient sur nous au pas redoublé, gardant le plus profond silence. Ils combattaient sans jeter un cri, mouraient sans pousser un soupir. S'ils se retiraient, c'était lentement, pour se rallier autour des plus braves et revenir aussitôt. Cette façon de combattre, neuve et bien plus dangereuse que le feu des Autrichiens, étonna nos soldats! On peut les comparer aux légions de César, qui se troublèrent à l'aspect hideux des peuples du Hainaut.

Beaucoup de ces montagnards se colletaient avec nos soldats, détournaient leurs baïonnettes et les atteignaient de leurs massues; d'autres, plus forcenés encore, saisissant deux fusils, se roulaient sur le sable, désarmaient leurs adversaires et les exposaient aux coups de leurs compagnons. Mais la fermeté des Français, secondée par l'art, dompta cette valeur sauvage. Les Tyroliens furent vaincus, mais aucun d'eux ne demanda quartier; ils luttaient sur les corps expirants de leurs camarades en se hâtant de les remplacer. On remarqua même que leurs cadavres répandaient une quantité surnaturelle de sang; il semblait que la nature l'eût proportionné à l'excès de leur courage.

Malgré ces avantages éclatants, Joubert sentit combien sa position était précaire; chaque jour aguerrissait les Tyroliens, qui pouvaient augmenter et renouveler leurs combattants. Mais, loin de songer à se retirer sur Vérone, l'intrépide Français n'hésita pas à percer en Allemagne, et à rejoindre le général en chef dans la Carinthie. Il remonta le Pusterthal, traversa en dix jours soixante lieues de pays ennemi, et ne s'arrêta qu'au-delà de Lienz, lorsqu'il eut rencontré les avant-postes de l'armée victorieuse du général en chef.

Les préliminaires de Léoben venaient d'être signés.

PARTIE II. — DESCRIPTION.

I.

ASPECT DE LA VILLE.
LE CHATEAU. — INTÉRIEUR DE LA VILLE. — LES PALAIS.
LES ÉGLISES SAINT-PIERRE, SAINT-MARC, SAINTE-MARIE-MAJEURE, SAINT-VIGILE.
LA PLACE DU DÔME.

Dans les premières années de ce siècle, Trente, conquise par la France, cédée à la Bavière, est revenue à l'Autriche lors de la dernière paix. Une administration moins avide, des réglements plus sages, ont-ils enfin arrêté sa décadence? Je ne sais : mais j'aurais peine à exprimer le sentiment de profonde tristesse qui me saisit en arrivant une première fois dans les murs de cette ville, où tout ce qui vous entoure, tout, excepté sa population, rare et mobile, paraît vieux de plusieurs siècles. Ville perdue au fond de la vallée et qui semble découverte d'hier, sous l'éboulement d'une montagne ou les cendres d'un volcan.

Du haut des collines que franchit la route, on n'aperçoit d'abord, dans l'éloignement, que sa couronne de tours lombardes, de dômes vénitiens et de hauts clochers dentelés, seuls monuments qui rappellent l'Allemagne. Puis apparaissent ses murailles brunes, flanquées d'énormes tours; murailles de Théodorick, abattues et relevées bien des fois, et dans l'épaisseur desquelles, en passant sous les voûtes de leurs portes, on peut retrouver l'architecture des divers âges qui les ont vues tomber et se relever, gothiques, lombards, franks, tudesques et italiens. Et quand on a franchi ces voûtes, on arrive au pied d'un grand château, tout roux, couronné d'une riche dentelure de créneaux blancs et roses, de flèches noires à demi rongées, d'aiguilles brisées et dominées par une grosse tour ronde qui s'élève hautaine et sombre, comme un des guerriers des anciens âges où on l'a bâtie. Le temps lui a donné la couleur de la rouille et du fer bruni, mais n'y a point fait de ruines. Debout au bord du fleuve, non loin de la route et à la gauche de la porte, c'est la sentinelle avancée de la vieille ville, trop solitaire pour se défendre, trop cassée pour rester sans appui.

Ce château et ses hautes murailles forment une partie de l'enceinte, au nord de la ville. Les fossés qui l'entourent ont été taillés dans le roc vif, avec lequel la base du vieil édifice ne semble faire qu'un même corps. Car le temps a effacé la soudure et confondu l'ouvrage de la nature et celui de l'homme.

L'intérieur de ce monument est vénérable comme son extérieur. Beaucoup de peintures décorent ses escaliers et ses galeries. Ses salles sont pavées de mosaïques antiques et renferment des meubles des formes les plus *gothiques,* et de grandes tables avec des incrustations en pierres précieuses. Les fresques et les tableaux dont leurs murailles sont revêtues portent les dates de 1520, 1532, 1540. Elles rappellent les unes le style du Pérugin, les autres celui d'André del Sarto, du Titien et des autres peintres de l'école vénitienne. Les unes représentent des batailles, des chasses à l'ours et au daim; d'autres les portraits de Maximilien Ier, de Ferdinand, roi des Romains, de sa femme et de ses enfants; d'autres, des sujets de l'Histoire sainte. Le cardinal de Médicis, depuis Léon X, y est représenté plusieurs fois en habit de cardinal. Est-ce d'après ses ordres, ou l'artiste a-t-il voulu seulement témoigner de cette façon sa reconnaissance envers un prélat déjà protecteur des arts? Nous l'ignorons; nous ne connaissons pas non plus le nom de cet artiste; mais, quel qu'il soit, cet ouvrage n'en est pas moins remarquable : c'est de bon goût et du bon temps.

Si vous pénétrez dans la ville, votre œil est frappé d'une foule de singuliers contrastes. Ici des rues étroites serpentent entre un double rang de maisons de toutes les formes, de toutes les couleurs, de toutes les époques; les unes debout et solidement appuyées sur le sol, les autres portées par de petits piliers noirs ou gris rouge, assurés mutuellement par des barres de fer à demi ployées par le temps; maisons vieilles de plusieurs siècles; mais les rides et les lézardes de leurs murailles sont dissimulées par la chaux dont on les a blanchies récemment; les brisures de leurs toits sont cachées par la joubarbe, le lierre et l'hièble qui les couronnent; les carreaux détachés de leurs châssis, ou les bois vermoulus des fenêtres et des portes sont masqués par la vigne qui les enveloppe de ses bras, par le maïs que l'on y append et qui court en guirlandes d'un angle à l'autre de leurs façades; maisons cassées et décrépites, inclinées sur toute une file, comme une procession de vieillards; dont la tête s'avance de plusieurs pieds sur la rue, ou se rejette en arrière de manière à former avec le pavé un angle ou fort aigu ou fort ouvert; maisons inquiétantes pour le passant et qu'habite avec insouciance une fourmilière d'enfants criards et nus, d'hommes noirs et à peine vêtus, de femmes aux cheveux de jais, au cou et aux bras couleur de brique, aux yeux noirs et lançant dans l'ombre des étincelles aussi brillantes que celles de leur foyer.

Souvent ces files sont interrompues par quelque pavillon d'un travail élégant, orné de moulures en bois, rehaussées d'azur ou de vermillon; ou par quelque tour crénelée, gracieusement élancée, et qui semble placée là pour aligner toute la file et faire contraster la ligne droite avec les lignes capricieuses des façades voisines. De distance en distance, apparaît aussi quelque solide construction, soutenue par de robustes colonnes, ou de gros pilastres, percée de belles fenêtres, cintrées en ogive et décorées de balcons d'une puissante architecture qui font une énorme saillie sur la rue. Mais le vaste édifice s'est arrêté à la moitié de sa croissance. Commencé pendant quelque guerre, ceux qui l'ont bâti auront été ruinés avant de l'avoir achevé. Le marbre brut de ses fortes murailles ne soutient plus là-haut qu'une charpente noire et rougeâtre, dont les grosses pièces sont jointes l'une à l'autre par des planches vermoulues, percées de petites fenêtres grillées que surmonte un grand toit sombre qui couvre la rue presque en entier.

Dans ces rues se presse une population toute méridionale, déjà italienne, peu civilisée, à la voix criarde, aux gestes brusques, aux manières rudes: citadins diversement vêtus; en bas de soie et sans chemise, en habit de velours et sans bas; campagnards demi-nus, dont la taille élevée, les yeux bien fendus, l'ovale allongé du visage et les grands nez dantesques, décèlent l'origine gauloise, gauloise cisalpine; ils traversent la ville poussant devant eux leurs troupeaux, ou ramenant des champs leurs pesants chariots traînés par de grands bœufs jaunes : abominables mendiants, aux jambes et aux bras nus et rouges, qui se démènent par toute la ville d'un air affairé, jurent par Diane, Bacchus et la Madone, ou qui, couchés à l'ombre des piliers les plus voisins, digèrent l'ail, la *polenta* ou les raisins verts dont ils se sont repus. Au milieu de cette foule cheminent gravement quelques montagnards de *cette commune,* vêtus d'un bel habit de velours noir ou vert, la tête couverte d'un feutre pointu, orné de ganses de soie à boucles d'argent, et quelquefois d'une grande plume; ce sont de véritables types de bandits, mais de bandits coquets. De temps à autre, ils s'arrêtent à un magasin de soieries, marchandent opiniâtrément quelque pièce d'étoffe, jasent avec la citadine qui passe en riant, et accompagnent à l'église ou aux promenades, dans leurs dévotions ou dans leurs jeux, leurs femmes et leurs filles qu'ils ont amenées de leurs montagnes, paysannes au teint brun et fier, au cou marbré de rouge, et portant négligemment sur l'oreille leurs bonnets d'ours ou leur immense chapeau de paille.

De ces ruelles populeuses qui dans leur mouvement et les divers groupes qu'elles nous présentent, nous rappellent les tableaux confus du Bassan, ou les esquisses de Bonifacio, on passe tout-à-coup dans quelque rue large, régulière, bordée de chaque côté de palais sombres, mais admirablement construits en grosses dalles de marbre rouge brut; palais lombardo-vénitiens que décorent de grands balcons à jour, des frises dentelées, des moulures exquises, et de riches pilastres; palais des Galéas, des Castel-Alto, des Clés, des Madruce, des Hugo Candide, des Lichtenstein, des Firmian, des Spaur et des Bellasi; nobles familles qui les habitèrent autrefois et qui, de nos jours, à en juger par le silence qui seul règne dans leurs murs, semblent n'y avoir pas laissé de descendants. C'est là peut-être, dans le plus antique de ces palais de la *strada longa,* ou de la *contrada longa,* que vécut ce Bellenzano qui souleva la ville, ce Sunnenberg qui la sauva.

Ce fut dans ces palais, où resplendissaient l'or et la soie, qu'habitèrent ces pères du concile, hommes rompus à l'intrigue, âpres à la discussion, faisant tête opiniâtrément à une révolution religieuse, et passionnés pour des idées que l'on ne comprend plus de nos jours, comme nous le sommes aujourd'hui pour des idées que dans trois siècles on ne comprendra pas davantage. Hommes plus complets, quoique plus rudes que les hommes des temps modernes; joignant à la passion du moment l'ambition de l'avenir, et se reposant de leurs querelles, avec l'imagination et les arts, comme nos hommes politiques, avec le positif et l'argent. Hommes qui promulguaient un canon au son de l'orgue; qui justifiaient Marie et mettaient en scène l'Arioste; qui le matin fulminaient l'anathème et le soir se mêlaient aux divertissements d'un bal, et devant lesquels dansa un jour le terrible Philippe II!

Aujourd'hui ces palais semblent inhabités, l'herbe croît dans leurs cours et entre les pavés de ces rues désertes. La vie y est comme dans le reste de l'Italie, sombre, découragée, oisive.

Le palais des Galéas, bâti à l'italienne et en pierres *carrées* à saillies, est le plus remarquable de ces édifices; vu de la rue, son vestibule, soutenu par une élégante colonnade, produit l'effet le plus pittoresque.

A l'entrée de la ville, près de la porte d'Aquila et non loin du château, s'élèvent les deux églises de Saint-Pierre et de Saint-Marc. C'est dans la première de ces églises que fut déposé le corps momifié du petit saint Simonin, son sang coagulé, et les aiguilles, les clous et les pinces qui servirent à le martyriser. Dans l'église de Saint-Marc on voit le tombeau du cardinal Séripand, un des légats du pape, qui mourut à Trente pendant le concile, et qui y fut enterré le 19 mars 1563. Les bas-reliefs en marbre blanc qui ornent chacune de ses faces sont d'un bon style.

Dans cette même église, sur l'un des bas-côtés, et à peu de distance du tombeau du cardinal Séripand, on voit la tombe d'une jeune femme, Dorothea Tonna, morte à la fleur de l'âge, le 10 octobre de l'an 1520. Sur la tablette de marbre qui recouvre le corps de cette personne d'une beauté peu ordinaire et d'une grande vertu, on lit une épitaphe simple et touchante, dont je ne traduirai que les deux derniers vers, remarquables par la concision de la forme et par la mélancolique résignation de la pensée[1].

---

[1] Voici cette épitaphe, qu'aucun voyageur n'a recueillie :

« Quid gemis heu tanto felicia funera luctu?
» Turbantur lacrymis gaudia nostra tuis.
» Parce præcor tristes quæstus effundere, vixi.
» Non erat in fatis longior hora meis;
» Immatura peri! sed tu diuturnior, annos
» Vive meos, conjux optime, vive tuos. »

Dorothea Tonna s'adresse à son époux, André Borgio, chevalier crémonais, et s'écrie :

Immatura peri! sed tu diuturnior, annos
Vive meos, conjux optime, vive tuos.

Je meurs avant le temps! mais toi qui me survis,
Vis pour moi, cher époux, ces ans qu'on m'a ravis.

C'est, je crois, près de ces tombeaux que se trouve le monument du Mantuan Pincio, le seul historien de la ville de Trente. Ses récits, fabuleux quelquefois, surtout dans les commencements de son histoire, ne manquent ni d'intérêt dans les détails, ni de nerf dans la forme. Cependant on doit reprocher à Pincio une imitation trop servile des historiens romains, et sa singulière partialité pour le pouvoir, partialité que, du reste, il cherche peu à dissimuler, et qui nous étonnera moins si nous songeons que Pincio était protonotaire apostolique, chanoine de Trente, et que l'empereur Ferdinand et divers cardinaux trentais, Bernard Clés entre autres, le comblèrent d'honneurs et de bienfaits. Pincio écrivant dans le palais du prince-évêque, ne pouvait être l'historien du peuple ; les misères de ce peuple et les persécutions atroces que ses maîtres lui faisaient éprouver, devaient le trouver sans entrailles. La pierre de son tombeau nous apprend qu'il vécut soixante et dix ans, et que le troisième jour de janvier de l'an 1574 « il rendit à la terre » qui le couvre ce qu'il avait reçu de la terre, et à Dieu l'âme qu'il avait » reçue de Dieu. »

Maintenant que nous avons visité les tombeaux des citoyens trentais qui ont laissé quelque souvenir, arrêtons-nous un moment devant celui du fameux George Frunsperg, dont nous avons parlé dans le courant de notre histoire de Trente ; de cet Allemand qui comprima si vigoureusement la révolte des paysans tyroliens et du peuple trentais, sous l'épiscopat de Bernard Clés. L'épitaphe qui revêt le devant de ce tombeau nous redit les diverses actions de ce guerrier, l'un des plus illustres généraux du Tyrol. Il commandait l'armée qui réprima la révolte des paysans tyroliens ; il soumit les villes rebelles et les peuples insurgés de la Ligurie et des provinces transpadanes ; vainqueur dans bien des rencontres, il poussa jusqu'aux marais de Venise, s'avança jusqu'à la tour de Marghera, au bord de la lagune ; et les éclairs de son glaive et les feux des incendies qu'allumaient ses soldats terrifièrent Rome elle-même. Maintes fois il délivra des villes assiégées ; maintes fois il sauva des armées entourées d'ennemis nombreux ; et il livra plus de vingt combats en rase campagne enseignes déployées. Il succomba enfin devant Pavie, le 20 août de l'an 1528, âgé de cinquante-quatre ans. « Son vieux père, » Gaspard Frunsperg, se conformant aux antiques usages, lui a élevé » ce tombeau, » ajoute la pompeuse épitaphe.

En avançant vers le milieu de la ville, on arrive à l'église Sainte-Marie-Majeure, où se tint le concile. Il n'y a de remarquable dans cette église que l'orgue dont nous avons parlé plus haut, et un grand tableau du concile, fort sombre, et qui rappelle l'école vénitienne.

A peu de distance de cette église, sur l'un des côtés de la place principale, s'élève l'église cathédrale de Trente. Cet édifice, d'une forme allongée et d'une moyenne hauteur, est surmonté d'un toit en berceau, couvert en lames de plomb, que le temps a oxidées. Ce toit, blanc comme de l'argent, est soutenu par une rangée de petites colonnes, de quatre pieds de hauteur, qui forment une galerie en dehors, tout autour de la corniche. Cette église a un grand air de famille avec les constructions lombardes de Vicence et de Padoue et doit être de la même époque.

Soulevez le rideau vert qui, du côté de la place, la ferme en guise de porte (ici les usages sont déjà italiens), et vous pénétrez dans une église sombre, assez mal tenue, et décorée de quelques mauvaises copies de tableaux des maîtres des écoles lombarde et vénitienne. Tout-à-coup, à l'une des extrémités de la nef, le sol s'enfonce et vous descendez, par une rampe assez douce, dans une église souterraine, soutenue par un double rang de colonnes, et creusée aussi profondément sous la terre que les voûtes de l'église qui lui est superposée s'élèvent au-dessus du sol. Rien de plus mystérieux et de plus sombre que ces voûtes mélancoliques, où chaque pavé couvre un cercueil. C'est là que sont précieusement conservées, dans des châsses ornées de pierreries incrustées, des reliques de toutes les époques, et dont chacune a un degré de vertu différent : on y voit une épine de la sainte couronne ; une tête d'un saint Innocent aux cheveux roux ; le pied de saint Jérôme, recouvert d'une cloche de cristal, et les os de saint Vigile, canonisé pour son martyre, quoique les rigoristes de son temps l'eussent accusé d'hérésie pour avoir cru aux antipodes. C'est dans la Cathédrale que se trouve aussi le tombeau du fameux Bernard Clés.

En sortant de la Cathédrale, on entre dans une grande place que traverse un ruisseau d'eau vive, lequel coule de l'orient à l'occident. Sur ce ruisseau sont bâtis plusieurs moulins et des usines où l'on blanchit la soie. A son entrée dans la ville, il se divise en un grand nombre de bras, qui arrosent les rues principales et y entretiennent une agréable fraîcheur. Un de ces bras alimente la plus belle fontaine de la ville, placée au milieu de la place du Dôme. Cette fontaine, nous en avons donné l'histoire. Aujourd'hui des tritons et des dauphins de bronze ont remplacé les lions d'autrefois, et se lancent, en grimaçant d'une façon plaisante, des jets abondants d'une eau claire comme le cristal, qui retombent en poussière dans une large coupe de marbre blanc. Autour de cette fontaine et sur les rives du ruisseau qui traverse la place, se pressent d'ordinaire un grand nombre de femmes accroupies dans toutes les positions sur les dalles de marbre qui pavent la place ; elles lavent leur linge en chantant des cantiques ou des airs tyroliens.

Irrégulièrement plantée sur quelques-unes de ses faces, la place est bornée au midi par le bâtiment du Dôme, à l'est par un grand édifice d'une architecture plus moderne, et des deux autres côtés par des constructions de toutes les époques : petites maisons italiennes percées d'étroites fenêtres que masquent des jalousies triangulaires, dont les barreaux laissent à peine arriver le jour ; palais lombards, décorés de balcons, de fenêtres en ogives, soutenus par de vieux piliers, autour desquels courent capricieusement les bras d'une vigne, dont les feuilles jeunes et verdoyantes remplacent les feuilles de pierre de leurs chapiteaux rompus. La façade peinte de ces palais est couverte de figures d'une dimension colossale. Jusque dans ces fresques éteintes, aux contours secs, aux formes naïves, aux couleurs effacées, se retrouve l'accent simple et fort de la nature, mais de la nature sans relief. La vue de ces naïves ébauches nous reporte tout-à-coup dans ce quinzième et ce seizième siècle, époque merveilleuse de la seconde jeunesse des arts, où tout était grandiose, où tout était monumental, tout, depuis les mosaïques qui pavent les cours de ces palais jusqu'au badigeonnage de leurs murailles.

C'est sur cette place de la Cathédrale, la principale de la ville, que se font les grandes cérémonies religieuses et politiques, et qu'on célèbre les fêtes principales de la ville. C'est là que, le jour de la Saint-Vigile, se déploie, au sortir des voûtes du temple, la procession qui porte à travers les rues de la ville, la châsse magnifique où sont renfermées les reliques du martyr patron de Trente. Quelques invalides autrichiens, seule garnison de la ville et du château, ouvrent la marche; vient ensuite un orchestre militaire formé de tous les instruments à vent du canton, musique retentissante s'il en fut jamais, et de longues files de jeunes garçons et de jeunes filles, vêtus d'habits de fête, mêlent leurs chants aux sons de ces instruments. Le clergé les suit; le clergé, composé des prêtres de la ville, des prêtres du canton tout entier, et des moines des divers couvents de la vallée, capucins, carmes, chartreux, bernardins, véritable armée qui double un moment la population de la ville, et qui déploie aux vents ses bannières d'azur ou de vermillon, ornées de franges d'or et d'argent, et d'images de saints, de vierges et de martyrs. Ces jours-là, toute la ville se fait religieuse; les rues se tapissent d'étoffes dans toute leur longueur, des branchages jonchent le pavé, l'encens fume; et partout, sur le passage du cortège sacré, la foule s'amasse, s'empresse, se prosterne, récitant ses prières à haute voix, et invoquant, avec des exclamations pénétrées et des gestes tout-à-fait passionnés, les saintes et les saints représentés sur les bannières que l'on porte. Mais quand vient à paraître la châsse vénérée ou l'image du Saint-Sacrement, tous les yeux s'abaissent, tous les corps s'inclinent, tous les fronts sont dans la poussière. C'est que, dans la petite ville tyrolienne, et déjà italienne, la foi est encore aussi vive aujourd'hui qu'au temps du concile; les pompes de la magnifique assemblée, le luxe de ses cardinaux, l'orgueil de ses légats, les passions et le fanatisme de ses membres qui se disaient infaillibles; tout, jusqu'à leur souvenir, semble avoir disparu de ces lieux qu'ils remplirent autrefois, et de la mémoire des hommes; seule, la simple croyance du peuple a survécu!

Les Trentais, nous l'avons dit tout-à-l'heure, sont, par la position de leur ville, Tyroliens et Italiens à la fois; leur caractère participe de ces deux peuples, et si, comme les Tyroliens, ils aiment les spectacles et les solennités dramatiques, comme les Italiens, ils mêlent volontiers la religion à des divertissements d'une nature tout-à-fait profane. Du reste, ce goût des Trentais pour les fêtes et les représentations où ils peuvent être ou acteurs ou spectateurs, remonte aux premiers temps de leur histoire; les chroniqueurs en font foi. Ce goût, ils l'ont conservé jusqu'à nos jours; mais les occasions de le satisfaire sont bien rares. Il n'en fut pas toujours ainsi; et nous voyons qu'au temps du concile, non contents des fêtes officielles que leur donnaient les fastueux prélats assemblés dans leur ville, les habitants de Trente improvisèrent des divertissements assez singuliers pour attirer l'attention des pères du concile et pour leur causer une sérieuse inquiétude. L'esprit ombrageux de ces hommes habitués à la contradiction et au scandale, attribuait à de simples jeux une portée qu'ils n'avaient pas, et prenait pour des démonstrations séditieuses ces ébats d'un peuple enfant et les inventions naïves et grossières d'esprits candides et superstitieux. Dans ses lettres au cardinal Borromée, son très-honoré maître, lettres écrites de Trente, à l'occasion du concile, le nonce Visconti entre dans quelques détails au sujet de ces amusements des Trentais.

Le matin du 20 juin 1563, avait eu lieu une grande procession du concile pour l'*Octave du corps du Seigneur*, procession à laquelle assistaient les archevêques, les évêques, les cardinaux-légats, le cardinal Madruce, prince-évêque de Trente, et le fameux cardinal de Lorraine, fort sombre ce jour-là, et ruminant sans doute quelque vigoureuse réplique à un discours offensant prononcé la veille, dans une des congrégations, par le général des Jésuites, le vieux Laynez, son ennemi, que le concile écoutait avec faveur. Après la cérémonie, quand les pères furent rentrés dans leurs palais, les habitants de Trente s'assemblèrent sur la place du Dôme, dressèrent un grand échafaudage chargé de légendes naïves et d'inscriptions allégoriques, et donnèrent à la foule ébahie la représentation de la victoire de David sur Goliath. Le géant philistin était *figuré au naturel* par un montagnard d'une taille et d'une force extraordinaires, habitant de la contrée voisine, et frère peut-être du géant dont on voit les ossements énormes dans l'une des collections de curiosités tyroliennes, à Inspruck.

Le spectacle commença par de longues évolutions des Hébreux et des Philistins. Les Philistins habillés en lansquenets suisses, car les Italiens n'ont jamais aimé les uniformes allemands, et les Hébreux, couverts d'armures de formes diverses ou portant l'uniforme de la milice du pays, uniforme assez semblable à celui de l'*ordonnance florentine* imaginée par Machiavel : c'est-à-dire le pourpoint blanc et les hauts-de-chausses mi-partis blancs et rouges. Le géant Goliath avait endossé une armure complète de chevalier, et il brandissait une lance aussi haute que les toits des maisons voisines, un sapin tout entier, véritable lance de Ferragus et de Rodomont! David, représenté par un jeune garçon qui n'avait pas encore de barbe, attendit de pied ferme le colosse qui venait sur lui la lance basse, et, le visant au front avec son arbalète qu'il avait soigneusement bandée, il le tua du premier coup. Les historiens ne nous disent pas si ce fut encore *au naturel ;* ils nous laissent ignorer si, pour rendre la ressemblance plus parfaite, David vainqueur coupa la tête de son ennemi terrassé, comme la Bible le raconte ; Visconti nous apprend seulement que le peuple de Trente avait coutume de représenter *tragiquement* de pareilles choses tous les ans ; tragiquement! comment faut-il entendre ce mot?

Le bruit de cette représentation vint jusqu'aux oreilles des pères du concile, et ne laissa pas que de causer une grande rumeur dans leurs congrégations. Il y avait des dominicains parmi eux, l'inquisition n'était donc pas loin. Le zèle soupçonneux de ces saints hommes vit dans de pareils tableaux une moralité satirique, une allégorie coupable. Qu'était-ce que ce géant Goliath, sinon le saint concile, la grande, la gigantesque assemblée! et cette lance, que de loin il brandissait si fièrement, n'était-ce pas l'anathème, cette arme qui atteignait partout et dont le concile abusait si volontiers ; quant à ce David, si jeune et si audacieux, on devait reconnaître en lui la personnification de la croyance naissante, de la religion nouvelle, Luther, Calvin ou Satan lui-même. Les esprits s'échauffaient ; les accusations devenaient plus précises, et déjà l'assemblée murmurait des menaces : les papistes les plus ardents proposaient de condamner les malheureux acteurs de cette scène impie, et, après leur avoir fait subir les censures ecclésiastiques, d'envoyer à la potence ou au bûcher les Hébreux et les Philistins, David et le géant Goliath, quand, sur des remontrances du cardinal Madrucc, prince de la ville, et sur des informations soigneusement recueillies de divers côtés, on reconnut que de temps immémorial, des spectacles semblables avaient eu lieu dans la ville de Trente ; quant au choix du sujet, en interrogeant les acteurs, on acquit bientôt la certitude de leur innocence : leurs intentions n'étaient nullement offensantes, et si l'on avait trouvé dans leur drame grossier de malencontreuses allégories et de perfides allusions, le hasard seul et les dominicains en étaient coupables.

Les représentations de ces mystères, alors en grande vogue dans toute l'Europe, qui, pendant un quart de siècle, sembla prendre un bizarre plaisir à mettre en action les compositions de Martin Schongauer, de Lucas de Leyde, et d'Albert Durer, ne furent pas arrêtées par ce commencement de procédure du concile ; on se montra sans doute plus circonspect dans le choix du sujet, mais dans les années qui suivirent, des représentations eurent lieu, comme par le passé, sur la place de la Cathédrale. De nos jours, c'est encore là que se donnent rendez-vous, pour amuser la foule, les joueurs de gobelets, les musiciens et les saltimbanques de passage ; seulement, dans leurs *moralités* fort peu *morales*, Arlequin remplace le roi David, et Polichinelle, le géant Goliath.

Peu d'années avant les sessions du concile de Trente, cette même place avait été le théâtre d'un spectacle d'un genre plus élevé, d'une magnifique comédie jouée par des acteurs d'une bien autre importance. Les détails en sont intéressants et grandioses : aussi ne quitterons-nous pas la place du Dôme sans rapporter ici le plus curieux des souvenirs historiques qu'elle nous rappelle.

Dans l'année 1508, au commencement de février, Maximilien, ce bizarre empereur que, plus tard, nous aurons occasion de mieux connaître, s'était rendu dans la ville de Trente, dont l'évêque régnant était son feudataire. Maximilien, jusqu'alors, n'avait porté que le titre d'empereur élu ; impatient de recevoir, des mains du pontife Jules II, la pourpre et la couronne des Césars, il voulait se rendre à Rome, et avait dépêché des ambassadeurs à tous les états de l'Italie qui relevaient de l'empire. Ces envoyés devaient annoncer aux peuples de ces états la prochaine arrivée de leur souverain, et réclamer d'avance les prestations d'usage pour le couronnement des empereurs. Sur ces entrefaites, les Vénitiens, poussés par le roi Louis XII, alors leur allié et l'ennemi de Maximilien, (la ligue de Cambrai n'avait pas encore été résolue) les Vénitiens, qui se trouvaient sur le chemin de l'empereur, firent mine de vouloir lui disputer le passage. Ils fortifièrent la muraille qui ferme la vallée de l'Adige, entre Caliano et Pietra, à quelques milles de Trente, et renforcèrent la garnison de Roveredo, la clef de l'Italie. A cette nouvelle, la colère de Maximilien fut extrême ; mais cependant, avant d'avoir recours aux armes, il voulut effrayer ses ennemis par quelque démonstration imposante, et, comme l'appareil et l'éclat extérieurs étaient tout-à-fait dans les goûts du chevaleresque empereur, il résolut de frapper vivement les yeux et les esprits par quelque cérémonie pompeuse et menaçante à la fois. Le troisième jour de février, il se rendit processionnellement du château à l'église cathédrale de Trente, figurant, à travers la ville, une de ces marches triomphales que, plus tard, il fit retracer par le pinceau d'Albert Durer, ou par le burin de Schaufellein ou de Hans Burgmair. Cette cérémonie mérite d'être rapportée avec quelques détails ; sa magnificence, sa singularité, et surtout l'intérêt qu'elle donne aux lieux que nous décrivons, nous engagent à la raconter, en nous aidant des travaux des peintres et des récits des historiens.

Le clergé de Trente, bannières déployées, ouvrait la marche, mêlant ses chants aux sons de la musique de la chapelle qui accompagnait partout l'empereur, et que dirigeait messire George Saltkonia, évêque de Vienne, maître de la chapelle impériale, et Paul Hofmaier, chef des orgues du régale et du positif. Venait ensuite une troupe de lansquenets allemands, choisis parmi les plus beaux soldats de l'armée, hommes à la physionomie rude et martiale, à l'œil dur, à la barbe épaisse, taillée carrément et se mêlant à d'énormes moustaches ; le plus grand nombre portait des hauts-de-chausses à taillades et des pourpoints tailladés aussi ; quelques-uns étaient couverts de cuirasses et de cuissards, et tous avaient la tête enveloppée de toques chargées d'énormes plumes de diverses couleurs tombant jusqu'au milieu du dos. Ces hommes portaient sur l'épaule, les uns de gros fusils à mèches, les autres des lances, des hallebardes et des pertuisanes de formes et de dimensions effrayantes. Derrière eux, et à peu de distance, deux rangées de fifres bourguignons sur cinq hommes de front, s'avançaient sur de grands chevaux, jouant de la bombarde, du cor appelé cromorne et de la flûte bruyante. Les sons des instruments alternaient avec les fanfares des trompettes et les roulements des timballiers à cheval qui les suivaient en grand nombre. Les armes de l'empire étaient figurées sur le tablier des timballes et sur les banderolles flottantes des autres instruments, bombardes, trompettes ou flûtes bruyantes. Après les musiciens, s'avançaient les hérauts-d'armes de l'empire, tenant chacun à la main un caducée jaune, et marqués, sur leurs manteaux de drap d'or, d'armoiries diverses ; leurs chevaux, couverts de caparaçons magnifiques, étaient retenus par des brides de velours ou de soie.

Christophe Schenk, le porte-étendard de l'empire, armé de toutes pièces, monté sur un énorme cheval entièrement bardé de fer à l'exception de la queue et des jambes qui restaient libres, venait après les hérauts-d'armes et portait le guidon impérial, aux armes de l'aigle à double tête. Derrière lui s'avançait l'empereur en personne.

Maximilien montait un cheval superbement harnaché; une armure à canelures et à ciselures d'or le couvrait de la tête aux pieds; le manteau impérial flottait sur ses épaules et retombait sur la croupe de son cheval. Il avait au cou l'ordre de la Toison-d'Or, et un riche tablier en mailles d'or enveloppait sa ceinture et tombait jusqu'à ses genoux. A sa gauche, se tenaient le prince-évêque de Trente, et Mathieu Langen, évêque de Gurk, son chancelier; à sa droite, le maréchal de l'empire portant le glaive de l'empire; et derrière lui, vêtus d'armures resplendissantes et montés sur de superbes chevaux, se pressaient la foule des princes, des comtes, des barons et des chevaliers qui se préparaient à le suivre dans son expédition d'Italie.

La marche était fermée par un cavalier d'une taille élevée, d'une figure étrange, grotesquement vêtu d'un pourpoint de masque d'or, à taillades rouges, bleues ou vertes, et coiffé d'une petite toque à longues dents de couleurs diverses qui retombaient sur ses yeux. Cinq ou six personnages de la même espèce, mais habillés moins richement que le premier, caracolaient à ses côtés, montés sur de petits chevaux fougueux ou sur des ânes farouches; ils poussaient des cris perçants, s'adressaient des discours sans suite, faisaient toutes sortes de contorsions bizarres, et saluaient avec d'effroyables grimaces la foule des gens de Trente, qui applaudissait à leurs prouesses et les accompagnait avec toutes les démonstrations d'une gaieté bruyante et ironique. Ces hommes, c'étaient sans doute Conrad Van der Rosen, le bouffon de l'empereur, et ses compagnons, messires Gylyme, Meterschy, Caspar, Dywenyndl, Gulichisch, Hans Winter et Gurggeryllis, les fous et les bouffons de la cour.

Maximilien étant arrivé au pied d'une espèce de tribunal couvert de riches tentures, que l'on avait élevé sur la place en avant du Dôme, mit pied à terre, et monta sur le haut-dais, accompagné de l'évêque de Trente, de son chancelier et du maréchal de l'empire; là, il prit des mains de ce dernier le glaive à deux tranchants, et tandis qu'il le tenait haut et qu'il montrait aux assistants la lame nue, Mathieu Langen, le chancelier, prit la parole et annonça au peuple, d'une voix ferme, que l'empereur Maximillien entrait en Italie et qu'il allait à Rome prendre la couronne impériale.

Cette manière d'annoncer une expédition ne manquait ni de grandeur ni de solennité; mais ce n'était là qu'une pompe inutile, qu'une vaine menace, et les effets furent loin de répondre aux paroles. Roveredo tint ses portes obstinément fermées au magnifique empereur; il fallut guerroyer avec les Vénitiens sur la frontière, et, après une guerre sans résultat; Maximilien, abandonné par les contingents de l'empire au moment de triompher de ses ennemis, rentra piteusement en Allemagne, et se renferma dans Cologne; son dépit fut tel que, laissant là cette fois et le glaive de l'empire, et ses hérauts d'armes, et ses bouffons et sa cour entière, il se cacha à tous les yeux. Pendant plusieurs semaines on ignora ce que l'empereur était devenu.

Ce ne fut que l'année suivante, et avec les secours des princes ligués à Cambray, que Maximilien put tenir ces engagements de victoire qu'il avait si solennellement pris sur le parvis de l'église de Trente. Cette fois le glaive de l'empire fit réellement trembler l'Italie, et Venise fut aux pieds de l'empereur. (*Guicciardini, L. VIII.— Lettere di Francesco Vettori, di Trento,* 1508, etc.)

II.

ENVIRONS DE TRENTE.
PIAZZA DELLA FIERA. — PALAZZO DE SIGNORI MADRUCCI. — COGNOLA. — PONTE ALTO.
VUE GÉNÉRALE DU PAYS AUX ENVIRONS DE TRENTE.
LE COUVENT DE SAN BERNARDINO.

Mais quittons l'enceinte des murailles de Trente, et parcourons les environs de cette ville. En suivant la route d'Italie, et en sortant par la porte Santa-Croce, on se trouve sur une grande place appelée *Piazza della Fiera*. C'est là que se tiennent les marchés ordinaires de la ville et les grandes foires périodiques. Dans ces occasions, des deux côtés de la place, sur sa plus grande longueur, s'établissent de petites échoppes abritées du soleil par des morceaux de toile grossière et par des lambeaux de coutil bariolés de couleurs diverses, bleu, rose ou carmin ; ces toiles sont étendues sur de grands bâtons attachés en croix et étayés par des fourches de bois. A l'ombre de ces espèces de tentes, sont dressées de petites tables où sont entassés, sur des lits de feuilles de vigne et de sycomore, des figues mûres et parfumées, récoltées dans les jardins du voisinage, des amandes fraîches, encore enveloppées de leur écorce, et des pastèques amoncelées en pyramides comme des boulets de canon auprès d'une batterie ; au sommet de ces pyramides d'un vert noir, sont étalées des tranches de ces fruits, dont la chair rouge, et toute ruisselante d'un jus pourpré, contraste agréablement avec le vert de l'écorce et semble inviter le passant. Enfin, aux extrémités de ces tables, dans de grandes corbeilles en jonc ou en osier, sont entassés des cédrats, des oranges et des citrons frais, arrivés à Trente le matin et recueillis la veille sur les bords du lac de Garda, sur les collines de Maderno, de Gargnano ou de Limonte. Entre ces deux rangs d'échoppes, et sur le milieu de la place, se tiennent les marchands de volailles, de bestiaux et de denrées de toute espèce. Les uns venus de Roveredo avec un chargement de foulards indigènes, de velours, ou de chapeaux de soie qu'ils vendent deux ou trois florins la pièce ; les autres, descendus des parties supérieures de la vallée de l'Adige, de Bolsano, de Lavis, ou des bords du lac de Kaldern, du val de Sol et de Non. Des tonneaux remplis d'un vin noir et généreux, des sacs de seigle ou de maïs, des écheveaux de chanvre ou de lin, ou des feuilles de tabac roulées, productions de ces cantons, encombrent leurs vastes charriots. Ces chevaux de trait que leur maître promène de ce côté du marché, sont venus des environs de Méran et ont été élevés dans les pâturages du confluent de l'Adige et de l'Eisach ; leur taille est forte et ramassée, et ils ont quelque analogie avec nos chevaux de Normandie. Ces moutons qui se pressent en longues troupes sur la place et qui encombrent toutes les avenues des environs, descendent des ravins de Primolano, ou des hautes vallées sèches renfermées entre les pics élevés qui dominent la vallée de l'Adige. Dans cet autre coin de la place, de grands bœufs, presque tous d'un jaune pâle ou d'un blanc grisâtre, sont accroupis dans des positions diverses ; leur maître est obligé de les toucher de l'aiguillon pour les obliger à se relever et à montrer les fortes dimensions de leurs corps au passant qui les marchande : la fatigue les accable et leurs forces semblent épuisées : c'est qu'ils ont fait une longue route au soleil, pour venir des bailliages du Pusterthal, de Brixen, de Pruneken ou de Lienz, riches cantons dont les beaux pâturages nourrissent quarante à cinquante mille de ces robustes animaux. Enfin, dans ce coin du marché, vous voyez des hommes d'une taille élevée, aux larges chapeaux plats, au bretelles tyroliennes, aux ceintures à incrustations de plomb, et aux redingotes brunes ou bleues à revers de couleur verte, la plupart; ces hommes, qui parlent un langage barbare, une espèce de roman composé de latin corrompu, d'italien et d'allemand, ces hommes ont accompagné ces troupeaux et viennent aussi du Pusterthal, ce sont des montagnards de Thumani-Gad et des environs de Prunecken; eux, ce sont leurs bras qu'ils vous vendent. L'Italie les connaît sous le nom de *badiots*, et les emploie comme maçons.

Après avoir traversé la *Piazza della Fiera* et suivi un moment la route de Roveredo, on arrive au milieu de la rue principale du faubourg de *Santa-Croce*, en face de l'église de Santa-Chiara, on trouve un chemin qui se dirige au couchant de la ville, et qui conduit, entre de longs murs et des jardins, à une espèce de grand édifice d'une architecture qui date déjà de plusieurs siècles. Ce bâtiment considérable est connu sous le nom de *Palazzo de' signori Madrucci* ou *del Vescovo*. C'est là qu'habita autrefois cette famille des Madruce qui régna à Trente de 1539 à 1659, pendant plus d'un siècle, et dont nous avons souvent parlé dans la partie historique de cet ouvrage. Aujourd'hui, c'est la demeure de l'évêque. Ce palais est blasonné, sur plusieurs de ses faces, des armes des princes évêques de Trente; ses formes sont peu élégantes, et on voit, à ses dehors, qu'il fut bâti dans des temps de troubles. En effet, il est entouré d'un fossé profond et d'une double muraille crénelée et flanquée de tours à ses angles, et on y arrive par une porte fortifiée. Une grande place appelée *Prato del Palazzo*, s'étend tout autour du palais entre la première et la seconde enceinte de murailles; c'est là que se tenaient les équipages et que manœuvrait la garde du prélat. Dans l'épaisseur de la seconde muraille, et du côté qui sert de revêtement au fossé, on a placé une suite de débris de monuments et d'inscriptions antiques, trouvés dans les environs de Trente; ces inscriptions, tronquées la plupart, démontrent toutes cependant la grande antiquité de cette ville.

La décoration intérieure du palais n'a rien de remarquable ni de curieux. La plupart des tableaux sont des copies des maîtres vénitiens;

quelques portraits et deux ou trois tableaux de Giacomo da Ponte, dit le Bassan, méritent seuls d'attirer un moment les regards du connaisseur. Du côté du couchant, et au midi, le palais est entouré de vignes qui courent d'arbre en arbre et qui couvrent toute la vallée d'un épais berceau. Au nord, s'étendent des gazons et des jardins bien plantés et arrosés de fontaines.

En sortant du palais de Madruce et en revenant sur ses pas, on longe la muraille de Trente et on arrive à la porte *dell' Aquila,* que surmonte une forte tour couronnée d'un toit pointu. Cette construction semble faire partie du château que nous avons décrit plus haut, et, comme ceux des murs de ce château, ses fondements s'appuient sur le roc vif des montagnes dont les dernières racines viennent mourir ici. Le chemin qui, de la porte *dell' Aquila,* conduit dans ces montagnes, franchit, à une portée de fusil de la ville, leurs premiers contreforts. Des petites murailles en pierres sèches le bordent des deux côtés ; ces murailles, qui entourent chaque héritage, et qui, dans ce pays, partent des villes comme des rayons partent d'un foyer, s'allongent indéfiniment dans la campagne, et font le désespoir du promeneur, obligé de suivre, sous un soleil brûlant, les innombrables détours des labyrinthes qu'elles forment, avant de trouver un peu d'ombre et un coin de paysage vraiment libre et ouvert. Après une demi-heure de marche entre ces murailles, on arrive à une terrasse naturelle formée par un plateau de rochers, premier repos de la montée, et, en se retournant, on voit sous ses pieds, la ville, le château et la vallée tout entière. Cette vue de Trente et de la vallée de l'Adige est extrêmement pittoresque ; malheureusement, le lieu de plaisance d'où l'on peut en jouir est un gros rocher tout blanc, sans un bout de muraille ou une broussaille chétive pour s'abriter, et pour peu que le ciel soit pur et que le soleil darde ses rayons, l'éblouissement que cause cette nature blafarde et ardente est tel que l'on a peine à tenir les yeux ouverts. Au-delà de cette terrasse, le chemin traverse des champs de vignes, où l'œil du moins se repose sur un peu de verdure ; et après moins d'une heure de marche, on arrive enfin au village de Cognola. Les environs de ce village, qui, par lui-même n'a rien de remarquable, sont agréablement plantés de vignes, d'ormes et de mûriers dépouillés en ce moment. De beaux rochers le dominent. On y trouve de la fraîcheur ; mais nous ne devons pas nous y arrêter : ce n'est pas là le but de notre promenade.

Tournons sur la droite, suivons cet étroit sentier qui serpente sur les flancs de la montagne, et au sortir de ce petit champ couvert de broussailles et de roches, qui s'étend à un quart d'heure du village de Cognola, nous nous trouvons tout-à-coup sur l'arche périlleuse de Ponte-Alto. C'est là que je voulais vous conduire.

Le spectacle dont on jouit du milieu de cette arche unique jetée avec hardiesse d'un bord à l'autre de l'abîme creusé par la Fersine, est des plus extraordinaires. En approchant de ses garde-fous, on aperçoit sous ses pieds, à une profondeur effrayante, la vapeur bleuâtre des eaux du torrent, et l'on écoute avec terreur les mugissements de ses cascades qui se croisent et tombent dans des gouffres tortueux dont on n'entrevoit qu'avec peine la bouche noire et béante.

Le torrent a sans doute mis bien des siècles à se creuser, à travers les roches friables de la montagne, ce lit profond et resserré; mais chaque jour, cette œuvre de lente destruction continue, et l'excavation devient de plus en plus profonde. L'ébranlement causé par le bruit de la masse d'eau qui se précipite en tournoyant est tel, que le pont tremble sous les pieds du voyageur; on dirait qu'il est vivant et qu'il frémit. L'humide poussière que le vent souterrain élève du fond de l'abîme entretient la fraîcheur des bois qui, des deux côtés, pendent sur le torrent : là, du moins, j'ai pu trouver de l'ombre et un refuge contre l'extrême chaleur du jour.

Si l'on traverse ce pont et que l'on monte sur la cime de ces grands rochers qui dominent la rive gauche du torrent de la Fersine, on peut facilement, d'un seul coup d'œil, étudier la conformation extérieure des montagnes du Trentin et la nature du pays qui environne la ville. Des roches nues couvrent les terrains les plus élevés ; elles percent des gazons brûlés et s'allongent, comme les ossements décharnés de la montagne, jusqu'aux pentes voisines du sommet, où commence cependant à se montrer une maigre culture. Au-dessous de ces pentes, des champs plus fertiles sont étagés les uns sur les autres. Ces petits retranchements en pierres sèches dont nous avons parlé tout-à-l'heure, les entourent, retiennent les terres, et forment une suite de gradins qui descendent jusqu'au bord de la vallée.

La vallée de l'Adige, aux environs de Trente, est fertile. Les grains, le maïs et les arbres fruitiers abondent dans ses parties les moins marécageuses. Les hivers y sont fort rigoureux, mais de peu de durée; aussi le même champ produit-il plusieurs moissons. Quand la récolte du maïs est achevée, la campagne prend une nouvelle couleur, et des plantes oléagineuses y étalent leur parure bigarrée. Au pied des montagnes et le long des rochers qui les abritent du vent du nord, croissent le figuier et l'amandier. Dans les endroits où l'exposition est plus favorable, l'olivier et le citronnier commencent à se montrer, mais avec timidité, et comme si la vue des Alpes neigeuses qui s'élèvent à l'horizon du côté de Méran les effrayait encore. Resserrés entre des marais qui occupent le fond de la vallée et d'énormes montagnes, ces terrains fertiles sont de peu d'étendue. Les neiges cependant ne couvrent déjà plus la cime des monts, mais des rochers immenses les remplacent, leurs profils bruns et dentelés se dessinent fièrement sur le bleu étincelant du ciel. De leurs pieds se précipitent vers les vallées des pentes abruptes et stériles qui, çà et là, se relèvent, s'arrondissent et forment des plateaux étroits et de petites collines occupées par de rares villages. Les champs rocailleux qui entourent ces villages sont plantés de vignes rampantes, entre lesquelles les épis du blé qu'on a semé à tout hasard ont peine à croître et à mûrir. Des amandiers, des figuiers et autres arbres à fruit s'élèvent, de distance en distance, au-dessus des vignes et des blés. Ces collines de Trente m'ont rappelé ces campagnes des Philistins décrites dans la Bible, que Samson fit dévaster par cinquante chacals traînant à leurs queues des torches enflammées.

La vallée de l'Adige, dans sa partie la plus fertile, par exemple entre Trente et Roveredo, offre une suite de paysages aussi gracieux que variés; ce sont de riches plantations de maïs ou de magnifiques pâturages couverts de troupeaux et ombragés par des ormeaux, des noyers et toutes sortes d'arbres à fruit; la vigne grimpe le long de ces arbres, jette de l'un à l'autre ses bras flexibles et vigoureux, et laisse pendre de leurs branches, qu'elle enveloppe, de magnifiques masses de feuillage et des grappes déjà pleines. De grosses bourgades d'une architecture qui rappelle l'Italie apparaissent de distance en distance, et, dans l'espace qui les sépare, des fermes, de jolies habitations, ou quelque grande filature de soie qu'on prendrait de loin pour un palais, tant la construction est d'un goût noble et majestueux, dessinent sur le noir feuillage des arbres leur masse blanche et pittoresque. Les guirlandes du maïs que l'on fait sécher ornent les façades de ces maisons ; l'hyèble, le lierre et la joubarbe couronnent leurs toits et leur donnent quelque chose d'antique et de pastoral. Mais ce qui dépare ces charmants paysages, c'est la nudité absolue des mûriers qui bordent les chemins ; dépouillés périodiquement de leurs feuilles qui nourrissent les vers à soie, principale richesse du pays, ils ne peuvent offrir d'ombrage au voyageur, exposé sur ces routes poudreuses aux rayons d'un soleil presque vertical. Ces champs de maïs, ces mûriers, ces vignes, et toute cette culture de la vallée de l'Adige aux environs de Trente, rappellent les plaines de la Lombardie ; l'architecture des maisons et la voix aigre et criarde de la cigale, qui, dans ce pays, chante *tout l'été,* complètent encore la ressemblance. La partie de la vallée la plus rapprochée de l'Adige est loin d'être aussi riche et aussi fertile que celle que nous venons de décrire. Des inondations la dévastent fréquemment, et, à la suite de ces inondations, les eaux, qui ne se retirent jamais complétement, forment de grands marécages qui s'étendent le long des deux rives du fleuve sur un fort grand espace. Ce sont là les inconvénients du voisinage d'un fleuve ou plutôt d'un torrent aussi fougueux que l'Adige, qui sert d'écoulement à tant de glaciers. Il y a peu d'années, on songea sérieusement à canaliser ses eaux, et, par ce moyen, à dessécher et à rendre à la culture les terrains marécageux qui s'étendent de Trente à Bolsano, et qui rendent fort malsaine cette partie de la vallée. L'état, par ces travaux, eût reconquis plus de vingt mille arpents de terres excellentes, comme toutes les terres d'alluvion, et peu d'années eussent suffi pour exécuter ce grand projet. Mais l'argent a manqué, et cette entreprise, utile sous les rapports agricoles et sanitaires, ayant été abandonnée, on continue à importer dans ces cantons les blés du Véronais et du Bergamasque, et à vivre avec la fièvre !

Le chemin que l'on suit jusqu'aux environs de Cognola pour se rendre au précipice du Ponte-Alto, conduit aux bourgades de Pergine, de Levico et de Valsugana, et au joli lac de Caldonazzo, source de la Brenta ; c'est une des courses les plus pittoresques que l'on puisse faire aux environs de Trente. Quand on a long-temps admiré le magnifique spectacle que présentent le Ponte-Alto et les paysages environnants, on peut revenir à Trente par un autre chemin que celui qui nous y a conduit. Ce chemin longe la rive droite de la Fersine, et court parallèlement au torrent sur le flanc des abîmes qu'il a creusés. Un peu avant de rentrer dans Trente, par la porte de Santa-Croce, on arrive à un vaste bâtiment entouré de longues galeries voûtées, auxquelles on parvient par de larges degrés ombragés par de grands arbres et de beaux cyprès, c'est le couvent de San-Bernardino. Quand je passais sous les murailles de ce couvent, trois ou quatre figures de moines, largement drapées, se promenaient en silence sur les terrasses, et par moments leurs silhouettes sombres se détachaient sur un ciel enflammé par les derniers rayons du soleil. Je m'étais arrêté sous d'épaisses masses de verdure que les ombres du soir commençaient à envelopper, et de là je contemplais ce tableau plein d'éclat, de vigueur et de majesté, quand deux de ces religieux descendirent et vinrent rôder autour de moi; le capuchon qui couvrait leurs têtes ne me laissait entrevoir que d'une manière confuse les traits pâles de leurs visages; leurs yeux seuls semblaient luire dans l'ombre. Ces moines à la démarche grave et mélancolique, leur pâleur, leurs regards ardents, cette soirée si douce, et les bouffées chaudes d'un air suave et parfumé qui nous caressaient par instants, portaient l'âme à la poésie. Le retour des champs, ces grands charriots traînés par d'énormes bœufs qui suivaient le chemin, le costume pittoresque des campagnards demi-nus, le teint brun et fier des femmes, tout dans le paysage avait quelque chose de simple, d'antique; et la lumière vague et dorée du crépuscule, qui, s'échappant de derrière un long rideau de montagnes brunes et violâtres, se répandait jusque sur les plans les plus rapprochés du tableau, l'enveloppait d'un charme et d'un mystère inexprimable. C'est là un de ces moments où le paysage qui nous entoure, les hommes qui l'animent, le ciel qui l'éclaire, tout en un mot, jusqu'à l'air que nous respirons, semble se réunir pour nous prouver que, malgré les prétentions de ses maîtres de par-delà le Brenner, Trente n'est pas une ville allemande, mais une cité méridionale, une ville italienne!

III.

MŒURS DES TRENTAIS.
STATISTIQUE DE LA VILLE ET DU CERCLE DE TRENTE.

Que l'on me permette d'extraire de mon *Voyage dans le Tyrol*, quelques pages relatives aux mœurs et au caractère des Trentais.

« Quand on arrive à Trente par la route de l'Allemagne, on s'aperçoit aussitôt que les modifications apportées par le climat ne s'arrêtent pas aux paysages et aux habitudes extérieures, mais que les passions et le désordonné de l'homme du Midi ont déjà remplacé ce flegme sublime et ce bon sang-froid germanique (un peu tempéré cependant par la gaieté) que l'on avait rencontré de l'autre côté du Brenner.

» Nous mettions pied à terre et entrions dans un grand hôtel qui, à son air de propreté, se ressentait encore du voisinage de l'Allemagne, lorsque nous fûmes assaillis par un essaim d'enfants criards et à demi-nus auxquels nous jetâmes quelques petites pièces de monnaie; au moment du partage, un combat violent s'engagea entre eux; bientôt leurs cris furieux attirèrent les pères et les mères, qui mirent fin à la lutte en distribuant à tout hasard de grands coups de fouet. Cette justice turque produisit le meilleur effet, et chacun des combattants se retira aussitôt sans le moindre murmure.

» A cette scène en succéda une autre qui, de plaisante d'abord, devint, bientôt sinon tragique, du moins très-sérieuse. Une femme avait surpris sa rivale ayant, à ce qu'il paraît, une conversation trop vive avec son mari, et elle la poursuivait en l'accablant d'injures. Au moment où j'arrivai la bataille était engagée... Cramponnées l'une à l'autre avec les mains, avec les dents, avec les ongles, ces deux femmes mettaient tant de fureur dans leurs étreintes, que la foule, s'efforçant de les séparer, chacune d'elles laissa dans les mains de sa rivale des lambeaux de chair et plusieurs poignées de cheveux. Par moments, malgré la prudente neutralité de la foule, elles se retrouvèrent face à face, furieuses, hurlantes, et dix fois le combat fut sur le point de recommencer.

» A la fin, les passions de la femme *offensée* étaient si singulièrement exaltées que, renversant et foulant aux pieds un vieux prêtre qui prenait assez mal son temps pour la sermonner, elle courut du côté de l'Adige pour se précipiter dans les flots. La foule l'atteignit près du rivage, et l'on fut obligé de la garrotter pour la ramener à sa maison. Elle crachait, frappait, mordait, déchirait! Jamais je n'ai rien vu de plus magnifiquement féroce que cette superbe tête brune rejetée en arrière par la fureur. Ses cheveux noirs, répandus en désordre sur son visage, voilaient ses yeux sombres, hagards, pleins d'étincelles; l'écume et le sang se mêlaient sur ses lèvres, que la passion faisait trembler. Son visage brun, que la colère enflammait, et ses bras couleur de cuivre faisaient paraître blancs comme la neige son sein nu et soulevé. C'était l'image vivante de la vengeance aveugle et déçue. Au moment où le peuple la jeta chez elle avec des huées, sa douleur était atroce. Une chose assez plaisante, c'est que tout le monde, hommes et femmes, plaignaient beaucoup *le pauvre mari*.

» On le voit; ici comme dans les environs de Brixen et de Bolsano et comme dans le reste de la vallée de l'Adige, le caractère italien commence à prendre le dessus; et cependant, m'assurait un des hommes les plus recommandables du pays, malgré cette fougue, ces passions vives et ces mœurs faciles, il y a au moins autant de probité à Trente qu'à Inspruck et à Salsbourg, et cette probité est d'autant plus méritoire que la population étant proportionnellement plus considérable de ce côté des Alpes que dans la partie allemande du Tyrol, chaque individu est naturellement plus besogneux. On compte, en effet, 7,340 âmes par mille carré d'Allemagne dans le cercle de Trente, tandis que dans le cercle d'Inspruck on n'en compte que 1,615 dans la même étendue de terrain. La différence, on le voit, est grande : aussi pas une pente de la montagne n'est oubliée, pas un pied de terrain n'est perdu, pour peu qu'on espère en tirer un peu plus que les frais de culture. Les mœurs des femmes sont sans doute plus relâchées ici que dans les vallées septentrionales du Tyrol. C'est là une des influences du climat; et néanmoins on cite peu d'exemples d'épouses infidèles. La peur du diable et du mari, sinon la vertu, les retient, et le sigisbéisme n'est pas plus commun à Trente qu'à Brixen ou à Bolsano.

» Le prêtre, cet autre besoin moitié physique et moitié moral des pays méridionaux, a aussi une grande influence sur le peuple, influence d'autant plus puissante, que l'on sent encore aujourd'hui que Trente a eu long-temps un prêtre pour souverain. Presque tous les curés sont indi-

gènes et sortent des séminaires du pays. « Au premier abord, me disait un religieux attaché à un de ces établissements, « nos jeunes mon-
» tagnards paraissent indisciplinables; mais quelques mois d'un régime
» sévère et continu finissent par plier les caractères les plus indomp-
» tables. Après six mois de séminaire, le père qui revoit son enfant a
» peine à reconnaître dans la créature douce et soumise qu'on lui pré-
» sente, l'être inquiet et sauvage dont les habitudes vagabondes l'avaient
» tant de fois désolé. Intérieur et extérieur tout est changé, *et au grand*
» *avantage de l'enfant,* » ajoutait le prêtre. « Au reste, l'aptitude de nos
» jeunes Tyroliens pour le travail est extrême; lorsque je dirigeais un
» établissement du même genre dans le Bergamasque, je ne pouvais rien
» tirer de l'esprit pesant et rebelle des jeunes gens que l'on me confiait.
» Ici le jeune homme apprend vite, ses perceptions étant plus vives.
» Mais en revanche il a plus de passions à amortir, et cependant d'Ins-
» pruck à Trente vous n'entendrez jamais de plaintes sur la conduite de
» nos curés. »

» Cependant si le caractère italien commence à prendre le dessus, il n'a pas toutefois effacé le caractère tyrolien. C'est une sorte de fusion heureuse qui compose un ensemble où la verve et l'emportement du midi se trouvent tempérés par un reste de flegme et de gravité germaniques. Le caractère de ce peuple a beaucoup d'analogie avec celui des Brescians, des Bergamasques, des Valtelins, et de la plupart des habitants du versant méridional des Alpes Rhétiennes, et ferait presque croire à une commune origine. Mais ici la nuance allemande, ou plutôt septentrionale, est plus prononcée que dans ces derniers pays, et donne à l'esprit de ces montagnards un tour piquant et original.

» J'ai quelquefois écouté la conversation du peuple, et, quoique comprenant mal l'italien, et surtout ce mauvais italien, je l'ai trouvée pleine de saillies à demi plaisantes et à demi sérieuses. Le peuple aime le sarcasme modéré, et en met jusque dans sa façon d'écouter, grave et ironique à la fois. Je crois voir encore appuyé sur son bâton recourbé du bout, un de ces beaux hommes bruns et demi-nus, aux yeux vifs et un peu sournois, aux cheveux plats et d'un noir de jais magnifique : il écoute avec une sorte d'attention comique et solennelle les remontrances d'un maître ou les conseils d'un ami; il les laisse parler longuement, et quand ceux-ci sont à court de raisons et d'éloquence, notre grave auditeur fait un geste plaisant, pousse un grand éclat de rire, débite un proverbe ou parle d'autre chose.

» Ce caractère s'étend du peuple aux classes plus élevées. Ici commencent à se manifester ce dégoût pour toute occupation sérieuse et cette horreur de la lecture, maladie morale des Italiens. Tout cède à la douce habitude du *far niente*, c'est-à-dire de laisser travailler l'âme, habitude plus favorable aux passions qu'aux mœurs. Aussi entendons-nous raconter beaucoup de ces histoires passablement scandaleuses, auxquelles jusqu'alors la pureté des mœurs allemandes nous avait peu accoutumés.

» On m'assurait ce soir-là qu'ici le théâtre était le miroir de *la société*. Je ne sais si ce miroir est fidèle, du moins est-il peu flatteur. Quoique la salle fût pleine, il n'y avait pas quinze femmes mises avec une véritable élégance. Trois ou quatre d'entre elles, au plus, portaient cette espèce d'uniforme féminin que la mode règle chaque année, et qui, dans certaine classe de la société, est le même à Vienne, à Naples, à Saint-Pétersbourg et à Paris. La parure des autres était fort négligée, mais plus locale. En général, le costume des femmes conserve toujours quelque chose de plus original, ou plutôt de plus national, que celui des hommes. Ces derniers remplissaient le parterre, presque tous en habit noir; leur masse sombre me parut fort agitée, fort bruyante. Le nombre des *cavaliers parfaits* est peut-être encore plus restreint que celui des femmes élégantes..... Leurs manières et leurs conversations paraîtraient grossières, s'ils ne rachetaient le manque d'élégance par un naturel parfait et beaucoup de verve.

» On jouait une imitation du *Faust* de Goëthe, et j'ai pu voir combien ce peuple était susceptible encore d'être vivement secoué par les impressions du théâtre. Chez lui l'étincelle sympathique n'a pas perdu de sa puissance. A deux ou trois reprises, des voix se sont élevées du milieu de la foule; elles donnaient des conseils à Faust, et prenaient parti pour Marguerite contre Méphistophélès. »

La ville de Trente est baignée au nord par l'Adige, qui l'enceint de ce côté comme un rempart. Un quai garni de parapets de granit s'étend parallèlement à la *Strada Longa* sur les deux tiers environ de la rive sud du fleuve, c'est-à-dire du côté de la ville, et forme une jolie promenade ombragée de plusieurs rangs d'arbres plantés depuis peu d'années; le reste du rivage est occupé par des jardins ou par des maisons dont la base plonge dans le fleuve. A l'extrémité ouest de ce quai, et au-delà de ces jardins et de ces maisons, un pont de bois de deux cents pas environ joint les deux rives de l'Adige. Ce pont, qui n'a rien de remarquable, est défendu du côté de Trente par une porte fortifiée, sous laquelle il faut passer pour entrer dans la ville. Une haute tour pareille à celles que nous avons déjà décrites, s'élève au-dessus de cette porte et domine le pont et le cours du fleuve. L'Adige à Trente a la même largeur que la Seine à Paris; mais ses eaux fougueuses et bleuâtres lui donnent l'aspect d'un véritable torrent. Comme toutes les rivières de montagne, l'Adige est sujet à des crues subites et effrayantes : plus d'une fois ses débordements ont détruit en tout ou en partie le pont dont nous venons de parler, et plus d'une fois les eaux du fleuve se sont répandues dans la ville, ont renversé des maisons et des moulins placés sur ses bords et ont menacé tout le quartier du nord d'une complète destruction.

Après les grandes pluies, ou au moment de la fonte de neiges, quand les eaux du fleuve se sont élevées au-dessus de leur niveau ordinaire et que, traversant la ville avec la rapidité de la flèche, elles apportent avec elles des débris de toute espèce, les rivages de l'Adige présentent un spectacle des plus vivants. Une foule d'hommes et d'enfants garnissent les parapets des quais ou les terrasses des jardins. Tous portent à la main une espèce de crochet en bois ou en fer attaché au bout d'une longue corde. Ils lancent ce grappin avec beaucoup d'adresse sur les débris et les morceaux de bois qui flottent à la surface des eaux du fleuve, et quand ils les ont atteints, ils les attirent à eux et les saisissent avec la main. L'intérêt que mettent à leur pêche ces harponneurs d'un nouveau genre donne lieu à des scènes aussi animées que plaisantes. Qu'une poutre, une bûche, ou un morceau de planche d'une dimension un peu forte, apparaisse dans le voisinage et soit porté par le courant du fleuve vers les groupes qui occupent ses rives, aussitôt tous les yeux sont tournés de ce côté-là; tous les bras sont étendus; que le fragment arrive à portée, toutes les cordes se déploient, tous les grappins sont lancés à la fois, et tombent tous ensemble sur leur proie flottante, qu'ils enlacent, qu'ils accrochent et qu'ils attirent dans vingt directions différentes. A la longue un seul l'emporte, et ce n'est pas toujours le plus adroit; triomphant il ramène sur le rivage la poutre ou la bûche si vivement disputée; mais tout n'est pas fini, et quelquefois l'heureux détenteur est obligé de soutenir avec ses concurrents désappointés une foule de petits procès qui se vident sur place à l'aide d'épithètes énergiques et souvent même à grands coups de poing. Les montagnes des environs étant entièrement dépouillées des forêts qui les couvraient autrefois, le bois dans cette partie de la vallée de l'Adige est beaucoup plus rare que dans le reste du Tyrol. C'est ce qui donne un si grand intérêt à cette chasse ou à cette pêche, qui procure à la classe la plus pauvre de la ville un peu de bois de chauffage pour les hivers toujours rigoureux.

Le cercle de Trente, borné, au nord, par le cercle de Bassano, au sud, par celui de Roveredo, et à l'est et à l'ouest, par le royaume lombard-vénitien, se divise en huit bailliages. Sa superficie, exprimée en milles carrés de quinze au degré, est de 7,525; sa population, de 136,800 habitants, répartis dans 2 villes, 4 bourgs, 580 villages; en tout 21,623 maisons. Trente est la capitale du cercle et la principale de ces villes. De 20,000 habitants et plus, sa population s'est réduite, de nos jours, à moins de 15,000. Cette ville est élevée de cent quinze toises au-dessus du niveau de la Méditerranée. Le sol sur lequel Trente est bâtie est une espèce de marbre rouge veiné de blanc, dont quelques-uns de ses édifices sont construits. Aujourd'hui, comme du temps de Léonard Arétin, cette ville est encore divisée en deux quartiers principaux, dont les habitants parlent des langues différentes. Le quartier le plus considérable est habité par des Italiens; dans l'autre, les Allemands sont plus nombreux. La plupart des églises sont vastes; mais, grâce à la mauvaise disposition des ouvertures, on y respire un air infect et suffocant. Les maisons des particuliers sont mieux aérées; leurs toits, ouverts en plusieurs endroits, et leurs escaliers à jour sur l'un des côtés, y laissent pénétrer l'air; mais ces larges ventilateurs, excellents durant l'été, doivent glacer les maisons en hiver.

Trente n'est pas une ville industrielle, et néanmoins ses routes, qui sont magnifiques, et l'Adige, déjà navigable et que sillonnent de grosses barques arrondies, assez semblables aux barques du lac de Garda, devraient donner quelque importance au commerce de cette ville, en facilitant les communications; mais ces avantages sont rendus presque nuls par sa position défavorable entre Bolsano et Roveredo. La première de ces villes, étant plus septentrionale, s'est emparée du commerce de l'Allemagne, et Roveredo, plus méridionale, du commerce de l'Italie. Cette double concurrence a porté un coup fatal à l'industrie et à la prospérité de Trente, qui a vu rapidement diminuer ses revenus, et qui a perdu en richesse et en population ce que gagnaient ses voisines. Cependant, depuis la dernière paix, le nombre des manufactures, surtout des manufactures de soieries, s'y est accru. On y fabrique des chapeaux, des rubans, des velours et autres étoffes, qui se vendent en Allemagne, et sont fort recherchées dans quelques cantons du Tyrol, où elles forment l'habillement de luxe des montagnards.

Le cercle de Trente importe pour 10,000 florins de grains, et exporte pour 50,000 florins de soies, de maïs, de vins et de fruits secs, et principalement de soieries. La culture de la soie, à Trente et dans la vallée de l'Adige, remonte au quatorzième siècle. Aldrighetto du Castel-Berco, contemporain de Pétrarque et son ami, ayant fait un voyage en Italie pour visiter ce grand poète, rapporta dans ses montagnes les vers à soie, qu'il essaya d'y naturaliser; la ville de Roveredo, dont ses ancêtres, sous l'épiscopat d'Albert, avaient plus d'une fois dévasté le territoire, fut le lieu qu'il choisit pour faire ses expériences. Des proscrits italiens, au nombre desquels on compte Vanetti de Bassano, et Savoli de Vérone, l'aidèrent de leurs conseils et de leur expérience, et, en peu d'années, cette nouvelle industrie prit un développement considérable dans toute la vallée de l'Adige, dont elle a fait, depuis, la principale richesse. Nous devons porter au nombre de ces richesses les revenus annuels que tire le gouvernement des mines de calamine, de cuivre, de vitriol et de fer, et des différentes exploitations du val de Fassa, l'un des pays minéralogiques les plus riches de l'Europe.

Il y a un établissement d'eaux minérales à Piazzola.

FIN DE TRENTE.

PLACE DU DOME, A TRENTE.

Ponte Alto.
Près de Trente.

TYROL.

INSPRUCK,

PAR M. MERCEY.

INSPRUCK.

PARTIE I. — HISTOIRE.

1.

INSPRUCK SOUS LES ROMAINS, LES GOTHS, LES BOÏARIENS ET LES FRANCS.
POLITIQUE DE CHARLEMAGNE.
LES GRANDS CHEFS DU LANDES-IM-GEBIRGE.
HISTOIRE DU GÉANT HAYMOND. — LE COUVENT DE SAINT-WILTHEN.
INSPRUCK AFFRANCHIE PAR OTHON.
MAYNARD III. — MARGUERITE MAULSTACHE.
CESSION D'INSPRUCK ET DU TYROL AUX DUCS D'AUTRICHE.

Au centre du pays montagneux, connu de nos jours sous le nom de Tyrol et dans l'antiquité sous celui de *Rhétie*, s'ouvre une longue et profonde déchirure. Là, sur le penchant de l'abîme, et le long des torrents de la Sill ou de l'Eisach, serpente la route la plus directe qui va de l'Italie en Allemagne. Cette route traverse d'abord Trente, puis s'enfonce vers le nord, franchit brusquement le mont Brenner, qui lui a donné son nom, et redescend enfin dans la grande vallée de l'Inn. C'est à l'endroit où elle traverse ce fleuve qu'est placée la ville d'Inspruck.

Les Romains avaient senti l'importance de ce passage. Drusus et Tibère-Néron s'en emparèrent lors de leur grande guerre contre les peuplades des Alpes. Calomniateurs politiques des peuples qu'ils voulaient soumettre, ils donnèrent pour prétexte à leurs conquêtes le brigandage de ces peuples. « Les montagnards de la Rhétie, » disent les historiens romains, « ne » permettaient plus aux voyageurs qui se rendaient de l'Italie dans la

» Norique ou la Vindélicie, de traverser les Alpes en sûreté. La misère
» les poussait à la rapine, et il fallut qu'Auguste envoyât son gendre dans
» leur pays pour les dompter, et mettre fin au brigandage. » Les Romains
triomphèrent; mais cette victoire leur coûta cher. Les Brennes, les Genaunes et les Rhètes, ces redoutables habitants des Alpes, chassés de leurs châteaux et des terres fertiles de leurs vallées, se réfugièrent dans les gorges les plus élevées des montagnes, où ils surent se maintenir indépendants; et les chants de la muse romaine, tout en célébrant les vainqueurs, ont immortalisé la résistance des vaincus. Maîtres du passage du Brenner, les Romains rasèrent les châteaux qui le commandaient, et y tracèrent une voie militaire qui conduisait de la Gaule Cisalpine au cœur de la Germanie. Les colonies armées de *Tredente, Teriolis, Vepitenum* et *Veldidena* protégeaient la voie romaine. C'est à la dernière de ces colonies, à *Veldidena*, qu'Inspruck doit son origine.

Veldidena était jetée un peu en avant de l'Inspruck d'aujourd'hui, sur la route de l'Italie. Les Romains, menacés par les fréquentes inondations du fleuve *OEnus* (l'Inn) et par les attaques continuelles des barbares, avaient placé leur colonie sur la pente d'un monticule, premier échelon du Brenner. Un pont de bois jeté sur le fleuve *OEnus*, et protégé par leur station, conduisait de la Rhétie dans la Norique. Dans la suite, les alluvions et une culture plus soignée relevèrent les deux rives de l'Inn. Dès lors, Veldidena tendit à se déplacer, et s'avança toujours vers ce pont de bois, principe de la ville actuelle, qui lui doit son nom (*OEni-pons,* Inns-Bruck, pont sur l'Inn). Depuis sa fondation jusqu'à la fin du quatrième siècle, Veldidena sera pour nous une colonie romaine. On y vit comme dans le reste de l'empire; on y a les habitudes de Rome, et pour peu que la colonie soit florissante, on en a les plaisirs, c'est-à-dire le cirque, les gladiateurs et les orgies.

Vers le commencement de ce cinquième siècle, que le déplacement de toutes les nations de l'Europe et la chute de l'empire romain ont rendu fameux, la colonie des Alpes passe comme le reste de la Rhétie sous la domination des Goths. Théodorick succède à César; la ville romaine devient une ville barbare. Un petit tyran féodal y commande sous le titre de *dux*, et remplace le *præside* impérial. Le *dux*, ou général goth, est obligé, à son tour, de protéger l'Italie contre la marée montante des peuples du Nord, dont le flot veut le pousser en avant. Il a sur les bras les mêmes ennemis que l'empereur avait naguère à combattre, et il défend contre eux sa portion de proie romaine. En 568, les Longobards succèdent en Italie aux Goths de Théodorick; mais le petit recoin montagneux de la Rhétie leur échappe. Les Boïariens (*Bajuvares*, Bavarois) s'en emparent; le *dux* fait place au *comites* boïarien; Veldidena s'appelle *Wilthen;* Œnipons, *Inns-Bruck;* car avec eux ces hommes du Nord ont apporté les dénominations tudesques.

Il est certaines villes dont il est impossible de faire l'histoire sans toucher à celle du pays qui en dépend. La ville et le pays ne formant qu'un seul individu, dont le pays est le corps et la ville la tête, on ne peut séparer cette tête et ce corps sans détruire la vie. Telles sont les capitales uniques des petits états, des cantons suisses, par exemple; telle est Inspruck, la capitale d'un pays que sa position au sein des Alpes et les mœurs indépendantes de ses habitants font ressembler à un canton suisse, un canton rhétien resté fidèle à l'Autriche. Il serait aussi difficile de faire l'histoire d'Inspruck sans faire l'histoire du Tyrol en même temps, que de faire l'histoire de Bâle ou de Genève sans faire celle du canton qui en dépend. Inspruck et le Tyrol ne sont qu'un; ils combattent, ils succombent, ils se relèvent, ils s'affranchissent ensemble; et puis, comme cette histoire est une, nationale et isolée, qu'elle ne rentre dans l'histoire d'aucun autre pays, ni l'histoire du pays, dont elle est la tête, dans l'histoire d'aucune autre ville; comme le sujet est neuf et inconnu, je ne crois pas m'écarter du plan de cet ouvrage en mêlant ces deux histoires, dont aucune n'a encore été faite.

On voit encore dans la vallée de l'Adige, aux endroits nommés Mezzo-Lombardo, Mezzo-Tedesco (*Meta-Longobardorum*, *Meta-Teutonica*) les pierres qui servirent de démarcation entre les états des Longobards et des Boïariens. Ces bornes furent placées lors de la première alliance des princes de ces deux nations, réunis contre les rois francks qui, à leur tour, menaçaient leurs états; mais cette alliance des Longobards et des Boïariens, fortifiée par les liens de la famille, ne put rien contre le terrible Karl et ses Francks. Les Boïariens furent vaincus comme les Longobards; Thassillon, le dernier de leurs princes, fut détrôné comme l'avait été, seize ans plus tôt, Didier son beau-père, et la ville Rhétienne de Veldidena ou d'Inspruck, passa, comme le reste du pays, sous la domination du nouvel empereur d'Occident (788).

Trop souvent, les historiens s'arrêtent aux faits sans remonter aux causes de ces faits. Ainsi, les chroniqueurs, en nous racontant les changements que Charlemagne et les princes de sa dynastie opérèrent dans la division du territoire et le mode de gouvernement des provinces de l'ancienne Rhétie, se sont contentés de nous rapporter ces changements, sans chercher à en pénétrer les motifs. Ils ont attribué aux fantaisies du prince, ou aux caprices de ses lieutenants, des mesures qui ne furent que l'exécution d'un plan et d'un système politique déterminés. Ils ne virent pas que les monarques saliens avaient cherché, avant tout, à rompre l'unité de pouvoir chez leurs adversaires, pour mieux les dominer; le morcellement de l'autorité et la substitution de l'élection à l'hérédité dans les petites principautés tyroliennes, furent les moyens qu'ils employèrent de préférence. La terre des montagnes (*landes im gebirge*, le Tyrol n'avait pas encore d'autre nom) n'aurait pu, sans danger pour leur autorité, rester long-temps l'apanage d'une seule famille. Ce pays était à la fois la clé de l'Allemagne et de l'Italie; les routes qui conduisaient le plus directement de l'un dans l'autre de ces pays, traversaient Inspruck, sa capitale. Un seul prince établi dans ces montagnes s'y fût aisément rendu indépendant et eût été maître des communications de l'empire : s'il se fût allié aux ducs bavarois, ces princes voisins de la haute Rhétie, qui commandaient la plus vaillante des tribus germaniques, celle que l'épée de Charlemagne avait frappée le moins rudement, le danger eût été plus grand encore. Mais si le duc de Bavière lui-même était redevenu maître des provinces tyroliennes, la réunion d'états aussi puissants et de populations aussi braves sous l'autorité d'un seul homme, eût peut-être causé la ruine de l'empire. Ces dangers, Charlemagne les avait bien sentis, et, pour les prévenir, il avait renversé la dynastie des monarques bavarois et changé la constitution intérieure de leurs états : la même politique, nous l'avons vu, lui avait fait remplacer les ducs de Trente par un évêque élu; la même politique régla la conduite des empereurs ses descendants et des princes leurs successeurs, lesquels, on peut le dire, se sont opposés, jusqu'à nos jours, à la domination des Bavarois dans le Tyrol.

Une guerre continue, secrète ou déclarée, fut donc faite à la puissance ducale. Partout on s'attacha à substituer aux ducs des évêques élus, comme à Brixen, à Salsbourg, à Trente et à Aquilée, ou des comtes et des baillis impériaux révocables à volonté, comme à Inspruck, qui, ainsi que tout le pays renfermé entre l'Inn, l'Adige et l'Eisach, devient l'apanage du grand Humfroi, majordome de Charlemagne. Mais cette lutte de l'élection contre l'hérédité était contraire à l'esprit de ces temps féodaux, qui tendait au contraire à remplacer l'élection par l'hérédité; aussi les baillis révocables et les comtes amovibles ne tardèrent-ils pas à prendre racine dans le sol qu'on leur avait confié, et à transmettre à leurs descendants leurs principautés viagères. C'est vers ce temps, qu'à côté des évêques de Brixen, de Trente et de Salsbourg, restés électifs, leur état d'ecclésiastiques sans postérité les y obligeant, trois grandes familles commencèrent à dominer dans les Alpes tyroliennes : les comtes d'Andechs, les comtes de Goritz et les descendants du majordome Humfroi. Ces derniers, vers l'an 1138, avaient pris, pour la première fois, le nom de comtes du Tyrol, du nom de l'ancien château romain *Teriolis* qui leur servait de résidence. Pendant plus d'un siècle, ces grands chefs se disputent avec acharnement la possession de la Terre des Montagnes, et d'Inspruck, sa capitale; et, soumise aux vicissitudes de leur fortune, cette ville change plus d'une fois de maîtres. Pillée tour-à-tour par chacun d'eux, elle voit diminuer rapidement le nombre de ses habitants; ses maisons sont renversées, ses murailles détruites, et quelques chaumières groupées autour du pont de l'Inn, sont tout ce qui reste de la ville romaine impériale. Mais, si dans ces désastreuses époques, le Tyrol, comme la Suisse et une partie de l'Allemagne, ne présentait que des débris et des ruines que se disputaient de rares habitants, esclaves de maîtres avides et turbulents, un seul pouvoir restait encore debout, grand et révéré, pouvoir pacifique et non contesté, pouvoir auquel les peuples obéissaient sans murmures, parcequ'ils trouvaient dans sa force un appui contre l'oppression, dans ses actes un secours contre la misère, et dans ses paroles des consolations dans leurs douleurs; ce pouvoir, c'était la religion. Inspruck, solitaire et dévastée, lui dut une sorte de résurrection.

Dans ces temps reculés, quelques hommes pieux vivaient au milieu des ruines de Veldidena, et à l'entrée de ces grands bois de sapins qui descendaient du sommet du mont Brenner jusqu'aux collines au pied desquelles la ville avait été bâtie. Ces hommes étaient en haute vénération dans le pays; on attribuait la fondation de leur communauté à de merveilleuses aventures, et même alors comme aujourd'hui, mais avec des résultats bien différents, on montrait au peuple crédule l'image du héros de ces aventures. Cet homme, d'une vertu et d'une force surhumaines, racontaient les vénérables cénobites, n'avait pas moins de douze pieds de haut; il s'appelait Haymond. Haymond, comme tous les guerriers de ces temps de troubles, s'était signalé dans bien des rencontres, et la force de son bras était en aussi haute renommée dans le pays que la sainteté de ses mœurs. Haymond, en véritable chevalier, était l'appui des faibles et le vengeur des opprimés.

Il arriva qu'à la suite d'une sécheresse extraordinaire qui désola le Tyrol, un animal d'un horrible aspect et d'une taille monstrueuse apparut tout-à-coup dans la vallée de l'Inn. Il avait, à ce que nous racontent les chroniqueurs, avec une bonne foi qui fait sourire, le corps d'un serpent, des pattes de lion armées d'ongles acérés, des ailes d'aigle et une gueule énorme d'où sortait une vapeur infecte, et où s'agitait, au lieu de langue, un furieux aiguillon. On voit que cet animal avait une grande analogie avec ces dragons qui occupèrent si vivement l'imagination des hommes pendant la première époque du moyen-âge. Toute la vallée de l'Inn et les montagnes environnantes étaient dans l'épouvante. Un jour, le monstre avait apparu aux portes d'Inspruck, non loin des chutes de la Sill; une autre fois, on l'avait vu dans les gorges du Solstein ou dans les bois de la vallée de la Staubey. Toutes les nuits, ses sifflements retentissaient dans la montagne, et partout on rencontrait les ossements brisés ou les lambeaux de chair des victimes humaines qu'il avait dévorées. Cette fois encore on eut recours à Haymond, comme au plus fort et au plus courageux. Le bon géant revêtit son armure, prit sa lance et son épée, se fit arroser d'eau bénite, et s'avança bravement dans les endroits les plus sauvages et les plus reculés de la forêt, cherchant partout son formidable ennemi.

Il le rencontra enfin dans les bois qui touchent à Inspruck. Le combat fut long et terrible; plus d'une fois, le dragon s'élança sur le chevalier, qui fut presque terrassé. Mais les ongles, les dents et l'aiguillon du monstre ne purent entamer l'armure consacrée. A la fin, au moment où le dragon déroulait les replis écailleux de son corps pour envelopper son ennemi et l'étouffer dans ses nœuds, Haymond le cloua à la terre d'un coup de lance, et, se jetant presque tout entier dans la gueule du monstre, tenant sa grande épée en avant, il le frappa d'un coup mortel, et trancha à sa racine son redoutable aiguillon, dont la longueur était de plus de trois coudées. Après la victoire, Haymond rentra dans la ville, portant sur son épaule ce témoignage de son héroïsme. Il le déposa sur l'autel de l'une des chapelles qui s'élevaient au milieu des ruines de la cité romaine, et là, en accomplissement d'un vœu qu'il avait fait avant le combat, il fonda le monastère de Saint-Wilthen (878).

Voilà ce que nous racontent les vieux chroniqueurs, et ce que nous répète le peuple, écho crédule des traditions des siècles passés. Bien plus, l'histoire de ce combat a été célébrée dans maintes légendes; un poète tyrolien en a laissé le récit dans un poème en vers élégiaques, et on voit encore, dans le couvent de Saint-Wilthen, une statue du géant Haymond, armé de pied en cap et portant sur l'épaule la langue du monstre vaincu. Il est certainement téméraire de contredire un fait soutenu par autant de témoignages authentiques; néanmoins l'incrédulité a fait de grands progrès, et dans cette circonstance, pour être incrédule il suffit de voir. En effet, cette langue du dragon que porte la statue, n'est autre chose que l'arme du poisson-épée; et il n'est guère probable que le géant Haymond ait tué le poisson-épée dans les forêts du voisinage.

Quoi qu'il en soit, l'évènement fit grand bruit dans le pays, et Inspruck dut à cette pieuse fraude un accroissement considérable. De nombreux cénobites peuplèrent le nouveau couvent; les maisons des fidèles se groupèrent à l'entour, et pendant long-temps, les populations du Tyrol affluèrent dans la nouvelle bourgade, attirées en pèlerinage par le simulacre du saint géant. Dans le seizième siècle, cette image était en grande vénération, et les historiens racontent que Charles-Quint, déjà empereur, passant par Inspruck, voulut couper un petit fragment de la langue du monstre que la statue portait toujours sur l'épaule. Que doit-on inférer de cette action de l'empereur? De sa part, était-ce doute ou crédulité? Je l'ignore; mais je pencherais cependant pour la première de ces deux conjectures. Déjà les scandaleuses disputes du clergé avaient ouvert les yeux des puissants de la terre, et peut-être Charles ne vit-il, dans le récit du merveilleux combat, que ce que les prêtres éclairés y voient de nos jours : un symbole de la lutte de l'esprit saint contre le démon. Cette lutte, le moyen-âge l'a célébrée dans tous ses récits, et l'a reproduite sous toutes les formes, par la poésie, par la peinture, ou par la sculpture.

Le récit de ce combat, et peut-être la statue de Haymond, avaient donné une grande célébrité au couvent de Saint-Wilthen. Dans chacun de leurs récits, les historiens du temps, et entre autres Wigulcus-Hund, dans sa *Chronique de l'évêché de Brixen*, nous parlent du *grand monastère*, et semblent avoir oublié Inspruck, la ville voisine dont le couvent dépendait. Ce n'est que vers l'an 1220, à propos de la consécration d'une église dans le hameau d'Amras, et en 1227, à propos de la naissance de Sigismond, qui fut empereur, que ces historiens entrent dans quelques détails au sujet de cette ville.

Cependant le commerce de transit, suite nécessaire des nouvelles communications que les croisades venaient d'ouvrir avec l'Orient, et le fréquent séjour des empereurs alors en guerre avec les confédérés des villes lombardes, augmentaient journellement l'importance d'Inspruck. Peu à peu cette ville redevient la capitale du Landes-im-Gebirge; et, dans l'année 1234, nous voyons Othon, dernier duc de Méran, qui l'avait alors en son pouvoir, réunir dans ses murs, rebâtis par lui, les états provinciaux du pays, et rendre à la ville tyrolienne les privilèges et les droits qu'elle avait perdus depuis la chute de l'empire romain, et lui en conférer de nouveaux. Les poètes du temps ont célébré, dans leurs vers, l'affranchissement de la commune d'Inspruck, fortifiée et embellie en même temps qu'affranchie par ce duc.

Ces états provinciaux du Tyrol jouissaient de privilèges étendus; ils votaient l'impôt commun (*gemein steuer*), la taxe noble (*adel steuer*); ils avaient droit de contrôle et de refus; ils percevaient les recettes en leur nom, discutaient les subsides nouveaux, faisaient les règlements pour la police des foires et le tarif des douanes, et promulguaient des ordonnances pour les escortes et le péage des droits d'entrepôt et de chantier. Ces états décidaient aussi l'admission ou le renvoi des garnisons étrangères, délibéraient de la paix et de la guerre, et, comme nous le voyons dans les chroniques du temps, faisaient même la guerre en leur nom. Les prélats, les seigneurs, les députés des villes et les représentants choisis par les paysans, avaient voix délibérative dans ces assemblées. Dans le Tyrol, comme dans la Suisse et comme dans la Suède, les paysans formaient un quatrième ordre d'état; c'est que dans le Tyrol, comme dans ces pays essentiellement démocratiques, les hommes n'étaient pas attachés à la glèbe. Les pâtres et les laboureurs étaient libres comme la terre qu'ils habitaient ; les paysans étaient fermiers ou métayers, et non vassaux et esclaves du sol, comme dans le reste de l'Europe ; enfin ils votaient l'impôt qu'ils payaient : et cet impôt était modéré.

Des trois grandes familles qui dominaient dans les Alpes de la Rhétie, deux seulement avaient conservé leur ancienne prépondérance : les comtes du Tyrol, descendants du majordome Humfroi, et les comtes de Goritz. Othon, qui venait de conférer ces nouveaux privilèges à la ville d'Inspruck et de relever ses murailles, et son beau-père, Albert, qui lui avait succédé, mais qui mourut cinq ans après lui, furent les deux derniers princes de la maison des comtes du Tyrol. Après leur mort, Inspruck et les pays qui en dépendaient passèrent dans les mains des comtes de Goritz. Nous allons voir à quelle occasion.

Peu d'années avant sa mort, Albert, se voyant sans enfant mâle, avait songé à s'allier avec les comtes de Goritz ses rivaux ; il se résignait à leur laisser à titre d'héritage des domaines dont ils n'auraient pas manqué de s'emparer comme ennemis. Le comte Albert avait donc offert la main de ses deux filles, Adélaïde et Élisabeth, aux deux princes de la maison de Goritz, Maynard III, comte de Goritz, et Gebhard, comte de Hirschfeld, et cette offre avait été acceptée. Le premier de ces princes, Maynard III, était un de ces hommes entreprenants, énergiques et rusés, comme on en rencontre tant dans les annales du treizième et du quatorzième siècle. Maynard avait en outre un but politique, ce qui était plus rare dans ces époques d'agitations, où l'esprit aventureux des hommes et l'instabilité des états ouvraient cependant une si large carrière aux ambitions. Maynard avait, dès les premières années de son règne, senti tout l'avantage que lui donnait sa haute position à la tête de la noblesse du pays ; profitant du grand interrègne de l'empire, de 1250 à 1273, il avait arrondi ses domaines, et s'efforçait, avec une persévérance opiniâtre, de réunir en un seul corps d'état toutes ces provinces que la politique de Charlemagne et de ses successeurs avait mis tant de soin à morceler.

Inspruck devait accroître les moyens d'influence et de succès de Maynard ; aussi, en attendant que cette ville lui revînt par héritage, avait-il soumis l'un après l'autre tous les seigneurs tyroliens moins puissants que lui ; puis il s'était ligué avec le terrible Ezzelino de Romano, « ce fils de l'enfer, » et, avec son aide, il avait forcé l'évêque de Trente, Engnomus ou Egno, à lui léguer les propriétés de sa famille et les domaines épiscopaux. Après l'évêque de Trente, il avait attaqué l'évêque de Bolsano, qui, voyant les digues du Leisach et du Talferbach rompues et la ville inondée par ces deux torrents, avait fini par se soumettre. A la mort d'Albert, Maynard devint maître d'Inspruck : mais son ambition ne fut pas satisfaite. A l'aide d'intrigues et de séductions de toute espèce, il amena son frère à lui céder sa part du Tyrol pour une somme de 400 marcs d'argent. C'étaient bien des terres et bien des hommes par marc! Alors Maynard était arrivé à ses fins ; il avait réuni sous son pouvoir unique tout le Landes-im-Gebirge, et, en 1224, après une lutte de quarante années, il se trouvait maître des provinces qui confinent au midi avec l'Italie et au nord avec la Bavière et la Souabe, c'est-à-dire de l'un des plus puissants états de l'Allemagne.

On vit alors combien les prévisions de Charlemagne étaient fondées. Maître de ces provinces, Maynard fut maître de l'empire : de sa résidence d'Inspruck, dont l'importance grandissait avec le pouvoir de son souverain, il dirigeait les affaires de toute l'Allemagne. C'est alors qu'après l'extinction de la maison de Hohenstauffen, refusant pour lui la couronne impériale, il la plaça sur la tête de Rodolphe de Habsbourg, qui, reconnaissant et politique à la fois, augmenta les états de Maynard du duché de Carinthie, et fit épouser à son fils la fille du prince tyrolien.

Maynard acheva l'ouvrage d'Othon et augmenta les franchises et les privilèges de la ville d'Inspruck. Cette ville s'accrut encore, sous son règne ; de nouveaux colons, attirés par la sage administration de ce prince, affluèrent dans ses murailles ; sur les ruines qui couvraient l'emplacement de l'ancienne cité s'élevèrent de nouveaux édifices. Vers 1340, ses faubourgs s'étendaient jusqu'à Veldidena, occupée alors par le couvent de Saint-Wilthen ; c'est du moins ce que nous apprend encore le chroniqueur Wiguleus-Hund, lorsqu'il nous parle du grand incendie qui, dans cette année 1340, consuma la cité d'Inspruck. Cet incendie, nous dit-il, avait éclaté dans le bourg de Saint-Wilthen. Soixante personnes périrent dans les flammes.

Les fils de Maynard héritèrent des domaines et du pouvoir de leur père, mais ils n'héritèrent pas de son habileté ni de son énergie. Ils avaient sagement décidé qu'ils ne diviseraient pas les états de leur père ;

mais ils ne purent s'entendre pour les gouverner, et les longues années de leur domination furent des années de troubles et de malheurs pour le Tyrol et de misère pour Inspruck. Henri, l'un de ces fils, resta enfin le seul maître du pays; mais au lieu de chercher à consolider l'ouvrage de son père, ce prince, toujours occupé de la politique du dehors, disputant tour à tour la couronne de Bohême et celle de Pologne, ne tarda pas à mécontenter ses nouveaux sujets. La politique de Maynard avait été de diminuer le pouvoir des seigneurs et d'accroître les franchises des villes et des habitants des campagnes; son fils Henri, tout en laissant les nobles relever la tête, ne se fit aucun scrupule d'opprimer les paysans et les bourgeois. Les seigneurs retrouvèrent à la fois leur courage et leurs prétentions impérieuses; les gens de la classe moyenne et du peuple, inquiets sur leur fortune et le maintien de leurs privilèges, prirent une attitude hostile; et, après quarante ans de règne, Henri se vit sérieusement menacé par tous ses sujets réunis : nobles, bourgeois et paysans.

Inspruck se montra plus jalouse qu'aucune autre ville du Tyrol du maintien de ses droits et de ses privilèges; et, dès l'an 1323, ses citoyens s'associèrent pour conjurer le danger, mais seulement par des moyens légaux, comme on dirait aujourd'hui; l'association était alors un de ces moyens. Ils dépêchèrent des députés aux états de Bolsano pour engager les délégués des villes, des bourgs et des judicatures du comté du Tyrol et des trois évêchés, Coire, Brixen et Trente, qui s'y trouvaient alors, à faire serment de ne laisser porter aucune atteinte aux droits, privilèges et franchises que leur avaient transmis leurs ancêtres. Ce serment fut prêté et tenu, et Inspruck conserva son indépendance pendant tout le reste du règne de Henri; mais la mort de ce prince ne mit pas fin à la lutte. Sa fille, qui déjà, même de son vivant, s'était exercée à l'autorité, lui succéda. C'était la fameuse Marguerite, surnommée *Maulstache* à cause de la hideuse conformation de sa bouche. Cette femme, qui rappelle les Frédegonde et les Brunehilde de la vieille histoire de France, était aussi repoussante par la difformité de son corps que par la laideur de son âme; elle avait successivement épousé deux princes de la maison de Luxembourg et de Bavière; un fils de roi et un fils d'empereur, et les avait trompés tous deux. Avide et passionnée, elle avait caressé d'abord les citoyens les plus aisés de la ville dont elle convoitait les richesses; et, voyant que ceux-ci restaient sourds à ses insinuations et se refusaient à payer des subsides qui devaient servir à ses débauches, elle tenta de prendre de force ce qu'elle n'avait pu obtenir de gré. Inspruck tint bon. Plus d'une fois ses bourgeois, fatigués des exactions de cette princesse, dont les mœurs dissolues et l'avarice semblaient s'accroître avec l'âge, furent sur le point de se soulever contre la domination de cette Messaline à cheveux blancs. Toutefois, malgré cette lutte et la misère qu'elle devait amener à sa suite, Inspruck, qui n'était qu'une bourgade au commencement du treizième siècle, avait déjà acquis assez d'importance à la fin du quinzième pour que la possession de cette ville et du pays qui en dépendait fût convoitée par les princes les plus puissants de l'Allemagne : par les ducs d'Autriche, dont les domaines enclavaient cette ville et le territoire tyrolien, et par les ducs de Bavière, qui ont toujours regardé ce pays comme nécessaire à la force et à la sûreté de leurs états. Les ducs d'Autriche étaient oncles de Marguerite, et les ducs de Bavière ses beaux-frères. En 1361, du vivant même du prince Louis, le second époux de cette princesse, les intrigues avaient commencé; elles avaient continué sous le règne bien court de son fils Maynard, cinquième du nom. A la mort de ce prince, Rodolphe de Habsbourg, ce duc d'Autriche si renommé par les grâces de son corps et l'amabilité de son esprit, vint en personne à Inspruck trouver sa hideuse nièce ; et, connaissant les mœurs relâchées de cette femme, ce prince adroit, et, il faut l'avouer, vraiment *intrépide* dans cette circonstance, employa tous les charmes de son esprit et de ses manières à s'en faire aimer. Il n'eut pas de peine à tourner la tête de la vieille princesse. La repoussante Marguerite fut bientôt à ses pieds; le duc l'emmena d'Inspruck, et s'en fit suivre à travers l'Allemagne comme d'une esclave. Il la conduisit d'abord à Gratz, puis à Vienne; et ce fut dans cette dernière ville qu'elle fit, en faveur de son séducteur et de ses frères Albert et Léopold, un abandon complet de ses droits sur Inspruck et le Tyrol (1363). Les princes bavarois, rivaux des ducs d'Autriche et beaux-frères de Marguerite, durent naturellement s'opposer à cette donation. Les débats furent longs et vifs ; mais une somme de 116,000 florins d'or, que les ducs d'Autriche offrirent aux Bavarois en compensation des droits qu'ils pouvaient avoir sur les pays cédés, terminèrent le différend. Cette transaction eut lieu en 1369. On voit que depuis le marché de 400 marcs d'argent, en 1264, ce pays avait augmenté de valeur. Les ducs d'Autriche en sentirent tout le prix : sous leur domination, Inspruck respira, et de nouveaux privilèges furent accordés à ses habitants. Ces concessions, du reste, furent aussi profitables aux princes qu'aux sujets. Nous l'allons voir tout-à-l'heure.

II.

**GUERRE D'INSPRUCK AVEC LES SUISSES.
INVASION DU TYROL.
SOULÈVEMENT DES MONTAGNARDS. — INSPRUCK RESTE FIDÈLE AU DUC D'AUTRICHE.
FRÉDÉRIC BOURSE-VIDE. — L'AGE D'OR DE SIGISMOND.**

Le quatorzième siècle vit s'accomplir, dans presque tout le centre de l'Europe, une grande révolution sociale ; je veux parler de l'émancipation des classes intermédiaires de la société. Les ligues des villes et les soulèvements des paysans furent les moyens révolutionnaires de l'époque, et leur concours simultané frappa surtout sur la maison d'Autriche, qui, en moins d'un quart de siècle, perdit successivement les Waldstetten, Zurich, Berne, Lucerne et le Rheinthal. Ses ducs se refusaient à toute transaction, et voulaient châtier avec le fer et avec le feu des sujets rebelles : la force brutale, à leur avis, pouvait seule faire rentrer dans le devoir des paysans révoltés : or il arriva ce qui arrive d'ordinaire à la force brutale quand elle s'attaque à une révolution qui vient à son heure ; elle se brisa contre les obstacles les moins sérieux en apparence ; quelques centaines de montagnards tinrent en échec toutes les forces de ces princes orgueilleux, et finirent par rester les maîtres.

L'exemple d'une révolution qui réussit est toujours contagieux. Une fois les Suisses vainqueurs, leurs voisins voulurent les imiter ; cinquante-une villes impériales de la Souabe, de la Franconie et du Rheinthal prirent les armes, sollicitant auprès des cantons le droit de faire partie de la ligue helvétique ; Saint-Gall et l'Appenzell se révoltèrent contre leur abbé, allié des princes autrichiens, et le Tyrol commença à s'agiter. Les ducs d'Autriche sentirent alors qu'il fallait pactiser avec l'esprit nouveau, et, décidés à lutter énergiquement contre toute rébellion déclarée, ils tentèrent en même temps de prévenir, à force de concessions, le soulèvement des pays encore soumis. Inspruck et les cantons environnants étaient de ce nombre. Sur la demande des états de cette ville, les princes autrichiens rétablirent les *comices* et les états provinciaux du pays, dont l'influence, dans les dernières années, avait toujours été en déclinant ; et le duc Léopold, dit *le Superbe,* accorda même de nouveaux privilèges aux habitants de la ville (1404).

Ces concessions politiques sauvèrent ce prince, obligé de soutenir son frère le duc Frédéric dans une guerre acharnée contre les ligues suisses et les Appenzellois, leurs nouveaux alliés ; Inspruck embrassa vivement sa cause ; et la milice de cette ville le rejoignit dans le Rheinthal, où il avait déjà rassemblé les seigneurs de la Turgovie et les volontaires de Schaffouse, encore fidèle. Cette milice d'Inspruck se composait des contingents que les états de cette ville accordaient au prince en échange de leurs privilèges. Aux bourgeois s'étaient joints les nobles. On voyait dans la petite armée les seigneurs de l'Inn-Thal et du Vor-Arleberg. Ces barons étalaient un grand luxe. Des armures richement ciselées les couvraient en entier ; ils portaient des heaumes à visières grillées, que surmontaient d'énormes cimiers figurant des ailes d'aigles, des bois de bouquetin, ou des têtes de lion. Tous étaient armés de lances, et montaient des chevaux fougueux entièrement bardés de fer et richement caparaçonnés, et ils s'avançaient dans les vallées sauvages de l'Appenzell aux sons du fifre et des timballes.

La milice d'Inspruck, trop pauvre pour avoir des chevaux ou des armures, marchait à pied, combattant par familles comme les guerriers des temps homériques ; ses armes, c'étaient l'espadon ou l'épée à deux tranchants, de longues piques, et des hallebardes garnies au bout de pointes et de crocs pour harponner les chevaliers ennemis et les jeter à terre. Des gens armés de haches de bûcheron, ou de fléaux en fer, pour frapper sur les cavaliers démontés et briser la coquille de fer qui les enveloppait, étaient mêlés aux hallebardiers. Ces braves fantassins étaient vêtus d'une jaquette décorée sur la poitrine de la croix rouge d'Autriche, remplacée depuis par les bretelles vertes ; leur tête était couverte de toques pareilles à celles des lansquenets, surmontées d'aigrettes ou de plumes de paon. Les couleurs de la plume du paon avaient été adoptées par les guerriers et les princes autrichiens ; et les paysans suisses avaient ces couleurs tellement en horreur que si, par hasard, au cabaret, un rayon de soleil tombait sur les tables et nuançait des teintes irisées du prisme leurs verres aux formes anguleuses, ces hommes grossiers, retrouvant dans ces couleurs celles de leurs ennemis, repoussaient avec horreur ces gobelets ensorcelés, ou même les jetaient à terre avec rage, et cela *bien qu'ils fussent pleins*, disent les chroniqueurs.

L'armée tyrolienne rejoignit le duc, qui se trouvait dans le Rheinthal à la tête de la noblesse de Turgovie. Les paysans suisses, pieds nus, armés d'immenses piques de plus de seize pieds de long, s'étaient retranchés près de Gaiss, sur les pentes escarpées du Stossberg. Ils soutinrent bravement l'attaque des Tyroliens, et les repoussèrent à trois reprises; mais ceux-ci ne se découragèrent pas; ils gravirent les roches glissantes de la montagne et pénétrèrent enfin au-delà du premier retranchement. A cette vue, les Suisses s'enfuirent en désordre; un seul, le brave Uly-Rotack, faisant face à l'ennemi, arrête un moment les vainqueurs. Attaqué par douze soldats tyroliens, il s'appuie contre un chalet, en tue cinq, et tient les autres à distance en jouant de l'épée à deux tranchants. Les Tyroliens ne pouvant l'aborder de face, se glissent dans le chalet, derrière lui, y mettent le feu, et le brave Uly se laisse brûler vivant plutôt que de se rendre. Cet exemple héroïque ranime le courage de ses compagnons, qui font volte-face; et s'ils arrivent trop tard pour le secourir, ils veulent du moins le venger. Leur attaque furieuse fait reculer les Autrichiens; les femmes de l'Appenzell, poussant de grands cris, et simulant un mouvement sur leurs flancs, achèvent de mettre le désordre dans leurs rangs; cavaliers et miliciens se rejettent confusément les uns sur les autres, tous fuient, et les paysans suisses en font un grand carnage.

Léopold, poursuivi jusque dans les gorges du Vor-Arleberg par les Appenzellois vainqueurs, ramena à Inspruck les débris de son armée. Lorsque l'on vit rentrer dans cette ville le fier duc d'Autriche accompagné d'un si petit nombre d'armures et de fantassins, et qu'on sut que les confédérés de l'Appenzell et de Saint-Gall s'avançaient dans le Tyrol, la terreur s'empara de toutes les âmes. Pour Inspruck à demi civilisée, les paysans suisses étaient des barbares; et puis des rumeurs effrayantes arrivaient du dehors : on racontait que l'Inn-Thall supérieur et le Vor-Arleberg étaient envahis; on disait que les féroces vainqueurs brûlaient les fermes et renversaient les châteaux des nobles, et qu'ils faisaient périr au milieu des plus horribles supplices les femmes et les enfants de ceux qui osaient leur résister; on ajoutait que les paysans de ces contrées, loin de songer à repousser l'invasion, séduits par l'exemple des Suisses et par l'espoir du pillage, s'étaient répandus dans les vallées voisines, mettant tout à feu et à sang, et jetant à bas des rochers les nids des tyrans qui les avaient si long-temps opprimés. Cette guerre, en effet, était une guerre anti-féodale, une jacquerie allemande. Quelque supportable que fût le régime de leurs seigneurs, et quelque favorisés qu'ils fussent par leur constitution, les montagnards tyroliens, séduits par l'exemple de la révolte des Suisses, qui avait si bien réussi, devaient être tentés de l'imiter : et, selon que la domination des maîtres avait été ou douce ou tyrannique, ils assistaient tranquillement ou aidaient à la destruction de leurs châteaux. Les fuyards arrivant de tous côtés dans la ville, annoncèrent bientôt que l'ennemi avait dépassé Brünen et Pianz, et que ses cavaliers étaient en vue de Landeck. La terreur que les Suisses leur inspiraient, leur courage naturel et peut-être leur attachement pour leur duc, inspirèrent une généreuse résolution aux citoyens d'Inspruck, qui n'avaient pas, contre la noblesse, les mêmes griefs que leurs compatriotes des montagnes; ils prirent les armes, et un nouveau corps de fantassins alla rejoindre la noblesse du pays, qui, à la nouvelle du danger, avait couru au pont de Landeck Ces miliciens d'Inspruck s'étaient mis sous la protection de saint Florian ; ils portaient de grandes bannières où étaient peintes les armes de la ville et les images de la Vierge et des Saints, et où étaient écrites en énormes caractères des légendes grossières qui, dans ces guerres nationales, remplaçaient les bravades des héros d'Homère; une d'elles, par exemple, portait les mots suivants : *Que les cent mille démons nous emportent si nous ne battons pas ces manants!* La menace était énergique, et cependant les manants ne furent pas battus. Cette fois, s'écartant de leur tactique ordinaire, les Suisses n'attendirent pas l'ennemi dans leurs retranchements; mais ils se portèrent rapidement en avant et attaquèrent brusquement l'armée tyrolienne, qui formait ses rangs en-deçà du pont de Landeck. L'affaire fut sanglante et le passage vivement disputé; mais les Suisses durent encore la victoire à cette bravoure opiniâtre qui les avait fait triompher dans tant de rencontres ; ils chassèrent devant eux les troupes d'Inspruck, passèrent le pont et s'avancèrent tranquillement vers la ville, continuant, contre les châteaux qui s'élevaient sur les deux rives de l'Inn, leur guerre de destruction. Alors l'épouvante fut au comble dans la capitale du Tyrol, où l'Inn n'arrivait plus que couvert de débris et de cadavres. On se hâta de fortifier le pont ; on plaça sur les remparts des machines qui devaient écraser l'ennemi s'il approchait. Les chroniques de ce siècle parlent de machines lançant des pierres de plus d'un millier pesant : il n'y est pas encore question de canons.

Les Appenzellois, peu nombreux, se contentèrent, pour cette fois, d'effrayer la capitale de leurs ennemis ; et, se voyant d'ailleurs délaissés par les autres cantons, qui n'avaient pas répondu à leur appel et qu'un égoïsme raisonné retenait chez eux, ils commencèrent leur retraite chargés d'autant de butin qu'ils en purent emporter : c'est-à-dire de blé et d'étoffes, et de peu d'argent ; car, à cette époque, les Suisses méprisaient encore ou plutôt ne connaissaient pas la valeur de ce métal. Les bourgeois d'Inspruck et les nobles étaient sortis de leurs murailles, et les harcelaient dans leur retraite ; ils ne purent cependant les entamer, et les Appenzellois continuèrent tranquillement leur marche, achevant, en chemin, l'œuvre de destruction qu'ils avaient si bien commencée.

Sur les pointes des rocs qui dominent les vallées de l'Inn et du Vor-Arleberg, on voit encore les ruines des châteaux dévastés dans cette guerre des Suisses. Si la ville d'Inspruck eût succombé et que les autres cantons helvétiens eussent prêté main-forte à la petite armée de l'Appenzell, sans aucun doute, le reste du Tyrol eût embrassé la cause de la liberté et chassé les princes autrichiens. Cette partie de l'antique Rhétie, qui, par sa constitution physique et le caractère indépendant de ses habitants, présente tant d'analogie avec l'Helvétie, fût devenue comme elle un état républicain, et, prenant rang dans la fédération suisse, n'eût pas formé le moins important de ses cantons. Unie à la république suisse, la république tyrolienne eût fermé pour jamais à l'Autriche l'accès de cette Italie, qu'elle convoita toujours, et sur laquelle ses projets, réalisés en partie, semblent sur le point de l'être bientôt en entier. Mais l'inertie des cantons suisses d'une part, et, de l'autre, la résistance sérieuse des habitants d'Inspruck et leur attachement pour leur duc, en maintenant la soumission du reste du pays, s'opposèrent à cette révolution que l'esprit anti-féodal des campagnes et l'exemple des autres états aliénés rendirent un moment imminente.

Cette guerre et ces mouvements intérieurs avaient ouvert les yeux du duc Frédéric, alors maître du Tyrol ; ses malheurs l'avaient rendu sage ; il sentit que ce n'était plus seulement des concessions, mais un système de complète liberté, qui pouvait le sauver; et ce système, il ne craignit pas d'en faire l'application au pays qu'il gouvernait. Inspruck, qui lui avait toujours été fidèle, fut rendue aussi libre qu'elle eût pu le devenir en se soulevant; et les bourgeois siégèrent dans les états de la ville, égaux des nobles devant lesquels autrefois ils ne paraissaient qu'à genoux. Cette conduite le fit aimer du peuple et haïr des barons, qu'il avait rabaissés jusqu'à la bourgeoisie. Plus tard Inspruck lui donna une marque éclatante de dévouement, dans une circonstance où le dévouement n'était pas sans péril.

Le schisme de Jean Hus venait d'envahir la Bohême; le corsaire Balthasar Cossa, devenu pape sous le nom de Jean XXIII, forcé de céder au vœu de l'empereur Sigismond et de tous les évêques de la chrétienté, avait assemblé un concile à Constance; là, ce pape, sur le compte duquel il courait des rumeurs étranges (on allait jusqu'à l'accuser d'avoir empoisonné son bienfaiteur, Alexandre V), avait payé d'audace, et s'était présenté devant le concile, affichant le faste et l'orgueil d'un roi. Mais voyant l'orage grossir, Jean XXIII, aussi rusé qu'audacieux, s'assura l'amitié de Frédéric qu'il trompa. Traduit devant le concile, il eut recours à la protection de ce prince, et, déguisé en postillon, il se réfugia dans ses états.

A la nouvelle de la fuite du pontife, la colère des prélats et de l'empereur fut grande. Le concile excommunia le pape, qui excommunia le concile; et Frédéric fut mis, par Sigismond, au banc de l'empire. Par suite de cette condamnation qui déliait ses sujets du serment de fidélité, Frédéric perdit le reste de ses provinces suisses que saisirent Berne et Zurich; et ce fut alors que ses ennemis, nobles et petits, triomphant un moment, lui donnèrent le nom de Frédéric *Bourse-Vide*, nom que les bourgeois d'Inspruck conservèrent à ce prince comme un titre de gloire.

Le Tyrol resta fidèle, et Inspruck ne voulut prêter serment ni à César ni à aucun nouveau maître. Les districts provinciaux, par suite, sans doute, de cet esprit d'opposition qui avait déjà éclaté lors de l'invasion des Suisses, finirent cependant par reconnaître pour comte de Tyrol, Ernest, frère de Frédéric. Grâcié par l'empereur et de retour dans ses états, Frédéric vit avec un amer chagrin l'usurpation de son frère. Les états de la province s'étaient rassemblés à Inspruck, et tandis que l'on délibérait sur les droits des deux frères, plusieurs fois les citoyens en vinrent aux mains dans les rues de la ville. Les habitants et le menu peuple avaient embrassé le parti de Frédéric, tandis que les nobles de la campagne tenaient bon pour le comte Ernest. La jaquette à croix rouge du citadin d'Inspruck bravait ouvertement l'armure de fer et la lance du baron; et une mêlée terrible devenait imminente, quand, grâce à l'intervention d'Ulrich, évêque de Brixen, la concorde fut rétablie entre les deux frères, et Inspruck redevint la propriété du duc Frédéric, son ancien maître.

Ce prince, reconnaissant de l'attachement que lui avait montré cette ville, y fixa à l'avenir sa résidence et celle des princes de sa famille; persistant dans le système de liberté qu'il avait adopté, il s'appuya, comme par le passé, sur les bourgeois et les paysans, et sut, avec leur concours, maintenir la paix dans ses états. Cette paix fut une source de richesses pour les sujets et pour le maître. Frédéric devint un des princes les plus puissants et les plus riches de l'Allemagne; avec son trésor, que l'on disait vide, il racheta les domaines engagés, il embellit la ville fidèle et il fit construire l'Hôtel-de-Ville, dont le balcon fut orné d'un toit d'or ou plutôt doré, dont nous parlerons plus tard.

Le nom de Frédéric est un des noms populaires du Tyrol; on le trouve dans les chants du peuple, à la suite des noms du vieux Maynard et de Maximilien. Sigismond succéda à ce prince. Cette paix, que son prédécesseur avait rendue à Inspruck, se prolongea sous son administration, et ne fut pas même troublée par les soulèvements de l'Allemagne et les terribles guerres des Hussites. De 1440 à 1488, pendant plus de cinquante années, le bon Sigismond règne à Inspruck en vrai patriarche. « Aussi, » nous racontent ingénument les vieux historiens de cette époque, « sous le règne de ce prince, doux de caractère, libéral et ami de la » justice, de la paix et de la science, les temps de l'âge d'or reparu-» rent dans le Tyrol; » et ils ajoutent naïvement : « Ces temps méritent » d'autant mieux ce nom, que vers l'an 1448, on découvrit dans le » pays les riches et célèbres mines de Schwartz, d'Eberstollen et de Fal-» kenstein,

III.

MAXIMILIEN Ier. — CHRONIQUE D'INSPRUCK.
LA FUITE DE CHARLES-QUINT.

En 1489, avant de mourir, Sigismond, qui n'avait pas d'héritier, fit don de la ville d'Inspruck et du comté de Tyrol à Maximilien, roi des Romains, du consentement de Frédéric son père, lequel confirma les privilèges de la ville, et du consentement des états du pays qui confirmèrent la donation. Le nouveau comte de Tyrol, qui fut empereur sous le nom de Maximilien Ier, est un homme unique dans ce quinzième siècle que tant d'hommes ont illustré.

Inspruck, qui lui doit ses plus beaux monuments, est sa ville favorite, et le Tyrol son pays de prédilection. Le Tyrol, il l'appelle « le bouclier de son empire, une bonne vieille veste de paysan, grossière, mais chaude et à l'épreuve. » Nous l'y trouvons, dès sa première jeunesse, chassant l'ours et le chamois. Plus tard, il s'y marie, il y mange sa dot, il y prépare ses nombreuses expéditions en Italie et en Suisse, il y bâtit un palais, il s'y fait faire un cercueil. Le palais est encore debout; mais aujourd'hui c'est dans le cercueil qu'il faut chercher l'empereur.

Ce grand rocher que l'on voit des faubourgs d'Inspruck, et qui, du côté de la route de Munich, semble clore la vallée comme un mur, c'est le rocher du Martinsberg ou du Martinswand. A son sommet, se dresse un crucifix planté entre deux statues; celle de la Vierge et celle de saint Jean. Cette croix a quarante pieds de hauteur; mais l'élévation du rocher est telle que, vue d'en bas, elle ne paraît pas avoir plus d'un pied. Maximilien, dit-on, la fit ériger lui-même. Un vieux chroniqueur nous dira à quelle occasion.

« Un jour que Maximilien César, fils de Frédéric, empereur, chassait dans les environs d'Inspruck, il se laissa emporter par l'ardeur de la jeunesse et par son audace, et il s'aventura sur un rocher tellement escarpé que, tout-à-coup, il se trouva dans l'impossibilité d'avancer ou de reculer sans tomber dans l'abîme. A cette vue, le malheureux prince fut saisi de frayeur et resta immobile sur son roc, se repentant grandement de sa témérité; il se voyait en effet dans la terrible alternative de se tuer en cherchant à descendre de son rocher ou de se laisser mourir de faim. Partout des précipices, partout des rochers impraticables! Nul endroit d'où l'on pût lui jeter une corde ou lui tendre une échelle.

» Déjà deux jours et deux nuits s'étaient écoulés dans cette horrible position; et le prince, ne voyant plus aucune chance de salut, appela à haute voix ses serviteurs, qui, d'en bas, pouvaient le voir et l'entendre, leur fit ses adieux, et invita les prêtres qui priaient pour lui à apporter la sainte hostie avec eux et à la lui montrer de l'endroit le plus rapproché du rocher, essayant, de cette façon, puisque toute nourriture terrestre était refusée à son corps, de fortifier son esprit par la vue du saint viatique! Mais pendant que, privé de tout secours humain, Maximilien, sur son roc, oubliait les soins d'une vie fragile pour ne plus songer qu'à la vie éternelle, il entendit dans le rocher un petit bruit; et, regardant du côté d'où partait le bruit, il vit un jeune homme qui lui était inconnu. L'étranger, habillé comme les montagnards, montait lestement de son côté, se cramponnant aux aspérités du rocher. Quand il fut auprès de Maximilien, il lui tendit la main. « Reprends courage, mon prince, » lui dit-il, « et suis-moi avec confiance. Je puis te sauver. » Le prince, ranimé par ces paroles, s'abandonne au guide inconnu; et, grâce à ce secours inespéré, il se trouve bientôt dans un chemin tout tracé. Échappé à la mort, il ne pouvait trop admirer l'adresse de son libérateur. Mais au moment où tous deux arrivaient au bas du rocher, il se fit autour du prince un si grand concours d'amis, de curieux et de valets, qu'au milieu de tous ces gens qui le félicitaient, il ne retrouva plus son guide. Le lendemain, l'empereur son père invita, par un édit, ce sauveur inconnu à se présenter au palais pour y recevoir la récompense qu'il méritait; mais l'étranger ne se présenta pas, et, quelques recherches que l'on fît, on ne put le retrouver. Tout le peuple pensa aussitôt qu'un ange, envoyé par Dieu lui-même, avait préservé le jeune prince; il le pensa d'abord, et bientôt il le crut fermement. »

Il est peu d'histoires aussi singulières que celle de ce prince aventureux. Mendiant magnifique, sage plein d'étourderie, brave et presque toujours vaincu. Une fois empereur, son imagination s'enflamme. Il médite de grands projets; il a besoin d'argent pour les exécuter : il épouse une héritière des Sforce de Milan, qui lui apporte 440,000 écus d'or en dot. Mariage peu digne, mais comment résister à une dot de 440,000 écus!

C'est à Inspruck que les noces sont célébrées ; son secrétaire Cuspinien nous l'apprend. « Maximilien, » nous dit-il, « étant allé à Inspruck, y » célébra splendidement ses secondes noces, avec Marie, fille du duc de » Milan, dans des fêtes qui durèrent tout un mois. » Un mois de fêtes emporta une bonne partie des 440,000 écus d'or. Ce fut sans doute alors que l'empereur jeta les fondations du palais dit *Der alte Hoff,* et qu'il revêtit de lames d'argent le toit d'un autre édifice. Mais si la ville d'Inspruck dut quelques embellissements à la dot de la Milanaise, ce fut aux dépens de la gloire du prince. En effet, lorsque fatigué de fêtes il voulut reprendre ses grands projets, l'argent manqua; et, quoique Sforce lui eût envoyé un nouveau subside, son armée était si faible et si misérable lorsqu'il passa les Alpes, que le jour elle évitait les villes et se cachait, craignant de se laisser voir même à ses amis. Le bruit des formidables armements de l'empereur avait effrayé les Italiens, qui, sachant que son armée avait enfin passé les Alpes, la cherchaient partout. Quand ils l'eurent découverte, ils furent saisis d'un fou rire. Milanais, Vénitiens et Brescians l'accompagnaient de huées. « Voilà les soldats du *pochi denari!* » s'écriaient-ils, et le sobriquet resta à l'empereur.

Ce fut encore à Inspruck, dans son palais blasonné sur chacune de ses faces d'un aigle noir en champ d'argent, armes des comtes de Tyrol, que, poussé par les états de la ville qui gardaient rancune aux Suisses de leurs défaites du commencement du siècle, il rassembla la noblesse du pays, et se mit à sa tête pour aller porter la guerre à quelques paysans des ligues grises. Ceux-ci attendaient leur ennemi dans leurs défilés; et, aussi heureux et aussi braves que d'habitude, après lui avoir tué vingt mille hommes avec la hache et la pique, ils chassèrent à coups de fléaux l'empereur et ses barons. Car Maximilien, joueur déterminé au jeu de la guerre, eut souvent la chance contre lui. Cependant sa violente imagination lui faisait aimer le péril. Nous voyons ce monarque, le dernier chevalier de son temps, la lance ou l'épée au poing, guerroyer un jour dans l'armée anglaise comme un simple soldat, et une autre fois se battre à outrance avec un mécréant qui ose défier en champ clos la noblesse Allemande.

Maximilien aimait Inspruck. C'est là qu'il se reposait des fatigues de la guerre en faisant bâtir son grand palais. Un jour, tandis qu'il était au milieu de ses maçons et de ses architectes, arrivent deux messagers. C'est le roi d'Arragon qui lui envoie 20,000 ducats d'or ; c'est le roi Henri VIII d'Angleterre qui lui promet des sommes plus considérables encore s'il veut se remettre en campagne et chasser les Français d'Italie. Il rassemble en toute hâte une armée, qui cette fois est nombreuse ; il enrôle un corps de Suisses, et, au mois de mars 1516, il passe le Brenner. Déjà Brescia est délivrée, Lodi est tombée en son pouvoir, et il a investi Milan ; mais cette fois encore l'imprévoyant monarque, avant de quitter Inspruck, a dépensé les 20,000 ducats d'or et une partie du subside anglais. Les Suisses de son armée demandent leur argent, et refusent d'en venir aux mains avec leurs compatriotes, qui sont dans les rangs des Français. Maximilien, furieux, repasse l'Adda; et là, dans la nuit, cet empereur, à sombre et puissante imagination, a une étrange vision. Les spectres de Léopold et de Charles-le-Téméraire, ces grandes victimes des paysans suisses, se lèvent devant lui. « Méfie-toi de ces mercenaires! » lui crient-ils. Il l'a entendu ; il le raconte ; il le croit. Effrayé de sa vision, le lendemain, Maximilien se renferme dans sa tente. L'armée le demande à grands cris ; il ne paraît pas. Ses soldats se dispersent ; et cette fois encore l'Italie est perdue pour lui.

De retour à Inspruck, l'empereur se consolait en inventant une nouvelle manière de fondre les canons et de se servir de la lance, en donnant de grands tournois, que dirigeait Antoine d'Yfan ou Wolfgang de Polheim, et en dictant des mémoires à son secrétaire Cuspinien, ou des poésies dans lesquelles il célébrait les aventures de Melchior Pfintzing, un de ses compagnons. C'est encore à Inspruck qu'il faisait graver ces magnifiques planches où Albert Durer et Hans Burgmair ont retracé ses actions ; quarante de ces planches furent alors déposées dans les collections d'Inspruck, où on ne les retrouva qu'à la fin du dernier siècle. Enfin il achevait le *Der alte Hoff*, palais fort irrégulier du reste. Cette irrégularité avait frappé Maximilien ; et l'on raconte à ce sujet qu'un jour, arrivant à Inspruck, et visitant ses bâtiments, Maximilien, après avoir gourmandé l'architecte qui avait mal compris ses plans, se tourna vers les officiers de sa suite. « Fi de cette demeure! » s'écria-t-il; « j'en vais faire construire « une autre. Qu'on aille quérir un charpentier. » Le charpentier vient, et Maximilien lui commande un cercueil.

Il n'habita que la dernière de ces deux demeures ; car le *Der alte Hoff* n'était pas encore achevé lorsqu'il sentit les premières atteintes de la maladie. Il se hâte de régler l'ordre de succession de ses états héréditaires, se fait transporter à Wels dans la Haute-Autriche; et là cet empereur, toujours bizarre, trouve moyen, entre deux accès de fièvre, de se donner une indigestion de melon dont il meurt.

Après la mort de Maximilien, l'homme populaire du Tyrol, Inspruck continue à être la résidence des archiducs et quelquefois des souverains autrichiens. Le peuple ayant ses franchises, et tous, jusqu'à la classe des paysans, jouissant de l'un des gouvernements les plus démocratiques de l'Europe, après celui de la Suisse, nous ne rencontrons pas ici de ces luttes longues et acharnées entre les maîtres et les sujets. Les maîtres, doux par tempérament, et peu exigeants par calcul, ne font pas sentir qu'ils sont les maîtres; les sujets sont tranquilles parcequ'ils sont satisfaits : ils sont satisfaits parcequ'ils sont libres. Et quand survient cette fameuse guerre des paysans, qui, ainsi que nous l'avons vu plus haut, mit Trente à deux doigts de sa ruine, en 1525, elle ne trouve pas de partisans dans les campagnes ni dans les murs d'Inspruck. C'est que les habitants des cercles de l'Inn jouissaient déjà en réalité de ces libertés que réclamaient les insurgés de Salsbourg ou de l'Adige; ils n'étaient ni taillables ni corvéables à merci; et au droit de refuser les levées d'hommes exorbitantes et de discuter l'impôt, ils joignaient l'habitude de payer fort peu. Aussi la chronique particulière de la cité d'Inspruck est-elle stérile et décolorée, comme celle des peuples heureux, et ne fait-elle mention que de la fondation d'édifices et, à des intervalles éloignés, de quelques-uns de ces évènements indépendants de la volonté des gouvernants et des gouvernés : un incendie, une sécheresse, une famine, une inondation. C'est ainsi qu'elle nous apprend que dans la nuit du 4 juin 1534, le magnifique palais des états d'Inspruck fut consumé par un violent incendie; que dans l'été de 1540, la sécheresse fut telle que le blé s'enflammait sur pied, et que les bois qui couvrent les collines voisines d'Inspruck, embrasés par l'excessive ardeur du soleil, causèrent une grande épouvante dans la ville, etc., etc.

Un évènement qui eut du retentissement en Europe, la fuite de Charles-Quint lors de l'invasion du Tyrol par Maurice de Saxe, vint troubler un moment la vie monotone de la ville tyrolienne. C'est le seul épisode de quelque intérêt que nous présente son histoire au seizième siècle. Nous avons vu que lors de la tenue du concile de Trente, en l'an 1552, Charles-

Quint s'était rendu à Inspruck pour être plus à portée de surveiller les délibérations de cette assemblée. On était arrivé au mois de mai; les douleurs de goutte qui tourmentaient l'empereur avaient redoublé de violence, et le retenaient au palais. Là, dans ses heures de solitude, le prince méditait de grands projets sur l'Orient et l'Occident : en Orient, une croisade contre le Turc; en Occident, une guerre décisive contre la France. Tout-à-coup, un courrier arrive dans la ville d'Inspruck et demande à parler à l'empereur Charles. Ce courrier vient, au nom de Maurice de Saxe, de Frédéric de Brandebourg et des autres princes de l'Allemagne, sommer l'empereur de mettre sur-le-champ en liberté le landgrave de Hesse, que, depuis cinq ans, il traîne à sa suite, dans les fers. S'il n'obéit pas à cette injonction, la guerre va recommencer. Malade et seul dans la ville d'Inspruck, Charles dissimule, promet vaguement la liberté de l'électeur, et, comptant toujours sur l'ancienne fidélité de Maurice et sur la terreur qu'inspire son nom, il ne pense plus qu'à soigner sa goutte, quand on annonce un autre messager. L'officier qui commande à Reitti, petite ville de la frontière du Tyrol, l'a dépêché en toute hâte. Il demande instamment du secours : une armée a envahi le Tyrol par Füssen; elle tourne Reitti et va donner assaut au château d'Ehrenberg, la clé du Tyrol de ce côté. Mais l'empereur ne peut le secourir : il n'a près de lui qu'une centaine d'hommes de sa garde. Les bourgeois d'Inspruck et les paysans des environs s'offrent à lui tenir lieu d'armée : ils demandent à marcher à la rencontre de Maurice. L'empereur accepte leur offre de grand cœur, et les dépêche sur le chemin de Reitti.

La petite armée d'Inspruck, qui ne se composait que d'un millier d'hommes avec deux pièces de canon, attaqua bravement Maurice auprès d'Ehrenberg, Maurice, dont les troupes étaient quatre fois plus nombreuses. Mais la fortune trahit le courage de ces soldats improvisés : ils furent vaincus, et le château d'Ehrenberg tomba au pouvoir de l'ennemi, qui marcha rapidement sur Inspruck par Telfs et Zierl.

A cette nouvelle, la ville et le palais sont dans l'épouvante. L'empereur ne songe plus qu'à fuir; déjà la litière qui doit le transporter de l'autre côté des Alpes, est préparée, quand on apprend qu'à la suite de la prise d'Ehrenberg, les troupes de Maurice se sont mutinées, refusent de se porter en avant, et réclament leur solde, qu'on ne peut pas leur payer. L'empereur se crut sauvé. Ce jour-là, le 21 mai 1552, son frère Ferdinand et le légat du pape étaient accourus de Trente à Inspruck, pour l'engager, son frère à faire la paix, et le légat à tenir bon; Charles leur donnait un grand dîner de réception. Les convives étaient rassemblés et allaient s'asseoir; tout-à-coup des cavaliers couverts de poussière se précipitent dans les cours du palais; ils annoncent que l'ennemi les suit de près, et que déjà ses coureurs ont dépassé Zierl. Maurice a apaisé la sédition; de sa main, il a châtié les plus mutins; il a promis aux autres le pillage du palais d'Inspruck.

Quelques soldats de la garde de l'empereur, des citadins et des paysans coururent aussitôt aux portes de la ville, pour les défendre un moment, et donner à Charles le temps de s'échapper. Celui-ci, par une nuit d'orage, le corps brisé par les douleurs de la goutte, prend le déguisement d'une vieille dame pour n'être pas reconnu, se jette dans une litière, et, accompagné seulement de son frère Ferdinand, du légat et de quelques serviteurs dévoués, il se dirige sur Villach dans la Carinthie, par des sentiers praticables aux seuls chasseurs de chamois. La nuit fut affreuse. Plusieurs fois la litière de l'empereur fut sur le point de rouler dans les précipices ou d'être emportée par les torrents. Ce ne fut qu'après des fatigues et des souffrances inouïes que ce prince arriva enfin à Villach, place fortifiée. Il avait fui à temps : car à peine sortait-il d'Inspruck par la porte du Brenner, que déjà les troupes de Maurice, ayant forcé le pont, arrivaient au palais. Tout ce qui appartenait à l'empereur ou au légat fut pillé; on n'épargna que les bagages de Ferdinand, qui avait conseillé la paix; et Maurice, s'asseyant à la table impériale, dans le fauteuil de l'empereur, partagea entre ses officiers les mets qui la couvraient et qui n'étaient pas encore refroidis.

C'est de cette fuite d'Inspruck que datent les premiers malheurs et la profonde mélancolie de Charles-Quint. Cet évènement lui fit sentir tout le néant de sa puissance; et quand, trois ans après, il abdiqua et se coucha dans un cercueil, sans doute il se rappelait encore la terrible nuit d'Inspruck.

IV.

INSPRUCK PENDANT LE SEIZIÈME, LE DIX-SEPTIÈME ET LE DIX-HUITIÈME SIÈCLES.
INSPRUCK REUNIE A LA MONARCHIE AUTRICHIENNE.
L'INSURRECTION DE 1809.
ANDRÉAS HOFER. — LES INSURGÉS ATTAQUENT INSPRUCK.
CAPITULATION DES TROUPES FRANCO-BAVAROISES.
HOFER AU PONT D'INSPRUCK.

La fin du seizième siècle fut peut-être l'époque de la plus grande prospérité d'Inspruck. Sous la longue et pacifique administration de l'archiduc Ferdinand d'Autriche, cette ville, résidence du prince, devient le rendez-vous des savants et des artistes de l'Italie et de l'Allemagne, une « espèce de Florence au milieu des Alpes, » comme l'appelle un de ses historiens allemands. C'est alors que fut bâtie la fameuse église des Franciscains, et que fut élevé le monument de Maximilien Ier, que nous décrirons tout-à-l'heure. Ferdinand fonda aussi la bibliothèque et les riches collections d'Amras; et si les Tyroliens n'ont point célébré ce prince à l'égal des Maynard, des Frédéric et des Maximilien, c'est que le premier, il songea à restreindre leurs libertés et entra en lutte avec les États du pays. Philippine Welserine, sa belle épouse, d'origine plébéienne, fut la médiatrice naturelle entre le prince et le peuple. Aussi, a-t-elle laissé une mémoire chère au pays.

Pendant toute la première moitié du dix-septième siècle, Inspruck fut gouvernée par des princes, derniers rejetons d'une des branches de la maison de Habsbourg : le peuple, quoique vivement ébranlé par le contre-coup de la guerre de Trente-Ans, resta fidèle aux gouvernants qui restaient fidèles à leurs engagements. Mais les cœurs saignèrent, lorsqu'en 1665, l'archiduc Sigismond, dernier prince de cette branche des Habsbourg, mourut subitement. Ses domaines allaient être réunis à la monarchie autrichienne; Inspruck et le Tyrol sentaient bien que c'en était fait de leur nationalité. L'empereur Léopold voulut du moins consoler les Tyroliens de la perte de cette nationalité, en ne touchant pas à leurs libertés. Son administration fut libérale et généreuse. Son premier acte fut de venir en personne jurer le maintien de la constitution du pays, et pendant tout son règne il encouragea l'exploitation des mines et ne nomma aux emplois publics que des hommes de la ville et du pays. Ce fut lui qui fonda aussi l'université d'Inspruck, dite *Cæsarea Leopoldina.*

Inspruck et le Tyrol témoignèrent hautement leur reconnaissance, en repoussant une première fois, en 1703, les étrangers, qui, dans un premier moment de surprise, avaient pénétré jusqu'au cœur du pays. Aussi, dans les années qui suivirent, Marie-Thérèse persista-t-elle dans ce système de sagesse et de modération. Les impôts furent encore réduits; et, quelque pressants que fussent ses besoins, la cour de Vienne eut toujours pour politique de ménager ce peuple pauvre et dévoué. Les levées d'hommes et les impôts furent presque nuls. Cette modération du gouvernement rendit le peuple indifférent aux diverses modifications apportées insensiblement à sa constitution qui, de nos jours, est loin de ressembler à ce qu'elle était du temps de Maximilien ou même lors de l'avènement de Léopold. Ces ménagements de l'Autriche portèrent leurs fruits. Le peuple lui demeura fidèle, et retrouva pour la défendre, au commencement du siècle, ce même élan de dévouement et de courage qui, en 1703, avait sauvé la maison d'Autriche. Inspruck, il est vrai, fut promptement conquise en 1805, et céda, comme toute l'Allemagne, au puissant ascendant de Napoléon; mais, en 1809, elle prit glorieusement sa revanche lors de la grande insurrection du Tyrol. L'histoire de cette ville serait incomplète si nous ne rapportions ici avec quelques détails cette lutte merveilleuse où les citoyens les plus généreux, réunis, sous le commandement d'Andréas Hofer, aux montagnards insurgés, repoussèrent une armée bavaroise, arrêtèrent une armée française, et ne cédèrent qu'à l'irrésistible bravoure des vainqueurs de Wagram.

Cette lutte, dans sa courte durée, présenta des incidents sans nombre et des retours de fortune incroyables. Inspruck, ville ouverte, soumise ou révoltée, abandonnée ou reprise par les combattants des deux partis, se vit réduite aux dernières extrémités; mais cet esprit d'indépendance et de nationalité, qui à toutes les époques avait animé ses habitants, accompagna leurs volontaires dans le camp des insurgés; et quand la ville fut soumise, il se retira dans la montagne avec les jeunes gens en armes, se renferma avec les vieillards à l'ombre du toit domestique, et donna aux citoyens opprimés la force de supporter le mal présent et de travailler en silence à un affranchissement futur. Cette guerre, toute nationale, fut donc autant la guerre d'Inspruck que la guerre du Tyrol; et, comme du côté des Tyroliens ce ne sont pas des troupes disciplinées, des soldats du dehors, payés et enrégimentés pour se battre, qui font tête à l'ennemi, mais les hommes du pays, les fils du sol et les volontaires de la cité, il n'est pas possible de séparer leur histoire de l'histoire de la ville. C'est ce qui me justifie de parler avec détail du fameux chef de cette insurrection, du brave Andréas Hofer. Cet homme fut la personnification la plus parfaite de l'insurrection tyrolienne et de l'esprit du pays ; en un mot, le type complet de l'insurgé tyrolien.

Lorsque, de 1805 à 1809, après de nombreuses défaites, la maison d'Autriche consentit au démembrement de l'empire, et que, l'épée du vainqueur sur la gorge, elle céda, par les traités de Vienne et de Presbourg, quelques-unes de ses plus belles provinces (et le Tyrol était de ce nombre), elle sentit parfaitement que ce sacrifice ne devait être que temporaire. Avec un peu plus d'opiniâtreté, peut-être eût-elle pu retenir ce dernier pays, mais elle aima mieux laisser faire ; elle connaissait le caractère du peuple qu'elle abandonnait, et sentait bien qu'il lui serait plus facile de reprendre que de disputer. Peut-être songeait-elle dès lors à créer, par ce sacrifice, des embarras à ses adversaires en leur donnant des sujets infidèles, et en jetant dans leurs rangs des auxiliaires prêts à la seconder quand le jour de la vengeance serait arrivé.

Un homme obscur fut le plus actif des instruments qu'elle employa dans cette grande insurrection qui, dans la guerre de 1809, éclata sur les derrières des armées françaises, et fit une diversion si puissante en faveur des Autrichiens.

Andréas Hofer, né en 1765, au bourg de Saint-Léonard, dans le Passeyer-Thal, exerçait paisiblement son métier d'aubergiste, lorsque la première guerre éclata. A la tête d'un corps de partisans, il se distingua d'abord par quelques actions d'éclat. La paix de Presbourg l'ayant désarmé, il rentra dans sa chaumière soumis en apparence, mais au fond prêt à se révolter de nouveau.

Dans le Tyrol, un aubergiste est un homme important, un homme de conseil. Commerçant d'ordinaire, sa maison sert d'entrepôt, et devient le rendez-vous obligé de ceux qui font des affaires et des oisifs qui n'en font pas, mais qui viennent fumer, boire et causer avec les gens occupés. Roi absolu dans ses salles enfumées, l'aubergiste prend sur ses habitués une sorte d'autorité qu'il conserve au dehors ; et, comme il se trouve en rapport avec presque tout le pays, s'il est homme d'action et de tête, cette autorité peut prendre une extension considérable. Hofer était l'un des aubergistes les plus influents de la vallée : ses mœurs irréprochables, son intégrité, son éloquence rustique, une sorte de bonhomie puissante, ses précédents exploits, et peut-être aussi sa figure singulière, l'avaient mis en grand renom dans tout le pays. Cet homme, d'un esprit peu étendu, mais d'une éducation supérieure à celle des gens de sa classe, malgré son caractère froid en apparence, avait acquis sur tous ses compagnons un ascendant extraordinaire, ascendant que son état d'aubergiste ne peut seul expliquer, et qu'il devait sans doute autant à son œil noir et perçant, et à sa longue barbe, qu'à toute autre cause.

Je demandais à un Tyrolien de bonne foi, et que l'orgueil national n'avait pas aveuglé, quelles pouvaient être les causes de la grande influence d'Hofer : « C'est peut-être à cela qu'il la devait, » me dit-il en me montrant une bouteille. Hofer, en effet, avait la réputation d'aimer la table et le vin, et son appétit était renommé dans ce pays, où la sobriété n'est guère en honneur. Dans son auberge, il tenait tête aux plus déterminés buveurs ; et, sans manquer à la vérité historique, on aurait pu, dans certaines occasions, le représenter, un crucifix et un Saint-George sur la poitrine, conduisant ses compagnons à la bataille son sabre dans une main et une bouteille dans l'autre. Quoi qu'il en soit, le gouvernement autrichien, qui tout en paraissant abandonner ce pays n'avait cessé d'y entretenir des intelligences, vit dans cet homme un instrument nécessaire à ses desseins, et, pendant les années 1807 et 1808, eut avec lui une correspondance secrète et suivie. Tous les campagnards partageaient les sentiments de Hofer, et tous étaient de chauds partisans des princes qui les avaient gouvernés si long-temps. Le patriotisme des citadins était plus calme en apparence; néanmoins, quand l'heure fut venue, ils payèrent bravement de leurs personnes; la noblesse seule montrait une hésitation et une froideur que, depuis, on n'a pas manqué de lui reprocher. Et cependant un prince de la maison d'Autriche, l'archiduc Jean, se trouvait à la tête du mouvement, et sa conduite eût dû servir d'exemple aux vieilles et nobles familles du pays. Ce prince, dans les années qui précédèrent la cession définitive des provinces tyroliennes, avait su, dans divers voyages, captiver l'amitié des habitants; il s'était mis en relation avec Hofer et d'autres chefs de bandes, qui, en 1805, avaient combattu à Scharnitz, à Seefeld et aux environs d'Inspruck ; et, lors de la paix, obligé de quitter le pays, tout en recommandant à ses courageux partisans la résignation et la patience, il avait reçu leur serment d'inviolable fidélité, et la promesse solennelle d'agir quand le moment serait venu et que l'Autriche donnerait le signal. Après son départ, les Tyroliens, obéissant à ses instructions, avaient caché leurs armes, s'étaient séparés, et, courbés en apparence sous le joug de fer du vainqueur, ils se réservaient en silence pour un meilleur avenir.

Quand l'horizon se couvrit de nouveaux nuages, et que d'un bout à l'autre de l'Europe des bruits de guerre, vagues d'abord, mais bientôt plus prononcés, commencèrent à retentir, l'archiduc Jean, sous prétexte de se livrer à son goût pour les sciences naturelles, se rendit dans les Alpes de la Styrie et de la Carinthie, et se rapprocha le plus possible de la frontière du Tyrol. Ce ne fut pas sans une vive émotion que l'on apprit, à Inspruck, que le prince cher aux Tyroliens se trouvait dans le pays de Salsbourg, où il passait en revue les milices du pays. Cependant, fidèles à leurs instructions, et plus prudents que leur naturel simple et ouvert n'eût pu le faire supposer, ces montagnards, surent comprimer la vivacité de leurs affections, et aucun d'eux ne tenta de franchir la faible distance qui les séparait d'un chef qu'ils aimaient. Le prince connaissait leurs sentiments ; il comprit et approuva leur sage réserve, et ne prit pas pour de l'indifférence ou de la tiédeur ce qui n'était que de la politique et de la prudence. Il se contenta de renouer avec ses correspondants et d'échauffer leur zèle par de mystérieuses dépêches, où, sous des formes naïves et innocentes en apparence, étaient cachés des projets de vengeance et de liberté. — « La séparation avait été longue, » leur écrivait-il ; « mais enfin la noce allait être célébrée, et si l'épouse était » animée du même amour et de la même ardeur que son fiancé, la nuit » où leur union devait se consommer ne pouvait tarder à venir. » La guerre prochaine et imminente c'était la noce ; la nuit où l'union devait se consommer entre l'épouse et le fiancé, c'était la nuit terrible de l'insurrection!

De retour à Gratz, et dans l'intention de s'assurer plus positivement encore des dispositions des chefs tyroliens, ce prince manda secrètement Andréas Hofer. Hofer se rendit sans hésiter à cette périlleuse invitation ; dès lors il s'était dévoué : l'aubergiste en veste brune, suivi de quelques amis, paysans comme lui, fut reçu, avec les plus grands égards et les caresses les plus affectueuses, dans l'habitation impériale. L'archiduc eut de longues conférences avec le patriote tyrolien. — « Je vous promets vingt » mille hommes et dix victoires; mais il faut, en revanche, que vous pro- » mettiez de ne pas nous laisser là lorsque nous aurons commencé, » lui dit Hofer avec sa rude franchise. L'archiduc promit tout : c'est l'habitude de l'Autriche de flatter et de promettre. Andréas Hofer, nommé commandant en chef du Passeyer-Thal, rentra dans sa vallée et se tint prêt, n'attendant plus qu'un signal pour lever l'étendard de l'insurrection.

On m'a montré près de Méran, à l'entrée du Passeyer-Thal, le cabaret où les chefs des insurgés tyroliens se réunirent, sous la direction de Hofer, pour arrêter le plan général de l'insurrection. Ce cabaret est en vénération dans le pays; c'est le Grutli des Tyroliens. Là, Hofer harangua ses compagnons. Son éloquence symbolique est pleine de sentences et de prophéties; il leur parle de la patrie et de la liberté comme on doit en parler à de simples paysans. — « Quand vous avez fait un saint de bois, vous » ne pouvez aller à Vienne pour le vendre; êtes-vous libres? » leur dit-il. » Vous êtes Tyroliens, ou du moins vos pères le disaient, et l'on veut que » vous vous appeliez Bavarois, et l'on a rasé notre vieux château de Tyrol; » êtes-vous contents? Vous récoltez trois épis de maïs, et on vous en » demande deux; êtes-vous heureux? Mais il y a une Providence et des » anges; et quand nous voudrons nous venger, on nous aidera. ON ME » L'A DIT !.. » Ces brusques questions, ces promesses vagues d'un meilleur avenir, enflammaient les cœurs de ces hommes simples et croyants. On convint du jour et des moyens, et on se sépara. Le secret, connu de plus de six cents conjurés, fut religieusement gardé pendant plusieurs mois.

La nuit du 10 avril 1809 avait été choisie par les conjurés pour l'exécution du complot. Pendant tout le jour qui la précéda, on vit des poutres et des planches, sur lesquelles on avait attaché de petits drapeaux, flotter sur l'Inn et les autres rivières du pays, et l'eau des torrents fut couverte de sciure de bois. Par ces différents signaux, les habitants des montagnes annonçaient à ceux de la plaine, des villes et de la vallée, qu'ils étaient prêts, et que de leur côté ils prissent les armes. A la nuit, des torches coururent sur les points les plus élevés du pays; à cette subite illumination des montagnes, les villages répondirent par de grands feux. Partout on sonnait le tocsin, partout les citoyens s'armaient. Les prêtres, le crucifix à la main, animaient ces recrues improvisées. Avant le lever du soleil, montagnards et paysans de la plaine et des vallées inférieures se trouvèrent tous aux lieux de rassemblement convenus, prêts à marcher contre l'ennemi. Pendant ce temps, averties par les mêmes signaux, les villes s'agitaient. Les citoyens d'Inspruck, attroupés sur les carrefours et les places publiques, poussaient des cris menaçants, et insultaient les soldats bavarois commis à la défense de la ville. Les hommes des classes inférieures composaient en grande partie ces rassemblements hostiles; et, comme dans la plupart des mouvements populaires, les classes riches et la bourgeoisie se tinrent de côté : elles approuvaient, elles encourageaient même; mais, ayant plus à perdre, elles osaient moins se compromettre. Quant aux nobles, à l'exception du vieux comte de Tannebourg, vieillard aveugle et dévoué à son pays, aucun d'eux ne parut dans les rangs des insurgés.

Dès le début de l'insurrection, tous les détachements bavarois, et les postes peu considérables qui tenaient la campagne, furent ou désarmés ou passés au fil de l'épée; on ne tua que ceux qui résistaient. — « Déchirez-» moi ces coquins-là à coups de crocs tant qu'ils sont debout, mais une » fois à genoux, faites grâce! » disait Hofer à ses compagnons. — « Il n'y » a qu'un lâche qui frappe un homme à terre, » ajoutait-il une autre fois, « parcequ'il a peur qu'il ne se relève. » C'était l'insurrection espagnole avec ses moines, ses paysans et ses terribles guérillas; mais l'insurrection espagnole moins ses crimes et ses horreurs; s'il y eut de l'inhumanité d'un côté, ce ne fut pas de celui des Tyroliens. Eux, du moins, n'immolèrent pas leurs prisonniers après le combat : vainqueur, Hofer avait épargné les siens; vaincu, il ne fut pas épargné.

Maîtres de la campagne, les paysans et les montagnards se rapprochèrent aussitôt d'Inspruck, et entrèrent en communication avec les mécontents de la ville, qui tenaient en échec les Bavarois et la faible poignée de Français que commandait le général Bisson. Quelques centaines d'hommes cernés dans une ville ouverte et qui n'a ni forts, ni postes faciles à défendre, ne pouvaient lutter contre plus de vingt mille insurgés combattant chez eux, et dont un aveugle fanatisme et un patriotisme sauvage exaltaient encore le courage naturel. Une partie de la ville fut emportée, et il fallut se décider à capituler. Le général Bisson, qui commandait le petit nombre de Français réunis aux Bavarois, refusa long-temps de signer une capitulation, honorable sans doute, mais par laquelle la garnison s'engageait à mettre bas les armes. Un tel acte lui semblait un fâcheux pendant du désastre de Baylen. S'avouer vaincu par des paysans, et traiter avec de pareils ennemis autrement que pour leur imposer ses conditions, lui semblait un déshonneur; mais ces ennemis étaient vingt fois plus nombreux, mais les Bavarois, découragés par un premier échec, pressaient et menaçaient même le général français. Devait-il sacrifier à un amour-propre peut-être exagéré la poignée de braves qu'il commandait? Bisson signa, mais en brisant sa plume et en versant des larmes de rage! Du reste, Napoléon, sévère appréciateur du devoir, dans des circonstances semblables, lui rendit complètement justice. Loin de le disgracier, comme il l'eût fait infailliblement si Bisson eût forfait à l'honneur, il le nomma, peu de temps après, au commandement de Mantoue, la place forte la plus importante de la Haute Italie.

Nous n'entrerons pas ici dans le détail des nombreuses affaires et des différents combats qui suivirent la reddition d'Inspruck, et dans lesquels se signalèrent les chefs tyroliens; qu'il suffise de savoir qu'Hofer fut long-temps victorieux. Secondé par son lieutenant Specbacker et par Haspingher-le-Capucin, espèce de moine bon vivant et batailleur, qui n'était heureux qu'un sabre à la main, et qui avait, sous le froc, le tempérament, les passions et les goûts d'un soldat, Hofer défit les Bavarois dans toutes les rencontres; et, quoique mal soutenu par l'Autriche, qui semblait avoir oublié sa téméraire avant-garde, il finit même par s'emparer de Kufstein, des autres places de la vallée de l'Inn, et par se trouver maître de tout le Tyrol allemand et italien.

Cette guerre des rochers et des montagnes, la plus terrible après celle des rues, fut néanmoins fertile en exploits de tous les genres, exploits dignes d'exercer la plume de l'historien. A l'attaque du pont d'Inspruck, qui avait précédé la capitulation, Hofer voit ses compagnons hésiter; il remet son sabre dans le fourreau, croise les bras, et s'élançant au premier rang : — « Enfants! s'écrie-t-il, en avant! Saint George et ma barbe » vous serviront de bouclier! » Et, à travers les balles et la mitraille, il se précipite presque seul sur l'immense pont de bois qui conduit du faubourg dans la ville. Ce sublime élan électrise ses amis; ils se jettent à sa suite en colonne serrée, arrivent à l'extrémité du pont, passent sur le ventre des Bavarois terrifiés, et se trouvent bientôt maîtres de la rue principale. — « Ce gros barbu a un ange auprès de lui ! » s'écrie un soldat bavarois en tombant. Ces paroles d'un mourant remplissent les compagnons du brave Hofer d'un enthousiasme extraordinaire; ils crient au miracle : les anges combattent avec eux et volent à leur tête ! Cette nouvelle court dans leurs rangs ; rien ne s'oppose plus à la fougue de cette troupe fanatisée ; en peu d'instants, ils se rendent maîtres de la plus grande partie de la ville, et obligent ses défenseurs à capituler.

V.

LES FRANÇAIS ENVAHISSENT LE TYROL ET REPRENNENT INSPRUCK.
COMBATS DANS LE BRENNER. — UNE ARMÉE ENTERRÉE.
ABANDON DE L'AUTRICHE.
HOFER DICTATEUR A INSPRUCK. — FIN DE L'INSURRECTION.
ANDRÉAS HOFER EST PRIS. — SA MORT.

Une insurrection n'a guère de force qu'à son début; sa durée se mesure sur son énergie ; fruit de l'enthousiasme, elle mûrit rapidement, et ne tarde pas à tomber et à mourir : les efforts mêmes que l'on fait pour la régulariser hâtent son terme et limitent sa durée; ils compriment l'élan ; la réflexion prend bientôt la place de la passion ; les gens calmes, qui font la masse, se retirent, et les chefs ne tardent pas à se trouver isolés. Les choses suivirent à Inspruck et dans le reste du Tyrol la marche qu'elles suivent ailleurs. Les obstacles, qui entretiennent et avivent le zèle, une fois renversés, la plupart des soldats d'Hofer regardèrent leur tâche comme terminée; et, au lieu de prêter l'oreille au bruit de l'orage qui grondait à l'horizon, de serrer leurs rangs et de se préparer à la lutte terrible qui allait s'engager, ils se retirèrent, les uns dans leurs champs, les autres dans leurs montagnes, où les rappelaient, il est vrai, les travaux nécessaires à l'existence de leur famille.

Les faibles détachements autrichiens qui venaient seconder les insurgés leur furent plus nuisibles qu'utiles. — « Ils comptent là-dessus ! » disait Hofer avec désespoir, « et vont coucher avec leurs femmes. » Hormayer, homme d'une nullité rare, que l'on avait envoyé comme gouverneur de la province, et le général Chasteler, sous le commandement duquel on mit tous les corps insurgés, et qui ne se fit remarquer que par une absence complète d'énergie et de capacité, achevèrent ce que la victoire avait commencé. Hofer se plaignit avec amertume à la cour de Vienne : pour toute réponse, celle-ci convoqua à Brixen une assemblée des États. — « Croient-ils que leurs nobles, dont pas un ne s'est montré le » 10 avril, remplaceront nos paysans qui s'en vont? » disait Hofer en frémissant. « Ce sont des florins, des fusils, des vivres, des canons qu'il » nous faudrait, et ils vont nous faire des magasins de paroles ! » On voit que dès ce moment le découragement avait pénétré dans son âme ; il se couchait sur son lit et pleurait comme un enfant, disent ses biographes. Étaient-ce des pleurs de faiblesse ou des pleurs de rage qu'il versait?

Cependant les Français étaient vainqueurs en Allemagne. Leurs forces, trois fois plus considérables que celles des Tyroliens, avaient envahi Salsbourg, s'approchaient des frontières du Tyrol, et menaçaient Inspruck. Le général Wrède et le maréchal Lefèvre n'eurent pas de peine à battre Chasteler et ses Autrichiens. Livrés à leurs seules forces, les insurgés tyroliens furent obligés de se replier sur Inspruck, et d'Inspruck sur le Brenner, la citadelle naturelle de cette ville; et les troupes françaises, sous le commandement du duc de Dantzick, entrèrent dans la capitale du Tyrol.

La nouvelle de l'occupation de cette place, qui avait activement secondé le mouvement des campagnes, loin de donner le coup de grâce à l'insurrection, comme on l'eût pu croire, ranima au contraire son énergie primitive. Les peuples sont fils de la terre; et, comme Antée, lorsqu'on les croit abattus et soumis, ils touchent le sein de leur mère, et se relèvent plus redoutables que jamais. Hofer ne pleurait plus; secondé par son lieutenant Eisnacker, il s'était en quelque sorte emparé des troupes autrichiennes commandées par le général Buol. Ces troupes voulaient se retirer; Hofer s'y opposa, et elles furent obligées de le suivre et de combattre avec lui. Specbacker, autre compagnon d'armes d'Hofer, et qui lui était peut-être supérieur en talents militaires, le joignit près du couvent de Saint-Wilthen, aux portes d'Inspruck, entraînant à sa suite tout ce qu'il avait pu ramasser de soldats. Le capucin Haspingher, dit Barberousse, leur amena ses bandes fanatiques; et, se voyant en forces, ces trois chefs résolurent de mettre à profit le zèle de leurs soldats, d'attendre de pied ferme les Bavarois, et de leur livrer bataille dans la forte position qu'ils occupaient au pied du Brenner, position que d'ailleurs une vieille tradition recommandait aux Tyroliens. Ces grossiers généraux ne comptèrent pas seulement sur le courage de leurs troupes, et, dans l'affaire qui allait avoir lieu, ils voulurent aussi tirer parti du caractère industrieux de leurs soldats.

Les ruses et la tactique naïve qu'ils déployèrent pour s'assurer la victoire rappellent les guerres du quinzième siècle; guerres si fertiles en incidents singuliers. On manquait d'artillerie, et ce sont les charpentiers qui se chargent d'en fournir. Pendant toute une nuit ils abattent d'énormes sapins, les taillent, leur donnent la forme de canons, les peignent grossièrement et les placent sur des retranchements. Ce n'est pas tout, pour imiter les détonations de l'artillerie, les mineurs creusent les rochers et remplissent de poudre de profondes excavations, ou bien ils attachent ensemble plusieurs carabines de fortes dimensions. Ces batteries d'un nouveau genre inquiètent l'ennemi, et suffisent pour le tenir à distance. Dans un autre coin de la montagne, le capucin Haspinger se rend avec une partie de ses paysans à l'endroit où la route s'engage dans un défilé resserré. Là, gravissant les pentes élevées qui dominent ce passage, il fait abattre par ses compagnons plusieurs mélèses gigantesques, sur lesquels ces étranges ingénieurs entassent une masse énorme de rochers et de débris de toute espèce, — « c'étaient des quartiers » de montagne, » me disait un guide, « qu'ils avaient roulés jusque-là, » et qui ne posaient que sur la pointe d'une épingle. » En effet, tout ce prodigieux amas n'était arrêté sur le penchant d'un précipice et au-dessus de la route, que par quelques cordes qui le maintenaient en équilibre. Un souffle devait suffire pour le mettre en mouvement.

Mais laissons parler un des témoins de cette scène effrayante. « Au-delà » d'Inspruck, un petit corps d'insurgés avait vivement contrarié notre » entrée dans le défilé; chassé par des forces supérieures, il se reti- » rait en combattant toujours, mais sans beaucoup d'opiniâtreté. Je » me rappelle cependant un homme âgé de quatre-vingts ans au moins. » Posté sur un des rochers escarpés qui bordaient la route, cet intrépide » vieillard, l'un des derniers tirailleurs tyroliens, faisait un feu non inter- » rompu, et chaque coup de sa carabine portait la mort dans nos rangs. » Bientôt quelques-uns de nos voltigeurs bavarois, qu'il ne voyait point, » ayant tourné le rocher, s'avancèrent rapidement vers lui, décidés à » le tuer ou à s'emparer de sa personne. Lorsqu'ils ne sont plus qu'à » quelques pas, le vieillard les aperçoit, pousse un grand cri, fait feu

» sur le plus rapproché de ses adversaires et l'étend raide mort à ses
» pieds ; puis jetant sa carabine, et s'élançant sur le soldat qui suivait
» celui qu'il venait de tuer, il se cramponne à son corps, l'étreint dans
» ses bras avec une vivacité inimaginable, et l'entraînant sur le bord du
» rocher à pic, invoque le nom de Dieu, et se précipite avec lui dans
» l'abîme !

» A quelques pas de là (continue le narrateur) nous entendons crier,
» de derrière un rocher : — « Étienne ! Étienne ! faut-il lâcher tout ? » et
» d'un bois placé sur la pointe opposée une voix répond : — « Non, pas
» encore. » On fait halte, et l'on prévient le duc de Dantzick, qui néan-
» moins ordonne de marcher en avant, et de poursuivre l'ennemi sans
» lui donner de relâche.

» Au nombre de près de quatre mille Bavarois nous formions l'avant-
» garde. A peine engagés dans un ravin profond, dominé de tous côtés
» par des rochers et les cimes de monts élevés, nous entendons de nou-
» veau crier sur nos têtes : — Hans, tout est-il prêt ? Un *oui* se fait en-
» tendre ; et notre terreur est au comble lorsqu'une voix forte s'écrie avec
» le ton du commandement : — Eh bien ! au nom du Père, du Fils et
» du Saint-Esprit ; lâchez les cordages.

» J'avais eu à peine le temps de lever les yeux vers les rocs élevés
» d'où partait cette voix, qu'à mes côtés plus de mille de mes camarades
» étaient abîmés sous une masse effroyable d'arbres, de pierres et de
» rochers tombés sur nous du haut de la montagne. »

Cette victoire des insurgés les rendit de nouveau maîtres du Tyrol. Les Bavarois se retirèrent en désordre, et Inspruck, secondant vivement les efforts des montagnards, hâta la fuite de l'ennemi et reprit encore une fois sa place à la tête de l'insurrection. L'Autriche se rappela que les Tyroliens combattaient pour elle, et, rougissant du honteux abandon dans lequel elle les avait laissés, elle jura de périr plutôt que de consentir à un nouveau démembrement de leur pays. Et toutefois, dans un moment où ils auraient eu si grand besoin de secours, et de secours actifs, une proclamation impériale pleine d'excuses et de promesses et le retour d'Hormayer, qui venait toucher l'arriéré de l'impôt, ce fut là tout ce qu'obtinrent ces valeureux combattants.

On a prétendu que le cabinet de Vienne avait eu peur d'une république tyrolienne ; mais le temps des républiques était passé : 1809 n'était plus

1797, et l'ère des constitutions n'était pas venue. D'ailleurs, les Tyroliens s'occupaient peu de politique; ils ne voulaient que se battre et briser le joug bavarois : et certes l'espèce de culte que l'on rendait, à Inspruck, à la bannière des aigles réunies, aurait dû dissiper ces ridicules terreurs. Mais déjà ce cabinet ombrageux avait peur du mouvement qui se faisait en sa faveur; il en ralentissait l'élan, au risque d'en neutraliser l'effet; bientôt, sa prudence ne lui laissant pas voir un succès assuré, il parut décidé à un second abandon, et ne plaça plus ses espérances que dans un avenir éloigné. La défaite de Wagram et l'armistice qui suivit, le déterminèrent à ce qu'il appelait un douloureux sacrifice. La Vendée tyrolienne fut laissée à elle-même, et ces braves insurgés, déjà affaiblis et découragés par tant d'hésitations, furent abandonnés à leurs seules ressources. Cette nouvelle trahison détermina une nouvelle crise. Hofer et ses compagnons se relevèrent encore une fois de leur abattement; et, puisant, en quelque sorte, un sublime courage dans leur isolement, tous prirent la résolution désespérée de lutter jusqu'à la dernière extrémité. — « Vous ne pouvez pas vivre Bavarois; eh bien! soyez Tyroliens » jusqu'à la mort! » disait Hofer à ses soldats. C'est alors que, délaissé par l'Autriche, le chef tyrolien se vit investi d'une singulière dictature : pendant quelques semaines, ce roi paysan trôna à Inspruck, dans le palais des empereurs. Là, comme dans son auberge, et à l'instar des rois parvenus, Hofer pense à tout et s'occupe de tout. Un jour, il règle l'heure du lever et du coucher des habitants de la ville; il leur conseille telle prière de préférence à telle autre, comme plus efficace. Le lendemain, il s'occupe avec une activité prodigieuse de l'armement des troupes et de l'approvisionnement des magasins; il accole à une proclamation belliqueuse, un arrêté par lequel il défend aux femmes et aux filles de laisser voir leurs *bras* et leur *gorge* nus, et surtout de tromper leurs maris! Son administration est à la fois dévote, candide et militaire; il gouverne Inspruck en maître d'auberge, en général et en capucin.

Ce singulier mélange d'exaltation guerrière et de bonhomie mystique qui préside à tous les actes d'Andréas Hofer, nous donne une idée juste du caractère de cette grande insurrection de 1809, et nous montre à quels hommes avait affaire l'aubergiste de Passeyer-Thal. Ceux-ci, chasseurs infatigables, à défaut de chamois, prendront volontiers pour but un uniforme ennemi; ceux-là, libres comme l'aigle de leurs montagnes, verront un oppresseur dans chaque étranger; tous, sont mus par un des sentiments les plus généreux qui puissent exalter l'âme humaine, sentiment qui doit être la première passion de tout peuple qui se respecte : *la volonté d'être maître chez soi;* tous sont susceptibles de fanatisme, parcequ'ils sont crédules; tous aiment leur empereur, plutôt par habitude que par sentiment; ils l'aiment parceque leurs pères l'ont aimé; et d'ailleurs pouvaient-ils songer à briser un joug dont on ne leur avait jamais fait sentir la pesanteur? Dévoués et aventureux, superstitieux et braves, tous sont prêts à se défendre, parcequ'ils se croient libres, à combattre, parcequ'ils sont courageux, à mourir, parceque le paradis les attend!

La bizarre et naïve dictature de Hofer devait être de peu de durée. Tant que son lieutenant, Specbacker, qui combattait à la frontière, n'avait eu en présence que des corps de Bavarois peu nombreux, la lutte s'était prolongée avec avantage; mais l'arrivée de forces plus considérables força les Tyroliens à se retirer dans l'intérieur du pays, et bientôt à évacuer Inspruck, dont les habitants, il faut le dire, soit crainte, soit fatigue, ne montraient plus la même ardeur. Sur ces entrefaites, la paix de Vienne vint de nouveau livrer le Tyrol à la Bavière. Il fallait opter entre une soumission complète ou une guerre de partisans. Dans ce dernier cas, les vaincus, les prisonniers n'étaient plus considérés comme soldats, mais comme rebelles, et comme tels, ils devaient passer devant une cour martiale. On tint conseil. Depuis l'évacuation d'Inspruck, Haspingher, le capucin, avait perdu sa première confiance : il proposa de mettre bas les armes; mais Hofer s'opiniâtra et fut d'avis de combattre jusqu'à la dernière extrémité. Ses conseils prévalurent, et la guerre de montagnes continua avec plus de fureur que jamais. Traqué de postes en postes, de rochers en rochers; réduit à se cacher comme une bête fauve, dans l'épaisseur des forêts, au fond des crevasses, ou sur la cime des monts, Hofer se vit bientôt abandonné de tous ses partisans. Le capucin jeta le froc et l'épée, et se réfugia à Vienne, où il recueillit le prix de ses services : on le fit curé. Comprenant alors toute l'inutilité d'une lutte aussi inégale, quelque prolongée que pût être sa durée, Hofer congédia le peu d'amis fidèles qui combattaient encore avec lui, les ajournant à une époque plus heureuse : — « Car un jour nous serons les maîtres, » leur disait-il, en les quittant. Il disparut, et sa tête fut mise à prix.

Près du sommet d'un pic élevé et presque entièrement inaccessible, s'ouvre une profonde crevasse que les neiges encombrent pendant près de neuf mois de l'année. Là, entre d'énormes blocs de rochers, Andréas Hofer construisit la hutte qui lui servit de refuge. Chaque année, les patriotes tyroliens visitent encore cet asile sacré, cet asile pour lequel ils ont la même vénération que les Suisses pour le Tellen-Plate ou Kusnack. Ce respect, cette espèce de culte ne peut que s'accroître avec le temps ; et chez la postérité de ces héros paysans, sans doute il apparaîtra enveloppé de ce caractère de mysticité fabuleuse, qui consacre les monuments helvétiens.

C'est dans cette grossière demeure, qui ressemble assez à la hutte d'un Lapon, qu'Hofer vécut dans le plus complet isolement, recevant seulement quelques visites de sa femme, qui lui apportait secrètement des consolations, et, qui le croirait, des espérances !... Car, du fond de son désert, ce héros ermite songeait encore à soulever sa patrie, et à cet effet il avait noué de nouvelles trames. On vient lui dire que son asile est découvert ; il s'opiniâtre à ne pas le quitter. — « Je veux voir s'il y a vrai-
» ment un traître dans le Tyrol, » s'écrie-t-il. On l'engage à couper du moins son énorme barbe, qui peut le faire reconnaître. — « Couper ma
» barbe ! jamais !... Un soldat n'ôte pas son uniforme la veille d'une
» bataille ; ma barbe ne tombera qu'avec moi. »

Le 8 janvier 1810, Hofer était occupé à enlever une partie des neiges sous lesquelles sa cabane était ensevelie presque en entier, lorsqu'il s'aperçut de quelques mouvements dans la montagne. En effet, un détachement nombreux de soldats français avait cerné son asile, et, conduit par un misérable qui avait trahi la cause du pays, il occupait tous les passages et s'avançait en bon ordre pour s'emparer de sa personne. A cette vue, le premier mouvement d'Hofer est de sauter sur sa carabine ; mais bientôt, assuré du grand nombre de ses ennemis, il juge que toute lutte est impossible ; et, craignant qu'une résistance désespérée n'expose sa famille à la vengeance du vainqueur, il ne songe plus à combattre. Il dépose sa carabine et son sabre, ouvre la porte de sa cabane, sort sans armes, et s'avançant, la tête haute, au devant d'un peloton de grenadiers : — « Je suis Andréas Hofer, » s'écrie-t-il, « Français, faites
» feu ! tuez-moi sans tarder ; mais épargnez ma femme et mes enfants ! »
Les soldats l'entourent, se précipitent sur lui sans qu'il songe à faire la

moindre résistance; et l'ayant chargé de fers, tant était grande la terreur qu'il inspirait, ils le conduisent sur-le-champ à Bolsano. Sa femme, son fils, alors âgé de douze ans, et sa fille l'accompagnèrent dans ce pénible voyage. Hofer, qui avait pleuré aux jours de ses victoires, supporta avec un véritable héroïsme un tel revers de fortune. D'une voix ferme il soutenait sa femme et consolait ses amis; et son visage, toujours calme et serein, quoique portant l'empreinte des fatigues de sa vie aventureuse, sa longue barbe, son vêtement brun, ses discours pleins d'une sorte d'onction rustique et évangélique, et de mysticité guerrière, lui donnaient quelque chose de vénérable et de saint. On ne doit pas s'étonner si ses compatriotes en ont fait un martyr.

Sur ces entrefaites de nouveaux ordres arrivèrent, et Hofer dut être transféré de Bolsano dans les prisons de Mantoue. Il fit ses adieux à sa femme et à ses enfants qui restaient pendus à son cou; et quand il les eut quittés, *il cacha ses yeux sous les rebords de son chapeau*, me disait naïvement un Tyrolien, *sans doute parcequ'il pleurait!*

Un conseil de guerre l'attendait dans la forteresse de Mantoue. Le général Bisson le présidait. Sans doute, aux termes des lois militaires, Hofer était coupable, si toutefois on peut jamais être coupable parcequ'on défend son pays jusqu'à la dernière extrémité, et que l'on croit et que l'on espère encore en lui, quand les autres en ont désespéré. Mais son humanité, qui ne s'était jamais démentie pendant cette lutte animée et souvent terrible, mais ce respect, presque sacré, qu'il avait toujours eu pour la vie de ses prisonniers, respect d'autant plus méritoire que souvent ses grossiers compagnons ne le partageaient pas, tous ces motifs, auxquels il fallait joindre les sympathies des soldats français, plaidaient vivement en sa faveur. Admirablement défendu par l'avocat Bassicot, Hofer allait, dit-on, échapper au sort qui le menaçait, la majorité s'étant prononcée pour une détention limitée et deux voix ayant même voté pour la libération entière, lorsque, dans la matinée qui précéda le jugement, un ordre de Milan arriva par le télégraphe, et décida l'arrêt fatal. Pour éviter toute médiation de l'Autriche, et peut-être aussi pour faire un exemple terrible, Hofer devait être fusillé dans les vingt-quatre heures.

Hofer s'attendait à mourir. Il écouta sa sentence sans montrer la moin-

dre émotion et avec une sorte d'indifférence héroïque. « Jusqu'ici, dit-
» il, j'ai pensé à Dieu, à mon pays et à ma femme; aujourd'hui je ne
» dois plus penser qu'à Dieu. » Il demanda un confesseur; on lui envoya le prêtre Manifesti, qui dès-lors ne le quitta plus.

Sa mort fut héroïque comme sa vie. Le jour fatal arrivé, vers dix heures du matin, Hofer entend battre la générale : — « Voici ma dernière » marche, s'écrie-t-il, Israël à tes tentes ! » Quand les officiers, qui commandaient le détachement chargé d'exécuter la sentence, entrèrent dans la prison, ils le trouvèrent prêt. Son visage était calme et empreint d'une fermeté douce. L'exécution devait avoir lieu à la porte Cesena, sur l'un des bastions de la citadelle. Hofer s'y rendit d'un pas assuré. En passant près du bastion de la porte Molina, quelques prisonniers tyroliens, qui avaient fait la guerre avec lui, le reconnurent, poussèrent de grands cris, se jetèrent à terre, et se mirent à prier avec des sanglots jusqu'à ce qu'ils l'eussent perdu de vue. D'autres Tyroliens, que l'on avait laissés libres dans la citadelle, l'accompagnèrent jusqu'au lieu du supplice. Comme ils contenaient avec peine leur indignation et paraissaient animés d'un vif désir de vengeance qu'ils exprimaient hautement, Hofer les entendit, et leur faisant signe de la main : « Silence ! par pitié pour vous » et pour moi ! l'occasion viendra; je vais mourir ! mais je puis vous » l'annoncer, le Tyrol ne mourra pas avec moi. » Ils lui demandent à genoux sa bénédiction; Hofer la leur donne et remet à Manifesti quelques centaines de florins autrichiens qu'il possédait, sa tabatière et un rosaire de prix, pour les leur distribuer après l'exécution.

Arrivés sur le bastion de Cesena, les soldats se formèrent en carré allongé, ouvert sur l'un des côtés larges. Hofer était debout au milieu du carré, et un caporal et douze hommes, s'en détachant, se placèrent à une vingtaine de pas de lui. Hofer se tourna une dernière fois du côté des montagnes du Tyrol, qu'il salua, embrassa Manifesti, lui donna un petit crucifix d'argent et la médaille de Saint-George, qu'il portait encore; puis, comme un tambour s'approchait pour lui remettre le mouchoir qui devait lui servir de bandeau, Hofer le repoussa doucement. On lui crie de mettre un genou en terre : — « Jamais ! jamais ! je » me suis toujours tenu debout devant Dieu, je lui rendrai debout l'âme » qu'il m'a donnée. — Ne me manque pas, » dit-il à un soldat en lui jetant quelques pièces de monnaie; et se tournant vers le détachement qui attendait en silence : — « Feu ! » s'écrie-t-il d'une voix ferme. Les coups partent, il tombe sur le côté et fait un mouvement violent pour se relever. Il n'était pas mort : un coup de merci l'acheva.

Ainsi mourut, âgé de moins de quarante-trois ans, ce héros d'une autre guerre de la liberté, car les Tyroliens donnent ce nom à la lutte qu'ils soutinrent contre la tyrannie bavaroise en faveur de la domination autrichienne. Après tout, l'homme peut se dire libre lorsqu'il ne porte que les fers qu'il a choisis.

A Inspruck, et dans tout l'Inn-Thal, le Winschgau, le Sill-Thal, Botzen et le reste du Tyrol, le voyageur aperçoit dans la cabane de chaque paysan, entre le crucifix de bois et le simulacre du saint patron, l'image d'un homme d'une taille herculéenne et courbée; sa figure est ensevelie sous une barbe épaisse; un chapeau à larges bords, décoré de l'image d'une sainte Vierge et ombragé d'un noir panache, couvre sa tête; sa veste brune, son gilet rouge et ses bretelles vertes rappellent le costume des paysans tyroliens; mais à ce costume sont joints quelques attributs militaires : un long sabre pend au côté, une paire de grands pistolets est placée à la ceinture. Cette image, c'est le portrait d'Andréas Hofer. On le révère dans ces vallées comme un saint et un martyr.

PARTIE II. — DESCRIPTION.

I.

INSPRUCK AU SEIZIÈME SIÈCLE.
VUE GÉNÉRALE D'INSPRUCK.
L'ARC DE TRIOMPHE DE MARIE-THÉRÈSE. — LE MONUMENT DE 1705.
LE TOIT D'OR.
LE PALAIS DE LA RÉSIDENCE. — L'UNIVERSITÉ.
PIERRE ANICH.
L'ARSENAL ET LES DRAPEAUX DU 76e.

Un des anciens historiens des villes d'Allemagne nous décrit brièvement les agréments de la ville d'Inspruck et de ses environs au milieu du seizième siècle. « Le charme, la commodité et la fertilité du lieu, nous dit-il, ont engagé les princes autrichiens à s'établir dans cette ville. Les champs d'alentour y sont couverts de riches moissons, les collines de vignobles, les montagnes d'épaisses forêts. Ces forêts sont peuplées de bêtes fauves; d'abondantes fontaines coulent dans les vallées, que baignent aussi de larges rivières et des lacs poissonneux. Joignez à cela que tous ceux qui se rendent de l'Italie en Allemagne et de l'Allemagne en Italie par Trente, doivent nécessairement passer par Inspruck. Et puis les montagnes du voisinage, mais surtout celles des environs de Schwatz, renferment des richesses si merveilleuses, qu'au dire de Cuspinianus, on peut évaluer à la somme de trois cent mille écus l'or que l'on en retire chaque année (*Berthius*, liv. III, p. 57). » De nos jours cette description naïve est encore vraie; et si l'on en excepte les vignobles, placés là je ne sais à quel propos, et des mines qui ont tari plus tôt que les fontaines, Inspruck et ses environs sont bien encore aujourd'hui ce qu'ils étaient au seizième siècle, c'est-à-dire quelque chose d'assez riant et d'assez sauvage.

Mais supposons un moment que nous avons franchi la frontière du Tyrol et que, suivant la route de France, nous approchons des faubourgs d'Inspruck. Nous avons vu en passant Landeck, ce magnifique paysage dont la nature a fait les frais, et dont cette fois, en jetant un vaste château sur les rocs gris de fer qui dominent le cours de l'Inn et un pont sur les ondes écumantes du torrent, la main de l'homme n'a pas détruit la grandeur. Nous avons traversé *Imst,* cette Canarie allemande qui exporte chaque année pour plus de cinquante mille écus de serins; *Zierl,* ce gros bourg bâti au pied du rocher qu'a *sanctifié* Maximilien; et, dans quelque village ou quelque bourgade que nous ayons passé, notre oreille a été frappée par un bruit continu de scies, de mécaniques, de rouets et de chansons; car ce pays, que nous parcourons, est habité par un peuple pauvre, mais qui sait s'enrichir par le travail; simple, mais inventif, parcequ'il sait mettre son intelligence à profit; en un mot, par un peuple actif, industrieux, et content comme tous les peuples occupés.

A peine sortis de Zierl, nous apercevons d'abord, à l'horizon, au-dessus de la verdure de la plaine et de la ligne blanche des maisons, une tour noire, surmontée de deux petits dômes et flanquée de tourelles à ses angles; puis des clochers, des tours de moindre dimension, et des dômes rouges couronnés, les uns de pointes ou de découpures bizarres en zinc, en cuivre ou en bronze doré; les autres de grandes croix en fer poli, étoilées à chaque branche, et brillant au soleil comme de l'argent, puis quantité de maisons blanches, vertes, jaunes, roses, bien propres, bien vastes, bien allemandes, bariolées de mille couleurs, et couvertes d'écailles vernissées, en faïence jaune, rouge ou verte, figurant sur les toits toutes sortes de dessins étranges. C'est Inspruck, la capitale du Tyrol.

Cette ville est jetée au fond d'une belle vallée arrosée par l'Inn et entre deux hautes chaînes de montagnes : le Solstein, chaîne calcaire, sur la rive gauche du fleuve, et le Brenner, chaîne granitique, sur la rive droite. Dans la plaine qui entoure la ville se déploie, dans toute sa pompe, la culture la plus riche et la plus variée. Il n'y a pas un petit champ, à plusieurs lieues à la ronde, qui ne soit bêché, fumé et sarclé comme les *marais* des environs de Paris. Le terrain est si précieux! et dans ce pays de rochers et de montagnes les plaines sont si rares! La rue que nous suivons en entrant, serpente sur la base de la colline la plus rapprochée de la rive gauche de l'Inn, et fait partie de l'un des faubourgs les plus anciens de la ville; elle nous conduit à un grand pont de bois, peint aussi en rouge, car on peint tout dans ce pays. C'est à ce pont que la ville doit son nom (*Inns-Brugg*). Depuis le jour où un ingénieur romain le jeta sur ce fleuve, ce pont de bois a été bien des fois détruit et réparé. Aujourd'hui sa vétusté paraît extrême. Si vous traversez ce pont, de nuit, à l'heure où la ville est silencieuse, vous entendez un bruissement d'eau singulier. Est-ce le murmure du fleuve? Nullement. Ce bruit est produit par le bouillonnement d'une petite rivière, qui, renfermée dans de grands tuyaux de bois, passe l'Inn sur le pont qui lui sert d'aqueduc, et court vers la ville, où elle alimente plusieurs fontaines. Les meilleurs hôtels de la ville, immenses caravansérails où règne une grande propreté, sont bâtis en face du pont. Leurs vastes chambres, blanchies à la chaux, sont envahies aux trois quarts par d'énormes poêles, emblème de la rudesse de l'hiver. Des gravures et des tapisseries encadrées, représentant des chasses, des saints ou des monstres, ornent leurs murailles, dont un grand portrait d'Andréas Hofer, le héros barbu, le martyr du Tyrol, complète invariablement la décoration.

Vue dans son ensemble, la ville d'Inspruck ne manque pas de régularité, toutes ses rues secondaires aboutissant sous différents angles à une rue principale, qui traverse la ville du nord au sud; mais cette grande rue est la seule qui soit pittoresque; à l'une de ses extrémités s'élève le joli arc de Marie-Thérèse, et à l'autre d'immenses montagnes se dressent au-dessus des plus vieilles constructions de la ville comme une immense ligne de remparts.

La plupart des maisons qui bordent ces rues sont bâties en briques ou en pierres de taille d'un gris olivâtre; un enduit de plâtre peint à à l'huile, ou blanchi chaque année à la chaux, recouvre les briques et les pierres. Les pièces de charpente qui se montrent en dehors, comme les ossements de l'édifice, sont peintes aussi de vives couleurs, et donnent à la ville quelque chose de propre et de gai. L'hiver, cette bigarrure rend les rues moins sombres; mais l'été, lorsque le soleil donne en plein sur ces peintures, la réverbération en devient insupportable, et l'œil est cruellement affecté de ce badigeonnage éclatant. Le voisinage de l'Italie modifie certainement le caractère gothico-germanique de cette ville; néanmoins, on voit encore un assez grand nombre de ces maisons qui semblent cacher leurs toits, ou plutôt dont les toits sont rentrants; c'est-à-dire qu'au lieu de former un angle saillant au faîte de la maison, le toit forme un angle rentrant, qui prend d'autant sur les étages supérieurs. Cette construction, nécessitée sans doute par les vents violents auxquels la ville est exposée, donnerait, j'en conviens, aux rues d'Inspruck l'apparence de longues murailles percées de fenêtres, si un grand nombre de balcons, de pavillons, et quelquefois des corps de logis entiers, ne s'avançaient en dehors de ces maisons, au point souvent d'obstruer le passage.

Un voyageur anglais, enthousiaste du pittoresque, voulant nous donner une idée de la position de cette ville bâtie au milieu des montagnes, nous assure que de ses rues on peut voir les loups rôder sur les monts du voisinage. L'image est plus poétique que vraie. L'œil pittoresque d'un *tourist* peut seul, des rues d'Inspruck, voir courir un loup sur le Solstein, le mont le plus rapproché de la ville, mais qui en est distant encore de plus d'une lieue. Néanmoins, Inspruck a été nommée à juste titre la *ville des montagnes*. Elles se dressent autour d'elle prêtes à l'écraser; et, lorsque le ciel est orageux, et que les pics voisins prennent les teintes ardoisées de la tempête, l'étranger, placé au centre de la ville, à l'aspect de ces noirs sommets qui s'élèvent de tous côtés dans une sorte de confusion sauvage, a peine à se défendre d'un vague sentiment d'étonnement et de terreur.

L'Arc de triomphe qui termine la rue principale, du côté de la route du Brenner, est la seule construction italienne d'Inspruck : il est décoré de belles colonnes ioniques, en marbre rouge. Ce monument se compose d'un portique principal et de deux autres portiques de moindre grandeur. Edifié en 1765 à la suite d'un voyage que fit Joseph II dans le Tyrol, cet Arc est orné de grands médaillons représentant les figures de Joseph et de Marie-Thérèse, et de différents princes et princesses de la famille impériale, au nombre desquels on distingue Marie-Antoinette, depuis reine de France. A peu de distance de l'Arc de Marie-Thérèse, et dans la même rue, s'élève une colonne triomphale, érigée en mémoire de la guerre de 1703. La composition de cette colonne résume assez bien les mobiles de la valeur tyrolienne. Elle est à la fois guerrière et mystique ; à sa base on voit un saint Michel armé, entouré d'évêques, la mitre en tête. Son fût est décoré de statuettes d'anges, et à son sommet s'élève une statue de la Vierge couronnée d'étoiles.

L'Hôtel-de-Ville, si fameux par son toit d'or, s'élève à l'autre bout de la grand'rue et fait face à l'Arc de Marie-Thérèse. Ce toit d'or, aujourd'hui fort dédoré, ne vaut guère le bruit qu'il a fait. Loin de recouvrir l'Hôtel-de-Ville, comme on pourrait le croire, il ne revêt qu'un petit balcon jeté en avant sur la rue, au-dessus de la porte principale. Nous avons vu dans l'histoire de cette ville que ce toit avait été élevé par l'archiduc Frédéric ; voici ce que la tradition rapporte à ce sujet. Pendant une sédition, ce prince avait été obligé de se cacher ; mais ne voulant pas quitter le pays, il s'était engagé au service d'un meunier du voisinage. Après les troubles le prince reparut ; ses ennemis, sachant qu'il s'était caché chez un meunier et croyant que la misère l'y avait forcé, lui donnèrent le nom de Frédéric *à la bourse vide*. — *Bourse vide!* s'écria le prince, *les manants! Je saurai bien leur prouver que je l'ai pleine*, et il fit revêtir d'écailles d'or l'avant-toit de l'Hôtel-de-Ville ; folie qui lui coûta, dit-on, deux cent mille écus. Je ne sais si ce toit a jamais été d'or, mais aujourd'hui il est simplement doré, comme il est facile de s'en convaincre par la simple inspection des lames qui sont en fonte couverte d'une couche d'or fort mince et fort terne ; et, certes, si ce toit eût été d'or et que chacune de ses petites écailles eût valu trois mille florins, comme nous le racontent vingt voyageurs qui se copient, à l'heure qu'il est, il n'en resterait pas une sur place !

Le palais de la Résidence s'élève dans le voisinage de l'Hôtel-de-Ville. Ce palais n'a rien de remarquable ni à l'intérieur ni à l'extérieur. Les deux maigres tourelles placées aux deux bouts du bâtiment principal, en guise d'ailes, ne sont guère en proportion avec un si grand corps de logis. Quand je passai à Inspruck, il y a quelques années, cet édifice venait d'être repeint du haut en bas ; et, avec ses murailles jaune-clair et ses jolis volets verts, il avait tout-à-fait l'air d'une magnifique auberge bien propre.

On voit devant ce palais une statue équestre de Léopold, qui n'a qu'un seul mérite, celui d'être l'ouvrage d'un artiste du pays, du sculpteur résultats. Mais, jusqu'à trente ans, obligé de garder les moutons, et ne travaillant que le dimanche, le pâtre d'Oberberfull ne put cultiver ses rares dispositions. « Avec un peu d'aisance, cet homme eût brillé dans » la science à l'égal des Newton, » se plaisait à répéter le savant Zallinger, chef de la bibliothèque et des collections de l'Université d'Inspruck, qui avait entre les mains les divers ouvrages d'Anich. Et en effet, seul, et recevant à peine trente sols par jour, il exécuta la grande carte du Tyrol, connue sous le nom de *carte du paysan*. En France, un pareil travail emploierait dix ingénieurs géographes, et coûterait 500,000 francs. Après sa carte il acheva les globes célestes dont nous venons de parler ; mais ce double travail avait épuisé ses faibles ressources et ruiné sa santé ; obligé, pour vivre, de vendre, un à un, ses instruments que lui-même avait fabriqués, il mourut, à quarante-trois ans, de chagrin, de fatigue, et, il faut le dire, de faim! Quand il fut mort, on pensa à son mérite et aux récompenses qui lui étaient dues. Marie-Thérèse lui fit faire de magnifiques obsèques, et l'on dépensa, en vaines pompes, trois fois la somme qu'il eût fallu au pauvre pâtre pour se placer au nombre des génies du premier ordre.

Les vieux historiens, en nous décrivant *la ville des Alpes*, lieu de plaisance et rendez-vous des empereurs en temps de paix, et, en temps de guerre, leur station la plus avancée du côté de l'Italie, n'ont pas oublié de nous décrire les arsenaux que ces princes y avaient établis. « L'île de Mülbach, nous disent-ils, renfermait leurs principaux dépôts d'armes ; on y voyait (vers 1570) des machines de guerre singulières et des canons d'une grandeur extraordinaire et d'un poids énorme, sans doute ceux qu'avait perfectionnés Maximilien. On y fabriquait aussi des casques, des cuirasses et des boucliers. » Car, dans ce seizième siècle, tout marchait encore de front : les vieilles et les nouvelles armes, comme les vieilles et les nouvelles idées : le catholicisme et la réforme, les boucliers et les canons.

De nos jours, l'arsenal renferme encore un grand nombre d'armes curieuses : des arcs, des javelots, des fusils, des carabines tyroliennes, à mèche ou à rouet, avec ou sans incrustations ; mais comme ces collections ressemblent à toutes celles du même genre, nous n'essaierons pas de les décrire : nous aimons mieux raconter ici le touchant et noble épisode de la guerre de 1805, que leur vue nous rappelle.

C'était au début de la glorieuse campagne d'Austerlitz. Tandis que la grande armée française marchait sur Vienne, Ney avait été détaché sur le Tyrol; ses soldats, par un coup de main audacieux, s'étaient emparés de l'imprenable fort de Schanitz, la porte du pays. Les Autrichiens, chassés de ce poste, avaient voulu se retirer sur Inspruck; mais un brave officier français, le capitaine Genevay, avait désarmé et fait prisonnier leur chef; quinze cents soldats avaient mis bas les armes, et, ce jour-là (7 novembre 1805), Inspruck était tombée au pouvoir des troupes françaises.

Le 76ᵉ régiment faisait partie de cette division victorieuse. Le 76ᵉ, dans une précédente campagne, avait perdu deux aigles dans les Grisons. Les vainqueurs campaient dans la ville, et le 76ᵉ aux environs de l'Arsenal. Par un hasard heureux, un des officiers de ce régiment entre dans l'une des salles de ce bâtiment; tout-à-coup il se précipite vers l'un des trophées attachés à la muraille, en poussant un cri de joie. A ce cri, les soldats accourent, et bientôt un groupe immense entoure en silence l'officier et le trophée. Ces braves se taisaient, nous dit un des témoins de cette scène sublime; mais de grosses larmes coulaient de leurs yeux, où cependant brillait la joie la plus vive : ils venaient de reconnaître leurs drapeaux !

Les aigles furent détachées et passèrent dans les rangs des soldats; tous s'empressaient autour d'elles, tous voulaient les toucher, les presser sur leur cœur, les baiser. Ney les remit solennellement au 76ᵉ, et ces vieux soldats, en les recevant de ses mains, jurèrent cette fois de ne les quitter qu'à la mort.

II.

EGLISES D'INSPRUCK.
LE TOMBEAU DE MAXIMILIEN.
SILBER KAPPEL. — HISTOIRE DE PHILIPPINE WELSERINE.
SAINT FLORIAN.
LE CHATEAU D'AMBRAS ET SES COLLECTIONS.

La fameuse église des Franciscains est l'église principale d'Inspruck. C'est dans l'année 1560 que Ferdinand, petit-fils de Maximilien, fit jeter les fondements de cet édifice, dans lequel il se proposait d'élever un tombeau à son aïeul; le voyageur Pighius, qui visitait Inspruck en 1574, parle de l'église et du tombeau comme de monuments déjà achevés.

L'architecture de cette église n'est ni gothique, ni italienne. La façade rappelle seule le temps où elle a été bâtie. Elle est ornée de vingt-quatre statues de saints en bronze d'un travail fort grossier. Deux colonnes en marbre rouge décorent son péristyle; et, dans l'intérieur, deux rangs, de quatre colonnes chacun, soutiennent la nef, et sont réunis, au haut de la voûte, par une architrave élégante. Lorsque je visitai cette église, l'intérieur venait aussi d'être repeint en entier, à l'exception des colonnes de marbre. Dépouillée de son aspect sombre et religieux, cette église me parut peu digne du monument qu'elle renfermait.

Ce monument, l'un des plus étonnants ouvrages de l'art au seizième siècle, c'est le tombeau de Maximilien Ier. Les cendres du belliqueux et mobile empereur dorment sous le marbre d'un vaste sarcophage qui s'élève fièrement au centre de la nef. Des bas-reliefs en marbre blanc, et des inscriptions en lettres d'or, le décorent sur chaque face; et la statue du monarque, agenouillée sur le haut du tombeau, le visage tourné vers l'autel et priant avec ferveur, domine l'ensemble du monument et atteint presque aux voûtes du temple. Cette statue, en bronze, est d'une exécution simple et grande. Quatre autres petites statues, en bronze aussi, et représentant des vertus, sont placées aux angles du sarcophage. C'est entre ces statuettes, et sur chacune des faces du monument, que sont sculptés vingt-quatre sujets en marbre blanc de Paros : huit sur chacun des grands côtés, et quatre à chacun des bouts. Ces bas-reliefs représentent les actions les plus remarquables de la vie de Maximilien, depuis son mariage avec Marie de Bourgogne, la fille de Charles-le-Téméraire, jusqu'à son entrevue avec les rois de Hongrie et de Pologne, et sa défense de Vérone, lors de sa dernière guerre en Italie. Le sculpteur a rendu avec une naïve précision les différences que l'âge a imprimées sur le visage du prince, que l'on reconnaît toujours. On distingue aussi à leurs armes et à leurs costumes chacun des peuples qu'il eut à combattre : Allemands, Turcs, Français, Italiens.

Autour du mausolée, et parallèlement aux huit colonnes de marbre rouge qui séparent la nef des bas-côtés de l'église, sont placées les statues des princes autrichiens et des héros de la chrétienté. Ces statues, si fameuses dans toute l'Allemagne, sont au nombre de vingt-quatre. Coulés en fer, de sept pieds de hauteur chacun, ces simulacres, noircis par les siècles, sont merveilleusement empreints du caractère barbare et grandiose des temps où vécurent chacun des princes dont ils nous offrent les images.

Arrêtons-nous devant quelques-unes de ces statues.

Ce guerrier, couvert de fer de la tête aux pieds, au casque sans cimier, et à la visière à angle saillant et affilée comme le bec d'un vautour, c'est Théodorick, le terrible roi des Goths ! Celui-là c'est le Franck Klodwig; il porte la tête haute, et l'on reconnaît à son orgueil le Sicambre qui ne se courba que devant Dieu. Près du roi franck, voilà Arthur d'Angleterre; sa visière est levée, et son port martial contraste singulièrement avec la contenance embarrassée du bon Sigismond, écrasé sous son manteau ducal. Non loin de Sigismond, on voit Ferdinand-le-Catholique, qui chassa les Maures de l'Espagne. De ce côté, voilà Rodolphe, ce patriarche de la maison de Habsbourg, entouré de ses descendants, hommes et femmes. Plus loin, ce chevalier tout bardé de fer, qui, la visière baissée (car la visière des casques de ces statues peut se lever et s'abaisser à volonté), se tient prêt à combattre : c'est Albert-le-Sage, duc d'Autriche. Cette femme que l'on voit à ses côtés, c'est la fille des Sforce, Marie Blanche, cette belle Milanaise qui apporta en dot à Maximilien ces 440,000 écus d'or si follement dissipés; et près d'elle, et comme pour contraster par sa laideur avec la délicatesse des traits de l'Italienne, on reconnaît, à l'expression lascive et emportée de ses yeux et à la bizarre conformation de sa bouche, la hideuse Marguerite *Maulstache,* cette princesse cruelle et dissolue qui céda le Tyrol aux archiducs autrichiens. Mais la plus remarquable de ces statues est celle de Godefroy de Bouillon, roi de Jérusalem ; la croix, ce signe de la guerre sainte, est blasonnée sur son manteau, et, au lieu de la couronne royale ou du casque qui couvre la tête des princes ses voisins, il porte la couronne d'épines :

« Car, nous dit le chroniqueur, le jour où Godefroy fut proclamé roi
» dans Jérusalem, il repoussa la couronne et les ornements royaux, dé-
» clarant indigne et sacrilège l'homme qui oserait porter une couronne
» d'or dans cette même ville où le Christ, ce roi des rois, avait porté,
» pour nous sauver, une couronne d'épines. »

Les fortes proportions de ces statues, la perfection avec laquelle chacune d'elles a été travaillée, la curieuse collection de costumes et d'armures antiques qu'elles nous offrent, le nom même de ces héroïques personnages, leur port plein d'une simplicité qui va quelquefois jusqu'à la rudesse, d'une majesté qui approche de la raideur, et d'une énergie qui touche à l'exagération; tout concourt à donner à ce monument un intérêt étrange et puissant. Et si, un jour de fête, à la nuit, vous entrez dans cet édifice, éclairé seulement par la lueur vague des torches que chacune de ces colossales images porte dans ses mains, vous avez peine à retenir un cri d'admiration et de surprise; l'aspect de la muette et hautaine assemblée qui fait cercle autour de ce tombeau pénètre votre âme d'une pieuse terreur, et l'imagination frappée se reporte d'un seul coup dans ces temps de passions gigantesques, de guerres incessantes et d'ambition démesurée, où vécurent ces femmes si résignées aujourd'hui, ces chevaliers si calmes et ces monarques découronnés.

Mais suivons ces degrés de marbre qui conduisent de l'église des Franciscains dans une chapelle voisine, *Silber Kappel*, et d'un tombeau passons à un autre.

Oui, ce quinzième et ce seizième siècles furent des époques de fortes et vives passions! Écoutez plutôt une histoire du temps. Un riche patricien d'Ausbourg, Welserine, avait une fille d'une rare beauté. Le jeune comte de Tyrol, Ferdinand d'Autriche, petit-fils de Maximilien, dans un des séjours de la cour impériale à Ausbourg, aperçut la charmante Welserine et en devint passionnément amoureux. Prières, messages, séductions, le comte n'épargna rien pour toucher le cœur de la jeune fille; aussi Philippine ne tarda-t-elle pas à l'aimer. Mais son âme était aussi honnête que son cœur était tendre; si elle aimait Ferdinand, elle l'aimait vertueusement; et, pour rien au monde, elle n'eût consenti à faire le sacrifice de son honneur à la passion de son amant. Ne sachant comment fléchir sa maîtresse, le jeune comte se désespérait. Enfin, un jour qu'il était éperdu d'amour, il alla trouver la fière Welserine. — Tu m'aimes, tu me l'as avoué; eh bien, suis-moi à l'autel, je veux te faire archiduchesse! lui dit-il avec transport. Philippine l'écouta en rougissant. — Y songez-vous, mon maître? lui dit-elle, la pauvre Welserine épouser un comte impérial! que dirait la maison de Habsbourg? — Je te conduirai dans mon palais d'Inspruck ; la maison de Habsbourg nous oubliera, nous pardonnera. — Philippine ne répondit plus; elle baissa tristement la tête et suivit Ferdinand à l'autel. Elle aimait le prince ; et cependant, tandis que le prêtre prononçait leur union, elle pleurait ! Elle pleurait, l'infortunée! car elle savait que les souverains de la maison de Habsbourg n'oubliaient jamais et ne pardonnaient pas ! Mais elle se disait dans son cœur : Si j'ai pu lui refuser mon honneur, je puis du moins lui donner ma vie.

Et elle lui donna sa vie! Un jour, il vint un ordre de la cour de Vienne. Ferdinand avait été chasser le chamois dans les montagnes du voisinage. Welserine se fit porter dans un bain ; l'opium déjà l'avait privée de l'usage de ses sens; là elle s'endormit du sommeil éternel. Ce tombeau que vous voyez dans cette chapelle dépouillée par les dernières révolutions, et naguère encore toute resplendissante de pierreries et de diamants, dans cette chapelle, que l'on ne connaissait dans tout le Tyrol que sous le nom de *Silber Kappel* (chapelle d'argent), c'est le tombeau de Philippine Welserine. Cette chapelle, c'est Ferdinand qui l'a fait bâtir. Ce tombeau, une modeste inscription nous apprend que le malheureux comte de Tyrol l'avait fait élever *à sa très-chère Philippine*. Si l'orgueil ombrageux des princes autrichiens lui a défendu de graver sur cette tombe le nom de celle qui fut sa femme, ce nom de *Welserine* qui causa sa mort, Ferdinand a voulu du moins que l'on y lût combien elle lui avait été chère ; *ma très-chère Philippine*, dit la naïve inscription.

Près du monument de Welserine s'élève un autre tombeau sur lequel on voit un chevalier armé ; son visage est beau et triste, et la douleur a courbé son front soucieux. C'est le tombeau de Ferdinand. Agenouillé auprès des restes de celle qu'il aima, il semble penser à la fatale catastrophe que son amour a causée.

Après l'église des Franciscains, ce monument tout rempli d'un sombre passé, parlerons-nous de la jolie église des Jésuites et de celle de Saint-Jean de Népomucène? Toutes deux sont ornées de tableaux qui donnent une idée assez originale du goût des amateurs et du talent des artistes tyroliens. Les tableaux de Schœpf et de Knoller, que l'on voit en grand nombre dans d'autres églises, ne sont guère propres à modifier notre opinion, que ne feront pas changer non plus ces laides et repoussantes images de Christs tout saignants plantés dans les carrefours d'Inspruck, ni ces plates et colossales figures de la Vierge et de saint Florian, qui couvrent les façades de plusieurs maisons. Saint Florian, comme on sait, est le patron des incendiés ; il prévient, arrête ou détourne le feu. Une ville construite en bois en partie et brûlée à diverses reprises doit avoir un pareil saint en grande vénération ; mais comme son image n'a cependant jamais empêché de brûler la maison qu'elle revêtait, l'expérience eût sans doute éclairé le peuple, si l'expérience pouvait quelque chose contre la superstition. Toujours est-il qu'aujourd'hui comme en 1400, comme en 1500, saint Florian tient lieu aux bons Tyroliens d'assurance contre l'incendie. Son image remplace sur leurs maisons la plaque du *Phénix*, et si l'assurance est moins efficace, elle est certes moins dispendieuse.

Après avoir décrit les principaux édifices et les églises d'Inspruck, il ne nous reste plus à parler que de la maison de plaisance d'Amras (ou Ombras) située à une demi-lieue de la ville. Amras a toujours été une des plus agréables *villa* des princes autrichiens. Construit dans le quinzième siècle, son château a été souvent réparé. Les chroniqueurs nous font aussi les plus magnifiques descriptions de ce palais ; nous vantant ses jardins ornés de bocages, de labyrinthes, de grottes, où coulent des cascades et des rivières entières remplies des poissons les plus recherchés (*nobilium*). Ils célèbrent encore l'élégance de sa construction, la distribution commode de ses appartements, la magnificence des tentures et des tableaux qui les décorent. L'arsenal, qui contient assez d'armes pour équiper une armée, excite par-dessus tout leur admiration. Voilà bien des merveilles. Mais au seizième siècle nos écrivains allemands étaient assez complaisants dans leurs louanges, et aimaient fort à crier au prodige, ne fût-ce que pour arrondir leurs périodes latines. Convenons toutefois que les jardins anglais qui entourent le château sont des plus beaux que l'on puisse voir, et d'autant plus beaux, que la riche vallée où l'Inn se déploie dans toute sa pompe, les magnifiques chutes de la Sill, et les Alpes voisines semblent en faire partie ; deux ou trois kiosques de mauvais goût ne peuvent même gâter ce paysage plein de grandeur ; si de nos jours l'extérieur du palais est fort délabré, si ses collections sont en désordre, il n'en a pas toujours été ainsi, et Misson, qui les visita au commencement du dernier siècle, nous en a laissé une pompeuse description. En 1830, elles étaient bien réduites. Les meilleurs tableaux avaient pris la route de Vienne, et une foule d'autres objets précieux les avaient suivis. Cependant on y trouve encore plusieurs portraits des archiducs et des comtes tyroliens. Ces portraits, exécutés du vivant de chacun de ces princes, sont de curieux monuments historiques, et présentent une suite de riches costumes. On y voit aussi beaucoup d'armes rares, et une collection d'armures et de selles de souverains à partir, je crois, des rois mages. Et puis les riches armoires de la grande salle renferment toujours une quantité considérable de médailles, de porcelaines de Saxe, faïence de Limoges, et toutes sortes de curieux ouvrages de ciselure et de tour; mais les médailles les plus rares, les vases d'or, ou en pierres précieuses montées en or, et les plus riches armures, ont été envoyés à Vienne, où ils ne sont pas un des moindres ornements du château gothico-moderne de Laxembourg, ce muséum unique pour les faiseurs de moyen-âge.

Comme dédommagement de ces pertes, on vous montrera une corne de bœuf de six pouces de diamètre; un veau qui a huit jambes, et un morceau de la corde avec laquelle Judas se pendit; et, après la corne, le veau et le bout de corde, on vous fera certainement voir les ossements d'un géant, dont on vous racontera l'histoire assez ridicule.

Ce pauvre homme, qui n'avait que dix pieds de haut, portait, le plus aisément du monde, un bœuf d'une main et de l'autre une vache; aussi, dans des temps où la force physique était honorée avant tout, était-il en grand honneur dans le Tyrol. L'archiduc Ferdinand l'avait fait venir auprès de lui; et, à la cour d'un prince qui lui-même, par forme de délassement, s'amusait à arrêter un carrosse attelé de six chevaux, lancés de toute leur vitesse, en le saisissant par un des rayons de la roue, ou à briser comme une paille deux écus joints ensemble, notre homme de dix pieds était vraiment un personnage considérable. Malheureusement, le bon géant avait pour rival un nain odieux, misérable créature de moins de trois pieds de haut, que le colosse écrasait de sa supériorité physique, mais qui se vengeait avec son esprit en faisant à son compagnon toutes sortes de niches abominables. L'inimitié entre ces extrêmes était des plus grandes. Un jour, le nain ayant joué je ne sais quel mauvais tour au géant, celui-ci perdit patience, et lui donna sur les reins une chiquenaude qui faillit l'assommer. La correction avait été appliquée en présence de toute la cour; aussi l'amour-propre du petit personnage fut-il horriblement choqué. Cependant, comme il était aussi rusé que colère, il dissimula son ressentiment., s'agenouilla devant le géant, comme pour implorer son pardon, et, tandis que d'un air de supériorité satisfaite celui-ci se redressait de ses dix pieds, le nain dénoua lestement le cordon de l'un de ses souliers. A cette vue, le géant hausse les épaules de pitié : une si misérable vengeance ne peut que décréditer son rival. Mais comme il se baisse, tout confiant, pour renouer le cordon défait, le nain s'élance vers lui, et, réunissant toutes ses forces dans son petit bras, il applique un grand soufflet sur l'énorme face du géant.

L'archiduc et toute sa cour partirent d'un long éclat de rire. Le géant, tout honteux, se relève, cherche le nain pour l'écraser ; mais celui-ci avait prudemment disparu. Le colosse, en roulant ses gros yeux pour découvrir son ennemi, ne rencontre de tous les côtés que les visages des courtisans qui rient aux éclats. Le malheureux balbutie quelques mots, se déconcerte, des pleurs de rage coulent de ses yeux, et il se retire le cœur plein d'une honte inexprimable.

Huit jours après le géant était mort ; le soufflet du nain l'avait tué.

Amras rappelle une autre anecdote d'un genre plus sérieux. Du haut de ses toits, d'où la vue s'étend avec ravissement sur Inspruck et tout l'Inn-Thal, le fameux Walstein, n'étant encore que page de la margrave de Burgau, se laissa tomber sur le pavé de la cour, et, par une sorte de miracle, se releva sans blessure. Cette circonstance décida du reste de sa vie ; elle contribua à donner à son caractère cette mysticité hasardeuse qui le distingua dans la suite. Il devint à la fois superstitieux et entreprenant à l'excès ; et pensa que, puisque sa vie avait été aussi miraculeusement préservée, sans doute elle était réservée à l'accomplissement de quelque grand dessein. Il se crut l'homme du destin, et tenta de s'élever si haut que, le pied lui manquant, cette fois sa chute fut mortelle.

III.

CONSIDÉRATIONS SUR LES MOEURS DES TYROLIENS D'INSPRUCK.
MANUFACTURES ET COMMERCE DE CETTE VILLE.
LES RADEAUX DE L'INN.

Adieu monde! je vais à Inspruck! telle était, en Allemagne la phrase à la mode vers 1760, quand il s'agissait de se rendre dans la capitale du

Tyrol. Un petit-maître de Vienne, ou un négociant de Francfort se regardaient comme perdus dans cette ville de montagnes. « Et cependant, » me disait naguère un Tyrolien, « dans le siècle dernier, comme de nos » jours, Inspruck offrait autant de ressources qu'aucune autre ville se- » condaire d'Allemagne; et si l'on n'y trouvait ni le mouvement de Franc- » fort, ni le luxe de Vienne, on y prisait également le bien-être; et la » société, assez nombreuse, n'y manquait pas d'agrément. »

L'aimable Tyrolien disait-il vrai? je l'ignore; mais je dois avouer que la manière d'être et de vivre de ses compatriotes m'a paru fort primitive. Les habitudes extérieures ou les *manières* sont certainement plus libres, plus décidées que dans les pays allemands limitrophes, et cela tient au voisinage de l'Italie. Quant aux mœurs, elles diffèrent moins; l'influence italienne s'y fait peu sentir. Inspruck est une ville allemande, non pas raisonneuse et discutante comme Munich ou Stuttgard, mais calme, mais sobre de paroles comme Prague, comme Vienne. Le pays dont elle est la capitale a cependant une *constitution* démocratique, mais l'attachement à l'Autriche, qui s'est montrée reconnaissante envers ceux qui s'étaient montrés dévoués, n'est pas sans puissance. Les discussions sont modérées comme les passions du peuple. Aussi, d'ordinaire, les États tyroliens procèdent-ils plutôt par voie de *remontrance,* que par voie d'injonction ou de refus. Une constitution ne paraît bonne ici que sous certains rapports matériels; sous ceux par exemple de donner le moins d'argent possible, et d'en donner le moins souvent possible; aussi Vienne, qui connaît le faible des Tyroliens, a-t-elle soin de leur en demander peu et rarement. Quant aux autres droits tant réclamés ailleurs : liberté individuelle, liberté de la presse, il n'en est pas question ici.

Liberté individuelle : à quoi bon! L'Autriche est habile; elle évite de donner à penser à ces braves montagnards que leur liberté a besoin d'être garantie. Ils en jouissent de fait, et nous l'avouerons aujourd'hui, cela vaut autant que d'avoir le droit d'en jouir, écrit et juré, sans en avoir au fond la jouissance. Quant à la liberté de la presse, ce droit d'écrire et de dire aux autres ce que l'on pense, ces bonnes gens s'en soucient peu. Dans leurs montagnes ont-ils tant de choses à dire ou à écrire au public? S'ils veulent savoir ce qui se passe dans le monde, *l'Observateur autrichien* arrive régulièrement à Inspruck, voilà pour les nouvelles. Quant aux autres livres, s'il leur faut du nouveau, les presses de Vienne et d'Ausbourg y pourvoiront, et tous les printemps on leur expédiera quelques ballots *d'excellents ouvrages* approuvés par la censure autrichienne, tels que *le Pistolet chrétien, les Cabrioles du diable,* ou *les bretelles chrétiennes pour attacher ensemble l'âme et le corps!*

Voilà pour l'immense majorité. Ajoutons maintenant que certaine contagion du dehors a déjà gagné la classe commerçante, qui est plus mobile et plus changeante; de là, elle envahit peu à peu la partie la plus aisée de la classe moyenne. Mais le cercle de ces esprits *avancés* est bien restreint; et, pour une vingtaine de personnes qui vivront un mois sur un livre ou un journal qu'un voyageur aura laissé en passant, on en trouvera mille qui n'ouvriront ni le livre ni le journal. Ces mille forment ce qu'on appelle le *peuple,* dans les villes, les *paysans,* dans la campagne.

Au nombre des causes de cette inertie morale, on doit placer en première ligne l'influence du *prêtre.* Aussi à Inspruck, comme dans le reste du Tyrol, la superstition est-elle extrême. Ici on appelle *esprit-fort* celui qui ne croit ni aux sorciers, ni aux fantômes, ni aux apparitions de la Vierge et du Diable. Du reste, notre esprit-fort ira le dimanche à la messe et aux vêpres, communiera tous les mois, et croira volontiers aux miracles, pour peu qu'ils datent d'un demi-siècle. Ces idées superstitieuses seraient nuisibles à un peuple moins occupé. Mais ici, l'agriculture et l'industrie s'emparent d'un surcroît d'activité d'esprit qui pourrait être plus mal employé. Les mines, les salines et les usines couvrent le pays. Sans être une ville industrielle, Inspruck elle-même, a plusieurs manufactures florissantes. On y tisse une bonne partie des cotonnades, des soieries et des petits rubans d'indienne à la mode dans le pays; on y travaille aussi la peau. Les bretelles et les gants d'Inspruck sont renommés dans toute l'Allemagne.

Inspruck, néanmoins, est plutôt une ville de transit, qu'une ville manufacturière. C'est un premier entrepôt entre la Bavière et l'Italie; et sur la route du Brenner, le roulage est fort actif. Mais la branche d'industrie la plus considérable, c'est le commerce des bois.

Voyez-vous ces radeaux amarrés en avant du pont d'Inspruck? C'est à la fois le moyen de transport et l'objet transporté; c'est la fortune d'une famille de montagnards, qui, un jour, ont quitté le coin retiré où jusqu'alors ils avaient vécu, emportant avec eux tout ce qu'ils possédaient au monde : leur coin de forêt, dont ils ont fait un radeau, quelques meubles grossiers, et beaucoup d'espérances ! Le nombre des personnes de la famille et l'étendue du patrimoine échangé contre la valeur que représente le radeau, ont déterminé sa grandeur. C'est un assemblage d'énormes sapins sur lesquels on a jeté un plancher. Armés d'une longue rame plate, et postés l'un à l'avant, l'autre à l'arrière de la longue embarcation, deux des passagers la dirigent.

Emporté par le rapide courant du fleuve, tantôt l'équipage rustique traverse quelque grand village de la vallée, qui, au passage, salue les voyageurs de ses chants et de longs cris; cris de joie et de tristesse! cris d'accueil et d'adieu tout ensemble! Tantôt il s'aventure entre de solitaires montagnes, longeant de noirs rochers dont le pied se perd dans les eaux du fleuve et la tête monstrueuse dans les nues. Le sifflement du vent dans les bois de sapins, le murmure des flots, et les cris perçants de l'aigle, sont les seuls bruits qui arrivent à l'oreille des voyageurs. Tout est solitude autour d'eux; seulement, de temps à autre, apparaît, sur la cime d'un roc, un chamois ou un bouquetin, qui, de là-haut, regarde un moment, avec une curiosité sauvage, ce qui se passe dans l'abîme, et qui, tout-à-coup, fait un bond et disparaît.

Mais c'est lorsque l'on approche de la ville, et que, de distance en distance, on commence à apercevoir dans la vallée ces riantes maisons blanches, avec leurs jolis balcons de noyer et leurs fenêtres vertes, qu'il se fait un grand mouvement à bord du radeau. Les uns revêtent leur plus beau costume de montagnard : la veste de velours brun ou noir, le chapeau vert, la ceinture rouge ornée de plaques de métal, la culotte bleue, les bas blancs, les bottines noires et les bretelles vertes; car ceux-là ont la coquetterie de la jeunesse, et veulent paraître dans la ville dans toute la pompe de leur vallée natale. Les autres, plus âgés, qui ont déjà fait le voyage, racontent aux novices ce qu'ils verront tout-à-l'heure, et leur donnent de longues instructions sur la conduite qu'ils doivent tenir dans cette circonstance, la plus importante de leur vie. Les mères arrangent, avec une touchante anxiété, la parure de leurs filles, relevant les broderies de leurs collerettes, enflant le plus possible leur *tournure*, déjà merveilleuse; nattant leurs cheveux, les laissant retomber en longues tresses jusqu'à terre, et plaçant sur leur tête, avec une recherche comique, l'énorme bonnet d'ours ou le pain de sucre de dans la maison du paysan une affluence extraordinaire de pélerins. Le curé du lieu, *esprit-fort,* à ce qu'assurent ses paroissiens, averti un des premiers du prodige, avait refusé d'y ajouter foi; et, hochant la tête d'un air d'incrédulité, il avait ajouté qu'il *fallait voir*, qu'il *fallait attendre.* Ce miracle lui paraissait peu *naturel,* et il soupçonnait, dans un évènement aussi singulier, quelque machination des moines du couvent voisin, machination dont cependant il avait peine à s'expliquer le but.

Le dimanche étant venu, il monta en chaire, et harangua ses paroissiens, s'efforçant d'éveiller leur défiance, et en appelant à leur bon sens et à leur raison. Ses efforts furent vains; ses auditeurs restèrent sourds à ses sages conseils. Les plus obstinés, interrompant même son discours par leurs murmures, se rendirent sur le théâtre du miracle, détachèrent l'image, et, par bravade, l'apportèrent dans l'église, où ils la suspendirent en face de la chaire. Ils firent plus, ils mirent leur crédulité en commun; et, rédigeant une pompeuse attestation du prodige, que signèrent plus de cinquante témoins, car maintenant tout le monde voulait avoir vu, ils la portèrent à l'évêque, supérieur du curé, se plaignant de l'incrédule obstination de celui-ci. L'évêque les tança vertement; et, donnant raison au prêtre, lui conseilla, pour mettre fin à cette ridicule contestation, de faire examiner par un peintre la miraculeuse image. On fit venir un peintre d'Inspruck; on lui apporta l'image. Celui-ci, après l'avoir soigneusement regardée, tournée et retournée dans tous les sens, avoua ingénument qu'il ne pourrait en produire une semblable, la peinture faisant corps avec la pâte du verre sur lequel elle était tracée, et le secret de cette peinture étant perdu. Les paysans ne voulurent pas en entendre davantage; ils poussèrent de vives acclamations et entourèrent le peintre, le félicitant comme si lui-même eût été l'auteur du miracle. Le curé, toutefois, ne se tint pas pour battu; et, s'emparant du tableau, il eut recours à une expérience qui eût mieux valu que des raisonnements, si on l'eût laissé achever. Il étendit sur le verre de la poudre d'émeril, et commença à le frotter fortement. Déjà l'inaltérable image disparaissait; encore quelques minutes, et il ne fût plus resté du miracle qu'un morceau de verre dépoli, quand le peuple, indigné d'une pareille profanation, arracha avec colère l'image des mains du pauvre prêtre, qu'il poursuivit de ses imprécations; il la porta de nouveau dans l'église d'Absam, où on la voit encore aujourd'hui. Depuis, ce morceau de verre à demi effacé est devenu l'objet d'une sorte d'idolâtrie ; il suffit, assure-t-on, de le toucher, ayant la foi, pour guérir des maladies les plus invétérées. Le peuple, dans sa superstition, va jusqu'à menacer de voies de fait les malades obstinés qui, l'ayant approché, ne *veulent pas* guérir, et qui sont assez malveillants pour s'en retourner comme ils sont venus, c'est-à-dire aveugles, muets, sourds, boiteux ou bossus. Peu de temps après l'expérience qu'il avait voulu faire, le pauvre curé étant mort dans un âge fort avancé, on ne manqua pas d'attribuer sa mort à un châtiment du Ciel. Aujourd'hui le prêtre qui lui a succédé ne paraît, en aucune façon, disposé à détromper le peuple. Ce serait peine perdue. Et d'ailleurs pourquoi priverait-il ces braves gens d'une croyance à laquelle ils tiennent tant? Pourquoi se priverait-il, lui, de l'honnête revenu qu'il doit à cette croyance, revenu qui lui est aussi agréable que cette croyance est chère au peuple?

La masse des *ex-voto* suspendus autour de la Vierge d'Absam, est réellement merveilleuse. On y voit représentés, dans de petits tableaux soigneusement encadrés, les divers accidents auxquels ont échappé leurs nombreux donateurs : des naufrages, des incendies, des maladies horribles, des attaques d'ours ou de loups. Les bras, les jambes, les mains, les têtes de ceux qui, grâce à son intercession, ont guéri de blessures à ces membres, y sont représentés en bois, en métal ou en cire. Suspendus aux voûtes du temple, ils produisent l'effet le plus bizarre. Il n'y a pas jusqu'aux chevaux, aux vaches, aux chiens et aux chats qui, grossièrement sculptés en bois, n'aient leur place dans la chapelle de la bienheureuse madone d'Absam, laquelle a bien voulu écouter les prières de leurs maîtres et leur conserver un animal utile ou chéri.

Ce culte grossier que le peuple s'est imposé et a imposé à ses pasteurs, a cependant pris naissance de nos jours ; à mon avis, il explique plus que bien des volumes, ces légendes merveilleuses du passé, ces nombreux miracles que nous racontent sérieusement les historiens d'un temps barbare peut-être, mais qu'après une promenade à Absam, on n'ose plus accuser d'ignorance ou de crédulité.

PARTIE III. — STATISTIQUE.

STATISTIQUE DU CERCLE ET DE LA VILLE D'INSPRUCK. — SON IMPORTANCE MILITAIRE.

Le cercle d'Inspruck se divise en quatre bailliages : Inspruck, Schwatz, Rattemberg et Kufstein. Sa superficie en milles carrés de 15 au degré, est de 68, 77 ; sa population est de 105,802 habitants, qui occupent 6 villes, 2 bourgs et 355 villages, formant un total de 16,337 maisons. Inspruck, la capitale du cercle, ne renferme pas plus de 12,000 habitants, tous Allemands. Le climat de la vallée de l'Inn, aux environs de cette ville, est rigoureux, des vents violents y règnent une assez grande partie de l'année. Cependant tout le sol cultivable est fertile ; il produit en abondance des grains et du maïs ; mais la vigne ne peut y croître. Les montagnes qui s'élèvent des deux côtés de la vallée atteignent à une grande hauteur, et le Solstein, au pied duquel Inspruck est bâtie, a 1,518 toises d'élévation au-dessus du niveau de la mer. Ces montagnes sont de formation granitique et de formation calcaire. Ces dernières sont extrêmement riches en mines de cuivre, de fer, de plomb, d'argent, de cobalt et d'arsenic. Les mines d'argent exploitées dès 1400, employaient dans le seizième siècle jusqu'à 30,000 ouvriers ; de 1525 à 1564, elles donnèrent un produit net de 2,328,501 marcs d'argent; depuis, le produit a toujours été en décroissant : aujourd'hui l'exploitation ne paie plus les frais. Les puits de la mine de Kitzpülh étaient les plus profonds qu'il y eût en Europe; ils descendaient jusqu'à l'énorme profondeur de 500 toises, lorsque MM. Jars et Duhamel la visitèrent vers la fin du dernier siècle; depuis, cette mine a été abandonnée en partie. Les salines de Hall, à deux lieues d'Inspruck, produisent à elles seules plus que toutes les mines de métaux réunies. Ces mines de sel gemme sont exploitées par le lavage; 150 chambres sont creusées dans le roc salé, et contiennent plus de 900,000 pieds cubes d'eau. Quand l'eau dont on a rempli ces chambres est suffisamment saturée de sel, on la fait descendre de la montagne élevée de 858 toises jusque dans Hall, au moyen de conduits en bois; dix chaudières de 30 pieds de diamètre chacune, et contenant 1,400 pieds cubes d'eau, la reçoivent et produisent chacune par l'évaporation 140 à 150 quintaux de sel, année courante. Ces chaudières sont chauffées à la houille; on sature par an dans ces salines 2,000,000 de pieds cubes d'eau, rendant 12 livres de sel par pied, et formant un total de 400,000 quintaux de sel qui se vendent 2 florins 35 kreutzers le quintal. Le produit net des salines de Hall, frais déduits, s'élève à 150,000 florins, au moins 1,800,000 francs.

L'exploitation de ces salines date du douzième siècle; on raconte qu'un chevalier autrichien appelé Sourbach, ayant trouvé quelques pierres salées aux environs d'Oberberg, les apporta à la cour de son maître, qui fit faire les premières fouilles dans les flancs du mont Salsberg, au pied duquel Hall est bâtie; depuis, dix galeries, dont quelques-unes ont un développement de près de 3,000 mètres, ont été creusées jusqu'au centre de cette montagne de sel. Mais revenons à Inspruck.

Cette ville n'est, à proprement parler, ni commerçante, ni industrielle, ni savante; de plus, elle n'est pas fortifiée. Et cependant son importance est grande; l'Autriche a su l'apprécier. Comme au temps de Maximilien, Inspruck est, pour elle, un arsenal et un dépôt avancé. Elle s'en sert, à sa manière, comme d'une place de transit, mais de transit militaire : la position frontière du pays dont cette ville est la capitale lui permet d'y rassembler les troupes, qu'elle peut, en quelques marches, porter en Italie, dans la Suisse ou dans la Bavière; en Italie, par le Brenner et Trente; dans la Suisse, par les deux routes de Coire et de Pludenz; dans la Bavière, par le pas de Scharnitz et de Reitti.

L'Autriche vient d'ajouter à cette importance en ouvrant la route audacieuse de l'Orteler-Spitz, sur le col du mont Stelvio. Grâce aux nombreux paravalanches dont on l'a garnie, cette route, la plus directe d'Inspruck à Milan, offre, hiver comme été, un passage aux chevaux et à l'artillerie à travers des défilés élevés de 2,814 mètres au-dessus du niveau des mers (386 mètres de plus que le grand Saint-Bernard), et débouchant par la Valteline sur les rives du lac de Come, elle permet aux armées autrichiennes de franchir à leur origine les rivières les plus considérables de la Lombardie, et de prendre à revers les lignes de l'Adda, du Mincio et de l'Adige, lignes fameuses et si souvent disputées!

A l'importance offensive de ce point, se joint encore son importance défensive. C'est là, dans le Tyrol, qu'une armée étrangère trouve la seule population autrichienne qui veuille ou qui sache se défendre; et la défense, dans ce pays, c'est l'insurrection. Aussi Inspruck est-elle la ville insurectionnelle par excellence. Car, il faut le redire à son honneur, ce brave peuple a toujours su, aujourd'hui comme il y a un siècle, comme il y a deux mille ans, disputer à l'invasion ses précipices et ses rochers; et si, comme nous l'avons dit tout-à-l'heure, rebelle aux levées régulières dont il s'est long-temps affranchi, il n'a jamais pu se plier au joug de la discipline militaire, du moins il a prouvé dans vingt rencontres, que ce n'était pas par défaut de courage et de résolution. Quand l'instant est venu de combattre pour leur terre natale, ces hommes, mauvais soldats peut-être au dehors, renfermés dans leurs montagnes comme dans une forteresse, se sont montrés dignes de leurs ancêtres, et, comme eux, marchant à l'ennemi avec des cœurs dévoués, ont su mourir libres pour la défense de leur pays.

Ces montagnards héroïques, l'Autriche les connaissait bien! elle qui, à un signal convenu, les souleva comme un seul homme; et qui, sortant un moment de ses habitudes routinières et timides, et se pliant à leur caractère indépendant et à leurs superstitieuses faiblesses, leur donna un paysan pour chef et le froc d'un capucin pour drapeau! L'Autriche les connaît bien encore; et si, fidèle à ses promesses, naguère elle a récompensé leur dévouement en étendant leurs franchises, aujourd'hui[1] elle veut leur prouver tout le prix qu'elle attache à leurs services en faisant plus encore pour eux. S'il y a dans le Tyrol un nom populaire à l'égal du grand nom de Maximilien, c'est celui de l'aubergiste Andréas Hofer ; or, par ordre de l'Autriche, le tombeau du paysan tyrolien vient d'être placé dans l'église des Franciscains, le Westminster du pays, à côté du tombeau de Maximilien empereur.

Schaller, le Thorwaldsen du Tyrol, a représenté Hofer avec sa longue barbe et son costume de paysan ; son chapeau est orné de la grande plume, emblème des braves guerriers ; d'une main il porte sa carabine, et de l'autre un drapeau sur lequel on lit ces mots, écrits en caractères gothiques : PRO DEO, IMPERATORE ET PATRIA. Cette statue a sept pieds de hauteur ; elle est appuyée contre un énorme bloc de granit des Alpes, sur lequel le sculpteur Klieber a représenté d'un côté le serment des Tyroliens, et de l'autre l'aigle noire du Tyrol.

Ce monument est le dernier qu'Inspruck ait vu s'élever dans ses murailles ; c'est celui qui sans doute vivra dans le plus long avenir !

[1] Mars 1854.

FIN D'INSPRUCK

TABLE DES MATIÈRES.

TRENTE.

PARTIE I. — HISTOIRE.

		Page.
I.	Commencements de Trente. — Trente, république ecclésiastique. — Saint Vigile.	5
II.	Guerres de Trente. — Ses révolutions. — Histoire de Bellenzano.	10
III.	Saint Simonin et la persécution des Juifs. — Guerres contre les Vénitiens. — Robert San-Severino. — Mœurs des Trentais aux quinzième et seizième siècles.	18
IV.	La guerre des paysans. — Anarchie de Trente. — Le gouvernement épiscopal a le dessus et ruine l'ancienne constitution. — Bernard Clés.	25
V.	Le concile de Trente. — Trente choisie pour être le siège d'un concile. — Fêtes de la ville à cette nouvelle. — Ouverture du concile.	32
VI.	Premières sessions du concile. — Les partis. — Fuite du concile.	39
VII.	Pie IV rétablit le concile. — Arrivée du cardinal de Lorraine et des Français. — Une séance du concile. — Les Papistes.	47
VIII.	Défection du cardinal de Lorraine. — Arnaud du Ferrier. — Fin du concile.	55
IX.	Trente dans le dix-septième siècle. — Guerres de 1703 et de 1797.	61

PARTIE II. — DESCRIPTION.

I.	Aspect de la ville. — Le château. — Intérieur de la ville. — Les palais. — Les églises Saint-Pierre, Saint-Marc, Sainte-Marie-Majeure, Saint-Vigile. — La place du Dôme.	71
II.	Environs de Trente. — Piazza della Fiera. — Palazzo de' signori Madrucci. — Cognola. — Ponte Alto. — Vue générale du pays aux environs de Trente. — Le couvent de San-Bernardino.	85
III.	Mœurs des Trentais. — Statistique de la ville et du cercle de Trente.	95

INSPRUCK.

PARTIE I. — HISTOIRE.

Page.

I. — Inspruck sous les Romains, les Goths, les Boïariens et les Francks. — Politique de Charlemagne. — Les grands chefs du Landes-im-Gebirge. — Histoire du géant Haymond. — Le couvent de Saint-Wilthen. — Inspruck affranchie par Othon. — Maynard III. — Marguerite Maulstache. — Cession d'Inspruck et du Tyrol aux ducs d'Autriche.   103

II. — Guerre d'Inspruck avec les Russes. — Invasion du Tyrol. — Soulèvement des montagnards. — Inspruck reste fidèle au duc d'Autriche. — Frédéric Bourse-Vide. — L'âge d'or de Sigismond.   115

III. — Maximilien 1er. — Chronique d'Inspruck. — La fuite de Charles-Quint.   122

IV. — Inspruck pendant le seizième, le dix-septième et le dix-huitième siècle. — Inspruck réunie à la monarchie autrichienne. — L'insurrection de 1809. — Andréas Hofer. — Les insurgés attaquent Inspruck. — Capitulation des troupes Franco-Bavaroises. — Hofer au pont d'Inspruck.   129

V. — Les Français envahissent le Tyrol et reprennent Inspruck. — Combats dans le Brenner. — Une armée enterrée. — Abandon de l'Autriche. — Hofer dictateur à Inspruck. — Fin de l'insurrection. — Andréas Hofer est pris. — Sa mort.   137

PARTIE II. — DESCRIPTION.

I. — Inspruck au seizième siècle. — Vue générale d'Inspruck. — L'arc de triomphe de Marie-Thérèse. — Le monument de 1703. — Le toit d'or. — Le palais de la résidence. — L'université. — Pierre Anich. — L'arsenal et les drapeaux du 76e.   147

II. — Églises d'Inspruck. — Le tombeau de Maximilien. — Silber Kappel. — Histoire de Philippine Welserine. — Saint Florian. — Le château d'Amras et ses collections.   154

III. — Considérations sur les mœurs des Tyroliens d'Inspruck. — Manufactures et commerce de cette ville. — Les radeaux de l'Inn.   161

PARTIE III. — STATISTIQUE.

Statistique du cercle et de la ville d'Inspruck. — Son importance militaire.   171

LA GRANDE RUE A INSPRUCK.

Mercey et Havell del.   Bernot sc.

Le Martinsberg
Près d'Inspruck

a Paris, chez Desenne Libraire Rue Hautefeuille N°10.

Berthauw Imp

CHUTE DE LA SILL PRÈS D'INSPRUCK.

LE CHATEAU ET LE PONT DE LAUDECH.

e Livraison.   Prix : 1 fr.

HISTOIRE ET DESCRIPTION

DES PRINCIPALES

VILLES DE L'EUROPE

PAR

MM. VILLEMAIN, AUGUSTIN ET AMÉDÉE THIERRY, ARMAND CARREL,
VICTOR LECLERC, DUBOIS (DU GLOBE), PHILARÈTE CHASLES, DELÉCLUZE, SAINT-MARC-GIRARDIN,
FRÉDÉRIC MERCEY, TASCHEREAU, PEISSE, CHARLES MAGNIN, LITTRÉ,
LETRONNE, MÉRIMÉE, LOUIS VIARDOT, PIERRE LEROUX, STAPFER, SAINTE-BEUVE,
AMÉDÉE PICHOT, HEINE, GALIBERT, LOÈVE-VEIMARS, VALERY,
CHARLES NODIER, ROLLE, THIBAUDEAU,
MORET, GARNIER, ETC.

SOUS LA DIRECTION DE M. NISARD,

Avec Gravures sur acier et Vignettes sur bois,

Exécutées sous la direction de M. GIRALDON-BOVINET,

d'après

A. ROUARGUE, EUGÈNE ISABEY, C. ROQUEPLAN, DAUZATS, GARNERAY,
HARDING, PROUT, CH. BENTLEY, LEWIS, COOKE,
HAVELL, ALLOM, CALLOW, ETC.

A PARIS,

CHEZ DESENNE, LIBRAIRE,
RUE HAUTEFEUILLE, N° 10.

ET AU DÉPÔT CENTRAL DE GRAVURES FRANÇAISES ET ÉTRANGÈRES,
Passage Vivienne, N° 70, du côté de la rue Vivienne.

SUISSE.

BERNE.

PARIS. — IMPRIMERIE ET FONDERIE
A. ÉVERAT,
16, rue du Cadran.

HISTOIRE ET DESCRIPTION

DES

PRINCIPALES VILLES DE L'EUROPE.

SUISSE.

BERNE,

PAR M. P. A. STAPFER,

ANCIEN MINISTRE DE L'INSTRUCTION PUBLIQUE DE LA RÉPUBLIQUE HELVÉTIQUE.

A PARIS,
CHEZ DESENNE, LIBRAIRE,
10, RUE HAUTEFEUILLE.

1835.

BERNE.

PARTIE I. — HISTOIRE.

I.

COUP D'OEIL HISTORIQUE.

Berne est bâtie sur une presqu'île formée par un torrent qui, après être sorti du lac de Thoune, où il a calmé sa fougue, et avoir parcouru, du sud au nord, presque en droite ligne, une contrée riante d'une étendue de cinq à six lieues, se replie plusieurs fois sur lui-même aux environs de Berne, et dessine le terrain d'une manière assez semblable aux sillons tracés par la Seine au-dessous de Paris. La ville occupe le moins large de ces replis. Entourée au nord, à l'est et au midi, par la rivière, elle s'élève sur le plan incliné de cette péninsule, jusqu'au niveau de la plaine, où des bastions, construits dans le dix-septième siècle, complètent le système de défense qui, jusqu'à ce jour, a suffi pour mettre Berne à l'abri d'un coup de main. Trois rues larges et parallèles coupent de l'ouest à l'est, dans toute sa longueur, le plan incliné compris entre ces fortifications et le bas de la ville qu'enserre l'Aar; les ruisseaux qui les traversent se précipitent plutôt qu'ils ne coulent sur la pente, de plus en plus rapide, du terrain, et sont un des principaux moyens d'entretenir dans la ville cette propreté dont la réputation est européenne. La ville a un peu plus d'un quart de lieue de longueur. Au milieu et dans sa plus grande largeur, les trois principales rues se trouvent flanquées, au nord et au midi, de rues latérales d'une beaucoup moins grande étendue. On voit qu'il n'existe pas de ville dont le plan soit plus simple et plus saisissable à première vue.

Dans l'intérieur, il est impossible que l'étranger ne soit pas singulièrement frappé de la largeur des rues, de l'égale hauteur et de la bonne apparence des maisons, toutes en pierre de taille, des arcades qui les décorent, et dont les piliers soutiennent le premier étage ; mais aussi de l'espèce de triste solitude qui en résulte pour les rues mêmes, presque désertes, le mouvement de la population se concentrant sous les arcades, qu'elle parcourt incessamment. Un très-petit nombre d'édifices saillants interrompt cette file d'habitations particulières, toutes construites sur le même plan, et offrant dans leur ensemble l'aspect d'un grand couvent. La Cathédrale et l'Hôtel-de-Ville, au milieu de la cité, aux bords des versants sud et nord du coteau sur lequel Berne est assise, deux magnifiques hospices, une maison d'asile pour les orphelins, un vaste grenier à blé, un hôtel des monnaies, deux tours ayant des destinations d'utilité publique, quelques églises distribuées sur différents points, sont les seuls bâtiments dépassant la ligne de parfaite égalité républicaine qui règne dans le reste de la ville.

Les habitants n'offrent pas, aux premiers regards, un aspect aussi original que leur cité. Un air d'aisance généralement répandu, une mise soignée quoique fort simple, l'expression de satisfaction et d'importance personnelle qui annonce la longue jouissance d'une liberté civile rarement troublée, ne peuvent échapper à l'observateur superficiel. Vus de près et dans leurs relations sociales, les Bernois joignent à l'habitude de la réflexion et d'une froide appréciation des hommes et des choses, un aplomb de manières et une absence de vivacité dans le geste et la parole qui prennent facilement le caractère de l'indifférence, du dédain, de la pesanteur et d'une lenteur de conception qui ne paraît guère compatible avec l'esprit cultivé et pénétrant qu'on ne peut leur refuser. L'équilibre des facultés qui les distingue se manifeste surtout par un gros bon sens que ne dérangent pas aisément l'imagination et la sensibilité ; ils semblent tirer une espèce de gloire de cette impassibilité :

tout ce qui remue l'âme trop fortement, tout ce qui sort de l'ornière des traditions raisonnables, choque les Bernois et leur paraît folie ou défaut de sens. Prompts à critiquer, ils mettent leur honneur à se défendre de l'enthousiasme. Pour ne pas blesser l'amour-propre de leurs co-patriciens, dont ils dépendaient pour leur avancement, les Bernois devaient se garder de tout ce qui eût annoncé des prétentions à des lumières supérieures ou à des sentiments trop élevés. Se singulariser, avoir d'autres vues, afficher d'autres maximes de conduite que celles de la majorité de ses concitoyens, c'était, pour le Bernois, le sûr moyen de se fermer la carrière des honneurs, et de renoncer à tous les avantages que procure la popularité dans une aristocratie. M. Victor de Bonstetten, et M. de Fellenberg en sont des exemples; un plus éclatant encore, est celui du grand Haller, auquel son illustration extra-bernoise ferma l'entrée au Petit-Conseil, c'est-à-dire au gouvernement de son canton.

Mais n'anticipons pas sur le tableau de mœurs, qui se comprendra mieux lorsque nous aurons jeté un coup d'œil sur l'histoire et les institutions bernoises.

Le géographe qui rattache les qualités morales de l'homme à l'influence du climat et même à l'aspect des lieux qui ont été le berceau d'une peuplade, pourrait citer Berne à l'appui de son opinion. La contrée où Berthold V, duc de Zæringen, en posa les fondements en 1191, selon la plupart des historiens, ou, suivant d'autres, en agrandit le premier établissement, était couverte de sapins, arbre aussi régulier que triste et froid, et qui augmente encore, par réaction, l'âpreté de l'atmosphère où il se plaît. Peu de localités sur le globe offriraient une preuve plus remarquable des métamorphoses que la nature subit lorsqu'elle est subjuguée et ennoblie par l'homme libre et heureux. Quand aujourd'hui le voyageur traverse, n'importe dans quelle direction, les environs de Berne, ses yeux et son esprit sont également captivés par le spectacle de bien-être et de joie que présente la population, par une richesse de culture qui, bien qu'arrachée au sol par un travail dur et opiniâtre, produit l'impression que ferait, sous un ciel plus doux, un luxe de végétation spontanée. Que le spectateur se reporte au douzième siècle, qu'il consulte les chroniques et les chartes, et ses regards ne tomberont que sur une immense forêt de sapins; il se sentira saisi d'une tristesse profonde et du frisson glaçant qu'excite en nous l'aspect d'un désert sombre, couvert des brumes d'un ciel boréal.. Le nom d'Uechtland, accolé à celui de Berne pendant des siècles, désigne une contrée désolée, et vide soit de produits utiles, soit d'habitants, *Berne en Uechtland* est la sœur de *Fribourg en Uechtland*. Situées dans une région élevée et sauvage, sur des péninsules formées par l'Aar et la Sarine, torrents descendus de la chaîne de glaciers qui bornent le Valais au nord, ces villes furent, l'une et l'autre, fondées à la même époque et dans les mêmes vues de conquête sur la barbarie féodale.

La race de Zæringen, dont la maison de Baden et celle de Lorraine (héritière de la maison d'Autriche, éteinte avec Marie-Thérèse) sont des branches cadettes, s'était, de bonne heure, pour parler le langage de notre époque, déclarée protectrice du mouvement, c'est-à-dire du progrès social stationnaire contre l'esprit et contre la force brute ou esclave de la brutalité. Soit par cette inspiration civilisatrice et cette élévation de sentiments qui distinguèrent, dans le moyen-âge, quelques familles régnantes de l'Allemagne, soit désir naturel dans de grands feudataires de se ménager, par la fondation de nouvelles communes, les moyens de soumettre des hobereaux turbulents et indisciplinés, les ducs de Zæringen, de père en fils, héritiers à la fois et de la dignité de recteurs de la Bourgogne transjurane, dans laquelle la Suisse était comprise, et de principes politiques favorables au développement de l'industrie naissante, ne cessèrent de servir cette noble cause pendant près d'un siècle, depuis 1127 jusqu'en 1218, contre les dominateurs égoïstes et anti-sociaux de l'époque, contre les oppresseurs féodaux et le clergé. Partout ils offrirent à l'industrie, encore à son début, aux hommes de travail et de paix qui cherchaient à se mettre à l'abri du brigandage, des asyles sûrs dans des villes déjà existantes, que les ducs de Zæringen eurent soin de fortifier, ou dans des villes nouvellement fondées, pour lesquelles ils choisirent d'heureuses positions, indiquées par les besoins des populations foulées ou par des accidents de terrains favorables à la défense. Ces circonstances concoururent sans doute toutes les deux à la fondation des villes de Fribourg et de Berne. Il existait déjà, sur l'emplacement de Berne, des habitations groupées autour du château de la Nydeck; le duc de Zæringen en accrut le nombre et les renferma dans une enceinte fortifiée.

Berthold IV avait destiné Fribourg à servir de point de réunion aux hommes de condition libre; mais par des causes qu'il serait hors de propos d'énumérer ici, Fribourg ne servit que médiocrement le but que s'était proposé son fondateur. Berne le remplit avec plus de succès et dans une plus grande étendue.

Après la mort de son père, Berthold V avait accompagné l'empereur Frédéric Ier en Palestine. Ses vassaux de la Bourgogne transjurane profitèrent de son absence pour essayer de détruire les institutions que les ducs de Zæringen avaient opposées à leur tyrannie. S'apercevant qu'avec le progrès de ces nouvelles cités le nombre de leurs serfs allait diminuant, ils se coalisèrent pour disperser ou subjuguer ces communautés, déjà florissantes sous l'égide des Zæringen et de l'esprit progressif. Heureusement Berthold revint à temps de la croisade; ralliant les corporations des arts et métiers, dont la noblesse avait juré la perte, il remporta, à l'aide des bourgeoisies, une victoire décisive sur leurs ennemis. Il sut en profiter habilement, d'abord en fondant de nouvelles villes, ou en augmentant les fortifications des villes plus anciennement fondées, puis en usant de l'ascendant que lui donnait une autorité, rehaussée par la victoire, sur la noblesse d'un ordre inférieur, pour l'engager à faire, avec les bourgeoisies récemment établies, cause commune contre les seigneurs ligués pour les étouffer.

C'est ici une circonstance d'un immense poids dans les destinées de la ville de Berne, la principale des créations de Berthold V. En observant les phases de son existence, on y voit la conduite des affaires publiques, dès l'origine, empreinte de vigueur et portant le cachet de l'esprit militaire beaucoup plus et plus long-temps que ne l'offrent les annales d'autres communes, nées sous les mêmes auspices et pour les mêmes fins, soit dans le reste de la Suisse, soit dans l'empire germanique. Dès les premiers temps de la nouvelle cité, on voit à la tête d'une commune composée d'artisans et consacrée à la protection d'intérêts bourgeois, une noblesse nombreuse se dévouant avec loyauté à ces intérêts. A la vérité, les Bubenberg, les d'Aegerten, les Muhleren, les Scharnachthal, les Wahleren, les d'Erlach, les Stein, etc., etc., tous éteints à l'exception des d'Erlach, n'étaient pas des hauts barons; c'étaient de petits vassaux, souffrant probablement de l'insolence des grands et disposés à seconder le puissant lieutenant de l'empire qui leur promettait l'affranchissement d'un joug pesant, à condition qu'ils se prêtassent loyalement à remplir les devoirs de chefs politiques et guerriers des communes qu'il avait créées.

Sous le commandement d'avoyers que les bourgeois élisaient eux-mêmes et qu'ils prenaient généralement dans les familles distinguées par leur naissance, ils confondirent tous les efforts que renouvelèrent de puissants voisins pour asservir cette cité rivale. Aidée de ces auxiliaires, Berne sut résister aux redoutables ducs d'Autriche. En 1291, cent ans après sa fondation, elle remporta, aux portes de la ville, une grande victoire sur l'empereur Rodolphe de Hapsbourg. Cinquante ans plus tard, en 1339, elle défit une armée formidable composée des troupes d'Autriche et de celles des principaux seigneurs de la Suisse. Cette victoire, remportée près de Laupen, consolida son existence; bientôt après, en 1353, elle fut admise dans la confédération helvétique, à titre de second canton, et ne cessa depuis d'y figurer comme état prépondérant par son étendue et l'habileté de son gouvernement.

Comme le mélange d'hommes de guerre de race noble et de gens de métiers, avec prééminence des premiers dans le sénat et surveillance jalouse exercée par les bourgeois en tout ce qui touchait à la liberté civile et à l'emploi des deniers, est à la fois le principe de la constitution de Berne et la clé de son histoire, nous devons chercher à en faire bien apprécier le caractère et l'influence. Écoutons un patricien bernois qui a fait du gouvernement de sa ville natale, dans la position la plus favorable, l'objet de réflexions fécondées par un esprit indépendant et une connaissance expérimentale des ressorts de ce gouvernement.

« L'aristocratie de Berne, » dit M. de Bonstetten [1], « fut, dès son
» origine, tempérée par le régime municipal des tribus. Dans les pre-
» miers temps de la république, la ville était le rendez-vous de la petite
» noblesse répandue dans les environs; la population de la ville même
» était toute industrielle et plébéienne. Peu à peu les nobles vinrent se
» fixer à la ville, où ils se réunirent avec les industriels divisés en tribus.
» A Berne, la noblesse domina les tribus, et bientôt s'associa à elles pour
» composer une aristocratie bourgeoise, où l'esprit d'ordre et la justice
» vinrent s'allier à l'élévation des sentiments et à l'esprit militaire de la
» noblesse, toute stationnaire au dedans et toujours active au dehors.

---

[1] *Souvenirs de Charles-Victor de Bonstetten*, page 33. Ces souvenirs ont été écrits en 1851, peu de temps avant la mort de l'auteur, décédé à Genève, le 3 février 1852.

» Trois éléments, diversement combinés, composent les constitutions
» variées des peuples de la Suisse. Le premier de ces éléments sortis de
» l'état primitif des peuples conquérants du sol de l'Helvétie, je l'appel-
» lerai *patriarcal*. Cet élément, éminemment stationnaire, puisqu'il tend
» à l'immobilité, conservateur religieux de ce qui a été, rend tout pro-
» grès social impossible. Cet élément, nous le voyons dominer seul dans
» les cantons d'*Uri, Schwytz, Unterwalden* et *Valais*. Dans les cantons de
» *Glaris* et d'*Appenzell*, nous le voyons réuni avec l'élément *industriel*.
» Cet élément industriel domine dans les villes de *Zurich, Bâle, Schaf-*
» *fhouse, Saint-Gall;* il tend à la civilisation, au progrès des lumières et
» au développement social; il est l'âme du régime municipal. Le troisième
» élément, tout *féodal*, stationnaire au dedans, entreprenant et pro-
» gressif au dehors, a produit les aristocraties de *Berne, Lucerne, Soleure*
» et *Fribourg*. »

On ne saurait, en s'attachant uniquement à la présence d'une noblesse vaillante et nombreuse dans les conseils de Berne, rendre compte de la supériorité que s'acquit de bonne heure cette république au milieu de ses confédérés. L'esprit guerrier des gentilshommes s'ennoblit par les sentiments patriotiques nés de la nécessité d'une défense commune. L'identité d'intérêts entre les membres d'une ligue dans laquelle tous se garantissaient mutuellement la jouissance des mêmes droits et leur maintien contre l'ennemi, créa ce principe de grandeur des associations humaines, l'abnégation de toute personnalité dans la conduite des affaires publiques. Les obligations que la condition de bourgeois imposait au noble comme à l'artisan, formaient un lien indissoluble. Lorsqu'un bourgeois était assassiné, tous les autres avaient le droit de poursuivre celui qui était soupçonné du crime, et de le contraindre au combat judiciaire. La chronique de 1288 rapporte un combat dans lequel l'un des champions était une femme, qui remporta la victoire.

Parmi une foule d'anecdotes qui caractérisent l'esprit chevaleresque de la jeunesse bernoise, je ne rappellerai que des traits de quelque importance historique, heureux de me rencontrer pour ce choix avec M. Simond[1], qui a puisé aux mêmes sources avec le tact qui le distingue. Dans un différend avec le comte de Kybourg, qui voulait empêcher les Bernois de bâtir un

---

[1] Dans son *Essai historique sur les mœurs et les coutumes de l'Helvétie ancienne et moderne*, formant le second tome de son *Voyage en Suisse*. Paris, 1822.

pont, ceux-ci avaient eu, en se soumettant à certaines conditions, recours à la protection du comte Pierre de Savoie, lequel réussit à lever les difficultés qui s'opposaient à cette construction. Pour témoigner à ce seigneur leur reconnaissance, cinq cents jeunes Bernois l'accompagnèrent dans une de ces expéditions militaires qui lui valurent le surnom de Petit-Charlemagne, et contribuèrent à ses succès par leur bravoure. « Que puis-je faire pour vous? » dit le comte en se séparant de ses compagnons d'armes. « Demandez! — Rendez-nous notre charte, » répondit le banneret; « soyez dorénavant l'ami et non le seigneur de Berne. » Il y consentit sur-le-champ, et renonça au titre de protecteur (*Schirmvogt*) de la ville, qui lui avait été décerné l'an 1266.

En 1289, le duc de Souabe, Rodolphe de Hapsbourg, ayant reçu de l'empereur son père l'ordre d'aller châtier les Bernois, qui, l'année précédente, avaient repoussé l'empereur de leurs murs, parut avec des forces imposantes sur une hauteur à l'est de la ville (la *Schoosshalden*). Un banneret de Berne, étant assis sur le pont, découvrit l'ennemi, réunit à la hâte quelques bourgeois et marcha à la rencontre du duc. Il voulait donner, en se dévouant au salut commun, le temps à ses concitoyens de se mettre en garde, et de rassembler assez d'hommes d'armes pour tenir tête à l'ennemi. Accablés par le nombre, les braves qui avaient gravi l'Égelberg pour empêcher le duc de surprendre la ville, trouvèrent, la plupart, sur le plateau de la Schoosshalde, une mort prévue et d'autant plus glorieuse; quelques-uns seulement furent délivrés par leurs concitoyens, qui firent une sortie pour sauver leur bannière, et qui parvinrent à l'arracher, déchirée et sanglante, des mains de l'ennemi. *Walo de Gruyère,* le bourgeois qui eut cette gloire, fut récompensé de ce fait d'armes par le surnom de *Biderbe* (le loyal), transmis à ses descendants; et la mémoire de cette sanglante délivrance de la bannière fut conservée par un changement de blason dans les armoiries de la république. L'ours de la bannière fut, depuis ce combat, peint sur champ rouge, rayé de blanc. Le fils de l'empereur, désespérant de prendre une ville dont les habitants montraient tant de courage et de dévouement à la chose publique, se retira sans autre condition que celle de faire dire une messe pour le repos de l'âme des trépassés.

Rien dans l'histoire moderne ne ressemble mieux aux mœurs romaines que les récits que les chroniques font de l'obéissance filiale, du patriotisme brûlant et de l'ardeur guerrière de la jeunesse bernoise. Elles la représentent s'exerçant journellement aux armes et ne respirant que les combats. L'arrivée d'un messager qu'on supposait chargé d'annoncer au sénat l'approche de l'ennemi, le tocsin qui se faisait entendre, la remplissaient d'une joie martiale et lui faisaient demander le combat. Des dangers sans cesse menaçants, l'orgueil que lui inspirait le titre de bourgeois, garantie puissante de sûreté et de liberté pour ceux qui le portaient, la sainteté des devoirs civiques, respectés à l'égal de la religion, tous ces sentiments contribuaient à l'entretenir dans ces dispositions belliqueuses. Dès l'âge de quinze ans, les jeunes hommes prêtaient serment de fidélité à la ville; ils appelaient la *bourgeoisie* leur *honneur,* et se montraient prêts à lui sacrifier leur vie avec toute l'énergie qu'inspire l'honneur personnel dans d'autres pays, et avec l'ombrageuse sensibilité du chevalier qui craint plus que la mort une tache faite à son nom. Il ne faut pas oublier d'ailleurs que la surabondance d'activité qui, à l'époque d'une civilisation plus avancée, trouve mille manières de se répandre, n'avait que la guerre où elle pût se porter. La simplicité des besoins laissait beaucoup de loisir non-seulement aux patriciens, que l'agriculture n'occupait pas suffisamment, mais aux artisans mêmes, que leurs travaux n'enlevaient pas aux obligations que leur imposaient l'esprit de corporation et la défense commune. Les noms des quatre tribus primitives de Berne, celles des bouchers, des boulangers, des tanneurs et des forgerons, annoncent d'ailleurs des métiers qui ne sont pas incompatibles avec celui des armes.

Dans un ensemble de mœurs, d'institutions et d'habitudes pareilles, on concevra très-bien comment une cité, environnée de tant d'ennemis puissants, a pu résister à leurs attaques renouvelées pendant des siècles, et agrandir son territoire plus que Rome même n'a pu le faire jusqu'à la prise de Véies, dans le même espace de temps. Les temps héroïques de Rome n'offrent pas de faits d'armes plus éclatants que la bataille de Laupen, gagnée par les Bernois, l'an 1339, contre les forces réunies de l'empereur, des principaux dynastes de la Suisse et de plusieurs villes, au nombre desquelles était Fribourg[1]. L'armée impériale, composée de sept cents seigneurs, de douze cents chevaliers, de près de trois mille hommes de cavalerie et quinze mille fantassins, avait investi la petite

[1] Nous en empruntons le récit à M. Simond, qui a extrait de la relation de Muller les circonstances les plus intéressantes.

ville de Laupen, située à trois lieues de Berne, sur la Sarine, où l'avoyer bernois Bubenberg s'était jeté avec six cents hommes. Les béliers en battaient déjà les murailles, et la prise de Laupen eût vraisemblablement entraîné celle de Berne. Pour secourir cette petite ville, et faire face à tant d'ennemis, un corps de six mille hommes sortit de Berne, commandé par Rodolphe d'Erlach, fils d'un Bernois qui, quarante ans auparavant (en 1298, 2 mars), avait, sur le Donnerbühl, colline presque contiguë aux murs de Berne, repoussé les Fribourgeois et leurs alliés les comtes de Vaud, de Gruyère, de Neufchâtel, et un grand nombre de barons arrivés déjà aux portes de la ville avec leurs troupes. Le souvenir de la victoire remportée par le père fit déférer le commandement au fils : tous jurèrent de le suivre et de mourir avec lui. Cette petite armée se mit en marche au clair de la lune dans la nuit du 20 au 21 juin. Les femmes et les vieillards, restés seuls dans la ville avec les enfants, fermèrent les portes, et, se retirant dans l'église, se mirent en prières. On portait l'hostie consacrée à la tête de l'armée bernoise; le prêtre Baselwind, principal curé de la ville, l'animait par ses discours. A midi, le 21 juin, elle se trouva en face de l'ennemi. Les seigneurs alliés, pleins de confiance dans leurs forces, se moquaient de la petite armée, et demandaient impatiemment à combattre. Cependant le comte de Nidau, dont le commandant des Bernois était le vassal, et auquel d'Erlach avait eu la loyauté de demander la permission de partager le sort de ses concitoyens, cherchait à réprimer la jactance de ses alliés et à les mettre sur leurs gardes. « Ces Bernois, » disait-il, « vous donneront bientôt assez à faire. Quant » à moi, je perdrai ici la vie, mais je la vendrai chèrement. » Ce seigneur tint parole; il fut trouvé parmi les morts, ainsi que Jean de Savoie, trois des comtes de Gruyère et onze autres seigneurs. Blumenberg, apprenant leur sort, dit à son écuyer : « A Dieu ne plaise que Blumenberg survive » à de tels hommes! » et, quoique déjà hors de danger, tournant la bride de son cheval, il le poussa parmi les vainqueurs, où il trouva bientôt la mort.

D'Erlach déploya dans cette journée les talents et la présence d'esprit d'un habile général. Voyant la cavalerie ennemie manœuvrer pour le déborder et l'envelopper, il détacha, pour la contenir, le faible corps de troupes auxiliaires que les confédérés suisses avaient envoyé au secours de Berne; c'étaient neuf cents hommes venus des Waldstetten par le

Brunig, et quatre-vingts cavaliers partis de Soleure. Pour animer les Bernois, il les piqua d'honneur. « Où sont, » dit-il, « ces jeunes gens qui, » chaque jour, à Berne, parés de fleurs et de panaches, sont les premiers » à tous les bals? Qu'ils suivent maintenant d'Erlach et sa bannière! » A ces mots la troupe s'ébranla et chargea l'ennemi avec courage; mais une partie de l'arrière-garde ayant reculé, d'Erlach remédia promptement au mal qui pouvait en résulter en s'écriant : « Amis! la victoire est à » nous, les lâches nous quittent! » La mêlée qui suivit fut sanglante, mais promptement décisive. Le manque de subordination parmi cette multitude de chefs égaux en rang et en autorité, rendant toute manœuvre impossible ou infructueuse, le désordre se mit bientôt dans l'armée de l'empereur, et la déroute devint complète. Il ne restait plus qu'à dégager les gens des Waldstetten et les Soleurois : d'Erlach vint à leur secours, et mit en fuite la cavalerie qu'ils avaient tenue en échec. Les vainqueurs se jetèrent à genoux pour rendre grâces au Dieu des armées, et passèrent la nuit sur le champ de bataille, jonché de morts et de débris. On y comptait quatre-vingts casques couronnés et vingt-sept bannières. Pendant le reste de la campagne, les Bernois maintinrent leur supériorité sur les barons coalisés, qui, dans leur terreur, s'écriaient : « Dieu est devenu bour- » geois de Berne! » Épuisés par les dépenses de la guerre, ils se virent contraints de vendre leurs droits seigneuriaux à leurs sujets; et, sur une moindre échelle, la croisade des chevaliers contre les bourgeoisies des villes eut le même résultat que la grande croisade contre les Sarrazins, l'affranchissement des serfs et l'accroissement du tiers-état.

Les traits de courage héroïque rapportés par les chroniqueurs sont trop nombreux pour trouver place ici. En voici un entre mille autres. Le capitaine d'un parti de Bernois, enveloppé par l'ennemi, et percé de coups mortels, lança la bannière qu'il portait par-dessus la tête des assaillants, et la fit tomber au milieu de ses propres soldats, content de mourir après avoir, par un dernier effort, mis en sûreté ce dépôt sacré. Berne usa de la victoire avec une modération bien plus rare que le courage. Loin d'imposer aux vaincus les conditions auxquelles il n'aurait tenu qu'à elle de les forcer à souscrire, elle leur offrit celles mêmes qu'ils avaient rejetées avec hauteur la veille de la bataille de Laupen. Un triomphe plus glorieux encore était réservé à son général. La famille du comte de Nidau, qui avait été tué dans cette bataille, déféra la tutelle de ses deux fils à d'Erlach, comme au plus digne protecteur qu'elle pût choisir. Ce héros, le Washington de son temps, mourut, dans un âge fort avancé, par une main parricide. Un jour qu'il se trouvait seul dans sa maison paternelle de Reichenbach, près de Berne, où il menait une vie patriarcale, il se prit de querelle avec son gendre J. de Rudenz (du canton d'Unterwalden), au sujet des dettes de ce gendre et de la dot de sa femme. Rudenz ayant aperçu une épée suspendue à la muraille, la même que d'Erlach portait à Laupen, la prit et la lui passa au travers du corps. Les chroniques rapportent que le meurtrier fut poursuivi par le vieux chien de l'illustre vieillard jusque dans la forêt de Bremgarten, mais qu'il échappa aux recherches, et mourut peu de temps après de mort naturelle.

Un autre genre d'adversité atteignit le compagnon d'armes et de gloire de d'Erlach, le défenseur de Laupen, Jean de Bubenberg : ce fut la perte de la faveur publique [1]. Accusé d'orgueil héréditaire et d'une magnificence insultante pour ses combourgeois, il fut banni pour le terme de cent ans et un jour, et tous ses amis furent compris dans la même condamnation. Quatorze ans après, l'illustre exilé fut rappelé; et le peuple, qui avait applaudi à la sentence de bannissement, demandant à grands cris la bannière de la ville pour aller au devant de Bubenberg, l'avoyer, qui était son ennemi, et qui refusait de la livrer, fut contraint de la jeter au peuple par la fenêtre de la maison où il s'était renfermé. Le fils de Bubenberg fut élevé à la dignité d'avoyer.

Ce trait rappelle naturellement le reproche d'ingratitude fait aux républiques à toutes les époques de leur histoire, et qui ne s'explique que trop bien par l'absence de toute responsabilité réelle dans un corps nombreux. Lorsqu'on rend des services à une communauté entière, aucun des membres séparés de l'ensemble n'est disposé à se croire personnellement obligé; et, sans se prétendre dégagé entièrement de toute reconnaissance, la part qu'il en prend pour son compte est tellement faible, qu'elle cède au plus léger motif qu'il croit avoir d'en secouer le fardeau. Ce serait à tort toutefois qu'on mettrait, sous ce rapport, la cité de Berne sur la ligne de la plupart des républiques. A l'exception de Bubenberg, qui,

---

[1] M. Zschokke fait observer avec justesse, à l'occasion de cette disgrâce de Bubenberg, que, dans les pays libres, des services récents font souvent oublier ou rachètent d'anciens griefs; mais qu'une gloire ancienne ne couvre jamais des torts subséquents, soit réels, soit imaginaires. (*Histoire des Suisses*, par HENRI ZSCHOKKE, page 55.)

au surplus, ne s'était pas lavé parfaitement des accusations portées contre lui, entre autres de celle de faire acheter son crédit par des dons, on ne pourrait citer des exemples d'injustices dont les magistrats ou les guerriers d'un mérite éminent aient été l'objet à Berne. Au contraire, les services rendus à l'état furent presque toujours récompensés, non-seulement dans la personne d'un grand citoyen, par les premières dignités et la vénération universelle, mais dans ses descendants, lorsqu'ils n'avaient par eux-mêmes aucun droit à des distinctions. On ne peut nier d'ailleurs que le patriotisme et les vertus n'aient été, durant plusieurs générations, héréditaires dans quelques-unes des premières familles patriciennes, surtout dans celles des Bubenberg et des d'Erlach.

Nous voyons trois des fils du Bubenberg qui avait été banni, élevés à la charge d'avoyer : l'un d'eux, Ulrich, commander les Bernois à Fraubrunnen, en 1375, dans ce combat où les Armagnacs et le redoutable corps d'Anglais que le sire de Coucy avait amené en Suisse furent détruits; et un autre, Adrien de Bubenberg, ajouter (1476) à l'illustration de sa famille par sa glorieuse défense de Morat contre Charles-le-Téméraire, aux sommations duquel le vieux guerrier fit cette réponse digne de Sparte : « Les portes sont ouvertes. Nous sommes prêts à recevoir le » duc d'une manière digne d'un si grand prince. » La maison de Bubenberg, qui a donné onze chefs à l'état de Berne, s'est éteinte l'an 1506; celle d'Erlach, qui compte sept avoyers, existe encore. Je ne crois pas qu'on trouve dans l'histoire des peuples une famille dont le sort, dans les temps de prospérité comme dans ceux de l'adversité, ait été si constamment et si indissolublement lié aux destinées du gouvernement. Nous avons déjà vu Ulrich et Rodolphe d'Erlach sauver leur patrie dans les journées du Jammerthal (ou Donnerbühl, 1298) et de Laupen (1339); soixante ans après, nous trouvons un Rodolphe d'Erlach à la tête du corps bernois qui concourut à la victoire de Dornach sur les troupes de l'empereur et de la ligue de Souabe, victoire qui décida de la liberté et de l'indépendance de la Suisse. Dans la première guerre de Vilmergen, née de dissensions religieuses, et terminée en 1655 par la défaite des cantons protestants, les Bernois marchent sous les ordres de Sigismond d'Erlach. En 1781, une insurrection formidable menaçait l'aristocratie fribourgeoise; on portait à vingt mille le nombre des gens de la campagne assemblés autour de la ville. Le sort des aristocraties suisses dépendait peut-être d'une prompte décision. L'avoyer Albert-Frédéric d'Erlach[1], qui avait convoqué le grand conseil, se lève et dit : « Hauts et puissants seigneurs, » dans les affaires ordinaires nous pouvons délibérer à loisir; mais il » s'agit aujourd'hui d'aller sans délai au secours de nos frères. Nous » n'avons qu'un moment pour les sauver. Que ceux qui sont d'avis de » conférer des pleins pouvoirs au conseil de guerre se lèvent. » Tous se lèvent. On bat la générale. Dans vingt minutes la garnison de Berne, qui comptait trois cents hommes et formait tout le corps des troupes réglées de la république, se met en marche, et six heures après l'étendard de Berne, flottant sur une des hauteurs qui dominent Fribourg, disperse les insurgés. Enfin, lorsque le Directoire français eut annoncé le projet de renverser l'aristocratie bernoise, ce fut encore à un d'Erlach que Berne confia sa défense. Moins heureux que ses ancêtres, Charles-Louis d'Erlach lutta avec courage, mais sans succès, contre des forces trop inégales. Stupidement accusé d'avoir trahi les milices qu'il commandait, il périt victime de leur férocité (5 mars 1798). Le moment où il tomba sous les coups de ses compatriotes égarés, et transformés en lâches assassins, peut être considéré comme le dernier de l'ancienne cité de Berne. Il y a des familles qui sont comme le type de la vie d'une communauté politique : ses membres aiment à y voir la représentation vivante de l'ordre social qui les régit et des avantages qu'il leur procure.

Cette digression épisodique sur l'origine et l'influence de l'élément chevaleresque qui a donné un caractère particulier à l'aristocratie bernoise, et qui la distingue si avantageusement des aristocraties marchandes, ne paraîtra pas un hors-d'œuvre inutile à ceux qui repoussent les doctrines d'un matérialisme politique, aussi dégradant pour la liberté morale que contraire aux faits historiques. Si les institutions agissent sur les hommes, ce sont les hommes qui font les institutions; et les qualités de l'esprit et de l'âme qui brillent dans les fondateurs d'états, soit monarchiques, soit républicains, laissent de fortes empreintes dans la vie sociale et politique des maîtres et des sujets.

N'oublions pas au surplus qu'au lieu d'imprimer aux conseils de la ville de Berne cette vigueur et ce grandiose qui s'y sont long-temps

---

[1] M. Simond met, par erreur, cette allocution, d'une énergie toute romaine, dans la bouche de M. d'Erlach d'Hindelbank, qui périt en 1798, (*Voyage en Suisse*, tome I, page 472.) C'est son grand-père, avoyer en 1781, qui l'adressa au conseil des Deux-Cents qu'il présidait.

perpétués, la forte part qu'une noblesse guerrière prit à la conduite des affaires publiques aurait pu hâter la venue des temps de monopole et d'inertie, si la prépondérance des nobles dans les conseils n'avait pas, à toutes les époques, été balancée par les conseillers plébéiens, et trouvé un contrepoids imposant dans les corps de métiers, qui constituaient le fond et le nerf de la cité. Cet antagonisme, qui contint l'influence des barons dans les limites de l'intérêt général, fournit un des points les plus frappants de la comparaison, qui a été faite plus d'une fois, entre les commencements et les progrès de la république de Berne et les premiers développements de la puissance romaine. Montesquieu trouve au sénat de Berne des ressemblances avec celui de Rome. Ce n'est assurément que la miniature d'un tableau colossal. Toutefois, les rapprochements qui peuvent sans tour de force s'établir entre deux états de grandeurs si différentes, ne sont dépourvus ni d'intérêt ni d'utilité; ils fixent l'attention du publiciste sur quelques-unes des sources où ces états ont puisé, avec un égal succès, leur énergie et leurs moyens d'accroissement.

Nous voyons d'abord à leur naissance l'un et l'autre ouvrir un asile aux hommes qui cherchaient un refuge ou un moyen de domination, à l'aide d'associés unis par l'identité de vues et de besoins. Mais c'est surtout dans le principe vital de leur constitution et dans les mobiles de la vigueur que leurs chefs déployèrent constamment dans leurs entreprises, que se montrent les traits les plus saillants de cette ressemblance. L'élément populaire et l'élément aristocratique s'y balancent, s'y entr'excitent, s'y entr'aident avec avantage pour la chose publique; leur action n'aboutit jamais aux extrêmes de l'anarchie et de l'oppression. Chez les Bernois, l'esprit démocratique qui respirait dans l'organisation primitive de leur cité ne les priva pas des ressources qu'au moment du danger elle pouvait trouver dans le bras des chevaliers et dans la sagesse de chefs militaires expérimentés. Jamais l'amour ardent de la liberté ne dégénéra en licence. Long-temps l'habitude du pouvoir se montra étrangère à des projets d'oligarchie et à des privilèges odieux. Aussi l'état s'agrandit rapidement par des acquisitions territoriales d'une haute importance, et jouit d'une considération qui le rendit souvent l'arbitre de différends entre pays voisins.

Chose étrange! c'est la réforme religieuse, introduite dans le canton de Berne, qui déposa le germe de la corruption dans son gouvernement.

et fit succéder à des siècles d'activité glorieuse, de nobles sacrifices, de désintéressement dans les magistrats et de confiance dans les citoyens, des temps de jouissances égoïstes, de calculs corrupteurs, d'envahissements et d'usurpations politiques, de dégradation morale et d'amortissement de l'esprit public. On se demandera comment il a pu se faire qu'une révolution religieuse qui détermina l'émancipation de la pensée humaine et rajeunit les nations où elle s'opéra, changeât en mal l'ordre civil dans l'un des cantons suisses qui embrassèrent la réformation avec le plus d'ardeur et en ressentirent les plus heureux effets moraux et industriels.

La solution de cette énigme est dans une circonstance toute matérielle, mais qui, exploitée par la cupidité humaine, suffit pour expliquer une si déplorable détérioration. C'est, d'une part, la confiscation des biens des riches couvents, et l'entrée de leurs revenus dans les trésors de l'état; et, d'autre part, l'augmentation progressive des traitements des fonctionnaires publics. Pour apprécier l'influence politique d'une cause si disproportionnée en apparence avec les effets que nous lui attribuons, il est nécessaire de comparer, d'un côté, la forme primitive du gouvernement de Berne avec les modifications qu'elle subit par la suite; de l'autre, les conséquences qui devaient naturellement découler de ces changements, avec le long repos et le progrès de bien-être qui ont énervé et endormi les générations postérieures aux guerres de Bourgogne et à la réformation.

Malgré les nuages qu'on a cherché à jeter sur les empiètements du patriciat, les documents cités et commentés par l'historien J. de Muller et par des jurisconsultes du premier rang, tels que Gottlieb Walther et M. S. Schnell, ne laissent aucun doute sur l'esprit qui présida à la fondation et aux premiers développements des institutions bernoises. Calquée sur la constitution de Cologne, la charte, éminemment libérale, dont l'empereur Frédéric II dota la commune récemment fondée par le recteur de Bourgogne, Berthold de Zaeringen, investissait des droits de souveraineté la communauté des bourgeois (*communitas burgensium*), les habitants du bourg, c'est-à-dire d'un lieu à l'abri d'un coup de main, ligués par l'identité des dangers et des intérêts contre l'injustice et la violence. Il n'est pas besoin de faire remarquer combien un pareil principe était de rigueur ou plutôt de nécessité indispensable. Il n'y a qu'à se demander quels sont les défenseurs naturels d'un ordre politique. Incontestablement ceux dont la sécurité, la liberté, la prospérité sont liées à son maintien. Les mesures de prévoyance, d'attaque, de défense contre des ennemis communs, devaient être réglées par l'assemblée de tous ceux qui étaient menacés du même danger et appelés personnellement à le repousser. Il n'est pas moins évident que la réunion de tous les intéressés ne pouvait toujours s'effectuer avec la célérité que l'imminence du péril demandait. De là un conseil de mandataires chargé d'agir pour la sûreté commune avec la promptitude et la décision que réclamait une nécessité urgente, sauf à rendre compte à ses commettants de l'usage qu'il avait fait de leur confiance et de l'emploi des moyens entre ses mains.

Ces éléments et ces besoins étant donnés, on pourrait, avec quelque connaissance du siècle et de la situation politique des états voisins au milieu desquels Berne prit naissance et s'accrut en peu de temps, déterminer, par déduction rationnelle, quelles durent être ses institutions fondamentales et leur développement naturel dans les premiers temps de la république. En fondant la nouvelle ville, et en la consolidant par le don d'une charte, quelles furent les intentions de Berthold et de Frédéric? Berne devait être une des digues élevées contre la barbarie féodale, une forteresse opposée à l'anarchie, à la violence, aux abus et aux caprices de volontés désordonnées, puissantes et destructives de la civilisation. Pour que ce poste remplît sa destination, il fallait le confier à des hommes également intéressés à le défendre au péril de leur vie et de leurs propriétés, à des citoyens solidaires de la même entreprise. C'est dire qu'il se forme une communauté d'hommes appelés à payer de leurs biens et de leur sang la dette contractée envers l'association, mais ne voulant pas faire d'autres sacrifices que ceux imposés par la nécessité et les exigences raisonnées de la chose publique.

Mais la totalité des actionnaires de cette entreprise sociale ne pouvant se réunir aussi souvent et aussi promptement que les affaires le demandaient, ils établissent une régence naturellement composée de ceux des associés qui, par leur expérience politique et leur renom guerrier, offrent les meilleures garanties de prudence et d'intrépidité. Voilà donc des seigneurs incorporés dans la cité dès son origine, ou admis par adoption pour les récompenser de services rendus, pour se procurer des patrons, ou enfin pour neutraliser des ennemis. Une pareille administration ne pouvait pas ne pas abuser de ses pouvoirs. Il n'est pas dans la condition humaine qu'un sénat revêtu d'une grande autorité, conduit ou plutôt forcé, par les nécessités qui surgissaient chaque jour autour d'une république naissante, à exercer une espèce de dictature, et habituellement heureux dans ses entreprises, ne cherche pas à étendre son pouvoir au-delà de son mandat, au-delà des limites de sa compétence et des besoins qui l'ont créé. Il y a donc griefs, fondés ou imaginaires, plaintes amères, et nécessité de se réunir en communauté pour se livrer à l'examen de la conduite des chefs et à la censure de leurs actes[1]. Il en résultera de graves inconvénients, et des perturbations fâcheuses dans une existence principalement industrielle. La souveraineté réside, il est vrai, dans l'assemblée de tous les propriétaires de maisons, fabricants, maîtres, ouvriers, etc., qui se sont mis à l'abri des mêmes murs et soumis au même régime d'ordre et de liberté. Mais comment remédier aux abus sans une désastreuse perte de temps, et pour la chose publique, et pour la vie privée?

Il n'y a d'autre moyen que celui de déléguer à un conseil, librement élu, et organe de tous les intérêts lésés, ce droit de surveillance, de répression, de sanction dans les affaires importantes, qu'il n'est pas loisible aux bourgeois d'exercer personnellement.

Ces différentes nécessités donnent naissance à trois corps, investis d'une puissance plus ou moins étendue, à savoir : une corporation souveraine, un conseil peu nombreux, et un grand conseil. La bourgeoisie ne s'assemblera que rarement et dans des cas extrêmes; la régence, nommée pour expédier les affaires courantes, pour gouverner dans le sens ordinaire du mot, se réunira tous les jours; le grand-conseil, chargé de contrôler les actes du petit-conseil, ou conseil quotidien (*kleine Rath, tægliche Rath,* ou *Rath* tout court), n'aura pas des séances fréquentes, et décidera de tous les objets en appel ou de législation obligatoire pour la communauté.

Les annales bernoises traduisent en faits ces conclusions, appuyées sur le simple raisonnement. Mais avant d'en extraire les données les plus instructives, je dois répondre à un doute qui se sera présenté à plus d'un

---

[1] Parmi les explosions de mécontentement populaire mentionnées dans les *Annales de Berne*, la plus remarquable se rapporte à l'an 1384, où la bourgeoisie, s'étant constituée en commune, déposa tout le sénat, en créa un nouveau, et remit en vigueur le régime primordial. Ce fut un *tumultus*, dans l'acception romaine de ce mot.

lecteur. Vous parlez, pourrait-on me dire, de l'organisation primitive de l'état de Berne comme s'il n'était intervenu dans sa création ni fondateur ni autorité impériale. Qu'on envisage la nouvelle cité comme bâtie par un seigneur féodal sur son domaine, ou comme ville impériale, il en résulte un lien de subordination ou de vassalité qui a dû modifier essentiellement sa constitution politique, et vos réflexions sur la formation successive de ses institutions nous la représentent comme jouissant d'une entière indépendance.

Il est vrai que Berne, dotée de belles franchises par le duc de Zæringen, n'en fut pas moins, dans les vingt-sept premières années de son existence, ville seigneuriale, soumise à toutes les charges, servitudes et redevances qui pesaient sur les communes sujettes d'un haut baron. Mais, l'année même où son généreux fondateur mourut, l'empereur l'éleva au rang de ville libre de l'empire; et tel fut, durant l'interrègne qui suivit la mort de Frédéric II, et long-temps après, l'enchaînement des circonstances, telle fut la complication des intérêts puissants qui favorisèrent son autonomie et lui ménagèrent une entière liberté dans tous ses mouvements, que le lien qui l'attachait à l'empire ne lui servit que de protecteur invisible, et fut comme une présidence tutélaire qui lui garantissait des droits précieux, sans gêner le moins du monde sa marche vers une indépendance absolue.

Dans le choix de détails historiques que nous allons mettre sous les yeux du lecteur, nous serons principalement guidés par le désir de lui faire résoudre plus aisément cet intéressant problème. Il y trouvera une preuve de plus de l'impuissance des combinaisons politiques et de la stérilité qui frappe le dévouement des citoyens, lorsque des conjonctures heureuses, des événements qui ne sont pas au pouvoir du législateur, ne viennent pas protéger ou féconder ses conceptions et les efforts patriotiques du peuple.

Aux indications que nous croyons les plus utiles pour aider le lecteur à se former une juste idée de l'ancien droit public de Berne, et des phases qu'il a parcourues, nous joindrons les dates que les historiens les plus exacts assignent aux principaux objets de leurs recherches.

II.

DU GOUVERNEMENT DE LA VILLE DE BERNE.

La fondation (ou l'agrandissement) de la ville de Berne est universellement attribuée au duc de Zaeringen, Berthlold V, sous la date de 1191. Ce prince, recteur pour l'empire de la Bourgogne transjurane, plaça la nouvelle ville sous la protection de l'empereur Henri VI. Le 17 mai 1218, l'empereur Frédéric II remet, à Francfort-sur-le-Mein, aux députés de la ville de Berne, les lettres de franchise qui en établissent la constitution et le régime. Ce diplôme, connu sous le nom de *Bulle-d'Or,* reconnaît à la ville de Berne les droits de ville libre impériale, gouvernée par un sénat de douze membres, que préside un avoyer, et que nomment annuellement tous les bourgeois ayant atteint l'âge de quinze ans.

Un document de 1249 constate qu'en cette année la ville de Berne était gouvernée par trois autorités, un sénat composé de douze membres, un grand conseil qui en comptait cinquante, et l'assemblée de tous les bourgeois âgés de plus de quinze ans.

En 1266, Rodolphe de Habsbourg, comte de Kybourg, conteste aux Bernois, en qualité de tuteur de la veuve et de la fille du comte Hartmann de Kybourg, le droit de bâtir un pont sur l'Aar. Pour lever les difficultés qu'on leur suscite, ils ont recours, comme il a déjà été dit, au comte Pierre de Savoie, qu'ils reconnaissent comme protecteur de leur ville.

Durant l'interrègne qui laisse l'empire sans chef, en 1272 et 1273, les Bernois démolissent le château de la Nydeck, qui était situé dans leur ville et qui appartenait à l'empire.

Le 13 janvier 1274, le nouvel empereur, Rodolphe de Habsbourg, confirme, à Bâle, aux députés de Berne, les libertés et franchises de leur ville, et leur pardonne d'avoir détourné à leur profit les redevances dues à l'empire; il leur pardonne aussi la démolition du château de la Nydeck.

Les Juifs ayant été chassés de Berne en 1287, et les Bernois refusant de leur rouvrir leurs portes, en exécution des ordres de l'empereur Rodolphe de Habsbourg, ce prince, sous le prétexte de cette désobéissance, mais en réalité pour se venger de la résistance que les Bernois opposaient au rétablissement du royaume de la Bourgogne transjurane, qu'il destinait à son fils Albert, marche sur Berne l'année suivante, et met le siège devant cette ville pendant les mois de juin, d'août et d'octobre sans pouvoir s'en emparer.

Les Bernois, toujours en garde contre la maison de Habsbourg, et inquiets des projets de son nouveau chef Albert, qui considérait la ville de Berne comme une partie de l'héritage de la maison de Zæringen, revendiqué par les comtes de Habsbourg, se mettent, après la mort de l'empereur Rodolphe de Habsbourg, sous la protection d'Amédée V, comte de Savoie. L'acte qui en stipule les conditions est daté de Payerne, le 7 décembre 1291.

L'année suivante, Adolphe de Nassau, élu empereur, confirme aux Bernois leurs privilèges et leur en accorde de nouveaux, notamment celui de n'être justiciables que de leurs propres magistrats.

Deux ans après, en 1294, la constitution politique de Berne reçut un développement remarquable par l'établissement du conseil des *Deux-Cents*. Pour créer cette nouvelle autorité, tous les bourgeois au-dessus de l'âge de quinze ans s'assemblèrent, et formèrent un corps de vingt électeurs, composé des *bannerets* ou porte-étendards (chefs militaires et civils) des quatre quartiers de la ville, et de seize notables choisis également au nombre de quatre dans chacun de ces quartiers. Ce collège électoral fut chargé de nommer un grand conseil de deux cents citoyens, ayant pour mission d'assister le sénat dans toutes les affaires importantes et difficiles. Désormais le mécanisme (nous ne parlons pas de son esprit) du gouvernement de Berne ne subit aucun changement essentiel jusqu'à la révolution de 1798. A partir de cette époque, l'histoire nous montre les Bernois concluant des traités, faisant la guerre et la paix, négociant avec d'autres états de puissance à puissance, agissant en un mot comme état indépendant et souverain. On pourrait même, sans être contredit par les faits, reculer l'exercice de l'autonomie bernoise jusqu'à l'année 1223, qui offre les dernières traces d'un gouverneur résidant à Berne au nom de l'empire. Peu de temps après, nous voyons la maison de Savoie balancer à Berne l'influence des comtes de Habsbourg ou de Kybourg, et la bourgeoisie de la cité de Berthold V saluer du titre de *second fondateur de Berne* Pierre de Savoie, surnommé le Petit-Charlemagne. On doit conclure, des traditions recueillies par les chroniqueurs, et rapportées à des dates différentes, que la rivalité des maisons de Habsbourg et de Savoie, et les efforts qu'elles firent pour se concilier l'appui d'une cité puissante dès son berceau, facilitèrent aux Bernois l'établissement et le maintien de leur indépendance.

Au milieu de ce conflit de prétentions de seigneurs mutuellement jaloux de leur crédit dans la cité naissante, et de protections invoquées par ses magistrats dans des moments de danger, ne perdons pas de vue la marche libre, ferme, indépendante de toute influence étrangère, que suivent les institutions domestiques. Ce mouvement intérieur, spontané, provoqué ou dirigé par les besoins de la commune, nous a donné un conseil-d'état, ou central, pour l'expédition journalière des affaires, un conseil électoral, ou des seize, un grand conseil enfin composé des délégués de la bourgeoisie, et augmenté dans la suite de nouveaux députés jusqu'au nombre de deux cent quatre-vingt-dix-neuf. N'oublions pas non plus que la souveraineté résidait dans l'assemblée générale des citoyens, et que les membres des autorités auxquelles elle confiait ses intérêts avaient à remplir des devoirs délicats et pénibles, qui les détournaient de leurs occupations et qui ne paraissent pas avoir été rétribués. Les chétifs émoluments qui étaient attachés à leurs fonctions n'étaient au moins que de très-faibles indemnités, insuffisante compensation de la perte de temps qu'elles entraînaient et des soucis d'une responsabilité d'autant plus lourde, que les contrôleurs non moins que les contrôlés pouvaient être appelés incessamment à justifier les mesures prises ou non-combattues dans les conseils.

Dans cet état de choses, les fonctions publiques étaient de véritables *charges;* c'était à qui s'en exempterait ou s'en débarrasserait. Ceux qui faisaient à la patrie le sacrifice de leur repos, et souvent des profits journaliers nécessaires au soutien de leur famille, ne se trouvaient temporairement élevés au-dessus de leurs égaux que par des motifs de bien public, de noble ambition, et de déférence pour le vœu de leurs combourgeois. Les luttes qui s'élevaient dans le sénat n'avaient point pour objet une rivalité abjecte pour des places lucratives; mais l'amour du pays, des vues divergentes sur ses besoins, et la défiance que nourrissaient fort naturellement, mais sans envie et sans injustice, l'une envers l'autre, la classe des nobles et celle des artisans. Ces débats ont été retracés par un des acteurs, le chancelier Frickhard, dont le tableau, publié d'après l'original dans le langage naïf et nerveux du quinzième siècle, est un morceau digne de Salluste.

Un autre trait qui caractérise l'état social de Berne dans les premiers siècles de son histoire, c'est l'absence de privilèges exclusifs. Tout homme, vivant de son industrie, qui venait s'établir dans la ville, et y faisait l'acquisition d'une demeure, participait aux droits de bourgeoisie, d'élection et d'éligibilité, sur lesquels reposait l'ensemble de l'organisation politique. Les expressions de la Bulle-d'Or ou loi fondamentale[1] semblent même étendre ces droits à tous ceux qui prenaient domicile à Berne, pourvu qu'ils satisfissent aux devoirs de citoyen. Admission à tous les emplois était donc un principe incontesté, source de force pour l'état, de sécurité pour les individus. Les charges, très-faiblement salariées, étaient sans regret abandonnées aux hommes de loisir et de capacité.

Nous l'avons dit, la réformation altéra profondément un ordre de choses si économique et si républicain. Le taux auquel la confiscation des biens du clergé porta le salaire des baillis ou gouverneurs de districts, auparavant rétribués avec parcimonie, fit de leurs places un objet de convoitise, de concurrence ambitieuse, un motif de restriction progressivement plus jalouse de la classe éligible à ces emplois lucratifs, et enfin le véritable pivot sur lequel finit par tourner tout le mécanisme du gouvernement. Les bailliages, devenus un moyen d'enrichir les familles des membres des Deux-Cents, appelés à les administrer, inspirèrent naturellement aux bourgeois, domiciliés à Berne, et jouissant du droit d'éligibilité au grand conseil, le désir de diminuer le nombre de leurs compétiteurs pour des fonctions qui étaient devenues, au lieu de tâches laborieuses et stériles en bénéfices, des sources de richesses et de crédit. La faculté d'acquérir la bourgeoisie, qui ouvrait les portes du gouvernement et des emplois de haute administration, fut donc successivement limitée et finalement abolie. Non contents d'avoir ainsi déclaré immuable la classe des éligibles aux conseils suprêmes de la république, les nouveaux monopoleurs cherchèrent à atténuer de plus en plus, et à jeter en oubli les droits de la bourgeoisie. Souveraine par la loi fondamentale de

---

[1] Le paragraphe 25 de cette charte porte : « *Quicunque hospes in urbe residet, et omnia jura civitatis adimplet, ille debet omne jus burgensis sicut alter burgensis habere, excepto quod nullum burgensem potest convincere de hoc quod negat.* » Cette restriction concerne le droit de témoigner en justice au détriment d'un bourgeois, droit que la charte refuse au simple habitant.

l'état, elle aurait dû conserver une action de contrôle suprême ; mais elle se vit peu à peu dépouillée de cette prérogative, et réduite à n'être qu'une pépinière du grand conseil. Encore fut-il résolu *in petto* que les soixante-quatorze familles qui se trouvaient en possession du gouvernement en 1650, n'admettraient d'autres bourgeois dans les Deux-Cents qu'à bonnes enseignes, et par des motifs de prudence ou de convenances sociales puisés dans la position des candidats. Des décrets formels du conseil des Deux-Cents, portés vers 1660, mais dont la date a été différemment indiquée, consacrèrent cette usurpation préparée par les mœurs et les antécédents. Des considérations de nécessité et d'ordre public ne manquèrent sans doute pas à ces usurpateurs, comme elles n'ont jamais manqué aux hommes qui envahirent le pouvoir suprême dans des conjonctures favorables à leurs desseins.

Avec ce fil conducteur à la main, on peut s'orienter facilement dans le labyrinthe de formes constitutives ou organiques auxquelles aboutit l'aristocratie bernoise dans le dix-huitième siècle. On en trouve le détail dans une multitude de voyages et de statistiques, nulle part avec plus d'exactitude et de clarté que dans les *Lettres de Coxe sur la Suisse*, auxquelles les notes de son traducteur français, M. Ramond, ont ajouté un nouveau prix. Il suffira ici de présenter les linéaments généraux de ce régime anéanti en 1798 par l'invasion française, rétabli, avec des modifications favorables à la liberté, en 1803 par l'intervention médiatrice de Napoléon, presque ressuscité en 1814, mais définitivement enseveli en 1831, si les symptômes de régénération politique et d'esprit public, qui accompagnèrent à cette époque l'adoption d'un nouveau pacte social, ne sont pas trompeurs.

Comme on doit la justice aux morts, nous ferons précéder notre esquisse de l'ancienne constitution bernoise d'observations dictées par cet esprit d'équité qui peut seul, en quelque sorte, compenser les inexactitudes de récit et les erreurs de jugement, inséparables de tout exposé historique.

En appréciant l'aristocratie bernoise, non d'après les règles absolues d'un bon gouvernement républicain, tel que celui des États-Unis, ce qui serait injuste, mais d'après les souvenirs d'autres états de même nature, on doit reconnaître sa supériorité morale. Sparte, Carthage, Rome ont fait le malheur de leurs sujets par un sceptre de fer et la plus dure exploitation des hommes soumis à leur joug; mais, comme on pourrait avec raison faire remarquer combien les maximes du christianisme apportèrent d'adoucissement à la condition du peuple, et combien il rendit impossible, ou difficile au moins, aux maîtres d'abuser de leur position dans la même étendue, nous nommerons Venise et Gênes : personne ne sera assez injuste pour mettre le patriciat de ces deux républiques sur la même ligne que celui de Berne. Sans rappeler que ce dernier a succombé avec gloire à l'influence des progrès sociaux et à une force extérieure venue à leur aide, tandis que l'agonie des nobles vénitiens et génois a été celle du marasme politique et d'une impuissance morale bien méritée, nous nous contenterons de signaler quelques-uns des traits qui distinguèrent l'administration bernoise, et qu'on ne retrouve pas, du moins au même degré, dans celle de Gênes et de Venise. Nous ne craignons pas d'être contredits en affirmant que la plus parfaite intégrité dans le maniement des deniers publics, le respect pour les droits individuels, surtout pour les propriétés, tant des citoyens que des communes, les égards pour le mérite personnel et les services rendus, ont caractérisé, à toutes les époques, le gouvernement de Berne. Ce gouvernement jouissait d'une popularité qui lui permettait de laisser les armes entre les mains de ses sujets. La bonhomie allemande et un sentiment d'égalité, qui était maintenu dans les relations privées, faisaient oublier la distance qui séparait les sujets de la caste privilégiée.

En y regardant de près, on trouverait peut-être la source de ces qualités, si honorables pour ce gouvernement, dans les nobles sentiments de ses fondateurs, dans l'empire des traditions démocratiques qui dataient des temps primitifs de la cité, et dans le contrôle mutuel que les patriciens eux-mêmes exerçaient les uns sur les autres dans l'intérieur des conseils, ou par la sourde opposition de ceux qui en étaient exclus. Le grand-conseil, dépositaire de la puissance suprême, était nombreux. Pour s'élever aux premières places, il fallait se distinguer entre les individus portant le même nom et deux cent quatre-vingt-dix-huit collègues ayant les mêmes droits[1]. A égalité de naissance, d'âge, de talents, les travaux désintéressés, le mérite personnel, le zèle pour la justice et le bien pu-

---

[1] Le conseil souverain était composé, comme nous l'avons dit, de deux cent quatre-vingt-dix-neuf membres, non de trois cents, parcequ'en augmentant le nombre, on avait eu égard à la dénomination de deux cents consacrée par l'ancienne organisation.

blic, furent, jusque dans les derniers temps, des moyens souvent efficaces d'arriver aux premières dignités de l'état. La fortune exerçait peu d'influence. Les richesses par elles-mêmes n'ajoutaient rien à la considération des magistrats; il était même de bonne politique de ne pas les étaler. Il n'est pas à notre connaissance que le chef de la république, lors même que l'âge ou une santé affaiblie lui faisait désirer ce soulagement, se soit jamais rendu en voiture au conseil qu'il présidait.

Indépendamment de la supériorité morale et industrielle que la religion protestante donne aux peuples qui l'ont adoptée, et qui n'est nulle part aussi sensible qu'en Suisse, pour quiconque passe d'un canton réformé dans un canton catholique, le gouvernement de Berne a dû peut-être à une circonstance particulière de son système électoral, sa prééminence sur ceux des cités de Lucerne, de Fribourg et de Soleure, d'ailleurs si parfaitement analogues d'origine, d'éléments et de constitution. Tandis que les gouvernements de ces derniers cantons remplaçaient leurs membres démissionnaires ou décédés au fur et à mesure des vacances, le grand-conseil de Berne ne se complétait que lorsqu'il se trouvait, au bout d'environ dix ans, réduit de près d'un tiers. Les nouveaux élus, la plupart jeunes hommes qui avaient marché avec leur siècle, quelques-uns animés du noble désir de se signaler par des réformes utiles, portaient dans le vieux corps de la magistrature un sang frais, pour ainsi dire, qui le rajeunissait périodiquement et le préservait de la décrépitude.

Parmi les traits qui distinguent honorablement l'aristocratie bernoise, il faut compter l'esprit d'indépendance en matières religieuses, et la dignité qu'elle déploya parfois dans ses rapports avec des princes puissants. Elle accorda un généreux asile aux juges de Charles Ier. Le chef du clergé de Berne, le doyen Hummel, à la tête de la compagnie des professeurs et des pasteurs de la capitale, vint à l'hôtel où le général Ludlow était descendu, pour le complimenter au nom de la république et de l'église protestante, et pour rendre grâces à Dieu de l'avoir mis à l'abri des vengeances de ses ennemis. Protection efficace fut assurée tant à cet illustre proscrit qu'à un de ses compagnons d'exil, fugitif pour la même cause. Les sicaires, soit apostés par les agents des Stuarts, soit excités par un zèle fanatique spontané, rôdèrent vainement autour de la demeure de Ludlow, renouvelant sans cesse leurs tentatives. Couvert des marques d'intérêt que lui donna le sénat de Berne, et entouré de toutes les précautions de la vigilance publique, il réussit à échapper à toutes les entreprises d'enlèvement ou d'assassinat, et mourut en paix dans une maison qu'il habitait à Vevey, au bord du lac Léman, et sur l'entrée de laquelle on lisait encore, vers la fin du dix-huitième siècle, cette inscription sublime, placée par Ludlow lui-même : *Omne solum forti patria, quia patris.*

On ne saurait, sans injustice, passer sous silence les effets heureux de deux maximes du gouvernement bernois, bien qu'elles fussent inspirées par des motifs d'intérêt aristocratique. Ayant une peur instinctive des grands développements de l'industrie et du commerce, qui créent des existences rivales de la classe privilégiée, elle en comprima l'essor ; au moins ne fit-elle rien pour les favoriser. Ses soins de prédilection se portèrent constamment sur l'agriculture, et préservèrent ses sujets de ces crises douloureuses qui, presque périodiquement, font payer si cher aux pays d'industrie les années de prospérité dont ils ont joui, et les mettent à la merci des changements qui peuvent survenir dans les besoins de l'étranger ou dans ses principes d'économie politique.

Le régime municipal, la conservation et l'accroissement des ressources de ces bourgeoisies, qui forment en Suisse les éléments de l'ordre social, trouvèrent dans le patriciat bernois des tuteurs intelligents et fidèles. On connaît peu et mal l'organisation communale des Suisses. Cependant, aux yeux des hommes les moins disposés à s'inquiéter de l'avenir, tout ce qui peut servir à donner une heureuse issue à la lutte engagée entre les prolétaires et les actionnaires de l'entreprise sociale, mérite d'être pris en sérieuse considération. L'introduction du régime communal, propre à la Suisse depuis des siècles, dans les pays où les individus dénués de ressources sont abandonnés à la commisération publique, offre peut-être aux états qui sont ébranlés dans leurs bases par les suites actuelles ou imminentes de cette lutte, le moyen le plus sûr d'en éviter ou d'en amortir au moins les funestes chances. D'après les lois fondamentales de l'ordre social en Suisse, chaque paroisse doit à ceux de ses ressortissants qui sont destitués de moyens de subsistance ou d'éducation, l'acquittement loyal de ces deux dettes criantes de la société. La commune remplit, par obligation indispensable, les devoirs de tuteur et de père envers les citoyens de tout âge qui sont fondés à recourir à son assistance. Lorsque les propriétés communales ne suffisent pas à l'accomplissement de cette tâche, les fonds nécessaires sont fournis par des cotisations que la loi détermine. La direction et l'emploi des ressources, dont les magistrats municipaux disposent dans ce but, sont généralement si bien réglés que les vices inhérents à la taxe des pauvres en Angleterre ont été ou entièrement évités ou combattus avec succès dans l'administration des revenus des communes helvétiques. L'ancien gouvernement de Berne s'était paternellement occupé du maintien et de l'amélioration d'un régime qui a reçu le complément de son perfectionnement dans le canton d'Argovie, héritier de ce que son ancienne métropole avait fait ou essayé pour la prospérité du pays. Le régime communal de ce nouveau canton[1], démembrement de l'ancien canton de Berne, devra être pris pour modèle par tous les peuples qui voudront se préserver du fléau du paupérisme et satisfaire pleinement aux sentiments de l'humanité.

En résumé, il faut rendre au patriciat bernois la justice de dire que son administration soignait avec douceur et bienveillance le bien-être matériel des sujets, pourvu que ceux-ci se contentassent de recevoir à titre de bienfaits ou comme preuves de clémence, ce que, dans les pays libres, le citoyen réclame comme paiement d'une dette ou jouissance d'un droit. Il fallait aussi qu'ils s'abstinssent de tout contrôle sur les actes du gouvernement et sur l'emploi des deniers publics. Jamais régence ne fut plus antipathique à toute espèce de publicité et même de critique bienveillante que ne s'est montrée, jusqu'à la fin, la régence bernoise. Persuadée de la sagesse de la constitution de l'état, telle que les usurpations l'avaient faite, elle y trouvait toutes les garanties de liberté et de justice que le peuple pouvait raisonnablement désirer.

On ne saurait méconnaître la ressemblance, frappante sous ce rapport, de la politique bernoise avec celle que l'Autriche suit dans ses états allemands, et qu'on a bien caractérisée en disant qu'elle n'avait pas la moindre prétention à l'influence morale, qu'elle ne cherchait pas à agir sur l'imagination des peuples, que l'éloge même lui était suspect, parcequ'il supposait la possibilité du blâme, qu'elle demandait qu'on ne parlât d'elle ni en bien ni en mal. Quand les Lettres du professeur Meiners de Goettingue sur la Suisse, où les institutions et l'administration

---

[1] C'est M. Reugger, ancien ministre de l'intérieur de la République helvétique, qui a projeté et réalisé ces perfectionnements, pendant qu'il prenait part à l'administration suprême du canton d'Argovie.

bernoises étaient louées presque sans restriction, parurent en 1788, l'aristocratie de Berne se montra peu satisfaite de ce panégyrique. « De » quoi se mêle cet impertinent? disait-on; nous n'avons aucun besoin » de ses éloges! » En ce point, toutes les aristocraties se ressemblent, comme aussi dans le soin qu'elles prennent de la vie matérielle de leurs peuples. Elles leur disent : « Vivez bien, nous vous faciliterons tous les » moyens de jouissances sensuelles; mais gardez-vous d'aspirer à la » participation aux affaires publiques. Nous sommes l'état; notre admi- » nistration est l'arche sainte dont aucun profane ne doit approcher. »

Nous avons déjà présenté les traits principaux de la constitution bernoise; mais on ne les comprendrait qu'imparfaitement si nous n'en complétions l'appréciation par quelques détails organiques, qui feront mieux saisir les altérations qu'elle subit par l'influence usurpatrice des dépositaires de l'autorité.

Il ne faut pas oublier que, d'après la charte qui constitua la cité, la souveraineté résidait dans la bourgeoisie, c'est-à-dire dans les propriétaires de maisons et ceux des habitants qu'une branche d'industrie avait fait admettre dans une des corporations d'arts et métiers désignées à Berne, en allemand, sous le titre d'associations, et, en français, sous le nom bizarre d'abbayes, mais mieux caractérisées par le nom de tribus, en usage à Zurich. Dans les conjonctures graves, l'universalité des citoyens s'assemblait pour délibérer en commun. L'administration ordinaire et les soins que réclamaient les affaires courantes, étaient, ainsi qu'il a été dit, confiés à deux Conseils : l'un appelé Petit-Conseil ou Conseil quotidien, plus tard distingué par le nom de Sénat, et dont les vingt-sept membres formaient le véritable gouvernement; l'autre appelé Grand-Conseil ou Conseil souverain, composé de deux cents membres, et chargé du contrôle des actes du Petit-Conseil, en matière de législation et de finances. C'était *au nom de la ville de Berne* que les Conseils prononçaient leurs décrets. La ville elle-même était l'assemblée des bourgeois, parmi lesquels on choisissait les magistrats, et dont le nombre n'était point limité. Tout étranger apportant une industrie, ou faisant, dans la ville, l'acquisition d'une propriété foncière, jouissait des droits de citoyen. Les rôles de contributions dressés au quatorzième et au quinzième siècle font mention de vingt et de trente mille bourgeois. Ainsi, point de monopole électoral, point de classe privilégiée. Les dépositaires de l'autorité relevaient de l'ensemble des confréries industrielles, des *bourgeois* ou artisans et hommes libres, organisés pour la défense commune dans l'enceinte du bourg, ou lieu fortifié offrant aux habitants sûreté pour l'exercice de leur profession et la libre jouissance de leurs biens.

Pour colorer la suprématie ou plutôt le droit de propriétaire que la ville de Berne s'arrogeait sur ses anciens sujets, les écrivains, défenseurs de ses prétentions, ont soutenu qu'elle avait acheté successivement, de ses deniers, les seigneuries et les portions de territoire qui formaient la partie allemande de l'ancien canton. Des faits décisifs donnent un démenti formel à ces assertions.

Les familles bourgeoises, aujourd'hui existantes, sont réduites au nombre de deux cent soixante-treize. Comment serait-il possible d'expliquer cette extinction, si les descendants des vingt mille bourgeois portés sur les registres de l'impôt, au quatorzième et au quinzième siècle, n'avaient pas été, dans leur postérité, frappés d'exclusion des droits de citoyens actifs, soit parceque, dispersés dans leurs demeures rurales, ils ne prenaient aucune part personnelle aux affaires de la ville, soit parcequ'après la réforme religieuse qui enrichit l'état, le gouvernement ne se vit plus dans la nécessité de recourir à des subventions directes? Trouvant désormais, dans les impôts de consommation qu'il lui fut aisé d'établir et d'augmenter en proportion de la prospérité croissante, le complément des revenus nécessaires aux services publics, il put se dispenser de faire un appel à la bourse des citoyens, et réussit ainsi à affaiblir le souvenir de droits politiques qu'une nouvelle assiette des impôts directs aurait réveillé.

Aux temps où Berne déploie le plus d'énergie publique et entreprend les conquêtes les plus brillantes, nous voyons des hommes originaires de diverses parties de son territoire, ou même des étrangers, revêtus des plus importantes dignités de l'état. Le peintre le plus fidèle, l'habile et naïf historien d'une lutte décisive entre les chevaliers et les bourgeois, le chancelier Thuring Frickhard, était de Brougg, en Argovie; le greffier Valérius Anshelme, auteur d'une chronique estimée, était de Rothweil; l'avoyer Hofmeister était natif de Bienne.

Toutes les fois que les annalistes font mention de dettes contractées par la ville de Berne dans des intérêts de défense ou d'acquisitions, ils parlent d'impôts assis sur la ville et sur le pays, et continués durant plusieurs années, à l'effet de libérer le gouvernement envers ses créanciers[1]. Une contribution, frappant indistinctement les habitants de la ville et ceux des campagnes, eut, pendant cinq ans, spécialement pour objet la liquidation d'un emprunt hypothécaire contracté à l'époque de l'incorporation de l'Argovie.

L'usage, conservé jusqu'en 1798, de convoquer les membres du grand-conseil au son des cloches, qui retentissaient au loin dans les environs pendant près d'une demi-heure, ne rappelait-il pas aussi le temps où ces délégués de la ville demeuraient hors des murs disséminés dans la campagne?

Dans l'idiome vulgaire, on disait : *z'Burgere schla'sonner*, on convoque à coups de cloche le conseil souverain. C'est ainsi que la langue usuelle, en perpétuant le souvenir des institutions primitives, dénonçait des altérations qui en avaient dénaturé l'esprit et perverti le véritable sens.

Nous pourrions citer plusieurs autres faits, qui, joints aux circonstances et aux textes que nous avons allégués, ne laissent aucun doute sur l'absence primordiale de tout principe exclusif dans l'exercice des droits politiques. Mais ce que nous avons dit prouve suffisamment que, pendant des siècles, la base de l'ordre social dans la cité de Berne resta large, se prêtant à toute extension commandée par de nouveaux besoins ou réclamée par les progrès de la civilisation.

Aussi fut-elle respectée tant que les dangers de l'état et l'esprit public, qu'ils avaient créé, ne portèrent aux postes éminents que les hommes honorés de la confiance de leurs concitoyens, et que ces emplois eux-mêmes ne présentèrent aucun appât à la cupidité. Quand la république, affermie et florissante, offrit aux candidats un salaire élevé et les jouissances paisibles de l'autorité, la foule des compétiteurs s'accrut, et les calculs de l'avidité et de l'amour-propre amortirent l'esprit public. Un

---

[1] *Chronique de Instinger*, page 209. *Chronique de Anshelme*, tome I, page 549 et suivantes. — Les impôts extraordinaires auxquels le Sénat eut recours, en 1385, pour le paiement de cent mille florins, prix de l'acquisition de Thoune et de Burgdorf et frais d'armement remboursés aux alliés de Berne dans une guerre avec le comte de Kybourg, provoquèrent un soulèvement de la bourgeoisie. S'étant assemblée et constituée en commune, elle déposa le Sénat tout entier, en créa un autre et dressa un acte, daté du 11 novembre 1384, qui devait mettre en vigueur une organisation nouvelle sur le modèle de la charte primitive. Cependant la plupart des sénateurs destitués ne tardèrent pas à être rappelés à leurs fonctions.

système exclusif écarta de plus en plus les concurrents tant actuels que futurs. Des vues progressivement plus étroites succédèrent au principe vital d'élection libre, et conduisirent à l'hérédité du gouvernement dans quelques familles.

Les mandataires, qui ne voulaient plus de commettants, ni de juges, ni de convives trop nombreux au banquet défrayé par le peuple, rendirent d'abord plus difficile l'adoption de nouveaux bourgeois, puis la réduisirent à des cas exceptionnels qui équivalaient à une clôture définitive d'éligibles héréditaires. Enhardis par cette abrogation impunie de l'article principal de la loi constitutive de l'état, et se confondant de plus en plus avec l'ordre social, soit dans l'opinion de la multitude, indifférente aux essais d'usurpation, soit dans leur propre idée, et avec une certaine bonne foi de cet égoïsme politique qui, sous tous les régimes, identifie instinctivement les intérêts privés des gouvernants avec leurs devoirs d'hommes publics, les patriciens de fait se sentirent assez forts pour exclure des conseils de la république les patriciens de droit. Au dix-septième siècle, bon nombre de ceux-ci, soit par insouciance, soit défaut de chances favorables, plusieurs par suite d'un séjour prolongé à la campagne, se trouvèrent privés de représentants de leurs droits dans le gouvernement. Toutefois, le souvenir de ces droits, planant sur les opérations électorales, usurpées par les conseils, condamna toujours à de grands ménagements les familles qui s'étaient mises en possession des pouvoirs, et leur imposa parfois l'adoption exceptionnelle d'individus isolés, tirés des patriciens déshérités, comme en expiation du monopole politique que les patriciens en puissance s'étaient arrogé.

Supprimant tous les détails, d'ailleurs fort curieux, dans lesquels sont entrés les voyageurs et les auteurs de statistiques, nous n'offrirons à nos lecteurs que les traits saillants d'un régime qui désormais appartient à l'histoire ou aux convulsions réactionnaires d'une aristocratie impossible à ressusciter sous ses anciennes formes.

Le conseil des deux-cents, qui n'était originairement, comme nous l'avons dit, que l'assemblée des délégués de la communauté de Berne tout entière, réunissait le pouvoir législatif aux pouvoirs judiciaire, administratif et électoral souverain. Il choisissait dans son sein les membres du conseil-d'état ou petit-conseil, nommait à toutes les places de haute administration, jugeait en dernière instance les causes criminelles emportant peine capitale, avait l'initiative et la sanction de toutes les lois, et se faisait rendre compte de leur gestion par les autres autorités constituées. Il semblait être aussi, en matières religieuses, revêtu de la dignité de l'épiscopat suprême depuis l'époque de la réforme religieuse où il s'était emparé de la direction des affaires ecclésiastiques. Les fonctions des membres du grand-conseil étaient gratuites, sauf les faibles émoluments attribués aux commissions administratives et aux tribunaux civils, à la direction des écoles et du culte, ainsi qu'à la cour instituée pour les affaires matrimoniales et la répression des délits contre les mœurs, tribunal spécial où des pasteurs et des professeurs siégeaient avec les membres laïcs. Leur indemnité réelle provenait du revenu des bailliages ou gouvernements, dont l'ensemble composait le territoire de la république. Depuis la confiscation des biens du clergé romain, la plupart de ces places administratives, tirées au sort pour six ans de durée, étaient devenues des sources de richesses pour les familles de ceux qui les occupaient; et, comme elles étaient assez nombreuses pour qu'aucun des membres du grand-conseil n'eût à craindre de ne pas devenir bailli tôt ou tard, on conçoit le prix que les familles patriciennes devaient mettre à avoir le plus grand nombre possible de représentants dans le conseil souverain. S'y frayer un accès était donc l'objet de l'ambition de tout patricien; s'en assurer l'entrée, le soin principal de ses parents, et le point de mire vers lequel étaient dirigées de longue main toutes les relations d'affaires et de famille. Pour cela, il fallait pouvoir compter d'avance sur les suffrages du collège électoral, auquel les lois avaient confié la mission de compléter le grand-conseil, lorsqu'un certain nombre de sièges y seraient devenus vacants.

Ce collège était formé de deux éléments : des vingt-sept membres du petit-conseil, en charge au moment de l'élection, et de seize délégués des corporations dans lesquelles était distribuée la bourgeoisie. Par des concessions faciles à expliquer, chacun de ces électeurs avait la faculté d'obliger ses collègues à nommer le candidat qu'il avait désigné. La même prérogative avait été attribuée aux deux membres du conseil souverain qui, à l'époque de cette grande opération électorale, remplissaient les fonctions de lieutenant de police criminelle et de gouverneur de l'hôtel où siégeaient les autorités; on avait aussi reconnu aux avoyers le droit de faire agréer deux candidats simultanément. Voilà donc en tout quarante-sept membres du souverain conseil créés par la volonté individuelle des magistrats qui composaient le corps électoral. Mais, comme nous l'avons dit, il y avait ordinairement à peu près quatre-vingts places auxquelles ce corps était chargé de pourvoir à la fois, ce qui, déduction faite des quarante-sept choix forcés, laissait aux chances du scrutin environ une trentaine de candidats. La majorité des suffrages, nécessaire pour leur succès, ouvrait une large porte aux calculs, aux intrigues, aux moyens d'influence dont disposaient les grandes familles. On appelait ainsi les familles qui comptaient le plus de membres dans le grand-conseil, et qui avaient fourni, soit dans le moment présent, soit dans le passé, le plus de titulaires aux premières charges de l'état. Les six familles nobles qui avaient la préséance dans le petit-conseil sur les autres sénateurs non dignitaires, appartenaient à cette classe. Voici leurs noms : d'Erlach, de Diesbach, de Watteville, de Bonstetten, de Mülinen et de Luternau.

Les petites familles étant à la merci des grandes, sur les soixante-quatorze familles qui siégeaient dans le conseil souverain, celles qui n'y comptaient qu'un ou deux membres, ou qui n'avaient pas contracté des alliances avec les familles du premier rang, n'obtenaient ou ne conservaient leurs places dans le grand-conseil que sous le bon plaisir des familles prépondérantes. Aussi, se ménager la bienveillance de leurs membres, s'y faire d'avance des patrons et des protecteurs pour l'époque décisive du sort d'un Bernois, c'est-à-dire pour la crise décennale du recrutement du conseil souverain, était pour les individus de familles d'un rang subalterne le but d'efforts, de complaisances, de travaux soutenus dans les bureaux de l'administration, et souvent méritoires par leurs résultats pour le service public. On doit aussi reconnaître dans les familles de haut rang cette modération, que Montesquieu a dite être le caractère des aristocraties, une certaine retenue dans l'usage qu'elles faisaient de leur puissance, et une disposition à compenser, par l'absence de tout faste qui aurait pu blesser la vanité des sujets, et par des concessions spontanées, leur prééminence dans l'état. Ne laissant pas tomber au-dessous de soixante-quatorze le nombre des familles ayant part au gouvernement, elles le préservèrent du reproche d'une oligarchie trop étroite. Quelquefois elles y admettaient un homme nouveau, c'est-à-dire un bourgeois patricien de droit, mais appartenant à une famille exclue de fait de toutes fonctions élevées[1]. Des formes d'apparence libérale, des précautions qui, dans l'origine, avaient été dictées par le désir d'enchaîner les électeurs à leurs devoirs envers le pays, n'avaient jamais cessé d'être suivies au temps des opérations du grand collège électoral, toujours fixées aux jours les plus solennels de l'église chrétienne. Dans la matinée du mercredi avant Pâques, les *seizeniers*, c'est-à-dire les seize députés des tribus (quatre de ces corporations, les boulangers, les bouchers, les tisserands et les tanneurs, en déléguaient chacun deux), étaient désignés par le sort la veille du jour où l'institution de la Sainte-Cène devait être célébrée. Les élections se faisaient le vendredi-saint, consacré à la mémoire du plus grand acte de dévouement que l'amour divin ait inspiré pour le bien des hommes. Le lendemain de la fête de Pâques, le grand-conseil recevait dans son sein les nouveaux élus, après que le *grabeau* avait été terminé. Ce nom est moins étrange que l'opération qu'il indique, et qui mérite une mention particulière, ne fût-ce qu'à titre de nouvelle preuve que les plus admirables institutions, fondées pour le maintien de la liberté, dégénèrent en cérémonies dérisoires, lorsque l'esprit qui préside à leur établissement n'existe plus.

Le lundi de Pâques, les membres du grand-conseil, après avoir assisté à un sermon prononcé par le chef du clergé, se rendaient à pied au lieu ordinaire de leurs séances ; et là, tous successivement, depuis l'avoyer régnant jusqu'au plus jeune des conseillers, ils se soumettaient au *grabeau*, en d'autres termes, à l'examen de leur conduite et à une réélection ou à une exclusion, déterminée par l'impression que cet examen aurait laissée dans les esprits ; c'était la seule fois dans l'année où ils paraissaient en corps en public. Qui est-ce qui ne verrait pas dans cet usage une garantie infaillible contre tout abus de pouvoir ? Et qui oserait soutenir qu'il fût absolument sans utilité, même dans les temps de mœurs faciles et d'omnipotence aristocratique ? Hélas ! il n'en est pas moins vrai que le *grabeau*, qui nous transporterait d'enthousiasme dans Plutarque, était devenu une vaine formalité, n'ayant pour effet que le malaise et la déception qu'elle devait donner aux hommes consciencieux. C'est ainsi que les liens les mieux tissus qu'eût préparés la piété prévoyante d'aïeux, loyaux serviteurs de la chose publique, perdirent toute force dans les

---

[1] En 1854 on comptait deux cent soixante-treize familles bourgeoises, dont trente étaient réduites à un seul individu.

mains de neveux dégénérés. Qu'auraient-ils dit, ces aïeux, s'ils avaient été témoins des scènes de douleurs domestiques, des intrigues déplorables, des trafics honteux et des transactions avilissantes que le soleil du jeudi et du vendredi-saint éclairait à chaque retour d'une réélection générale! Assistant aux pleurs, aux menaces, aux négociations du foyer domestique, ils eussent entendu le père déclarer à sa fille chérie que, favorisé par le sort, il venait d'être reconnu seizenier, qu'il avait un béret (*baretli*, chapeau officiel des membres du conseil souverain) à sa disposition, que c'était la seule dot qu'il pût lui donner, qu'elle devait renoncer au jeune homme qu'elle préférait, et accepter pour époux l'homme riche qui se présentait, et qui n'avait d'autre chance d'être élu que de prendre sa main avec le chapeau de magistrat que le tirage au sort de la matinée mettait au pouvoir du père¹.

Plus il serait facile de multiplier les traits lamentables ou grotesques dont on formerait ce tableau et de le charger des plus sombres couleurs, plus nous devons être sobres de détails et équitables dans nos jugements. Les déchirements de cœur, inséparables de ces crises électorales, n'étaient pas, grâce à l'instabilité des affections humaines et aux adoucissements apportés par les prévisions de famille ou les circonstances de fortune, aussi cruels et aussi nombreux qu'on pourrait le supposer.

Au reste, quelles que soient les compensations que les institutions les plus vicieuses et les usages les plus déraisonnables trouvent dans les habitudes et les chances de la vie réelle, il n'en résulte pas moins de notre exposé succinct, mais fidèle, de l'ancien régime bernois, que le monopole du pouvoir et de toutes les places lucratives en était devenu le principe et le ressort principal. Si les maux qui découlent nécessairement d'un pareil ordre de choses, ou plutôt d'un pareil désordre, se firent moins sentir à Berne que dans des états régis par les mêmes maximes, on en est redevable, d'un côté, au fonds de rectitude et de raison pratique qui n'a cessé d'honorer le caractère bernois; de l'autre, à quelques traditions gouvernementales qu'on ne saurait trop recommander aux peuples qui se croient les plus avancés dans la carrière de la liberté.

¹ M. de Bonstetten présente, dans ses *Souvenirs* (pages 19 et suiv.), le côté plaisant de ces péripéties domestiques. « Rien, dit-il, de plus amusant, que ces mariages improvisés, qui mettaient tout-à-coup » en évidence les figures les plus inconnues; on en a fait le sujet d'une comédie. » — « A l'époque des » élections, qui se faisaient à peu près tous les dix ans, la ville de Berne était un grand conclave où » tous les intérêts de famille étaient discutés et combinés comme sur un échiquier. »

¹ Aucune décision n'était portée, aucune nomination de fonctionnaires arrêtée qu'à la majorité des membres formant l'autorité compétente ; c'était collégialement, après mûre délibération, et après avoir consulté le comité ou la direction que l'objet regardait plus particulièrement, que toute mesure était prise définitivement. Des hommes puissants, le gouvernement lui-même, paraissaient-ils avoir abusé de leur pouvoir, et leur crédit faisait-il reculer le dénonciateur devant les coupables, deux magistrats étaient, en vertu de leur charge, et sous le sceau d'un serment inviolable, obligés de prêter leur organe au censeur. Ce devoir était dévolu aux deux plus jeunes sénateurs, lesquels ne pouvaient encore être imbus de l'esprit de corps, inhérent à une compagnie de vieillards exerçant le pouvoir suprême presque héréditairement. C'est à la jeunesse, encore accessible aux mouvements d'une généreuse indignation et d'un patriotisme courageux, qu'une si noble tâche avait été confiée par les fondateurs de cette institution toute républicaine.

Il n'est pas étonnant qu'une aristocratie aussi fortement constituée que celle dont nous avons cherché à donner une idée, ait long-temps résisté aux vices de son organisation et aux attaques de son ennemi. Avant la crise qu'amena la révolution française en 1798, et qui renversa en Suisse les gouvernements de monopole, celui de Berne était sorti victorieux de deux insurrections : la première fut sérieuse ; c'était une révolte générale des gens de la campagne qui avait éclaté au milieu du dix-septième siècle ; elle fut comprimée avec le secours de confédérés unis par la convention de Stantz, laquelle avait rendu tous les cantons solidaires du maintien des régences établies. L'autre, postérieure d'un siècle, et en elle-même assez insignifiante, fut pourtant remarquable par la mort courageuse de son chef, et par la réponse pleine de sens que les campagnes, appelées à seconder les projets des conjurés, opposèrent aux sollicitations des conspirateurs. Henri, le plus marquant des bourgeois de Berne qui avaient, en 1749, formé le complot de déposséder les patriciens en jouissance au profit des patriciens exclus, déploya un caractère héroïque ; ce caractère ne se démentit pas jusque sur le billot. Se retournant vers l'exécuteur, dont la main tremblante l'avait blessé plusieurs fois, et grièvement, avant de pouvoir lui abattre la tête, Henri lui dit avec calme : « Tu exécutes » comme tes maîtres jugent. » L'expression dont il se servit renferme un calembour sublime : *Du richten wie deine herren* : Tu juges comme tes maîtres; le mot *richten*, dans l'idiome bernois, pouvant s'appliquer également à la sentence rendue et à l'exécution du jugement.

Vainement les conjurés avaient cherché à entraîner dans leur complot les habitants de l'Emmenthal, contrée qu'on supposait avoir gardé du ressentiment de la manière dont elle avait été traitée au dix-septième siècle. Comme on les pressait de faire cause commune avec la bourgeoisie mécontente, ils répondirent avec rudesse : « Nous avons enrichi nos » maîtres actuels, nous ne nous soucions pas d'en engraisser d'autres. »

A dater de 1798, la ville de Berne, dépouillée de son droit de souveraineté exclusive sur le canton qui lui était soumis, entre dans le mouvement général des affaires de la Suisse, en qualité de résidence des autorités nouvelles et des hommes qui provoquèrent, contrarièrent ou dirigèrent ce mouvement. L'histoire des évènements qui suivirent cette époque appartient à la confédération helvétique tout entière, et devient étrangère à une monographie qui a pour objet le chef-lieu de l'ancien état de Berne. Désormais les efforts et les ressources des patriciens bernois s'épuisent en tentatives pour ressaisir leur domination sur l'ancien territoire de Berne, tentatives couronnées de quelques succès momentanés, mais, en résultat, infructueuses pour le but que le patriciat voulait atteindre, et, par leur effet irritant sur ses anciens sujets, plutôt favorables que nuisibles au développement et à l'adoption de plus en plus générale de principes sociaux opposés au monopole politique, dont la cité souveraine était restée si long-temps en possession.

Toutefois, pour compléter notre résumé historique des principaux faits qui concernent la ville de Berne particulièrement, nous ne saurions nous dispenser d'indiquer en peu de mots ce que les dernières révolutions ont apporté de changements dans son aspect et dans la destinée de ses habitants.

Le 5 mars 1798 fut le malheureux jour où cette fière cité, qu'aucun ennemi n'avait, depuis sa fondation, souillée de sa présence, et dont Haller avait pu chanter[1], peu d'années auparavant, les *remparts vierges*, ouvrit ses

---

[1] M. Simond porte à quinze millions le montant du trésor de Berne, qui était enfoui dans les caves de l'Hôtel-de-Ville, et qui fut la proie du vainqueur. A la vérité, M. Thiers (*Histoire de la Révolution française*, tome IX) n'évalue qu'à six millions cette partie du butin de l'armée conquérante, et ce sont, en effet, les seuls dont il ait été rendu un compte régulier. Mais connaissant la source où M. Simond a puisé ses renseignements, j'ai tout lieu de croire son indication approximativement exacte. Voyez son *Voyage en Suisse*, tome II, page 522.

portes à une armée française, qu'elle n'eût jamais vue, si le gouvernement de Berne avait rempli les devoirs d'un pilote habile et courageux. L'évènement n'est assurément, en morale privée, jamais la mesure de l'éloge ou du blâme qui s'attache à la conduite de l'individu : succomber est quelquefois sa plus grande gloire, comme réussir une infamie. Il n'en est pas de même des gouvernants. Lorsqu'en succombant ils entraînent leurs sujets dans une catastrophe commune, ce n'est pas seulement un malheur, c'est toujours une faute, souvent un crime; ils se dénoncent eux-mêmes comme inférieurs à leur tâche, comme incapables de remplir la mission qui leur était confiée. Il eût été facile au patriciat bernois de conjurer l'orage qui grondait sur la Suisse occidentale long-temps avant qu'il éclatât; mais, pour cela, il aurait fallu réunir à une connaissance de l'époque et à une habileté politique que n'avaient pas les chefs de l'aristocratie, une élévation d'âme, une absence d'esprit de corps et un dévouement au bien public qu'il serait peu équitable de demander à une corporation privilégiée pleine de vie et d'illusions. Le gouvernement de Berne attendit jusqu'à la dernière extrémité (au 3 février 1798) pour se concilier l'affection de ses peuples. Le décret qu'il rendit ce jour-là semble annoncer une complète régénération politique, une espèce de 4 août. Le Conseil souverain appelle au partage de l'autorité des délégués du pays; mais ce ne sont évidemment que des notables qu'il s'associe comme auxiliaires, et nullement les représentants du peuple qu'il convoque pour qu'ils avisent avec indépendance aux moyens de sauver la patrie.

Ce n'est pas ainsi qu'en auraient agi les Bubenberg et les d'Erlach dans les siècles héroïques. Au triste plaisir de concentrer l'autorité dans les mains d'un petit nombre de privilégiés, ils préférèrent la gloire de devoir leur élévation à l'estime de leurs concitoyens, et le salut de tous au concours de tous. Empressés de mettre en commun et leurs moyens et leurs droits, ils n'avaient jamais trop de coopérateurs, trop d'auxiliaires, trop d'amis. Une pleine confiance dans les sentiments de leurs frères d'armes et de leurs co-associés dans la défense de la patrie, les avait portés à maintenir la base large sur laquelle reposait le régime primordial de leur cité. Lorsqu'il y allait de son honneur et de sa liberté, ils appelaient à son secours l'émulation de toutes les classes et l'énergie de toutes les volontés. Je ne puis m'empêcher de citer ici les expressions d'un homme d'état dont l'âme brûlante de patriotisme et le noble dévouement à la cause de la liberté, auraient certainement été mieux appréciés par les Bubenberg et les d'Erlach du treizième et du quatorzième siècle, qu'il n'a pu l'être par leurs descendants, héritiers de leur pouvoir, mais non de leur politique généreuse :

« Ces patriarches vénérés de votre ville natale, » dit M. le général de Laharpe en s'adressant à un patricien bernois que le conseil secret de Berne avait envoyé auprès de l'ami alors puissant de l'empereur Alexandre, « qui s'exposèrent aux chances périlleuses de la bataille de Laupen pour » maintenir le libre concours des citoyens, et qui firent reposer la puis- » sance bernoise sur le droit de se les associer, se reconnaîtraient-ils dans » ces apôtres d'un patriciat exclusif qui veulent relever la bannière qui » séparait en Suisse les gouvernants des gouvernés ?... »

« Notre indépendance et notre liberté, » dit-il plus loin, « ne peuvent » être défendues que par les baïonnettes d'un peuple combattant pour ses » plus chers intérêts : *pro aris et focis.* »

L'aristocratie bernoise, victime de son entêtement et abattue par une force majeure, après avoir disparu de la scène pendant trois ou quatre ans, s'y montra de nouveau en 1802. Le premier consul de la république française avait, à cette époque, pris la résolution de retirer les troupes françaises qui, depuis l'invasion de 1798, étaient restées en Suisse. Il eut toutefois le procédé de demander au gouvernement helvétique si cette évacuation, tant désirée par les Suisses, pouvait s'effectuer sur-le-champ sans compromettre le repos du pays. Le ministre helvétique, à Paris, manifesta franchement toute la joie que cette communication lui faisait éprouver, et conjura, par lettres officielles et particulières, le gouvernement helvétique et les membres avec lesquels il entretenait des relations d'intimité, d'accepter l'offre du premier consul, quel que fût le résultat qu'elle pût entraîner. Le directoire chargea son ministre de répondre dans ce sens, et il le fit. Un écrivain français, qui a publié une histoire de la révolution helvétique[1], s'exprime de manière à faire croire que des représentations furent adressées à Bonaparte par ce ministre pour l'engager à différer le rappel des troupes françaises. C'est une grave erreur. L'auteur de cette notice sur Berne, qui, par sa position, fut l'intermédiaire des communications entre les deux gouvernements relatives à cette

---

[1] M. Raoul-Rochette (Paris, 1823).

affaire, déclare ici que l'assertion de l'historien est entièrement contraire aux faits et aux documents que chacun peut consulter dans les archives helvétiques. Le directoire donna à son envoyé l'ordre de remercier le premier consul d'un rappel qui comblait les vœux de tous les Suisses attachés à l'indépendance de leur pays.

Si l'aristocratie avait été animée des sentiments qui dictèrent la conduite du gouvernement helvétique, elle l'aurait aidé à déjouer les projets de Bonaparte, qui comptait évidemment sur l'explosion de discordes civiles favorables à ses desseins. En usant de leur ascendant pour calmer les esprits et pour maintenir l'ordre, les patriciens se seraient ménagé le moyen de s'accorder avec le gouvernement central de la Suisse sur des arrangements qui auraient rapproché les partis et contenté le pays sans courir les chances d'une guerre civile, et sans offrir au premier consul l'occasion qu'il cherchait de dicter ses volontés aux cantons. L'aristocratie ne montra ni cette sagesse ni ces sentiments d'abnégation patriotique qui l'auraient honorée à jamais.

Afin de se procurer le plaisir de voir le gouvernement central humilié, elle suscita des troubles, qui ne pouvaient aboutir qu'à une intervention étrangère dans les affaires domestiques des cantons. L'insurrection contre le directoire helvétique, insurrection dont Berne fut l'âme, fournit à l'homme qui alors était l'arbitre des destinées de l'Europe occidentale, une belle occasion de s'immiscer dans le régime intérieur des Suisses. Heureusement, cet homme, qui ne manquait ni de grandeur d'âme, ni de vues d'avenir quand son pouvoir dictatorial en France était hors de question, ne se prévalut pas des chances d'agrandissement que lui offrait la folie des réactionnaires suisses; il reconstitua l'Helvétie avec sagesse, en lui ôtant toutefois les moyens de prendre quelque consistance politique. Le régime qui résulta de sa médiation entre les partis dissidents, favorable au développement de la liberté civile, et devenu très-populaire après dix ans de durée, cessa de convenir à l'aristocratie bernoise du moment où l'espoir de ressusciter leur monopole politique s'offrit à ses meneurs.

Repoussant le généreux respect pour la neutralité de la Suisse et pour l'inviolabilité de son territoire, qu'Alexandre voulait faire prévaloir dans les conseils des puissances coalisées, le patriciat bernois préféra l'occupation étrangère au désagrément de voir se consolider un ordre de choses qui avait gagné l'affection des peuples par une garantie réelle. Les Bernois, s'aidant d'un agent équivoque de l'étranger, nommé Senft Pilsach, qui se donnait pour avoir la pensée secrète des alliés, facilitèrent à l'armée autrichienne l'entrée en Suisse, renversèrent le gouvernement établi, auquel ils avaient en majeure partie prêté eux-mêmes serment, et eurent ensuite toute facilité pour faire sanctionner à Vienne une constitution cantonale, qui, sous les formes décevantes d'un système représentatif bâtard, remettait les familles patriciennes en possession du pouvoir suprême sans autres limites que celles qui résultaient des mœurs et des progrès de la civilisation, en un mot, sans véritables garanties.

Rendus à leurs habitudes de domination arbitraire et de régime paternellement soporifique, les patriciens bernois se crurent plus affermis que jamais sur leurs chaises curules. A l'exception de quelques mesures favorables aux études et à des branches secondaires de l'administration, nous les voyons recommencer la même série de fautes qui préparèrent ou accélérèrent la chute de leur ancien gouvernement. Haine contre toute publicité, système d'espionnage et de délation organisé dans tous les cantons, confiance donnée aux flatteurs et aux agents salariés, concessions non seulement insuffisantes ou dérisoires, mais plus offensantes pour ceux qui n'en pouvaient profiter (et c'était l'immense majorité) qu'agréables à ceux qui en étaient l'objet; thésaurisation reprise au détriment de la génération vivante, à l'avantage d'un avenir problématique et en dépit de l'expérience de 1798 encore flagrante; en un mot, tous les errements de l'ancien régime furent remis en honneur et en pratique, comme pour constater que l'esprit des restaurateurs était celui de la contre-révolution.

En 1830, les patriciens bernois ne se doutaient pas encore des progrès que les idées et les besoins sociaux avaient faits dans leur pays. Une nombreuse réunion de francs-tireurs ou carabiniers, rassemblés à Berne, en juin 1830, de toutes les parties du canton, et qui firent éclater, sous les yeux même du gouvernement, des vœux unanimes pour de grandes réformes politiques, ne réussit pas à dessiller les yeux des chefs du patriciat. Vinrent les journées de juillet, qui auraient dû faire incliner volontairement les faisceaux et la hache du licteur devant un peuple irrité par des abus de pouvoir, et préparé, par les évènements des quarante dernières années, à des exigences péremptoires et victorieuses. Ce peuple ne demandait point un changement dans le personnel des gouvernants : ils auraient pu conserver l'autorité en élargissant les bases de la constitution du pays.

Vainement des pétitions respectueuses, présentées au gouvernement par d'honorables corps de bourgeoisie, le supplièrent de prendre en salutaire considération les vœux du pays, et d'apporter aux lois électorales les changements réclamés par les nouveaux besoins de la société et indispensables pour le maintien de la tranquillité; elles furent traitées de séditieuses et repoussées avec hauteur. Ces refus, aggravant le poids d'anciens griefs, amenèrent des conférences entre les principaux notables des campagnes. Le 6 janvier 1831 une nombreuse et menaçante réunion de mécontents, accourus de tous les points du pays, se tint à Munsingen, à deux lieues de Berne. On proposa de marcher sur la capitale pour se faire rendre justice par la force. M. Jean Schnell, professeur distingué à l'académie de Berne, eut besoin de tout l'ascendant que son caractère, sa position indépendante et son éloquence lui donnaient pour détourner les mécontents de leur dessein. Dans l'intérêt de la ville qu'il voulait sauver d'un danger imminent, il se servit d'une expression que les patriciens de Berne n'ont pu lui pardonner. S'adressant aux sentiments généreux de ses auditeurs, il s'écria dans la chaleur de l'improvisation : « Comment! » vous vous porteriez à des actes de violence indignes d'hommes qui ont » le sentiment de leur bon droit et de leur puissance? Un lion se plai- » rait-il à déchirer un pauvre petit moineau qu'il tiendrait en son pou- » voir? » Cette image produisit l'effet désiré : le peuple abandonna ses projets d'insurrection.

Si dans cette crise il s'était trouvé un sénateur bernois d'un grand caractère, doué de prévoyance, de résolution, et du talent nécessaire pour faire accepter à ses collègues un plan de réforme propre à satisfaire l'opinion publique, un tel homme se serait indubitablement emparé de la direction du mouvement populaire; et l'an 1831, au lieu d'être témoin d'une agonie du patriciat sans gloire et sans grandeur, l'aurait vu revivre sous des formes rajeunies avec son ancien pouvoir retrempé dans la confiance et la sympathie publique.

Cet homme ne se rencontra point.

Le conseil souverain se retira devant l'orage; mais avec l'espérance de jeter, par son abdication en masse, le parti de la révolution dans des difficultés insurmontables, et d'amener le peuple à supplier ses anciens maîtres de reprendre les rênes du gouvernement. Par une résolution qu'on eût dite improvisée, mais qui fut dictée au conseil des deux-cents par son chef l'avoyer Fischer et les principaux magistrats, une assemblée constituante fut convoquée; c'était un coup de dé. Bien que ce congrès fût en majorité composé de campagnards sans autre éducation politique que celle que la lecture, les entretiens et la réflexion donnent aux hommes d'un sens droit dans des temps de crise, cette assemblée montra dans ses discussions, soumises à la dangereuse épreuve de la publicité, des lumières, une mesure, une intelligence des questions agitées qui remplirent les spectateurs d'étonnement. Les membres même de l'ancien gouvernement, qui assistaient aux débats, firent, à ce sujet, des aveux aussi humiliants pour le conseil souverain, dont ils faisaient partie, qu'honorables pour cette réunion de paysans et de bourgeois des petites villes qui devaient, à les entendre, montrer tant de gaucherie, et forcer le pays, par le ridicule, à revenir volontairement sous l'ancienne tutelle des patriciens.

Des délibérations de ce congrès sortit un projet de constitution qui fut soumis à la sanction du peuple. Acceptée à une immense majorité par des citoyens réunis en assemblées primaires et en collèges électoraux, la nouvelle loi fondamentale offrait encore aux patriciens bernois une occasion belle et légitime de reprendre, sans déception et sans intrigues, tout leur ascendant politique. La plupart des collèges électoraux ne demandaient pas mieux que de porter aux places de députés du canton les bourgeois de la cité ci-devant dominante qui se rallieraient sans arrière-pensée au nouvel ordre de choses. Sans s'être présentés, et sur leur simple réputation de mérite personnel et de moralité, beaucoup de patriciens furent nommés membres du grand-conseil; mais, soit dédain pour une position qui les condamnait à siéger à côté de leurs anciens sujets, soit espoir que leur absence paralyserait le nouveau gouvernement, en le privant des lumières et de l'expérience des seuls hommes capables de lui procurer vie et durée, la plupart des Bernois, appelés à cette tâche par leurs concitoyens des campagnes, repoussèrent ces marques de confiance et d'affection. Ils usaient sans doute de leur droit. Mais ce qui ôte à ce refus toute dignité, c'est leur conduite ultérieure.

Quand ils virent d'une part les nouveaux conseils marcher d'un pas sûr et se consolider, le peuple s'affermir dans la conviction qu'on pouvait se passer d'eux sans dommage pour la chose publique, et d'autre part les notables du pays prendre goût à l'exercice d'une autorité qu'ils auraient naguère confiée volontiers à ses anciens dépositaires aux conditions stipulées dans le nouveau pacte, ils cherchèrent à renverser le gouvernement auquel ils n'avaient pas daigné s'associer. Après avoir vainement essayé d'organiser des soulèvements en ralliant les mécontents et en s'assurant des moyens d'action par des enrôlements clandestins d'aventuriers et de soldats licenciés en France, la faction contre-révolutionnaire tourne, depuis quelque temps, ses regards et ses vœux vers l'étranger. Elle s'attache à effrayer les princes de l'Allemagne sur le danger dont leur avenir est menacé par l'exemple des cantons qui se sont reconstitués sur la base de l'égalité des droits et sur le principe d'élection universellement et périodiquement appliqué à toutes les branches de l'autorité publique; elle s'efforce de montrer l'incompatibilité de pareils gouvernements avec la sécurité des états régis par les traditions historiques et la loi de transmission héréditaire du pouvoir souverain, et représente la Suisse comme plongée déjà dans l'anarchie ou près d'y tomber.

L'invasion de la Savoie, tentée par une petite poignée de pauvres proscrits, quoique réprimée sur-le-champ par les cantons limitrophes et hautement blâmée par la Suisse entière, fournit aux réactionnaires un riche texte de déclamations contre les nouveaux gouvernements; et, dans cette œuvre de dénigrement hypocrite, ils ont été parfaitement secondés par les agents des cabinets du Nord. Naturellement disposés par leurs préjugés de naissance et de situation à sympathiser avec les regrets des ex-patriciens, chez lesquels seuls ils trouvent d'ailleurs les jouissances de luxe et l'élégance de manières, qui sont un besoin de première nécessité pour les gens du monde, ces diplomates ne cessent, dans leurs communications officielles ou privées, de peindre la Suisse comme livrée à une démagogie sans frein, et ses institutions comme subversives de tout ordre et de toute stabilité. Les plébéiens parvenus, que leurs richesses ou leur obséquiosité ont introduits dans la haute classe, voulant payer l'insigne honneur qu'on leur fait de les traiter presque comme des égaux, se signalent par un redoublement de zèle contre-révolutionnaire et de dénonciations anti-nationales. Une réunion insignifiante d'ouvriers allemands aux Preirhoëlzli, près de Berne, a fourni plus récemment un nouvel aliment aux champions de l'aristocratie.

On ne peut se dissimuler les dangers attachés à la position dans laquelle les nouveaux gouvernements de la Suisse ont été placés par ces machinations impies, et par ce système de calomnie qui est plus qu'une sourde hostilité. Nous ne tarderons pas à voir si les ennemis de toute autorité, dont ils n'ont pas le monopole, réussiront à arrêter un peuple sage et inoffensif dans sa marche vers un avenir plus conforme à ses intérêts et à son état moral, ou s'il lui sera donné de jouir d'un ordre civil fondé sur le respect pour les magnifiques dons que Dieu a départis à notre nature, et que la maturité intellectuelle des Suisses les rend plus propres qu'aucun autre peuple du continent européen à exploiter avec un plein succès, sans être menés à la lisière comme des enfants ou tenus en tutelle au-delà d'une évidente majorité.

En vérité, lorsqu'on voit la ligue nobiliaire partout occupée à contrarier le libre développement des facultés humaines et des bienfaits du créateur, on dirait qu'elle a pris, au moral, pour modèle ces grands de Rome qui renfermaient les enfants de leurs esclaves dans des cages assez basses pour contrarier leur croissance en hauteur, et procurer à leurs maîtres, au bout de plusieurs années de torture, le plaisir barbare de posséder de monstrueux nains. Loin de nous l'intention d'attribuer aux réactionnaires des projets d'étouffement raisonné ; nous ne parlons que des effets inévitables de leurs essais rétrogades, et nous savons qu'ils sont désapprouvés par un grand nombre de leurs anciens confrères. Beaucoup de patriciens éclairés, et nous pourrions en nommer de très-distingués, sont les premiers à se promettre d'heureuses conséquences des révolutions qui ont détruit le régime du privilège, et à en attendre une influence salutaire sur la classe même qu'elles ont dépossédée. La nécessité de remplacer les avantages que lui procurait le hasard de la naissance par des titres qui ne s'acquièrent que par l'application et le mérite personnel, excitera la jeunesse bernoise à cultiver les dons que la nature lui a dispensés avec libéralité, et lui fera trouver, dans les fruits du travail et de la concurrence avec ses anciens sujets, une riche compensation de ses pertes. Malheureusement ces vues élevées et justes ne sont pas celles de la masse des privilégiés, et ce sont les masses qui partout font l'opinion d'un corps, et qui imposent à ses chefs mêmes le joug funeste de ses préjugés et de son aveuglement.

M. de Bonstetten a légué en mourant d'excellents conseils à ses compatriotes.

« La vanité et l'orgueil, » dit-il dans ses *Souvenirs*, écrits en 1831, » ont, comme tout sentiment dominant, des points d'attraction et des

» points de répulsion toujours en activité ; de là la susceptibilité des Ber-
» nois qui, dans le flux et dans le reflux de leurs prétentions, sont par-
» tout sur le *qui vive*. Les Bernois instruits ou spirituels y étaient peu
» sensibles ; au contraire, les sots se croient toujours blessés là où ils ne
» voient pas clair, ce qui arrive surtout dans les pays où l'absence d'une
» langue écrite est cause qu'on ne connaît jamais bien la valeur des paroles
» qu'on entend. Cette susceptibilité querelleuse est allée en augmentant
» avec le froissement des vanités, mises à nu par la révolution. A la mort
» complète de l'aristocratie, on verrait l'amour-propre blessé présenter
» chez les uns la triste image de sentiments changés en épines, tandis que
» l'homme qui sait sentir et penser ne verrait dans cette mort politique
» qu'une carrière qui s'ouvre, non au mérite équivoque des ancêtres,
» mais aux vertus réelles des vivants. Ce n'est pas le passé, c'est l'avenir
» que, dans l'orage, il faut regarder en face. L'illusion et le passé sont
» pour l'homme heureux ; la vérité et l'avenir pour l'être souffrant et fort,
» qui sait comprendre l'un et l'autre. »

En résumé, si nous embrassons d'un coup d'œil les phases de l'aristocratie bernoise, nous sommes conduits à diviser son existence en trois périodes : celle des temps héroïques, celle de la réforme, et celle de la décadence. Les deux premiers siècles de l'histoire de la ville de Berne offrent le tableau d'un dévouement sans bornes à la chose publique ; dans les citoyens, les vertus d'un patriotisme aussi pur que courageux ; dans les magistrats, le plus noble désintéressement. L'époque suivante se distingue par le réveil d'un sentiment religieux, à la fois plus éclairé et plus fécond en créations utiles : une piété chrétienne, sincère et fervente se manifeste par des mœurs plus sévères, par de nombreuses fondations charitables, et par une intégrité sans reproche dans les dépositaires de l'autorité. Cette seconde période n'a guère plus d'un siècle de durée. La troisième, qui est l'époque de la décadence, c'est-à-dire de l'invasion de l'égoïsme politique et du monopole systématique, date des premières années du dix-septième siècle. C'est alors que l'appât des places, rendues plus nombreuses et plus lucratives par l'accroissement du territoire de la république et par la confiscation des biens du clergé romain, exerça ouvertement son influence corruptrice. On chercha, avec prudence et habileté, à exclure du riche banquet de trop nombreux convives. Les trente mille bourgeois de Berne du quatorzième et du quinzième siècle ont fait place à une corporation de plus en plus concentrée, et tellement réduite en 1684, que l'enregistrement des noms des familles bourgeoises, éligibles aux places de haute administration, ayant été ordonné par le grand-conseil, cent cinquante furent seules inscrites comme étant capables d'entrer dans le gouvernement. Ce nombre, à la vérité, s'accrut par la suite jusqu'à deux cent trente-six, chiffre déclaré permanent en 1782. Vers la fin du dernier siècle un décret souverain fut rendu, statuant qu'à l'avenir, aussitôt que cinq familles patriciennes se trouveraient éteintes, elles seraient remplacées par autant de familles prises dans la population sujette.

C'étaient là évidemment des mesures disproportionnées avec l'état de la société. Aussi le souvenir n'en vivra que dans deux apologues de Pestalozzi : l'un nous représente les chats promettant aux souris l'agrégation annuelle de deux plaignantes à l'auguste communauté des chats ; l'autre, nous montre les brochets se réunissant en assemblée pour délibérer sur les doléances des goujons, et leur offrant, par un mouvement de généreuse munificence, d'élever périodiquement quelques goujons à la dignité de brochet, afin de satisfaire aux justes exigences du temps.

Ce système d'exclusion, combiné avec la multiplication d'emplois toujours plus richement dotés, devait frapper à la fois de paralysie les facultés de la caste régnante, sûre d'avoir les places sans les mériter, et les facultés de la caste qui était condamnée à ne jamais parvenir à rien. De là le relâchement des ressorts moraux, la cupidité croissante, la soif de jouissances sensuelles et un luxe énervant. Ajoutons à cela les effets désastreux du service étranger, et de l'influence de la littérature dissolvante du dix-huitième siècle, et nous justifierons sans peine le nom d'époque de décadence que nous avons cru pouvoir donner aux deux derniers siècles de l'existence de l'aristocratie bernoise.

Ces considérations sont une introduction naturelle à ce que nous avons à dire de la société, des mœurs, de l'état des sciences et des arts, des monuments et des établissements d'utilité publique ; elles serviront à en expliquer l'origine et à en faire apprécier les qualités distinctives.

III.

MŒURS.
ÉTABLISSEMENTS D'UTILITÉ PUBLIQUE.
CÉLÉBRITÉS DE BERNE.
MONUMENTS.

Sous un régime tel que celui que nous avons tâché de caractériser, il est tout simple que ceux qui en étaient les usufruitiers héréditaires aient été les premières victimes morales de sa tendance énervante et corruptrice. La naissance et les relations de famille étant les arbitres de la destinée des hommes qui appartenaient à la caste patricienne, la culture de l'esprit devait être une chose secondaire, et la médiocrité une recommandation plutôt qu'un obstacle à l'avancement. Rien ne provoquait les efforts sans lesquels les plus heureux dons de la nature sont frappés de stérilité. La nullité intellectuelle, l'absence d'idées d'un ordre élevé, l'oisiveté, le dégoût pour toute occupation forte et sérieuse, enfin de mauvaises mœurs, tels devaient être les résultats d'un privilège qui paralysait les facultés des privilégiés, et de l'ennui d'une existence que l'émulation, le travail, le libre développement des ressources natives ne vivifiaient pas.

Au sortir des études académiques, l'intervalle de dix à douze ans qui séparait le jeune homme des fonctions publiques, pesait sur lui de tout le poids d'un vide insupportable, et ce fardeau était en proportion des dispositions qu'il avait reçues et qui étaient restées en friche. Le désœuvrement, toujours funeste, le sera doublement pour le riche qui ne trouve dans sa ville aucun amusement ennobli par les jouissances de l'esprit et l'élégance des mœurs. Les relations de société se bornaient à des rapports de famille, et à des réunions de jeunes gens du même âge consacrées au jeu et à un puéril caquetage. Une différence de cinq ans était le maximum d'âge admis comme règle pour la composition des coteries dans lesquelles se scindait la bonne compagnie. On peut imaginer ce qu'un pareil fractionnement devait entraîner de conséquences pour les habitudes de la vie et les besoins de l'âme. Accoutumés à ne fréquenter que des co-patriciens parqués dans les limites d'un âge officiellement réglé, les Bernois se sentaient mal à leur aise avec les personnes avancées en âge ou étrangères à la coterie à laquelle chacun appartenait; et, dans cette coterie même, malheur à celui qui ne partageait pas les goûts de la majorité, qui n'épousait pas ses préventions, qui ne tuait pas le temps avec la même abnégation de toute supériorité individuelle; malheur surtout à celui qui, par un meilleur emploi de sa jeunesse, semblait vouloir s'élever au-dessus de ses égaux et désapprouver la vulgarité de leurs plaisirs! Deux des Bernois les plus distingués ont senti et exprimé, chacun à sa manière, le malaise que cette gêne intellectuelle leur faisait éprouver. Jean-Rodolphe Tschifelli, fondateur de la société économique à laquelle Linnée, Buffon, Haller, Turgot ont tenu à honneur d'appartenir, rencontra une foule d'obstacles à ses desseins généreux : la plupart de ses entreprises furent, dans leur germe, étouffées par le souffle glacial de ses concitoyens; il avait coutume de dire en soupirant : « Lorsqu'ici un homme monte sur une feuille de » papier, vingt autres se présentent avec des perches pour l'en faire » descendre. » M. C.-Victor de Bonstetten, mort en 1832, a, dans plusieurs de ses écrits, exhalé sa douleur sur l'influence asphyxiante que l'air de sa ville natale avait exercée dès son enfance sur son esprit et son âme. Ses lettres à Matthisson, plusieurs pages de son *Homme du Nord et du Midi,* sa correspondance déjà publiée ou inédite avec ses amis, offrent à la fois de nombreuses traces de ce sentiment, et des réflexions psycologiques, pleines de justesse et d'intérêt, sur les fâcheux effets qui résultent d'un ordre social où les ressorts de l'âme sont comprimés ou faussés par le défaut de circonstances favorables à leur expansion.

Il faut se garder toutefois de prendre les plaintes et les regrets d'hommes supérieurs, qui se sont sentis à l'étroit dans leur pays, pour base exacte de l'opinion que nous voulons nous former de la société qui les a méconnus ou qui ne les a pas suffisamment appréciés. Comme il serait peu juste de se faire une idée des hautes classes en Angleterre d'après les écrits de Byron ou de Godwin, il serait peu équitable d'en vouloir trop à l'aristocratie bernoise d'avoir dénigré ou mal apprécié des hommes tels que Bonstetten et Fellenberg, de n'avoir pas tenu à honneur de les compter dans ses rangs, et d'avoir repoussé leur coopération dans les hauts emplois de l'état. Une corporation ancienne et puissante n'accorde sa confiance et les distinctions dont elle dispose qu'en retour d'une adhésion entière à ses préjugés et à ses maximes. Pour avoir part au pouvoir qu'elle exerce, il faut en être l'esclave, et montrer, par ses opinions et par ses habitudes, qu'on est disposé à en devenir l'instrument soumis. Afficher l'indépendance des idées est une révolte contre le despotisme intellectuel, qui fait la vie et la force des corporations. La pensée de l'homme qui aspire à en devenir membre prépondérant et à conserver un grand crédit dans leur sein n'est pas libre; elle doit revêtir la livrée du corps, s'identifier avec les intérêts et les vues qui le dominent. Ne voyons-nous pas Montesquieu lui-même baisser sa puissante tête, chargée de lauriers, devant la robe parlementaire?

On a souvent agité la question de savoir si les formes de constitution pouvaient exercer sur le moral une influence égale à celle du climat. Je pense que les petits états fournissent, pour la solution de ce problème, des données plus précises et plus instructives que des populations disséminées sur une plus grande surface.

Entre les cités de l'Helvétie, Zurich, Berne, Bâle et Genève se distinguent par les hommes et les institutions auxquels elles ont donné naissance. Dans un ordre d'intérêt plus élevé, Zurich et Genève ont, sinon produit et formé, au moins accueilli et mis en lumière deux des rénovateurs de la pensée humaine et des vengeurs de ses droits. Zwingle, avec moins de confiance dans sa logique et avec plus de respect pour la liberté morale, Calvin, avec moins de complaisance pour les exigences de la raison et un rigorisme de dialectique plus inexorable, se sont trouvés d'accord avec l'esprit des populations au milieu desquelles ils avaient trouvé ou établi un centre d'action et des moyens d'influence assortis à leur génie. L'esprit positif, organisateur et sévère de Calvin rencontra un terrain propre à recevoir et à féconder les germes qu'il y déposa; Zwingle n'emprisonna pas dans des bornes si arrêtées les esprits qui reçurent son impulsion. Nous voyons différentes branches des humanités, qui n'ont jamais fleuri à Genève (car Théodore de Bèze et Casaubon furent des plantes exotiques cultivées à Zurich avec éclat jusqu'à nos jours), et l'imagination se déployer avec une supériorité non contestée dans les ouvrages des Zurichois Gesner, Fuseli et Lavater. Bâle se glorifie d'avoir donné aux sciences Bernoulli et Euler. On conçoit que le génie du calcul devait être indigène dans une ville qui lui offrait un sol et une nourriture si propice à son premier développement.

Mais comment se fait-il que Berne n'ait produit qu'un seul homme hors de pair, le grand Haller? En y regardant de plus près, en considérant les avantages immenses qu'une organisation physique très-heureuse, une sphère d'activité beaucoup plus grande, et (si j'ose exprimer si crûment le résultat d'observations nombreuses et impartialement pesées) un équilibre de facultés intellectuelles mieux assis, présentaient aux Bernois, il m'est impossible de ne pas attribuer à la forme sédative et soporifique de leur gouvernement le petit nombre de leurs notabilités scientifiques ou littéraires comparé avec la foule d'hommes remarquables qui ont illustré les cités sœurs.

On reproche aux démocraties de niveler les hommes et de contrarier le vœu de la nature qui a, dit-on, diversement doté les individus, et jeté ainsi le fondement de conditions sociales très-différentes. Il me paraît, au contraire, que c'est le régime aristocratique qui est essentiellement niveleur. Il fait passer les esprits sous les fourches caudines d'une médiocrité convenue et imposée, ici par les ménagements que l'ambitieux doit garder envers l'amour-propre de ses co-privilégiés, dispensateurs des dignités qu'il ambitionne; là par l'impossibilité de s'élever au-dessus de sa condition, même par un mérite transcendant. Dans la caste dominante, comme dans la classe des sujets, les efforts, l'illustration, le travail poussé au-delà des nécessités qui résultent des convenances ou des obligations d'état, sont en pure perte pour la considération et l'avancement de ceux qui se distinguent. Demandez à la paresse humaine ce qui advient dans un pareil régime, et vous vous expliquerez de reste pourquoi Sparte fut si pauvre en hommes illustres et Athènes si riche, pourquoi les républiques italiennes du moyen-âge en ont enfanté en peu d'années plus que toute la Péninsule pendant des siècles; et pourquoi le canton de Berne, si remarquable par sa population et ses ressources, se trouve, dans ce parallèle, fort en arrière de cantons beaucoup moins considérables, où l'élément démocratique, entrant pour une plus forte part dans la constitution de la cité, a fécondé les germes que le Créateur a déposés dans la nature de l'homme.

Mais il est une considération beaucoup plus importante que celle qui regarde la culture intellectuelle. La valeur morale de l'homme est assurément indépendante de toute influence extérieure. Sous tous les climats et dans toutes les circonstances l'homme a dû et a pu, Dieu l'aidant, subordonner aux inspirations de sa conscience les mobiles de volonté les plus puissants, lorsqu'ils étaient en désaccord avec elle. En cherchant à se former une idée juste de l'action morale, inhérente à des constitutions politiques de natures diverses, la question sera plus utilement ou moins présomptueusement posée en ces termes : Quelle est la forme sociale qui tend à l'homme le moins ou le plus de pièges, à l'effet d'étouffer ou d'affaiblir en lui le pouvoir régulateur de la loi morale? L'esprit le plus pénétrant et le plus étendu est si borné, la masse de circonstances à apprécier dans cet examen est si accablante, qu'il n'est guère possible d'arriver à une solution satisfaisante par le raisonnement. Consulter l'histoire, interroger les faits est encore la plus sûre voie de décider ces questions.

Pour nous borner dans un si vaste champ à un des intérêts de l'homme le moins sujet à contestation, nous n'aurons pas besoin de demander à l'historien philosophe s'il pourra nous expliquer le triste phénomène d'une petite ville renfermant plus de lieux de prostitution et un plus grand nombre d'individus de toute classe livrés à une débauche grossière, qu'on n'en trouverait dans des villes très-supérieures en population et en jouissances de luxe : il ne lui serait pas difficile de montrer les suites que devait entraîner pour les mœurs le désœuvrement de jeunes patriciens que leur rang, leur fortune et leurs propriétés foncières, disséminées dans les districts les plus reculés, mettaient en possession de moyens de séduction aussi nombreux que puissants, pendant le long laps de temps qui s'écoulait entre le terme de ce qu'on appelait leur éducation, ou leurs études, et l'époque où ils étaient admis au maniement des affaires publiques. Il semble pourtant que cette cause trop naturelle de corruption aurait dû être balancée par les ménagements qu'imposaient aux passions une religion pure, dont l'empire n'a jamais cessé de se faire sentir à Berne, l'impossibilité du secret sur un si petit théâtre, l'opinion publique, nullement indifférente sur ce point, et le tort que se faisait, pour son avancement, le jeune homme qu'une haute naissance et des circonstances particulières ne dispensaient pas du recours à l'estime lorsqu'il avait besoin du suffrage de ses co-patriciens.

Quoi qu'il en soit de ces présomptions, puisées dans des considérations générales, le honteux degré de dépravation auquel les mœurs étaient descendues à Berne n'est malheureusement que trop connu. Toutefois, en flétrissant cette ville du nom de petite Venise, on va trop loin; on se rend surtout coupable d'une grande injustice envers les femmes de la classe supérieure, presque sans exception parfaitement exemplaires dans leur conduite d'épouses et de mères. On peut dire d'elles qu'elles conservèrent le feu sacré de la religion et de la morale, souvent prêt à s'éteindre au foyer paternel.

Quoiqu'un quartier particulier de Berne, la Basse-Ville, nommée la Matten, fût surtout mal famé, tant à cause des bains publics, desservis par des femmes de mœurs plus qu'équivoques, que pour le nombre de filles entretenues qui y demeuraient, il n'était nul besoin de descendre à la Matten pour rencontrer, en nombre malheureusement considérable, des victimes de la séduction, s'offrant aux regards du public avec autant d'effronterie que leurs pareilles le font dans certains quartiers de Paris, ou dans les rues qui aboutissent à Drury-Lane. Le mauvais renom de la Matten et des bains, qui y sont établis le long de la rivière, est fort ancien : on assure que dans les dépenses que le séjour de l'empereur Sigismond, accompagné de seigneurs de sa cour, occasiona à la ville de Berne, l'an 1419, figurent des articles fort étranges pour des personnages de cette qualité. A en juger d'après des détails de comptes qui existaient encore dans les archives au dix-huitième siècle, les gens de leur suite ne furent pas les seuls qui partagèrent leur temps entre les bains de la Matten et le service qui les appelait auprès de leurs maîtres. La mention fréquente et singulière de son séjour à Berne, que Sigismond fit dans la suite, donne crédit à la tradition qui accuse ce prince d'avoir oublié ce qu'il se devait jusqu'à descendre au honteux niveau de ses valets. Quoi qu'il en soit de la conduite de Sigismond à Berne, dans le quinzième siècle, il est malheureusement vrai que ce quartier avait acquis très-anciennement et gardé pendant des siècles, jusque dans ces derniers temps, une scandaleuse célébrité.

Ceux de nos lecteurs qui savent quelle révolution morale la réforme religieuse produisit dans les villes qui l'adoptèrent, et surtout à Genève, quelle fut la pureté de mœurs qui y succéda au bout de peu d'années à la corruption la plus dégradante, demanderont comment il se fait qu'à Berne la même cause n'ait pas été assez puissante pour y introduire une surveillance publique plus sévère, et pour en éloigner à jamais le scandale de lieux de prostitution ouvertement tolérés. La question vaut bien qu'on s'y arrête.

Il n'est pas douteux qu'une sensible amélioration morale n'ait suivi la réformation à Berne. Le même esprit qui, à cette époque, porta les députés de Berne à la diète, à exprimer leur aversion pour les guerres mercenaires et à déclarer que ce *trafic de sang* était un grand crime à leurs yeux, devait pénétrer dans tout le domaine de la loi morale. Le changement que l'Évangile, reçu dans le cœur, y produit, n'est jamais partiel; toutes les sources les plus intimes des actions humaines sont désinfectées, et le mal est repoussé sous quelque forme qu'il se présente : une même sève se répand dans le tronc et les branches. Comme on ne peut cependant pas nier qu'à Berne l'amendement que la réformation opéra dans les mœurs ne produisit pas tous les fruits qu'on devait s'en promettre, qu'il ne fut ni aussi profond ni aussi durable que dans d'autres villes considérables de la Suisse, où un culte épuré et les doctrines de l'Évangile, rendu à sa puissance primitive, déployèrent leur efficacité régénératrice avec plus de succès, cherchons à nous rendre compte de cet affligeant contraste. Nous laisserons parler un Bernois illustre, dont les observations, fondées sur une parfaite connaissance de sa ville natale, méritent toute l'attention du moraliste.

« On donnait alors, » dit M. de Bonstetten dans ses *Souvenirs,* « on
» donnait alors (vers 1760) le nom d'éducation aux leçons qu'on faisait
» prendre aux enfants; les parents ne s'occupaient de leur moral que lors-
» qu'il y avait plainte contre eux; à cinq heures, les leçons finissaient :
» l'heure du congé était l'heure de la liberté parfaite, qui durait jusqu'à
» huit heures, c'est-à-dire jusqu'au souper. Aucun enfant patricien n'al-
» lait aux écoles publiques, presque uniquement réservées aux étudiants
» en théologie. Le professeur de droit était un patricien, qui donnait ou
» ne donnait pas de leçons; c'était une sinécure...

» Dans les heures de liberté... les enfants se livraient à toutes leurs
» fantaisies; ils vivaient sans contrôle... Cette vie de sauvages était sans
» grands inconvénients jusqu'à l'âge de quatorze à quinze ans; jusqu'a-
» lors, ma vie était composée de leçons, de mots sans idées, et de la société
» de mes contemporains, qui se tenaient le plus souvent dans les rues.

» Quel désert une telle éducation ne présente-t-elle pas à l'âme de
» l'adolescent placé entre des leçons sans idées, qui jamais ne parlent à
» son âme, et le vide de la société de ses camarades élevés comme lui?
» Pour nous patriciens, les professeurs étaient au niveau des gens de
» métier; nos parents nous devenaient étrangers. Aucune leçon de dessin
» ni de musique n'occupait nos loisirs; le monde et l'avenir nous étaient
» inconnus : rien de ce qu'il importe de savoir ou de penser à tout âge

» n'arrivait à nous. J'ai frémi toute ma vie au souvenir de l'état de mon
» âme d'alors; ma terreur de Berne et plus tard mon désespoir de quitter
» Genève avaient leur source dans ce souvenir... Il faut dire les faits. Une
» douzaine de camarades de mon âge furent conduits, avec moi, par un
» jeune homme plus âgé que nous, qui nous introduisit, à la *Matten* (lieu
» consacré à la débauche). Heureusement, j'étais encore enfant : ce que
» je voyais se présentait à moi sous un aspect tellement hideux que, la
» porte se trouvant fermée à clef, je sautai par la fenêtre, et courus en
» toute hâte à la maison... Mon père me demanda d'un air ému ce que
» j'avais : je lui racontai le tout, le suppliant de me faire sortir de Berne.
» Il m'embrassa tendrement, et m'envoya à Yverdun...

» Le grand mal de l'aristocratie était l'oisiveté de la jeunesse patricienne,
» depuis quinze ans jusqu'à l'âge de l'entrée au grand-conseil, c'est-à-dire
» jusqu'à trente ou trente-neuf ans. Qu'on se représente une jeunesse de
» petits souverains oisifs, réunis dans une même ville, tous élevés dans
» l'idée de la supériorité de leur race, imbus du sentiment qu'on devait
» quelque respect à leur personne, quels que fussent leurs mœurs et leur
» mérite, méprisant le commerce et les soucis de l'industrie, n'aimant
» la pensée et les sciences que comme choses de luxe, tous livrés à leurs
» plaisirs et à leurs fantaisies; qu'on se représente une telle jeunesse, et
» on sentira tous les dangers de la laisser dans l'oisiveté, abandonnée à
» ses caprices et à ses penchants.

» Un gouvernement à privilèges ne cherche qu'à se conserver, au lieu
» de suivre les pas de la civilisation en suivant les progrès de l'esprit; il
» redoute toutes nouveautés, et tend à les réprimer. De là une grande
» tiédeur pour le savoir chez les uns, une haine décidée chez les autres.
» L'activité de l'âme ayant sa mesure donnée, tout ce qu'elle n'emploie
» pas au bien est voué au mal. Dans les pays où l'amour de la pensée n'a
» point d'encouragement, ce sont les sens qui dominent; et si les goûts
» sensuels dominent, chacun enchérissant sur les autres, on y arrive aux
» excès les plus coupables...

» L'oisiveté faisait naître le goût du service étranger, qui, dans les
» régiments capitulés, n'était encore qu'une forme de l'oisiveté. Le ser-
» vice perpétuait l'oisiveté, et l'oisiveté perpétuait le service. »

Les circonstances qui ont été si nuisibles aux mœurs de la jeunesse bernoise, tenant en grande partie à un régime qui a disparu, il y a tout lieu d'espérer qu'elles s'épuiseront, et qu'une police vigilante comprimera plus facilement des désordres si affligeants pour les amis de la décence publique et pour les nombreux admirateurs d'une des plus intéressantes villes de l'Europe.

Le nouveau gouvernement, qui montre une louable sollicitude pour les progrès de l'instruction dans toutes ses branches, et qui tient à cœur de leur imprimer une tendance vraiment chrétienne, ne négligera pas un soin sans lequel tout ce qu'il fera pour améliorer l'éducation risque d'être contrarié, ou détruit même par des scandales étalés effrontément sous les yeux de la jeunesse.

L'extension et le perfectionnement de toutes les institutions consacrées aux sciences et à l'enseignement aideront puissamment les magistrats dans l'accomplissement de si saintes tâches, et l'état des lettres réclame aussi les soins des nouvelles autorités. Car, si la réformation qui, à Genève, à Bâle, à Zurich, a régénéré les mœurs, n'a pas exercé à Berne une aussi heureuse influence, les études n'y ont pas non plus pris un développement aussi remarquable, ni jeté autant d'éclat par le nombre et la renommée des professeurs académiques que dans ces trois cités rivales de celle de Berne. Toutefois, l'organisation des collèges, qui furent institués ou agrandis dans ces villes à l'époque de la réformation, s'établit à peu près sur les mêmes bases et eut la même destination. Justifier les changements qui venaient de s'opérer dans la discipline et la prédication ecclésiastiques, prouver que l'Église romaine, dont on s'était séparé, avait abandonné les doctrines contenues dans les saintes Écritures, altéré leur sens, et dénaturé le culte par des rites et des dogmes étrangers au christianisme primitif, telle est la grande tâche imposée aux savants chargés de l'enseignement ; tâche qui, à la vérité, demandait une instruction profonde et variée, la connaissance des langues de l'antiquité, qui surtout exigeait des études historiques plus solides que celles dont le clergé s'était jusqu'alors contenté; mais qui, par sa spécialité, excluait une foule de sciences qui appartiennent aux institutions académiques. Jusque vers la fin du dix-huitième siècle, l'académie de Berne resta, par sa nature et les cours de ses professeurs, principalement un séminaire théologique : les branches d'enseignement dont on l'avait successivement enrichie étaient des appendices plutôt que des parties essentielles de l'établissement. Elle a néanmoins, à toutes les époques, compté dans ces étroites limites des hommes du premier mérite, quoique inférieurs à la plupart de leurs collègues contemporains dans les académies de Zurich, de Bâle et de Genève. Il faut dire que sur dix hommes de lettres, nés dans ces villes, la moitié se faisait connaître par des écrits à Genève et à Zurich, tandis qu'à Berne un seul à peine cherchait à figurer comme auteur. Le nombre de Bernois qui se sont fait un nom dans les sciences et les lettres ne peut donc, en aucune façon, servir de mesure pour apprécier la culture intellectuelle comparée de ces quatre républiques.

Une circonstance particulière a contribué à paralyser l'activité littéraire des Bernois. On parle à Berne un patois mélangé de mots français et d'expressions empruntées au bon allemand; le fond est un dialecte naïf, énergique, moins offensant pour les oreilles que ceux d'Argovie, de Bâle et de Zurich, et consacré, pour ainsi dire, par l'usage des tribunaux et du conseil-souverain. Dans ce conseil siégeaient des hommes diserts dont la parole avait incomparablement plus de puissance, lorsque rien dans leur langage ne rappelait la langue écrite, des tournures littéraires, des réminiscences académiques. Tout ce qui sentait l'étude, les livres, une culture intellectuelle exotique, dépaysait les auditeurs, et ôtait à l'orateur son caractère d'héritier et d'organe des traditions et de la sagesse de ses aïeux. La carrière d'auteur était peu estimée. Les professeurs de l'académie, en publiant des ouvrages, n'ajoutaient rien à leur considération, entièrement dépendante de leur caractère personnel, du respect que leur portaient leurs élèves, et de l'influence politique qu'ils exerçaient par leurs relations de famille et de société. Leurs cours se faisaient en latin; et les rares occasions qui leur imposaient des discours en allemand littéraire, ne suffisaient pas pour leur faciliter une rédaction correcte de leurs recherches dans cet idiome. De même que tous les autres Bernois, obligés, soit comme particuliers, soit comme hommes publics, de rendre leurs idées dans un jargon pauvre, inculte et bizarre, et privés des avantages qu'offre l'emploi journalier d'une langue maternelle, riche, cultivée, déjà assouplie à l'expression de toutes les nuances du sentiment et de la pensée, ils parlaient une langue étrangère quand ils s'adressaient au public par la presse. A la vérité, tout le fond de l'idiome bernois est germanique par les racines et la construction de la phrase; mais l'allemand littéraire n'en était pas moins pour les Bernois une espèce de langue savante, qui s'apprenait facilement par la raison que nous venons de dire, mais qu'on ne parlait ni n'écrivait purement qu'à la suite d'un long séjour en Allemagne ou au prix d'une application laborieuse. La langue française était un instrument encore plus indocile dans la main d'un Bernois; on la parlait dans la bonne compagnie, mais plus que médiocrement, et dans des conversations étrangères aux intérêts scientifiques. C'est en latin que s'exprimaient les savants bernois avec le plus de facilité et même avec une sorte d'élégance. La physiologie de Haller et la préface de son ouvrage sur les plantes de la Suisse (*Stirpes Helvetiæ indigenæ*), rappellent la latinité de Pline. On pourrait citer plusieurs autres Bernois qui ont écrit le latin avec une élégance et une pureté classiques.

Plusieurs magistrats bernois se sont fait un nom dans la littérature française, ce sont Beat, Louis de Muralt, auteur de *Lettres sur les Français et les Anglais,* citées par Voltaire avec éloge; le général Weiss, dont les *Principes philosophiques* ont eu sept à huit éditions; et surtout le spirituel Charles-Victor de Bonstetten, moraliste plein de vues fines et ingénieuses, et publiciste-philosophe. Le nombre de Bernois lettrés qui ont acquis quelque célébrité comme écrivains par des ouvrages allemands, est comparativement beaucoup moins considérable.

« La société de Berne, » dit M. de Bonstetten dans ses *Souvenirs,*
» « était un composé de mœurs françaises et allemandes, placées sur un
» fond national; tout ce qui était forme, comme modes et manières, était
» français; le langage aussi se faisait français tant qu'il pouvait. Dans les
» années dont je parle (1750-1760), on ne connaissait point à Berne la
» littérature allemande, qui ne faisait que de naître; toute la partie scien-
» tifique de nos pensées était allemande. Le troisième élément, l'élément
» national, se faisait sentir dans le langage, qui est tellement resté en
» arrière que l'allemand-bernois est resté inintelligible aux Allemands de
» l'Allemagne. Il y a entre le bernois et l'allemand à peu près la même
» distance qu'il y a entre le provençal et le français. Dans la haute société,
» l'allemand-bernois était lardé de mots français et de phrases françaises.

» Quant à ce qui regarde la pensée bernoise, comme je l'ai dit, tout
» ce qui était scientifique était allemand, et tout ce qui était du domaine
» de l'imagination, ce qu'on appelait littérature, était français. Nos meil-
» leurs magistrats avaient fait leurs études en Allemagne... Ce qui man-
» quait, c'étaient des moyens d'instruction placés à Berne même. L'édu-
» cation publique, née pour le théologien, demeurait étrangère aux

» patriciens. Partout où les hommes du monde demeurent étrangers à
» l'éducation publique, les savants sont comprimés, et les hommes du
» monde sont *sans principes*. Un autre mal en résulte; c'est que la haute
» société n'ayant que des idées étrangères et, pour ainsi dire, d'emprunt,
» le caractère national ne peut se développer. Ces vérités sont plus évi-
» dentes dans une aristocratie, où les patriciens sont naturellement dis-
» posés à se séparer des plébéiens et à peser sur eux. Le dédain qu'ils
» avaient pour les hommes se portait sur les objets même de leurs tra-
» vaux, sur les sciences comme sur l'industrie. »

Ces circonstances suffisent sans doute pour expliquer comment une ville d'origine et de langage germaniques a pu si long-temps compter plus de citoyens célèbres par leurs écrits dans une langue étrangère que d'auteurs écrivant dans l'idiome national. M. de Bonstetten a même, je crois, diminué l'idée qu'on doit se former de l'influence de la littérature française sur les patriciens, et attribué aux universités allemandes une trop grande part dans l'éducation des magistrats bernois. Le nombre des patriciens que la renommée de Wolf avait attirés à Halle, ou que l'étude du droit conduisait dans les universités du Nord illustrées par quelque publiciste célèbre, était trop petit pour qu'il en pût résulter un changement dans les habitudes de pensée, de lecture ou de langage de la bonne compagnie et des classes lettrées. La vérité est que jusque vers la fin du dernier siècle, où la révolution fit presque rougir les patriciens bernois de leur culture d'esprit, de leurs goûts, de leur langage tout français, Berne fut, de mœurs, d'usages, de relations sociales, beaucoup plus française qu'allemande : la littérature des temps de Louis XIV et de Louis XV y dominait; et la jeunesse patricienne qui voulait compléter ses études à l'étranger, se rendait à Leyde, à Paris ou en Angleterre. Les Bernois ne commencèrent à suivre des cours dans les universités d'Allemagne qu'à dater des années 1760 et 1770 environ. L'éclat que Haller avait répandu sur l'université de Gœttingue y conduisit d'abord quelques-uns de ses concitoyens; plus tard, d'autres universités du Nord furent visitées par les Bernois lettrés. Depuis le commencement de ce siècle, celles de Tubingen, de Heidelberg et de Berlin ont été particulièrement fréquentées; et le nombre de personnes familiarisées avec l'allemand pur, ainsi que de celles qui se sont fait remarquer par leurs écrits dans cette langue, s'est beaucoup accru à Berne dans les derniers temps. Il y a trente ans, bien peu de femmes des classes élevées eussent été en état d'écrire un billet de deux lignes en allemand correct.

On peut dire que Berne est maintenant entrée dans le mouvement littéraire de l'Allemagne. Les publications de ses savants, attachés aux différentes branches de l'instruction ou du gouvernement, sont devenues plus fréquentes; sur toutes les parties de la science ont paru des ouvrages écrits en allemand, et appréciés hors des limites de la Suisse; non-seulement des théologiens, des jurisconsultes, des publicistes distingués ont pris rang parmi les bons prosateurs de l'Allemagne (je ne nommerai ici que MM. J. Ith. Als. Rangner, et le Dr S. Schnell), mais on a vu des essais de poésie lyrique et dramatique accueillis par le public allemand; je me bornerai à citer MM. Wyss et Wurstenberger.

Nous ne devons pas, au surplus, dans une monographie du genre de celle-ci, nous contenter de ces considérations générales sur le rang auquel les Bernois peuvent prétendre parmi les littérateurs des pays voisins. Nous avons à passer rapidement en revue les hommes de lettres et les artistes qui ont illustré leur ville natale et l'académie de Berne, où ils se sont formés.

En tête, et hors de ligne, se présentent Albert Haller et Daniel Wyttenbach; l'un, génie encyclopédique et géant dans le monde intellectuel; l'autre, philologue du premier ordre et l'un des restaurateurs de la science de l'antiquité, qui a tenu le sceptre des humanités après la mort de Walckenaër, depuis 1788 jusqu'en 1815.

Sans avoir donné à la pensée humaine une nouvelle direction, comme Baun, Descartes, Leibnitz et Kant, Haller a pris, de l'aveu de l'Europe savante, par l'universalité de ses connaissances, la première place après ces génies créateurs. On cite, parmi les anciens, Aristote et Pline, dans le moyen-âge, Roger Bacon, et Albert-le-Grand; dans les temps modernes, Érasme, J. Conr. Gessner, Pic de la Mirandole, Joseph Scaliger, comme ayant embrassé et approfondi tout le savoir de leurs contemporains, mais ils ne peuvent être comparés à Haller. Leur siècle n'offrit à leur esprit à emmagasiner, à digérer, qu'une bien faible partie de ce que le progrès des sciences dans le dix-huitième siècle avait accumulé. D'ailleurs, à l'exception d'Aristote, nous ne voyons aucune de ces vastes mémoires féconder, par des combinaisons importantes, l'immense dépôt qui leur avait été confié. Haller, non-seulement parcourut et explora les coins les plus reculés du domaine scientifique et littéraire dont ses contemporains avaient hérité ; mais il l'enrichit de découvertes qui ont changé la face des sciences médicales. En créant la physiologie, il imprima le caractère du système organique aux innombrables faits épars qui appelaient une main assez ferme et assez habile pour les réunir en corps de doctrine. Sans méconnaître la nature qui est propre à chaque branche de l'arbre encyclopédique, il sut, en cultivant avec succès celles qui semblaient étrangères à l'objet principal de ses études, telles que la poésie, la théologie et quelques branches d'économie administrative, y faire une heureuse application des immenses trésors analysés par sa vaste intelligence. Ce n'est pas ici le lieu de donner la liste de ses nombreux ouvrages, et encore moins d'apprécier les services qu'il a rendus aux sciences. Son éloge a été prononcé dans toutes les compagnies savantes qui s'étaient honorées en se l'associant, c'est-à-dire dans toutes les académies qui ont quelque nom en Europe. Sa biographie, dans le dictionnaire de MM. Michaud, est de la main de Cuvier, qui ne parlait jamais de Haller qu'avec admiration, et qui plaçait les articles que ce grand physiologiste a fournis à l'*Encyclopédie* au rang du petit nombre d'écrits parfaits dans leur genre. Nous nous bornerons à rapporter quelques traits propres à le faire connaître dans ses relations privées.

Né en 1708, Haller ne promit dans son enfance rien de ce qu'il devint par la suite ; il annonçait plutôt des dispositions ordinaires et peu de facilité. Une application infatigable à l'étude, qui l'accompagna jusqu'à son dernier soupir, fut, dans son adolescence, la seule chose qui le distinguât de ses camarades. Ses talents ne tardèrent pas à se développer. A l'âge de vingt ans, il s'était déjà fait connaître par des poésies lyriques et didactiques, dont la révolution qui changea depuis le caractère de la littérature allemande n'a pas effacé le souvenir. Ces poésies sont encore goûtées, malgré le luxe de pensées et d'allusions savantes qui en rendent la lecture fatigante, et malgré la rudesse du langage. Il serait toutefois injuste de lui reprocher ce dernier défaut, car ses premiers essais poétiques datent d'une époque où il y avait anarchie sur le Parnasse germanique, et où l'on ne connaissait encore aucun type du beau en matière de langage et de goût. Je n'ai à parler ici ni de son séjour à Leyde, où il fut initié par le grand Boërhaave dans toutes les sciences qui servent à l'art médical ; ni des immenses travaux anatomiques auxquels il se livra à

Gœttingue, université naissante dont il fonda la célébrité et comme professeur et comme chef de plusieurs institutions scientifiques ou littéraires. De retour dans sa patrie, il entra dans la magistrature et s'y distingua par son éloquence et sa coopération zélée à des améliorations qu'il conçut dans l'intérêt de quelques branches d'administration et d'éducation publiques. Il était patricien bernois, très-entiché des privilèges de sa caste, et, s'il avait été témoin de la grande crise sociale qui a transformé les gouvernements de bon plaisir en gouvernements mandataires du pays, nul doute qu'il ne se fût opposé à toute concession faite aux dépens de la classe privilégiée. Mais comment exigerions-nous, avec quelque justice, d'esprits même supérieurs des sacrifices qui, dans leur point de vue, leur paraîtraient inutiles ou iniques? Un homme infiniment plus grand que Haller, Calvin, ne fut-il pas subjugué par la jurisprudence barbare de son siècle, qui confondait le for de Dieu avec le for humain, et qui ne lui permit pas de voir toute la portée de sa propre doctrine, aussi protectrice du malheureux Servet qu'opposée aux maximes qui motivèrent son cruel supplice?

Comme particulier, Haller a laissé des souvenirs honorables et qui ne s'éteindront de long-temps dans sa ville natale : une nombreuse postérité concourt à en perpétuer la durée. Trois fois marié, il eut de sa première et de sa troisième femme des fils qui se sont presque tous distingués dans différentes carrières; plusieurs de ses petits-fils ont occupé avec honneur des places dans la magistrature. On a fait l'observation que ses enfants s'étaient, pour ainsi dire, partagé les facultés extraordinaires de leur père. Sans être dépourvu d'autres qualités recommandables, l'un semble avoir hérité de son ardeur pour l'étude, l'autre de sa mémoire, d'autres encore de sa vaste intelligence, de sa force de logique, de son imagination. On doit à l'aîné des fils de Haller une *Bibliothèque historique de la Suisse* en sept volumes, digne, par les richesses littéraires qu'elle renferme, d'être comparée aux ouvrages de même nature publiés par le père sur toutes les parties de la médecine. Trois des descendants d'Albert Haller sont fort connus à Paris; celui de ses fils qui a été payeur-général de l'armée d'Italie en 1796 et 1797, et deux de ses petits-fils, M. Jenner, homme éclairé, d'un esprit conciliant, qui a rempli les fonctions de ministre plénipotentiaire helvétique auprès du gouvernement français, et M. Charles-Louis Haller, publiciste, attaché au département des Affaires étrangères sous M. de Polignac, auteur d'un ouvrage en cinq volumes, qu'il a intitulé *Restauration de la science politique*, et dans lequel il a fait une prodigieuse dépense d'esprit et de connaissances pour établir qu'en tout pays le fort est le protecteur naturel du faible, et partant le souverain légitime, avis bénévole à l'adresse des ambitieux qui veulent savoir comment il faut s'y prendre pour devenir un souverain de bon aloi.

En appelant M. Charles-Louis de Haller le Bonald allemand, on caractérise assez bien la tendance de ses principes, mais on ne donne pas une juste idée de son instruction et de ses vues, beaucoup plus étendues que celles de son frère d'armes français. Toutefois, M. de Bonald a sur son émule l'avantage de la constance dans ses théories et de la conséquence dans sa vie politique. M. de Haller proclamait, en 1798, à la tête d'un projet de constitution pour le canton de Berne, l'égalité des droits, et définissait l'état « un établissement fondé pour protéger chaque membre de la communauté dans la jouissance de ses droits contre les effets de l'inégalité de moyens que les associés ont à leur disposition, et dont ils peuvent abuser au détriment de leurs concitoyens. » Présenter *le maintien de l'égalité des droits contre l'inégalité des moyens* comme le but de tout état bien organisé, c'est professer la doctrine politique la plus libérale ; c'est résumer, avec autant de concision que de netteté, toutes les convictions généreuses que l'histoire, l'expérience et les progrès des sciences sociales ont déposées dans la raison et dans la conscience de l'élite des peuples civilisés.

Haller était profondément convaincu de la dignité du christianisme ; il a publié plusieurs volumes en défense de la *Bible* contre les attaques de Voltaire. On peut dire qu'il n'y a pas une des objections du patriarche de Ferney qu'il n'ait examinée et combattue ; il ne laisse pas même sans réponse une seule des plaisanteries ou des allusions hostiles semées avec profusion, et répétées à satiété dans les pamphlets et les écrits de toutes formes sortis de la plume de ce grand et infatigable vieillard. Dans cette lutte, la supériorité de Haller est incontestable ; il écrase son adversaire avec la massue d'un géant ; aucune bévue historique, aucune erreur d'ignorance soit en philosophie, soit en sciences, soit en philologie, n'échappe à l'apologiste ; c'est un luxe de grosse artillerie dans un combat contre des troupes légères. Mais ce qui amuse le vulgaire frivole et corrompu soulève l'indignation d'un esprit sérieux et pénétrant. Haller n'avait aucun motif d'animosité personnelle contre Voltaire : ils ne pouvaient se rencontrer dans aucune arène comme rivaux, ni même comme émules. Voltaire professa toujours une admiration sans bornes pour l'immensité du savoir et le génie universel de Haller ; ils échangèrent, comme voisins, Voltaire de sa résidence de Ferney, Haller de Lausanne et de Roche, où il remplit différentes missions, des lettres pleines de grâce et de politesse. Mais, la plume chrétienne à la main, Haller ne voyait[1] plus dans Voltaire que l'homme qui usait des plus grands talents que le Créateur eût pu départir à sa créature, pour détourner ses semblables du seul moyen de régénération morale qui leur ait été donné. L'écrivain qui se croyait appelé à *écraser l'infâme*, et qui se signa Christmoque, lui apparaissait, suivant l'expression un peu crue d'un Anglais, sous les traits du bouffon en titre du diable. Aussi, dans le flux et le reflux d'étrangers de distinction qui allaient de Berne à Genève, ou en revenaient, et qui tous auraient cru leur voyage manqué s'ils n'avaient été présentés à Voltaire et à Haller, après avoir vu le lac Léman et les glaciers du Grindelwald, il y en avait bien peu qui recueillissent de la bouche de ces deux hommes extraordinaires des jugements concordants sur leur mérite respectif. Haller ne cachait pas son antipathie, tandis que Voltaire s'exprimait toujours en termes de profonde estime et d'admiration pour Haller. On dit qu'un jour, Voltaire demandant à un étranger qui venait de Berne, s'il y avait vu ce prodige d'esprit et de savoir ; l'étranger ne put lui cacher que l'illustre Bernois ne parlait pas de lui, Voltaire, avec autant d'estime. « *Nous nous trompons peut-être tous les deux,* » répliqua l'ermite de Ferney ; et cette fois il se montra incontestablement supérieur à son antagoniste.

Au surplus, si Haller était un juge incorruptible lorsqu'il s'agissait des intérêts de la religion et de la moralité, il était très-sévère envers lui-même au for intérieur. Sans vouloir le comparer à Pascal, avec lequel il eut toutefois quelques rapports, soit comme écrivain créateur d'une littérature naissante, soit comme intelligence, embrassant les sciences morales et naturelles avec une égale capacité, Haller, sur la fin de sa vie et dans l'attente de sa comparution prochaine devant un

---

[1] Expression de Haller dans la préface placée en tête de ses *Lettres sur la Révélation*.

tribunal sans appel, éprouva de vives terreurs. Les ministres de l'Évangile, dont il recherchait l'entretien, ne pouvaient dissiper ces pensées sombres qu'il a exprimées, jour par jour, dans un journal publié après sa mort. Il paraît qu'il n'eut pas, comme Pascal, le sentiment de la paix que procurent au chrétien la certitude du pardon et la joie d'une âme ouverte aux impressions de l'amour divin : ses doutes, non sur l'objet des croyances chrétiennes, mais sur son propre état spirituel, ne semblent pas l'avoir pleinement abandonné. Avant de recourir à la supposition commode et triviale, qui attribue à des souvenirs d'enfance et à la sombre orthodoxie d'instituteurs bornés les anxiétés qui ont troublé les derniers moments d'un savant si éminent et si considéré comme père de famille et comme citoyen, il faudrait songer aux exemples nombreux d'hommes très-supérieurs qui témoignèrent les plus vives craintes à l'approche de la mort. Pour que les idées que se font les hommes de la responsabilité morale acquièrent le degré de développement et de netteté qu'elles doivent atteindre dans l'état normal de la conscience, il est besoin d'un examen réfléchi, d'une force d'attention et d'une rectitude de sens moral qui manquent le plus souvent aux hommes d'une vie agitée, à ces sophistes de la morale qui ont à leurs ordres mille tours de force intellectuels, complices de la lâcheté du cœur. Quoi qu'il en soit, les angoisses de Haller à un âge avancé ne sauraient être attribuées à son éducation. Jeté au milieu d'un siècle sceptique, et livré dès sa jeunesse à des recherches d'un ordre tout matériel, il ne ferma pas les yeux de l'âme aux réalités que le scalpel, compagnon de sa vie et instrument de sa gloire, ne pouvait atteindre. La profonde conviction avec laquelle il se montra attaché, comme homme et comme écrivain, aux doctrines chrétiennes, mérite d'autant plus d'être remarquée qu'il commença par le doute et le scrupuleux examen, et qu'un des poëmes didactiques qu'il composa très-jeune, offrait, dans les premières éditions, des traces de déisme.

Avant de quitter cet homme étonnant, le plus grand nom scientifique et littéraire de Berne, nous raconterons de Haller poëte un trait un peu moins sérieux que les réflexions qu'on vient de lire. Un jeune patricien bernois (M. Tscharner, depuis trésorier de la république), s'occupant d'une traduction française des poésies de son illustre concitoyen, avait recours à l'auteur lui-même toutes les fois qu'il rencontrait une difficulté.

Un jour qu'il le priait de lui expliquer le vrai sens de ces deux vers :

> *Der sternen stille majestat,*
> *Die uns zum ziel befestig't s'eht.*

(La tranquille majesté des astres qui semble nous fixer un but.)

Haller, après avoir creusé sa phrase, répondit en riant : « Si on me som-
» mait, sous peine d'être pendu, d'indiquer nettement la pensée que j'ai
» voulu exprimer ici, je n'aurais autre chose à dire que : Pendez-moi. »

« Parmi tous les grands génies que j'ai connus ou entrevus, » dit
M. de Bonstetten, « je mets Haller à la tête... Rien de plus beau que son
» regard, qui était à la fois perçant et sensible. C'était de tous les hommes
» que j'ai connus le plus spirituel et le plus aimable ; son immense savoir
» avait la grâce de l'impromptu... Un jour que je le trouvai écrivant,
» j'eus avec lui une conversation très-sérieuse sur le *libre arbitre*. Tout en
» parlant, il continuait d'écrire. On apporte les papiers anglais : le voilà
» à lire ces papiers sans quitter la plume ni la conversation. Je fus si
» étonné de sa présence d'esprit que, lorsqu'il eut fini sa gazette, je la
» pris, et lui demandai la permission de l'interroger sur le contenu de
» quelques articles. Il avait tout lu et tout retenu.

» Les enfants de Haller se sont fait remarquer tous par une grande
» originalité, et je ne sais, » ajoute M. de Bonstetten, « si le petit-fils
» catholique de Haller n'est pas le résultat d'une éducation faite en dehors
» de l'opinion publique. La grande ambition de Haller n'était pas d'être
» reconnu pour le plus grand savant de son temps ; elle se concentrait à
» entrer dans le petit-conseil de Berne. Mais il échoua toujours. A peine
» le grand Haller fut-il mort, qu'un Haller prit la place refusée à ce
» grand homme. Sans doute que les rivaux de ce nouveau conseiller se
» trouvaient plus à l'aise avec lui. Les défauts de Haller étaient ceux de
» l'aristocratie, qu'il courtisait, et du temps et des lieux où sa jeunesse
» s'était passée. L'éclat de ses lumières était comme le crépuscule du siècle
» qui allait s'ouvrir. » Ce crépuscule ferait encore pâlir beaucoup de prétendus soleils. Haller était très-modeste, disposé à se soumettre aux faits
et non à les régenter. Aussi peu d'hommes ont su arracher tant de secrets
à la nature.

Parmi les Bernois du seizième siècle qui sont connus hors des limites
de leur canton, Berthold Haller, l'un des chefs de la réforme religieuse,

est le seul nom historique. Il eut, comme Luther dans Mélanchton, un puissant collaborateur dans Wolfgang Musculus, humaniste savant, et dont le vrai nom était Muslin, latinisé selon la mode de ce temps. Qui est-ce qui reconnaîtrait dans Mélanchton, Oecolampade, etc., Schwarzerde, Hausschein, etc.? En se conformant à cette mode, les hommes de lettres servaient les intérêts de leur renommée : un nom trop difficile à prononcer est comme un corps anguleux qui roule mal sur la plaine la plus unie. De nos jours, un descendant de Musculus, M. Dav. Muslin, pasteur à Berne, s'est fait une honorable célébrité, comme prédicateur courageux, et auteur de sermons écrits avec une verve pleine d'originalité, et semés de peintures piquantes des mœurs du public bernois.

Le dix-septième siècle n'a pas inscrit un seul nom bernois dans ses fastes littéraires, à l'exception d'André Morell, auteur du recueil de médailles des empereurs romains, imprimé sous le titre de *Thesaurus Morellianus*, en deux volumes in-folio.

Dans des temps plus rapprochés du nôtre, nous trouvons : B.-L. de Muralt, Albert Haller, dont nous avons parlé, et leurs contemporains Samuel Engel, rédacteur de plusieurs mémoires *Sur la probabilité d'un passage de la mer du Nord dans l'Océan Pacifique,* mémoires qui éveillèrent l'attention des Anglais, et provoquèrent leurs voyages de découvertes dans les glaces du pôle arctique; Alex.-Louis de Watteville, connu par une *Histoire de la Confédération helvétique* en langue française (1754, en 2 vol. in-8º); Am.-Sig. Gruner, dont la *Description des Glaciers* (1760) ouvre la série des tableaux et des recherches qui ont eu les Hautes-Alpes pour objet; et deux patriciens un peu plus jeunes, mais dignes d'être nommés : Vincent-Bernard Tscharner, auteur de la meilleure *Histoire de la Suisse* (en allemand, 3 vol. in-8º, 1776) qui ait paru avant celle de J. Muller; et Jean-Rod. Sinner, éditeur du *Catalogue raisonné des manuscrits de la Bibliothèque de Berne*, en 3 vol. in-8º, 1760.

Au nombre des Bernois qui se sont fait un nom à l'étranger dans le dernier siècle, il faut encore compter Samuel Kœnig, connu par ses démêlés avec Maupertuis, auquel il contesta la découverte du théorème de la minime action, selon lui déjà contenu dans les œuvres de Leibnitz, et par la part qu'on lui a attribuée dans la composition des ouvrages de la marquise du Châtelet; et Lentulus, un des meilleurs généraux de Frédéric II. Ce général mourut dans sa campagne, près de Berne, après avoir eu la singulière curiosité d'observer dans un miroir, aussi longtemps qu'il en eut la force, les progrès de la décomposition des traits de son visage. Sa patrie l'appela deux fois à commander des expéditions entreprises pour comprimer des troubles à Genève et à Neufchâtel. On dit que, révolté des épithètes injurieuses que de jeunes officiers bernois prodiguaient aux soldats sous leurs ordres, apparemment pour se mettre en crédit auprès du héros prussien, Lentulus leur imposa silence en déclarant « que les chiens étaient excellents, mais que les piqueurs ne » valaient rien, » jugement qui a pu être appliqué, souvent et à bon droit, à la conduite des milices dans des temps postérieurs.

L'académie de Berne réclame spécialement quelque attention par les hommes qu'elle a formés, ou qui ont occupé des chaires dans son sein depuis 1750 à 1800. Deux des théologiens qu'elle a produits, Dan. Wisttenbach, père de l'illustre helléniste, et Jean-Fréd. Stapfer, mort en 1775, font autorité dans l'Église réformée par le nombre et la solidité de leurs ouvrages sur toutes les parties du dogme et de la morale. Le dernier surtout, malgré son allure Wolfienne, a conservé un haut rang parmi les théologiens de sa communion. Son *Traité des Controverses qui ont agité l'Église* passe, à juste titre, pour un des exposés les plus méthodiques et les plus lucides de la foi chrétienne et des altérations qu'elle a subies sous l'influence des erreurs et des passions humaines. Il ne faut pas confondre Jean-Fréd. Stapfer avec son frère et deux de ses neveux portant le même nom, qui ont, à des époques plus récentes, occupé des chaires à l'académie de Berne. J'ai déjà fait mention de David Kocher, hébraïsant distingué, et de Jean Ith, auteur d'une *Anthropologie* (ou théorie de l'organisation) *physique de l'homme* (en allemand), remarquable par des vues d'un ordre élevé et une diction pleine de charmes. L'académie de Berne peut aussi revendiquer, en quelque façon, M. Albert Rengger, homme d'état d'un mérite éminent, et l'un des meilleurs écrivains que compte la littérature germanique; c'est peut-être le Suisse qui écrit l'allemand avec le plus d'élégance et de pureté. Médecine, minéralogie, histoire contemporaine et discussions de hautes questions d'organisation politique, toutes ces choses ont tour-à-tour occupé sa plume vraiment classique. On lui doit un ensemble de recherches sur la géologie du Jura, et de curieuses considérations sur la structure des chaînes de montagnes. En 1830, il a publié à Aarau, où il réside depuis qu'il s'est démis de toutes fonctions publiques, un *Choix de Lettres inédites de J.-G. Zimmermann,* élève aussi des collèges bernois, et l'un des créateurs de la littérature allemande où il a importé quelques-unes des tournures rudes et brusques du style helvétique. Cette collection est précédée d'une notice sur ce célèbre médecin, modèle de biographie impartiale, et d'une critique équitable qui contraste avec le ton passionné et les éloges ou le blâme sans mesure prodigués dans les lettres de Zimmermann, du reste admirablement écrites, et dignes de l'âme chaleureuse de cet homme excellent.

Depuis que l'académie de Berne a vu, principalement par les soins d'un sénateur éclairé, M. Fréd. Mutach, les bases de son enseignement élargies et ses moyens d'instruction augmentés, des savants du premier mérite, tant indigènes qu'étrangers, en ont étendu la renommée. Au premier rang est M. Sam. Schnell, membre de l'ancien conseil-souverain de Berne et rédacteur des nouveaux codes qui régissent la procédure civile du pays. Sa profonde connaissance du droit et sa pensée organisatrice sont au nombre des plus puissants auxiliaires d'un gouvernement progressif. Si l'Helvétie ouvre les yeux sur un des plus criants besoins sociaux qui la travaillent, elle aura recours aux lumières de ce savant jurisconsulte pour jeter les fondements d'une institution qui lui manque, et qui serait un immense bienfait pour toutes les peuplades suisses, d'un tribunal de cassation établi dans des limites compatibles avec les individualités cantonnales et l'indépendance politique des parties intégrantes de la confédération.

Nous ne dirons rien ici des acquisitions d'hommes de mérite que l'académie a faites depuis qu'elle a reçu, dans le cours de cette année même (1834), une extension et une organisation nouvelles avec le titre d'université; nous avons cru devoir nous borner à l'énumération des anciennes notabilités académiques : nous aurons plus tard occasion de parler de l'université récemment établie.

En dehors de l'enceinte académique, on compte plusieurs Bernois qui ont servi leur patrie, et spécialement l'éducation, par des écrits, ou en formant des établissements utiles. Il y en a surtout trois qui se sont fait remarquer : M. Kasthofer, publiciste courageux et auteur de traités classiques sur l'économie rurale et forestière des Alpes, l'un des membres les plus distingués du gouvernement cantonal et professeur à la nouvelle université; sa sœur, madame Niederer, qui, par la fondation d'une école de jeunes filles, qu'elle dirige à Yverdun, et par un excellent ouvrage sur l'éducation, s'est associée à la gloire de son illustre maître Pestalozzi; et M. E. de Fellenberg, créateur des magnifiques établissements de Hofwyl, aux environs de Berne. Les obstacles qu'il lui a fallu vaincre, les sentiments élevés et la chaleur d'âme qui l'ont soutenu dans ce combat, et l'heureuse influence qu'il a exercée sur le perfectionnement de l'éducation du peuple, demanderaient des développements que ne comporte pas le but d'une notice réservée spécialement aux institutions de la capitale. Il nous suffira de faire remarquer le singulier contraste qu'offre la conduite de l'ancien patriciat bernois avec celle de l'assemblée des représentants du canton, dépositaires actuels du pouvoir souverain, dans leurs procédés envers un des hommes les plus distingués de notre temps. L'ancien gouvernement lui témoigna constamment une indifférence et une froideur qui dégénérèrent presque en hostilité, et l'éloignèrent de fonctions auxquelles sa naissance et sa capacité auraient dû l'appeler. Le grand-conseil actuel, composé presque entièrement de gens de la campagne, s'est empressé, en élevant M. de Fellenberg à la première dignité de l'état, de montrer son estime pour sa personne, sa reconnaissance pour les services qu'il a rendus à l'humanité, et l'importance qu'il attache aux progrès de l'instruction. Tant il est vrai qu'une autorité émanée du peuple, et organe fidèle de ses vœux, mettra toujours en première ligne les grands intérêts de l'éducation et de l'amélioration des établissements qui lui sont consacrés.

Il est un autre magistrat bernois qui a acquis une célébrité européenne, M. Charles-Victor de Bonstetten, né à Berne en 1745. Quoique depuis longues années le Nestor des écrivains de son pays, il a été encore trop tôt enlevé à sa patrie et aux lettres en 1832. Ses ancêtres étaient les égaux des comtes de Habsbourg, souche de la maison d'Autriche. Fils d'un des premiers magistrats de la république, tous les dons naturels et acquis le destinaient aux plus hautes dignités de l'état. Ce qui lui en ferma l'accès, fut d'abord le peu de déférence qu'il témoigna de bonne heure pour les opinions et les maximes en crédit à Berne, ensuite la répugnance qu'il montra pour les détails de la routine administrative. En revanche, il se créa par ses études et par ses écrits une existence plus brillante et mieux appropriée à ses goûts que celle que lui eût donnée la charge d'avoyer ou de banneret.

Il a lui-même retracé les principales circonstances de sa vie, surtout celles qui influèrent le plus sur la direction de ses pensées et de ses travaux, dans les *Souvenirs*, dont nous avons déjà cherché à donner quelque idée par des citations, et dans des lettres à Matthisson, publiées à Zurich en 1827, dans lesquelles les réflexions les plus instructives pour le psycologue et le publiciste se trouvent mêlées à des tableaux pleins de charme et à des scènes d'une piquante gaieté. Voici comment il raconte une entrevue qu'il eut avec le chef du gouvernement peu après son entrée dans le grand-conseil. « J'étais, » dit-il, « pénétré de respect pour l'avoyer
» d'Erlach, qui présidait avec beaucoup de dignité et de présence d'esprit
» le conseil-souverain. Je venais d'être nommé vice-bailli du Gessenay :
» j'allais gouverner un district important où tout était nouveau pour
» moi. Tout frais émoulu de l'étude que j'avais faite à Genève de Tacite,
» Montesquieu et Machiavel, j'étais vivement occupé de ma nouvelle
» tâche quand l'avoyer, qui était mon parent, me fit prier d'aller le
» voir. Voilà ce qu'il me fallait, me dis-je; je vais recevoir de précieuses
» directions. Un magistrat de si grande expérience va me donner les
» conseils dont j'ai besoin; je vais être initié dans les secrets du gouverne-
» ment! Je me rends, plein de mon Tacite, à l'invitation de mon cher
» cousin, et traverse la longue suite d'appartements qui précédait le
» cabinet de l'avoyer, à l'hôtel d'Erlach. Son excellence était seule. — Bon-
» jour, mon cousin. Vous voilà donc bailli? Asseyez-vous là. Mon cousin,
» je ne sais si vous savez les usages du bailli. On vous enverra les notes.
» On donne par an tant de fromages à chaque conseiller, et, mon cousin,
» retenez ceci, tant à l'avoyer. Votre prédécesseur était un sot; il m'en-
» voyait de petits fromages, qui ne valent pas les grands. Souvenez-vous
» de m'en envoyer de grands. Adieu, mon cher cousin; je vous souhaite
» un bon voyage! Ma cousine se porte bien? — Me voilà congédié. Je
» m'en retournai chez moi me disant que l'étude de Montesquieu ne
» m'aiderait pas beaucoup à exécuter de pareilles instructions. »

Il est juste de placer à côté de ce croquis d'intérieur un tableau d'histoire, afin qu'on ne s'imagine pas que M. de Bonstetten n'a pris la plume que pour se moquer de ses collègues.

« En 1775, je fis mon entrée dans le grand-conseil. Rien de plus au-
» guste que ce sénat, sorti comme par enchantement des temps les plus
» ténébreux du moyen-âge et vieux de cinq siècles d'une honorable exis-

» tence... Rien de plus remarquable que de voir l'effet de la présence de
» ce sénat sur les oisifs qui venaient occuper leur place. En entrant dans
» cette vieille salle, bâtie en voûte peu élevée, mais belle dans sa sim-
» plicité, les conseillers (membres du petit-conseil) en costume, rangés
» le long des murs sur des bancs élevés, le président, appelé *avoyer*, placé
» au milieu d'eux sur ce qu'on appelait son trône, le grand conseil des
» Deux-Cents sur des bancs divisés en quatre quartiers; en entrant, dis-je,
» dans la salle de cette auguste assemblée, on se sentait saisi de respect :
» les rêves de l'oisiveté disparaissaient comme les songes bizarres d'une
» longue orgie; en un mot, on se sentait devenir meilleur en présence de
» ce grand résultat du temps et du noble esprit de nos ancêtres. Ce sénat
» avait les défauts d'une aristocratie, mais il en avait toutes les vertus. Tel
» était le désintéressement des patriciens qui n'avaient à rendre compte
» de leurs finances qu'à eux-mêmes, qu'ils vécurent dans la médiocrité
» à côté de trente ou quarante millions d'épargnes trouvées dans le pillage
» qu'en firent leurs amis et alliés de France[1]. Ce gouvernement vécut
» désarmé au milieu de ses sujets armés. Il faut le dire encore, l'esprit
» de ce sénat était tellement salutaire, on y était si sincèrement occupé
» du bien des gouvernés, que dans son enceinte on se sentait devenir plus
» homme de bien[2]. »

Peu d'hommes ont eu au même degré que M. de Bonstetten le don de plonger dans les profondeurs du passé, et de retrouver intactes et fraîches les impressions de l'enfance et de la jeunesse pour les confronter sans altération avec les sensations de l'âge mûr, et faire jaillir des aperçus intéressants de ce rapprochement. Personne n'a eu plus de raisons de dire :

« C'est un admirable phénomène que celui de la mémoire. En écrivant
» les souvenirs de mes quatre-vingt-cinq ans, je crois voir sortir du passé
» ma vie tout entière, comme une statue sort des fouilles de Pompéïa ou
» de Stabie. Je crois que rien ne s'oublie complètement, que rien ne se
» perd; ce qui manque quelquefois, c'est l'excitateur de telle ou telle

---

[1] Ce chiffre est exagéré, mais en le réduisant à la moitié on est au-dessous de la vérité, et la conclusion de M. de Bonstetten n'en est pas moins juste.

[2] La salle dont parle M. de Bonstetten occupe une grande partie du premier étage de l'Hôtel-de-Ville, construit de 1406 à 1416. Un double escalier de pierre est adossé à la façade principale, à la corniche de laquelle sont suspendus les écussons aux armes des vingt-sept districts du canton.

(*Souvenirs.*)

» idée. La pensée existe quelque part, mais le cordon de la sonnette n'y
» est pas. » Tout était cordon pour M. de Bonstetten, ce qu'il voyait, ce
qu'il entendait, ce qui se passait autour de lui. Je citerai encore la réflexion qu'il a faite, parcequ'elle offre à la fois la base et le résultat de
ses méditations philosophiques. « On se fait, » dit-il, « de fausses images
» des sensations; elles ne viennent pas du dehors, elles sont en nous, et
» se montrent chaque fois que les sens les appellent : c'est parcequ'elles
» sont parties de nous-mêmes qu'elles se conservent, sans doute pour
» revivre dans quelque nouveau système de rapports de nous avec ce qui
» n'est pas nous. » M. de Bonstetten a exposé son analyse des facultés
intellectuelles dans plusieurs écrits, dans deux volumes d'*Études sur
l'homme et sur l'imagination*, et plus récemment dans la *Bibliothèque universelle de Genève*. On ne peut se dissimuler que ce ne sont pas là ceux de
ses ouvrages qui vivront le plus long-temps. Lorsqu'il s'élève à des vues
de théorie générale, son talent l'abandonne. Il était éminemment peintre
de mœurs, et observateur spirituel, souvent profond et quelquefois original, des phénomènes psycologiques et sociaux qui s'offraient à ses regards
en lui et dans le monde; mais beaucoup moins heureux et moins lucide
dans ses essais de combinaisons systématiques. Le vol spéculatif et l'abstraction métaphysique ne lui vont pas; il faut qu'il reste sur le terrain
de la psycologie expérimentale et de l'économie politique pour avoir le
plein usage de son esprit.

On lira long-temps encore, avec autant de fruit que de plaisir, ses
Lettres sur un pays pastoral, c'est son premier écrit, composé en allemand;
ses *Vues de bien public*; ses *Recherches sur la langue, la poésie et quelques
points d'histoire des peuples scandinaves*; ses *Considérations sur l'éducation
nationale*, et sa *Correspondance* avec son illustre amie madame Brun, qui
occupe un rang distingué parmi les poètes de l'Allemagne. Ces lettres,
écrites en allemand et publiées par cette dame peu d'années avant la mort
de l'auteur, forment deux volumes, et présentent une revue intéressante
des principaux événements ou des personnages contemporains que M. de
Bonstetten a eu occasion de voir de près ou de rencontrer depuis les dernières années du siècle précédent jusqu'à une époque assez récente. Nous
avons déjà fait mention de ses *Lettres au poète Matthisson*.

Parmi les productions de sa plume qui ont une certaine étendue, les
plus remarquées hors de l'Allemagne sont le *Voyage dans le Latium* et

l'Homme du Nord et du Midi. Ayant eu le bonheur de faire, dans la société de Zoëga, une tournée archéologique dans la campagne de Rome, sur la plage qui s'étend des bouches du Tibre au Numicus, il reconnut tous les lieux présents à la mémoire des lecteurs de Virgile, *Laurentum, Lavinium, lacus Annæ Perennæ*, etc., et fit pour les derniers chants de l'*Énéide* ce que M. Lechevalier avait fait pour l'*Iliade*. Ses descriptions sont entremêlées de renseignements curieux sur l'état actuel du pays, et de comparaisons piquantes de l'ancien *Latium* avec le patrimoine de Saint-Pierre. Dans les *Annales littéraires* de Gœttingue, Heyne a témoigné son regret de n'avoir pas eu le secours des recherches de M. de Bonstetten lorsqu'il s'occupait de son *Commentaire sur l'Énéide*.

L'Homme du Nord et du Midi est une ingénieuse explication du contraste que les peuples d'Europe, qui appartiennent à ces deux grandes divisions, présentent dans le développement et l'emploi de leurs facultés, dans la direction de leurs pensées et de leurs affections, dans leurs mœurs nationales et leurs habitudes domestiques. On y trouve la finesse d'aperçus, l'esprit d'observation et le talent d'analyse psycologique qui brillent dans tous les écrits de l'auteur; mais aussi les défauts que nous avons signalés. La cause de ces défauts est dans la tendance de l'auteur à trop généraliser les faits, et à les rattacher à une idée favorite en leur extorquant des réponses dictées d'avance.

Mais c'est surtout l'homme de bien, l'ami de son pays et de l'humanité qui se révèlent dans tout ce qui, soit en allemand, soit en français, est sorti de la plume élégante de M. de Bonstetten, depuis sa *Description du Gessenay*, pays pastoral qu'il administra comme vice-baillif, jusqu'aux *Souvenirs*, auxquels nous avons fait plusieurs emprunts, et qui sont pleins de grâce et d'intérêt. On y admire cette fraîcheur, cette force d'imagination par laquelle l'aimable vieillard se transporte si naturellement aux époques les plus reculées de sa vie sans y mêler des impressions d'origine plus récente. Ce talent que Bonstetten possède, comme écrivain, de faire beaucoup penser son lecteur et de l'électriser, alors même qu'il ne peut le convaincre, il le déploya dans ses relations privées avec ses amis. Il avait l'art de les stimuler, et de féconder leur esprit par sa correspondance et ses entretiens. Deux des écrivains qui honorent le plus l'Allemagne, le poète Matthisson et l'historien Müller, se sont plus à reconnaître quelle influence ont exercée sur leurs compositions les encouragements et la généreuse amitié de Bonstetten. Les *Lettres de Müller à Bonstetten* sont connues en France par une traduction qui en a reproduit avec un extrême bonheur toute la verve et l'originalité ; on la doit à une dame bernoise, madame Steck, Française de naissance, qui a trouvé la célébrité malgré ses efforts pour cacher son nom. Il serait à désirer qu'un choix des poésies et des pensées qu'elle a laissées en portefeuille vît le jour par les soins de sa famille. Nous ne résistons pas au plaisir de communiquer à nos lecteurs un chant que l'indignation lui arracha, en 1814, à la vue des torrents d'injures que la presse française vomit alors contre le monarque tombé.

SUR LA CHUTE DE BONAPARTE.

Astre resplendissant, fils altier de l'aurore [1] !
Comment du haut des cieux es-tu précipité ?
Qu'as-tu fait des rayons dont naguères encore
L'éclat environnait ton front désenchanté ?

Ton char brûlant volait guidé par la victoire,
Et nos yeux éblouis se baissaient devant toi ;
L'univers en silence, accablé de ta gloire,
Comme sous les destins se courbait sous ta loi.

Tu tombes ! l'univers se relève et respire ;
L'homme ose mesurer le géant abattu :
D'opprobres impunis flétrissant son empire,
L'audace sans péril croit être la vertu.

Quoi ! de sa propre honte est-ce ainsi qu'on se venge ?
Vous, qui chantiez sa gloire en vos lâches accents,
Est-ce ainsi que vos mains viennent souiller de fange
Les débris de l'autel où fuma votre encens ?

Élevés pour les cours, formés à l'esclavage,
Vous rampiez sous son aigle ainsi qu'autour des lis ;
Vous osez aujourd'hui lui prodiguer l'outrage :
L'outrage est retombé sur vos fronts avilis.

---

[1] Imitation de l'apostrophe que le prophète Isaïe met dans la bouche des rois morts, à la vue du roi de Babylone qui arrive au séjour des ombres (*Isaïe*, XIV, 12) ; ils vont à sa rencontre et lui disent : « Comment es-tu tombée des cieux, étoile du matin, fille de l'aube du jour ? Toi qui foulais les nations, tu es abattue jusques en terre, etc. »

Mais vous, dont tout son or, dont toute sa puissance
Ne corrompit jamais la fière liberté ;
Vous, qui le poursuiviez d'un éloquent silence
Où son œil lut l'arrêt de la postérité,

On ne vous verra pas, généreux adversaires,
D'un facile triomphe insulter son malheur ;
Ni, de dieux inconnus adorateurs vulgaires,
Leur porter de vos vœux l'hommage adulateur.

Liberté, vérité, voilà vos lois suprêmes !
Autour de leurs autels ralliez les humains ;
Aux peuples agités, aux monarques eux-mêmes,
Faites entendre encor leurs oracles divins.

Arrêtez ! direz-vous à ce peuple en furie,
Épargnez un héros, même en l'osant punir.
La gloire de la France à sa gloire est unie ;
Il faut le condamner, mais non pas le flétrir !

Ses palmes sont à vous, ses forfaits sont vos crimes ;
De sa propre grandeur vous l'aviez enivré ;
Vous en fîtes un dieu ; vous fûtes ses victimes :
Il a dû vous punir de l'avoir adoré !

PARTIE II. — DESCRIPTION.

On se rappellera que Berne est assise sur une espèce de promontoire ou colline qui forme un plan incliné, et se termine en pointe, après s'être abaissé, en descendant de l'ouest à l'est, jusqu'au niveau de l'Aar, entre deux bras de cette rivière qui l'embrassent au sud et au nord. Pour s'expliquer les principales divisions de la ville et la marche de son agrandissement, il faut savoir que cette colline était originairement coupée transversalement par plusieurs ravins qui formèrent les limites successives des quartiers, ajoutés l'un à l'autre au fur et à mesure des besoins de la population. Le plus ancien de ces quartiers ne dépassait pas un enfoncement qui isolait l'extrémité orientale de la presqu'île, et qui coupait le terrain un peu au-dessus de l'église de *la Nydeck*. Plus haut, au milieu à peu près de la ville actuelle, s'étendait, depuis les environs de l'Hôtel-de-Ville au nord jusqu'à la place de la Cathédrale au sud, une autre dépression du sol qui aboutissait à l'Aar au bas du versant méridional. La coupure qui sillonnait la colline un peu plus à l'ouest, était la plus large et la plus profonde : on en voit encore l'issue méridionale dans le petit *Val-des-Tanneurs,* au-dessus du grand corps-de-garde ; quant à son autre bout, il n'en existe plus d'autre vestige que le nom d'une promenade, plantée de tilleuls, qu'on appelle le *grabe* ou le fossé *inférieur,* pour le distinguer d'une autre promenade dénommée le *grabe* ou fossé *supérieur,* parce qu'elle est située plus haut vers le couchant, à l'extrémité méridionale d'une vaste place qu'on a formée en comblant le ravin, et qui borne à l'est la partie de la ville la plus moderne, limitée à l'occident par les remparts. Ces deux grands ravins, ou plutôt les esplanades spacieuses qui les ont remplacés, partagent la ville en trois parties inégales, mais nettement tranchées. Celle qui descend vers l'est jusqu'à la pointe de la presqu'île se subdivise en deux portions, séparées par la Kreutzgass (rue transversale) : on appelle ainsi une rue qui coupe les trois principales rues à angle droit, et qui, partant de la plate-forme, aboutit au talus qui borne la ville au nord. Ce quartier comprend les principaux édifices publics, la Cathédrale, le Collège et les Musées, l'Hôtel-de-ville, etc. La section du milieu renferme l'Église française, l'hôtel des Monnaies, l'Infirmerie, vulgairement nommée l'Ile, le grand Magasin à blé et l'Arsenal. Dans la partie supérieure, la plus occidentale de la ville, on remarque la maison des Orphelins, un magnifique hospice, l'Église du Saint-Esprit, et la Maison de Force ou Pénitentiaire. Trois tours, connues sous les dénominations de Tours de Goliath, des Prisons et de la Grande-Horloge, sont, de l'ouest à l'est, placées à l'extrémité occidentale de chacun des trois quartiers. Nous tâcherons de résumer en aussi peu de lignes que nous pourrons les indications historiques qui servent à comprendre le but et apprécier l'intérêt de ces monuments.

I.

MONUMENTS.

La Cathédrale, désignée ordinairement par *la Grande-Église*, est bâtie dans le style gothique de l'époque la plus récente ; elle est imposante, et se distingue par la hardiesse des ogives et la multitude des aiguilles qui couronnent les arcs-boutants et les piliers. Sa tour, qui a cent quatre-vingt-onze pieds d'élévation, est brusquement tronquée ; il est évident qu'elle devait atteindre à une plus grande hauteur. On a allégué différentes raisons pour lesquelles elle n'a pas été achevée : le manque de fonds, l'insuffisance des fondements, pas assez solides, a-t-on assuré, pour supporter une masse plus lourde que celle qu'ils soutiennent dans l'état actuel de l'édifice; enfin, la mort violente de l'architecte, attribuée par les uns au poison, par les autres à une chute qu'il fit du haut d'un échafaud. Cette dernière version est peu probable, quoiqu'on lui ait cherché un appui dans l'existence d'une statue, placée sur un des pilastres du chœur, à l'endroit même d'où l'on prétend qu'il est tombé. Des documents authentiques constatent que ce fut Matthieu OEnzinger, appelé de Strasbourg pour cette construction, qui la commença en 1421; que son fils Vincent la continua jusqu'en 1446, et que c'est Étienne Abrugger qui l'acheva sur le plan de ses prédécesseurs. L'édifice ne fut pas terminé avant 1500. Les sculptures du portail, attribuées à un certain Kœnig, natif de la Westphalie, et pleines d'allusions malignes contre le clergé romain, annoncent dans l'artiste l'intention de signaler les abus qui, à cette époque, avaient atteint le dernier période et qui préparèrent les esprits à la réforme. On y voit, par exemple, une des folles vierges, lesquelles sont représentées, avec les vierges sages en regard, sur un pilastre latéral de la porte, affublée d'un chapeau de cardinal. D'autres monuments de la même époque prouvent que les statuaires, pas plus que les peintres, n'épargnaient la pourpre et la tiare. Parmi ces derniers, on cite particulièrement Nicolas Manuel, auteur d'une célèbre danse des morts, et décédé sénateur en 1528, dont le pinceau satirique aida les efforts plus sérieux des réformateurs. Les vitraux des fenêtres du chœur, peints, vers la fin du quinzième siècle, par Frédéric Walther, offrent une représentation burlesque du dogme de la transsubstantiation. On y voit un pape versant les quatre évangélistes dans un moulin, et le moulin rendant une multitude d'hosties, qu'un évêque reçoit dans un calice surmonté d'un christ; le peuple, agenouillé autour de cette scène, en paraît tout ébahi. Il n'y a pas jusqu'aux dossiers et aux accoudoirs des stalles des chanoines qui ne présentent des traits lancés contre les mœurs du clergé; entre autres un capucin ouvrant un trictrac qui a la forme d'un missel. Des esprits ainsi préparés n'attendaient que l'étincelle qui fit faire explosion à l'indignation publique. Cette étincelle, ce fut Bernard Samson qui l'apporta de Rome. Les chroniques du temps s'accordent toutes à dire que la vente d'indulgences plénières, qui valut à ce prêtre trois millions de livres de France, dans Berne seule, révoltant toutes les classes, porta le dernier coup à un culte discrédité par la vie scandaleuse de ses ministres.

Il existe à Berne une autre église, qui a plus d'importance encore pour l'histoire de la réformation, l'*Église-Française*, desservie jusqu'à cette époque par des dominicains. On y vénérait une Vierge miraculeuse placée sur le côté latéral du couvent, devant deux ouvertures qui établissaient une communication cachée et directe avec le monastère. Il faut que ce couvent ait embrassé un très-vaste local. L'an 1309, l'empereur Henri VII y passa quinze jours avec le duc de Flandre, une grande suite et plus de mille chevaux. Les fastes bernois font mention d'autres visites, tout aussi, dirons-nous honorables ou onéreuses? En 1363, l'empereur Charles IV, en 1414, l'empereur Sigismond, daignèrent y accepter, plusieurs jours de suite, de somptueux repas et des fêtes sans doute plus agréables à ces augustes hôtes que profitables aux financiers du couvent. Plus mémorable encore fut le séjour que le pape Martin V, accompagné d'une vingtaine de cardinaux et évêques, y fit, dans le mois de mai de l'an 1418, en revenant du concile de Constance, probablement avec une immense valetaille. Pour nourrir ces illustres personnages et leur cortège pendant douze jours, la ville, outre la fourniture journalière du pain, de la volaille, du poisson et des lumières, présenta à Sa Sainteté cent vingt-cinq sacs ou boisseaux de blé de choix, quarante d'avoine, huit chars (c'est ainsi qu'on désigne la charge d'une voiture) de vin du Rhin et de Bourgogne, et quarante moutons. De pareils besoins croissant chaque jour, par le double effet de l'orgueil et de l'habitude, faut-il s'étonner que cent ans plus tard les Bernois aient pensé qu'on pouvait leur prêcher l'Évangile à meilleur marché?

Pour s'assurer la victoire sur leurs rivaux les franciscains ou carmes déchaussés, qui balançaient, à Berne, le crédit des dominicains, ceux-ci eurent recours à une supercherie, à laquelle servirent les communications dont il s'agit, mais qui leur coûta cher, et qui porta en même temps un coup mortel à l'Église romaine dans l'esprit du peuple. S'étant emparés d'un malheureux garçon tailleur, nommé Jean Jetzer, et l'ayant fanatisé par l'empreinte de stigmates et toutes sortes de visions au point qu'il s'imagina être un saint honoré de révélations divines, ils crurent pouvoir, au moyen des discours qu'ils lui soufflèrent, établir la vérité de leur doctrine d'immaculée conception de la Vierge et triompher des franciscains qui la niaient. Mais le pauvre Jetzer joua son rôle si gauchement que les franciscains n'eurent pas de peine à dévoiler cette scandaleuse intrigue. Quatre des principaux dominicains furent, sur la dénonciation de leurs ennemis, arrêtés, mis en accusation, et, après sentence rendue par un conseil de prélats, livrés, comme coupables de sacrilège, au juge civil, qui les fit brûler vifs, le 31 mai 1509, sur la rive droite de l'Aar, dans un endroit appelé le *Schwellematteli*, en face du couvent des franciscains. Cet événement fit une immense sensation, et hâta la révolution religieuse. Au commencement de ce siècle, on voyait encore sur le mur de l'église l'issue des communications secrètes dont j'ai parlé; depuis, l'autorité a fait murer ces ouvertures par égard pour les catholiques romains, auxquels l'Église-Française a été assignée pour la célébration de leur culte en partage avec la communion réformée.

Une troisième église, située près de la Porte-de-Morat, l'*Église du Saint-Esprit*, vulgairement appelée l'*Église-de-l'Hôpital*, mérite l'attention du voyageur par l'élégance de son architecture. Bâtie, au commencement du dernier siècle, dans le style moderne, par un Bernois, Nicolas Schildknecht, elle fut inaugurée le 6 novembre 1729. On dit que la simplicité et la beauté des proportions de ce temple frappèrent tellement un célèbre architecte français, appelé par le gouvernement pour se charger de constructions importantes, qu'il ne put s'empêcher de témoigner son étonnement de ce que les Bernois avaient recours à des étrangers, tandis qu'ils possédaient des citoyens capables d'élever un pareil monument.

La quatrième des églises de Berne, où se célèbre le culte réformé, l'*Église-de-la-Nydeck*, n'a rien de remarquable. Placée au haut de la partie la plus rapide de la montée qui termine la ville à l'est, elle domine la Basse-Ville, connue sous le nom de *Matten*, et occupe l'emplacement d'un ancien château de chasse du duc de Zæringen, fondateur de Berne. On donne aux bourgeois habitants de ce quartier le sobriquet de *Zæringuiens*.

Toutes les églises de Berne sont garnies de stalles et de bancs en bois de noyer ou de chêne, marqués aux armes des propriétaires ou portant leurs noms. Pendant le service divin, la circulation des voitures est interdite; des chaînes sont même tendues pour l'empêcher.

Sur l'ancien local du couvent des franciscains s'élève aujourd'hui un ensemble de bâtiments de destinations et d'origines diverses; les plus vieux remontant à l'existence de ce monastère; les plus modernes construits ou arrangés successivement pour servir de dépôt aux richesses littéraires et aux collections scientifiques consacrées aux études. Le corridor qui longe les salles où se font les cours académiques, le musée qui renferme le cabinet d'histoire naturelle et la bibliothèque, forment, sur trois côtés, au sud, à l'ouest et au nord, l'enceinte d'un terrain destiné jadis aux sépultures, aujourd'hui changé en jardin botanique. La salle, ornée de colonnes en stuc, qui contient la bibliothèque, a trente-huit pas de longueur; son principal ornement est une collection de quinze cents manuscrits environ, dont la partie la plus curieuse, consistant en plus de cinq cents manuscrits hébreux, grecs et latins, provient de la bibliothèque de Jacques Bongars, ambassadeur de Henri IV près la Porte, qui les avait achetés des héritiers du père Daniel; ce père les tenait du roi, qui lui avait fait don de la moitié de la bibliothèque du monastère de Fleury. Dans un des salons contigus à la grande salle, on voit une riche collection de costumes, armes, ustensiles des insulaires de la mer du Sud, dont Jean Weber, élève d'Aberli et de Wille, nommé en 1776 par l'amirauté anglaise dessinateur de l'expédition du capitaine Cook, fit hommage à sa ville natale en 1791.

Le musée, accessible aux étrangers à toute heure, communique avec la bibliothèque par un corridor. Les salles du rez-de-chaussée, qui ont issue et jour sur le jardin botanique, contiennent des collections de minéraux, de fossiles, de céréales, de graminées, d'antiquités, etc.; on y remarque des morceaux de cristal de roche de dimensions considérables. Tout l'étage supérieur ne forme qu'une salle de quarante pas de longueur. On y voit une collection d'oiseaux indigènes ou passagers, et, hormis les animaux domestiques, la plupart des quadrupèdes suisses empaillés avec beaucoup d'art. On ne passe pas sans émotion devant la dépouille de Barry, un des chiens dressés par les religieux du Saint-Bernard pour aller à la recherche des voyageurs égarés dans les neiges qui environnent le couvent. Ce noble animal, après avoir sauvé la vie à un grand nombre de personnes, fut tué par un voyageur qu'il cherchait à tirer de l'assoupissement mortel qui le gagnait, et qui, par la plus déplorable erreur, prit son sauveur pour un ennemi.

Dans cette même salle sont exposés les bas-reliefs de plusieurs parties de la haute chaîne des Alpes, qu'il est fort utile d'étudier lorsqu'on projette des courses dans l'Oberland, le Valais, le Mont-Blanc, etc. On y voit aussi les portraits des avoyers de la république, et de celui qu'on a, à si juste titre, dénommé le *Grand Haller*. Une porte, opposée à l'entrée, conduit au salon des plâtres, vaste et beau local qui était celui de la bibliothèque avant la construction de la nouvelle salle.

II.

INSTITUTIONS ACADÉMIQUES.

Sous ce salon et dans le bâtiment situé au midi, et qui forme un angle droit avec le musée, sont placées, au rez-de-chaussée, les salles destinées aux leçons des professeurs et aux solennités académiques. Avant 1830 l'académie comptait dix-sept professeurs et environ cent cinquante étudiants. Elle suffisait aux besoins du pays; mais il n'en était pas moins d'usage que les jeunes gens qui en avaient les moyens achevassent leurs études dans les universités de l'Allemagne : on était même généralement dans l'idée que c'était un complément nécessaire pour ceux qui aspiraient aux grandes dignités de la république ou qui se destinaient à quelque branche élevée de l'enseignement. Les inconvénients qui en résultaient se faisaient néanmoins vivement sentir; on voyait de plus en plus se dévoiler les fâcheuses conséquences d'un séjour prolongé de la jeunesse à l'étranger. Outre les sacrifices pécuniaires que ce séjour imposait aux familles, il faisait contracter aux jeunes voyageurs des affections, des habitudes et des préjugés qui les dégoûtaient du toit paternel, et se trouvaient souvent en opposition directe avec des opinions et des sentiments plus conformes à leur position domestique et aux institutions de la patrie. Placer sous la main des jeunes Suisses et leur offrir sur le sol même de leur pays ce qui les engageait à s'en éloigner au sortir de leurs collèges, était une idée qui se présentait naturellement à l'esprit, mais qui n'était pas d'une exécution facile. Où et comment établir en Suisse une véritable université avec les moyens extrêmement bornés dont disposent les cantons isolés? comment surtout espérer que des confédérés rivaux, jaloux même l'un de l'autre, et divisés de religion comme de principes en matière de gouvernement, acceptassent l'université qui leur serait offerte par un co-état, fût-elle riche en hommes distingués et en trésors littéraires et scientifiques?

Comme il est plus aisé de remplir un cadre que de créer à neuf, il était tout simple de se prévaloir d'une ancienne renommée, et de chercher à rendre à l'université de Bâle l'éclat dont elle avait brillé dans le seizième et le dix-septième siècle. Ce fut le désir et le projet du gouvernement helvétique central en 1798; ses membres les plus éclairés pensaient, d'ailleurs avec raison, que l'unité politique, imposée à la Suisse par des circonstances impérieuses, ne deviendrait une salutaire et fraternelle union que par l'influence de causes morales. Il leur semblait surtout que, pour préparer et amener insensiblement la fusion de peuplades aussi nombreuses que dissemblables dans un corps de nation, il n'y aurait pas de moyen à la fois plus efficace et plus doux que l'établissement d'une seule et même école supérieure, où des amitiés intimes, contractées dans un âge tendre et sous l'empire d'études fortes par l'élite de la jeunesse, porteraient une sève commune dans toutes les branches de la confédération. L'ouragan de la révolution et les fléaux de la guerre ne permirent pas au directoire unitaire de donner suite à son projet. Plus tard, le gouvernement de Bâle, rendu à son indépendance cantonnale, tâcha de faire revivre son ancienne université en y appelant des savants étrangers d'un grand renom. L'essai ne répondit pas aux efforts et aux sacrifices de ce gouvernement. Bâle n'a vu affluer dans ses murs ni la jeunesse d'Allemagne ni la jeunesse indigène; et la situation dans laquelle de malheureuses dissensions intestines l'ont jetée ne lui permet guère de renouveler ses tentatives de régénération universitaire.

Zurich a fait récemment quelques pas vers la réalisation de vues pareilles. Ses conseils ont décrété la transformation de son académie, l'une des plus florissantes de la Suisse, en université. Quelques savants distingués sont venus d'Allemagne pour y remplir les fonctions de professeurs dans diverses facultés; de nouvelles chaires ont été créées et libéralement dotées. Des notabilités de la Germanie savante, telles que MM. Oken, Rettig, Schœnlein, etc., semblent devoir attirer à Zurich beaucoup d'étudiants. Mais le peu d'effet qu'a produit à Bâle, pour provoquer l'affluence d'hôtes étrangers, la présence d'un des théologiens les plus distingués de l'Allemagne, M. de Wette, prouve que des noms célèbres ne suffisent pas pour assurer le succès d'une institution composée de tant d'éléments divers, moraux et matériels, lorsque d'autres circonstances ne se réunissent pas pour le décider. Il y a lieu de craindre que le développement de la nouvelle université, à Zurich, n'ait à lutter contre des obstacles et des préventions de plus d'un genre.

Berne, cherchant à donner à son académie une destination et une étendue universitaires, réussira-t-elle mieux que ses émules à combler une lacune signalée par tant d'intérêts et un si pressant besoin ? Je pense qu'elle a de nombreuses chances de succès. Une des premières conditions, c'est d'imprimer à son université un caractère parfaitement national, et je crois que Berne la remplira mieux que Bâle et Zurich. Ces deux villes sont, par leur position sur la frontière du Nord et par leurs relations habituelles, trop exclusivement entraînées dans le mouvement intellectuel de l'Allemagne; son atmosphère littéraire les enveloppe. Leurs institutions académiques se présenteront toujours aux Suisses comme une émanation, comme de simples copies des universités allemandes. Il y a sans doute une grande affinité entre les deux nations en tout ce qui touche la religion et le sens moral; mais l'esprit des lettrés allemands, tel que l'ont fait l'abus de la spéculation métaphysique, l'exaltation sentimentale, et la manie de noyer les réalités de la vie dans des subtilités de théorie ou des rêves de poésie fantastique, a peu d'analogie avec le bon sens helvétique. L'esprit judicieux et positif des Bernois servira de médiateur entre les différentes littératures; il saura tirer parti de ce qu'elles offrent chacune de vraiment bon et applicable. Il préservera les professeurs et les étudiants de ce penchant funeste des lettrés allemands à se créer un monde idéal pour s'y renfermer et y vivre, comme pour s'y dédommager des réalités qui leur manquent, disposition qui a sa source dans l'état social de l'Allemagne. Un état indépendant, libre, appelant tous les citoyens à une part réelle aux affaires publiques, est éminemment propre à imprimer aux classes lettrées une tendance pratique, et à les préserver des écarts de l'abstraction spéculative, tout en encourageant les recherches profondes et consciencieuses.

Il y a loin de cette tendance oisive et rêveuse à une philosophie forte et compréhensive. L'Université de Berne, en excluant l'une, doit faire une large part à l'autre. La philosophie a toujours été cultivée à Berne avec soin et dans un bon esprit : le département de l'instruction publique vient de montrer qu'il comprend tout le prix de cette science, puisqu'il en a confié la chaire à M. Troxler, une des têtes métaphysiques les plus fortes de notre époque.

Les habiles et célèbres jurisconsultes qui remplissent les chaires de droit dans la nouvelle université, MM. Schnell, W. Snell, Ch. Herzog et Siebenpfeiffer, ne permettent aucun doute sur le succès de leur enseignement.

Quant à la faculté de théologie, elle compte des hommes d'un vrai mérite.

On y voit avec plaisir un théologien de l'école de Storr, c'est-à-dire un professeur de dogme qui, tout en usant des droits de la raison dans les limites de sa compétence, ne placera pas une confiance aveugle dans un rationalisme énervant et plat. Puisse-t-il, avec ses dignes collègues, associer ses efforts à ceux des hommes éclairés et indépendants qui, s'affranchissant de toute lâche complaisance, soit pour la mode régnante en philosophie, soit pour les hypothèses arbitraires d'une critique aventureuse, tiennent compte de tous les besoins de la nature humaine. Ces hommes savent que le besoin de tout comprendre, celui de soumettre à l'unité rationnelle tous les objets de la pensée, n'est ni le seul ni le plus noble des besoins de l'âme. Pénétrés du sentiment de l'impuissance de la loi morale, lorsque, dépourvue de sanction et de principe vivifiant, elle s'engage sans auxiliaire dans une lutte sérieuse avec les penchants et les passions de l'homme, ils ont appris, par leur propre expérience, que la reconnaissance et l'amour, allumés au feu d'une charité ineffable, peuvent seuls donner vie et force à des préceptes inefficaces et à des croyances stériles sans cette intervention. Dirigé dans cet esprit, l'enseignement théologique inspirera de la confiance aux familles chrétiennes; et Berne verra son université fréquentée par les jeunes gens qui se vouent au saint ministère, et dont les parents redoutent pour leurs fils les principes de cet éclectisme profane et sceptique avec lequel la Bible est expliquée dans la plupart des universités d'Allemagne.

La faculté des sciences a été augmentée de plusieurs chaires, que des savants distingués sont appelés à remplir. Nous ne nommerons que le professeur de botanique, M. Hug. Mohl, auquel l'Académie des Sciences, à Paris, vient de décerner une médaille pour de belles recherches sur la structure des palmiers et le tissu utriculaire.

Enfin, la faculté de médecine a reçu un accroissement, réclamé par l'état de la science et par les ressources que le séjour de Berne offre aux étudiants.

III.

HÔPITAUX.

Parmi les moyens d'instruction pratique que les élèves en médecine rencontreraient difficilement, en égale abondance, dans d'autres villes de la Suisse, il faut compter la vaste infirmerie qui forme à elle seule presque tout un côté de la rue de l'Ile. Le nom de *l'Hôpital-de-l'Ile,* donné communément à cet hospice, lui vient de religieuses de l'ordre de Saint-Michel, qu'on appelait les *sœurs de l'Ile* ou les *sœurs de Brunnadern,* parceque leur couvent était dans une petite île de l'Aar, située, à une demi-lieue de la ville, au bas d'une côte, où l'on voit disséminées çà et là quelques maisons de campagne comprises sous la désignation de *Brunnadern* (veine d'eau). Obligées, en 1288, de se réfugier dans la ville, lorsque l'empereur Rodolphe de Habsbourg vint mettre le siège devant Berne, ces religieuses s'établirent successivement dans des localités qui leur offraient un asyle temporaire, et finirent par se fixer dans une maison que le pape Jean XXII leur donna la permission de construire sur l'emplacement occupé aujourd'hui par l'hôpital, qui, dans la bouche du peuple, a conservé le souvenir des *sœurs de l'Ile,* ses premières fondatrices. Depuis, de nombreuses donations ont mis l'administration en état de recevoir annuellement à peu près neuf cents malades, et d'envoyer à ses frais les convalescents ou même certains malades aux eaux du Gournigel, de Baden, de Schintznach, etc., institution complémentaire bien digne des bénédictions de l'ami de l'humanité ; car, qui n'a pas déploré que la bienfaisance publique fût souvent rendue vaine par le renvoi trop hâté des convalescents qu'elle a soignés dans leurs maladies?

L'Hôpital-de-l'Ile est, avec celui dont il nous reste à parler, la véritable gloire de l'ancienne Berne. Ce sont deux monuments dont la destination est aussi noble que leur architecture est remarquable par son caractère de grandeur et de solidité.

L'autre hospice, nommé le *Grand-Hôpital* ou l'*Hôpital-des-Bourgeois*, est le plus vaste et le plus bel édifice de la ville. Il est situé, à son extrémité occidentale, près de la Porte-de-Morat; sa façade principale est longue de quatre-vingt-dix pas; sa profondeur, adossée aux remparts, en mesure cent quatre-vingt-dix. Au-dessus de l'entrée sont gravés ces mots sublimes : CHRISTO IN PAUPERIBUS ; AU CHRIST DANS LA PERSONNE DES PAUVRES. — Destiné spécialement à servir de retraite à des indigents qui sont bourgeois de Berne, il sert encore à procurer des secours à d'autres classes de nécessiteux. Cinquante prébendiers des deux sexes et vingt-trois malades y sont entretenus gratuitement; outre cela, des citoyens qui sont dans un état voisin de l'indigence sont nourris et logés à l'hôpital pour une très-modique rétribution annuelle. Les voyageurs dénués de ressources et les ouvriers pauvres que leur métier conduit à Berne trouvent un bon gîte à l'hôpital, et reçoivent le lendemain quelques légers secours pour continuer leur route. Les parties postérieures de ce vaste bâtiment servent à la détention de personnes qui ont encouru de légères punitions. L'ancien gouvernement en avait fait une prison d'état. Cet hospice est propriétaire de l'île de Saint-Pierre, dans le lac de Bienne, illustrée par le séjour de Rousseau ; c'était un bien de moines confisqué à l'époque de la réformation.

À l'un et à l'autre des magnifiques établissements dont nous venons de parler sont attachés des pasteurs, des médecins et des chirurgiens choisis parmi les plus habiles de la capitale.

IV.

L'HÔTEL-DE-VILLE.

Nous avons déjà dit un mot de l'*Hôtel-de-Ville,* édifice assez lourd, et percé d'une multitude de fenêtres sur ses façades du midi et du nord; les croisées, au nord, sont irrégulières et réunies sous des cintres de différentes dimensions. Les salles du grand et du petit conseil, à voûte surbaissée, sont ornées de tableaux; dans le grand vestibule qui les précède, on en remarque un qui représente la ville de Berne telle qu'elle était en 1585. Du haut du perron, qui est surmonté d'une campanille, l'œil enfile une rue qui coupe transversalement les trois grandes rues de la ville, et qu'on appelle rue Croisée (*Kreutzgasse*). Le carrefour du centre, ou se croisent la Kreutzgasse et la rue principale, portait anciennement le nom de *Richtplatz, place de la Justice,* à cause d'un siège établi en permanence et devant lequel les criminels condamnés à mort étaient amenés pour entendre la lecture de leur sentence. Dans la suite, l'usage s'est introduit de ne dresser ce siège, couvert de draperies noires, que la veille d'une exécution, et de l'enlever immédiatement après le prononcé de l'arrêt. Cette lecture se fait par le juge avec une grande solennité; et, jusqu'à la fin du dix-huitième siècle, elle avait lieu en présence des élèves des écoles, qui étaient amenés par leurs régents et placés dans une enceinte réservée en face du tribunal. Une cloche particulière, qui ne se fait entendre seule que dans ces tristes circonstances, est mise en branle au moment où le condamné quitte la prison, et se tait aussitôt après la promulgation du jugement. Rien de plus lugubre et de plus saisissant que ces sons qui retentissent pendant toute la durée de la marche du condamné et de son cortège depuis la porte de sa prison jusqu'au pied du tribunal. Ils annoncent aux habitants de la ville qu'un de leurs semblables va être retranché du nombre des vivants, et que l'infortuné les prie de se joindre à lui pour implorer la clémence du juge devant lequel il va bientôt paraître! Cette cloche, dont le timbre est singulièrement pénétrant et harmonieux, est connue du peuple sous le nom de *la cloche du pauvre pécheur*.

Il y avait à Berne un édifice, appelé *Hôtel-de-Ville de l'état extérieur*, d'une architecture moderne, situé dans la rue de l'Arsenal, en face de l'Église-Française. On y voit une fort belle salle, qui a servi de nos jours aux séances de la diète helvétique, de 1804 à 1830, et à celles de l'assemblée constituante bernoise, convoquée en 1831, mais qui, par sa première destination, était le lieu de réunion d'une société que nous ne pouvons entièrement passer sous silence. On donnait le nom d'*état-extérieur* à un simulacre de gouvernement républicain, copié trait pour trait sur le gouvernement réel qu'on appelait, par une espèce de jeu de mots, *état-intérieur*. L'origine de cette institution remonte aux guerres de Bourgogne; elle a pris fin à l'époque de la révolution. C'était un calque de tout le mécanisme de l'administration bernoise. Cet état avait ses avoyers, ses bannerets, son petit et son grand conseil, ses bailliages, lesquels étaient désignés par le nom d'anciens châteaux ruinés, ses huissiers, ses messagers; il avait ses armes et sa livrée : son emblème était un singe; il procédait en tout comme le véritable gouvernement. Les jeunes citoyens s'y instruisaient dans le maniement des affaires, s'y habituaient à parler en public, à plaider des causes, s'y familiarisaient avec les détails de l'organisation judiciaire et administrative. On ne saurait dire si cette singulière institution a dû son origine à une pensée bienveillante, à une vue patriotique, ou si elle a été fondée pour amuser la masse de la bourgeoisie exclue du gouvernement, et la détourner de discussions sérieuses. Ce qui pourrait donner quelque vraisemblance à cette dernière supposition, c'est le privilège dont l'*état-extérieur* jouissait : on reconnaissait à ses deux avoyers, librement élus par la société entière, des droits à deux places dans le gouvernement dès qu'il y aurait vacance. M. de Bonstetten juge cette institution sévèrement.

« Elle semblait faite, dit-il dans ses *Souvenirs*, pour occuper utile-
» ment les loisirs de la jeunesse patricienne... On avait créé un grand
» et un petit conseil avec tout leur entourage ; on avait bâti pour cette
» moquerie un local plus digne d'un sénat que n'était celui du sénat
» véritable ; mais on avait oublié de donner à ce corps une âme, c'est-à-
» dire, quelque attribution, quelque occupation utile. L'institution était
» incapable de troubler les loisirs des jeunes patriciens. La jalousie de
» l'aristocratie en avait fait une farce ridicule dont je ne connais l'his-
» toire que par quelques parties de débauche faites à la suite des repas
» que l'on donnait à l'élection des présidents de ce ridicule sénat. Cette
» institution, qui peut paraître singulière de nos jours, est un bizarre
» monument de la pensée du *moyen-âge*. »

Quoi qu'il en soit de l'esprit qui a présidé à sa création ou des altérations qui l'ont fait dévier de son but primitif, l'État soi-disant extérieur n'était plus connu du peuple que par les amusements qu'il lui procurait chaque lundi de Pâques. En imitation de la procession grave et solennelle dans laquelle les membres du conseil-souverain se montraient au public en se rendant à la Cathédrale dans la matinée, les membres de l'état extérieur traversaient la ville processionnellement dans l'après-midi, couverts de fleurs, portant des bouquets à la main et précédés d'hommes d'armes, de Suisses, en vieux costumes, et d'une bande de musiciens. En tête du cortège figuraient deux personnages qui en faisaient le principal charme aux yeux de la multitude, un homme habillé en ours et un autre affublé d'habits de femme qui, par ses gestes et l'exagération de son costume, tournait en ridicule les manières des dames de qualité et les modes du jour.

V.

MONUMENTS D'UTILITÉ PUBLIQUE.

Deux ou trois autres bâtiments méritent encore une mention particulière : l'*arsenal*, que l'invasion française en 1798 a dépouillé de ce qui faisait son principal ornement, savoir des bannières et armes conquises dans les guerres suisses, des mousquets d'un travail précieux, pris sur le duc de Bourgogne, de l'armure et de la cuirasse du duc de Zæriengen, fondateur de Berne, etc.[1] : le *grand grenier* à trois étages, élevé sur une cave profonde qui renferme des foudres ou tonneaux pouvant contenir 45,200 pintes; la *maison de force et de correction*, près de la barrière d'Aurberg, vaste construction en marbre brut et pierres de taille de grès, composée de quatre pavillons à trois étages, de trois corps-de-logis et de cours spacieuses, et destinée à être à la fois un lieu de *détention* et une maison pénitentiaire.

On regrette que cette prison soit placée à l'une des entrées les plus fréquentées de la ville; mais on doit regretter plus encore que les condamnés aux travaux forcés soient employés à balayer les rues; l'exposition publique dans une situation dégradante détruit la honte et la crainte : elle démoralise le criminel comme le spectateur.

La gêne imposée aux villes qui sont resserrées dans des bornes infranchissables se fait sentir d'autant plus que la population y augmente dans une progression continue. Berne se trouve évidemment dans ce cas. Le monticule ou plateau élevé qu'elle occupe, l'acculant sur trois côtés, à

---

[1] Il ne reste des anciens trophées des victoires de Grandson et de Morat que quelques armures qu'on voit encore dans la sacristie de la Cathédrale.

la rivière, ce n'est qu'à l'Ouest qu'elle aurait la faculté de s'étendre ; mais là aussi, tout agrandissement lui est interdit par la ceinture des remparts [1], élevés en 1623 sur les plans de Théodore Agrippa d'Aubigné. Cet aïeul de madame de Maintenon fut, pendant le séjour de trois à quatre mois qu'il fit à Berne sur l'invitation de la république, l'objet des égards de l'autorité et de la haine publique. La bourgeoisie imputait à cet étranger la première idée d'un projet qui lui déplaisait. Sans la protection des avoyers et d'autres magistrats de haut rang qui se rendirent personnellement sur le terrain, pour y planter eux-mêmes les piquets et jalons de démarcation indiqués dans le plan, d'Aubigné aurait essuyé toutes sortes d'outrages. Le peuple sans doute voyait dans ces fortifications bien plus un symptôme de défiance et d'intentions oppressives, qu'une mesure de défense contre des assaillants étrangers. Il faut remarquer que l'époque de ces constructions coïncide avec celle des empiètements moins déguisés de l'aristocratie. De nos jours, une malheureuse expérience a démontré la justesse de l'instinct populaire. Les remparts de Berne ont été impuissants pour la défendre contre un ennemi extérieur, et la proposition de les démolir, faite dans le grand conseil actuel, ne peut être rejetée par le motif que son adoption compromettrait la sûreté de la capitale. Le bastion nord-ouest de ces remparts est à 225 pieds au dessus du bord de la rivière et occupe la partie la plus élevée de la colline sur laquelle Berne est bâtie : cette sommité, appelée *hohliebe*, attire les voyageurs par la vue dont on y jouit et par l'observatoire qui y est placé et qui est dirigé par un professeur de l'académie, M. Trechsel, avantageusement connu par des travaux géodésiques.

V.

LES OURS DE BERNE

À l'extrémité nord-est de ce boulevart, en dehors et près de la barrière d'Aarberg, se trouvent les *Fossés-aux-Ours*. On sait que cet animal figure non-seulement sur l'écusson de Berne, mais aussi dans l'histoire de sa

---

[1] Il vient d'être décidé que les remparts du nord seront démolis.

fondation. On prétend qu'à l'époque où elle fut bâtie, un ours ayant été tué à la chasse, le duc de Zæringen donna à sa nouvelle ville le nom de *Berne*, dérivé de *baer* (ours). Si l'on peut conserver des doutes sur la vérité de cette légende, on n'en peut avoir sur le soin avec lequel on a, de temps immémorial, entretenu des ours, aux frais de la cité, dans les fossés qui ont successivement marqué les limites changeantes de la ville. C'est depuis 1825 seulement que ces animaux ont été reçus dans les fossés qui touchent à la porte d'Aarberg, au pied d'une montée rapide qui longe les remparts du nord. Leur translation ayant été opérée au moyen de grosses cages, on profita de cette occasion pour les peser : le mâle accusa le poids de cinq cent trente livres et la femelle celui de quatre cent quatre-vingts. Chaque année la femelle met bas deux oursons, dont on élève les plus beaux pour en perpétuer la race. Les ours que le général Brune, par une moquerie de fort mauvais goût, et peu digne d'une armée qui s'était présentée comme amie et libératrice, envoya, en 1798, au Jardin-des-Plantes, à Paris, descendaient en ligne directe d'un couple de ces animaux donné à la ville, suivant les uns, par Réné, duc de Lorraine, qui devait son trône en grande partie au canton de Berne, suivant une autre tradition, à un capitaine bernois, Glado May, qui ramena, en 1513, de la bataille de Novarre, deux jeunes ours, comme trophée de la victoire. Dans tous les cas, leurs descendants pouvaient, à la fin du dix-huitième siècle, se vanter d'avoir au moins seize quartiers. Nos lecteurs n'attendent sûrement pas de nous mention ou réfutation de mille contes ridicules que les laquais de place racontent aux voyageurs sur les ours de Berne, et qui figurent dans les itinéraires.

VII.

PARTICULARITÉS.

Avant de terminer l'article des constructions remarquables de la ville, nous devons dire un mot des fontaines publiques. Elles sont au nombre de vingt-trois et alimentées par des eaux de source, qui ont été amenées du pied de la colline de Gourten pour la haute ville, de l'Altenberg pour la ville basse. Au milieu de bassins à contours variés s'élèvent des colonnes, de formes diverses, surmontées de statues; ces statues représentent soit des Bernois qui se sont illustrés par des faits d'armes ou des services rendus à l'état, soit des personnages allégoriques ou bibliques, tels que la Justice, Moïse, Samson, David. Ce dernier, placé sur la colonne d'une fontaine située en face de la tour dite de Goliath, à l'extrémité occidentale de la ville, est prêt à lancer une pierre contre une figure colossale, grossièrement sculptée en bois, qui remplit une niche de grande dimension pratiquée dans cette tour, et qui, dans l'intention primitive de l'artiste, devait être l'image de saint Christophe. A la réformation, on transforma ce Christophe en un Goliath armé d'une lance et d'un estramaçon. Une tradition erronée identifie cette figure avec celle d'un saint Christophe auquel la garde d'un ostensoir précieux avait été confiée dans la Cathédrale; elle ajoute que, l'ostensoir ayant été volé, en 1465, par un prêtre, lequel n'avoua ce crime que sur son lit de mort, on punit le saint de sa mauvaise garde, en le transférant de l'église dans la tour qu'il occupe encore. La vérité est que l'ancien saint Christophe fut brisé, soit en punition de sa négligence, soit, ce qui est plus vraisemblable, en hommage aux principes de la réforme; et que le géant, qu'on voit aujourd'hui encadré dans la tour de Goliath, a été fait tout exprès pour son énorme niche.

Les eaux fournies par ces nombreuses fontaines dont nous venons d'indiquer les principales, jaillissent en abondance par un ou plusieurs tuyaux et sont généralement réputées salubres; on peut néanmoins leur reprocher de la crudité, et on leur attribue, à tort ou à raison, les goîtres ou du moins une grosseur de cou qu'on remarque fréquemment dans les deux sexes. Toujours est-il qu'elles contribuent beaucoup à entretenir cette propreté si estimée des Anglais, et qu'elles sont, à juste titre, comptées parmi les plus heureux effets de cet esprit public bernois qui met son orgueil à élever des monuments d'utilité publique. Les seuls édifices de grande apparence sont des hôpitaux; à Berne le luxe ne se déploya jamais, ni dans de somptueuses demeures privées, ni dans des solennités et des fêtes où le pouvoir étale une pompe vaine et ruineuse, ni dans un état militaire dévorant et corrupteur, mais dans tout ce qui est favorable à la santé et à la facilité des communications. Ici ce sont des fontaines distribuant leurs eaux au débouché de toutes les rues et de tous les passages un peu fréquentés ; là d'excellentes routes qui, de distance en distance, sont garnies de bancs entretenus avec soin ; ailleurs, des avenues plantées d'arbres magnifiques qu'on ne mutile pas, et des promenades ornées de tout ce qui peut les rendre agréables et contribuer aux jouissances qu'offrent à l'œil le moins exercé des points de vue enchanteurs. Entre les promenades qui sont renfermées dans l'enceinte de la ville, deux surtout ont droit à l'attention du voyageur, celle qui est contiguë à la Cathédrale, et celle qui suit le parapet des petits remparts.

La première occupe la sommité d'une colline en saillie sur l'Aar à la limite méridionale du plateau sur lequel Berne est assise. Cette colline est revêtue de murs dont le plus élevé, celui du midi, a cent huit pieds de hauteur au-dessus du niveau de la rivière. De cette terrasse gigantesque on aperçoit la chaîne des glaciers de l'Oberland, qui, bien que distante de douze à quinze lieues en ligne directe, semble surgir immédiatement d'un champ situé en face sur la rive droite de l'Aar, accident du paysage qui ajoute à l'effet de cette vue magnifique. Une plaque incrustée dans le parapet du mur qui regarde le sud, offre une inscription consacrée à la mémoire d'un jeune étudiant (Théobald Weinzaepfli, mort pasteur à Kerzerz en 1694 dans un âge avancé) qu'un cheval ombrageux, imprudemment effrayé par d'autres écoliers, précipita, le 25 mai 1654, du haut de ce parapet. Le cavalier, quoique blessé grièvement, survécut à sa chute, qui tua le cheval.

Du haut de ce même mur, la vue plonge sur l'Aar, qui tombe en cascades d'une digue de onze cent quatre-vingts pieds, et forme un canal qui sert de port ou de rade commode et alimente un bon nombre d'usines. Un escalier de cent quatre-vingt-cinq marches, longeant le mur latéral de la plate-forme qui est tourné à l'est, descend de la haute dans la basse ville. Plantée de beaux marronniers et garnie de quarante-huit bancs, cette promenade, très-fréquentée par la bonne compagnie dans la belle saison, a 92 pas de largeur sur 110 de longueur.

La promenade des petits remparts, ombragée par de magnifiques tilleuls, a près de sept cents pas d'étendue ; des bancs, placés avec profusion le long du parapet qui marque la circonférence de cette promenade, permettent aux promeneurs de contempler à leur aise les points de vue les plus riches et les plus variés. Le bastion de l'Est offre la station la plus commode pour embrasser d'un coup-d'œil les Hautes-Alpes, et compter, pour ainsi dire, les gradins de l'amphithéâtre qui leur sert de piédestal. En partant du quartier de Marzilhe, situé sur l'Aar, au bas du plateau qui porte la ville, l'observateur exercé à distinguer les plans qui forment l'ensemble d'une vaste perspective de montagnes, reconnaîtra, à l'aspect des formes et à la couleur des différentes parties du paysage, les séries de monts et les chaînes de rochers parallèles qui s'élèvent devant lui en échelons. Il comptera, par leurs teintes diversement nuancées, les grands intervalles invisibles qui les séparent, les vallées, les lacs, les contrées entières qu'ils encadrent. Il pourra distinguer une dizaine de plans, se succédant l'un à l'autre comme les marches d'un gigantesque perron; il nommera depuis les premiers gradins jusqu'aux cimes glacées qui bornent l'horizon au sud-est, le *Wetterhorn*, le *Schreckhorn*, le *Finieter-Aarhorn*, l'*Eiger*, la *Jungfrau* et d'autres pics, ayant douze à treize mille pieds de hauteur au-dessus de la mer.

Les hommes qui sont le plus sensibles aux charmes d'un paysage alpestre, éprouvent le besoin d'appliquer des noms à chacune des pointes de rochers et des sinuosités de terrain qui entrent dans la composition du tableau qui les ravit. Ils savent qu'il s'imprime en nous une plus vive image des objets auxquels nous avons attaché des signes, et que dans le langage des montagnards il existe une terminologie particulière, riche en expressions pittoresques qui caractérisent les extrémités arrondies, déchirées, aiguës, en arêtes, coniques, pyramidales, etc., des sommets, du dos et des rideaux des montagnes. La connaissance de toutes ces dénominations aide le spectateur à atteindre son principal but, l'appréciation de la grandeur et des accidents du paysage qui se déroule sous ses yeux. Si vous n'êtes pas bien orienté, ni prévenu sur l'étendue de l'horizon sensible, et si un homme versé dans la connaissance des lieux ne vous dirige pas dans l'examen des parties qui composent l'ensemble de la vue, vous croirez contigus des rochers séparés par un lac, vous considérerez comme formant un seul et même massif des montagnes qui appartiennent à des chaînes différentes. Cette confusion nuit à l'impression générale du tableau; elle rapetisse le cadre; elle nous fait perdre une foule de beautés de détail, et mal juger les effets des ombres et de la lumière.

Il y a toutefois des aspects qui, pour saisir et enchanter le spectateur, quelqu'étranger qu'il soit aux perpectives alpestres, n'ont besoin que de lui apparaître ; telle est la chaîne de glaciers qui termine l'horizon bernois de tous côtés. C'est le soir particulièrement que cette chaîne offre un spectacle magique, on peut ajouter, unique sur la terre, à cause de la continuité du mur de glace qui occupe près d'un quart de l'horizon. Quand, au coucher du soleil, le ciel est pur, ce que le voyageur est quelquefois condamné à attendre pendant des semaines, surtout en juin et en juillet, tous les instants sont marqués par un changement de scène, toutes les teintes se succèdent jusqu'au moment où la chaîne entière, naguère éclatante de feu et de pourpre, ne présente à l'entrée de la nuit qu'une immense suite de formes aériennes, d'images pâles et livides. Mais, avant que ce voile la couvre entièrement, et tandis que la plaine, les monts et les rochers même, qui atteignent à huit mille pieds d'élévation, sont déjà plongés dans l'obscurité, les rayons du soleil répandent sur les Alpes, au moment d'expirer à leur sommet, une couche du rose le plus tendre, qui est de fugitive durée et d'un effet merveilleux. Il semble que ce rempart colossal soit la limite de deux mondes, et qu'il sépare la demeure des hommes d'un séjour de paix et de bonheur habité par des êtres d'une autre nature. En aucun autre pays du monde, il n'existe une pareille étendue de hautes montagnes formant une seule chaîne et présentant une ligne continue de glaciers sans la moindre lacune.

Pour se ménager les émotions les plus délicieuses et des souvenirs ineffaçables, il faut que le voyageur cherche à jouir de la vue des Alpes à Berne, par une belle soirée d'été; les couleurs de l'arc-en-ciel pourront se montrer à lui toutes à la fois. Tandis que le jour mourant laisse encore apercevoir le jaune des guérets, et que, sur les monts qui s'élèvent au-dessus de la plaine, on distingue différentes nuances de verdure, les rochers plus éloignés qui dominent les premiers gradins, sont teints de l'azur le plus pur, et les glaciers auxquels la chaîne secondaire sert de marchepied, étalent les couleurs les plus brillantes ; à leurs bases, le violet; le rose, dans les régions du milieu ; l'or sur les vastes déserts de glace qui les recouvrent.

Au reste, le bastion oriental des petits-remparts n'est pas l'endroit de Berne où se montre la chaîne de l'Oberland dans tout son développement : c'est du haut de l'observatoire qu'on peut apercevoir tout ce qu'enferme de beautés naturelles le vaste horizon de Berne. A ce point culminant des fortifications, on embrasse une assez grande étendue du Jura, lequel semble comme une écharpe azurée qui, par la douceur de ses formes et de ses teintes, fait un humble contraste avec le diadème des cimes glacées de la chaîne centrale; en dirigeant le regard alternativement sur ces deux chaînes comme sur les deux côtés opposés du même cadre, on croit voir la voûte céleste reposer d'un côté sur un mur de diamants tantôt étincelants sous les feux du jour, tantôt resplendissants de couleurs plus suaves, et du côté opposé sur une ceinture bleu-de-ciel, mais d'une nuance plus foncée que l'atmosphère; au midi, une dentelure de rochers éblouissants de blancheur comme un vaste rempart de cristal qui réfléchirait les rayons du soleil en mille directions; au nord, un bandeau immense de couleur azurée formant une douce transition de la verdure à l'air ambiant. Il faut toutefois avouer que la ville, vue de ce point, se présente sous l'aspect le moins favorable : les galeries et les conduits qui masquent la façade des maisons, situées sur le bord du talus septentrional, leur donnent l'apparence de huttes plutôt que d'habitations urbaines, régulièrement bâties.

VIII.

ANTIQUITÉS FÉODALES.

Bien que ni le sol sur lequel Berne est assise ni sa banlieue ne soient au nombre des localités suisses remarquables par des curiosités archéologiques, des fouilles occasionnelles ont fait découvrir des antiquités qui appartiennent à des époques différentes, et qui méritent au moins une courte mention. La plupart ont été trouvées sur le terrain et aux environs de l'Engi, presqu'île formée, au nord de la ville, par un repli de l'Aar, et découpée en plusieurs petits promontoires, dont quelques points paraissent avoir été fortifiés par les peuples qui ont dominé sur la contrée. On a retiré des monnaies romaines, des briques, des tessons, une mosaïque et une quantité de fers à cheval en bronze. Ces fers sont si petits qu'on y a vu un indice de l'invasion des Huns dans cette partie de l'Helvétie, ces barbares étant connus pour avoir amené des chevaux de fort petite race dans les pays qu'ils ont dévastés. Des arrachements de mur et des débris de substructions en voûtes semblent dater du moyenâge.

Sur la même rive droite de l'Aar, mais plus au sud et à l'ouest, on trouve de nombreux restes de manoirs seigneuriaux, la plupart remarquables par de beaux points de vue, et qui, jadis résidences des principaux fondateurs de Berne, ont un intérêt historique. L'aspect de manoirs féodaux et de tours en ruines, réveille habituellement le souvenir d'un temps où leurs barbares habitants mettaient leur gloire dans des exploits qui aujourd'hui sont réprimés par la police, et punis par les tribunaux. Mais il est d'autres points de vue sous lesquels ces châteaux et l'époque de leur construction ou plutôt celle de leur splendeur méritent d'être envisagés. C'étaient des siècles d'oppression et de troubles, mais non d'avilissement et d'esclavage. S'il se commettait beaucoup de vexations, on résistait aussi fortement à l'injustice; et ces chevaliers, toujours armés pour repousser les agresseurs, et ménagés par les princes, qui ne pouvaient rien faire de grand qu'avec leur coopération, ont incontestablement rallumé dans les âmes le feu sacré de la liberté que la monarchie romaine et la dégradation morale des peuples écrasés par ce colosse, avaient éteint parmi les nations civilisées. Nous devons à l'anarchie féodale du moyen-âge, les premiers germes du système représentatif, et l'esprit guerrier des nations franco-germaniques. Tous ces donjons, si nombreux en Suisse, ont été des foyers d'énergie et d'indépendance, et sont devenus les premiers fondements d'un ordre social qui, longtemps après être sorti du chaos de la féodalité, sut en conserver toute la vigueur. Pour fondre ces mâles habitudes et ces sentiments d'âpre fierté dans la civilisation des peuples de l'antiquité, il fallait greffer les arbres des plus beaux climats de la terre sur le triste sapin du nord; et c'est le prodige que la religion chrétienne a opéré.

C'est donc avec un vif intérêt et un véritable respect que l'ami de la liberté visitera dans le voisinage de Berne les restes des anciens manoirs qui ont été le berceau de nobles avoyers de la république dans les premiers siècles de son existence, ou les villages où étaient leurs résidences, aujourd'hui détruites ou remplacées par des châteaux modernes, Bubenberg, Aegerten, Krambourg, Münsingen, Rümlingen, Belp, Wabern, Seedorf, Balm, Diesbach, etc., et dans les vallées plus éloignées Kien et Scharnachthal. Dans cette dernière on voit les vestiges de l'ancienne demeure de l'avoyer de ce nom, qui, l'an 1476, commandait les Suisses à la bataille de Grandson contre le duc de Bourgogne.

PARTIE III. — STATISTIQUE.

POPULATION. — CLIMAT. — POLICE ET HYGIÈNE. — RENSEIGNEMENTS STATISTIQUES.

I.

CLASSIFICATION DES HABITANTS DE BERNE.

Le mouvement de la population de Berne, les phases et les lois de son accroissement, les rapports de la mortalité avec les naissances, les mariages, les professions, le régime, les maladies les plus répandues, l'âge et le sexe des décédés, la proportion des enfants légitimes avec les bâtards, toutes ces quantités appréciées dans leur correspondance, dans leurs anomalies et leurs variations, suivant la différence des classes et des quartiers, etc., n'ont point encore été, que nous sachions, l'objet de recherches spéciales, exactes et compréhensives. La tendance des aristocraties à tenir secrets tous les éléments de la force publique a peut-être contribué à détourner les hommes curieux de pareils rapprochements de la culture de cette branche de l'économie politique, en leur rendant difficile l'accès des sources authentiques.

Nos lecteurs trouveront ici le peu d'indications qui sont parvenues à notre connaissance. Pour en atténuer la sécheresse et l'insuffisance, nous les accompagnerons d'une sorte de classification morale des habitants de Berne. Il est essentiel d'en distinguer deux sortes : les bourgeois par excellence et les domiciliés. C'étaient et ce sont encore, en dépit des changements de formes de gouvernement introduits par la révolution, presque deux races séparées d'origine, de souvenirs, d'existence sociale et d'intérêts. Les bourgeois proprement dits constituent le fond et la partie en quelque façon permanente de la population : ce sont les anciens privilégiés naguère exclusivement éligibles aux fonctions de haute administration et à toutes les places un peu importantes ou lucratives de l'ordre civil. La révolution leur a fait perdre ces prérogatives, mais leur a laissé la possession à peu près intacte et la jouissance exclusive de riches portefeuilles et de biens communaux très-considérables.

Parmi les anciens sujets de Berne, les cœurs généreux n'envieront pas à cette bourgeoisie si long-temps souveraine des richesses même disproportionnées avec ses besoins, et les considèreront comme un dédommagement pour les sacrifices que lui ont imposés des nécessités morales et politiques. Mais, tout en témoignant à la vieille métropole qu'elle représente les égards et l'affection que les colonies de l'antiquité conservaient même envers des mères fondatrices, exigeantes et tyranniques, le peuple émancipé ne saurait rester indifférent à l'usage que ses anciens maîtres feront de leurs richesses. L'administration des biens de la bourgeoisie de Berne forme aujourd'hui un souverain *in partibus,* un gouvernement au petit-pied : composée de conseils législatif et exécutif plus nombreux que ne demanderait le soin des affaires à gérer, c'est évidemment une puissance expectante, une régence en réserve, prête à s'arroger les droits et à exercer, au moins provisoirement, l'autorité d'un gouvernement cantonnal, quand le moment sera venu, où les élus de la bourgeoisie de Berne, favorisés par les évènements que recèle l'avenir, pourront s'imposer de nouveau au pays à titre d'ancienne et légitime autorité suprême. Quelques démarches aussi solennelles qu'honorables de l'ancien patriciat sembleraient, à la vérité, donner toute sécurité contre de semblables arrière-pensées et contre l'existence d'une régence occulte, chargée *in petto* de préparer ou d'exploiter les occasions favorables au recouvrement des droits abrogés.

Averti par les symptômes de désaffection et d'irritation qui éclataient dans tout le pays, le gouvernement établi en 1814 par un coup de main, s'était, avec une franchise très-louable, avoué, par un décret rendu le 15 janvier 1831, à la presque unanimité, incapable de remplir désormais ses devoirs, puisque le peuple lui avait retiré sa confiance. Pour prévenir l'anarchie et raffermir la société sur des bases plus larges et plus solides, il avait en même temps convoqué une assemblée constituante, et déclaré qu'aussitôt que ce congrès aurait terminé ses travaux et que la nation aurait accepté le projet soumis à sa sanction, il considérerait sa tâche comme terminée et céderait la place aux nouvelles autorités. Cette abdication eut, en effet, lieu à l'époque désignée en octobre 1831, et fut annoncée au peuple par une proclamation touchante, pleine de dignité et de protestations patriotiques.

Mais la conduite subséquente des chefs du patriciat bernois n'a répondu en aucune manière à ces actes de loyauté et d'abnégation. Un système de résistance sourde contre l'ordre actuel a été organisé et suivi sous leur inspiration par leurs clients, et s'il n'a pas éclaté en hostilités ouvertes, c'est que deux circonstances principales ont fait avorter ou ajourner le complot : d'abord, en 1832, l'heureuse découverte d'un recrutement clandestin et d'un achat d'armes et de munitions fait par les conspirateurs aux mois d'août et de septembre; et plus tard, en 1833, la prompte répression de tentatives contre-révolutionnaires dans le canton de Schwytz, auxquelles les patriciens de Berne n'étaient pas étrangers.

Au surplus, quelle que soit l'issue de la lutte des Bernois à vues larges avec leurs adversaires de la bourgeoisie ex-privilégiée, quel que soit l'esprit dans lequel agiront les membres prépondérants de cette bourgeoisie, on ne peut se dissimuler les chances de succès que leur offrent pour la réalisation de leurs projets, soit généreux soit sinistres, les énormes ressources de la ville de Berne et les richesses des familles patriciennes auxquelles est hypothéquée une grande partie des biens-fonds du canton. Il est vrai qu'aussi long-temps que l'humiliation et les abus de pouvoir qui ont pesé sur la classe sujette seront présents à sa mémoire, le peuple, maître du choix de ses députés au grand-conseil, ne permettra pas à l'aristocratie de ressaisir son ancien monopole. Mais quand les souvenirs irritants seront effacés, il est à prévoir que l'influence des richesses, des lumières et d'une position sociale qui a pour piédestal les annales du pays, parviendra avec le temps à reconstruire l'édifice abattu dans la tourmente révolutionnaire.

Ce n'est pas à dire qu'il reparaîtra tel qu'il a été : l'histoire n'offre aucun exemple d'une pareille résurrection. L'aisance plus généralement répandue dans les campagnes, l'émancipation politique de leurs habitants, les progrès intellectuels et sociaux qu'auront amenés, dans la population ci-devant sujette, l'abrogation de privilèges étouffants et la participation aux affaires publiques, s'opposeront à tout système exclusif, à toute restauration pure et simple du régime aboli. Mais il n'en est pas moins dans la nature des choses que les immenses moyens qui restent à la disposition des ex-patriciens ne leur facilitent, dans un temps plus ou moins long, le rétablissement d'une bonne partie de leur ancienne prépondérance.

Cette perspective n'offre à l'ami de l'humanité rien qui doive l'effrayer ou qui puisse le décourager. La bourgeoisie de Berne n'est pas animée de l'esprit étroit et borné qui domine quelques-unes des petites villes émancipées par la révolution. Le caractère bernois, fort et honorable, aura été retrempé à l'école des mécomptes et de l'amère égalité. Les belles facultés qui ont été départies à cette race mâle, et nullement corrompue comme le fut celle des nobles de Venise, ces facultés, appelées à un plein développement par une salutaire concurrence avec leurs anciens sujets, seront un jour bien plus utiles au pays qu'elles ne purent l'être aux temps d'un monopole énervant et injuste. Cette rentrée des patriciens de Berne dans l'exercice d'une influence proportionnée à leur position et à leurs lumières, pourra être beaucoup hâtée par leur retour aux sages maximes de leurs ancêtres, qui, au lieu de serrer les rangs, ont eu soin de s'incorporer toutes les notabilités cantonnales au fur et à mesure que surgissaient des supériorités, soit financières, soit morales. Rappelons ici qu'au quinzième et au seizième siècle le sénat de Berne choisit le premier avoyer d'Unterseen et le premier bailli d'Aigle parmi les habitants mêmes de ces districts nouvellement acquis. Quel contraste avec la politique qui, de 1815 à 1830, envoya des patriciens gouverner l'évêché de Bâle, détaché de la France et donné au canton de Berne par le congrès de Vienne!

La corporation des bourgeois propriétaires qui nous occupe se composait de 540 familles en 1650, à l'époque de la clôture définitive du corps des bourgeois; en 1789, ces familles se trouvaient réduites à 236; depuis, par des admissions nouvelles, leur nombre s'est accru jusqu'à 279, sur lesquelles 30 consistaient chacune en un seul individu; tandis que, d'après un relevé fait en 1818, Berne renfermait une population de 17 à 18,000 âmes, qui s'accroît incessamment; le dernier recensement (celui de 1830) donne 20,137 habitants[1].

On ne pratique guère à Berne que les genres d'industrie propres à la consommation des habitants. Le canton exporte, il est vrai, en assez grand nombre, des chevaux, des bêtes à cornes et des fromages; on y fabrique en quantité de la très-bonne eau de cerises (*kirsch wasser*); mais la population de la capitale est étrangère à la production de ces articles, comme au profit que le canton en retire; excepté le transit, qui occupe beaucoup de voituriers et d'aubergistes, il n'y a pas de branches de commerce qui méritent d'être comptées. Les tanneries, autrefois considérables, sont fort diminuées; et les manufactures de toiles peintes du Sulgenbach, créées par les réfugiés français, et assez florissantes dans le dernier siècle, sont tombées entièrement.

L'aisance générale des habitants frappe tous les voyageurs. Il n'existe peut-être pas de ville en Europe de la même étendue où l'inégalité de fortune se fasse si peu apercevoir. Rien de plus légal et de plus honorable que la source des richesses des privilégiés bernois. Une longue paix, des emplois lucratifs, quoique très-inférieurs aux traitements des fonctionnaires publics dans une grande partie de l'Europe, et surtout une sévère économie, avaient accru et affermi leur patrimoine, primitivement fort modeste et d'origine principalement agricole. On a beaucoup exagéré les profits du service étranger. Les Bernois en ont sans doute tiré des avantages réels; mais ils n'en ont jamais fait trafic dans la même étendue que les patriciens de Fribourg, auxquels l'histoire imprimera la flétrissure de spéculateurs sur la traite des blancs. Des alliances avec des héritières, facilitées par la vanité de bourgeois qui voulaient sortir de leur classe en se donnant un gendre d'une famille privilégiée, sont devenues, dans les

---

[1] Voici quelques détails surtout relatifs à la force numérique des communions religieuses. Dans l'année 1830, on comptait 1,200 catholiques romains, 120 israélites, et 18 à 19,000 adhérents au culte réformé. Les habitants sont distribués en trois districts ou paroisses : 1° celle du Saint-Esprit (arrondissement supérieur), comprenant environ 7,271 âmes; 2° celle de la Nydeck ou de la Basse-Ville, avec plus de 4,587 ressortissants; enfin 3° celle du Milieu ou de la Cathédrale, de 8,279 âmes. Huit écoles primaires, réparties entre ces trois arrondissements, étaient fréquentées par 2,100 enfants. On évaluait la population française à 1,800 individus, le nombre des malades dans les hôpitaux à 230, et celui des détenus à 230 pareillement. En 1780, on comptait à Berne 1,068 maisons; j'ignore s'il en existe un relevé plus récent : il ne peut y avoir eu depuis une notable augmentation.

derniers temps surtout, et à l'époque d'une invasion de besoins factices, des moyens d'accroissement de fortune auxquels les patriciens n'ont pas dédaigné d'avoir recours. Une seule famille patricienne, branche de la famille Fischer, a eu, comme fermière des postes, à sa disposition une source de grandes richesses; mais, sauf la possession de quelques belles maisons de ville et de campagne, on ne voit pas que MM. Fischer se soient beaucoup élevés au-dessus du niveau commun des familles opulentes. Il n'y a jamais eu à Berne de fortunes colossales, telles qu'on les a vues ailleurs, même en Suisse, créées par le commerce, la banque, des entreprises industrielles et d'heureuses spéculations. On réputait très-riches les personnes ayant vingt à trente mille francs de rentes. Il y en avait peu dont le revenu atteignît cette somme, et de bien rares exemples de rentes dépassant cette limite. Presque tous ceux qui les possédaient n'en dépensaient qu'une partie; et maintenant que les anciennes sources de richesses sont taries ou infiniment diminuées, l'esprit d'économie, qui régnait généralement dans les familles, deviendra plus sévère encore. C'est à ce que nous venons de dire que se bornent les remarques de quelque intérêt que nous avions à offrir à nos lecteurs sur la population de Berne, considérée dans ses principaux éléments. Les tableaux qui accompagnent le rapport du dernier gouvernement sur son administration, de 1822-1827, concernent tout le canton. Pendant ces années, il y a eu sur 100 naissances légitimes 5 $7/8$ d'illégitimes; et 2 $1/2$ divorces sur 2,360 $1/2$ mariages contractés dans l'année. Ces proportions n'ont pu sensiblement varier dans le chef-lieu.

Il y a peu d'indigents, et les pauvres même se nourrissent mieux que les hommes d'autres pays qui repousseraient cette dénomination. Les octogénaires n'y sont point rares, et les affections rhumatismales sont les seules qu'on pourrait croire endémiques. Beaucoup de personnes les attribuent d'abord et surtout au mouvement assez rapide de l'Aar, qui environne la ville sur trois côtés et qui imprègne l'air de ses froides émanations, ensuite au long règne des âpres vents de nord-est, connus sous le nom de *bise;* ajoutez que la construction particulière des maisons donne naissance à des courants d'air presque permanents, qui arrêtent la transpiration et occasionnent des fluxions fréquentes.

II.

CLIMAT DE BERNE.

A ces circonstances près, on ne saurait contester au climat [1] de Berne toutes les conditions d'éminente salubrité, et les faits ne démentent pas la conclusion qu'on est disposé à tirer de sa position élevée et des observations météorologiques. « Il est constant que sur quatre individus » qui y naissent, il y en a toujours un qui atteint l'âge de soixante-dix » ans, et parmi cent personnes qui y meurent, on compte vingt à vingt- » cinq vieillards de soixante-dix à cent ans. » Cette assertion de l'auteur d'une description de Berne, publiée en 1827, ne sera pas contredite par ceux qui ont séjourné long-temps dans cette ville. L'air y est très-pur et constamment renouvelé; la température moyenne est de 13° en été, et de 1° au-dessus de glace en hiver : il est très-rare de voir le thermomètre descendre à 13° au-dessous de zéro, et dans la saison chaude il ne dépasse guère 25° à l'ombre. L'état moyen du baromètre y est de 26 p. 6 l., ce qui indique une hauteur considérable au-dessus de la mer : près de la cathédrale elle est de 1,673 pieds au-dessus de la Méditerranée, de 522 au-dessus du lac de Genève et de 312 au-dessus de celui de Neufchâtel; au bord de l'Aar, elle n'est que de 1,560 pieds.

Quant à l'état hygrométrique, M. de Gasparin [2], qui a fait de savantes recherches sur la distribution mensuelle des pluies dans les climats de l'Europe, a raison de placer Berne dans la zone de ce continent où le maximum des pluies tombe en été.

Les motifs de son opinion, puisés dans des considérations générales sur la direction des chaînes de montagnes, et dans une suite d'observations udométriques publiées par la société économique de Berne, sont confirmés par l'expérience ; les mois d'été sont fréquemment pluvieux à Berne, tandis que ceux d'automne sont ordinairement secs et beaux.

---

[1] La position géographique de Berne est à 46° 56' 54" de latitude, à 25° 7' 6" de longitude, et à l'est de Paris, en temps à 20' 25".

[2] *Annuaire du bureau des longitudes pour l'an 1834 : de l'état thermométrique du globe terrestre*, pag. 171—240.

Dans les tableaux joints au mémoire de M. de Gasparin, et qui, en supposant la quantité totale des pluies, tombées dans l'année, égale à 100, présentant la quantité appartenant à chaque saison en parties aliquotes décimales; le rapport des pluies d'été à celles d'automne est indiqué par les nombres 30 et 23, c'est-à-dire, 370, 8 et 270, 8 millimètres pour ces deux saisons; la quantité de pluie tombée dans l'année moyenne étant évaluée à 1,171, 1 millimètre. M. de Gasparin est encore fondé à dire que, enfermée dans de hautes montagnes, excepté vers l'ouest, Berne reçoit par cette ouverture les vents chauds et humides qui arrivent de ce point de l'horizon. Il ajoute qu'en été il y fait quelquefois d'assez fortes pluies par le sud-est, vent d'Italie qui parvient au point de saturation en passant les Alpes, et que les neiges viennent par le nord et le nord-est. Il est cependant à remarquer que c'est plus particulièrement du sud-ouest qu'arrivent les nuages qui apportent la pluie. Le vent dont il est ici question est nommé *fœn* dans le pays (mot dérivé probablement de *favonius*) : avant d'amener les pluies chaudes qui l'accompagnent souvent, il est précédé par un vent très-froid, qui n'est autre chose que l'air glacé des hautes Alpes, se précipitant vers le nord où l'attire sans doute un espace atmosphérique raréfié. C'est cette masse d'air froid qui, en quittant les sommités couvertes de neiges, fait place au sirocco. Hormis le changement de température occasioné par cette succession de vents de différentes natures, le climat de Berne est moins sujet à de brusques variations que la plupart des climats du continent.

Les personnes qui croient que ce climat est devenu plus rigoureux qu'il n'était, se fondent principalement sur la disparition de vignobles qui couvraient autrefois les versants méridionaux de quelques-uns des coteaux qui environnent la ville. Le fait de la disparition des vignobles ne peut être révoqué en doute : parmi les tribus ou corporations d'arts et métiers, dans lesquelles la bourgeoisie de Berne est répartie, il y en avait une qui portait le nom d'abbaye ou association des vignerons. Réduite à deux membres en 1696, elle fut, à cette époque, réunie à la tribu des bateliers par décret de la chambre des bannerets. On pourrait en outre, pour expliquer ce changement de climat, faire valoir l'accroissement des glaciers, qui est incontestable; des vallées, qui mettaient l'Oberland et le Valais en communication directe et facile, sont aujourd'hui obstruées de glace. Mais lorsqu'on a lu la notice dans laquelle M. Arago a discuté d'une

manière si lumineuse les prétendus changements de climat arrivés dans plusieurs contrées de l'Europe, on se sent peu disposé à croire à de pareilles révolutions sur de simples modifications apportées aux systèmes de culture. Le vin de Surêne, aujourd'hui synonyme de boisson détestable, était servi à la table de l'empereur Julien. « La qualité du vin, » dit M. Arago, « dépend trop de la nature du plant et des soins du cultiva-
» teur pour qu'elle puisse fournir des arguments sans réplique dans la
» question des changements de climat. » Les habitudes sont pour beaucoup dans la réputation des vins, comme dans celle des aliments. Il est très-douteux que les raisins du crû de l'Altenberg ou d'autres collines des environs de Berne, en supposant qu'elles en produisissent encore, fussent du goût de gens que les progrès de l'aisance et la facilité des transports et des échanges ont accoutumés à des fruits meilleurs que ceux qu'on trouvait passables dans d'autres temps, et surtout avant la conquête du pays de Vaud. Il serait toutefois téméraire de nier que, malgré l'état constamment le même de la température moyenne, les étés aient pu, comme en France et en Angleterre, perdre une partie de leur chaleur en compensation d'hivers moins rudes. Les défrichements de terrains incultes, des travaux mieux entendus, le déboisement, surtout la diminution des sapins, ont dû contribuer à l'adoucissement de la saison rigoureuse.

III.

SALUBRITÉ. — ÉTABLISSEMENTS DE PRÉVOYANCE.

Si le climat de Berne réunit la plupart des conditions favorables à la santé, les habitants ont cherché à tirer le meilleur parti possible des dons de la nature. Il n'existe pas de cité en Europe où la salubrité publique et le bien-être matériel aient été l'objet de soins plus constants et plus variés. Nous avons déjà parlé de la multitude de fontaines parfaitement entretenues; de la largeur et de la propreté des rues, presque toutes arrosées par des ruisseaux d'eau courante; des travaux perpétuels d'assainissement, et de l'embellissement des promenades que l'autorité semble avoir voulu, par tous les genres d'ornements et de commodités, rendre attrayantes pour tous les âges, pour les valétudinaires même et les vieillards qui ont de la peine à se traîner. Nulle part on n'a multiplié avec plus de prévoyance les institutions destinées à réparer les pertes, à secourir le malheur, et à soulager la souffrance. En passant en revue les principaux édifices, nous avons indiqué les deux admirables hospices connus sous le nom du Grand-Hôpital et de l'Hôpital-de-l'Ile, ainsi que les maisons pour les orphelins des deux sexes. Dans l'impossibilité de donner à cette notice l'étendue qu'exigerait une description même superficielle des établissements formés à Berne dans des vues hygiéniques, et pour atténuer les maux inséparables de la condition humaine, nous devons à peu près nous borner à une simple nomenclature des sociétés qui ont pour objet spécial d'offrir les moyens d'alléger ces maux ou de les prévenir.

Mention a déjà été faite de la *Société économique,* fondée, le 5 janvier 1761, par Jean-Rodolphe Tschiffeli. On peut dire que c'est la mère et le modèle de toutes les sociétés qui, depuis et à son exemple, se sont livrées au perfectionnement de l'agriculture. On lui doit la véritable théorie de l'irrigation, l'abolition des pâtures communales, et le défrichement de terrains vagues dans beaucoup d'endroits, l'introduction de différentes espèces de pommes de terre, l'extension de la culture de graminées artificielles, et un grand nombre d'autres améliorations agricoles. Plus d'une fois elle a mis au concours des questions d'un intérêt de haute économie politique. C'est elle qui a institué et rendu fructueuses les expositions des produits de l'industrie nationale, et c'est d'elle que sont sorties la plupart des associations d'utilité publique, dont voici l'énumération :

La *Caisse d'assurance contre les incendies,* qui a publié, en 1825, son dix-neuvième compte;

Les Sociétés d'*assurance mutuelle contre la grêle* et d'*assurance mobilière contre les incendies,* nées en 1825 et 1826, et qui ont étendu leurs ramifications sur plusieurs cantons de la Suisse;

Deux Caisses de pension pour les veuves de pasteurs, dont l'une remonte à 1732, et dont l'autre, instituée en 1767, a donné lieu en 1808, à la création d'une *Caisse générale pour les veuves,* qui a obtenu un grand succès;

La *Caisse de secours pour les veuves et les orphelins,* fondée en 1813, et circonscrite dans la classe des ouvriers. Quelques métiers ont leurs fonds de secours particuliers.

Il y a encore d'autres établissements de ce genre.

Le plan d'une *Caisse* où les *domestiques* pussent déposer le fruit de leurs économies, fut conçu en 1787 et approuvé par le gouvernement, qui, voulant en encourager l'exécution et mettre les prêteurs à l'abri de toute perte, fournit un fonds de garantie considérable. Cette Caisse est dans un état de prospérité croissante.

Une *Caisse d'épargne pour les bourgeois de Berne,* organisée dans l'année 1820, reçoit toute mise depuis 5 batz (15 sols) jusqu'à 2,000 livres suisses (3,000 fr. de France). Le taux de l'intérêt est fixé à 4 p. %, pour toute somme au-dessous de 200 livres suisses; à 3 $^1/_2$ p. % pour celles de 201 à 800 et à 3 p. % pour les sommes de 801 à 2,000. Quand une somme a atteint ce maximum, l'intérêt n'est plus ajouté au capital et doit être touché, tandis qu'on ne paie pas d'intérêt pour une mise qui ne s'est point encore accrue jusqu'à 5 livres au moins; sauf ces cas, chacun est libre de se faire payer les intérêts de son capital ou de les y faire ajouter. Celui qui met chaque année 5 livres dans cette caisse, et qui n'en retire pas l'intérêt, possède un capital de 100 livres (150 fr. de France) au bout de quinze ans. Des dons faits à cette Caisse par différentes tribus ont contribué au succès de cette institution. Une *Caisse*, reposant à peu près sur les mêmes bases, a été instituée, en 1821, pour les *habitants du district de Berne* qui ne jouissent pas de la grande bourgeoisie.

Nous avons encore à nommer la *Société de secours pour les indigens de la ville et de la banlieue,* fondée en 1796, et qui, aidée par le gouvernement et l'administration de la ville, a puissamment contribué à diminuer la mendicité, aujourd'hui presque détruite à Berne; la *Caisse générale pour les malades,* formée en 1813, principalement par les habitants de la classe ouvrière, et qu'une sage direction a rendue florissante; une pareille *Caisse pour les artistes et les artisans malades,* ayant même organisation et même succès; un *établissement de filature* fournissant les moyens de subsistance aux indigents inoccupés, et concertant ses opérations avec celles de la *Société de secours;* l'*Hôpital des domestiques,* établi dans un bâtiment qui a appartenu au monastère de Frienisberg; enfin, *deux Instituts pour les sourds et muets,* l'un fondé en 1822 *pour les garçons*, et renfermant une trentaine d'élèves dans une maison située à une demi-lieue de la ville; l'autre destiné aux *filles* et dirigé par des dames charitables.

Il n'est pas besoin de dire que les fonctions des administrateurs de ces associations, tous choisis parmi les citoyens les plus honorables, sont entièrement gratuites.

Passant sous silence les institutions de secours qui ne sont pas restreintes aux habitants de la ville, nous dirons un mot des caisses dites de famille, parceque ce sont, pour autant que nous sachions, des établissements particuliers à la bourgeoisie bernoise. Beaucoup de familles patriciennes possèdent des caisses instituées par cotisation, et dont les revenus sont affectés à leurs membres tombés dans la gêne, ou aux frais de l'éducation de jeunes gens privés de leurs soutiens. De pareilles caisses, considérées en elles-mêmes, n'ont qu'un but louable; mais, envisagés dans l'ensemble des institutions aristocratiques, elles excitèrent l'attention des familles moins opulentes ou privées de ressources de même nature, et l'ancien gouvernement, craignant la trop grande prépondérance que des richesses collectives, accumulées indéfiniment, donneraient aux familles qui avaient de ces fonds de réserve à leur disposition, fixa un maximum que ces caisses ne pourraient dépasser. Il ne paraît pas que leurs capitaux aient été entamés depuis la révolution, et, les lois actuelles n'opposant aucune gêne à la libre augmentation de la fortune des citoyens ou des associations investies des droits de personnes morales, l'accroissement du principal comme des revenus de ces caisses de famille ne saurait désormais être soumis aux restrictions imposées par l'ancienne aristocratie. C'est une preuve à ajouter à tant d'autres qui font présumer que la prééminence sociale du patriciat bernois survivra long-temps encore à l'extinction de ses privilèges.

IV.

FOIRES. — MARCHÉS.

Jusqu'à la révolution de 1798, deux foires, l'une fixée au second mardi après Pâques, l'autre, appelée foire de la Saint-Martin, et ouvrant le premier mardi avant la Saint-André, attiraient une multitude de marchands des contrées voisines. Mais les privilèges de la bourgeoisie de Berne ayant été diminués ou entièrement abolis, une foule de trafiquants de tout genre sont venus s'y établir, et mettent journellement à la disposition des habitants tous les articles dont ils faisaient autrefois provision à ces deux époques de l'année, pour leurs besoins d'une foire à l'autre. Les rues principales, garnies de magasins dans toute l'étendue des arcades ou galeries qui règnent d'un bout de la ville à l'autre, forment une espèce de bazar permanent, où on trouve en abondance tout ce que les marchands étrangers vendaient pendant la durée des foires de Pâques et de la Saint-Martin, beaucoup moins fréquentées aujourd'hui.

Mais ce qui mérite beaucoup plus l'attention du voyageur, et ce qu'on peut appeler la plus grande curiosité que Berne puisse lui offrir, c'est le spectacle que chaque mardi voit se renouveler, et qui, plus que toute autre chose, donne l'idée du bien-être de la population des environs de Berne. L'Angleterre même ne présente rien de plus riche dans ses villes de province les plus opulentes. Ce marché hebdomadaire, toujours également animé, attire dans la ville, chaque mardi, au moins quatre mille campagnards, un millier de voitures de toute espèce, presque toutes remarquables par la beauté de leur attelage, et quinze cents personnes à cheval. Le marché est fourni de toutes les primeurs en fruits et légumes, de gibier et de volaille, de poisson, par les habitants des cantons voisins et les riverains des lacs de Morat et de Neufchâtel. Ce n'est pas, du reste, le mardi seul qui soit remarquable par ce mouvement de population et cette affluence d'objets en vente : l'aspect de la rue du Marché est souvent tout aussi curieux les jeudis et surtout les samedis. Les voyageurs logés au Faucon peuvent, ces jours-là, jouir de ce coup d'œil, en se mettant aux fenêtres de l'hôtel qui donnent sur cette rue : leurs regards plongeront sur la partie la plus remarquable de ce magnifique tableau. Ils n'auront jamais vu réunie une si grande multitude de figures humaines, respirant la santé, la gaieté, la sécurité et le bonheur. On doit avouer que c'est le panégyrique vivant des institutions et des hommes auxquels on doit cette étonnante prospérité.

CONCLUSION.

Si l'ancien gouvernement bernois avait étendu les soins de son administration au-delà du bien-être matériel de la population, s'il avait embrassé avec la même sollicitude des intérêts plus élevés, l'instruction et le perfectionnement moral du peuple, il eût été un gouvernement modèle, et rien n'aurait pu le déraciner du cœur de ses sujets. Mais n'oublions pas ce qui le recommande à la postérité, l'intégrité, la bienfaisance et l'usage, comparativement avec d'autres aristocraties, humain, digne et généreux de son autorité. Un bon gouvernement a une double tâche à remplir. En lui confiant de puissants moyens d'influence sur l'existence sociale et individuelle de ses sujets, la Providence l'appelle à leur faciliter, à un égal degré, l'exploitation des deux grandes sources de toute prospérité et de toute liberté ; à savoir leurs facultés morales et les moyens de bien-être propres à leur pays. Dès que les gouvernements ne peuvent plus ou ne veulent pas satisfaire à ce double devoir, le peuple s'en débarrasse comme d'un obstacle, et quand ils résistent à l'exigence des besoins qui sont quelquefois leur propre ouvrage, ils périssent par la main des élèves qu'ils ont formés. Chaque autorité humaine a une mission à accomplir. Le patriciat bernois a rempli la mission à laquelle il était éminemment propre : il a procuré le bien-être à ses sujets ; disons mieux : il l'a fondé sur les richesses agricoles, et préservé le pays de la funeste prépondérance de l'industrie manufacturière. Mais l'homme ne se contente pas d'un bonheur matériel, et brise les entraves qui s'opposent aux jouissances d'un ordre plus élevé.

Les nations civilisées sont aujourd'hui travaillées par un besoin qui est raisonné dans les classes éclairées, instinctif dans les masses; par le besoin d'arriver à l'organisation de gouvernements qui sachent, dans le mouvement des idées et dans les progrès de tout genre dont ils sont environnés et parfois inquiétés, puiser sans cesse de nouvelles forces et une vie nouvelle. La solution de ce problème n'a, en Europe, réussi jusqu'ici, et encore bien imparfaitement, que dans une île privilégiée, et ce succès a été, il faut le dire, beaucoup plus le résultat de circonstances placées en-dehors de la puissance humaine, que le fruit du calcul de ses chefs et de la prévoyance de ses législateurs. Pour la plupart des autres grands états de l'Europe chrétienne, l'époque est arrivée où leurs institutions, jadis appropriées aux populations qui leur doivent leur existence et leur première éducation, ne sont plus en harmonie avec l'état de la société. C'est bien vainement, au surplus, que l'histoire adresse aux princes le conseil de couper la racine à des révolutions futures, en se prêtant, tandis qu'il en est temps encore, aux perfectionnements indiqués par les progrès de l'ordre social. Ce conseil n'a jamais été suivi et ne le sera jamais. Les gouvernements ne sont pas libres d'écouter la voix de la raison ; pour briser leurs propres chaînes, celles de l'habitude et de la crainte, il leur faut plus de courage qu'il n'en faut à leurs sujets pour s'affranchir.

Il serait, en particulier, fort peu équitable de faire à l'ancien gouvernement de Berne le reproche de n'avoir pas fait, en temps opportun et de bonne grâce, tous les sacrifices qui auraient pu neutraliser ou balancer au moins l'influence des opinions et des événements qui ont amené sa destruction. Tout corps politique, surtout un corps aussi vigoureusement constitué que l'était l'aristocratie bernoise, répugne à sa dissolution, à un changement quelconque dans son organisation, à une simple modification de ses maximes, autant que l'être vivant redoute la mort.

Mais il est un avertissement qu'on est en droit de donner, ou plutôt une obligation morale qu'on peut, en toute justice, présenter comme sacrée à tout gouvernement successeur d'un ordre de choses qui a succombé dans sa lutte contre les besoins sociaux qu'il n'a pas satisfaits. Reconstruire l'ancien gouvernement sur une base plus large, et en tenant compte des leçons de l'expérience, est l'œuvre de la sagesse; mais vouloir le ressusciter dans ses dimensions mesquines et avec les abus proscrits par la voix des siècles, est de la déraison et un véritable crime de lèse-nature humaine. C'est le devoir de tout homme généreux et ami de son pays, d'employer son influence à empêcher la résurrection d'une aristocratie qui, au lieu d'être le *gouvernement des meilleurs*, dans l'intérêt général, n'est que l'exploitation du pays au profit d'une faible minorité. Faire contracter au gouvernement qui la remplace des habitudes opposées à l'esprit de jalousie et de monopole, c'est lui ménager les moyens de conserver intactes ses forces matérielles, aussi bien que ses forces morales.

Que l'immense bien qui résultera d'un ordre de choses ainsi régénéré ne nous rende pas injustes ni ingrats envers un gouvernement qui a rempli sa mission providentielle avec un succès digne de vivre dans la mémoire des hommes! Il a partagé le sort de toutes les institutions qui ne répondent plus ni à leur destination primitive, ni aux besoins éclos sous leur influence long-temps bienfaisante.

Le jugement que M. Thiers porte sur les gouvernemens usés, est, sous plus d'un rapport, applicable à l'aristocratie bernoise. Parlant du décri dans lequel le Directoire français était tombé en 1799, et après l'avoir passablement bien justifié sur tous les points, il ajoute : « Du » reste, c'est dans un intérêt d'équité que l'histoire doit relever l'injus- » tice de ces reproches. Mais *tant pis pour un gouvernement, quand on lui » impute tout à crime*. L'une des qualités indispensables d'un gouverne- » ment, c'est d'avoir cette bonne renommée qui repousse l'injustice. » Quand il l'a perdue et qu'on lui impute les torts des autres, ceux » mêmes de la fortune, il n'a plus la faculté de gouverner, et cette im- » puissance doit le condamner à se retirer.... Toutes les accusations » dont le Directoire était l'objet, prouvaient, non pas ses torts, mais sa » caducité. »

Quant au gouvernement actuel du canton de Berne, dans lequel siègent des patriciens universellement estimés, on peut dire de lui, sans flatterie, que le pays qu'il régit est, avec quelques autres cantons suisses, le seul coin de l'Europe où les principes de l'égalité, ou plutôt de la justice sociale, aient été mis en pratique sans déception, et où la loi fondamentale soit réellement une vérité; éloge, au surplus, dont il revient une forte part au peuple des campagnes. Pour vaincre les difficultés de sa position, ce gouvernement, et il faut l'en féliciter, n'a point, jusqu'à cette heure, eu recours à des mesures exceptionnelles, c'est-à-dire à des prévarications. Puisse-t-il persévérer dans cette politique loyale, et ne jamais s'en laisser détourner par de prétendues nécessités gouvernementales, c'est-à-dire par d'iniques expédients imaginés pour sortir des embarras où nous ont jetés de premières injustices ! Il est triste d'acheter la réputation d'habile homme au prix de ressembler au Satan de Milton [1], qui fait de belles phrases sur son regret de se voir, par raison d'état, forcé de détruire la félicité de nos premiers parents.

[1] *So spake the Fiend, and with necessity,*
The tyrant's plea, excus'd his devilish deeds.
(*Paradise lost*, liv. IV, v. 393.)

La traduction de M. de Châteaubriand fera, sans doute, oublier cette faible version du versificateur Delille :

Ainsi Satan s'armait, pour des crimes si grands,
De la nécessité, l'excuse des tyrans.

APPENDICE.

ACTE DE MÉDIATION.
COMMENT LE PATRICIAT, EXCLU DE FAIT ET DE DROIT DU GOUVERNEMENT PAR LA RÉVOLUTION, RENTRA AU POUVOIR DE FAIT PAR LA MÉDIATION.

Le mouvement qui, en 1802, obligea le gouvernement helvétique de se transporter de Berne à Lausanne, et qui provoqua l'intervention de Napoléon dans les troubles de la Suisse, donne naturellement lieu à demander lequel des deux partis qui ont divisé la Suisse à cette époque, méritait d'être considéré comme le parti véritablement national.

A première vue, le gros de la population des campagnes qui suivit l'étendard du patriciat, arboré au moment où les troupes françaises eurent évacué le territoire helvétique, donnait à cette insurrection une apparence d'un soulèvement spontané et franchement populaire, et à ses chefs le caractère d'organes du vœu de la majorité. Ce n'est pas ainsi qu'en jugea Napoléon, et ce n'est pas non plus ainsi qu'en jugera l'histoire.

Le malaise était partout. Il n'y avait personne qui ne désirât un changement; et deux classes nombreuses, celle qui souffrait de la stagnation du commerce, et celle que ses habitudes et ses préventions rendaient opiniâtrément hostile à tout progrès civilisateur; d'un côté, les ouvriers des manufactures, de l'autre, les pâtres des petits cantons, se rallièrent promptement au drapeau des ennemis du gouvernement central. Mais ce peuple-là même qui seconda les projets du patriciat, n'entendait nullement prêter les mains à un rétablissement des privilèges de quelques familles. Lorsque, plus tard, il s'aperçut qu'il n'avait été qu'un instrument dans leurs mains pour des vues contraires à ses droits, il se détacha de leur cause, et accueillit la médiation du premier consul comme une garantie contre le retour de leur domination exclusive.

Napoléon, résolu de satisfaire le vœu populaire, eut soin de consacrer, par son acte de médiation, la parfaite égalité des droits; mais il offrit aux patriciens la faculté d'éluder ses intentions et d'employer les forces nationales à son détriment, dès qu'il se présenterait une occasion de les diriger contre lui sans courir trop de dangers. On a de la peine à croire à tant d'imprévoyance; et quand on accuse un homme tel que Bonaparte de méprise dans le choix de ses moyens, on doit à sa mémoire, et on se doit à soi-même, la preuve d'un pareil reproche. Elle n'est pas difficile à donner; mais elle demande l'examen et le rapprochement des faits qui dominent deux des époques les plus remarquables dans l'histoire de la Suisse : les troubles qui l'agitèrent en 1802, et son envahissement en 1813 par les armées autrichiennes.

Lorsque, vers l'automne de 1802, Napoléon vit s'accomplir le but qu'il s'était proposé en retirant ses troupes brusquement de la Suisse, et son désir d'intervenir comme médiateur dans les dissensions qui avaient éclaté dans les cantons, justifié par les événements, il convoqua à Paris une réunion nombreuse de députés de ce pays appartenant à toutes les nuances d'opinion, et s'appliqua sérieusement à connaître les besoins et les ressources d'une nation qu'un pressant intérêt lui commandait de pacifier, en faisant une juste part à tous les vœux fortement exprimés par les masses ou par des classes importantes à ménager.

Sans doute, il était assez fort pour continuer d'occuper la Suisse militairement, et même pour la placer sous sa dépendance, soit comme partie intégrante de son empire, soit comme état séparé. Mais il savait bien que cette conquête lui eût été infiniment plus nuisible qu'avantageuse, puisqu'elle l'aurait obligé à tenir garnison perpétuelle dans les montagnes et les principales villes, sans aucun profit proportionné à la dépense, le pays ne lui offrant ni ressources financières, ni position militaire vraiment utile.

La Suisse ne supporte pas d'impôts, ni, par conséquent, de gouvernement dispendieux; elle n'eût pas même défrayé les garnisons nécessaires pour la maintenir dans l'obéissance. La Suisse est un mauvais point d'appui ou de départ pour des attaques que médite la France. La monarchie autrichienne est presque invulnérable sur sa frontière helvétique. La France, au contraire, est ouverte à toute entreprise hostile qui pourrait compter sur la connivence et la coopération des cantons; tandis que l'occupation de la Suisse est plus onéreuse que profitable à une armée française qui manœuvre sur la ligne du Danube ou sur celles du Pô et de l'Adige. A cet axiome stratégique, qui résulte, avec la dernière évidence, des localités, on n'oppose que des lieux-communs sur la grande guerre, réfutés d'avance par l'ancien maître de ceux qui les répètent. Il est reconnu aujourd'hui que le premier consul avait sainement jugé les intérêts réciproques des deux pays.

S'il importe à la Suisse d'être sûre de parfaits rapports de bon voisinage avec la France, la France doit, de son côté, pouvoir se fier sur une neutralité loyale et courageuse des cantons. Aussi, Napoléon chercha-t-il sincèrement à se concilier les Suisses et à reconquérir leur ancien attachement à la France. Dans cette intention, il sentit la nécessité de tenir compte de l'opinion publique et des vœux de la nation; mais il voulut en même temps éviter de s'attirer la haine des patriciens, qu'il savait assez influents pour contrarier ses projets de réconciliation nationale, s'ils avaient eu trop à se plaindre des conventions stipulées dans son acte de médiation. Cet acte était un essai de transaction entre les vœux du peuple et la suprématie du patriciat; son intérêt lui commandait de contenter les masses et de désarmer les anciens privilégiés.

Eclairés par l'expérience, nous sommes fondés à dire que le premier de ces buts fut beaucoup mieux atteint que le dernier, et c'est un résultat qui avait été pressenti par les députés à la consulte de Paris, qu'on a appelés unitaires, parce qu'ils désiraient conserver un centre d'action, plus favorable à la défense et au développement des intérêts nationaux que ne pourrait l'être le retour complet aux anciennes formes fédérales. Il était évident, à leurs yeux, que la résurrection des souverainetés cantonnales ramenait inévitablement les familles patriciennes aux premières magistratures dans la plupart des cantons, et, par suite, à la direction suprême des affaires générales de la Suisse : chose nullement fâcheuse, si nous considérons la capacité des personnes réintégrées dans la possession du pouvoir, mais dangereuse par les conséquences qu'elle devait entraîner dans des cas extrêmement probables. Ce danger se présentait à la plus légère réflexion.

Prenant la nature humaine telle qu'elle est, il était chimérique d'espérer que les patriciens, redevenus les dépositaires des forces nationales, sacrifieraient leurs affections secrètes à l'intérêt public, et qu'ils ne saisiraient pas, pour se venger du gouvernement révolutionnaire, destructeur de leurs privilèges, la première occasion que leur offriraient les vicissitudes de luttes à prévoir entre la nouvelle France et les autres grandes puissances de l'Europe. La confiance que Napoléon avait en son immense supériorité put seule l'empêcher de donner à cette éventualité toute l'attention qu'elle méritait; et les victoires qui, pendant dix ans, lui assurèrent une prépondérance écrasante au début de chaque nouvelle guerre, ne laissèrent pas même à la malveillance sourde des patriciens la faculté de se manifester par quelques dispositions hostiles. Mais au premier instant où ils crurent pouvoir s'y abandonner impunément, ils jetèrent le masque, et en 1813, on les vit se débarrasser avec joie des institutions que l'acte de médiation avait fondées, et auxquelles ils avaient prêté serment en 1803 comme à un pis-aller. En 1815, ils firent leur glorieuse invasion de la Franche-Comté, qui a été flétrie d'un mot emprunté à une fable. Très-heureusement pour la Suisse, Napoléon ne se releva pas de sa chute et ne put tirer vengeance de ce coup de pied. Mais il n'est pas douteux que dans une lutte où des revers et des succès alternatifs lui auraient donné le pouvoir de châtier des actes de mauvais vouloir, les explosions prématurées de la rancune patricienne n'eussent attiré sur la Suisse de funestes calamités.

« L'intérêt personnel, dit M. Simond[1] avec sa pénétration ordinaire, et la crainte ne les (les patriciens) liaient à Bonaparte victorieux et tout-puissant, qu'avec la réserve de secouer le joug aussitôt qu'il s'en offrirait l'occasion : et c'est ce qu'ils firent en décembre 1813. Bonaparte s'était bien aperçu de ces dispositions; il répondait, en 1809, aux protestations de respect et d'attachement du bourgmestre Reinhard (envoyé par la diète pour le complimenter sur la victoire d'Eckmül) : *Je veux bien y croire; cependant si j'avais des revers, c'est alors que je lirais dans vos cœurs.* »

[1] *Voyage en Suisse*, tome II, page 559.

Il faut donc reconnaître que ce fut un acte de confiance imprévoyante et de présomption impolitique, qui, en 1803, prépara aux patriciens la rentrée au pouvoir. Écoutons encore M. Simond :

« En rétablissant l'ancien cadre du corps helvétique, écrit-il [1], Bonaparte s'était flatté de le remplir d'individus qui seraient dévoués à sa politique; mais on y vit figurer les mêmes personnages qu'avant la révolution, et le même esprit l'anima. Les différentes peuplades reprirent leurs principes, leurs usages et leurs mœurs; chacun retrouva son horizon politique. La Suisse rentra dans l'ornière accoutumée et dans ses habitudes de déférence envers les familles prépondérantes. Les patriciens, écartés par la révolution, furent, derechef, portés en grande majorité au timon des affaires. » Quelque mauvais qu'ait été, au surplus, le calcul de Napoléon sur ce point, son acte de médiation reste un monument de sagesse auquel on ne saurait peut-être rien comparer dans toute sa conduite politique, et la conférence [2] qu'il eut avec les dix élus de la députation suisse réunie à Paris, mérite à un haut degré l'attention de l'homme d'état. En sa qualité de membre de cette députation, l'auteur de cette histoire est à même de compléter quelques-unes des citations qu'il va présenter au lecteur, et qu'il empruntera à l'écrit où deux de ses collègues ont résumé les discussions auxquelles ils ont pris part. Son choix tombera particulièrement sur les fragments qui se rapportent, soit aux questions traitées dans l'exposé historique de la naissance et du développement des institutions municipales des cantons aristocratiques, soit aux graves méprises des patriciens bernois, qui, en 1801 et 1802, donnèrent le signal de l'attaque contre le régime introduit à la suite de la révolution de 1798.

Le premier consul dit :

« Le rétablissement de l'ancien ordre de choses dans les cantons démocratiques est ce qu'il y a de plus convenable et pour vous et pour

---

[1] *Voyage en Suisse*, page 558.

[2] Voici les noms des dix membres de la commission nommée par les députés convoqués à Paris, pour les représenter dans les discussions auxquelles donneraient lieu les mesures à prendre pour la pacification et l'organisation nouvelle de la Suisse. Délégués du parti fédéraliste : MM. Reinhard, d'Affry, de Wattenwyl, Jauch, Glutz. Délégués du parti unitaire : MM. Monod, Stapfer, Usteri, Sprecher de Bernegg, de Flue. La conférence qu'ils eurent avec le premier consul eut lieu le 29 janvier 1803, et se prolongea depuis une heure après midi jusqu'à huit heures du soir. Il n'y a que trois des interlocuteurs encore vivans.

moi. Ce sont eux, ce sont leurs formes de gouvernement, qui vous distinguent dans le monde, qui vous rendent intéressants aux yeux de l'Europe.

» Sans ces démocraties, vous ne présenteriez rien que ce qu'on trouve ailleurs; vous n'auriez pas de couleur particulière; et songez bien à l'importance d'avoir des traits caractéristiques : ce sont eux qui éloignent l'idée de toute ressemblance avec les autres états, écartent celle de vous confondre avec eux et de vous y incorporer.

» Je sais bien que le régime de ces démocraties est accompagné de nombre d'inconvénients, et qu'il ne soutient pas l'examen aux yeux de la raison; mais enfin il est établi depuis des siècles, il a son origine dans le climat, la nature, les besoins et les habitudes primitives des habitants; il est conforme au génie des lieux, et il ne faut pas avoir raison en dépit de la nécessité.

» Les constitutions des petits cantons ne sont sûrement pas raisonnables, mais c'est l'usage qui les a établies; quand l'usage et la raison se trouvent en contradiction, c'est le premier qui l'emporte. »

Au fond, c'étaient là des prétextes plus ou moins spécieux. Les véritables raisons qui déterminèrent Napoléon à se prononcer pour le rétablissement des formes fédératives, étaient d'abord (il faut lui rendre cette justice) le désir qu'il avait de hâter la pacification de la Suisse, en faisant rentrer ses peuplades dans leur ancien cadre et leurs habitudes séculaires; mais principalement l'intérêt qu'il avait à effacer la Suisse du nombre des puissances. Sachant toutefois combien le retour à la nullité politique et à l'état d'isolement anarchique des cantons, exerçant le *veto* l'un sur l'autre et s'entre-paralysant dans toutes les grandes entreprises de bien général, affligeait les bons esprits et les vrais Suisses, Napoléon s'étudia à donner à cette destruction de tout gouvernement national une couleur de sympathie avec les intérêts bien entendus du pays.

« La réintégration des formes fédératives, dit-il (et cette réflexion du premier consul a été passée sous silence dans le récit imprimé de la conférence), vous épargnera des sacrifices et des épreuves pénibles. Si vous conservez un gouvernement central, et qu'il me prenne la fantaisie de lui adresser une demande onéreuse, il sera contraint d'y déférer, ou il s'exposera à mon ressentiment. Mais supposez que mon ambassadeur fasse, de ma part, la même demande au président d'une diète, celui-ci dira naturellement : « Je vais convoquer les députés des cantons, sans » le consentement desquels je ne puis répondre. » Il faudra bien alors que j'attende cette réunion ; elle exigera du temps ; la délibération traînera en longueur ; dans l'intervalle, il est possible que je change d'idée, ou des événements pourront survenir qui me la fassent abandonner, et vos formes lentes vous auront tirés d'une position délicate, ou délivrés d'une proposition embarrassante. »

« Il vous faudrait, dit-il ensuite, six mille hommes pour soutenir votre gouvernement central. » Il sembla aussi reprocher aux unitaires de ne désirer le maintien d'une pareille autorité que pour faire jouer à la nation un rôle politique, incompatible avec ses ressources, et ne répliqua rien aux objections des défenseurs d'un système de pouvoir fédéral plus concentré que celui pour lequel il s'était prononcé. En ramenant la Suisse à ses anciennes formes, il voulait préparer la France à la même restauration à son profit ; et, naturellement peu disposé à croire qu'au sein d'un peuple libre, une autorité qui se légitime par son utilité et l'emploi purement national de ses pouvoirs, n'a pas besoin de l'appui d'une armée pour se maintenir, il fit semblant de ne pas comprendre les vrais motifs du parti des unitaires, qui souhaitait donner à l'autorité fédérale plus de force, non pour lui faire jouer un rôle, mais pour lui procurer les moyens de subordonner les intérêts particuliers à l'intérêt général, et d'exécuter des entreprises d'évidente bienfaisance, mais impossibles à réaliser sans l'accord de tous les cantons.

Affectant de sympathiser avec les préjugés des démocraties de l'intérieur et avec leur répugnance pour l'exercice du pouvoir souverain par délégation, il dit : « Les peuples libres n'ont jamais souffert qu'on les privât de l'exercice immédiat de la souveraineté ; ils ne connaissent ni ne goûtent ces inventions modernes d'un système représentatif qui détruit les attributs essentiels d'une république. La seule chose que les législateurs se soient permise, ce sont des restrictions qui, sans ôter au peuple l'apparence d'exercer l'autorité immédiatement, proportionnaient l'influence à l'éducation et aux richesses. Dans Rome, les voix se comptaient par classes, et on avait jeté dans la dernière toute la foule des prolétaires, pendant que les premières contenaient à peine quelques centaines de citoyens opulents et illustres ; mais la populace était également contente, et ne sentait point cette immense différence, parce qu'on l'amusait à donner ses votes, qui, tous recueillis, ne valaient pas plus que les voix de quelques grands de Rome. »

« Ensuite pourquoi voudriez-vous priver ces pâtres du seul divertissement qu'ils peuvent avoir? Menant une vie uniforme qui leur laisse de grands loisirs, il est naturel, il est nécessaire qu'ils s'occupent immédiatement de la chose publique. Il est cruel d'ôter à des peuples pasteurs des prérogatives dont ils sont fiers et dont ils ne peuvent user pour faire du mal. »

Poussant à l'extrême son indulgence envers les goûts de paresse et de superstition qui, dans ces démocraties, se joignent aux formes politiques pour perpétuer les abus et empêcher tout progrès social, Napoléon s'opposa à l'admission d'une clause destinée à préparer l'extinction des couvents d'ordres mendiants, qui contribuent puissamment à maintenir ces populations de bergers dans l'ignorance et l'inertie, et cela par la belle raison qu'il ne fallait pas les priver d'une récréation qui leur tenait lieu de spectacle. « Les capucins, ajouta-t-il en accueillant la remarque faite par un député de l'aristocratie, les capucins sont leur grand Opéra ; » parodiant le mot des gens du monde de l'ancienne France, qui disaient que la messe est l'Opéra de la canaille.

Pour être justes, nous avons à mettre sous les yeux de nos lecteurs les passages de la conférence où on trouve une empreinte plus forte et plus pure de cette sagacité et de cette justesse de vues que Napoléon a portées dans l'appréciation des peuples étrangers et de leurs gouvernements, et qui l'ont souvent abandonné dans la conduite de ses propres affaires.

« Les petits cantons ont toujours été attachés à la France jusqu'à la révolution. Si, depuis ce temps, ils ont incliné pour l'Autriche, cela passera. Ils ne pourront pas désirer le sort des Tyroliens. Sous peu, les relations de la France avec ces cantons seront établies telles qu'elles étaient il y a quinze ans, et la France les influencera comme autrefois. Elle prendra des régiments à sa solde, et rétablira ainsi une ressource pécuniaire pour ces contrées pauvres. La France fera cela, non qu'elle ait besoin de ces troupes : il ne me faudrait qu'un arrêté pour les trouver en France ; mais elle le fera, puisqu'il est de l'intérêt de la France de s'attacher les démocraties. Ce sont elles qui forment la véritable Suisse;

la plaine ne lui a été adjointe que postérieurement. Toute votre histoire se réduit à ceci : Vous êtes une agrégation de petites démocraties et d'autant de villes libres impériales, formée sous l'empire de dangers communs, et cimentée par l'ascendant de l'influence française. »

Cet aperçu de l'origine et des bases de la confédération suisse est ingénieux et spirituellement exprimé. Il a, toutefois, besoin d'être rectifié et complété, au moyen des considérations historiques qui ont été exposées, dans cet écrit, sur les éléments des institutions municipales dans les principales cités suisses, surtout dans celle de Berne.

Mais ce qui est d'une justesse parfaite et d'une importance historique durable, c'est tout ce que Napoléon adressa, dans cette conférence, aux députés qui représentaient le parti de l'ancien régime, sur les vrais intérêts de la Suisse dans ses rapports avec la France, et sur la gravité des méprises qui portèrent l'aristocratie suisse à chercher chez les ennemis de la France nouvelle, l'appui qui était nécessaire aux patriciens pour les aider à rétablir leur monopole gouvernemental.

« Depuis la révolution, dit-il, vous vous êtes obstinés à chercher votre salut hors de la France. Il n'est que là : votre histoire, votre position, le bon sens vous le disent. C'est l'intérêt de la défense qui lie la France à la Suisse ; c'est l'intérêt de l'attaque qui peut rendre intéressante la Suisse aux yeux des autres puissances. Le premier est un intérêt permanent et constant ; le second dépend des caprices et n'est que passager. La Suisse ne peut défendre ses plaines qu'avec l'aide de la France. La France peut être attaquée par sa frontière suisse ; l'Autriche ne craint pas la même chose. J'aurais fait la guerre pour la Suisse, et j'aurais plutôt sacrifié cent mille hommes que de souffrir qu'elle restât entre les mains des chefs de la dernière insurrection, tant est grande l'importance de la Suisse pour la France. L'intérêt que les autres puissances pourraient prendre à ce pays, est infiniment moindre. L'Angleterre peut bien vous payer quelques millions ; mais ce n'est pas là un bien permanent. L'Autriche n'a pas d'argent, et elle a suffisamment d'hommes. Ni l'Angleterre, ni l'Autriche, mais bien la France prendra vos régiments suisses à sa solde. »

« Je déclare que depuis que je me trouve à la tête du gouvernement, aucune puissance ne s'est intéressée au sort de la Suisse[1]. Le roi de

---

[1] L'auteur de cet écrit a eu fréquemment l'occasion de se convaincre de cette complète indifférence,

Prusse et l'empereur m'ont instruit de toutes les démarches d'Aloys Reding. — Quelle est la puissance qui pourrait vous soustraire à mon influence? C'est moi qui ai fait reconnaître la République Helvétique à Lunéville ; l'Autriche ne s'en souciait nullement. A Amiens, je voulais en faire autant : l'Angleterre l'a refusé. »

« Je le répète, si les aristocrates continuent à chercher des secours étrangers, ils se perdront eux-mêmes, et la France finira par les chasser. — Et de quoi vous plaignez-vous (apostrophant les cinq députés de l'aristocratie)? Si je m'adresse à vous, j'entends parler de votre parti, et non point de vos individus. Vous avez traversé la révolution en conservant vos vies et vos propriétés ; le parti républicain ne vous a point fait de mal, même dans la plus grande crise; il n'a point versé de sang ; il n'a pas commis de violences, ni fait de persécutions ; il n'a même aboli ni les dîmes ni les cens. S'il avait aboli les cens, le peuple se serait rangé de son côté, et la popularité dont vous vous vantez serait tout-à-fait nulle. Le gouvernement unitaire a repoussé les seuls moyens qu'il avait de se faire des adhérents; il a contrarié les vœux du peuple des campagnes pour l'abolition du cens et des dîmes, sans indemnité, et pour les élections populaires. C'est par là qu'il a prouvé que jamais il n'a ni pu, ni voulu faire une révolution. Mais vous, au premier moment où vous avez repris votre autorité, vous avez arrêté, incarcéré, persécuté à Arau, à Lucerne, à Zurich, et partout vous avez été loin de montrer la modération des républicains. »

Dans la discussion relative aux modifications à apporter aux contributions des cantons aristocratiques, les observations du premier consul ne furent pas moins remarquables. Voici les plus saillantes :

« Le grabeau (le sens de ce mot et l'institution qu'il désigne ont été expliqués plus haut) me paraît de rigueur dans les aristocraties. Toutes les aristocraties ont un penchant à se concentrer, à se former un esprit

---

dans tout le cours de ses relations diplomatiques de 1800 à 1802, comme ministre plénipotentiaire de la République Helvétique à Paris.

Lorsqu'en juin 1802, il porta officiellement à la connaissance des ministres étrangers accrédités auprès de Napoléon, l'installation d'un gouvernement suisse central, moitié unitaire, moitié fédératif, établi en vertu d'un nouveau pacte que les assemblées primaires avaient très-librement adopté, les accusés-de-réception de ces ambassadeurs se bornèrent à de simples formules de politesse. Témoignant à celui de Prusse l'étonnement que lui causait une froideur si peu conforme aux intérêts de leurs maîtres, M. de Lucchesini répondit en propres termes : « Nous vous reconnaîtrons (parlant du gouvernement helvétique) quand la France nous aura dit que vous existez. »

indépendant des gouvernés, de leurs vœux et des progrès de l'opinion, et deviennent, à la longue, à la fois odieuses et insuffisantes aux besoins des états qu'elles administrent. Le seul remède à ces maux, au moins le seul moyen d'empêcher qu'ils ne prennent des racines trop profondes et des accroissements trop rapides, et que les gouvernements, en devenant insupportables, ne provoquent des mouvements d'insubordination et d'anarchie, c'est le grabeau. Toutes les aristocraties s'en sont servies. Il paraît donc que c'est un rouage absolument nécessaire. Les grands-inquisiteurs à Venise, les censeurs à Rome, étant toujours des magistrats vénérables et ambitieux de l'estime, n'osaient pas heurter l'opinion, et se croyaient forcés d'éliminer les sénateurs qui devenaient impopulaires ou méprisables. Les places du grand-conseil étant à vie, ce principe aristocratique de vos constitutions rend absolument nécessaire le grabeau. Les places à vie sont nécessaires pour donner de la stabilité et de la considération au gouvernement. Il faut que de nouvelles aristocraties se forment; et pour prendre consistance et l'organiser d'une manière qui promette ordre, sûreté et stabilité, il faut qu'il y ait des points fixes qui servent de pivot aux hommes en mouvement et aux choses qui changent. »

« L'élection immédiate est préférable à des corps électoraux, dont l'intrigue et la cabale s'emparent plus facilement. Nous en avons fait l'expérience en France, pendant le cours de la révolution. Et vous (en s'adressant au côté aristocratique), vous y gagnerez; le peuple même se laissera plutôt influencer par un grand nom, par des richesses et l'opinion, que des assemblées électorales. »

C'est là aussi la doctrine de la *Gazette de France* et du journal de l'ancien patriciat bernois.

Napoléon ne pouvait se dissimuler que le retour aux formes fédératives livrerait la Suisse aux anciennes familles privilégiées, c'est-à-dire aux ennemis de la France révolutionnaire. Mais il avait hâte de rendre la Suisse à ses habitudes et à son impuissance politique; c'est le moyen de pacification le plus prompt qui se présentât à sa pensée. Il avait le pressentiment des effets hostiles à ses intérêts que cette restauration entraînerait; il sembla même vouloir se rassurer contre ces effets, en se faisant une idée exagérée des difficultés qu'éprouveraient des améliorations dans l'organisation de l'autorité centrale de la confédération.

« Vous auriez pu avoir le système d'unité chez vous, dit-il, si les dispositions primitives de vos éléments sociaux, les évènements de votre histoire et vos rapports avec les puissances étrangères vous y avaient conduits. Mais ces trois classes d'influences puissantes vous ont justement menés au système contraire. Une forme de gouvernement qui n'est pas le résultat d'une longue suite d'évènements, de malheurs, d'efforts et d'entreprises d'un peuple, ne peut jamais prendre racine. Des circonstances passagères, des intérêts du moment, peuvent conseiller un système opposé, et même le faire adopter; mais il ne subsiste pas. »

« Je n'ai jamais cru un moment que vous puissiez avoir une république une et indivisible. Dans le temps où j'ai passé par la Suisse pour me rendre à Rastadt, vos affaires auraient pu s'arranger facilement. Je fis part alors au Directoire de ce que je pensais sur ces affaires. J'étais bien de l'avis qu'on devait profiter des circonstances pour attacher plus étroitement la Suisse à la France. Je voulais quadrupler le nombre des familles régnantes à Berne, ainsi que dans les autres aristocraties, pour obtenir, par là, une majorité amie de la France dans leurs conseils; mais jamais je n'aurais voulu une révolution chez vous. »

Singulières contradictions! Quadrupler le nombre des familles régnantes : si ce n'était pas là une révolution, qu'est-ce qui aurait pu en mériter le nom? L'acte de médiation, au lieu de quadrupler les familles patriciennes, ramena au pouvoir un nombre beaucoup plus restreint de ces familles que n'était celui des personnes qui le possédaient avant la révolution. Ainsi, loin d'obtenir le but qu'il s'était proposé, Napoléon, en rétablissant les souverainetés cantonnales, rendit l'aristocratie derechef maîtresse des destinées de la Suisse, et aplanit à l'Autriche le chemin pour envahir plus facilement la France, à la fin de 1813! Voilà où aboutirent les combinaisons d'un esprit si avisé et si pénétrant!

FIN DE BERNE.

TABLE DES MATIÈRES.

PARTIE I. — HISTOIRE.

	Page.
I. — Coup d'œil historique.	5
II. — Du gouvernement de la ville de Berne.	24
III. — Mœurs. — Établissements d'utilité publique. — Célébrités de Berne. — Monuments.	55

PARTIE II. — DESCRIPTION.

Coup d'œil général.	82
I. — Monuments.	85
II. — Institutions académiques.	88
III. — Hôpitaux.	92
IV. — L'Hôtel-de-Ville.	95
V. — Monuments d'utilité publique.	96
VI. — Les ours de Berne.	97
VII. — Particularités.	98
VIII. — Antiquités féodales.	105

TABLE DES MATIERES.

PARTIE III. — STATISTIQUE.

POPULATION. — CLIMAT. — POLICE ET HYGIÈNE. — RENSEIGNEMENTS STATISTIQUES.

	Page.
I. — Classification des habitants de Berne.	106
II. — Climat de Berne.	112
III. — Salubrité. — Établissements de prévoyance.	114
IV. — Foires. — Marches.	118
Conclusion.	119

APPENDICE.

Acte de médiation. — Comment le patriciat, exclu de fait et de droit du gouvernement par la révolution, rentra au pouvoir de fait par la médiation.	123

Cathédrale de Rouen

TOUR DE LA GROSSE HORLOGE, A BERNE.

HOTEL DE VILLE DE BERNE.

FOSSÉS AUX OURS, A BERNE.

ORDRE DE PUBLICATION.

Prix et Conditions de la Souscription.

Cette collection formera 30 volumes in-4°.
La publication en est faite en une seule série de livraisons.
Chaque livraison se compose de quatre feuilles de texte et d'une gravure en taille-douce.
Outre les gravures en taille-douce, les livraisons consacrées à la partie descriptive d'une Ville contiennent des gravures sur bois destinées à compléter le nombre de vues, de sites, de monuments, etc., qu'il y a lieu de donner de cette Ville.
La plupart des Villes comprendront quatre ou cinq livraisons. Quelques-unes en comporteront un plus grand nombre ; mais, pour d'autres, deux ou trois livraisons, et même une seule, pourront suffire.
Chaque Ville, quel que soit le nombre de livraisons dont elle se compose, a son titre et sa pagination particulière, et forme par conséquent un ouvrage complet.
Chaque volume de la collection générale se compose de 15 à 20 livraisons, et est terminé par une table des Villes qu'il contient, et un avis au relieur pour le placement des gravures.

Prix de chaque livraison. . . . . 1 fr.
— **grand papier vélin**, gravures avant la lettre, sur papier de Chine. . . . . 1 fr. 50 c.

Après l'entière publication des livraisons dont se compose une Ville, le prix de chacune de ces livraisons est porté à 1 fr. 25 c., et à 2 fr. grand papier.
Les personnes qui souscrivent pour quinze livraisons les reçoivent *franco*, moyennant paiement d'avance de 15 fr. pour Paris, et 18 fr. pour les départements.

IL PARAÎT UNE LIVRAISON TOUS LES SAMEDIS.

Les premières Villes qui paraîtront sont :

NIMES, par M. Nisard.
BERNE, par M. Stapfer.
VENISE, par M. Peisse.
SAINT-MALO, par M. de Chateaubriand.
INSPRUCK et TRENTE, par M. Fréd. Mercey.

FLORENCE, par M. Delécluse.
BLOIS, par M. Amédée Thierry.
LONDRES, par M. Philarète Chasles.
BORDEAUX, par M. Villemain.
ROUEN, par M. Armand Carrel.

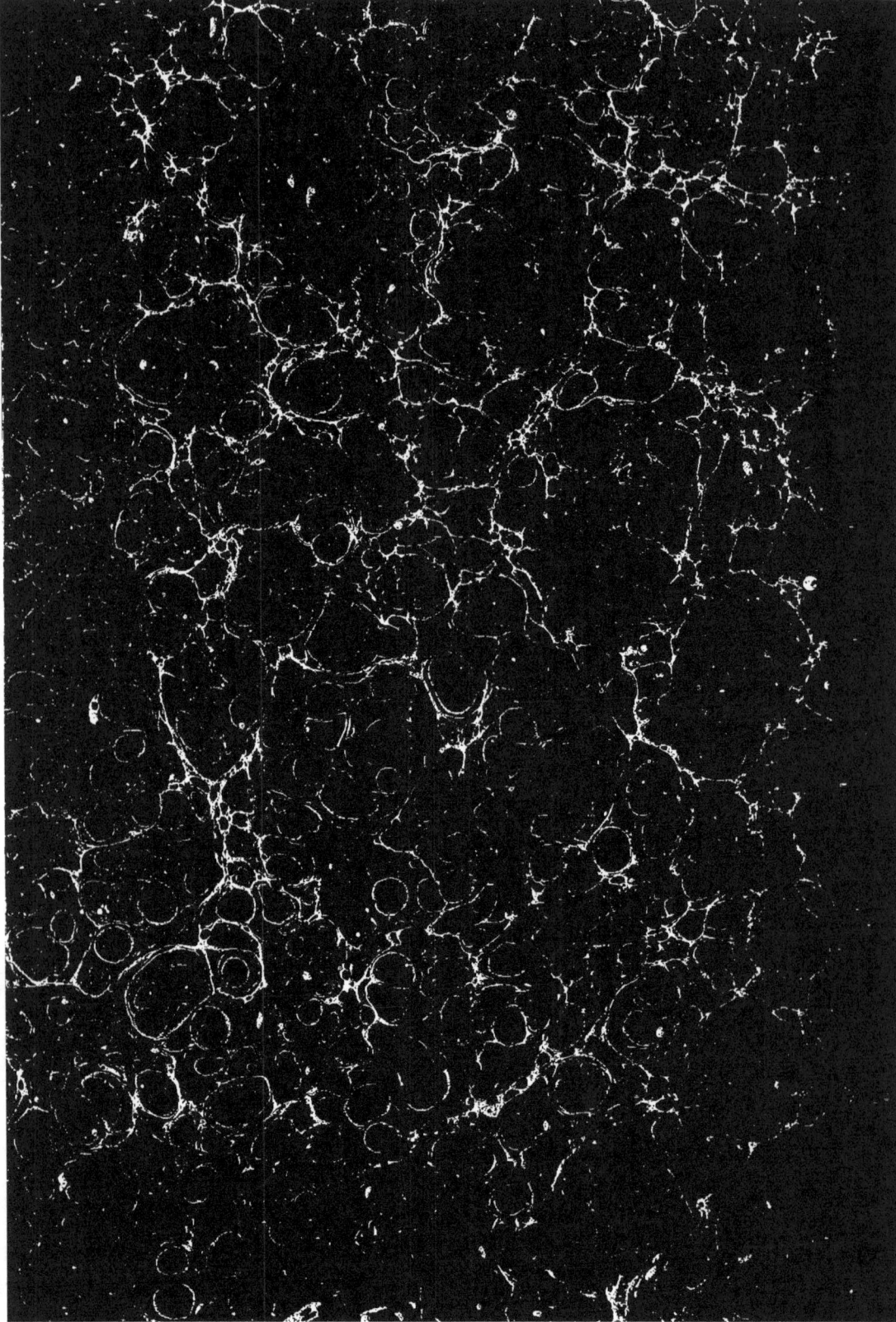

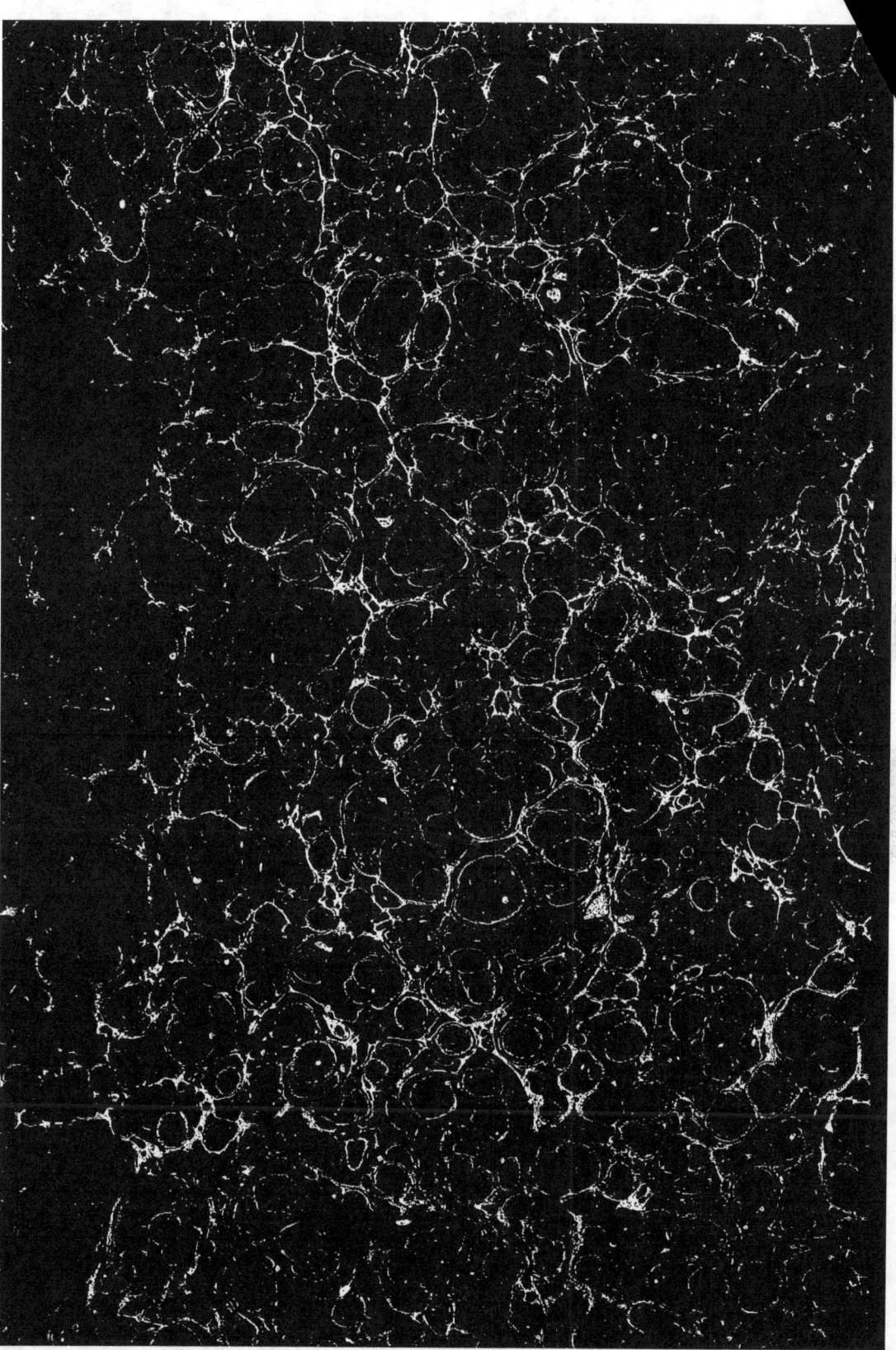

www.ingramcontent.com/pod-product-compliance
Lightning Source LLC
Chambersburg PA
CBHW060502230426
43665CB00013B/1359